FALÜ JIN SHEQU CONGSHU
·法律进社区丛书·

刘知函 ‖ 主编

人身损害赔偿纠纷与计算标准

韩　蛟◎著

RENSHEN
SUNHAI PEICHANGJIUFEN YU JISUANBIAOZHUN

中国政法大学出版社

2017·北京

图书在版编目（ＣＩＰ）数据

人身损害赔偿纠纷与计算标准 / 韩蛟著.—北京 :中国政法大学出版社， 2016.11
ISBN 978-7-5620-7202-7

Ⅰ．①人… Ⅱ．①韩… Ⅲ. ①人身权－侵权行为－赔偿－基本知识－中国 Ⅳ.
D923.14

中国版本图书馆CIP数据核字(2016)第278015号

出 版 者　　中国政法大学出版社

地　　址　　北京市海淀区西土城路 25 号

邮寄地址　　北京 100088 信箱 8034 分箱　邮编 100088

网　　址　　http://www.cuplpress.com（网络实名：中国政法大学出版社）

电　　话　　010-58908437（编辑室） 58908334（邮购部）

承　　印　　保定市中画美凯印刷有限公司

开　　本　　710mm×1000mm　1/16

印　　张　　41.5

字　　数　　750 千字

版　　次　　2017 年 6 月第 1 版

印　　次　　2017 年 6 月第 1 次印刷

定　　价　　69.00 元

人身损害赔偿纠纷是司法实践中极为多发的一类案件，与广大民事主体的生活息息相关。人身损害案件中，当事人受到侵害的权利为其生命权、身体权、健康权，而且其遭受的损失也往往较大，因此，在人身损害案件中如何主张权利，维护自身合法权益，事关案件当事人的切身利益。本书从切实保护当事人合法权益的角度出发，一共分为三篇：

上篇为人身损害赔偿一般理论与典型案例。该部分首先介绍了人身损害案件的一般理论，为全书提供理论指导，进而介绍各种类型的人身损害赔偿纠纷，如产品责任纠纷、机动车交通事故责任纠纷、高度危险责任纠纷等。在每一类具体案件中，笔者均先介绍该类案件的一般理论和实务要点，进而挑选近年来司法实践中发生的典型案件进行分析，以期读者在遇到该类型案件时能形成一种明确的分析问题、进行维权的思路。需要说明的是，除人身损害纠纷中的各类传统案件外，本书特意挑选近年来司法实践中数量众多且存在一定争议的案件，如共同饮酒后发生人身损害、相约出游过程中发生人身损害、好意施惠情况下发生人身损害等案件，对以上案件中的法律关系和当事人权利的保护进行了分析。

中篇为人身损害赔偿案件计算标准与实用图表。人身损害赔偿纠纷中，当事人在遭受损害后，需要计算遭受的具体损失，因此，本部分首先提供了人身损害赔偿纠纷中当事人在计算伤残赔偿金、死亡赔偿金、被扶养人生活费、住宿费、伙食费等项目时需要的一些重要数据，如城镇居民人均可支配收入、农村居民人均纯收入、城镇居民人均消费性支出、农村居民人均年生活消费支出以及各地党政机关工作人员赴外地的差旅住宿费标准等。这些数据均为全国各省、直辖市、自治区统计局官方网站，全国各省、直辖市、自治区财政厅（局）网站以及国家统计局出版的历年统计年鉴公布的最新数据。本部分亦为读者提供了在人身损害赔偿纠纷中一些重要、常用的文书和图表，如人身损害赔偿项目和计算标准汇总表、民事起诉状、民事上诉状等，以供读者参考。

下篇为人身损害赔偿案件处理依据（法律、法规、司法解释等）。在人身损害赔偿纠纷中，当事人进行维权，其依据便是我国现行法中有关人身损害赔偿的各具体规定，包括法律、法规、司法解释等。本部分将人身损害赔偿纠纷中可能适用的处理依据进行了汇总，包括最新的规定，如最高人民法院、最高人民检察院、公安部、国家安全部和司法部于2016年4月18日联合发布的《人体损伤致残程度分级》，全国人民代表大会常务委员会于2015年4月24日新修订的《中华人民共和国食品安全法》，最高人民法院于2015年1月30日公布的《最高人民法院关于适用〈中华人民共和国民事诉讼法〉的解释》等，旨在为当事人提供关于人身损害纠纷的最新的、全面的处理依据。

总之，希望本书能够帮助广大民事主体在遇到人身损害纠纷时运用法律维护自身合法权益，并为广大民事主体学习相关的法律知识提供力所能及的帮助。由于笔者知识水平所限，加之成书时间仓促，本书难免有错误、纰漏之处，敬请广大读者进行批评指正。

韩　蛟

2016年7月9日

CONTENTS 目 录

下篇
人身损害赔偿案件处理依据（法律、法规、司法解释等）

上　篇

人身损害赔偿一般理论与典型案例

第一章

人身损害赔偿一般理论与诉讼问题

第一节 人身损害赔偿一般理论

一、人身损害赔偿的基本内容

（一）人身损害赔偿的概念

人身损害赔偿，是指自然人的生命、健康、身体遭受不法侵害，导致被侵权人死亡、残疾、受伤等损害结果，被侵权人要求侵权人对其损害进行赔偿的法律救济制度。对于人身损害赔偿，需要从以下几方面理解：

第一，人身损害赔偿的请求主体仅指特定人身权益受到不法侵害的自然人，并不包括法人以及非法人团体。根据法律规定，法人（以公司为代表类型）虽然具有民事权利能力，但其人格为法律上所拟制，因此并没有生命权、健康权以及身体权，不能提起人身损害赔偿之诉。如果法人内部的自然人成员的人身权益受到侵害，应当以该成员的个人名义或其近亲属的名义（被侵权人死亡的情况下）提起诉讼，而非以法人名义请求损害赔偿。非法人团体（以合伙企业为代表类型）尚无独立的法律人格，同样没有生命权、健康权和身体权。如果非法人团体内部的自然人成员遭受人身损害，也应当以该成员或其近亲属的名义提起损害赔偿之诉。

第二，人身损害赔偿，是侵权损害赔偿的一部分内容。《中华人民共和国侵权责任法》（以下简称《侵权责任法》）第2条规定："侵害民事权益，应当依照本法承担侵权责任。本法所称民事权益，包括生命权、健康权、姓名权、名誉权、荣誉权、肖像权、隐私权、婚姻自主权、监护权、所有权、用益物权、担保物权、著作权、专利权、商标专用权、发现权、股权、继承权等人身、财产权益。"《最高人民法院关于审理人身损害赔偿案件适用法律若干问题的解释》

（以下简称《人身损害赔偿司法解释》）第 1 条第 1 款规定："因生命、健康、身体遭受侵害，赔偿权利人起诉请求赔偿义务人赔偿财产损失和精神损害的，人民法院应予受理。"《最高人民法院关于确定民事侵权精神损害赔偿责任若干问题的解释》（以下简称《精神损害赔偿司法解释》）第 1 条规定："自然人因下列人格权利遭受非法侵害，向人民法院起诉请求赔偿精神损害的，人民法院应当依法予以受理：（一）生命权、健康权、身体权；（二）姓名权、肖像权、名誉权、荣誉权；（三）人格尊严权、人身自由权。违反社会公共利益、社会公德侵害他人隐私或者其他人格利益，受害人以侵权为由向人民法院起诉请求赔偿精神损害的，人民法院应当依法予以受理。"

从《侵权责任法》以及相关司法解释保护的权益客体角度来讲，民事主体受保护的权益包括人身权益和财产权益，人身权益又包括人格权益（如生命权、健康权、身体权、姓名权等）以及身份权益（如监护权、继承权等）。人身损害赔偿中受到侵犯的客体仅指人格权益中的部分权益即生命权、身体权和健康权，其他人格权益（如姓名权、名誉权、荣誉权、肖像权、隐私权等权益受到侵害），并不属于人身损害赔偿中被侵犯的客体，应当以相关案由提起诉讼。如果财产权益受到侵害，应当以财产损害赔偿纠纷等案由提起诉讼。

关于侵权责任的承担方式而言，《侵权责任法》第 15 条规定："承担侵权责任的方式主要有：（一）停止侵害；（二）排除妨碍；（三）消除危险；（四）返还财产；（五）恢复原状；（六）赔偿损失；（七）赔礼道歉；（八）消除影响、恢复名誉。以上承担侵权责任的方式，可以单独适用，也可以合并适用。"在人身损害赔偿纠纷中，侵权人或者应当承担责任的责任人承担侵权责任的方式主要为赔偿损失。

综上，人身损害赔偿是侵权责任的一个重要部分，因为人身损害赔偿中受到侵害的权益为生命权、健康权和身体权，这些人格权益较之财产权益以及其他人格权益，显然更值得法律保护。民法是市民法，以人为本是民法最重要的价值之一。因此，作为民事主体的自然人的生命权、健康权以及身体权无疑是法律保护力度最强的民事权利。因此，把人身损害赔偿作为侵权责任的一个重要组成部分进行研究，是十分有意义的。

（二）人身损害赔偿中的客体

在人身损害赔偿中，被侵犯的权益客体，也即法律所保护的法益，为生命权、健康权、身体权这三项人格权利。

1. 生命权

生命权是指以自然人的生命安全利益为内容的人格权，是自然人最重要的人格权利，也是法律保护的最高利益。侵害生命权的行为，在民法上采取生命丧失的客观结果论，即因不法侵害导致被侵权人死亡的侵权行为。需要注意的是，侵害生命权的行为，不仅构成民法上的侵权行为，同时也构成刑法上的犯罪行为。依据侵权人主观心理状态的不同，可能构成《中华人民共和国刑法》（以下简称《刑法》）第232条规定的故意杀人罪或者该法第233条规定的过失致人死亡罪。

2. 健康权

健康权是指以自然人的机体生理机能正常运转并维护人体生命活动正常进行为内容的人格权。侵害健康权的行为主要为损伤人体器官等组成部分，导致人体生理机能不能正常进行。需要注意的是，侵犯健康权不仅包括侵害生理健康的行为，如殴打他人致使被侵权人残疾，也包括侵害心理健康的行为，如侵权人不法侵害他人致使被侵权人患抑郁症等精神疾病。

3. 身体权

身体权是指自然人能够依其独立意思维护其身体的完整性并能独立支配其肢体、器官和其他组织，不受他人侵犯的权利。侵害身体权的行为主要指侵害被侵权人身体完整性的行为，如对被侵权人进行殴打，未经被侵权人同意取得其身体组成部分（如毛发、指甲），但未造成被侵权人受伤的行为。如果对被侵权人身体的侵害行为同时也侵害了其健康，如非法摘取他人的器官，则既侵犯了被侵权人的身体权，也侵犯了被侵权人的健康权。

（三）人身损害赔偿纠纷中的主体

人身损害赔偿纠纷中的主体，是指人身损害纠纷案件中的各方当事人。《侵权责任法》第18条第1款第1句规定："被侵权人死亡的，其近亲属有权请求侵权人承担侵权责任。"《人身损害赔偿司法解释》第1条规定："因生命、健康、身体遭受侵害，赔偿权利人起诉请求赔偿义务人赔偿财产损失和精神损害的，人民法院应予受理。本条所称'赔偿权利人'，是指因侵权行为或者其他致害原因直接遭受人身损害的受害人、依法由受害人承担扶养义务的被扶养人以及死亡受害人的近亲属。本条所称'赔偿义务人'，是指因自己或者他人的侵权行为以及其他致害原因依法应当承担民事责任的自然人、法人或者其他组织。"从该法条可以看出，人身损害纠纷中的主体可分为两大类，即赔偿权利人和赔偿义务人。

1. 赔偿权利人

赔偿权利人可分为两类：第一类是因侵权行为遭受人身损害，但并未死亡的被侵权人。此类被侵权人作为受害人，有权以其自己的名义独立提起诉讼。

需要注意的是，如果被侵权人遭受严重侵害致使其部分或完全丧失民事行为能力，如因侵权行为成为植物人，此时被侵权人并未死亡，人格并未消灭，依然有完全民事权利能力，所以可由其近亲属或者律师作为代理人，以被侵权人的名义代理其提起诉讼。第二类是在被侵权人因侵权行为死亡的情况下，被侵权人的近亲属为人身损害赔偿纠纷中的赔偿权利人。《最高人民法院关于贯彻执行〈中华人民共和国民法通则〉若干问题的意见（试行）》（以下简称《民通意见》）第12条规定："民法通则中规定的近亲属，包括配偶、父母、子女、兄弟姐妹、祖父母、外祖父母、孙子女、外孙子女。"

需要注意的是，被侵权人死亡有两种情况：一是在侵权行为发生后，在向人民法院提起诉讼之前死亡。在这种情况下，被侵权人的近亲属有权直接向人民法院提起诉讼。第二种情况是被侵权人在向人民法院提起诉讼后死亡，此时会发生民事诉讼中的诉讼中止和诉讼终结问题。《中华人民共和国民事诉讼法》（以下简称《民事诉讼法》）第150条规定："有下列情形之一的，中止诉讼：（一）一方当事人死亡，需要等待继承人表明是否参加诉讼的……中止诉讼的原因消除后，恢复诉讼。"该法第151条规定："有下列情形之一的，终结诉讼：（一）原告死亡，没有继承人，或者继承人放弃诉讼权利的……"因此，如果被侵权人在提起诉讼后死亡，发生诉讼中止，作为其继承人的近亲属在不放弃诉讼权利的情况下继续参加诉讼。如果被继承人死亡后并无作为继承人的近亲属，或者作为继承人的近亲属放弃诉讼权利，则诉讼终结。

2. 赔偿义务人

赔偿义务人同样分为两类，一类是因自己的侵权行为应当承担责任的自然人、法人或其他组织，另一类是因他人的侵权行为或因法律规定的其他情形应当承担侵权责任的自然人、法人或其他组织。具体而言：

（1）因自己的侵权行为应当承担责任的自然人、法人或其他组织。

具有完全民事行为能力的自然人实施侵权行为侵害他人人身权益，自然应当作为赔偿义务人对被侵权人进行赔偿。这是民法意思自治及自己责任理念的体现。这种情形一般适用过错责任原则。《侵权责任法》第6条第1款规定："行为人因过错侵害他人民事权益，应当承担侵权责任。"

如果法人的代表机关，例如法定代表人，在执行工作任务时造成他人损害，此时法定代表人的行为被拟制为法人的行为，法人应当对损害结果承担赔偿责任，这是一种自己责任。《人身损害赔偿司法解释》第8条第1款规定："法人或者其他组织的法定代表人、负责人以及工作人员，在执行职务中致人损害的，依照民法通则第一百二十一条的规定，由该法人或者其他组织承担民事责任。

上述人员实施与职务无关的行为致人损害的，应当由行为人承担赔偿责任。"此处规定的法人或者其他组织对其法定代表人、负责人在执行职务中致人损害的损害结果承担的赔偿责任就是法人自己责任。

（2）因他人的侵权行为或因法律规定的其他情形应当承担责任的自然人、法人或其他组织。

《侵权责任法》第32条规定："无民事行为能力人、限制民事行为能力人造成他人损害的，由监护人承担侵权责任。监护人尽到监护责任的，可以减轻其侵权责任。有财产的无民事行为能力人、限制民事行为能力人造成他人损害的，从本人财产中支付赔偿费用。不足部分，由监护人赔偿。"这种情况下，无民事行为能力人或限制民事行为能力人并不是赔偿责任的直接义务人，而是由他们的监护人就其被监护人的侵权行为承担替代责任。这种情形一般适用无过错责任原则。

如果是法人或其他组织的工作人员在执行职务时侵害了他人的人身权益，法人就应当对其工作人员造成的损害承担赔偿责任，这同样是为他人行为承担的替代责任，适用无过错责任原则。《侵权责任法》第34条规定："用人单位的工作人员因执行工作任务造成他人损害的，由用人单位承担侵权责任。"这种责任一般被称为用人者责任。

二、人身损害赔偿的归责原则——赔偿义务人承担责任的基础和根据

归责原则是指责任人承担侵权责任的基础和根据。"归责"指的是侵权人的某种行为被确认为侵权行为并应由责任人承担侵权责任的基础，即可归责的事由。目前我国《侵权责任法》规定的归责原则主要有过错责任原则和无过错责任原则。就过错责任而言，责任人承担侵权责任的基础是其具有过错。就无过错责任而言，责任人承担责任的基础是法律规定的其他事由。值得注意的是，公平原则并非《侵权责任法》规定的一项独立的归责原则，但可作为人身损害赔偿中的一项补偿原则。

（一）过错责任原则

过错责任原则是指侵权人因过错（故意或过失）侵害他人权益时，除非法律另有规定，否则应当由相关责任人承担侵权责任的归责原则。过错包含故意和过失。《侵权责任法》第6条第1款规定："行为人因过错侵害他人民事权益，应当承担侵权责任。"这是过错责任原则的法律渊源。过错责任原则体现了民事主体需对自己行为负责的基本理念，是现代侵权法中最基本的归责原则。例如，行为人故意殴打他人致使他人发生人身损害，就应当以其实施侵权行为的故意

向被侵权人承担赔偿责任。又如，行为人因过失不慎撞倒他人，致使他人发生人身损害，就应当以其过失向被侵权人承担侵权责任。

《侵权责任法》第6条第2款规定："根据法律规定推定行为人有过错，行为人不能证明自己没有过错的，应当承担侵权责任。"这一款规定的是过错推定原则，即损害结果发生后，基于某种客观事实和条件推定行为人具有过错，如果行为人不能提交相关证据证明自己没有过错，则需要承担侵权责任。需要明确的是，过错推定原则并不是一项独立的归责原则，而是《侵权责任法》对于传统过错责任原则的修正，因为在传统的过错责任原则下，被侵权人请求行为人承担侵权责任，必须向法院证明行为人具有过错。然而，在进入现代社会后，因为经济的飞速发展，在很多情况下，被侵权人和侵权人掌握的知识、资本并不对等，此时让被侵权人证明侵权人具有过错会非常困难，如果继续坚持传统的过错责任原则，对被侵权人非常不公平，因此，法律规定了过错推定原则，通过举证责任的倒置来有效保护被侵权人。

在《侵权责任法》中，很多条文规定了过错推定原则，包括：教育机构对无民事行为能力人遭受损害的赔偿责任（第38条）；非法占有高度危险物致害时，所有人、管理人的连带责任（第75条）；动物园的动物致害责任（第81条）；建筑物、构筑物及其搁置物、悬挂物致害责任（第85条）；堆放物倒塌致害责任（第88条）；林木折断致害责任（第90条）；窨井等地下设施致害责任（第91条第2款）。在以上情形中发生人身损害结果后，受害人无须向法院证明相关责任人具有过错，如果相关责任人可以提交证据证明其没有过错，可以免责，如果不能提交相关证据或者提交的证据不足以证明其没有过错，就应当对损害结果承担赔偿责任。

（二）无过错责任原则

《侵权责任法》第7条规定："行为人损害他人民事权益，不论行为人有无过错，法律规定应当承担侵权责任的，依照其规定。"这一条规定的就是无过错责任原则。无过错责任原则是指在法律有特别规定的情况下，行为人应当就其特定行为对被侵权人造成的损害承担侵权责任，而不需考虑其是否具有过错。这是法律基于特殊的原因所规定的一项归责原则。例如，《侵权责任法》第34条规定："用人单位的工作人员因执行工作任务造成他人损害的，由用人单位承担侵权责任。劳务派遣期间，被派遣的工作人员因执行工作任务造成他人损害的，由接受劳务派遣的用工单位承担侵权责任；劳务派遣单位有过错的，承担相应的补充责任。"该条规定用人单位承担无过错责任，因为在劳动者与用人单位形成劳动关系时，劳动者是为了用人单位的利益从事劳动，如果劳动者在为用人单位执行工作任务的过程中造成他人损害，基于利益与风险相一致的原因，用人单位便需要对劳动者造成的损害结果承担无过错责任。又如，《侵权责任法》第 41 条规定："因产品存在缺陷造成他人损害的，生产者应当承担侵权责任。"该条规定的产品责任归责原则同样为无过错责任原则。因为在科技飞速发展、产品技术日益发达的时代，消费者无法知悉产品的制造缺陷，只有生产者最有可能在技术上对产品责任进行克服和避免。再如，《侵权责任法》第 69 条规定："从事高度危险作业造成他人损害的，应当承担侵权责任。"该条对高度危险责任规定了无过错责任原则，因为占有或者使用易燃、易爆、剧毒、放射性等高度危险物或者从事高空、高压、地下挖掘活动等行为均具有高度的危险性，行为人从事这些活动，相当于开启了危险源。因此，当这些危险活动致人损害时，从事危险活动的行为人就应当承担侵权责任。

对于无过错责任原则需要注意：第一，无过错并不是责任人没有过错，而是不考虑是否有过错。因此，被侵权人向人民法院提起诉讼时，并不需要证明责任人具有过错。第二，无过错责任原则对于免责事由有严格的限制。例如，如果被侵权人遭受的人身损害结果是由第三人造成的，在过错责任原则适用的情形中，可使行为人免责，而在无过错责任原则适用的情形中，责任人也需要先承担侵权责任，然后再向第三人追偿。如《侵权责任法》第 68 条规定："因第三人的过错污染环境造成损害的，被侵权人可以向污染者请求赔偿，也可以向第三人请求赔偿。污染者赔偿后，有权向第三人追偿。"又如，在过错责任原则适用的情形中，被侵权人具有一般性的过失，即可减轻侵权人的责任，而在无过错责任原则适用的情形中，只有在被侵权人具有重大过失的情况下，才可以减轻侵权人的责任。如《侵权责任法》第 78 条规定："饲养的动物造成他人损害的，动物饲养人或者管理人应当承担侵权责任，但能够证明损害是因被侵权人故意或者重大过失造成的，可以不承担或者减轻责任。"

（三）公平责任原则

公平责任是指在各方当事人对损害的发生均没有过错，也没有根据法律应当适用无过错责任原则的情况下，法院依据公平的理念，在考虑受害人的损害、双方当事人的财产情况以及其他相关情况的基础上，决定由行为人和受害人对损害责任予以分担的一项原则。《民法通则》第 132 条规定："当事人对造成损害都没有过错的，可以根据实际情况，由当事人分担民事责任。"《侵权责任法》第 24 条规定："受害人和行为人对损害的发生都没有过错的，可以根据实际情况，由双方分担损失。"

需要强调的是，公平责任并非《民法通则》和《侵权责任法》规定的一项独立的归责原则，而是在各方当事人对于损害的发生均没有过错，也不适用无过错责任原则的情况下，由行为人对受害人的损害进行适当补偿的一项补偿原则。此处的补偿指的是行为人对于受害人的损害结果进行一部分的适当补偿，而非对损害结果进行全部赔偿。《侵权责任法》中明确规定了以下几项适用公平责任原则的情形：见义勇为中，由受益人对作为见义勇为者的被侵权人进行适当补偿（第23条）；在因自然原因引起危险时，由紧急避险人对受害人进行适当补偿（第31条）；完全民事行为能力人暂时没有意识或失去控制造成他人损害且无过错时，对受害人进行适当补偿（第33条第1款）；高空抛掷物或坠落物造成他人损害，由可能加害的建筑物使用人对受害人给予补偿（第87条）。

三、人身损害赔偿的构成要件——请求人身损害赔偿应当满足的条件

人身损害赔偿的构成要件是指被侵权人在遭受人身损害，请求相关赔偿义务人承担赔偿责任时应当满足的条件。根据我国法律与司法解释的相关规定，在适用过错责任原则的情形下，被侵权人请求人身损害赔偿应当满足四项条件，即加害行为、损害结果、加害行为与损害结果之间存在因果关系以及过错。在适用无过错责任原则的情形下，因为被侵权人不需要证明侵权人存在过错，所以请求人身损害赔偿应满足三项条件，即加害行为、损害结果、加害行为与损害结果之间存在因果关系。

（一）加害行为

加害行为是指赔偿义务人对被侵权人的人身权益造成损害的行为。依据表现的形态不同，加害行为可以分为作为的加害行为和不作为的加害行为。

1. 作为的加害行为

作为的加害行为是指侵权人通过积极的举止动作侵害他人人身权益的行为，它是人身损害侵权行为的常态，如侵权人殴打他人致伤、驾驶机动车时违反道路交通法规撞伤他人等行为，都属于作为的加害行为。

2. 不作为的加害行为

不作为的加害行为是指侵权人违反了特定的作为义务，致使被侵权人遭受人身损害的行为。在这种情形下，虽然侵权人并没有采取积极的举止动作侵害他人，但其违反作为义务直接导致了被侵权人的人身权益遭受损害，即其不作为同被侵权人的人身损害结果之间存在因果关系。侵权人的作为义务，根据来源的不同，主要分为以下几类：

（1）法定的作为义务，由法律明确规定。这一类义务有基于一定的人身关系产生的义务，也有基于特定职业产生的义务，还有法律规定的其他义务。

第一，基于人身关系产生的义务。《中华人民共和国婚姻法》（以下简称《婚姻法》）第20条规定："夫妻有互相扶养的义务。一方不履行扶养义务时，需要扶养的一方，有要求对方付给扶养费的权利。"第21条规定："父母对子女有抚养教育的义务；子女对父母有赡养扶助的义务。父母不履行抚养义务时，未成年的或不能独立生活的子女，有要求父母付给抚养费的权利。子女不履行赡养义务时，无劳动能力的或生活困难的父母，有要求子女付给赡养费的权利。"因此，夫妻间具有互相扶养的义务，父母对子女有抚养义务，子女对父母有赡养义务。如果特定亲属关系中的一方没有履行特定义务，致使另外一方遭受人身损害的，受损害一方有权请求违反义务一方承担损害赔偿责任。例如，如果丈夫拒不履行对属于限制民事行为能力人的妻子的扶养义务，致使妻子因饥饿、疾病等原因出现人身损害结果的，妻子有权请求丈夫履行扶养义务，对其人身损害结果进行赔偿。

第二，基于特定职业产生的义务，例如消防员负有应对火灾险情的义务，警察负有保护人民群众安全，制止违法犯罪行为的义务。《中华人民共和国人民警察法》（以下简称《警察法》）第21条规定："人民警察遇到公民人身、财产安全受到侵犯或者处于其他危难情形，应当立即救助；对公民提出解决纠纷的要求，应当给予帮助；对公民的报警案件，应当及时查处。人民警察应当积极参加抢险救灾和社会公益工作。"

第三，法律规定的其他义务，例如安全保障义务。《侵权责任法》第37条第1款规定："宾馆、商场、银行、车站、娱乐场所等公共场所的管理人或者群众性活动的组织者，未尽到安全保障义务，造成他人损害的，应当承担侵权责任。"如在北京和颐酒店发生的一起女孩遇袭事件中，遇袭女孩"弯弯"为和颐酒店的房客，在居住期间，遭到一陌生男子的尾随，该男子进而对"弯弯"实施拖拽等暴力行为，意欲劫持，最后因其他房客出面制止，该男子才停止侵害行为并逃离。在该事件中，和颐酒店对所有房客负有安全保障义务，而在"弯弯"遭到袭击后，仅有一名工作人员对袭击者进行了劝说，除此之外，酒店并没有采取任何有效措施保护"弯弯"的人身安全。和颐酒店明显违反了《侵权责任法》第37条第1款规定的安全保障义务，如果"弯弯"因不法侵害行为遭到人身损害，酒店就应当对该结果承担损害赔偿责任。

（2）约定的作为义务。该义务一般源于当事人之间缔结的合同，双方在合同中明确约定一方对另一方负有特定的义务。例如，当事人甲聘请当事人乙作为保姆，负责照顾甲年幼的儿子丙，而乙在应当照顾丙的时候玩手机，致使丙在家中摔倒受伤。此时，乙违反了双方约定的照顾小孩的作为义务，应当对丙的人身损害结果承担赔偿责任。

（3）在先行为产生的作为义务。如果行为人的在先行为会使某种危险存在发生的可能性，就负有消除该危险状态的义务。例如，一列满载货物的火车在公路上行驶时不慎将部分货物掉落在公路上，因为这些货物会对来往车辆的正常行驶产生一定的危险性，所以，驾驶员负有移除、清理这些货物的义务。如果驾驶员并未顾及可能发生的危险后果而擅自离开，后来有其他车辆在正常行驶的过程中撞到该货物，进而发生人身损害的结果，掉落货物的车辆的驾驶员或者相关责任主体就应当对后面发生的人身损害结果承担损害赔偿责任。

综上，人身损害赔偿中的加害行为包括作为的加害行为与不作为的加害行为。不作为的加害行为主要包括违反了法定义务、约定义务以及其他义务，进而造成被侵权人人身损害的行为。

（二）损害结果

损害结果是指被侵权人由于遭受人身侵害而使其人身、财产等权益受到损害的结果。损害结果以是否可以用金钱直接进行衡量为标准，可分为财产性损害和精神性损害。

1. 财产性损害

财产性损害是指被侵权人的损害结果中可以用金钱直接进行计算的损害。例如，《侵权责任法》第16条规定："侵害他人造成人身损害的，应当赔偿医疗费、护理费、交通费等为治疗和康复支出的合理费用，以及因误工减少的收入。造成残疾的，还应当赔偿残疾生活辅助具费和残疾赔偿金。造成死亡的，还应当赔偿丧葬费和死亡赔偿金。"该条规定的赔偿项目即属于财产性损害。财产性损害的特点在于，损害结果或者体现为被侵权人金钱的被动支出，或者体现为被侵权人因侵权行为应当增加而未增加的特定的金钱收入，前者如被侵权人被打伤，为了治疗伤情而在医院花费的医疗费、护理费、康复费以及在这一过程中发生的合理的交通费用，后者如被侵权人因被机动车撞伤而住院，在住院期间不能工作或者务工，由此发生的误工损失。

2. 精神性损害

精神性损害是指在人身损害中，被侵权人或者其近亲属在精神方面遭受的，不能用金钱直接加以衡量的损害。《侵权责任法》第22条规定："侵害他人人身权益，造成他人严重精神损害的，被侵权人可以请求精神损害赔偿。"例如侵权人遭遇车祸受重伤，在治疗期间遭受的精神上的痛苦，或者被侵权人因车祸死亡，其近亲属因失去亲人而在精神上承受的痛苦，都属于精神性损害。

区分财产性损害和精神性损害的主要原因在于，计算二者赔偿的方式是不同的。被侵权人在遭受人身损害后所支出的费用或失去的收入是可以用金钱直接计算的，如花费医疗费、护理费、交通费后均有相关的票据作为凭证，日后可以此作为证据向赔偿责任人主张赔偿。被侵权人或其近亲属在精神层面遭受的损害难以用金钱衡量，只能由法官在审理相关案件时根据被侵权人损害的严重性（如是否出现死亡、残疾及其他严重损害结果）、被侵权人或其近亲属在精神上遭受痛苦的严重程度等进行估算，具有较大的自由裁量性。

（三）加害行为与损害结果之间存在的因果关系

被侵权人请求人身损害赔偿，需要加害行为与损害结果之间存在因果关系。因果关系是指加害行为与损害结果之间存在的引起与被引起的关系，具有客观性。如果在一起人身损害赔偿案件中，行为人实施了加害行为，被侵权人出现了损害结果，但该损害结果并不是由行为人的加害行为造成的，而是另有原因，此时行为人不承担赔偿责任。

涉及因果关系的理论较为复杂，有诸多学说。在我国司法实践中，采用的主流观点为"相当因果关系"说。相当因果关系是指，如果行为人实施的加害行为极大地增加了被侵权人人身损害结果发生的客观可能性，就应当认为侵权人实施的加害行为同被侵权人的损害结果之间存在因果关系。因果关系的认定较为复杂，需要人民法院在裁判案件时根据个案的实际情况进行认定。

（四）过错

过错是指侵权人在实施侵权行为时的主观心理状态，分为故意和过失。过错是侵害他人人身权益的主观要件，支配着作为客观条件的加害行为。需要说明的是，过错只有在适用过错责任原则的侵权行为中才作为请求损害赔偿的一个条件。在适用无过错责任原则作为归责原则时，过错并不是请求损害赔偿应当满足的条件，但此时并不是要求相关的赔偿义务主体没有过错，只是在赔偿权利人向法院起诉时，不需要专门证明赔偿义务人存在过错。

1. 故意

故意是指行为人明知其行为会发生损害他人人身权益的结果，仍然积极追求或者放任这种损害结果发生的心理状态。故意分为直接故意和间接故意，前者是指行为人明知自己的行为会产生侵害他人权益的后果，仍然积极追求该后果的发生；间接故意是指行为人明知自己的行为可能发生侵害他人权益的后果，但放任这种后果的发生。

从构成的角度而言，故意具有两个要素，即认识因素和意志因素。认识因素是指行为人能够认识到侵害他人权益的行为可能发生的损害结果，例如，一个具有完全民事行为能力的成年人完全可以认识到不法殴打他人可能发生的他人人身伤害的损害结果。意志因素是指行为人认识到损害结果发生的可能性后，实现该后果的意愿，如行为人明知殴打他人可能造成他人受到人身损害的结果，仍然实施了殴打行为。

2. 过失

过失是指行为人对其行为可能发生损害他人的结果没有注意，或者已经注意到损害结果可能发生却轻信能够避免的心理状态。

在损害赔偿领域，过失分为重大过失、一般过失和具体过失。重大过失是程度最为严重的一类过失，该种过失应当根据具体的情形加以判断。例如，《侵权责任法》第78条规定："饲养的动物造成他人损害的，动物饲养人或者管理人应当承担侵权责任，但能够证明损害是因被侵权人故意或者重大过失造成的，可以不承担或者减轻责任。"如被侵权人故意挑逗、攻击侵权人饲养的宠物狗，致使其被咬伤，可认定为被侵权人存在重大过失。一般过失与重大过失相对应，又称轻过失。法律对这种过失采用较为客观的判断标准，即行为人是否能尽到一个"合理的人"或者"善良管理人"应当尽到的义务。具体过失是指以行为人是否尽到通常在自己事务上应尽的注意义务作为判断标准进行判断的一种过失形态。

过失同样包含认识因素和意志因素。认识因素是指行为人能够或者应当能够认识到其行为可能发生侵害他人权益的后果。例如机动车驾驶人饮酒后应当能意识到继续驾驶机动车可能发生车祸，进而发生损害他人人身权益。意志因素是指行为人具有避免侵害他人民事权益的后果出现的意愿。例如，机动车驾驶人饮酒后仍然驾驶机动车，虽然此时行为人应当能够认识到其行为可能发生侵害他人人身权益的后果，但从意志因素来说是不希望这种损害结果发生的。这也是过失和故意的根本区别所在。如果行为人认识到其行为可能发生一定的损害结果而仍然积极追求该损害结果的发生，则其主观状态为故意而非过失。

四、人身损害赔偿中的多数人侵权

人身损害赔偿中的多数人侵权，是指有两人以上（包括两人）对被侵权人实施的侵害人身权益的侵权行为。多数人侵权是相对于单独侵权而言的，在人身损害赔偿案件中这种情况更为复杂。复杂的原因在于，实施侵权行为的主体为多数，因而很可能存在多个赔偿责任主体。划分多个赔偿主体之间的赔偿责任比确定单一赔偿主体的赔偿责任更为困难。具体而言，根据《侵权责任法》的相关规定，人身损害赔偿中的多数人侵权分为以下几类：

（一）共同侵权行为

人身损害赔偿中的共同侵权行为，是指两人以上共同故意实施了对他人人身权益的侵害，造成同一损害结果的侵权行为。《侵权责任法》第 8 条规定：
"二人以上共同实施侵权行为，造成他人损害的，应当承担连带责任。"第 9 条
规定："教唆、帮助他人实施侵权行为的，应当与行为人承担连带责任。教唆、
帮助无民事行为能力人、限制民事行为能力人实施侵权行为的，应当承担侵权
责任；该无民事行为能力人、限制民事行为能力人的监护人未尽到监护责任的，
应当承担相应的责任。"这两个法条规定的就是共同侵权行为。

1. 共同侵权行为应当具备的要件

人身损害赔偿中的共同侵权行为，应当满足以下要件：

（1）侵权人为两人以上。该要件是区分共同侵权行为和单独侵权行为的前
提。人身损害赔偿中的共同侵权，以自然人共同侵权居多，自然人与法人共同
侵权以及法人共同侵权的情况极少。

（2）侵权人之间在主观方面具有共同故意。人身损害赔偿中的共同侵权行
为需要侵权人之间就侵害他人人身权益的行为具有共同故意，即侵权人之间均
能认识到其共同的侵权行为可能发生造成他人人身权益受到损害的结果，并且
积极追求或者放任这种结果的发生。如果数个侵权人之间不具有共同故意，则
可能构成《侵权责任法》规定的无意思联络的数人侵权，笔者将在下文中予以
阐述。

（3）侵权行为之间具有关联性，即数个侵权人在共同故意的支配下，对被
侵权人实施的各个侵权行为是有联系的，这是共同侵权行为的重要特征。例如，
甲、乙、丙三人密谋对丁实施人身伤害，经过三人的策划，由甲通过电话联系
的方式将丁约至指定地点，乙负责望风，由丙对丁实施了殴打行为，导致丁受
伤。在这一个案中，甲、乙、丙三人的行为共同导致了丁的人身损害结果的发
生，具有关联性。

（4）侵权行为造成了同一损害结果，即各个侵权人实施的侵权行为相结合，
造成了被侵权人人身损害的结果。该结果具有不可分性，即不需考虑每一个侵
权人实施的侵权行为对于损害结果的原因力。在上文所举的例子中，如果是甲、
乙、丙三人共同对丁进行了殴打，致使丁受伤，则不需要考虑三人的行为对于
丁的伤害结果具有的原因力是否有差别，即哪一个侵权人造成的损害更大。

2. 共同侵权行为的类型

根据《侵权责任法》第 8、9 条的规定，共同侵权行为具有两种类型：一是
共同实施者实施的共同侵权行为；二是教唆、帮助形态下的共同侵权行为。

（1）共同实施者实施的共同侵权行为，即数个侵权人都着手实施了，造成
被侵权人人身损害结果的发生。在这种侵权行为中，共同实施者之间或者存在

一定的分工，分别实施了一部分侵权行为，或者不存在明显分工，共同实施了侵权行为。

(2) 教唆、帮助形态下的共同侵权行为，包括教唆的侵权行为以及帮助的侵权行为。教唆的侵权行为是指教唆人以劝说、引诱、怂恿等方式将侵害他人人身权益的意图传达给并无侵权行为意图或者虽有侵权意图但并未形成决意的行为人，最终导致被教唆人根据教唆人的意图实施了侵害他人人身权益的行为。例如，甲与乙素有过节，甲欲对乙实施报复，遂劝说、怂恿丙以"哥们义气"为由对乙实施伤害行为，造成乙受伤。该案例中，甲为教唆人，丙为被教唆人，双方对乙受伤的结果成立共同侵权。帮助的侵权行为是指帮助行为人对实施行为人提供一定帮助，使得实施行为人的侵权行为得以更加顺利完成。例如，丙得知甲欲对乙实施报复行为，遂买来一包鼠药交给甲，甲将该鼠药投到乙的饭菜中，致使乙食用后出现严重人身损害结果。该案例中，丙为帮助行为人，甲为实施行为人，双方对乙受伤的结果成立共同侵权。

需要注意的是：第一，在教唆、帮助形态下的侵权行为中，教唆人、帮助人并未直接实施侵权行为，他们实施的是对侵权人的教唆、帮助行为，但教唆、帮助行为同实行行为结合，共同导致了被侵权人人身损害结果的发生。第二，行为人教唆、帮助无民事行为能力人、限制民事行为能力人实施侵权行为的，教唆人、帮助人应当独立承担侵权责任。该无民事行为能力人、限制民事行为能力人的监护人如果未尽到监护责任，应当承担相应的责任。

3. 共同侵权行为的责任承担

根据《侵权责任法》第8、9条的规定，在共同侵权行为中，共同侵权人之间需要承担连带责任。根据《侵权责任法》第13、14条的规定，连带责任是指人身损害的结果发生后，被侵权人有权请求部分或者全部连带责任人承担责任。连带责任人根据各自责任大小确定相应的赔偿数额；难以确定责任大小的，平均承担赔偿责任。支付超出自己赔偿数额的连带责任人，有权向其他连带责任人追偿。连带责任的责任形态，有利于充分保障被侵权人遭受的损失得到赔偿。例如，甲、乙、丙三人共同故意殴打丁，致使丁受伤。丁可以起诉要求甲、乙、丙三人作为共同被告承担其全部损失，也可以仅起诉三人中的任意一人或者任意两人要求承担其全部损失。如果甲、乙、丙三人中的一人或者两人先行向丁赔偿了全部损失，可以在内部向没有承担赔偿责任的主体追偿。另外，《人身损害赔偿司法解释》第5条规定："赔偿权利人起诉部分共同侵权人的，人民法院应当追加其他共同侵权人作为共同被告。赔偿权利人在诉讼中放弃对部分共同侵权人的诉讼请求的，其他共同侵权人对被放弃诉讼请求的被告应当承担的赔偿份额不承担连带责任。责任范围难以确定的，推定各共同侵权人承担同等责任。人民法院应当将放弃诉讼请求的法律后果告知赔偿权利人，并将放弃诉讼请求的情况在法律文书中叙明。"根据这一条的规定，被侵权人如果要放弃对部分侵权人的赔偿请求，应当谨慎作出决定，因为一旦被侵权人放弃对部分侵权人的赔偿请求，将意味着其他共同侵权人对该被放弃诉讼请求的侵权人应当承担的赔偿份额不再承担连带责任。

（二）共同危险行为

人身损害赔偿中的共同危险行为是指数人都实施了可能对他人的人身权益造成损害的危险行为，并造成了他人人身权益受到损害的结果。如果能够确定造成损害的侵权人，则由该侵权人对损害结果承担赔偿责任，如果无法确定该损害结果由实施危险行为的哪一人或哪几人具体造成，则由所有实施共同危险行为的行为人承担连带责任。《侵权责任法》第 10 条规定："二人以上实施危及他人人身、财产安全的行为，其中一人或者数人的行为造成他人损害，能够确定具体侵权人的，由侵权人承担责任；不能确定具体侵权人的，行为人承担连带责任。"这一条规定的就是共同危险行为。需要注意的是，在实施了共同危险行为的行为人之间，并不存在共同故意，这是共同危险行为与共同侵权行为的一大区别。如果实施危险行为的行为人之间有两人以上具有侵害他人人身权益的共同故意，如造成他人损害，则这几个行为人的行为构成共同侵权行为。

1. 共同危险行为应当具备的要件

人身损害赔偿中的共同危险行为，应当满足以下要件：

（1）行为人为两人以上。共同危险行为属于多数人侵权行为中的一种类型，而且，共同危险行为的特点在于，由多人同时实施了可能造成他人人身损害结果的危险行为。因此，共同危险行为的行为人为两人以上。

（2）行为人实施的行为具有共同危险性，指共同危险行为中每个行为人实施的行为具有共同的危险性，即各个行为人实施了性质相同或类似的危险行为。例如，数个儿童在街上同时放爆竹，造成一路人被炸伤，但无法确定该路人被哪一个小孩的鞭炮炸伤，数个小孩放鞭炮的行为具有共同危险性。

（3）各行为人均存在造成他人人身损害结果的可能性。如其中一人或数人的行为不具备造成他人人身损害结果的可能性，则该一人或数人就不属于共同危险行为中的行为人。例如，数个小孩在居民区的广场丢掷石块玩耍，其中一个小孩丢掷的为木块，结果附近一行人被砸伤，经诊断该伤情为被石块砸中所致。在这一个案中，丢掷木块的小孩显然不具有造成该行人受伤的可能性，不需要就被侵权人受伤的结果承担损害赔偿责任。

（4）无法确定造成损害结果的具体行为人。在共同危险行为中，是数个侵权人同时实施了侵害他人人身权益的危险行为，因而无法确定损害结果是由数人中的哪个行为人或者哪几个行为人造成的，即具体的侵权人是不明的。例如，数个儿童在街上同时放爆竹，造成一路人被炸伤。由于数个儿童均在相同地点实施了放爆竹的行为，因此无法确定该路人是被哪个小孩或者哪几个小孩的爆竹炸伤的。

2. 共同危险行为的责任承担

《侵权责任法》第10条规定："二人以上实施危及他人人身、财产安全的行为，其中一人或者数人的行为造成他人损害，能够确定具体侵权人的，由侵权人承担责任；不能确定具体侵权人的，行为人承担连带责任。"因此，在不能确定具体侵权人的情况下，被侵权人有权请求部分或者全部连带责任人承担责任。承担责任的基础在于，实施危险行为的行为人一般均具有过失，每个行为人的行为均有造成被侵权人的损害结果的可能性，因此，在无法确定具体加害人的情况下，实施共同危险行为的行为人均应当对被侵权人的损害结果承担连带责任。在行为人对被侵权人承担了赔偿责任后，司法实践中一般采取平均分担责任的方式确定各行为人最终应当承担的赔偿份额。在例外情况下，如果各个行为人实施的行为产生的危害性大小不同，也可以确定行为人之间承担不同份额的赔偿责任。

（三）无意思联络的多数人侵权行为

人身损害赔偿中的无意思联络多数人侵权行为，是指数个行为人并无共同的过错，分别实施了各自的行为，仅因为行为的偶然结合致使被侵权人遭受人身损害的侵权行为。无意思联络的多数人侵权行为与共同侵权行为的差别在于：在主观方面，无意思联络的多个行为人之间并无意思联络，即没有侵害他人权益的共同过错，而共同侵权行为要求行为人之间具备侵害他人权益的共同故意；在客观方面，无意思联络的多数人侵权中，数个行为人分别实施了各自的行为，只是偶然结合才导致了被侵权人的人身权益遭受损害，而在共同侵权行为中，数个行为人的行为相结合，共同导致了被侵权人的人身损害结果。根据《侵权责任法》第11、12条的规定，无意思联络的多数人侵权行为包含两种类型，一是因果关系聚合型的无意思联络数人侵权行为，二是因果关系累积型的无意思联络数人侵权行为。

1. 因果关系聚合型的无意思联络数人侵权行为

因果关系聚合型的无意思联络数人侵权行为，是指数个行为人并无意思联络，分别实施了对被侵权人的侵权行为，造成同一损害，每个行为人的侵权行为都足以造成全部损害结果。《侵权责任法》第11条规定："二人以上分别实施侵权行为造成同一损害，每个人的侵权行为都足以造成全部损害的，行为人承担连带责任。"这一条规定的就是因果关系聚合型的无意思联络数人侵权行为。

（1）因果关系聚合型的无意思联络数人侵权行为应当具备以下要件：第一，主体方面，应当存在两个以上的行为人；第二，主观方面，各行为人之间并无意思联络，即共同过错；第三，客观方面，各行为人分别实施了侵权行为，且每一人的侵权行为都足以造成被侵权人的全部损害结果；第四，客体方面，数人造成的损害结果是对被侵权人的同一损害结果，具有不可分性。例如，甲与乙均因与丙存在过节而欲谋害丙，但甲、乙并无意思联络，不知对方均有此意图。某日，甲与乙先后往丙的饭菜中投入大量的毒药，丙在吃饭后因中毒死亡。本案中，甲与乙并不具有意思联络，但两人的投毒行为均足以造成丙死亡这一损害结果的出现，因此，甲与乙的行为构成因果关系聚合型的无意思联络数人侵权行为。

（2）因果关系聚合型的无意思联络数人侵权行为的责任承担。根据《侵权责任法》第 11 条的规定，因果关系聚合型的无意思联络数人侵权行为中，因为每个行为人实施的侵权行为都足以造成被侵权人的全部损害后果，所以各行为人应当承担连带赔偿责任。

2. 因果关系累积型的无意思联络数人侵权行为

因果关系累积型的无意思联络数人侵权行为，是指数个行为人并无意思联络，分别实施了对被侵权人的侵权行为，造成同一损害，但每个行为人的侵权行为都不足以造成全部损害结果的一种无意思联络数人侵权行为。《侵权责任法》第 12 条规定："二人以上分别实施侵权行为造成同一损害，能够确定责任大小的，各自承担相应的责任；难以确定责任大小的，平均承担赔偿责任。"这一条规定的就是因果关系累积型的无意思联络数人侵权行为。

（1）因果关系累积型的无意思联络数人侵权行为应当具备以下要件：第一，主体方面，应当存在两个以上的行为人；第二，主观方面，各行为人之间并无意思联络，即共同过错；第三，客观方面，各行为人分别实施了侵权行为，且每一人的侵权行为都不足以造成被侵权人的全部损害结果，这一点是因果关系累积型的无意思联络数人侵权行为与因果关系聚合型的无意思联络数人侵权行为的根本区别；第四，客体方面，数人造成的各个损害结果相结合，造成了对被侵权人的同一损害结果。例如，甲在道路上行走时被骑摩托车的乙撞倒，倒地之后又遭驾驶轿车的丙碰撞，最终死亡。本案中，乙与丙并无意思联络，且两人的行为均不足以导致甲死亡的结果，在乙与丙的行为结合后，共同造成了甲死亡的后果。因此，乙与丙的行为构成因果关系累积型的无意思联络数人侵权行为。

（2）因果关系累积型的无意思联络数人侵权行为的责任承担。根据《侵权责任法》第12条的规定，因果关系累积型的无意思联络数人侵权行为中，行为人分别实施侵权行为造成同一损害，如果能够确定各行为人的责任大小，应当让各行为人各自承担相应的赔偿责任；如果难以确定各行为人责任大小的，应当让各行为人平均承担赔偿责任。

五、人身损害赔偿中的减责和免责事由

人身损害赔偿中的减责和免责事由是指发生人身损害后，法律规定的减轻或者免除责任人赔偿责任的事由。根据《侵权责任法》的相关规定，人身损害赔偿中主要存在以下减责和免责事由。

（一）过失相抵

过失相抵是指受害人的过失也是人身损害结果发生的部分原因，法院在裁判时可以减轻相关赔偿主体责任的一种减责事由。过失相抵具有主观和客观两个要件：主观上，被侵权人也有过失；客观上，被侵权人的行为也是损害结果发生或者扩大的一部分原因。具体来说，法院在审理人身损害赔偿案件时，如果被侵权人对损害结果的发生也有过失，例如被侵权人因侵权人的殴打行为受伤，如果是因为被侵权人事先辱骂侵权人，进而引发了殴打行为，就可以认定被侵权人存在过失，法院在审理案件时可以酌情减轻侵权人应当承担的赔偿责任。《侵权责任法》第26条规定："被侵权人对损害的发生也有过错的，可以减轻侵权人的责任。"这一条规定的就是过失相抵这一减责事由。

（二）受害人故意

受害人故意是指被侵权人明知自己的行为会造成损害结果，而积极追求或者放任这种损害结果的发生，因而法院裁判赔偿义务主体不承担赔偿责任的一种免责事由。需要明确的是，只有受害人在故意状态下支配的行为是发生损害结果的唯一原因时，受害人故意才可以作为一种免责事由。例如，生活中经常发生"碰瓷"类案件，便是受害人故意的典型例证。"碰瓷"一般指的是一些不法分子故意和机动车辆相撞，造成一些损害结果，然后勒索车主，要求赔偿的行为。在这类案件中，如果车辆在遵守交通法律法规的状态下正常行驶，"碰瓷"人故意碰撞车辆，致使其出现人身损害结果，虽然此时"碰瓷"人属于人身损害中的受害人，但由于损害结果完全是由"碰瓷"人自己造成的，法院应当裁判机动车一方对损害结果完全不承担责任。《侵权责任法》第27条规定："损害是因受害人故意造成的，行为人不承担责任。"这一条规定的就是受害人故意这一免责事由。

（三）第三人原因

第三人原因是指人身损害结果是由于被侵权人和侵权人以外的第三人造成时，法院裁判免除侵权人赔偿责任的一种免责事由。《侵权责任法》第 28 条规定："损害是因第三人造成的，第三人应当承担侵权责任。"这一条规定的就是第三人原因造成损害这一免责事由。需要注意的是：第一，在适用过错责任原则作为归责原则的情形中，如果被侵权人的损害完全是由第三人造成的，则免除侵权人的赔偿责任。第二，在适用无过错责任原则的部分情形中，如果损害结果完全由第三人造成，被侵权人可以请求第三人赔偿，也可以请求侵权人进行赔偿。侵权人先行赔偿后，可以向第三人追偿。例如，《侵权责任法》第 68 条规定："因第三人的过错污染环境造成损害的，被侵权人可以向污染者请求赔偿，也可以向第三人请求赔偿。污染者赔偿后，有权向第三人追偿。"第 83 条规定："因第三人的过错致使动物造成他人损害的，被侵权人可以向动物饲养人或者管理人请求赔偿，也可以向第三人请求赔偿。动物饲养人或者管理人赔偿后，有权向第三人追偿。"

（四）不可抗力

不可抗力是指因人力不能预见、不能避免并且不能克服的自然及社会客观原因造成被侵权人人身损害时，可以免除赔偿义务主体的赔偿责任的一种免责事由。自然原因包括地震、洪水、泥石流等自然灾害，社会原因包括战争、罢工等社会事件。因为不可抗力完全不受行为人的意志支配，因此其作为一项免责事由在很多国家的法律中得到了明文规定。如，我国《侵权责任法》第 29 条规定："因不可抗力造成他人损害的，不承担责任。法律另有规定的，依照其规定。"

需要注意的是，在法律具有特别规定的情况下，即使存在不可抗力，也不能免除侵权人的赔偿责任，即法律特别规定排除不可抗力这一免责事由的适用。例如，《侵权责任法》第 71 条规定："民用航空器造成他人损害的，民用航空器的经营者应当承担侵权责任，但能够证明损害是因受害人故意造成的，不承担责任。"《中华人民共和国民用航空法》（以下简称《民用航空法》）第 160 条第 1 款规定："损害是武装冲突或者骚乱的直接后果，依照本章规定应当承担责任的人不承担责任。"根据这两条的规定，如果发生空难等情况，造成乘客伤亡等人身损害结果，民用航空器的经营人只有证明损害是由受害人故意造成或者由于武装冲突、骚乱造成的，才可以免除责任。也就是说，即使空难是由于雷击、飞鸟撞击等不可抗力中的自然原因造成，出现乘客伤亡等人身损害结果的，民用航空器的经营者也不可以免除赔偿责任。

（五）正当防卫

正当防卫是指当公共利益、本人或他人的人身或其他权益正在遭受不法侵害时，行为人对不法侵害人实施防卫行为，如果造成不法侵害人人身损害，防卫人不承担赔偿责任或者应当减轻赔偿责任的减免责事由。《侵权责任法》第30条规定："因正当防卫造成损害的，不承担责任。正当防卫超过必要的限度，造成不应有的损害的，正当防卫人应当承担适当的责任。"对于正当防卫，应当从以下几方面进行理解：

第一，正当防卫应当满足的条件：①防卫人防卫的必须是正在进行的不法侵害，而不能是尚未开始或者已经结束的不法侵害。例如，侵权人对被侵权人实施殴打行为，被侵权人可以针对正在发生的殴打行为进行防卫。如果殴打已经结束，被侵权人则不能进行回击，可通过报警等行为维护自身合法权益。②防卫行为必须具有紧迫性和必要性，即若不采取防卫行为，会导致人身权益等相关权益遭受损害。③具有实施正当防卫的主观意图，即防卫人需有明知不法侵害正在进行，为了保护相关合法权益而进行防卫的心理状态。④防卫行为只能针对侵权人本人进行，而不能针对侵权人的亲属、朋友等人进行。⑤不得超过必要限度，即防卫行为具有足以有效制止不法侵害行为的强度即可，不应超过该限度。对于必要限度的理解，可以从侵权人与被侵权人双方的年龄、力量、所持工具（凶器以及防卫器具）以及所处客观环境等方面加以判断。

第二，如果防卫人的防卫行为满足上述全部条件，并没有超出必要限度，即使造成侵权人人身损害，也不应当承担赔偿责任。在这种情形下，正当防卫是一项免责事由。

第三，如果防卫人的防卫行为超出必要限度，造成侵权人人身损害的结果发生，例如一个身强力壮的成年人在面对一个较为瘦小的未成年人实施的不法侵害时，使用器械将该未成年人打伤，此时可认为防卫人实施的防卫行为明显超过必要限度。在这种情形下，防卫人应当对侵权人承担适当的赔偿责任，但可减轻其责任。

（六）紧急避险

紧急避险是指当公共利益、本人或他人的人身及其他权益正在遭受一定的危险时，紧急避险人为了避免这种危险而采取了加害他人人身权益及其他权益的行为，如果造成他人人身损害等结果，避险人不承担责任或者应当减轻其赔偿责任的减免责事由。《侵权责任法》第31条规定："因紧急避险造成损害的，由引起险情发生的人承担责任。如果危险是由自然原因引起的，紧急避险人不承担责任或者给予适当补偿。紧急避险采取措施不当或者超过必要的限度，造成不应有的损害的，紧急避险人应当承担适当的责任。"对于紧急避险，应当从以下几方面进行理解：

第一，紧急避险应当满足的条件：①公共利益、本人或他人的人身及其他权益正在遭受现实的危险。正在发生的危险包括地震、泥石流等自然原因、动物的侵袭以及人的生理、病理过程等。②避险行为必须具有紧迫性，需在不得已的状况下实施。例如，避险人在驾驶机动车时，为避免撞倒乃至碾压到行人，而紧急变道撞到他人的机动车，致使该机动车车主受到轻微伤害的行为。③具有实施紧急避险的主观意图，即避险人需有明知存在现实的危险，为了保护相关合法权益而实施一定避险行为的心理状态。④紧急避险针对的是第三方的合法权益，这也是紧急避险和正当防卫最本质的区别。⑤紧急避险不得超过必要的限度。紧急避险造成的损害需小于所要避免的损害，即避险人保护的法益需大于其损害的法益。一般来说，人身权益大于财产权益，而在人身权益中，生命权要高于其他权益。例如，避险人为了防止自己的高级轿车与其他车辆发生剐蹭，而将旁边的行人撞倒致伤。此时，避险人为了保护自己的财产权益而侵犯了他人的人身权益，即属于紧急避险超出必要限度。

第二，如果避险人的避险行为满足上述全部条件，即使造成他人人身损害的结果，也不应当承担赔偿责任。另外，如果危险是由自然原因如地震、洪水等原因造成的，紧急避险是一项免责事由。

第三，如果避险人的避险行为超出必要限度，造成他人人身损害的结果发生，例如避险人为了保护其财产权益而损害了他人的人身权益，可认为避险人实施的避险行为明显超过必要限度。在这种情形下，避险人应当对他人承担适当的赔偿责任，但可减轻其责任。

第二节　人身损害赔偿中的赔偿内容与计算标准

在人身损害赔偿纠纷中，被侵害的权利为生命权、健康权、身体权。被侵权人的上述权利遭受侵害后，会产生两种类型的损害结果，第一种为财产方面的损害，如医疗费、误工费、护理费、交通费等；第二种为精神利益方面的损害，如被侵权人因他人侵害其健康权而遭受精神痛苦，或被侵权人因侵权行为死亡，其近亲属承受的精神上的巨大悲痛。对于财产方面的损害，《侵权责任法》《人身损害赔偿司法解释》规定了赔偿损失等侵权责任的承担方式，用以弥补被侵权人在财产利益方面遭受的损失。对于精神利益方面的损害，《侵权责任法》《人身损害赔偿司法解释》规定了精神损害赔偿，用以弥补被侵权人或其近亲属遭受的精神损害。

一、人身损害赔偿中财产损害的赔偿内容与计算标准

（一）一般性人身损害赔偿纠纷的赔偿内容与赔偿标准

一般性人身损害是指侵权人对被侵权人的健康权、身体权仅构成一般伤害，没有出现被侵权人死亡或者伤残的情形。在这一类人身损害中，赔偿的内容及赔偿标准为：

1. 医疗费

医疗费是指被侵权人遭受人身伤害后，因为接受医院的检查、治疗活动所支付的必要费用。根据《人身损害赔偿司法解释》第 19 条的规定，医疗费根据医疗机构出具的医药费、住院费等收款凭证，结合病历和诊断证明等相关证据确定。赔偿数额按照一审法庭辩论终结前实际发生的数额确定。器官功能恢复训练所必要的康复费、适当的整容费以及其他后续治疗费，赔偿权利人可以待实际发生后另行起诉。但根据医疗证明或者鉴定结论确定必然发生的费用，可以与已经发生的医疗费一并予以赔偿。

医疗费的计算公式为：

医疗费赔偿金额 = 医药费 + 住院费 + 治疗费 + 检查费 + 挂号费 + 其他费用

2. 护理费

护理费是指被侵权人遭受人身损害，聘请相关人员在其治疗与康复期间对其进行必要护理产生的合理费用。根据《人身损害赔偿司法解释》第 21 条之规定，护理费根据护理人员的收入状况和护理人数、护理期限确定。护理人员有收入的，参照误工费的规定计算；护理人员没有收入或者雇佣护工的，参照当地护工从事同等级别护理的劳务报酬标准计算。护理人员原则上为一人，但医疗机构或者鉴定机构有明确意见的，可以参照确定护理人员人数。护理期限应计算至受害人恢复生活自理能力时止。受害人因残疾不能恢复生活自理能力的，可以根据其年龄、健康状况等因素确定合理的护理期限，但最长不超过 20 年。受害人定残后的护理，应当根据其护理依赖程度并结合配制残疾辅助器具的情况确定护理级别。

护理费的计算公式为：

（1）护理人员有收入的情况：

护理费赔偿金额 = 误工费

（2）护理人员没有收入或者雇佣护工的情况：

> 护理费赔偿金额＝当地同级别护工劳务报酬（元/天）×护理期限（天）×护工人数（个）

3. 交通费

交通费是指被侵权人遭受人身损害后，其本人和必要的陪护人员在治疗过程中付出的必要的、合理的交通费用。根据《人身损害赔偿司法解释》第22条之规定，交通费根据受害人及其必要的陪护人员因就医或者转院治疗实际发生的费用计算。交通费应当以正式票据为凭；有关凭据应当与就医地点、时间、人数、次数相符合。

交通费的计算公式为：

> 交通费赔偿金额＝实际需求的交通费用单据数据之和

4. 为治疗和康复支出的其他合理费用

根据《侵权责任法》第16条以及《人身损害赔偿司法解释》第17条之规定，为治疗和康复支出的其他合理费用，主要包括被侵权人及其必要的陪护人员在治疗过程中发生的必要的住宿费、住院伙食补助费以及被侵权人为康复支出的必要的营养费。根据《人身损害赔偿司法解释》第23条之规定，住院伙食补助费可以参照当地国家机关一般工作人员的出差伙食补助标准予以确定。受害人确有必要到外地治疗，因客观原因不能住院，受害人本人及其陪护人员实际发生的住宿费和伙食费，其合理部分应予赔偿。根据《人身损害赔偿司法解释》第24条之规定，营养费根据受害人伤残情况参照医疗机构的意见确定。

为治疗和康复支出的其他合理费用的计算公式为：

> 其他合理费用赔偿金额＝住宿费＋住院伙食补助费＋营养费

> 住宿费赔偿金额＝国家机关一般工作人员出差住宿标准×住宿时间（天）

> 住院伙食补助费赔偿金额＝国家机关一般工作人员出差伙食补助标准×住院天数

> 营养费赔偿金额＝实际发生的必要营养费

5. 误工费

误工费是指被侵权人因受到人身伤害，无法正常工作或者劳动而减少的工作、劳动收入。《人身损害赔偿司法解释》第20条规定："误工费根据受害人的误工时间和收入状况确定。误工时间根据受害人接受治疗的医疗机构出具的证明确定。受害人因伤致残持续误工的，误工时间可以计算至定残日前一天。受害人有固定收入的，误工费按照实际减少的收入计算。受害人无固定收入的，按照其最近三年的平均收入计算；受害人不能举证证明其最近三年的平均收入状况的，可以参照受诉法院所在地相同或者相近行业上一年度职工的平均工资计算。"

误工费的计算公式为：

（1）受害人有固定收入的：

> 误工费赔偿金额＝实际误工收入（元/天）×误工时间（天）

（2）受害人无固定收入，能够举证证明其最近三年的平均收入状况的：

> 误工费赔偿金额＝受害人最近三年平均收入（元/天）×误工时间（天）

（3）受害人无固定收入，不能够举证证明其最近三年的平均收入状况的：

> 误工费赔偿金额＝受诉法院所在地相同或者相近行业上一年度职工的平均工资（元/天）×误工时间（天）

（二）人身损害导致被侵权人残疾的赔偿内容与赔偿标准

如果被侵权人因遭受人身损害而导致残疾，责任人应当赔偿的内容，除上述一般性人身损害赔偿纠纷中包括的赔偿内容，即医疗费、护理费、交通费、为治疗和康复支出的其他合理费用以及误工费之外，还包括以下项目：

1. 残疾生活辅助具费

残疾生活辅助具是指被侵权人因遭受人身伤害致残后，为辅助其实现生活自理而购置的生活自助器具，主要包括：①辅助肢残者行走的器具，如假肢及其零部件、矫形器、矫形鞋、非机动助行器等器具；②视力残疾者使用的导盲镜、盲杖、助视器等器具；③语言、听力残疾者使用的语言训练器、助听器等器具；④智力残疾者使用的行为训练器、生活能力训练用品等器具。《人身损害赔偿司法解释》第26条规定："残疾辅助器具费按照普通适用器具的合理费用标准计算。伤情有特殊需要的，可以参照辅助器具配制机构的意见确定相应的合理费用标准。辅助器具的更换周期和赔偿期限参照配制机构的意见确定。"

残疾生活辅助具费的计算公式为：

> 残疾生活辅助具费赔偿金额＝普通适用器具合理费用

2. 残疾赔偿金

残疾赔偿金是指被侵权人因遭受人身伤害致残而应获得的金钱赔偿。《人身损害赔偿司法解释》第 25 条规定："残疾赔偿金根据受害人丧失劳动能力程度或者伤残等级，按照受诉法院所在地上一年度城镇居民人均可支配收入或者农村居民人均纯收入标准，自定残之日起按二十年计算。但六十周岁以上的，年龄每增加一岁减少一年；七十五周岁以上的，按五年计算。受害人因伤致残但实际收入没有减少，或者伤残等级较轻但造成职业妨害严重影响其劳动就业的，可以对残疾赔偿金作相应调整。"

需要注意的是，当前，由于我国市场经济发展迅速，大量的农民工进城务工，在城镇工作和居住，而农民工在务工过程中受到人身损害的情况非常多，如果对这些农民工仍然按照农村居民人均纯收入的标准进行赔偿，明显有违公平。对此，《最高人民法院民一庭关于经常居住地在城镇的农村居民因交通事故伤亡如何计算赔偿费用的复函》（［2005］民他字第 25 号）中规定："人身损害赔偿案件中，残疾赔偿金、死亡赔偿金和被扶养人生活费的计算，应当根据案件的实际情况，结合受害人住所地、经常居住地等因素，确定适用城镇居民人均可支配收入（人均消费性支出）或者农村居民人均纯收入（人均年生活消费支出）的标准。"此后，多地政府出台地方标准，规定进城务工的农民工在城镇务工遭受人身损害符合特定条件时，适用城镇居民在同等情况下遭受人身损害的赔偿标准。因此，在农民工受到人身损害致残的具体案件中，应当结合该地的具体规定，确认适用农村居民还是城镇居民的标准进行赔偿。

残疾赔偿金的计算公式为：

（1）受害人不满 60 周岁的：

> 残疾赔偿金 = 受诉法院上一年度城镇居民人均可支配收入/农村居民人均纯收入 × 伤残系数 × 20 年

（2）受害人在 60 周岁以上不满 75 周岁的：

> 残疾赔偿金 = 受诉法院上一年度城镇居民人均可支配收入/农村居民人均纯收入 × 伤残系数 ×［20 −（受害人实际年龄 − 60）］年

（3）受害人满 75 周岁的：

> 残疾赔偿金 = 受诉法院上一年度城镇居民人均可支配收入/农村居民人均纯收入 × 伤残系数 × 5 年

3. 被扶养人生活费

被扶养人是指基于特定的身份关系，被侵权人依法应当承担扶养义务的未成年人或者丧失劳动能力又无其他收入来源的成年近亲属。《人身损害赔偿司法解释》第 17 条规定了被侵权人因受到人身伤害致残的，侵权人应当赔偿被扶养人生活费。该解释第 28 条规定："被扶养人生活费根据扶养人丧失劳动能力程度，按照受诉法院所在地上一年度城镇居民人均消费性支出和农村居民人均年生活消费支出标准计算。被扶养人为未成年人的，计算至十八周岁；被扶养人无劳动能力又无其他生活来源的，计算二十年。但六十周岁以上的，年龄每增加一岁减少一年；七十五周岁以上的，按五年计算。被扶养人是指受害人依法应当承担扶养义务的未成年人或者丧失劳动能力又无其他生活来源的成年近亲属。被扶养人还有其他扶养人的，赔偿义务人只赔偿受害人依法应当负担的部分。被扶养人有数人的，年赔偿总额累计不超过上一年度城镇居民人均消费性支出额或者农村居民人均年生活消费支出额。"

需要注意的是，《侵权责任法》出台后，并未专门规定被扶养人生活费。但《最高人民法院关于适用〈中华人民共和国侵权责任法〉若干问题的通知》第 4 条规定，人民法院适用侵权责任法审理民事纠纷案件，如受害人有被扶养人的，应当依据《人身损害赔偿司法解释》第 28 条的规定，将被扶养人生活费计入残疾赔偿金或死亡赔偿金。根据最高人民法院法官的观点，在司法实践中仍应当考虑受害人损伤的情况以及被扶养人的实际状况计算被扶养人生活费，并将其计入残疾赔偿金或死亡赔偿金项下。[1] 所以，《侵权责任法》第 16 条规定的死亡赔偿金和伤残赔偿金，应当包括《人身损害赔偿司法解释》第 25 条和第 28 条规定的两项费用，即残疾赔偿金和被扶养人生活费两项费用之和。

被扶养人生活费的计算公式为：

（1）被扶养人不满 18 周岁的情况：

> 被扶养人生活费 = 受诉法院上一年度城镇居民人均消费性支出/农村居民人均年消费支出 × （18 − 被扶养人实际年龄）年 × 伤残赔偿指数

（2）被扶养人已满 18 周岁不满 60 周岁的：

> 被扶养人生活费 = 受诉法院上一年度城镇居民人均消费性支出/农村居民人均年消费支出 × 20 年 × 伤残赔偿指数

---

[1] 参见杜万华主编：《人身损害赔偿纠纷裁判标准与规范指引》，法律出版社 2015 年版，第 133、134 页。

（3）被扶养人已满 60 周岁不满 75 周岁的：

> 被扶养人生活费＝受诉法院上一年度城镇居民人均消费性支出/农村居民人均
> 年消费支出 ×［20 −（被扶养人实际年龄 −60）］年 × 伤残赔偿指数

（4）被扶养人满 75 周岁的：

> 被扶养人生活费＝受诉法院上一年度城镇居民人均消费性支出/农村居民人均
> 年消费支出 ×5 年 × 伤残赔偿指数

4. 后续治疗费

后续治疗费是指被侵权人因遭受人身损害致残后，在后续治疗过程中实际发生的费用，如二次手术费等相关费用。根据《人身损害赔偿司法解释》第 17 条之规定，被侵权人因伤致残的，因继续治疗发生的必要的后续治疗费用，赔偿义务人应当予以赔偿。根据该解释第 19 条之规定，后续治疗费可以待实际发生后另行起诉。但根据医疗证明或者鉴定结论确定必然发生的费用，可以与已经发生的医疗费一并予以赔偿。

后续治疗费的计算公式为：

> 后续治疗费赔偿金额＝后续治疗后实际发生的治疗费用

（三）人身损害导致被侵权人死亡的赔偿内容与赔偿标准

如果被侵权人因遭受人身损害而死亡，责任人应当赔偿的内容，除上述一般性人身损害赔偿纠纷中包括的赔偿内容，即医疗费、护理费、交通费、为治疗和康复支出的其他合理费用以及误工费之外，还包括以下项目：

1. 丧葬费

丧葬费是指被侵权人的亲友安葬被侵权人所花费的相关费用，主要包括：①在火葬的情况下，被侵权人的亲友为其进行遗容整理、运送尸体、冷藏尸体、火化、购置骨灰盒、墓碑以及租用告别场地支出的相关费用；②在准许土葬的地方，被侵权人的亲友为其购置墓地、购置棺木以及举行葬礼支出的相关费用。根据《人身损害赔偿司法解释》第 27 条之规定，丧葬费按照受诉法院所在地上一年度职工月平均工资标准，以 6 个月总额计算。

丧葬费的计算公式为：

> 丧葬费＝受诉法院上一年度职工月平均工资（元/月）×6 个月

2. 死亡赔偿金

死亡赔偿金是指被侵权人因遭受人身损害死亡而应获得的金钱赔偿。《人身损害赔偿司法解释》第 29 条规定："死亡赔偿金按照受诉法院所在地上一年度城镇居民人均可支配收入或者农村居民人均纯收入标准，按二十年计算。但六十周岁以上的，年龄每增加一岁减少一年；七十五周岁以上的，按五年计算。"第30条规定："赔偿权利人举证证明其住所地或者经常居住地城镇居民人均可支配收入或者农村居民人均纯收入高于受诉法院所在地标准的，残疾赔偿金或者死亡赔偿金可以按照其住所地或者经常居住地的相关标准计算。"

需要注意的是，农村居民进城务工因遭受人身损害而死亡时，同样存在按照何种标准计算死亡赔偿金的问题，在确定死亡赔偿金时，同样需要按照当地政府的具体规定进行计算。对此，可以参照上文中关于残疾赔偿金计算标准的具体内容。

还需要注意的是，根据《侵权责任法》第17条之规定，因同一侵权行为造成多人死亡的，可以以相同数额确定死亡赔偿金。在因同一侵权行为造成多人死亡时，死者中可能既包括城镇居民，也包括农村居民。在这种情形下，法官可以按照《侵权责任法》第17条的精神，以统一标准来计算死亡赔偿金，不区分城镇居民和农村居民。这样可以避免"同命不同价"引发的社会争议，体现了先进的立法思想。

死亡赔偿金的计算公式为：

（1）死者不满60周岁的：

> 死亡赔偿金 = 受诉法院上一年度城镇居民人均可支配收入/农村居民人均纯收入 × 20 年

（2）死者满60周岁不满75周岁的：

> 死亡赔偿金 = 受诉法院上一年度城镇居民人均可支配收入/农村居民人均纯收入 × ［20 -（死者实际年龄 - 60）］年

（3）死者满75周岁的：

> 死亡赔偿金 = 受诉法院上一年度城镇居民人均可支配收入/农村居民人均纯收入 × 5 年

3. 被扶养人生活费

在被侵权人因遭受人身损害死亡的情形，根据《人身损害赔偿司法解释》第17条之规定，赔偿义务人同样需要赔偿被扶养人生活费。关于被扶养人生活费的具体分析及确定标准，参见上文关于被侵权人因伤致残时应获得的被扶养人生活费赔偿的具体内容。

二、人身损害赔偿中精神损害赔偿的适用条件与赔偿标准

（一）精神损害赔偿的适用条件

精神损害赔偿是指因侵害他人的人身权益造成严重精神损害时，侵权人应当向被侵权人支付的精神损害抚慰金。《侵权责任法》《精神损害赔偿司法解释》《人身损害赔偿司法解释》中均明确规定了精神损害赔偿。其中，《侵权责任法》第 22 条明确规定了精神损害赔偿的适用条件。根据该条规定，被侵权人主张精神损害赔偿，应当符合两个条件：

第一，侵权人侵害的客体是人身权益。人身权益是指与人身密不可分，不体现为财产性质的权利和利益。根据《精神损害赔偿司法解释》第 1 条之规定，人身权益应当主要包括：①生命权、健康权、身体权；②姓名权、肖像权、名誉权、荣誉权；③人格尊严权、人身自由权；④违反社会公共利益、社会公德侵害他人隐私或者其他人格利益。后来，《侵权责任法》明确将隐私权作为一项权利加以规定。在人身损害赔偿中，受到侵害的权益主要是指生命权、健康权、身体权及与之相关的人格利益。

第二，被侵权人遭受严重的精神损害。这是对侵权行为造成人身损害的程度的要求。在司法实践中，判断是否构成严重精神损害，要看被侵权人的身体、健康、生命是否受到影响。例如，被侵权人遭受人身伤害致残，无论对其肉体还是精神，都会造成严重的伤害。又如，被侵权人遭受人身伤害死亡，其近亲属必然遭受严重的精神伤害。

（二）精神损害的赔偿标准

《侵权责任法》并未规定精神损害的赔偿标准。司法实践中，人民法院往往从以下因素进行考虑，酌情确定精神损害的赔偿数额：①侵权人的过错程度。这主要是指侵权人在实施侵权行为时的主观心态是故意还是过失，在故意的情况下是否为恶意，在过失的情况下是一般过失还是重大过失。②实施侵害行为的手段、场合、行为方式等具体情节，因为这些情节也可以直接或间接体现侵权人的主观恶意程度。③侵权行为造成的后果是否严重，如是否出现被侵权人伤残、死亡等后果。④侵权人是否获利。⑤最终责任人承担责任的经济能力。⑥受诉法院所在地的平均生活水平。

精神损害赔偿的计算公式为：

> 精神损害赔偿金额应当考虑的因素 = 侵权人的过错程度 + 侵害行为的手段、场合、行为方式等具体情节 + 侵权行为造成后果的严重程度 + 侵权人是否获利 + 最终责任人的经济能力 + 受诉法院所在地的平均生活水平

部分地区高级人民法院对精神损害赔偿数额的具体规定

地区	具体意见	精神损害赔偿的确定标准与数额
北京	北京市高级人民法院关于审理人身伤害赔偿案件若干问题的处理意见（2000年7月11日发布）	第25条：侵权行为致人身体伤残，受害人请求精神损害抚慰金的，可以根据受害人承受的肉体与精神痛苦情况给予一定金钱慰抚，给付数额可以根据伤残程度及侵害人的过错程度予以裁量。因侵害行为致受害人残疾的，赔偿数额一般不超过我市城镇职工上一年平均工资收入的5倍。受害人身体受到一般伤害，造成严重后果，确有必要给予精神损害抚慰金的，参照致人残疾的情况酌减。 第26条：死者的近亲属以受害人死亡给自己造成精神痛苦为由请求死亡赔偿金的，应予支持。赔偿金数额可根据致害行为的性质、致害人的过错程度、请求权人所受痛苦之程度以及其与死者的关系等酌定，但一般不得超过我市城镇职工上年平均工资的10倍。死者的近亲属限于死者的配偶、父母、子女。死者的配偶、父母、子女缺位的，形成赡养、抚养、扶养关系的其他近亲属有权请求死亡赔偿金。
上海	上海市高级人民法院几类民事案件的处理意见	精神损害赔偿部分第5条：精神损害赔偿额以一般最高不超过人民币5万元为宜（上海人均GDP的二倍），不考虑外国人与本国人、法人与自然人、获利与未获利情况。
重庆	重庆市高级人民法院关于审理精神损害赔偿案件若干问题的意见（试行）（2000年1月14日发布）	第6条：精神损害赔偿的标准： （一）公民的姓名权、肖像权、名誉权、荣誉权遭受损害的，精神损害赔偿金额一般不超过1000元；侵权行为情节恶劣、后果严重的，赔偿金额为1000元～5000元。 （二）侵害公民身体权、健康权的精神损害赔偿，按伤残程予以划分。 1. 对公民的身体权、健康权造成一般侵害的，赔偿金额一般不超过1000元。 2. 对公民的身体权、健康权造成严重侵害的，赔偿金额一般不超过5000元。 3. 侵害公民的身体权、健康权，致使受害人轻微伤残的，赔偿金额一般不超过10 000元。 4. 侵害公民的身体权、健康权，致使受害人严重伤残的，赔偿金额一般不超过100 000元。 5. 精神损害赔偿金最高限额一般为100 000元。

续表

地区	具体意见	精神损害赔偿的确定标准与数额
浙江	浙江省高级人民法院民一庭关于人身损害赔偿费用项目有关问题的解答（浙高法民一〔2013〕5 号，2013 年 12 月 27 日发布）	第 15 条：精神损害抚慰金数额应依据《最高人民法院关于确定民事侵权精神损害赔偿责任若干问题的解释》第 10 条的规定确定，根据我省审判实践，一般以 5 万元为限。如果侵权行为情节特别恶劣，被侵权人的损害程度特别严重或者社会影响特别大，可适当提高赔偿金额，但原则上不超过 10 万元。
安徽	安徽省高级人民法院审理人身损害赔偿案件若干问题的指导意见（2006 年 2 月 22 日发布）	第 25 条：按照《最高人民法院关于确定民事侵权精神损害赔偿责任若干问题的解释》第 10 条的规定确定精神抚慰金的数额时可以参考下列标准： （一）公民身体权、健康权遭受轻微伤害，不支持赔偿权利人的精神抚慰金请求； （二）公民身体权、健康权遭受一般伤害没有构成伤残等级的，精神抚慰金的数额一般为 1000 元至 5000 元； （三）公民身体权、健康权遭受的伤害已经构成伤残等级，精神抚慰金的数额可以结合受害人的伤残等级确定，一般不低于 5000 元，但不能高于 80 000 元。 （四）造成公民死亡的，精神抚慰金的数额一般不低于 50 000 元，但不得高于 80 000 元。 案件有其他特殊侵权情节的，精神抚慰金的数额可以不按上述标准确定。
福建	福建省高级人民法院民事审判第一庭关于审理人身损害赔偿纠纷案件疑难问题的解答（2008 年 8 月 20 日发布）	第 22 条：根据我省的经济发展状况和生活水平，并结合审判实践经验，一般情况下，可以参照以下标准： （一）受害人遭受轻微伤害请求精神损害抚慰金的，人民法院不予支持； （二）受害人遭受一般伤害未构成伤残等级的，精神损害抚慰金在 1000 元至 5000 元之间酌定； （三）受害人遭受的伤害已构成伤残等级的，精神损害抚慰金在 5000 元至 80 000 元之间酌定； （四）受害人死亡的，精神损害抚慰金在 50 000 元至 80 000 元之间酌定。 个别案情较为特殊的案件，精神损害抚慰金数额，可以不受上述标准限制。

地区	具体意见	精神损害赔偿的确定标准与数额
江西	江西省高级人民法院2004年全省法院民事审判工作座谈会纪要（2004.3.19发布）	关于人身损害赔偿案件的审理部分第4条：赔偿权利人向人民法院请求赔偿精神损害抚慰金的，人民法院适用《最高人民法院关于确定民事侵权精神损害赔偿责任若干问题的解释》审理，判决予以支持的，并应当依据该司法解释第10条、第11条规定确定赔偿数额，但最高赔偿数额一般不高于5万元，赔偿权利人有多个的，赔偿责任不得累加计算。
河南	河南省高级人民法院民事审判第一庭关于当前民事审判若干法律问题的指导意见（2003年11月发布）	第30条（节录）：精神抚慰金的数额应当根据《最高人民法院关于确定民事侵权精神损害赔偿责任若干问题的解释》的规定，依侵权人的过错、侵权行为的情节、影响和后果以及给受害人造成精神损害的程度，并结合当事人双方的特定社会状况及加害人的认错态度等因素酌定。 侵害自然人生命权，死亡抚慰金在5000元~10万元之间酌定。 侵害自然人健康权造成残疾，受害人完全丧失劳动能力的，精神损害赔偿数额类推侵害自然人生命权予以酌定，丧失部分劳动能力的，精神损害赔偿数额在5万元以下酌定。 侵害自然人姓名权、肖像权、名誉权、荣誉权、隐私权，精神损害赔偿数额在2万元以下酌定。 侵害自然人健康权但未造成残疾以及侵害自然人其他权利或法益的，精神损害赔偿数额在1万元以下酌定。 法律法规或司法解释有规定的，依照其规定。
山东	山东省高级人民法院2011年民事审判工作会议纪要（2011年11月30日）	关于侵权纠纷案件第9条：侵权致人损害，未造成严重后果的，受害人请求精神损害抚慰金赔偿的，一般不予支持；侵权致人损害，造成严重后果的，可以根据受害人一方的请求判令侵权人赔偿相应的精神损害抚慰金。精神损害抚慰金的赔偿数额应当根据侵权人的过错程度、侵权方式、侵权情节、影响范围、侵权获利情况、承担赔偿责任的能力等因素综合确定。精神损害抚慰金赔偿请求权的主体为受害人或者近亲属。 近年来，随着经济社会的发展变化，人民群众生活水平的不断提高，会议认为应对精神损害抚慰金的赔偿标准予以适当调整。具体调整标准如下：侵权人是自然人的，一般精神损害，赔偿标准为1000元~5000元；严重精神损害，赔偿标准为5000元~10 000元。

地区	具体意见	精神损害赔偿的确定标准与数额
		侵权人是法人或其他社会组织的，一般按照自然人赔偿标准的 5 至 10 倍予以赔偿。损害后果特别严重的，可在上述基础上适当提高赔偿标准。

三、人身损害赔偿计算标准的特殊问题——城乡差异下的人身损害赔偿计算标准问题

根据我国现行立法规定，城镇居民和农村居民在受到人身损害后，损害赔偿的计算标准是不同的。例如，《人身损害赔偿司法解释》第 25 条规定："残疾赔偿金根据受害人丧失劳动能力程度或者伤残等级，按照受诉法院所在地上一年度城镇居民人均可支配收入或者农村居民人均纯收入标准，自定残之日起按二十年计算。但六十周岁以上的，年龄每增加一岁减少一年；七十五周岁以上的，按五年计算。受害人因伤致残但实际收入没有减少，或者伤残等级较轻但造成职业妨害严重影响其劳动就业的，可以对残疾赔偿金作相应调整。"第 28 条第 1 款规定："被扶养人生活费根据扶养人丧失劳动能力程度，按照受诉法院所在地上一年度城镇居民人均消费性支出和农村居民人均年生活消费支出标准计算。被扶养人为未成年人的，计算至十八周岁；被扶养人无劳动能力又无其他生活来源的，计算二十年。但六十周岁以上的，年龄每增加一岁减少一年；七十五周岁以上的，按五年计算。"第 29 条规定："死亡赔偿金按照受诉法院所在地上一年度城镇居民人均可支配收入或者农村居民人均纯收入标准，按二十年计算。但六十周岁以上的，年龄每增加一岁减少一年；七十五周岁以上的，按五年计算。"

从上述规定可以看出，在人身损害赔偿纠纷中，对于残疾赔偿金、被扶养人生活费、死亡赔偿金这些项目的赔偿，依据受害人为城镇户籍还是农村户籍，计算标准是不一样的。而我国幅员辽阔，城乡经济发展水平存在巨大差距，因而城镇居民的人均可支配收入、人均消费性支出和农村居民的人均纯收入及人均年生活消费支出存在极大差距。这无形中造成了对城镇居民和农村居民在遭受人身损害时救济赔偿的不平等。正因如此，立法机关和司法机关作出了一些有利于城乡居民在遭受人身损害时获得平等的赔偿数额的规定和意见。例如，《最高人民法院民一庭关于经常居住地在城镇的农村居民因交通事故伤亡如何计算赔偿费用的复函》（［2005］民他字第 25 号）规定："云南省高级人民法院：你院《关于罗金会等五人与云南昭通交通运输集团公司旅客运输合同纠纷一案

所涉法律理解及适用问题的请示》收悉。经研究，答复如下：人身损害赔偿案件中，残疾赔偿金、死亡赔偿金和被扶养人生活费的计算，应当根据案件的实际情况，结合受害人住所地、经常居住地等因素，确定适用城镇居民人均可支配收入（人均消费性支出）或者农村居民人均纯收入（人均年生活消费支出）的标准。本案中，受害人唐顺亮虽然农村户口，但在城市经商、居住，其经常居住地和主要收入来源地均为城市，有关损害赔偿费用应当根据当地城镇居民的相关标准计算。"《最高人民法院关于对户口在农村但长期居住在城镇人员的人身损害赔偿标准适用问题请示的复函》（［2006］民一他字第 8 号）规定："甘肃省高级人民法院：你院甘高法［2005］83 号《关于对户口在农村但长期居住在城镇人员的人身损害赔偿标准适用问题的请示》收悉。经研究认为：你院请示的问题，我院在［2005］民一他字第 25 号《经常居住在城镇的农村居民因交通事故伤亡如何计算赔偿费用的复函》中已经有明确意见，请你院参照执行。"从上述两个规定可以看出，最高人民法院认为，户籍在农村，但长期在城市生活、居住，经常居住地和主要收入来源地均为城市的公民受到人身损害时，残疾赔偿金、死亡赔偿金和被扶养人生活费应当根据当地城镇居民的相关标准计算。此外，《人身损害赔偿司法解释》第 30 条还规定："赔偿权利人举证证明其住所地或者经常居住地城镇居民人均可支配收入或者农村居民人均纯收入高于受诉法院所在地标准的，残疾赔偿金或者死亡赔偿金可以按照其住所地或者经常居住地的相关标准计算。被扶养人生活费的相关计算标准，依照前款原则确定。"

此外，《侵权责任法》第 17 条规定："因同一侵权行为造成多人死亡的，可以以相同数额确定死亡赔偿金。"该规定对于城乡居民遭受人身损害时获得公平赔偿具有极为重要的意义。例如，如果城乡居民因同一起交通事故不幸遇难，在死亡赔偿金方面，可以不考虑受害人的户籍而进行统一赔偿。典型案例如"7·23 甬温动车事故"，在该起事故中，受害人的赔偿标准被统一确定为 91.5 万元。虽然这起事故具有特殊性，但确定统一赔偿标准是值得借鉴的，也更有利于对城镇居民和农村居民在发生人身损害时进行公平的救济。

第三节　人身损害赔偿中的诉讼时效
——权利人行使权利的期间

一、诉讼时效概述

诉讼时效是指当事人的权利（一般限于债权请求权）受到损害后，向人民法院请求保护民事权利的期间。该期间以当事人知道或者应当知道权利被侵害时起计算。如果没有在该期间内行使权利，当事人在诉讼时效经过后再向人民法院提起诉讼，对方当事人如以诉讼时效经过为由进行抗辩，则当事人不能胜诉。法律规定诉讼时效的目的在于敦促当事人及时、积极行使权利。诉讼时效包含一般诉讼时效和特殊诉讼时效。当事人发生纠纷后，请求人民法院保护其权利（一般限于债权请求权）的期间在原则上适用一般诉讼时效。对于一般诉讼时效，《民法通则》第 135 条规定："向人民法院请求保护民事权利的诉讼时效期间为二年，法律另有规定的除外。"《民法通则》第 154 条第 1、2 款规定："民法所称的期间按照公历年、月、日、小时计算。规定按照小时计算期间的，从规定时开始计算。规定按照日、月、年计算期间的，开始的当天不算入，从下一天开始计算。"例如，张三于 2013 年 5 月 1 日向李四借款 10 万元，约定的还款日期为 2014 年 5 月 1 日。如果到了 2014 年 5 月 1 日，即双方约定的还款日期，债务人张三向债权人李四明确表示拒绝还款，则当天属于李四明知其权利被侵害的那一天。由于诉讼时效期间开始的当天并不被算入，李四请求张三还款的诉讼时效期间从 2014 年 5 月 2 日起算，至两年后的 2016 年 5 月 1 日。如果在这段时间内李四没有向张三请求还款，则李四的债权可能不会实现。如李四在 2016 年 5 月 2 日（含当日）以后才起诉张三，要求其还款。如果在诉讼中张三没有援用诉讼时效经过对李四进行抗辩，法院在查清借款事实确实存在后仍然应判决张三胜诉。但是，如果张三在诉讼中援用了诉讼时效已经经过这一抗辩，在这种情况下李四的债权便不能得到法律保护，即诉讼时效的经过会使债务人对债权人的请求产生永久的抗辩权。

在法律规定的特殊情况下应当适用特殊诉讼时效。对于特殊诉讼时效，《民法通则》第 136 条规定："下列的诉讼时效期间为一年：（一）身体受到伤害要求赔偿的；（二）出售质量不合格的商品未声明的；（三）延付或者拒付租金的；（四）寄存财物被丢失或者损毁的。"所以，人身损害赔偿纠纷中应当适用特殊诉讼时效，时效期间为一年。对于人身损害赔偿纠纷中诉讼时效期间的起算点，《民通意见》第 168 条规定："人身损害赔偿的诉讼时效期间，伤害明显的，从受伤害之日起算；伤害当时未曾发现，后经检查确诊并能证明是由侵害引起的，从伤势确诊之日起算。"在人身损害赔偿纠纷中，诉讼时效有两个起算点，一个是受伤害明显情况下的受伤害之日，另一个是受到伤害后并未发觉，但后来经过检查确定伤害是由侵权行为引起的情况下的伤势确诊之日。例如，李四于 2013 年 5 月 1 日被张三殴打，如果李四当场受到重伤，则其请求张三进行损害赔偿的诉讼时效期间为 2013 年 5 月 2 日至一年后的 2014 年 5 月 1 日。如果李四当时并未察觉受伤，而随后感觉不适，并于2013年5月7日去医院检查，当日确诊李四受伤，且能确定该伤势是由张三的伤害行为所引起的，那么李四请求张三进行损害赔偿的诉讼时效期间为2013年5月8日至一年后的2014年5月7日。如果李四在这一期间经过后才向张三请求损害赔偿，在张三援用诉讼时效经过这一事实进行抗辩的情况下，李四的合法权益便得不到保护。因此，在人身损害纠纷中，受害人一定要及时行使权利，要求责任人进行赔偿。

此外，人身损害赔偿纠纷在适用一年诉讼时效期间的原则下，也存在着几种特殊的诉讼时效：①产品责任中的诉讼时效为两年。《中华人民共和国产品质量法》（以下简称《产品质量法》）第45条第1款规定："因产品存在缺陷造成损害要求赔偿的诉讼时效期间为二年，自当事人知道或者应当知道其权益受到损害时起计算。"②环境污染责任中的诉讼时效期间为三年。《中华人民共和国环境保护法》（以下简称《环境保护法》）第42条规定："提起环境损害赔偿诉讼的时效期间为三年，从当事人知道或者应当知道其受到损害时起计算。"③航空运输中造成旅客人身损害和对地面第三人造成人身损害的诉讼时效期间均为两年。《民用航空法》第135条规定："航空运输的诉讼时效期间为二年，自民用航空器到达目的地点、应当到达目的地点或者运输终止之日起计算。"第171条规定："地面第三人损害赔偿的诉讼时效期间为二年，自损害发生之日起计算；但是，在任何情况下，时效期间不得超过自损害发生之日起三年。"

二、诉讼时效的中止和中断

（一）诉讼时效的中止

诉讼时效的中止是指在诉讼时效期间内，因发生法定事由阻碍权利人行使请求权，诉讼依法暂时停止进行，并在法定事由消失之日起继续进行的情况。对此，我国《民法通则》第139条规定："在诉讼时效期间的最后六个月内，因不可抗力或者其他障碍不能行使请求权的，诉讼时效中止。从中止时效的原因消除之日起，诉讼时效期间继续计算。"关于其他障碍如何认定的问题，《民通意见》第172条规定："在诉讼时效期间的最后六个月内，权利被侵害的无民事行为能力人、限制民事行为能力人没有法定代理人，或者法定代理人死亡、丧失代理权，或者法定代理人本人丧失行为能力的，可以认定为因其他障碍不能行使请求权，适用诉讼时效中止。"《最高人民法院关于审理民事案件适用诉讼时效制度若干问题的规定》（以下简称《诉讼时效规定》）第20条规定："有下列情形之一的，应当认定为民法通则第一百三十九条规定的'其他障碍'，诉讼时效中止：（一）权利被侵害的无民事行为能力人、限制民事行为能力人没有法定代理人，或者法定代理人死亡、丧失代理权、丧失行为能力；（二）继承开始后未确定继承人或者遗产管理人；（三）权利人被义务人或者其他人控制无法主张权利；（四）其他导致权利人不能主张权利的客观情形。"

（二）诉讼时效的中断

诉讼时效的中断是指在诉讼时效期间内，因发生法定事由，致使已经经过的时效期间归于无效，待时效中断的事由消除后，诉讼时效期间重新起算的情况。我国《民法通则》第140条规定："诉讼时效因提起诉讼、当事人一方提出要求或者同意履行义务而中断。从中断时起，诉讼时效期间重新计算。"需要特别注意的是，此条文第二句的规定有误，应为待中断的事由消除后，诉讼时效期间重新起算，而非从中断时起诉讼时效重新起算。根据《民法通则》第140条的规定，诉讼时效中断的法定事由有三项：提起诉讼、当事人一方提出要求、当事人一方同意履行债务。

第一，提起诉讼，是指当事人通过起诉的方式向对方当事人主张权利。《诉讼时效规定》第12条规定："当事人一方向人民法院提交起诉状或者口头起诉的，诉讼时效从提交起诉状或者口头起诉之日起中断。"第13条规定："下列事项之一，人民法院应当认定与提起诉讼具有同等诉讼时效中断的效力：（一）申请仲裁；（二）申请支付令；（三）申请破产、申报破产债权；（四）为主张权利而申请宣告义务人失踪或死亡；（五）申请诉前财产保全、诉前临时禁令等诉前措施；（六）申请强制执行；（七）申请追加当事人或者被通知参加诉讼；（八）在诉讼中主张抵销；（九）其他与提起诉讼具有同等诉讼时效中断效力的事项。"第14条规定："权利人向人民调解委员会以及其他依法有权解决相关民事纠纷的国家机关、事业单位、社会团体等社会组织提出保护相应民事权利的请求，诉讼时效从提出请求之日起中断。"第15条规定："权利人向公安机关、人民检察院、人民法院报案或者控告，请求保护其民事权利的，诉讼时效从其报案或者控告之日起中断。上述机关决定不立案、撤销案件、不起诉的，诉讼时效期间从权利人知道或者应当知道不立案、撤销案件或者不起诉之日起重新计算；刑事案件进入审理阶段，诉讼时效期间从刑事裁判文书生效之日起重新计算。"

第二，当事人一方提出请求，是指当事人在诉讼之外向对方当事人提出的请求，而不包括在诉讼中提出的请求。《诉讼时效规定》第10条规定："具有下列情形之一的，应当认定为民法通则第一百四十条规定的'当事人一方提出要求'，产生诉讼时效中断的效力：（一）当事人一方直接向对方当事人送交主张权利文书，对方当事人在文书上签字、盖章或者虽未签字、盖章但能够以其他方式证明该文书到达对方当事人的；（二）当事人一方以发送信件或者数据电文方式主张权利，信件或者数据电文到达或者应当到达对方当事人的；（三）当事人一方为金融机构，依照法律规定或者当事人约定从对方当事人账户中扣收欠款本息的；（四）当事人一方下落不明，对方当事人在国家级或者下落不明的当事人一方住所地的省级有影响的媒体上刊登具有主张权利内容的公告的，但法律和司法解释另有特别规定的，适用其规定。前款第（一）项情形中，对方当事人为法人或者其他组织的，签收人可以是其法定代表人、主要负责人、负责收发信件的部门或者被授权主体；对方当事人为自然人的，签收人可以是自然人本人、同住的具有完全行为能力的亲属或者被授权主体。"第 11 条规定："权利人对同一债权中的部分债权主张权利，诉讼时效中断的效力及于剩余债权，但权利人明确表示放弃剩余债权的情形除外。"

第三，义务人同意履行义务，是指义务人通过一定的方式向权利人作出同意履行义务的意思表示。除当事人以书面或者可证明的口头承诺方式（如电话录音）同意履行义务外，《诉讼时效规定》第 16 条规定："义务人作出分期履行、部分履行、提供担保、请求延期履行、制定清偿债务计划等承诺或者行为的，应当认定为民法通则第一百四十条规定的当事人一方'同意履行义务'。"

人身损害赔偿纠纷中，关于诉讼时效中止和中断的理解，可以举例进行说明：张三家的宠物狗于 2013 年 5 月 1 日将李四咬伤，李四请求张三进行人身损害赔偿的诉讼时效期间为一年，即 2013 年 5 月 2 日至 2014 年 5 月 1 日。李四此前一直未向张三主张赔偿，结果在 2014 年 4 月 1 日（在诉讼时效期间的最后 6 个月内）李四外出，因当地爆发山洪，导致李四被困。直到 2014 年 5 月 3 日，李四才得到解救（被困期间，李四有充足的食品和水，被解救时身体状况良好）。在这种情况下，原本李四向张三请求损害赔偿的诉讼时效期间的最后一日为 2014 年 5 月 1 日，结果在 4 月 1 日外出被困，属于因不可抗力导致其无法主张权利。因此，在该原因消除之日即李四被解救之日的 2014 年 5 月 3 日，诉讼时效期间继续计算。因为在 4 月 1 日被困时，时效还剩下一个月，所以从被解救的 5 月 3 日起，时效继续计算一个月。

在同样情况下，如果李四在 2013 年 6 月 1 日向人民法院提起诉讼，请求李四赔偿其损失，则诉讼时效期间从 2013 年 6 月 1 日起中断。待中断的事由消失之日起，诉讼时效期间重新计算。即如果李四在 7 月 1 日撤诉，则自撤诉之日起，诉讼时效重新开始计算一年。

三、最长诉讼时效

《民法通则》第 137 条规定："诉讼时效期间从知道或者应当知道权利被侵

害时起计算。但是，从权利被侵害之日起超过二十年的，人民法院不予保护。有特殊情况的，人民法院可以延长诉讼时效期间。"最长诉讼时效与普通诉讼时效相比有如下不同：①起算点不同。最长诉讼时效从权利被侵害之日起计算，而普通诉讼时效以当事人知道或者应当知道权利被侵害时起计算。②是否适用中止、中断不同。最长诉讼时效并不适用中止、中断的规定，而普通诉讼时效适用中止、中断的规定。③目的不同。最长诉讼时效的目的在于稳定社会秩序，而普通诉讼时效的目的更倾向于保护当事人权利。例如，张三于1990年8月1日被李四打成重伤，如果从当日起的20年内，张三一直未向李四主张权利，则到了20年后的2010年8月2日起，张三的权利便不能得到保护。在这种情况下，如果张三在20年后才向李四主张权利，人民法院只能根据实际情况判断诉讼时效是否可以延长。诉讼时效延长的情形，法律并没有作出规定，在实践中可以根据案件的影响力以及是否涉及社会重大利益进行判断。

第四节　人身损害赔偿中的管辖
——权利人提起诉讼的地点

一、人身损害赔偿中的管辖概述

民事诉讼中的管辖是指各级人民法院和同级人民法院之间受理第一审民事案件的分工和权限。也就是说，管辖解决的是当事人因发生纠纷，准备起诉时，应当到哪一个或者哪几个法院提起诉讼的问题。

根据《民事诉讼法》第二章的规定，管辖具有以下分类：级别管辖、地域管辖、移送管辖和指定管辖。其中，地域管辖又分为一般地域管辖、特殊地域管辖、协议管辖和专属管辖。

二、人身损害赔偿中的级别管辖

人身损害案件中的级别管辖是指上下级人民法院之间按照一定的标准，受理第一审人身损害民事案件的分工和权限。确定级别管辖主要依据以下标准：第一，案件的性质；第二，案件的复杂程度；第三，案件的影响范围；第四，案件争议标的金额的大小。以下将对我国民事诉讼中的级别管辖进行具体说明。

（一）基层人民法院管辖的第一审民事案件

《民事诉讼法》第17条规定："基层人民法院管辖第一审民事案件，但本法另有规定的除外。"也就是说，除了法律规定的应当由中级人民法院、高级人民法院和最高人民法院管辖的案件外，所有的第一审民事案件原则上都应当由基层人民法院进行管辖。另外，《最高人民法院关于调整高级人民法院和中级人民法院管辖第一审民商事案件标准的通知》（法发〔2015〕7 号）第 4 条规定："婚姻、继承、家庭、物业服务、人身损害赔偿、名誉权、交通事故、劳动争议等案件，以及群体性纠纷案件，一般由基层人民法院管辖。"所以，人身损害赔偿纠纷在一般情况下应当由基层人民法院进行管辖。

（二）中级人民法院管辖的第一审民事案件

《民事诉讼法》第 18 条规定："中级人民法院管辖下列第一审民事案件：（一）重大涉外案件；（二）在本辖区有重大影响的案件；（三）最高人民法院确定由中级人民法院管辖的案件。"在人身损害赔偿纠纷中，重大的涉外人身损害案件（如侵权人或被侵权人为外国人的重大案件）、在该辖区有重大影响的人身损害赔偿案件、最高人民法院确定由中级人民法院管辖的案件（如环境公益诉讼案件），应当由中级人民法院进行管辖。

（三）高级人民法院管辖的第一审民事案件

《民事诉讼法》第 19 条规定："高级人民法院管辖在本辖区有重大影响的第一审民事案件。"高级人民法院为省、自治区、直辖市一级的人民法院，所以，在省、自治区、直辖市具有重大影响的人身损害案件，应当由高级人民法院进行管辖。

在司法实践中，常把案件诉讼金额的大小作为案件是否具有重大影响的一个重要考量因素。例如，根据《最高人民法院关于调整高级人民法院和中级人民法院管辖第一审民商事案件标准的通知》第 1 条的规定，在当事人住所地均在受理法院所处省级行政辖区的第一审民商事案件中，北京、上海、江苏、浙江、广东高级人民法院，管辖诉讼标的额 5 亿元以上一审民商事案件，所辖中级人民法院管辖诉讼标的额 1 亿元以上一审民商事案件。天津、河北、山西、内蒙古、辽宁、安徽、福建、山东、河南、湖北、湖南、广西、海南、四川、重庆高级人民法院，管辖诉讼标的额 3 亿元以上一审民商事案件，所辖中级人民法院管辖诉讼标的额 3000 万元以上一审民商事案件。吉林、黑龙江、江西、云南、陕西、新疆高级人民法院和新疆生产建设兵团分院，管辖诉讼标的额 2 亿元以上一审民商事案件，所辖中级人民法院管辖诉讼标的额 1000 万元以上一审民商事案件。贵州、西藏、甘肃、青海、宁夏高级人民法院，管辖诉讼标的额 1 亿元以上一审民商事案件，所辖中级人民法院管辖诉讼标的额 500 万元以上一审民商事案件。根据该通知第 2 条的规定，在当事人一方住所地不在受理法院所处省级行政辖区的第一审民商事案件中，北京、上海、江苏、浙江、广东高级人民法院，管辖诉讼标的额 3 亿元以上一审民商事案件，所辖中级人民法院管辖诉讼标的额 5000 万元以上一审民商事案件。天津、河北、山西、内蒙古、辽宁、安徽、福建、山东、河南、湖北、湖南、广西、海南、四川、重庆高级人民法院，管辖诉讼标的额 1 亿元以上一审民商事案件，所辖中级人民法院管辖诉讼标的额 2000 万元以上一审民商事案件。吉林、黑龙江、江西、云南、陕西、新疆高级人民法院和新疆生产建设兵团分院，管辖诉讼标的额 5000 万元以上一审民商事案件，所辖中级人民法院管辖诉讼标的额 1000 万元以上一审民商事案件。贵州、西藏、甘肃、青海、宁夏高级人民法院，管辖诉讼标的额 2000 万元以上一审民商事案件，所辖中级人民法院管辖诉讼标的额 500 万元以上一审民商事案件。所以，人身损害纠纷发生后，当事人可以根据案件发生地和标的金额，确定案件应当由哪一级人民法院进行管辖。

（四）最高人民法院管辖的第一审民事案件

《民事诉讼法》第 20 条规定："最高人民法院管辖下列第一审民事案件：（一）在全国有重大影响的案件；（二）认为应当由本院审理的案件。"因此，在全国范围内有重大影响的人身损害案件和最高人民法院认为应当由其审理的人身损害案件，由最高人民法院进行管辖。这一类案件在司法实践中较为罕见。

三、人身损害赔偿中的地域管辖

人身损害案件中的地域管辖是指同级人民法院之间在各自辖区内受理第一审人身损害案件的分工和权限。人身损害案件中的地域管辖，包含一般地域管辖、特殊地域管辖和专属管辖等几个方面。

（一）一般地域管辖

首先，一般地域管辖适用的原则是"原告就被告"。《民事诉讼法》第 21 条规定："对公民提起的民事诉讼，由被告住所地人民法院管辖；被告住所地与经常居住地不一致的，由经常居住地人民法院管辖。对法人或者其他组织提起的民事诉讼，由被告住所地人民法院管辖。同一诉讼的几个被告住所地、经常居住地在两个以上人民法院辖区的，各该人民法院都有管辖权。"此外，《最高人民法院关于适用〈中华人民共和国民事诉讼法〉的解释》（以下简称《民事诉讼法司法解释》）第 3 条规定："公民的住所地是指公民的户籍所在地，法人或者其他组织的住所地是指法人或者其他组织的主要办事机构所在地。法人或者其他组织的主要办事机构所在地不能确定的，法人或者其他组织的注册地或者登记地为住所地。"

在人身损害赔偿纠纷中，应当按照如下规则确定一般地域管辖的法院：①人身损害案件中的被告是自然人的，原告应当到该被告的住所地人民法院，即被告户籍所在地人民法院提起诉讼，如果该被告的住所地和经常居住地不一致的，原告应当到被告的经常居住地人民法院提起诉讼。②人身损害案件中的被告为法人或其他非法人团体的，原告应当到被告的住所地人民法院提起诉讼。法人或其他非法人团体的住所地，是指其主要办事机构所在地，如果主要办事机构所在地不能确定的，应当到该法人或非法人团体的注册地或登记地人民法院提起诉讼。③如果同一起人身损害案件中存在两个以上的被告（例如共同侵权的情况），且几个被告住所地、经常居住地在两个以上人民法院辖区的，原告可以到任一辖区的人民法院提起诉讼。

此外，在《民事诉讼法司法解释》中，对人身损害赔偿纠纷中可能涉及的"原告就被告"管辖问题还有如下规定：①该解释第 6 条规定："……原告、被告均被注销户籍的，由被告居住地人民法院管辖。"②该解释第 8 条规定："双方当事人都被监禁或者被采取强制性教育措施的，由被告原住所地人民法院管辖。被告被监禁或者被采取强制性教育措施一年以上的，由被告被监禁地或者被采取强制性教育措施地人民法院管辖。"

其次，一般地域管辖适用的例外情况是"被告就原告"。《民事诉讼法》第 22 条规定："下列民事诉讼，由原告住所地人民法院管辖；原告住所地与经常居住地不一致的，由原告经常居住地人民法院管辖：（一）对不在中华人民共和国领域内居住的人提起的有关身份关系的诉讼；（二）对下落不明或者宣告失踪的人提起的有关身份关系的诉讼；（三）对被采取强制性教育措施的人提起的诉讼；（四）对被监禁的人提起的诉讼。"在人身损害赔偿纠纷中，因为不涉及身份关系，所以有可能由原告住所地法院进行管辖的情形限于两种：一是被告被采取强制性教育措施的情形；二是被告被监禁的情形。

此外，根据《民事诉讼法司法解释》第 6 条的规定，如果被告被注销户籍的，应当由原告住所地人民法院进行管辖，原告住所地与经常居住地不一致的，由原告经常居住地人民法院管辖。

（二）特殊地域管辖

特殊地域管辖是相较于一般地域管辖而言的，指的是除了被告住所地之外，以诉讼标的物或者引起民事法律关系发生、变更、消灭的法律事实发生地为标准的管辖。在人身损害赔偿纠纷中，涉及的特殊地域管辖主要为侵权纠纷中的特殊地域管辖。《民事诉讼法》第 28 条规定："因侵权行为提起的诉讼，由侵权行为地或者被告住所地人民法院管辖。"《民事诉讼法司法解释》第 24 条规定："民事诉讼法第二十八条规定的侵权行为地，包括侵权行为实施地、侵权结果发生地。"在人身损害赔偿纠纷中，原告应当在侵权行为地或者被告住所地的法院提起诉讼。如果侵权行为实施地和侵权结果发生地不一致的，原告可以在上述任一地点的人民法院提起诉讼。

此外，对于人身损害赔偿纠纷中部分案件的特殊管辖问题，《民事诉讼法》和《民事诉讼法司法解释》也作出了一些特别规定。具体而言：

《民事诉讼法司法解释》第26条规定："因产品、服务质量不合格造成他人财产、人身损害提起的诉讼，产品制造地、产品销售地、服务提供地、侵权行为地和被告住所地人民法院都有管辖权。"在产品责任纠纷中，原告可以在产品制造地、产品销售地、服务提供地、侵权行为地和被告住所地的人民法院提起诉讼。

《民事诉讼法》第29条规定："因铁路、公路、水上和航空事故请求损害赔偿提起的诉讼，由事故发生地或者车辆、船舶最先到达地、航空器最先降落地或者被告住所地人民法院管辖。"在铁路、公路、水上和航空事故引发的人身损害赔偿纠纷中，原告可以提起诉讼的法院为事故发生地人民法院，车辆、船舶最先到达地，航空器最先降落地人民法院或者被告住所地人民法院。

四、人身损害赔偿中的专属管辖

专属管辖是指根据法律规定，某些特殊类型的案件应当由特定的人民法院进行管辖。《民事诉讼法》第33条对此作出了规定："下列案件，由本条规定的人民法院专属管辖：（一）因不动产纠纷提起的诉讼，由不动产所在地人民法院管辖；（二）因港口作业中发生纠纷提起的诉讼，由港口所在地人民法院管辖；（三）因继承遗产纠纷提起的诉讼，由被继承人死亡时住所地或者主要遗产所在地人民法院管辖。"因为此处的不动产纠纷和遗产继承纠纷并不涉及人身损害的问题，所以人身损害赔偿纠纷中的专属管辖问题，仅指在港口作业中发生人身损害纠纷时，原告应当向港口所在地人民法院提起诉讼。

第五节　人身损害赔偿中的证据
——权利人赢得诉讼的关键

一、人身损害赔偿中的各类证据

民事诉讼中的证据是指能够证明案件真实情况的各种事实材料。俗话说，"打官司就是打证据"，没有证据佐证，当事人的诉求便无法实现。在人身损害赔偿纠纷中，当事人如果想赢得诉讼，获得应当获得的赔偿金额，就必须搜集、保管好案件中的各种证据，然后在诉讼中向法庭提交。根据《民事诉讼法》第六章的规定，人身损害赔偿纠纷中的证据主要有以下几类：

（一）当事人陈述

当事人陈述是指当事人在诉讼中向法庭作出的有关该案事实情况的陈述。在很多情况下，由于案件发生时并无太多其他证据能够对案件事实进行证明，而当事人一般来说是案件的亲历者，因此，当事人陈述便成了能够证明案件事实的证据之一。但当事人陈述作为一种证据仍具有局限性，因为当事人基于趋利避害的心理，很有可能在诉讼中尽力作出对自己有利的陈述，而将对自己不利的事实予以隐瞒，甚至可能对案件的关键事实进行歪曲，编造。因此，《民事诉讼法》第75条第1款规定："人民法院对当事人的陈述，应当结合本案的其他证据，审查确定能否作为认定事实的根据。"《最高人民法院关于民事诉讼证据的若干规定》（以下简称《民事诉讼证据若干规定》）第76条规定："当事人对自己的主张，只有本人陈述而不能提出其他相关证据的，其主张不予支持。但对方当事人认可的除外。"在人身损害赔偿纠纷中，当事人除向法庭对案件事实进行陈述外，还应当尽力去搜集案件中的其他证据，对案件事实进行证明。

（二）书证

书证是指用文字、图形、符号等所记载和所表达的内容来证明案件事实的证据材料。典型的书证如合同文本、收据等。人身损害赔偿纠纷中的书证，在实践中主要是指证明当事人因侵权行为受到损害的各种书证，如医院出具的病历、诊断书，在治疗过程中发生的挂号费、化验费、治疗费、医药费等各种费用的票据，还有护理费、住宿费、营养费、往来交通费等费用的各种票据。如果被侵权人因侵权行为致残，还应当提供证明被侵权人残疾的证据和残疾生活辅助具费的票据。如果被侵权人因侵权行为死亡，还应当提供被侵权人的死亡证明。另外，如果被侵权人户籍在农村，但常年在城镇生活居住，应当提交其常年在城镇生活居住的证据，如居住证。

在人身损害赔偿纠纷中，权利人提交书证时需要注意以下两点：第一，人身损害赔偿纠纷中，当事人因伤发生的各种费用的票据多而杂乱，因此一定要分类保管好各类票据。第二，根据《民事诉讼法》第70条的规定，书证应当提交原件。提交原件确有困难的，可以提交复制品、照片、副本、节录本。而复制品等证据的证明力显然不及原件的证明力，因此，当事人一定要注意妥善保存好各种书证的原件。

（三）物证

物证是以自己的外形、属性、特征、所处位置及状态来证明案件事实的物品和痕迹。物证的特点在于，以实体物或者痕迹的外形、属性、状态等证明案件事实，与当事人陈述、证人证言等证据相比，一般具有更强的客观性。人身损害赔偿纠纷中的物证一般包括侵权人实施侵权行为的工具等，如侵权人张三持刀将被侵权人李四捅伤，张三使用的刀具便是该案中的物证。

（四）视听资料

视听资料是指运用科学技术，利用图像、声音及电脑储存的资料等来证明案件事实的证据。《民事诉讼法司法解释》第 116 条第 1 款规定："视听资料包括录音资料和影像资料。"视听资料是一种较为重要的证据，因为其可以客观记录案件发生时的事实。因此，在人身损害案件中，当事人一定要尽力搜集与案件有关的视听资料作为证据，如记录案件发生的监控录像、案件现场的照片、与对方当事人谈及案件时的录音等。当然，搜集的试听资料应当尽可能清晰、全面地反映案件事实。如当事人在通过录音取证时，应当选择安静的地点，录音内容应当包含对方当事人的姓名，案件的整个情况及重要信息，这样的证据会具有很强的证明效力。但需要注意的是，由于视听资料涉及科学技术，因此在实践中有可能被当事人通过技术手段篡改、伪造。对此，《民事诉讼法》第 71 条规定："人民法院对视听资料，应当辨别真伪，并结合本案的其他证据，审查确定能否作为认定事实的根据。"

（五）电子数据

《民事诉讼法司法解释》第 116 第 2、3 款规定："电子数据是指通过电子邮件、电子数据交换、网上聊天记录、博客、微博客、手机短信、电子签名、域名等形成或者存储在电子介质中的信息。存储在电子介质中的录音资料和影像资料，适用电子数据的规定。"在当前的信息时代，电子数据已经日益成为民事诉讼中的一项重要证据。在人身损害案件中，当事人应当保存好与对方当事人的短信、QQ 聊天记录、微信信息、来往邮件等电子数据，以便在诉讼中作为证据向法庭提交。

（六）证人证言

证人证言是指知道案件真实情况的人，对其所了解的案件事实以口头或书面形式在诉讼中向法庭作出的陈述。证人证言是一种特殊的证据，具有以下特点：①只有知道案件真实情况的人才有资格成为证人，在很多情况下案件发生时现场只有一名证人，因此证人具有不可替代性。②证人只能对其了解的案件事实进行客观陈述，而不能对这些事实进行评价。③证人受其知识水平、个人素质、与当事人的利害关系等因素的影响，其证言可能具有一定的主观性。

证人作为知道案件真实情况的人，在诉讼中负有如实作证的义务。《民事诉讼法司法解释》第119条规定："人民法院在证人出庭作证前应当告知其如实作证的义务以及作伪证的法律后果，并责令其签署保证书，但无民事行为能力人和限制民事行为能力人除外。证人签署保证书适用本解释关于当事人签署保证书的规定。"第120条规定："证人拒绝签署保证书的，不得作证，并自行承担相关费用。"

对于证人的范围和资格，《民事诉讼法》第72条规定："凡是知道案件情况的单位和个人，都有义务出庭作证。有关单位的负责人应当支持证人作证。不能正确表达意思的人，不能作证。"《民事诉讼证据若干规定》第53条规定："不能正确表达意志的人，不能作为证人。待证事实与其年龄、智力状况或者精神健康状况相适应的无民事行为能力人和限制民事行为能力人，可以作为证人。"

原则上，证人都应当出庭作证，只有在例外情况下才可以不通过出庭的方式作证。《民事诉讼法》第73条规定："经人民法院通知，证人应当出庭作证。有下列情形之一的，经人民法院许可，可以通过书面证言、视听传输技术或者视听资料等方式作证：（一）因健康原因不能出庭的；（二）因路途遥远，交通不便不能出庭的；（三）因自然灾害等不可抗力不能出庭的；（四）其他有正当理由不能出庭的。"

在人身损害赔偿纠纷中，受害人可以尽力寻找证人出庭作证，维护自身的合法权益，如雇佣关系中受伤受雇人的工友、机动车交通事故中的目击者等，都可以成为证人。

（七）鉴定意见

鉴定意见是指鉴定人运用自己的专门知识和技能，对案件的某些专业性问题进行分析、判断、鉴别后作出的书面意见。《民事诉讼法》第76条规定："当事人可以就查明事实的专门性问题向人民法院申请鉴定。当事人申请鉴定的，由双方当事人协商确定具备资格的鉴定人；协商不成的，由人民法院指定。当事人未申请鉴定，人民法院对专门性问题认为需要鉴定的，应当委托具备资格的鉴定人进行鉴定。"也就是说，鉴定程序的启动方式有两种，一种是当事人向人民法院申请鉴定，另一种是法院在必要的情况下依职权进行鉴定。我国对鉴定人实行登记管理制度，由国务院司法行政管理部门主管全国鉴定人和鉴定机构的登记管理工作。对于鉴定人的确定，根据《民事诉讼法》第76条的规定，也存在两种方式：一种是在当事人申请鉴定的情况下，由双方当事人协商确定具备资格的鉴定人，协商不成的，再由人民法院指定；另一种是在人民法院依职权鉴定的情况下，由人民法院指定鉴定人。

《民事诉讼法》第77、78条规定："鉴定人有权了解进行鉴定所需要的案件材料，必要时可以询问当事人、证人。鉴定人应当提出书面鉴定意见，在鉴定书上签名或者盖章。""当事人对鉴定意见有异议或者人民法院认为鉴定人有必要出庭的，鉴定人应当出庭作证。经人民法院通知，鉴定人拒不出庭作证的，鉴定意见不得作为认定事实的根据；支付鉴定费用的当事人可以要求返还鉴定费用。"

对于当事人申请鉴定的时间，《民事诉讼法司法解释》第121条第1款规定："当事人申请鉴定，可以在举证期限届满前提出。申请鉴定的事项与待证事实无关联，或者对证明待证事实无意义的，人民法院不予准许。"对伤残进行鉴定的时间可能会影响最后的鉴定结果。一般来说，鉴定时间较早，伤残程度可能相对较高，鉴定时间较晚，伤残程度可能相对较低。因此，当事人可以在受到的损伤及其所致并发症治疗达到临床医学一般原则所承认的临床症状稳定状态后进行鉴定。

在人身损害赔偿纠纷中，如果受害人因侵权行为致残，则需要进行伤残鉴定。在进行鉴定时，应当向鉴定机构提交必要的材料，如医院的诊断证明、检查结果、在受伤后和治疗后拍摄的CT片、X光片等。对于人身损害中的伤残鉴定，我国之前一直缺乏一套统一的伤残鉴定标准。实践中对于伤残鉴定存在多套标准，如《道路交通事故受伤人员伤残评定》《人身保险伤残评定标准》等。这些标准之间差异较大，对于同一伤情，采用不同的鉴定标准，可能出现不同的鉴定结果。鉴于此，最高人民法院、最高人民检察院、公安部、国家安全部和司法部于2016年4月18日联合发布《人体损伤致残程度分级》，规定了人体损伤致残程度分级的原则、方法、内容和等级划分，成为开展法医临床司法鉴定，确定民事赔偿责任的重要标准，该分级于2017年1月1日起施行。该分级实施后，《道路交通事故受伤人员伤残评定》标准不再使用，自2017年1月1日后，所有交通事故案件、故意伤害案件、雇员损害等人身损害致伤的鉴定标准统一适用《人体损伤致残程度分级》，工伤除外。

（八）勘验笔录

勘验笔录是指人民法院为了查明案件事实，对与案件有关的物证或现场进行勘察、检验后制作的笔录。《民事诉讼法》第80条规定："勘验物证或者现场，勘验人必须出示人民法院的证件，并邀请当地基层组织或者当事人所在单位派人参加。当事人或者当事人的成年家属应当到场，拒不到场的，不影响勘验的进行。有关单位和个人根据人民法院的通知，有义务保护现场，协助勘验工作。勘验人应当将勘验情况和结果制作笔录，由勘验人、当事人和被邀参加人签名或者盖章。"另外,《民事诉讼法司法解释》第124条规定:"人民法院认为有必要的,可以根据当事人的申请或者依职权对物证或者现场进行勘验。勘验时应当保护他人的隐私和尊严。人民法院可以要求鉴定人参与勘验。必要时,可以要求鉴定人在勘验中进行鉴定。"

二、人身损害赔偿中的证明责任

根据民事诉讼法学的相关理论,证明责任是指当事人对其在诉讼中主张的案件事实,应当提供证据加以证明,并在案件真伪不明时承担不利后果。理解证明责任需要明确以下几点:首先,证明责任与案件事实真伪不明紧密联系在一起。在每一起诉讼中,当事人会对自己所主张的案件事实提交证据进行证明。而证明结果会有三种情况:①要证明的案件事实是真实的;②要证明的案件事实是虚假的;③要证明的案件事实是真伪不明的。在前两种情况下,人民法院根据查明的案件事实进行裁判即可,但当案件事实出现真伪不明的情况时,便需要引入证明责任。其次,证明责任是一方当事人在诉讼中承担的风险,即证明责任由诉讼中一方当事人承担而不能由双方当事人承担。在要证明的案件事实出现真伪不明的情况时,应当由负有证明责任的一方当事人承担败诉的风险。2015年2月4日开始正式实施的《民事诉讼法司法解释》相较于之前的相关司法解释,进一步规定了证明责任的含义以及证明责任的分配。该解释第90条规定:"当事人对自己提出的诉讼请求所依据的事实或者反驳对方诉讼请求所依据的事实,应当提供证据加以证明,但法律另有规定的除外。在作出判决前,当事人未能提供证据或者证据不足以证明其事实主张的,由负有举证证明责任的当事人承担不利的后果。"该解释第91条规定:"人民法院应当依照下列原则确定举证证明责任的承担,但法律另有规定的除外:(一)主张法律关系存在的当事人,应当对产生该法律关系的基本事实承担举证证明责任;(二)主张法律关系变更、消灭或者权利受到妨害的当事人,应当对该法律关系变更、消灭或者权利受到妨害的基本事实承担举证证明责任。"从以上规定可以看出,《民事诉讼法司法解释》第90条规定的为证明责任的含义,第91条规定的是证明责任的分配规则。

根据上述规定,在人身损害案件中,如果原告向人民法院起诉被告,主张被告的侵权行为给自己造成了人身损害,此时原告要证明的案件事实是侵权法律关系的存在,即在诉讼中需要证明侵权法律关系的基本事实和构成要件。所以,在适用过错责任原则的情况下,原告向人民法院起诉,需证明以下法律事实:①侵权人的侵权行为;②受害人受到的损害;③侵权人的侵权行为与受害人受到的损害之间具有因果关系；④侵权人具有过错。在适用无过错责任原则的情况下，原告向人民法院起诉，需证明以下法律事实：①侵权人的侵权行为；②受害人受到的损害；③侵权人的侵权行为与受害人受到的损害之间具有因果关系。

在人身损害赔偿纠纷中，法律对部分情况下的证明责任分配作出了特殊规定。具体来说：

在共同危险行为致害责任中，《民事诉讼证据若干规定》第 4 条第 1 款第 7 项规定："因共同危险行为致人损害的侵权诉讼，由实施危险行为的人就其行为与损害结果之间不存在因果关系承担举证责任。"在共同危险行为中，受害人无须证明共同危险行为与损害结果之间具有因果关系，应当由实施共同危险行为的人就其行为与损害结果之间不存在因果关系承担举证责任。

在教育机构责任中，《侵权责任法》第 38 条规定："无民事行为能力人在幼儿园、学校或者其他教育机构学习、生活期间受到人身损害的，幼儿园、学校或者其他教育机构应当承担责任，但能够证明尽到教育、管理职责的，不承担责任。"即无民事行为能力人在幼儿园、学校或者其他教育机构学习、生活期间受到人身损害时适用过错推定原则。受害人一方无须证明幼儿园、学校或其他教育机构具有过错，法律推定其具有过错。如果幼儿园、学校或其他教育机构能够证明自己没有过错，就不需要承担责任。

在医疗损害责任中，《侵权责任法》第 58 条规定："患者有损害，因下列情形之一的，推定医疗机构有过错：（一）违反法律、行政法规、规章以及其他有关诊疗规范的规定；（二）隐匿或者拒绝提供与纠纷有关的病历资料；（三）伪造、篡改或者销毁病历资料。"即医疗损害责任中，如果医疗机构出现上述《侵权责任法》第 58 条规定的任一情形造成患者损害，适用过错推定原则。

在环境污染责任中，《侵权责任法》第 66 条规定，因污染环境发生纠纷，污染者应当就其行为与损害之间不存在因果关系承担举证责任。环境污染责任适用无过错责任原则，所以环境污染责任的构成要件有三，即污染环境的行为、损害结果、污染行为与损害结果之间的因果关系，主张侵权法律关系存在的原告一方需要就各构成要件进行证明。由于法律对环境污染侵权行为中的因果关系规定了证明责任的倒置，被侵权人只需证明被告污染环境的行为与自身受到损害结果这两个要件。

在动物园动物致人损害责任中，《侵权责任法》第 81 条规定："动物园的动物造成他人损害的，动物园应当承担侵权责任，但能够证明尽到管理职责的，不承担责任。"即动物园动物致人损害责任适用过错推定原则，受害人一方无须证明动物园具有过错，法律推定其具有过错。如果动物园能够证明其没有过错，就不需要承担责任。

在建筑物、构筑物或者其他设施及其搁置物、悬挂物发生脱落、坠落致人损害责任中，《侵权责任法》第 85 条规定："建筑物、构筑物或者其他设施及其搁置物、悬挂物发生脱落、坠落造成他人损害，所有人、管理人或者使用人不能证明自己没有过错的，应当承担侵权责任。……"即建筑物、构筑物或者其他设施及其搁置物、悬挂物发生脱落、坠落致人损害责任适用过错推定原则，受害人一方无须证明建筑物、构筑物或者其他设施的所有人、管理人或使用人具有过错，法律推定其具有过错。如果建筑物、构筑物或者其他设施的所有人、管理人或使用人能够证明自己没有过错，就不需要承担责任。

在堆放物倒塌致人损害责任中，《侵权责任法》第 88 条规定："堆放物倒塌造成他人损害，堆放人不能证明自己没有过错的，应当承担侵权责任。"即堆放物倒塌致人损害责任适用过错推定原则，受害人一方无须证明堆放人具有过错，法律推定其具有过错。如果堆放人能够证明自己没有过错，就不需要承担责任。

在林木折断致人损害责任中，《侵权责任法》第 90 条规定："因林木折断造成他人损害，林木的所有人或者管理人不能证明自己没有过错的，应当承担侵权责任。"即林木折断致人损害责任适用过错推定原则，受害人一方无须证明林木的所有人或管理人具有过错，法律推定其具有过错。如果林木的所有人或管理人能够证明自己没有过错，就不需要承担责任。

在窨井等地下设施致人损害责任中，《侵权责任法》第 91 条第 2 款规定："窨井等地下设施造成他人损害，管理人不能证明尽到管理职责的，应当承担侵权责任。"即窨井等地下设施致人损害责任适用过错推定原则，受害人一方无须证明窨井等地下设施的管理人具有过错，法律推定其具有过错。如果窨井等地下设施的管理人能够证明自己没有过错，就不需要承担责任。

三、人身损害赔偿中的举证期限

人身损害赔偿中的举证期限是指人身损害案件中当事人向人民法院提交证据的期间。《民事诉讼法》第 65 条规定："当事人对自己提出的主张应当及时提供证据。人民法院根据当事人的主张和案件审理情况，确定当事人应当提供的证据及其期限。当事人在该期限内提供证据确有困难的，可以向人民法院申请延长期限，人民法院根据当事人的申请适当延长。当事人逾期提供证据的，人民法院应当责令其说明理由；拒不说明理由或者理由不成立的，人民法院根据不同情形可以不予采纳该证据，或者采纳该证据但予以训诫、罚款。"

对于举证期限具体时间的问题，《民事诉讼法司法解释》第 99 条规定："人民法院应当在审理前的准备阶段确定当事人的举证期限。举证期限可以由当事人协商，并经人民法院准许。人民法院确定举证期限，第一审普通程序案件不得少于十五日，当事人提供新的证据的第二审案件不得少于十日。举证期限届满后，当事人对已经提供的证据，申请提供反驳证据或者对证据来源、形式等方面的瑕疵进行补正的，人民法院可以酌情再次确定举证期限，该期限不受前款规定的限制。"

对于举证期限是否可以延长的问题，《民事诉讼法司法解释》第 100 条规定："当事人申请延长举证期限的，应当在举证期限届满前向人民法院提出书面申请。申请理由成立的，人民法院应当准许，适当延长举证期限，并通知其他当事人。延长的举证期限适用于其他当事人。申请理由不成立的，人民法院不予准许，并通知申请人。"

对于当事人超过举证期限提交证据的后果问题，《民事诉讼法司法解释》第 101 条规定："当事人逾期提供证据的，人民法院应当责令其说明理由，必要时可以要求其提供相应的证据。当事人因客观原因逾期提供证据，或者对方当事人对逾期提供证据未提出异议的，视为未逾期。"第 102 条规定："当事人因故意或者重大过失逾期提供的证据，人民法院不予采纳。但该证据与案件基本事实有关的，人民法院应当采纳，并依照民事诉讼法第六十五条、第一百一十五条第一款的规定予以训诫、罚款。当事人非因故意或者重大过失逾期提供的证据，人民法院应当采纳，并对当事人予以训诫。当事人一方要求另一方赔偿因逾期提供证据致使其增加的交通、住宿、就餐、误工、证人出庭作证等必要费用的，人民法院可予支持。"

因此，在人身损害案件中，当事人应当积极在举证期限内向法庭提交证据，避免因举证期限经过未提交证据而在法律上出现不利后果。

第二章
人身损害赔偿中的特殊主体责任纠纷实务要点 与典型案例

第一节 监护人责任纠纷实务要点与典型案例

一、监护人责任纠纷概述与实务要点

（一）监护人责任纠纷概述

监护人责任是指无民事行为能力人、限制民事行为能力人造成他人损害时，应当由其监护人承担的责任。该责任具有如下特征：

1. 在监护人责任中，责任人承担责任的前提是其与实施侵权行为的被侵权人存在监护关系。监护关系一般以血缘关系或其他身份关系的存在为前提，最常见的便是父母与子女之间的监护关系。

2. 监护人责任是一种无过错责任。如果实施侵权行为的无民事行为能力人或者限制民事行为能力人造成他人损害，被侵权人无须证明监护人具有过错，即可要求其承担责任。

3. 监护人责任是一种替代责任。在监护人责任中，实施侵权行为的一方是无民事行为能力人或者限制民事行为能力人，而最终承担侵权责任的则是他们的监护人。这样的责任在侵权法上是一种替代责任。

4. 在监护人责任中，根据《侵权责任法》第32条第2款以及《民法通则》第133条第2款的规定，如果实施侵权行为并造成他人损害的无民事行为能力人或者限制民事行为能力人具有自己的财产，则应当先从本人财产中支付赔偿费用。如有不足部分，再由其监护人进行赔偿。

（二）监护人责任的构成要件

1. 实施侵权行为的是无民事行为能力人或者限制民事行为能力人。根据《民法通则》第12条和第13条的规定，限制民事行为能力人包括两种人：年满

10 周岁不满 18 周岁的未成年人（如果年满 16 周岁的未成年人可以自己的劳动收入为主要生活来源的，该未成年人为完全民事行为能力人）以及不能完全辨认自己行为的精神病人。无民事行为能力人包括两种人：10 周岁以下的未成年人和完全不能辨认自己行为的精神病人。

2. 无民事行为能力人或者限制民事行为能力人实施了侵权行为，造成了他人损害。无民事行为能力人或者限制民事行为能力人因尚未成年，或者存在特定的精神疾病，其控制和辨认自己行为的能力存在不足或者根本缺陷，往往更容易对他人实施不法侵权行为。

3. 被侵权人遭受的损害与无民事行为能力人或者限制民事行为能力人实施的侵权行为具有因果关系。如果受害人的损害并非由被监护人的行为所造成，监护人就不需承担责任。

4. 实施侵权行为的无民事行为能力人或者限制民事行为能力人有监护人。如果实施侵权行为的无民事行为能力人或者限制民事行为能力人没有监护人，自然也不会有监护人为其承担责任。

（三）监护人责任纠纷实务要点

监护人责任纠纷在实务中有以下三个关键问题：

1. 监护人如何确定的问题。关于未成年人的监护人如何确定，《民法通则》第 16 条作出了规定："未成年人的父母是未成年人的监护人。未成年人的父母已经死亡或者没有监护能力的，由下列人员中有监护能力的人担任监护人：（一）祖父母、外祖父母；（二）兄、姐；（三）关系密切的其他亲属、朋友愿意承担监护责任，经未成年人的父、母的所在单位或者未成年人住所地的居民委员会、村民委员会同意的。对担任监护人有争议的，由未成年人的父、母的所在单位或者未成年人住所地的居民委员会、村民委员会在近亲属中指定。对指定不服提起诉讼的，由人民法院裁决。没有第一款、第二款规定的监护人的，由未成年人的父、母的所在单位或者未成年人住所地的居民委员会、村民委员会或者民政部门担任监护人。"这说明，未成年人的监护人原则上为与其存在血缘关系或者其他密切关系的人。如果有监护资格的人对担任未成年人的监护人不能达成一致意见，由未成年人的父、母的所在单位或者未成年人住所地的居民委员会、村民委员会在近亲属中指定。对指定不服提起诉讼的，则由人民法院进行裁决。对于精神病人的监护人如何确定，《民法通则》第 17 条规定："无民事行为能力或者限制民事行为能力的精神病人，由下列人员担任监护人：（一）配偶；（二）父母；（三）成年子女；（四）其他近亲属；（五）关系密切的其他亲属、朋友愿意承担监护责任，经精神病人的所在单位或者住所地的居民委员会、村民委员会同意的。对担任监护人有争议的，由精神病人的所在单位或者住所地的居民委员会、村民委员会在近亲属中指定。对指定不服提起诉讼的，由人民法院裁决。没有第一款规定的监护人的，由精神病人的所在单位或者住所地的居民委员会、村民委员会或者民政部门担任监护人。"这说明，精神病人监护人的确定原则基本与未成年人监护人的确定原则类似，即应当由与其存在亲属、血缘关系或者其他密切关系的人担任。如果有监护资格的人对担任监护人有争议的，由精神病人的所在单位或者住所地的居民委员会、村民委员会在近亲属中指定。对指定不服提起诉讼的，由人民法院裁决。

2. 夫妻离婚后未成年人子女的监护人如何确定问题。在实践中，如果夫妻离婚，子女一般会随一方共同生活。在这种情况下，如果该未成年人实施侵权行为造成他人损害，责任主体该如何确定？对此问题，《民通意见》第158条规定："夫妻离婚后，未成年子女侵害他人权益的，同该子女共同生活的一方应当承担民事责任；如果独立承担民事责任确有困难的，可以责令未与该子女共同生活的一方共同承担民事责任。"需要明确的是，未成年人的父母并不因为离婚而丧失监护人的地位，而且其仍然享有对子女的探视权。因此，如果夫妻离婚后未成年子女实施侵权行为对他人造成损害，在随未成年子女生活的一方承担责任确有困难时，另外一方应当共同承担责任。

3. 监护人责任在什么情况下可以减轻的问题。根据法律规定，监护人责任是一种无过错责任，即无论其对被监护人实施侵权行为造成他人损害是否存在过错，都应当向被侵权人承担赔偿责任。在承担责任的大小方面，《侵权责任法》第32条第1款规定，如果监护人尽到监护责任的，可以减轻其侵权责任。"这是因为，在任何情况下（特别是监护人已经尽到监护职责的情况下）都要求监护人承担完全责任，对于监护人来说未免太过严苛。因此，如果监护人对被监护人充分尽到了教育、管理的职责，就可以减轻其责任。

二、监护人责任纠纷典型案例

1. 未成年人在校打球出现人身损害时，监护人应当承担赔偿责任——曹某与袁某人身损害赔偿责任纠纷再审案

▌案件信息及法院裁判

裁判文书字号：（2009）闸民（一）民重字第5号民事判决书

案由：监护人责任纠纷

原告：曹某

被告：袁某

曹某（1994 年 7 月生）与袁某（1993 年 12 月生）系上海市彭浦某中学学生，2007 年 3 月 13 日午餐后，曹某与其同学向体育老师借用篮球进行活动，在打篮球的过程中，袁某与曹某发生碰撞致曹某受伤。曹某由学校老师送往医院救治，诊断为：左肱骨近端骨折。入院后，曹某支付医疗费、伙食费共计人民币 8 963.14 元。2008 年 6 月 27 日，曹某向上海市闸北区人民法院提起诉讼，要求被告袁某赔偿其医疗费、护理费、营养费、住院伙食补助费、交通费共计 16 983.14 元及精神损害赔偿金 5 000 元。

本案袁某列为被告，袁某的父母袁某某、李某某应列为法定代理人。审理中，法院征得当事人同意，委托司法鉴定科学技术研究所司法鉴定中心对曹某进行法医学鉴定，曹某支付鉴定费 1 100 元。另查明，袁某父母已离婚，离婚时约定袁某由其父袁某某抚养，实际袁某一直跟随祖父生活，未与袁某某共同生活，袁某不知道父亲的地址、联系电话，无法与之取得联系。袁某某、李某某经法院传票传唤未到庭，袁某本人到庭。一审法院缺席审理后认为，袁某擅自闯入操场抢夺篮球，将曹某撞伤，应承担主要责任；曹某在篮球架下休息，自身也有一定责任，遂判决袁某赔偿曹某 10 852.2 元；曹某承担鉴定费 770 元、案件受理费 71.3 元。对于曹某要求袁某赔偿交通费、精神损害抚慰金的诉讼请求不予支持。

判决后双方均未上诉，曹某遂申请执行上述生效判决。执行程序中，袁某之母李某某支付了曹某 11 693.5 元。之后，李某某不服一审判决，向检察机关提出申诉。

上海市人民检察院第二分院抗诉认为，涉案侵权行为发生时，袁某年仅 13 周岁，其父母已经离婚。根据《民法通则》第 133 条的规定，无民事行为能力人、限制民事行为能力人造成他人损害的，由监护人承担民事责任。《民通意见》第 158 条规定："夫妻离婚后，未成年子女侵害他人权益的，同该子女共同生活的一方承担民事责任；如果独立承担民事责任确有困难的，可以责令未与该子女共同生活的一方共同承担民事责任。"故在本案中，应当由袁某的监护人承担相关民事责任。原审法院认为应当由袁某本人承担民事赔偿责任，进而直接判令袁某赔偿曹某医疗费等费用，系适用法律错误，故提出抗诉。

上海市第二中级人民法院再审发现，发生碰撞时还有学生马某参与，原审认定的事实不清，证据不足，遂裁定撤销原判，发回重审。

上海市闸北区人民法院在重审过程中，依法追加袁某之父母袁某某、李某某，以及马某和其父母马某某、赵某某为本案被告参加诉讼。重审查明，袁某在运球时撞到马某，马某撞到曹某，致曹某倒地受伤。根据法律规定，未成年人造成他人损害的，由其监护人承担民事责任。故马某所应当分担的部分，由马某某、赵某某承担；袁某在其父母离婚后，跟随其祖父共同生活，因袁某无法与其父亲取得联系，由其父袁某某独立承担民事责任客观上存在困难，故其母李某某应当共同承担民事责任。遂判决被告袁某某、李某某共同支付曹某7751.57元（已履行）；被告马某某、赵某某支付曹某4650.94元，曹某的其他诉讼请求不予支持。

▌ **案件分析**

本案是一起限制民事行为能力的未成年人侵害他人人身权益的侵权纠纷。本案的争议焦点为，责任主体该如何确定，袁某与马某双方的父母是否应当承担赔偿责任，袁某与马某是否应当承担赔偿责任？

就本案的性质而言，袁某、马某与曹某在打篮球时发生碰撞，袁某、马某的行为共同致使曹某受伤。侵权行为发生时各当事人均已满10周岁而未满18周岁，因此，根据《民法通则》第12条第1款的规定，当事人均为限制民事行为能力人。根据《民法通则》第16条的规定，未成年人的父母是未成年人的监护人。另外，根据《民法通则》第133条以及《侵权责任法》第32条的规定，本案属于监护人责任纠纷。

就袁某与马某双方的父母是否应当对被侵权人曹某的损害结果承担赔偿责任问题，《民法通则》第133条规定："无民事行为能力人、限制民事行为能力人造成他人损害的，由监护人承担民事责任。监护人尽了监护责任的，可以适当减轻他的民事责任。有财产的无民事行为能力人、限制民事行为能力人造成他人损害的，从本人财产中支付赔偿费用。不足部分，由监护人适当赔偿，但单位担任监护人的除外。"《侵权责任法》第32条规定："无民事行为能力人、限制民事行为能力人造成他人损害的，由监护人承担侵权责任。监护人尽到监护责任的，可以减轻其侵权责任。有财产的无民事行为能力人、限制民事行为能力人造成他人损害的，从本人财产中支付赔偿费用。不足部分，由监护人赔偿。"因此，袁某及马某双方的父母应当对曹某的人身损害承担赔偿责任。

本案的一大特殊之处在于，袁某的父母已经离婚，袁某同其爷爷共同生活。案件细节并未告知行使袁某监护权的监护人为其母亲还是父亲。但依据司法实践，在袁某的父母离婚时，法院应当判决未成年人子女跟随母亲或者父亲一方共同生活。《民通意见》第158条规定："夫妻离婚后，未成年子女侵害他人权益的，同该子女共同生活的一方应当承担民事责任；如果独立承担民事责任确有困难的，可以责令未与该子女共同生活的一方共同承担民事责任。"因此，在无法找到袁某父亲的情况下，法院判决由袁某的母亲承担赔偿责任，是符合法律规定和情理的。

就作为侵权人的袁某和马某是否应当承担赔偿责任而言，根据《民法通则》第 133 条第 2 款及《侵权责任法》第 32 条第 2 款的规定，如果有财产的无民事行为能力人、限制民事行为能力人造成他人损害的，从本人财产中支付赔偿费用。不足部分，由监护人赔偿。这一条是出于对被侵权人权益的充分保护而做出的规定，即如果袁某和马某有个人财产，应当先用其个人财产进行赔偿，不足部分由其监护人赔偿。但在实践中，未成年人多无个人财产，或者即使有个人财产，也是由其监护人直接进行赔偿。

最后，针对无民事行为能力、限制民事行为能力人侵权纠纷中如何确定被告的问题，《民事诉讼法司法解释》第 67 条规定："无民事行为能力人、限制民事行为能力人造成他人损害的，无民事行为能力人、限制民事行为能力人和其监护人为共同被告。"因此，如果本案发生在该司法解释正式实施后（2015 年 2 月 4 日后），曹某在起诉时就应当将袁某、马某及两人的监护人列为共同被告。

▌法条链接

《民法通则》第 16 条第 1 款：未成年人的父母是未成年人的监护人。

《民法通则》第 133 条：无民事行为能力人、限制民事行为能力人造成他人损害的，由监护人承担民事责任。监护人尽了监护责任的，可以适当减轻他的民事责任。

有财产的无民事行为能力人、限制民事行为能力人造成他人损害的，从本人财产中支付赔偿费用。不足部分，由监护人适当赔偿，但单位担任监护人的除外。

《侵权责任法》第 32 条：无民事行为能力人、限制民事行为能力人造成他人损害的，由监护人承担民事责任。监护人尽到监护责任的，可以适当减轻其侵权责任。

有财产的无民事行为能力人、限制民事行为能力人造成他人损害的，从本人财产中支付赔偿费用。不足部分，由监护人赔偿。

《民事诉讼法司法解释》第 67 条：无民事行为能力、限制民事行为能力人造成他人损害的，无民事行为能力人、限制民事行为能力人和其监护人为共同被告。

2. 成年精神病人造成他人损害，其监护人应当承担责任——王晓一与于凤英健康权、身体权纠纷申请再审案

▌案件信息及法院裁判

裁判文书字号：（2013）辽审二民抗字第6号民事判决书

案由：生命权、健康权、身体权纠纷

抗诉机关：辽宁省人民检察院

申诉人（一审原告、二审被上诉人）：王晓一

被申诉人（一审被告、二审上诉人）：于凤英

大连市沙河口区人民法院一审查明，2004年7月25日7时30分左右，于凤英的丈夫王洪成在大连市沙河口区绿波路78-6号王文奎经营的"聚兴隆"超市内，持尖刀将王文奎之子王晓一刺伤，致其胃及结肠破裂，经法医鉴定其损伤程度属重伤。王晓一于当日入大连市中心医院住院治疗，于8月3日出院，共住院9天，花费医疗费24 004.82元。王晓一住院期间伙食补助费每天按15元计算，共计135元。另查，2004年9月10日，大连市第七人民医院对王洪成进行了精神病司法鉴定，鉴定结论为：①脑血管病所致精神障碍；②无责任能力；③采取强制医疗措施。2004年9月29日，大连市公安局沙河口分局将王洪成送至大连市公安局安康医院进行强制医疗。2005年3月23日，北京市精神病司法鉴定委员会对王洪成重新鉴定，鉴定结论为：临床诊断器质性情感障碍，抑郁状态，案发时动机现实，辨认能力存在，受精神疾病影响控制能力不完全，评定为限制刑事责任能力。2005年3月25日，王洪成在大连市公安局安康医院自缢死亡。再查，于凤英与王洪成系夫妻关系。

大连市沙河口区人民法院一审认为，公民享有生命健康权。侵害公民身体造成伤害的，应当赔偿医疗费、因误工减少的收入等费用。本案中，于凤英的丈夫王洪成突发精神病致王晓一身体受伤害，作为王洪成妻子的于凤英在损害行为发生之时并不知晓王洪成患有精神疾病，对王洪成突发精神病致人损害的事实无法预见，因此王晓一主张于凤英因未尽到监护责任而应承担赔偿责任有违法理，该主张不予支持。鉴于于凤英主观上不存在过错，王晓一对本案的发生亦无过错，应适用公平原则，由于凤英对王晓一的经济损失给予70%的补偿。该院作出（2010）沙民初字第2530号民事判决：于凤英补偿王晓一医疗费16 803元；于凤英补偿王晓一住院期间伙食补助费95元。案件受理费530元由于凤英负担。

于凤英不服，提起上诉称，原判适用法律错误。侵权案件以过错为归责原则。一审认定于凤英对侵权行为的发生无过错，却判决于凤英承担70%的责任，显失公平。请求二审法院依法公正审理。

大连市中级人民法院二审认为，侵权人应当对其过错承担相应的民事责任。王洪成对王晓一的侵权行为发生时，尚未被确认为无民事行为能力人，于凤英对王洪成的侵权行为无过错，不应当就王洪成的侵权行为承担赔偿责任。综上，原判适用法律错误。该院作出（2010）大民一终字第2858号民事判决：撤销大连市沙河口区人民法院（2010）沙民初字第2530号民事判决；驳回王晓一的诉讼请求。一审案件受理费530元，由王晓一负担，二审案件受理费不予收取。

辽宁省人民检察院抗诉认为，于凤英与王洪成系夫妻关系，基于这种特定的人身关系，当夫妻一方丧失行为能力时，夫妻之间的监护责任便就此产生。本案中，于凤英从王洪成突发精神病丧失行为能力时起即应当承担监护责任。我国监护人责任适用的归责原则是过错推定原则，并以公平责任作为补充。从加害行为人致人损害的事实中，推定其监护人有疏于监护的过失。监护人不能证明自己无过错的，应当承担侵权替代责任。同时，为了平衡当事人之间的利益关系，法律不允许监护人完全免责，而是适用公平责任进行调整。监护人责任不适用过错责任原则。大连市中级人民法院（2010）大民一终字第2858号民事判决适用法律确有错误，请依法再审。

辽宁省高级人民法院再审认为，根据大连市第七人民医院《司法精神疾病鉴定书》及北京市精神疾病司法鉴定委员会《精神疾病司法鉴定书》，可以认定王洪成伤害王晓一时处于精神病发病状态。《民法通则》第17条规定，无民事行为能力或者限制民事行为能力的精神病人，由其配偶等担任监护人。《民法通则》第133条第1款规定："无民事行为能力人、限制民事行为能力人造成他人损失的，由监护人承担民事责任。监护人尽了监护责任的，可以适当减轻他的民事责任。"监护人对精神病人的监护责任是基于法律规定而设立的，当成年人患精神病丧失行为能力时，监护人应按照法律规定的监护顺序承担监护责任。监护人责任的归责原则是无过错原则，只要被监护人损害他人民事权益，监护人就应承担民事责任，不论监护人是否有过错。监护人尽了监护责任的，可以适当减轻他的民事责任。如果监护人确实不知被监护人患有精神病，可根据具体情况，参照《民法通则》第133条规定的精神，适当减轻其民事责任。本案中，于凤英与王洪成系夫妻关系，王洪成丧失行为能力时，基于法律规定，于凤英的监护责任即产生。王洪成给他人造成损害，于凤英应承担民事责任。因无充分证据证明于凤英知道王洪成患有精神病，可以适当减轻其民事责任。本案二审适用过错原则，适用法律错误，应予纠正。本案一审判决适用公平原则亦不当，但判令于凤英补偿王晓一70%经济损失的结果正确，对一审判决可以维持。本案经辽宁省高级人民法院审判委员会讨论决定，依照《民事诉讼法》第207条第1款、第170条第1款第2项之规定，判决撤销大连市中级人民法院（2010）大中民一终字第2858号民事判决，维持大连市沙河口区人民法院（2010）沙民初字第2530号民事判决。

▌案件分析

本案是一起限制民事行为能力的精神病人侵害他人人身权益的侵权纠纷，案件的争议焦点为，本案侵权人王洪成的配偶于凤英是否应当对王晓一的人身损害结果承担责任？如果承担责任的话，承担的是何种性质的责任？作为精神病人的侵权人王洪成是否应当对损害结果承担赔偿责任？

就本案性质而言，侵权人王洪成在实施侵权行为后，经鉴定机构鉴定，得出的结论为：临床诊断器质性情感障碍，抑郁状态，案发时动机现实，辨认能力存在，受精神疾病影响控制能力不完全，评定为限制刑事责任能力。根据鉴定结论，王洪成在实施对王晓一的伤害行为时虽能认识到其行为可能造成的损害结果，但并不能控制该行为，因此，王洪成应为限制民事行为能力的精神病人。本案系在侵权人王洪成不能完全控制自己的行为时发生，其配偶于凤英为其监护人。因此，本案属于《侵权责任法》第32条规定的监护人责任纠纷。

就本案侵权人王洪成的配偶于凤英是否应当对王晓一承担损害赔偿责任而言，《民法通则》第17条第1款规定："无民事行为能力或者限制民事行为能力的精神病人，由下列人员担任监护人：（一）配偶；（二）父母；（三）成年子女；（四）其他近亲属；（五）关系密切的其他亲属、朋友愿意承担监护责任，经精神病人的所在单位或者住所地的居民委员会、村民委员会同意的。"因此，王洪成的妻子于凤英为其监护人。《民法通则》第133条第1款规定："无民事行为能力人、限制民事行为能力人造成他人损害的，由监护人承担民事责任。监护人尽了监护责任的，可以适当减轻他的民事责任。"《侵权责任法》第32条第1款规定："无民事行为能力人、限制民事行为能力人造成他人损害的，由监护人承担侵权责任。监护人尽到监护责任的，可以减轻其侵权责任。"因此，作为侵权人王洪成监护人的于凤英，应当对王晓一的人身损害结果承担赔偿责任。

就于凤英应当对王晓一的损害结果承担何种程度的赔偿责任而言，根据《民法通则》第133条及《侵权责任法》第32条的规定，监护人责任适用的是无过错责任原则，即在侵权行为发生时，无论监护人是否存在过错，都应当对侵权人造成的损害结果承担责任。如果于凤英没有尽到监护职责，则应当对王晓一的全部损失承担赔偿责任。如果于凤英尽到了监护职责，可以减轻其赔偿责任。

就作为精神病人的侵权人王洪成是否应当承担赔偿责任而言，《民法通则》第 133 条第 2 款规定："有财产的无民事行为能力人、限制民事行为能力人造成他人损害的，从本人财产中支付赔偿费用。不足部分，由监护人适当赔偿，但单位担任监护人的除外。"《侵权责任法》第 32 条第 2 款规定："有财产的无民事行为能力人、限制民事行为能力人造成他人损害的，从本人财产中支付赔偿费用。不足部分，由监护人赔偿。"因此，如果王洪成有个人财产，应当先行从其个人财产中支付赔偿费用。而本案中王洪成已经在侵权行为发生后死亡，如果其有个人财产，可由生前配偶于凤英从其个人财产中向王晓一支付赔偿费用。

一审中，法院认为于凤英在损害行为发生之时并不知晓王洪成患有精神疾病，对王洪成突发精神病致人损害的事实无法预见，因此对王晓一不应当承担赔偿责任，应适用公平原则由于凤英对王晓一给予一定的补偿。一审判决显然是错误的，因为一审法院直接忽视了《民法通则》《侵权责任法》等法律对监护人责任的规定。本案二审中，法院认为侵权人应当对其过错承担相应的民事责任。王洪成对王晓一的侵权行为发生时，尚未被确认为无民事行为能力人，于凤英对王洪成的侵权行为无过错，不应当就王洪成的侵权行为承担赔偿责任。二审法院将监护人责任的归责原则理解为过错责任原则，同样是错误的。本案再审中，辽宁省高级人民法院将案件性质确定为监护人责任纠纷，明确了监护人责任纠纷适用无过错责任原则，是符合法律规定的，同时也确认了案发时于凤英并不知道王洪成为限制民事行为能力的精神病人，应当减轻其赔偿责任这一重要事实。但辽宁省高级人民法院认为案件一审裁判虽适用法律错误，但结果正确，进而维持了一审裁判这一做法显然是不妥当的。法院应当将错误适用的法律一并纠正。

▌法条链接

《民法通则》第 17 条第 1 款：无民事行为能力或者限制民事行为能力的精神病人，由下列人员担任监护人：

（一）配偶；

（二）父母；

（三）成年子女；

（四）其他近亲属；

（五）关系密切的其他亲属、朋友愿意承担监护责任，经精神病人的所在单位或者住所地的居民委员会、村民委员会同意的。

《民法通则》第133条：无民事行为能力人、限制民事行为能力人造成他人损害的，由监护人承担民事责任。监护人尽了监护责任的，可以适当减轻他的民事责任。

有财产的无民事行为能力人、限制民事行为能力人造成他人损害的，从本人财产中支付赔偿费用。不足部分，由监护人适当赔偿，但单位担任监护人的除外。

《侵权责任法》第32条：无民事行为能力人、限制民事行为能力人造成他人损害的，由监护人承担民事责任。监护人尽了监护责任的，可以适当减轻其民事责任。

有财产的无民事行为能力人、限制民事行为能力人造成他人损害的，从本人财产中支付赔偿费用。不足部分，由监护人赔偿。

第二节 完全民事行为能力人暂无意识或失去控制致使他人损害责任纠纷实务要点与典型案例

一、完全民事行为能力人暂无意识或失去控制致使他人损害责任纠纷概述与实务要点

（一）概述

完全民事行为能力人暂无意识或失去控制发生人身损害赔偿责任，又称暂时失去心智者致害责任，是指完全民事行为能力人因特殊原因暂时失去意识或失去控制造成他人损害时应当承担的责任。这种侵权责任具有以下特点：

1. 造成他人损害的是完全民事行为能力人。这一点有别于监护人责任，因为在监护人责任中，造成他人损害的是无民事行为能力人或者限制民事行为能力人。

2. 完全民事行为能力人暂无意识或失去控制致使他人损害的责任适用过错责任原则或公平责任原则。《侵权责任法》第33条规定："完全民事行为能力人对自己的行为暂时没有意识或者失去控制造成他人损害有过错的，应当承担侵权责任；没有过错的，根据行为人的经济状况对受害人适当补偿。完全民事行为能力人因醉酒、滥用麻醉药品或者精神药品对自己的行为暂时没有意识或者失去控制造成他人损害的，应当承担侵权责任。"这说明，完全民事行为能力人

对自己的行为暂时没有意识或者失去控制对他人造成的损害具有过错，或者具有醉酒、滥用麻醉药品或者精神药品等重大过错时，应当对他人的损害结果承担完全赔偿责任，即在此情形下适用过错责任原则。如果完全民事行为人在没有过错的情况下对自己的行为暂时没有意识或者失去控制造成他人损害，此时侵权人由于没有过错，不需向被侵权人承担完全赔偿责任，仅需对被侵权人进行适当补偿。这种情况下适用的是公平责任原则。

3. 完全民事行为能力人暂无意识或失去控制致使他人损害责任属于一种自己责任。在这种侵权责任中，实施侵权行为的完全民事行为能力人是为自己的侵权行为承担责任，而在监护人责任、雇主责任中，监护人和雇主是为被监护人和雇员的行为承担责任，属于替代责任。

（二）构成要件

1. 完全民事行为能力人是在暂无意识或者失去控制时对他人实施了侵害行为。如果完全民事行为能力人在具有认识能力和控制能力的情况下造成他人损害，则适用《侵权责任法》第6条第1款规定的过错责任原则和其他相关规定。

2. 完全民事行为能力人在暂无意识或者失去控制时对他人造成了损害结果。损害结果包括人身损害和财产损害。

3. 受害人受到的损害和完全民事行为能力人在暂无意识或者失去控制时实施的侵权行为具有因果关系。

4. 在适用过错责任原则时，完全民事行为能力人对自己暂时失去意识或者失去控制具有过错，即行为人有能力意识到自己的行为可能会导致自己陷入暂时失去意识或控制的境地，仍然实施了该行为，例如完全民事行为能力人应当意识到饮酒等行为可能发生的后果，仍然过度饮酒、滥用麻醉药品致使自己暂时失去意识或者失去控制，进而造成他人损害。

（三）实务要点

1. 造成完全民事行为能力人暂无意识或失去控制的原因不同的情况下，如何承担责任的问题。导致完全民事行为能力人暂时失去意识或者控制的原因有两种：一种为因自己的过错所导致，即主观原因；一种为非因自己的过错所导致，即客观原因。而在这两种情况下，完全民事行为能力人导致他人损害，应当承担的责任是不一样的，所以需要认真分析两类原因。

完全民事行为能力人因主观原因导致其暂时失去意识或者控制，一般是指其应当认识到自己的行为能够导致其陷入失去意识或者失去控制的危险境地，仍然实施了这些行为。典型情况如《侵权责任法》第33条第2款规定的醉酒、滥用麻醉药品或者精神药品等行为。一个完全民事行为能力人完全可以意识到醉酒、滥用麻醉药品或者精神药品等行为可能引起的后果，即很有可能使人陷入失去意识或者失去控制的危险境地。如果该完全行为能力人仍然实施了上述行为，进而导致其损害他人的结果，属于因自己的过错而导致对他人的损害结果，应当适用过错责任原则，对损害结果承担完全赔偿责任。

完全民事行为能力人因客观原因导致其暂时失去意识或者控制，一般是指行为人因自身存在一些病理性因素而导致其暂时失去意识或者失去控制，进而对他人造成了人身损害。典型情况如完全民事行为能力人在梦游中致使他人损害。在这种情况下，行为人陷入失去意识或者失去控制的状态并非由于其本身的过错导致，所以其对造成他人损害的结果也不存在过错。但损害结果毕竟是行为人导致的，所以应当适用公平责任原则，由行为人对受害人进行适当补偿。需要说明的是，此时的补偿并非对受害人遭受的损害结果的全部赔偿，而是根据行为人的经济情况、造成损害结果的严重程度等因素进行适当的补偿。

2. 如何区分完全民事行为能力人暂无意识或失去控制致使他人损害和精神病人造成他人损害的问题。在完全民事行为能力人暂无意识或失去控制致使他人损害责任中，造成他人损害的是完全民事行为能力人。根据《民法通则》第11条的规定，完全民事行为能力人是指18周岁以上且精神正常的人，或者16周岁以上不满18周岁，以自己的劳动收入作为主要生活来源的精神正常的人。

在精神病人致害责任中，造成他人损害的是不能完全辨认自己行为或完全不能辨认自己行为的精神病人。精神病人为限制民事行为能力人或者无民事行为能力人。根据《民法通则》第12条和第13条的规定，限制民事行为能力人包括两种人，即年满10周岁不满18周岁的未成年人（如果年满16周岁的未成年人可以自己的劳动收入为主要生活来源的，该未成年人为完全民事行为能力人）以及不能完全辨认自己行为的精神病人。无民事行为能力人包括两种人，即10周岁以下的未成年人和完全不能辨认自己行为的精神病人。

完全民事行为能力人暂无意识或失去控制致使他人损害和精神病人造成他人损害会有一定的相似性，尤其是在精神病人为年满18周岁的成年人的情况下。区分这两种责任需要明确：第一，完全民事行为能力人在未丧失意识或控制的情况下对自己的行为是具有正常的辨认能力和控制能力的，而精神病人在大部分情况下对自己的行为是不具有辨认能力和控制能力的（间歇性精神病人的情况除外）。第二，基于上述原因，二者在对他人造成损害后承担责任的主体是不同的。《侵权责任法》第33条第1款规定："完全民事行为能力人对自己的行为暂时没有意识或者失去控制造成他人损害有过错的，应当承担侵权责任；没有过错的，根据行为人的经济状况对受害人适当补偿。"这属于自己责任。

《侵权责任法》第 32 条第 1 款规定："无民事行为能力人、限制民事行为能力人造成他人损害的，由监护人承担侵权责任。监护人尽到监护责任的，可以减轻其侵权责任。"这属于替代责任。

二、完全民事行为能力人暂无意识或失去控制致使他人损害责任纠纷典型案例

1. 完全民事行为能力人暂无意识或失去控制发生人身损害赔偿责任的认定——张顺林与张洪进、张仁林健康权纠纷案

▎案件基本信息及法院裁判

裁判文书字号：（2015）保中民一终字第 255 号

案由：生命权、健康权、身体权纠纷

上诉人（原审被告）：张洪进

被上诉人（原审原告）：张顺林

原审被告：张仁林（系张洪进父亲）

2012 年 10 月 26 日下午，在隆阳区河图镇红花村红花大桥以东约 60 米处，原被告因为被告辱骂原告发生口角，并相互扭打，被在场人张大恒、余桂兰劝开后，被告张洪进又打了原告眼睛一拳，致原告左眼受伤。当日，原告被送往保山市人民医院住院治疗，经诊断为左眼球破裂伤，内容物脱出。住院治疗 4 天，于 2012 年 10 月 30 日出院，原告支出住院医疗费 2063.63 元、门诊费 1218 元。出院时医嘱建议转上级医院进一步诊治。2012 年 11 月 1 日，原告转院至云南省第二人民医院住院治疗，经诊断为左眼人工晶体脱位，眼球破裂伤，眼球内容物脱出。住院治疗 18 天，于 2012 年 11 月 19 日出院，原告支出住院医疗费 10 669.05 元、门诊费 2311.88 元。两次住院产生住院医疗费、门诊费共计 16 262.56 元。

事发当日，原告之子张洪仁报警后，公安机关立案侦查。2013 年 2 月 15 日，保山市隆阳区公安司法鉴定中心对原告的身体损伤程度鉴定为轻伤。2013 年 5 月 13 日，公安机关委托云南省保山市精神病医院司法鉴定所对被告张洪进进行司法精神医学鉴定，当日，该鉴定所出具精神疾病鉴定意见书，鉴定意见为：张洪进 2009 年以来患有脑损害所致的精神障碍，有幻觉症及器质性妄想性障碍。2012 年 10 月 26 日在症状幻觉、妄想支配下伤人，当时其对自己的行为丧失了实质性辨认和控制能力，无刑事责任能力。2013 年 7 月 18 日，保山市公

安局隆阳分局作出隆公（河）撤案字（2013）1号撤销案件决定书，以张洪进作案时无刑事责任能力，对张洪进故意伤害案予以撤销。

云南省保山市隆阳区人民法院经一审审理认为，被告张洪进经鉴定患有精神障碍，作案时无刑事责任能力，但并不当然始终为无民事行为能力。原告提出被告张洪进具有民事行为能力，其起诉张洪进父亲张仁林的理由是其指使张洪进殴打原告，被告张仁林也不申请宣告张洪进为无民事行为能力人，且对张洪进询问，张洪进能够正常回答问题，张洪进表示其现在已恢复正常。结合双方认可的被告在本案伤害事故发生前一直从事建材销售的事实和此次重审期间与张洪进的沟通交流，本案无必要经特别程序认定被告张洪进无民事行为能力，从而可以认定被告张洪进具有民事行为能力，能够独立承担民事责任。被告张洪进与原告发生的纠纷，是被告张洪进先对原告进行辱骂，而后与原告扭打，经在场人劝开后，被告又打伤原告眼睛，从而导致原告受伤，被告张洪进存在过错，应当承担相应的侵权责任。虽经鉴定被告系在幻觉、幻想支配下打人，但并不能因此免除被告张洪进的民事赔偿责任。原被告系同组村民，原告应当明知被告患有精神障碍，但事发时面对被告的挑衅却没有及时回避，而与被告张洪进扭打，导致了损害结果的发生，原告自身也存在过错，从而减轻被告张洪进的民事赔偿责任。综合本案发生的原因、经过及结果，酌情由被告张洪进承担60%的责任，原告自行承担40%的责任。至于被告张仁林是否指使张洪进对原告实施侵权行为的问题，因原告未提交张仁林指使张洪进殴打原告的证据，对原告要求被告张仁林承担本案赔偿责任的主张不予支持。原告主张的赔偿费用，根据法律及相关司法解释予以认定：①医疗费16 262.56元；②住院伙食补助费、伙食费1 300元；③住宿费6 500元；④交通费1 112元；⑤护理费2 200元；⑥营养费660元；⑦鉴定费1 200元；⑧残疾赔偿金22 751.40元 [5 417元/年 × (20年 − 6年) × 30%]，共计45 485.96元，由被告张洪进承担60%，即27 291.60元。依照《侵权责任法》第6、16、26条，《人身损害赔偿司法解释》第19条第1款，第20条，第21条第1、2、3，第22、23、24、25条，《民事诉讼法》第64条第1款，判决：由被告张洪进于判决生效后10日内赔偿原告张顺林医疗费、伙食补助费、交通费、护理费、营养费、鉴定费、残疾赔偿金共计27 291.60元。驳回原告张顺林的其他诉讼请求。一审宣判后，张洪进不服，向云南省保山市中级人民法院提起上诉，请求撤销一审判决，改判驳回被上诉人的诉讼请求。

云南省保山市中级人民法院经二审审理认为，根据《民通意见》第8条的规定，被上诉人张顺林主张上诉人张洪进具有民事行为能力，而上诉人张洪进之父张仁林也不申请宣告张洪进为无民事行为能力人，且一审法院对上诉人张洪进进行询问时其能够正常回答问题，并表示其现在已恢复正常。结合双方认可的上诉人张洪进在本案伤害事故发生前一直从事建材销售的事实，本案无必要经特别程序认定张洪进无民事行为能力。因而，一审法院认定上诉人张洪进具有民事行为能力，能够独立承担民事责任，并无不当。《侵权责任法》第33条第1款规定："完全民事行为能力人对自己的行为暂时没有意识或者失去控制造成他人损害有过错的，应当承担侵权责任；没有过错的，根据行为人的经济状况对受害人适当补偿。"经云南省保山市精神病医院司法鉴定所鉴定，上诉人张洪进虽系在幻觉、幻想症状支配下打伤被上诉人张顺林，没有过错，但并不能因此免除其补偿责任。根据上诉人张洪进的经济状况，由上诉人张洪进补偿被上诉人张顺林18 194.38元（45 485.96元×40%）。综上所述，一审认定事实清楚，但适用法律部分不当，本院予以更正。依照《侵权责任法》第33条第1款及《民事诉讼法》第170条第1款第2项之规定，判决如下：变更云南省保山市隆阳区人民法院（2015）隆民初字第02525号民事判决为：由被告张洪进于判决生效后10日内补偿原告张顺林各项损失共计18 194.38元；驳回原告张顺林的其他诉讼请求。

▌案件分析

本案是一起生命权、健康权、身体权纠纷。案件的争议焦点为，对于原告张顺林的人身损害结果，究竟应当由哪一方承担损害赔偿责任？

本案中，存在以下两项关键事实：第一，在一审中，原告提出被告张洪进具有民事行为能力，其起诉张洪进父亲张仁林的理由是张仁林指使张洪进殴打原告，被告张仁林也不申请宣告张洪进为无民事行为能力人，且法院对张洪进询问，张洪进能够正常回答问题并表示其现在已恢复正常。结合双方认可的被告在本案伤害事故发生前一直从事建材销售的事实和此次重审期间与张洪进的沟通交流，云南省保山市隆阳区人民法院认为，本案无必要经特别程序认定被告张洪进有无民事行为能力，从而可以认定被告张洪进具有民事行为能力，能够独立承担民事责任。第二，2013年5月13日，公安机关委托云南省保山市精神病医院司法鉴定所对被告张洪进进行司法精神医学鉴定，当日，该鉴定所出具精神疾病鉴定意见书，鉴定意见为：张洪进2009年以来患有脑损害所致的精神障碍，有幻觉症及器质性妄想性障碍。2012年10月26日在幻觉、妄想症状支配下伤人，当时其对自己的行为丧失了实质性辨认和控制能力，无刑事责任能力。

上述两项事实说明，第一，被告张洪进具有完全民事行为能力，能够独立承担民事责任；第二，案发当时，被告张洪进在幻觉、妄想症状支配的精神障碍下对原告张顺林实施了侵权行为，当时对自己的行为丧失了实质性辨认和控制能力，即案发当时没有民事行为能力。

《侵权责任法》以过错责任原则和无过错责任原则为侵权行为的归责原则。除了法院明文规定应当适用无过错责任原则的情形之外，一般侵权行为均应适用《侵权责任法》第6条规定的过错责任原则，即行为人因过错侵害他人民事权益，应当承担侵权责任。然而，现实生活中会存在一种情况，即完全民事行为能力人因种种原因，在暂时没有意识或者失去控制时致使他人出现人身损害结果。在这种情况下，行为人在实施侵权行为时往往是没有民事行为能力的。由于行为人在对他人造成人身损害结果时没有意识或者失去控制，因而其在实施对他人的侵权行为时并无过错，即不能适用《侵权责任法》第6条规定的过错责任原则对其进行归责。但行为人暂时没有意识或者失去控制的原因，有可能是行为人的过错导致。因此，《侵权责任法》第33条第1款规定："完全民事行为能力人对自己的行为暂时没有意识或者失去控制造成他人损害有过错的，应当承担侵权责任；没有过错的，根据行为人的经济状况对受害人适当补偿。"即如果行为人因过错致使自己暂时失去意识或控制造成他人损害（如存在滥用麻醉药品、精神药品的情况），应当承担完全的赔偿责任。如果行为人对自己暂时失去意识或控制并无过错的，不需承担侵权责任，但需根据其经济状况对受害人进行适当补偿。

在本案中，根据二审法院查明的事实，上诉人张洪进系在幻觉、幻想症状支配下打伤被上诉人张顺林，所以其在实施侵权行为时并没有过错，无须就张顺林的人身损害结果承担完全的侵权责任，但并不能因此免除其补偿责任。所以，二审法院纠正了一审法院认为张洪进在实施侵权行为时具有过错的事实，根据张洪进的经济状况，判决其对张顺林的人身损害结果承担40%的赔偿责任。

另外，根据人民法院查明的事实，原被告系同组村民，原告应当明知被告患有精神障碍，但事发时面对被告的挑衅没有及时回避，而与被告张洪进扭打，导致了损害结果的发生。这说明，原告自身也存在过错，根据《侵权责任法》第26条的规定，可以减轻被告张洪进的补偿责任。故二审法院最终确定原告自身应承担损害结果60%的责任。

需要说明的是，《侵权责任法》第33条规定的完全民事行为能力人对自己的行为暂时没有意识或者失去控制造成他人损害的责任，并不等同于《侵权责任法》第32条规定的监护人责任。第32条规定："无民事行为能力人、限制民事行为能力人造成他人损害的，由监护人承担侵权责任。监护人尽到监护责任的，可以减轻其侵权责任。有财产的无民事行为能力人、限制民事行为能力人造成他人损害的，从本人财产中支付赔偿费用。不足部分，由监护人赔偿。"第32条中的侵权行为人也有可能是精神病人，从而可能与第33条在适用时有所混淆。这一条与第33条的区别在于，侵权行为人的民事行为能力不同。第32条的监护人责任中规定的具有精神疾病的行为人为无民事行为能力人、限制民事行为能力人，即完全不能辨认自己行为的精神病人或者不能完全辨认自己行为的精神病人。这一类精神病人在日常生活中几乎均无民事行为能力或者仅具有限制民事行为能力。因此在没有财产的情况下，应当由其监护人承担赔偿责任。而第33条规定的侵权行为人属于完全民事行为能力人，在日常生活中具备完全民事行为能力，但在实施侵权行为时因种种原因导致对自己的行为暂时没有意识或者失去控制，进而致使他人出现损害结果，因此应当由行为人自己承担赔偿责任。

▌法条链接

《侵权责任法》第6条第1款：行为人因过错侵害他人民事权益，应当承担侵权责任。

《侵权责任法》第26条：被侵权人对损害的发生也有过错的，可以减轻侵权人的责任。

《侵权责任法》第32条：无民事行为能力人、限制民事行为能力人造成他人损害的，由监护人承担侵权责任。监护人尽到监护责任的，可以减轻其侵权责任。

有财产的无民事行为能力人、限制民事行为能力人造成他人损害的，从本人财产中支付赔偿费用。不足部分，由监护人赔偿。

《侵权责任法》第33条第1款：完全民事行为能力人对自己的行为暂时没有意识或者失去控制造成他人损害有过错的，应当承担侵权责任；没有过错的，根据行为人的经济状况对受害人适当补偿。

2. 完全民事行为能力人因饮酒造成他人人身损害结果的责任认定——杜发学与杜军国、杜红恩等生命权、健康权、身体权纠纷案

▌案件信息及法院裁判

裁判文书字号：（2014）鄂咸丰民初字第00941号

案由：生命权、健康权、身体权纠纷

原告：杜发学

被告：杜军国、杜红恩、杜林友、赖义祥

2014年7月6日16时许，杜红恩、杜林友、赖义祥、杜军国、杜发学五人一起在咸丰县坪坝营镇新场集镇钟某餐馆吃饭，在吃饭过程中，杜发学与杜军国因相互敬酒而发生口角，被他人劝开，杜兴高挽着杜发学离开餐馆走到新场小学大门附近时，杜军国追上去朝杜发学后背打了一拳，致使杜发学摔倒在地，造成杜发学右膝盖、右手肘、后背等部位不同程度受伤，当时杜发学立即报警，咸丰县公安局坪坝营派出所派员处理。杜发学由救护车送到咸丰县人民医院，花去救护车费180.00元、出诊费72.00元、治疗费36.00元，合计288.00元。经咸丰县人民医院诊断，杜发学此次受伤为全身多处软组织受伤。杜发学在咸丰县人民医院住院治疗12天，用去医疗费6157.71元。杜军国被咸丰县公安局处以行政拘留五日的治安处罚。经民警询问，杜发学、杜军国均拒绝协商调解此事。原告杜发学于2014年11月3日向咸丰县人民法院提起诉讼。

咸丰县人民法院经审理后认为，原告杜发学与被告杜军国在饮酒过程中因相互劝酒而发生口角，双方均有责任。被告杜军国在原告杜发学离开餐馆后，追上去朝原告杜发学后背打了一拳，致使原告杜发学受伤，应负本案主要责任（90%）。被告杜军国主张是本案原、被告五人共同饮酒、相互敬酒，醉酒后导致损害后果发生，五人共同饮酒后互相存在安全保障义务，应由原、被告五人共同承担责任。《侵权责任法》第33条第2款规定："完全民事行为能力人因醉酒、滥用麻醉药品或者精神药品对自己的行为暂时没有意识或者失去控制造成他人损害的，应当承担侵权责任。"被告杜军国的抗辩理由不能成立，被告杜红恩、杜林友、赖义祥在本案中不承担责任。被告杜军国主张原告杜发学受伤是其自己摔跤所致，但未提供确实充分的证据予以证实。对被告杜军国要求杜红恩、杜林友、赖义祥承担本案责任的诉讼请求，不予支持。被告杜军国认为原告杜发学的救护车费等合计288.00元是原告故意扩大的损失，但未提供相应的证据予以证实，对其主张不予支持。原告杜发学要求被告杜军国赔偿护理费1440.00元、陪床费120.00元，未提供其住院期间需要人护理的证据予以证实，对该诉讼请求不予支持。法院确定原告杜发学的损失为：①医疗费6157.71元、救护车费180.00元、出诊费72.00元、治疗费36.00元，合计6445.71元；②住院伙食补助费，参照恩施州国家机关一般工作人员出差伙食补助标准每天60元计算，12天为（60元/天×12天）720.00元；③误工费，参照2014年度《湖北省道路交通事故损害赔偿标准》农、林、牧、渔业的标准计算，12天为（23693元/年÷365天/年×12天）778.95元。上述损失共计7944.66元，被告杜军国应当赔偿原告杜发学（7944.66 元×90%）7150.19 元。被告杜红恩、杜林友、赖义祥经法院依法传票传唤未到庭参加诉讼，法院依法对本案缺席判决。依照《侵权责任法》第 6 条、第 16 条、第 33 条，《人身损害司法解释》第 17 条、第 19 条、第 20 条、第 22 条、第 23 条，《民事诉讼法》第 64 条第 1 款的规定，判决被告杜军国赔偿原告杜发学人民币 7150.19 元。被告杜红恩、杜林友、赖义祥不承担本案责任。驳回原告杜发学其他诉讼请求。

▌案件分析

本案是一起生命权、健康权、身体权纠纷，案件的争议焦点为，被告杜军国是否应当对原告杜发学的人身损害结果承担赔偿责任？其余几名被告是否应当对杜发学承担损害赔偿责任？

第一，就被告杜军国是否应当对原告杜发学的人身损害结果承担赔偿责任而言，在原被告五人吃饭过程中，原告杜发学与被告杜军国因相互敬酒而发生口角，被他人劝开，杜兴高挽着杜发学离开餐馆走到新场小学大门附近时，杜军国追上去朝杜发学后背打了一拳，致使杜发学摔倒在地，进而受伤。所以，本案中原告杜发学的人身损害结果由被告杜军国直接造成，杜军国为本案中的直接侵权人，侵犯了被侵权人杜发学的健康权与身体权。

《侵权责任法》以过错责任原则和无过错责任原则为侵权行为的归责原则。除了法律明文规定应当适用无过错责任原则的情形之外，一般侵权行为均应适用《侵权责任法》第 6 条规定的过错责任原则，即行为人因过错侵害他人民事权益的，应当承担侵权责任。根据人民法院查明的事实，本案事发时，原被告几人正在饮酒。一般情况下，人的辨认能力和控制能力在饮酒后会发生不同程度的下降，如果醉酒，甚至可能出现一定时间内失去意识或者失去控制的情况。事发时被告杜军国也饮了酒，导致其辨认能力和控制能力出现了一定程度的下降，进而对原告杜发学实施了侵权行为，其实施行为时是否具有过错便具有不确定性。在这种情况下，杜军国是否应当对杜发学的损害结果承担赔偿责任？

《侵权责任法》第 33 条第 1 款规定："完全民事行为能力人对自己的行为暂时没有意识或者失去控制造成他人损害有过错的，应当承担侵权责任；没有过错的，根据行为人的经济状况对受害人适当补偿。"该条第 2 款规定："完全民事行为能力人因醉酒、滥用麻醉药品或者精神药品对自己的行为暂时没有意识或者失去控制造成他人损害的，应当承担侵权责任。"本案正是《侵权责任法》第 33 条第 2 款规定的情况。虽然侵权人杜军国在对被侵权人杜发学实施侵权行为时，其辨认能力和控制能力可能出现一定程度的下降，但这是由于饮酒造成的。作为一名完全民事行为能力人，杜军国理应认识到饮酒后可能出现失去意识或者失去控制的后果。因此，应当根据该款规定，由杜军国对杜发学的人身损害结果承担主要赔偿责任。另外，杜发学与杜军国是在互相敬酒时发生口角，说明杜发学也存在一定程度的过错。因此，根据《侵权责任法》第26条的规定，原告杜发学对其人身损害结果也应承担一定比例的责任（法院最终确定其责任比例为10%）。

第二，就其余几名被告是否应当对杜发学承担损害赔偿责任而言，本案中另外三名被告杜红恩、杜林友、赖义祥与原告杜发学、被告杜军国一起吃饭、饮酒。原告杜发学与被告杜军国在互相敬酒时发生口角，杜军国进而对杜发学实施了侵权行为，其余几名被告对原告杜发学的人身损害结果的发生并无过错，因此不应承担损害赔偿责任。

▌法条链接

《侵权责任法》第6条第1款：行为人因过错侵害他人民事权益，应当承担侵权责任。

《侵权责任法》第26条：被侵权人对损害的发生也有过错的，可以减轻侵权人的责任。

《侵权责任法》第33条第2款：完全民事行为能力人因醉酒、滥用麻醉药品或者精神药品对自己的行为暂时没有意识或者失去控制造成他人损害的，应当承担侵权责任。

第三节　雇主责任纠纷实务要点与典型案例

一、雇主责任纠纷概述与实务要点

（一）雇主责任纠纷概述

雇主责任纠纷，是雇佣合同中的雇员在从事雇佣活动时造成他人损害或者自身受到损害，雇主应当承担的责任。雇主责任具有以下特征：

1. 雇主责任属于一种替代责任。根据《侵权责任法》第34、35条的规定以及《人身损害赔偿司法解释》第9、11条的规定，雇员在从事雇佣活动时造成他人损害或者自身受到损害的，一般情况下，应当由雇主承担损害赔偿责任。所以，雇主承担责任属于替代他人（实施侵权行为的雇员或者对雇员实施侵权行为的第三人）承担责任。因此，雇主责任本质上同监护人责任一样，属于一种替代责任。

2. 雇主责任在一般情况下适用无过错责任原则，即一般情况下，雇员在从事雇佣活动时造成他人损害或者自身受到损害，受害人向雇主主张赔偿的，并不需要证明雇主存在过错。

（二）雇主责任的构成要件

首先需要说明雇佣合同的概念和内容。雇佣合同，是根据双方约定，雇员为雇主提供劳务，雇主向雇员支付报酬的合同。雇佣合同的主体为雇员和雇主，提供劳务一方为雇员，接受劳务并向雇员支付报酬一方为雇主。需要说明的是，广义的雇佣合同既包括由劳动法律法规调整的劳动关系，也包括仍然由民法调整的雇佣关系。狭义的雇佣合同，是指在劳动法调整范围之外，仍由民法调整的雇佣合同，主要包括两类：一类是自然人之间形成的雇佣合同；另一类是雇员并不被纳入用人单位（包括企业、个体经济组织、民办非企业单位等组织以及国家机关、事业单位、社会团体等用人单位）的组织，仅与用人单位形成临时性雇佣合同的情形。雇主责任的构成要件如下：

1. 实施侵权行为或者自身受到损害的为雇员。

2. 雇员是在雇佣活动期间造成了他人损害或者自身受到了损害。首先，对于雇佣活动如何认定的问题，根据《人身损害赔偿司法解释》第 9 条第 2 款的规定，"从事雇佣活动"是指从事雇主授权或者指示范围内的生产经营活动或者其他劳务活动。雇员的行为超出授权范围，但其表现形式是履行职务或者与履行职务有内在联系的，应当认定为"从事雇佣活动"。其次，在从事雇佣活动期间，雇员造成了他人损害或者自身受到了损害。在实践中，以发生人身损害的结果为主。

（二）雇主责任纠纷实务要点

1. 雇佣合同和承揽合同如何区分？在司法实践中，雇佣合同和承揽合同的区分一直较为困难，尤其体现在民事生活中广泛存在的以安装、搬运、维修、清洁卫生等劳务为给付内容的法律关系中。由于承揽合同与雇佣合同中一方当事人需要提供劳务，因此在实践中非常容易出现一方当事人在给付劳务时受到人身损害以及致使他人受到人身损害的情况。而两类法律关系中替代责任的承担主体并不相同，因此法律关系的定性事关当事人的切身利益。在司法实践中对两类合同进行区分，首先需要分析承揽合同与雇佣合同的基本内容，以及二者的主要区别。

我国《合同法》第 251 条规定："承揽合同是承揽人按照定作人的要求完成工作，交付工作成果，定作人给付报酬的合同。承揽包括加工、定作、修理、复制、测试、检验等工作。"承揽合同中的工作成果包括有形的工作成果和无形的工作成果。承揽合同的主体包括定作人和承揽人。定作人是对承揽人提出一定的指示，要求承揽人依约定完成并向其交付工作成果，受理工作成果并依约支付报酬的一方。承揽人是指接受定作人的指示，主要凭借自己的劳力、设备、技术完成约定的工作成果并交付，受领定作人报酬的一方。

雇佣合同在我国并没有被《合同法》所规定，属于一种无名合同。但雇佣合同广泛地存在于民事生活的方方面面。根据相关民法理论，雇佣合同是根据双方约定，在确定或不确定的期间内，由雇员为雇主提供劳务，雇主向雇员支付报酬的合同。雇佣合同的主体为雇员和雇主，提供劳务一方为受雇人，接受劳务并向雇员支付报酬一方为雇主。

就法律关系的基本内容而言，承揽合同与雇佣合同的区分是较为明显的：承揽合同以追求特定的工作成果为目的，而雇佣合同并不要求特定的工作成果。但我国当前立法对这两类法律关系的规定尚未完善，司法实践中对于二者的区分也较为困难，原因之一在于，承揽合同中的特定成果不仅包括有形成果，更包括种类繁多的无形成果。随着经济的发展，承揽合同中特定成果的无形化日益明显，如民事生活中广泛存在的以安装、搬运、维修、清洁卫生等为劳务给付内容的承揽合同（在符合特定条件的情况下，该类合同也可能为雇佣合同）。这一类承揽合同的共性在于极其广泛地存在于民事生活的方方面面，与广大民事主体的生活息息相关。在这一类法律关系中，承揽合同与雇佣合同的区分便较为困难，因此需要从两类合同的基本内容出发，分析二者的主要不同点，进而进行判断。

承揽合同与雇佣合同，主要有以下不同：

（1）缔结合同的目的不同。承揽合同中，定作人以承揽人完成并交付其要求的特定成果为目的，并不关注承揽人付出的劳务本身；而雇佣合同中并不要求特定的工作成果，劳务本身即为合同的标的。此处需要指出的是，承揽合同在定作人支付报酬前需要对承揽人完成的工作成果进行验收，而雇佣合同中则不存在对劳动成果进行验收的要求。

（2）合同双方的人身依附性不同。承揽合同中，承揽人利用自己的劳动力、专有设备、专业技术独立完成定作人要求的工作成果，不受定作人的支配和控制，人身依附性低，具有独立性；而雇佣合同中，雇员对于雇主有较强的人身依附性，其工作过程需要受到雇主的支配和控制，需要接受雇主对具体工作方式的指使，并没有独立性。

（3）生产工具、设备由哪一方提供不同。在承揽关系中，根据《合同法》第253条的规定，承揽人以自己的设备、技术和劳力完成承揽工作。因此，如果生产工具、设备由提供劳务工作的一方提供，则双方一般形成承揽合同。在雇佣关系中，由于雇主对雇员具有人身支配性，雇员一般在雇主的处所提供劳务，所以生产工具、设备往往由雇主提供。因此，如果生产工具、设备由接受劳务的一方提供，则双方一般形成雇佣合同。

（4）劳务专属性不同。承揽合同中，定作人关心的是特定工作成果的完成，一般情况下对承揽人的人身专属性并没有特别要求，因此，承揽人可将承揽工作的一部或全部交由第三人完成，即次承揽；而在雇佣合同中，雇主对雇员具有较强的人身专属性，故原则上劳务请求权无让与性，劳务给付亦无可替代性。

（5）报酬支付方式不同。承揽合同的目的为特定工作成果，一般情况下，定作人在承揽人完成并交付工作成果后一次性支付报酬；而雇佣合同中，一般是雇主定期向雇员支付劳务报酬，其报酬形式包括计时工资和计件工资两种主要形式与奖金和津贴两种辅助形式。

（6）劳务活动是否构成一方的生产经营活动的组成部分不同。在承揽合同中，定作人向承揽人定作的一般为在特定时间所需的工作成果，因此，承揽人为此付出的劳动并不构成定作人生产经营活动的一部分，工作具有独立性；而在雇佣合同中，从法律关系的起源与本质可知，雇员为雇主付出的劳务一般构成雇主生产经营活动的一部分，尤其是在雇主为法人或其他组织的案件中，用这一方法判断法律关系更加具有有效性。

（7）劳务活动所需技术含量不同。在承揽合同中，承揽人利用自身的劳动力、专业技术、专有设备为定作人完成其所需的特定劳务成果，需要体力劳动与脑力劳动相结合，而且相当多的承揽合同要求承揽人具备特定的资质，这样的资质在一定范围内具有不可替代性。因此，承揽人付出劳动包含的技术含量一般较高，具有一定的专业性。而在雇佣合同中，雇员单纯付出劳务即可，一般并不需要较多技术含量，劳务活动大都为体力劳动。因此，雇佣活动中一般不需要雇员具备特定的资质，雇员在不能履行劳务时具有较强的可替代性。

（8）侵权责任的归责原则不同。在承揽合同中，根据《人身损害赔偿司法解释》第10条之规定，如果承揽人在工作过程中自身受到损害或者造成他人损害的，定作人在有定作、指示、选任过失的情况之外不承担责任。显而易见，在定作人责任中以过错责任原则作为归责原则，即定作人承担损害赔偿责任要以其有定作、指示、选任过失为前提。定作人是否具有过失，首先应当依据法律的规定加以判断，在法律没有明确规定的时候，应当依照定作人是否尽到交易上的必要注意来认定，应特别斟酌工作的种类、性质及危险性。而雇佣合同中，根据《人身损害赔偿司法解释》第9、11条的规定，雇员在从事雇佣活动中致人损害或自身遭受人身损害的，除因故意或重大过失致人损害应与雇主承担连带赔偿责任的情形之外，应当由雇主承担损害赔偿责任。这两条对雇主责任采用了无过错责任原则。《侵权责任法》出台之后，根据该法第34、35条之规定，用人单位的工作人员及个人劳务关系中提供劳务的一方在执行工作任务及从事劳务时致人损害的，应当由用人单位及接受劳务的一方承担侵权责任。个人劳务关系中提供劳务的一方因劳务自身受到损害的，应根据双方过错承担相应的责任。因此，《侵权责任法》除对个人劳务关系中提供劳务一方因劳务自身遭受人身损害的情形采用过错责任原则外，对雇主责任同样采用了无过错责任原则。

2. 在劳动关系中，劳动者在执行工作任务时受到第三方侵害，可否同时获得工伤保险赔偿和侵权第三方赔偿？

劳动关系也属于雇佣关系。在实践中，有不少用人单位的劳动者在执行工作任务的过程中受到第三方人身侵害的情况。由于劳动者与用人单位之间存在劳动关系，根据《中华人民共和国劳动法》（以下简称《劳动法》）、《工伤保险条例》等规定，劳动者自然有权申请工伤保险赔偿。但在这种情况下，根据《侵权责任法》《人身损害赔偿司法解释》等的相关规定，第三方对劳动者实施侵权行为，作为被侵权人的劳动者也自然有权向实施侵权行为的第三方请求损害赔偿。可问题是，劳动者可否同时获得工伤保险赔偿和侵权第三方的赔偿？对此，一些法律和司法解释作出了规定。例如，《中华人民共和国职业病防治法》（以下简称《职业病防治法》）第58条规定："职业病病人除依法享有工伤保险外，依照有关民事法律，尚有获得赔偿的权利的，有权向用人单位提出赔偿要求。"《中华人民共和国安全生产法》（以下简称《安全生产法》）第53条规定："因生产安全事故受到损害的从业人员，除依法享有工伤保险外，依照有关民事法律尚有获得赔偿的权利的，有权向本单位提出赔偿要求。"《人身损害赔偿司法解释》第12条规定：" 依法应当参加工伤保险统筹的用人单位的劳动者，因工伤事故遭受人身损害，劳动者或者其近亲属向人民法院起诉请求用人单位承担民事赔偿责任的，告知其按《工伤保险条例》的规定处理。因用人单位以外的第三人侵权造成劳动者人身损害，赔偿权利人请求第三人承担民事赔偿责任的，人民法院应予支持。"《最高人民法院关于因第三人造成工伤的职工或其亲属在获得民事赔偿后是否还可以获得工伤保险补偿问题的答复》（［2006］行他字第12号）规定："……即根据《中华人民共和国安全生产法》第四十八条以及最高人民法院《关于审理人身损害赔偿案件适用法律若干问题的解释》第十二条的规定，因第三人造成工伤的职工或其近亲属，从第三人处获得民事赔偿后，可以按照《工伤保险条例》第三十七条的规定，向工伤保险机构申请工伤保险待遇补偿。"（注：此答复作出时，《安全生产法》还尚未作最新修正，因此该答复引用的为旧《安全生产法》的第48条，该规定在新修正的《安全生产法》中为第53条。）从这些规定可以得知，劳动者在执行工作任务时受到第三方侵害，可以同时获得工伤保险赔偿和侵权第三方的赔偿。

在获得工伤保险赔偿和侵权第三方的赔偿的范围方面，《最高人民法院关于审理工伤保险行政案件若干问题的规定》（以下简称《工伤保险行政案件规定》）第8条规定："职工因第三人的原因受到伤害，社会保险行政部门以职工或者其近亲属已经对第三人提起民事诉讼或者获得民事赔偿为由，作出不予受理工伤认定申请或者不予认定工伤决定的，人民法院不予支持。职工因第三人的原因受到伤害，社会保险行政部门已经作出工伤认定，职工或者其近亲属未对第三人提起民事诉讼或者尚未获得民事赔偿，起诉要求社会保险经办机构支付工伤保险待遇的，人民法院应予支持。职工因第三人的原因导致工伤，社会保险经办机构以职工或者其近亲属已经对第三人提起民事诉讼为由，拒绝支付工伤保险待遇的，人民法院不予支持，但第三人已经支付的医疗费用除外。"《2015年全国民事审判工作会议纪要》第13条规定："劳动者所在的用人单位未参加工伤保险，因第三人侵权造成劳动者人身损害，同时构成工伤的，如果劳动者已经获得侵权赔偿，用人单位应当承担的工伤保险责任中应扣除第三人已支付的医疗费、护理费、营养费、交通费、住院伙食补助费、残疾器具辅助费和丧葬费等实际发生的费用。用人单位先行支付工伤保险赔偿的，可以在第三人应当承担的赔偿责任范围内向第三人追偿。"第14条规定："劳动者所在的用人单位参加了工伤保险，因第三人侵权造成人身损害，劳动者获得第三人支付的损害赔偿后，仍有权请求工伤保险基金管理机构支付工伤保险待遇，但就第三人已支付的医疗费、护理费、营养费、交通费、住院伙食补助费、残疾器具辅助费和丧葬费等实际发生的费用，工伤保险基金可以拒绝支付。"从以上规定可以看出，劳动者在执行工作任务受到第三方侵害时，可以同时获得工伤保险赔偿和侵权第三方的赔偿。但在赔偿范围方面，对于两份赔偿中包含的一些实际花费的费用，即医疗费、护理费、营养费、交通费、住院伙食补助费、残疾器具辅助费和丧葬费，受害人只能获得一次赔偿。而对于死亡赔偿金、残疾赔偿金等项目，受害人可以获得双份赔偿。

二、雇主责任纠纷典型案例

1. 雇佣关系的认定与履行职务的认定——燕中青与米宏全等生命权、健康权、身体权纠纷上诉案

▌案件信息及法院裁判

裁判文书字号：（2015）三中民终字第 04780 号

案由：生命权、健康权、身体权纠纷

上诉人（原审被告）：燕中青

被上诉人（原审原告）：米宏全

被上诉人（原审被告）：王彬

2013 年 6 月 19 日凌晨 1 时许，余×驾驶 SANY 液压挖掘机（设备编号 11SY006032578）在北京市朝阳区×桥西侧 100 米附近王彬建设的一处民宅工地内，向米宏全驾驶的渣土车上装渣土。在渣土装载完毕后，余×驾驶挖掘机欲退出施工场地，适逢米宏全站在渣土车上平整渣土，其间米宏全被挖掘机的铲斗撞倒，致其从渣土车上摔下受伤。

北京市朝阳区人民法院在一审中认为，行为人因过错致他人人身受损的，侵权人应当在其过错范围内承担相应的赔偿责任。被侵权人对损害的发生也有过错的，可以减轻侵权人的责任。雇员在从事雇佣活动中致他人受损的，雇主应当承担赔偿责任。余×在夜间操作挖掘机，因未尽到相应的注意义务，导致其操作的挖掘机铲斗将米宏全从渣土车上撞倒从而摔下受伤，故余×应负本次事故的全部责任，但本次事故是余×从事雇佣活动所致，故相应的赔偿责任应由雇主燕中青承担。现有证据并不足以证明王彬在本次事故发生的过程中存在过错，故米宏全要求王彬承担责任，法院无法支持。

宣判后，燕中青不服原审判决，上诉至北京市第三中级人民法院称：事发时余×不是正在从事雇佣活动，是王彬请求余×挖树，属于义务帮工过程中致人损害，应当由王彬承担责任，与我无关。米宏全本身亦存在过错，且原审认定残疾赔偿金和误工费的数额存在错误。原审法院认定事实不清，适用法律错误，请求撤销原判，依法改判。米宏全同意原审判决。

北京市第三中级人民法院认为：综合当事人的诉辩主张和已查明的事实，本案二审争议焦点为燕中青、王彬应否就米宏全的损失承担赔偿责任，而要厘清此问题，关键在于澄清两点：一是界定燕中青、王彬与司机余×之间的法律关系；二是事发时余×所从事的施工活动是否超出燕中青的雇佣范围。

一、燕中青与余×之间形成雇佣关系

《侵权责任法》第35条规定："个人之间形成劳务关系，提供劳务一方因劳务造成他人损害的，由接受劳务一方承担侵权责任。……"司法实践中，一般认为该条规定是对《人身损害赔偿司法解释》第9条确立的雇主替代责任制度的完善和发展。雇主替代责任是随着社会不断发展进步而逐渐确立起来的现代侵权责任法中的一项重要制度，其法理基础是，雇主与雇员之间具有特定人身、利益关系，雇员系雇主挑选，其行为受雇主意志的支配和约束，雇员从事雇佣活动的行为实际上是雇主行为的延伸，直接为雇主创造经济利益和其他物质利益，雇员在雇佣活动中产生的风险也应由雇主承担，这也与现代民法利益、风险、责任一致的原则相符。从充分保护受害人利益的角度而言，让雇主承担责任，可以使受害人更加及时、充分地获得救济，也可督促雇主尽到严格选任、监督之职责，避免损害的频发，有利于社会安定。雇主替代责任的前提是提供劳务一方与接受劳务一方之间存在雇佣关系。本案中，综合现有证据可以认定燕中青与余×之间形成雇佣关系，理由如下：首先，燕中青与余×之间虽未签订书面劳务合同，但从双方口头约定的内容来看，余×系燕中青所雇司机，负责驾驶燕中青所有的挖掘机在现场施工，燕中青每月向余×给付3500元，可视为双方已经达成口头劳务合同。其次，从人身依附性来看，雇佣法律关系强调的是双方具有特定的人身关系，雇员在受雇期间，根据雇主的意志完成工作，受其监督、服从指示，雇主可以随时干预雇员的工作。本案中，余×所使用的作业设备由燕中青提供，施工的地点、方式、时间均由燕中青通过接活为其选择，余×作为司机对于工作如何安排并无自主权。可以看出，燕中青在与余×的特定关系中处于支配地位，约束和监督余×从事施工活动。最后，从报酬给付情况来看，燕中青指示余×到现场施工，由燕中青负责与王彬进行结算，再另行按月支付余×相应的报酬，由此可见，燕中青与余×之间单独存在明确特定的利益关系，余×为燕中青操作挖掘机创造经济利益，燕中青向余×支付报酬。综上，余×所进行的施工作业系在燕中青监督和约束下的一种从属劳动，余×由此获得报酬，二人之间形成雇佣关系。

二、王彬与燕中青、余×之间的法律关系

（一）王彬与燕中青之间构成承揽合同关系

《合同法》第251条第1款的规定："承揽合同是承揽人按照定作人的要求完成工作，交付工作成果，定做人给付报酬的合同。"第253条规定："承揽人应当以自己的设备、技术和劳力，完成主要工作，但当事人另有约定的除外。承揽人将其承揽的主要工作交由第三人完成的，应当就该第三人完成的工作成果向定作人负责；未经定作人同意的，定作人可以解除合同。"按照上述规定，承揽合同系完成工作、交付成果之合同类型，其标的是定作人要求承揽人完成并交付的工作成果，而不是工作过程或劳务、智力的支出过程，亦非对具体标的物之占有、使用、收益。就本案而言，北京市第三中级法院作出如下分析：

1. 虽然燕中青与王彬未签订书面合同，但燕中青根据王彬的要求，按照每天800元的标准将王彬所建民宅工地内的渣土装载到渣土车上，在此过程中，燕中青作为一个独立的合同工，以其自带设备、技术和劳力完成王彬要求的工作并向王彬交付工作成果，从双方之间的约定及实际履行情况来看，双方更符合承揽合同的法律关系。

2. 挖掘机的占有使用者并非王彬，仍是燕中青，其通过自己雇佣的司机余×使用挖掘机完成工作，且称"油钱自己出、车坏了自己修"等，这些情节更符合承揽合同法律关系中的惯例。施工期间，虽然燕中青与其司机余×不可避免地也受王彬现场协调指挥之影响，但仅是为了按照承揽合同完成某项工作，双方所在意的均为工作的结果。

3. 即使双方之间约定类似于租赁关系中的按天、按月计酬，也仅是计算报酬的方式有所不同。在承揽关系中，虽然一般情况下，定作人往往因承揽人完成某项工作或做完某件事才支付报酬，但在处理一些难以量化的劳动成果时，双方亦可以选择约定按时间计算报酬，并不能因此就否定其承揽关系的特征。

4. 承揽合同种类繁多，如建房合同、印刷合同、房屋修缮合同等均属于常见的承揽合同，实践中由于双方当事人的约定内容，尤其是口头约定千差万别，类似上述《合同法》相关法律规定但又不完全一致的情形屡见不鲜，这就要求人民法院在适用上述法律规定时注意结合立法本意和立法精神，而不过分拘泥于文字表述。本案中，综合王彬要求燕中青将渣土装上渣土车的具体约定及履行情况，法院认为符合上述法律规定之情形，应按照承揽合同关系处理。

（二）王彬与燕中青之间并非租赁关系或雇佣关系

（分析内容此处略）

三、事发时余×所从事的施工活动是否超出燕中青的雇佣范围而与王彬形成义务帮工关系

本案中，燕中青主张发生事故时其与余×约定的工作任务早已完成，余×是应王彬要求从事额外挖树活动时致米宏全受伤，属于义务帮工，因此应由王彬作为被帮工人承担赔偿责任。就此问题，法院认为，考察雇员致人损害是否因为劳务，系雇主承担替代责任的决定性因素。一般而言，雇主在向雇员发出指示时均有内容明确的要求和授权，但在具体施工过程中，可能出现雇员从事

的活动与雇主指示不一致的情况，如何确定是否超出雇主指示或者授权的范围，则应结合案件的具体情节综合判断。北京市第三中级人民法院结合事发当日的情况分析如下：

1. 从行为的客观属性来看，余×在现场施工，负责挖渣土，遇到树进行挖掘时致米宏全损害，该行为在客观上的表现与燕中青指示余×挖渣土的要求相一致，在内容上亦属于从事挖渣土的雇佣活动范围。

2. 就王彬、余×、燕中青及米宏全四人的关系而言，余×与燕中青之间构成雇佣关系，二人在对外从事劳务活动时的利益是一致的。事发时，余×已拉了七八车渣土，从晚上8点干到凌晨1点，在主观上是为了从王彬处为燕中青获取收益而继续施工，且事发时燕中青亦在现场进行监督，就现有证据难以确定余×的行为超出二人约定的范围。

3. 从报酬情况看，王彬给付燕中青一天800元，就该挖树行为并未额外单独付钱，亦是包含在燕中青所指示挖渣土的报酬之内，因此，余×的行为可视为燕中青所指示的雇佣活动的一部分。

4. 从本案中余×施工活动的表现形式和各方的约定来看，余×事发时所从事的活动具有连贯性和统一性，在时间和内容上并无明确分界点以区分其行为系无偿的助人为乐，燕中青亦未就此予以举证证明。在此情况下，为避免对雇员执行雇佣活动的范围进行人为的限制，将其行为作为执行雇佣活动看待更为公平合理，有利于受害者利益的保护。因此，原审法院认定余×的行为应属雇佣活动范围之内，而非义务帮工，是正确的，应予维持。

综合上述法律规定及现有证据，余×受雇于燕中青，在雇佣活动期间因操作不当致米宏全受到损害，燕中青作为雇主理应承担赔偿责任。《人身损害赔偿司法解释》第10条规定："承揽人在完成工作过程中对第三人造成损害或者造成自身损害的，定作人不承担赔偿责任。但定作人对定作、指示或者选任有过失的，应当承担相应的赔偿责任。"在现有证据不足以证明王彬作为定作人在施工过程中存在过失，故其不应承担赔偿责任。原审法院在此基础上结合各方过错情况确定责任比例并据此计算赔偿数额，处理正确，二审法院予以维持。

综上，燕中青提出的上诉请求缺乏事实及法律依据，北京市第三中级人民法院不予支持；原审判决认定事实清楚，判决结果正确，应予维持。依照《民事诉讼法》第144条、第170条第1款第1项之规定，判决驳回上诉，维持原判。

▋案件分析

本案是一起生命权、健康权、身体权纠纷。本案中，人民法院在一审中认为燕中青与余×形成雇佣关系，燕中青为雇主，余×为雇员，余×在雇佣活动中致使米宏全受到人身伤害，燕中青应当对米宏全的损害结果承担赔偿责任。而燕中青认为事发时余×不是正在从事雇佣活动，是王彬请求余×挖树，属于义务帮工过程中致人损害，应当由王彬承担责任。故案件的争议焦点为，燕中青与余×、王彬之间分别形成何种法律关系，米宏全的人身损害结果应当由哪一方来承担。

北京市第三中级人民法院经审理认为，燕中青与余×之间形成雇佣关系，燕中青与王彬之间形成承揽关系。燕中青认为案发时余×所从事的活动已超出雇佣活动范围，其行为系对王彬的义务帮工行为，因此，下文将主要分析雇佣关系的界定，余×的行为是否超出雇佣活动的范围，以及该行为与义务帮工行为之间的界限。

第一，关于雇佣关系的界定。首先，双方当事人应当存在隶属关系。这种情况下，雇员对雇主具有人身依附性，受到雇主的监督，服从雇主的指示。其次，在双方当事人存在隶属关系的基础上，雇员应当为雇主的利益而履行劳务。在雇佣合同存在的情况下，雇员一般被纳入雇主的经济组织，从事雇主授权或指示范围内的生产经营活动或其他劳务活动，当然地为雇主的经济利益而履行劳务。最后，在具备以上两条的基础之上，雇佣关系的认定，还可综合参考一些其他相关因素，如双方是否存在雇佣合同、一方对另外一方是否享有人事任免权、劳动时间的长短等。

第二，关于雇佣活动的范围。《人身损害赔偿司法解释》第9条第2款规定："前款所称'从事雇佣活动'，是指从事雇主授权或者指示范围内的生产经营活动或者其他劳务活动。雇员的行为超出授权范围，但其表现形式是履行职务或者与履行职务有内在联系的，应当认定为'从事雇佣活动'。"这是我国司法解释对雇佣活动的范围所做的界定。据此，判断雇员是否在从事雇佣活动，主要有两个标准：①雇员在从事雇主授权或指示范围内的生产经营活动或者其他劳务活动。这一标准表明，雇员从事的雇佣活动必须得到雇主的明确授权或者指示，即雇主决定了雇员的工作内容或者工作方式，抑或是两者均由雇主决定；②雇员的行为虽然超出雇主的授权范围，但其表现形式是履行职务或者与履行职务有内在联系。这一标准表明，雇员的行为虽然没有得到雇主明确的授权或者指示，但该行为从外观上来看，表现为从事雇佣活动或者表现为与从事雇佣活动具有内在联系。

第三，关于义务帮工行为。义务帮工行为规定在《人身损害赔偿司法解释》第13条和第14条。该解释第13条规定："为他人无偿提供劳务的帮工人，在从事帮工活动中致人损害的，被帮工人应当承担赔偿责任。被帮工人明确拒绝帮工的，不承担赔偿责任。帮工人存在故意或者重大过失，赔偿权利人请求帮工人和被帮工人承担连带责任的，人民法院应予支持。"第 14 条规定："帮工人因帮工活动遭受人身损害的，被帮工人应当承担赔偿责任。被帮工人明确拒绝帮工的，不承担赔偿责任；但可以在受益范围内予以适当补偿。帮工人因第三人侵权遭受人身损害的，由第三人承担赔偿责任。第三人不能确定或者没有赔偿能力的，可以由被帮工人予以适当补偿。"义务帮工活动与雇佣活动的主要区别在于：义务帮工活动系帮工人无偿为被帮工人提供劳务活动，而雇佣关系中雇员系有偿为雇主提供劳务。

具体到本案中，人民法院主要查明以下事实：①燕中青与余×之间虽未签订书面劳务合同，但从双方口头约定的内容来看，余×系燕中青所雇司机，负责驾驶燕中青所有的挖掘机在现场施工，燕中青每月给付 3500 元。余×所使用的作业设备由燕中青提供，施工的地点、方式、时间均由燕中青通过接活为其选择，余×作为司机对于工作如何安排并无自主权。从报酬给付情况来看，燕中青指示余×到现场施工，由燕中青负责与王彬进行结算，再另行按月支付余×相应的报酬。这说明，燕中青与余×之间已经达成口头劳务合同，燕中青在与余×的特定关系中处于支配地位，约束和监督余×从事施工活动，且余×的劳务报酬由燕中青按月定时发放。这些特征完全符合雇佣关系的特征，因此，燕中青与余×之间形成雇佣关系，燕中青为雇主，余×为雇员，雇佣活动的内容为余×驾驶挖掘机在施工现场挖渣土。②余×在现场施工，负责挖渣土，遇到树进行挖掘时致米宏全损害。这表明，余×挖渣土的行为完全在其雇主燕中青的授权范围之内，余×在案发时正在从事雇佣活动。③案发时，余×已经拉了七八车渣土，从晚八点干到凌晨一点。这表明，余×在主观上是为了其雇主燕中青的利益而劳动，因为该行为可以使燕中青从王彬处获取更多的收益。④王彬与燕中青之间形成承揽关系，王彬为定作人，燕中青为承揽人，工作成果为燕中青将王彬所建民宅工地内的渣土装载到渣土车上，报酬的支付方式为，王彬一天给付燕中青 800 元，但王彬就余×的挖树行为并未额外单独付钱，因此余×在案发时挖树的报酬亦包含在燕中青所指示挖渣土的报酬之内。

从本案中余×施工活动的表现形式和各方的约定来看，余×事发时所从事的活动与其从事的雇佣活动具有连贯性和统一性，在时间和内容上并无明确分界点将雇佣活动与无偿帮工行为区分开来，且燕中青并无证据证明余×在事发时从事雇佣活动。结合上述分析，余×致使米宏全遭受人身损害的行为发生在其进行雇佣活动的过程中。因此，应当由余×的雇主燕中青就米宏全的人身损害结果承担赔偿责任。

▍法条链接

《人身损害赔偿司法解释》第9条：雇员在从事雇佣活动中致人损害的，雇主应当承担赔偿责任；雇员因故意或者重大过失致人损害的，应当与雇主承担连带赔偿责任。雇主承担连带赔偿责任的，可以向雇员追偿。

前款所称"从事雇佣活动"，是指从事雇主授权或者指示范围内的生产经营活动或者其他劳务活动。雇员的行为超出授权范围，但其表现形式是履行职务或者与履行职务有内在联系的，应当认定为"从事雇佣活动"。

《人身损害赔偿司法解释》第10条：承揽人在完成工作过程中对第三人造成损害或者造成自身损害的，定作人不承担赔偿责任。但定作人对定作、指示或者选任有过失的，应当承担相应的赔偿责任。

《人身损害赔偿司法解释》第11条第1款：雇员在从事雇佣活动中遭受人身损害，雇主应当承担赔偿责任。雇佣关系以外的第三人造成雇员人身损害的，赔偿权利人可以请求第三人承担赔偿责任，也可以请求雇主承担赔偿责任。雇主承担赔偿责任后，可以向第三人追偿。

《人身损害赔偿司法解释》第13条：为他人无偿提供劳务的帮工人，在从事帮工活动中致人损害的，被帮工人应当承担赔偿责任。被帮工人明确拒绝帮工的，不承担赔偿责任。帮工人存在故意或者重大过失，赔偿权利人请求帮工人和被帮工人承担连带责任的，人民法院应予支持。

《人身损害赔偿司法解释》第14条：帮工人因帮工活动遭受人身损害的，被帮工人应当承担赔偿责任。被帮工人明确拒绝帮工的，不承担赔偿责任；但可以在受益范围内予以适当补偿。

帮工人因第三人侵权遭受人身损害的，由第三人承担赔偿责任。第三人不能确定或者没有赔偿能力的，可以由被帮工人予以适当补偿。

《侵权责任法》第35条：个人之间形成劳务关系，提供劳务一方因劳务造成他人损害的，由接受劳务一方承担侵权责任。提供劳务一方因劳务自己受到损害的，根据双方各自的过错承担相应的责任。

2. 雇佣关系和承揽关系的区分——马顺兰等与王建利提供劳务者受害责任纠纷案

▍案件信息及法院裁判

裁判文书字号：（2015）一中民终字第 04242 号

案由：提供劳务者受害责任纠纷

上诉人（原审原告）：马顺兰

上诉人（原审被告）：马满山

被上诉人（原审被告）：王建利（曾用名王刚）

马满山系延庆石河营建材城智尚格建材店的实际经营人，该店经销木地板并负责安装。马世东、马顺兰夫妻系安装木地板的工匠，曾为马满山经销的木地板进行过安装。2014 年 8 月份，王建利装修其位于延庆镇温泉西里××号楼××室的楼房。后王建利到延庆石河营建材城购买木地板，看中了马满山店里经销的木地板。经马满山、王建利协商，双方达成了口头协议。约定王建利购买马满山经销的木地板，由马满山负责安装并对安装质量负责，完工后按每平方米 60 元（包括安装费每平方米 6.50 元）向马满山支付价款。后马满山将安装木地板的工作电话通知了马世东。同年 8 月 14 日，马满山派人将木地板送至王建利家，次日马世东、马顺兰夫妻携带尘霸无尘锯到王建利家中安装木地板。约下午 4 时许，马顺兰在使用尘霸无尘锯切割木地板时，不慎将其左手的小指、环指、拇指割伤。

北京市延庆县人民法院经审理认为：王建利装修楼房，购买马满山经销的木地板，约定由马满山负责安装并对安装质量负责，王建利按每平方米 60 元支付马满山价款。故应认定王建利与马满山之间形成承揽关系。马满山承揽该安装木地板工作后，电话通知马世东安装。因马世东与马顺兰系夫妻关系，又系安装木地板的工匠，长期在外从事安装工作，也曾一起为马满山安装过木地板，且安装木地板工作并非一人完成，何时安装听命于马满山，安装质量由马满山负责，安装报酬也由马满山支付，故应认定马满山与马世东、马顺兰夫妻之间形成了雇佣劳务关系。王建利与马世东、马顺兰夫妻之间不具有法律上的权利义务关系。根据有关法律规定，个人之间形成劳务关系，提供劳务一方因劳务而使自己受到损害的，根据双方各自的过错承担相应的责任。本案中，马满山承揽安装木地板工作后，雇佣马世东、马顺兰夫妻安装，在安装过程中，马顺兰在使用尘霸无尘锯切割木地板时，不慎将其左手的小指、环指、拇指割伤并造成十级伤残的后果。对此，原审法院认为，马顺兰在使用尘霸无尘锯切割木地板过程中，未尽到合理范围的谨慎注意义务，违反了安全操作规程，加重了工作的危险性，由此导致自身受伤，马顺兰应按照法律规定承担相应责任。法院根据本案的具体情况，综合考虑各方的过错以及马满山雇主受益人的身份，酌定马满山承担本案 70% 的民事赔偿责任，马顺兰自行承担 30% 的民事责任。依照《侵权责任法》第 16、35 条及《精神损害赔偿司法解释》第 8 条第 2 款、

第 10 条的规定，判决被告马满山赔偿原告马顺兰医疗费、误工费、护理费、交通费、住院伙食补助费、营养费、伤残赔偿金、精神损害抚慰金，以上共计 75 475.89 元。判决后，马顺兰、马满山均不服原审法院判决，向北京市第一中级人民法院提起上诉。

北京市第一中级人民法院经审理认为，本案二审中存在如下三个争议焦点：首先，马顺兰与王建利之间法律关系的性质，王建利是否应为马顺兰的损失承担责任；其次，马满山与王建利之间法律关系的性质；最后，马顺兰与马满山之间法律关系的性质及二者的责任比例划分。

关于马顺兰与王建利之间法律关系的性质问题。根据已查明的事实，王建利与马满山达成口头协议，约定王建利购买马满山经销的木地板，由马满山负责安装并对安装质量负责，完工后按每平方米 60 元（包括安装费每平方米 6.50 元）支付马满山价款。后马满山联系马世东、马顺兰至王建利家安装木地板。由此可见，马顺兰并非经王建利安排或指挥而前往安装木地板，马顺兰的安装报酬亦不由王建利发放，故马顺兰与王建利之间并不存在雇佣关系。马顺兰、马满山主张马顺兰与王建利之间存在雇佣劳务关系、王建利应承担赔偿责任于法无据，本院不予支持。

关于马满山与王建利之间的法律关系性质问题。雇佣关系以直接提供劳务为目的，承揽关系则以完成工作成果为目的，提供劳务方是否受接受劳务方支配是二者之间的重要区别。根据本案已查明的事实，马满山负责向王建利一次性提供木地板安装完成的工作成果，王建利亦为一次性向马满山支付报酬，二者之间的关系以完成上述工作成果为目的，不具有长期性；其次，联系安装人员、进行具体的安装操作等工作均由马满山进行，安装质量亦由马满山负责，王建利对马满山及其提供劳务的过程不存在控制或支配。综上，马满山在完成木地板安装的过程中具有独立性，王建利仅以获取安装完成的结果为目的向马满山支付报酬，故原审法院认定马满山与王建利之间就木地板安装系承揽关系正确。《人身损害赔偿司法解释》第 10 条规定："承揽人在完成工作过程中对第三人造成损害或者造成自身损害的，定作人不承担赔偿责任。但定作人对定作、指示或者选任有过失的，应当承担相应的赔偿责任。"王建利在定作、指示、选任方面并无过错，故马顺兰在完成马满山承揽的木地板安装工作中遭受的损害不应由王建利赔偿。马顺兰、马满山主张马满山与王建利之间存在雇佣劳务关系于法无据，本院不予支持。

关于马顺兰与马满山之间的法律关系性质及二者的责任比例划分问题。根据原审查明的事实，首先，马世东、马顺兰夫妻曾为马满山经销的木地板进行过安装，此次二人共同为王建利安装木地板也是经马满山通知后前往，工作地点及时间由马满山安排，马满山对马世东、马顺兰存在一定的控制力和支配力，马世东、马顺兰在一定程度上听从马满山的安排与指挥，并且马世东、马顺兰向马满山提供劳务具有持续性和长期性，并非以本次为限；其次，虽然王建利向马满山支付的价款中包括安装费，但安装费实际由马满山向马世东、马顺兰支付；最后，马世东、马顺兰提供的劳务构成马满山经营活动的一部分，马满山亦因二者提供的安装工作增强了自身业务的竞争力，故马世东、马顺兰提供的劳务从属于马满山的经营活动，不具备完全的独立性。因此，马顺兰与马满山之间构成雇佣关系，并且马世东、马顺兰系共同为马满山提供劳务，马满山主张其与马顺兰之间不存在雇佣劳务关系依据不足。《侵权责任法》第35条规定："个人之间形成劳务关系，提供劳务一方因劳务造成他人损害的，由接受劳务一方承担侵权责任。提供劳务一方因劳务自己受到损害的，根据双方各自的过错承担相应的责任。"本案中，马满山作为雇主，应对受雇人员的工作环境进行了解，并结合受雇人员从事的工作性质采取措施保障受雇人员的工作安全；马顺兰在安装木地板过程中未能尽到合理范围的谨慎注意义务，导致自身受伤，亦具有一定的过错，原审法院结合各方的过错以及马满山作为雇主受益人的身份，酌定马满山承担本案70%的民事赔偿责任、马顺兰自行承担30%的民事责任适当，法院予以维持。综上，原审法院判决认定事实清楚，适用法律正确，予以维持。马顺兰、马满山的上诉请求缺乏事实和法律依据，不予支持。根据《民事诉讼法》第170条第1款第1项的规定，二审法院判决驳回上诉，维持原判。

▌案件分析

本案是一起提供劳务者受害责任纠纷，案件存在三个争议焦点：第一，马顺兰与王建利之间形成何种法律关系，王建利是否应当对马顺兰的人身损害结果承担赔偿责任；第二，马满山与王建利之间形成何种法律关系；第三，马顺兰与马满山之间形成何种法律关系，马满山是否应当对马顺兰的人身损害结果承担赔偿责任。在本案中，各方当事人就相互间的法律关系为雇佣关系还是承揽关系产生争议。依据我国《合同法》第251条之规定，承揽合同是承揽人按照定作人的要求完成工作，交付工作成果，定作人给付报酬的合同。雇佣合同是根据双方约定，在确定或不确定的期间内，雇员为雇主提供劳务，雇主向雇员支付报酬的合同。在当事人为双方之间的法律关系为承揽合同还是雇佣合同产生争议时，首先需要查明双方就法律关系是否达成过口头协议或者签订过书面合同。如果双方事前就法律关系达成过合意，就应当按照双方的合意进行处理。如果双方就法律关系并没有达成过合意，则需要从承揽合同和雇佣合同的主要区别出发进行判断。

第一，关于马顺兰与王建利之间法律关系的性质问题。根据法院查明的事实，王建利与马满山达成口头协议，约定王建利购买马满山经销的木地板，由马满山负责安装并对安装质量负责，完工后按每平方米60元（包括安装费每平方米6.50元）支付马满山价款。后马满山联系马世东、马顺兰至王建利家安装木地板。因此，王建利并未直接安排或指挥马顺兰前往其家中安装木地板，马顺兰的安装报酬亦不由王建利发放，根据合同的相对性原理，马顺兰与王建利之间并不存在雇佣关系以及承揽关系。

第二，关于马满山与王建利之间法律关系的性质问题。人民法院在本案中查明以下事实：①马满山负责向王建利一次性提供木地板安装完成的工作成果，王建利亦一次性向马满山支付报酬，二者之间的关系以完成上述工作成果为目的，不具有长期性；②联系安装人员、进行具体的安装操作等工作均由马满山进行，安装质量亦由马满山负责，王建利对马满山及其提供劳务的过程不存在控制或支配。易言之，马满山在完成木地板安装的过程中具有独立性，王建利仅以获取安装完成的结果为目的向马满山支付报酬，因此，结合前文分析，马满山与王建利之间形成承揽关系。根据《人身损害赔偿司法解释》第10条的规定，承揽人在完成工作过程中对第三人造成损害或者造成自身损害的，定作人不承担赔偿责任。但定作人对定作、指示或者选任有过失的，应当承担相应的赔偿责任。王建利在定作、指示、选任方面并无过错，故马顺兰在完成马满山承揽的木地板安装工作中遭受的人身损害不应由王建利赔偿。

第三，关于马顺兰与马满山之间法律关系的性质及二者的责任比例划分问题。人民法院在本案中查明以下事实：①马世东、马顺兰夫妻曾为马满山经销的木地板进行过安装，此次二人共同为王建利安装木地板也是经马满山通知后前往，工作地点及时间由马满山安排，可见马满山对马世东、马顺兰存在一定的控制力和支配力，马世东、马顺兰在一定程度上听从马满山的安排与指挥；②马世东、马顺兰向马满山提供劳务具有持续性和长期性，并非以本次为限；③虽然王建利向马满山支付的价款包括安装费，但安装费实际由马满山向马世东、马顺兰支付；④马世东、马顺兰提供的劳务构成马满山经营活动的一部分，马满山亦因二者提供的安装工作增强了自身业务的竞争力，故马世东、马顺兰提供的劳务从属于马满山的经营活动，不具备完全的独立性。因此，马顺兰与马满山之间构成雇佣关系，并且马世东、马顺兰系共同为马满山提供劳务。因此，根据《人身损害赔偿司法解释》第9条第1款以及《侵权责任法》第34条第1款的规定，马满山应当对马顺兰的人身损害结果承担赔偿责任。

法条链接

《人身损害赔偿司法解释》第9条第1款：雇员在从事雇佣活动中致人损害的，雇主应当承担赔偿责任；雇员因故意或者重大过失致人损害的，应当与雇主承担连带赔偿责任。雇主承担连带赔偿责任的，可以向雇员追偿。

《人身损害赔偿司法解释》第10条：承揽人在完成工作过程中对第三人造成损害或者造成自身损害的，定作人不承担赔偿责任。但定作人对定作、指示或者选任有过失的，应当承担相应的赔偿责任。

《侵权责任法》第35条：个人之间形成劳务关系，提供劳务一方因劳务造成他人损害的，由接受劳务一方承担侵权责任。提供劳务一方因劳务自己受到损害的，根据双方各自的过错承担相应的责任。

3. 快递寄送中雇主责任的认定——北京一统飞鸿速递服务有限公司与王皂林等机动车交通事故责任纠纷案

案件信息及法院裁判

裁判文书字号：（2015）一中民终字第03808号
案由：机动车交通事故责任纠纷
原告（被上诉人）：王皂林
被告（被上诉人）：王际阳
被告（上诉人）：北京一统飞鸿速递服务有限公司

2014年4月22日，在北京市昌平区G6东铺路路庄桥南200米处，王际阳在为速递公司工作期间驾驶轻便正三摩托车与骑电动自行车的王皂林发生交通事故，致使王皂林受伤。经北京市公安局公安交通管理局昌平交通支队沙河大队认定，王际阳负事故全部责任，王皂林无责任。事故发生后，王皂林先后被送入北京积水潭医院、中国人民武装警察部队北京市总队第二医院、北京大学口腔医院住院治疗，共住院16天。经医院诊断，王皂林鼻骨骨折、上颌骨骨折、右尺骨骨折等。中天司法鉴定中心于2014年11月24日出具鉴定意见书，认定王皂林的伤残赔偿指数为15%。

王际阳驾驶的轻便正三摩托车未投保机动车交通事故责任强制保险。

王皂林的各项经济损失，经法院确认为：医疗费59 400.14元（不包括王际阳已支付的 1813.48 元）、住院伙食补助费 800 元（50 元/天×16 天）、营养费 1800 元（30 元/天×60 天）、护理费 2566.67 元（900 元＋2500 元/月÷30 天×20 天）、误工费 1260.95 元（1867.2 元/月×3 个月－1461.68 元－1480.99 元－1397.98 元）、交通费 890 元（酌定）、精神损害抚慰金 7500 元（酌定）、鉴定费 2300 元、伤残赔偿金 120 963 元（40321 元×20 年×15%），共计 197 480.76 元。

北京市昌平区人民法院经审理认为：根据我国《民事诉讼法》的规定，当事人有答辩并对对方当事人提交的证据进行质证的权利。本案王际阳经法院合法传唤，无正当理由拒不出庭应诉，视为其放弃了答辩和质证的权利。根据《中华人民共和国道路交通安全法》（以下简称《道路交通安全法》）第 76 条的规定，机动车发生交通事故造成人身伤亡、财产损失的，由保险公司在机动车第三者责任强制保险责任限额范围内予以赔偿；不足的部分，机动车之间发生交通事故的，由有过错的一方承担赔偿责任；双方都有过错的，按照各自过错的比例分担责任。机动车与非机动车驾驶人、行人之间发生交通事故，非机动车驾驶人、行人没有过错的，由机动车一方承担赔偿责任；有证据证明非机动车驾驶人、行人有过错的，根据过错程度适当减轻机动车一方的赔偿责任；机动车一方没有过错的，承担不超过 10% 的赔偿责任。本次交通事故中，王际阳在为速递公司工作期间驾驶车辆与王皂林发生交通事故，负事故全部责任，其驾驶的车辆未投保交强险，故对于王皂林的合理损失，应由速递公司在交强险限额范围内承担赔偿责任；超过交强险限额部分，由速递公司承担全部赔偿责任。王皂林要求对方赔偿医疗费的合理部分、残疾赔偿金、鉴定费的诉讼请求，证据充分，法院予以支持；营养费、住院伙食补助费、误工费、护理费、交通费、精神损害抚慰金的数额，法院依据法律的相关规定及本案的具体情况酌情予以认定。关于王皂林主张的二次手术费，因该项损失尚未实际发生，故王皂林可待该项损失实际发生后另行主张。王皂林其余的诉讼请求法院不予支持。关于速递公司辩称王际阳不是其公司的职员，事发当时不是履行职务行为的意见，法院认为根据法院送达情况、交警陈述事发现场状况及事发时间相互印证，应当认定王际阳系为速递公司工作期间发生交通事故，且速递公司未提供相关证据证明其主张，故法院对该项辩称不予采信。综上所述，依据《侵权责任法》第 16、34、48 条，《道路交通安全法》第 76 条以及《民事诉讼法》第 64、144 条之规定，判决：被告北京一统飞鸿速递服务有限公司在机动车交通事故责任强制保险限额范围内给付原告王皂林死亡伤残类赔偿金 110 000 万元、医疗费用类赔偿金 10 000 元，共计 120 000 元。被告北京一统飞鸿速递服务有限公司赔偿原告王皂林各项经济损失共计 77 480.76。驳回原告王皂林的其他诉讼请求。

速递公司不服原审判决，向北京市第一中级人民法院提起上诉。上诉理由是：①原审认定事实错误，王皂林并未提供证据证明王际阳与我公司存在劳动关系；②我公司与王际阳是承揽关系，并非劳动关系，我方不应承担责任。

北京市第一中级人民法院认为：速递公司与王际阳之间的关系问题是本案责任认定以及责任承担方式的依据。速递公司称其与王皂林之间是承揽关系而非雇佣关系，并提交了双方之间的合同予以证实。雇佣与承揽关系虽然均与提供一定的服务有关，但二者有实质之区别。承揽合同在根本上是要求一方依据合同完成成果并交付，而雇佣关系则更多地体现为雇主对雇员的管理和支配。在本案中，虽然合同出现了"承揽"一词，在合同履行上也表现为"寄送"成果的要求并因此计算报酬，但法院注意到，双方的合同中也存在着更为严格的管理和支配关系，表现在：对服务态度的要求和惩罚、对投递率的要求和惩罚、对投递延误的惩罚等。法院结合王际阳驾驶的具有速递公司统一标识的车辆这一事实，亦认为双方之间的合同实质上为雇佣合同而非承揽合同。因此，速递公司作为雇主应该承担赔偿责任。综上所述，原审判决认定事实清楚，适用法律正确，应予维持。速递公司的上诉请求和理由，不予支持。王际阳、王皂林开庭时经传唤未出庭应诉，法院缺席审判。依据《民事诉讼法》第 144 条、第 174 条、第 170 条第 1 款第 1 项之规定，判决驳回上诉，维持原判。

▌案件分析

本案是一起机动车交通事故责任纠纷，案件的争议焦点为，原告王皂林的人身损害结果究竟应当由速递公司还是王际阳来承担，速递公司与王际阳之间究竟形成承揽关系还是雇佣关系。

本案中，王皂林主张王际阳与速递公司之间形成雇佣关系，而速递公司辩称其与王际阳之间实际形成承揽关系，并提交了双方之间的合同等证据。通过该份合同，是否可以确定双方之间的法律关系？

在本案中，根据人民法院查明的事实，速递公司与王际阳之间签订有合同，且合同名称中包含有"承揽"的字样，似乎速递公司与王际阳之间签订的为承揽合同。如果双方形成承揽合同，则速递公司为定作人，王际阳为承揽人，合同的工作成果为王际阳为速递公司派送一定量的快件这一无形工作成果。在王际阳违章驾驶造成王皂林人身损害的结果后，根据《人身损害赔偿司法解释》第 10 条的规定，除非作为定作人的速递公司存在定作、选任以及指示过失的情况，王际阳作为承揽人应当对王皂林的人身损害结果承担赔偿责任。然而，本案中双方所签订的合同虽然出现了"承揽"一词，在合同履行上也表现为"寄送"成果的要求并因此计算报酬，但是，双方的合同中也存在着更为严格的管理和支配关系，表现在：对服务态度的要求和惩罚、对投递率的要求和惩罚、对投递延误的惩罚等。而且，王际阳驾驶的为具有速递公司统一标识的车辆。事实表明，速递公司与王际阳之间存在严格的支配控制关系，公司决定王际阳的工作内容、工作方式，并按照公司的管理制度对王际阳进行管理，王际阳事实上隶属于该公司的组织。而且，王际阳的劳务过程构成速递公司的经营活动的一部分，因此，双方之间的合同实质上为雇佣合同而非承揽合同。《人身损害赔偿司法解释》第9条第1款规定："雇员在从事雇佣活动中致人损害的，雇主应当承担赔偿责任；雇员因故意或者重大过失致人损害的，应当与雇主承担连带赔偿责任。雇主承担连带赔偿责任的，可以向雇员追偿。"《侵权责任法》第34条第1款规定："用人单位的工作人员因执行工作任务造成他人损害的，由用人单位承担侵权责任。"因此，就王际阳在工作期间对被侵权人王皂林造成的损害结果，应当由速递公司承担赔偿责任。

当前，我国快递产业呈现蓬勃发展趋势，数量庞大的快递员队伍成为快递产业中极为重要的一部分，而快递员在寄送快递的过程中，有可能发生自己受到人身损害或者致使他人受到人身损害的情况。一旦出现损害结果，快递员与快递公司之间法律关系的性质决定了哪一方为承担赔偿责任的主体。在大多数情况下，快递员隶属于快递公司，快递公司对其具有支配、控制的权利，且快递员寄送快递的过程构成快递公司经营活动的一部分，因此双方之间一般形成雇佣合同关系，根据《人身损害赔偿司法解释》第9、11条以及《侵权责任法》第34条的规定，应当由快递公司承担赔偿责任。但不排除在极少数情况下出现快递员并不隶属于快递公司，与快递公司形成承揽合同的情形。在这种情况下，如果快递员在寄送快递过程中自身受到人身损害或者致使他人受到人身损害，根据《人身损害赔偿司法解释》第10条的规定，除作为定作人的快递公司存在定作、指示、选任过失，应当由作为承揽人的快递员就出现的人身损害结果承担赔偿责任。因此，当出现类似案件时，便需要法官仔细分析案件中的法律关系，审慎审理。

▌法条链接

《人身损害赔偿司法解释》第9条第1款：雇员在从事雇佣活动中致人损害的，雇主应当承担赔偿责任；雇员因故意或者重大过失致人损害的，应当与雇主承担连带赔偿责任。雇主承担连带赔偿责任的，可以向雇员追偿。

《人身损害赔偿司法解释》第 10 条：承揽人在完成工作过程中对第三人造成损害或者造成自身损害的，定作人不承担赔偿责任。但定作人对定作、指示或者选任有过失的，应当承担相应的赔偿责任。

《人身损害赔偿司法解释》第 11 条第 1 款：雇员在从事雇佣活动中遭受人身损害，雇主应当承担赔偿责任。雇佣关系以外的第三人造成雇员人身损害的，赔偿权利人可以请求第三人承担赔偿责任，也可以请求雇主承担赔偿责任。雇主承担赔偿责任后，可以向第三人追偿。

《侵权责任法》第 34 条第 1 款：用人单位的工作人员因执行工作任务造成他人损害的，由用人单位承担侵权责任。

《侵权责任法》第 35 条：个人之间形成劳务关系，提供劳务一方因劳务造成他人损害的，由接受劳务一方承担侵权责任。提供劳务一方因劳务自己受到损害的，根据双方各自的过错承担相应的责任。

第四节　定作人责任纠纷实务要点与典型案例

一、定作人责任纠纷概述与实务要点

（一）定作人责任纠纷概述

定作人责任是指在承揽合同中，承揽人在完成工作过程中对第三人造成损害或者造成自身损害时，承揽人和定作人应当承担的责任。定作人责任具有以下特征：

1. 定作人责任是发生在承揽合同中的侵权责任。我国《合同法》第 251 条规定："承揽合同是承揽人按照定作人的要求完成工作，交付工作成果，定作人给付报酬的合同。承揽包括加工、定作、修理、复制、测试、检验等工作。"承揽合同的主体包括定作人和承揽人。定作人是对承揽人提出一定的指示，要求承揽人依约定完成并向其交付工作成果，受理工作成果并依约支付报酬的一方。承揽人是指接受定作人的指示，主要凭借自己的劳力、设备、技术完成约定的工作成果并交付，受领定作人报酬的一方。

2. 定作人责任适用过错责任原则。《人身损害赔偿司法解释》第 10 条规定："承揽人在完成工作过程中对第三人造成损害或者造成自身损害的，定作人不承担赔偿责任。但定作人对定作、指示或者选任有过失的，应当承担相应的赔偿责任。"这说明，如果承揽人在完成工作过程中对第三人造成损害或者造成自身损害，定作人只在具有定作、指示或选任过失的情况下才就损害结果承担赔偿责任，即该司法解释为定作人责任规定了过错责任原则。

3. 定作人承担的是补充性责任。无论是承揽人在完成工作过程中对第三人造成损害还是自身遭受损害，定作人都不是侵权人，造成损害的直接原因也非定作人所致。定作人只有在其具有定作、指示或者选任过失时才应当承担与其过错程度相当的补充性责任。

（二）定作人责任的构成要件

1. 造成他人损害或者自身受到损害的为承揽合同中的承揽人，即在承揽合同中接受定作人的指示，主要凭借自己的劳力、设备、技术完成约定的工作成果并交付，受领定作人报酬的一方。

2. 承揽人对第三人造成损害或者自身遭受损害发生在承揽合同的工作过程中，因完成承揽工作而发生损害。该期间除了包括工作期间，还应当包括工作的预备性阶段和收尾阶段。如果承揽人对第三人造成损害或者自身遭受损害并非发生在承揽工作期间，与完成承揽工作并无关系，则定作人无须就损害结果承担赔偿责任。

3. 定作人需具有定作、指示或者选任过失。如果定作人不具有上述过失，则承揽人应当就其对第三人造成的损害或者自身遭受的损害承担责任，定作人无须承担责任。

（三）定作人责任实务要点

1. 定作人是否具有过失如何判断的问题。根据《人身损害赔偿司法解释》第10条的规定，定作人承担责任的要件之一在于其具有定作、指示或者选任过失。具体来说：

定作过失主要是指定作人向承揽人定作的工作成果本身违反法律法规的规定等情形。例如，定作人要求承揽人为其违法制作加工枪支弹药，在这一过程中枪支走火，造成他人受伤。在这种情形下，私自定制、制作加工枪支弹药本身就是严重违法的行为，除可能承担的刑事责任外，定作人需对发生的损害结果承担一定的赔偿责任。

指示过失主要是指定作人在承揽工作中对承揽人发出的有关承揽工作的具体指示违反法律法规或者存在其他侵犯他人合法权益等情况。例如，承揽人为定作人承建农村低层住宅时，定作人在现场要求承揽人违反相关建筑规范进行施工，致使承揽人受伤的情况。

选任过失主要是指定作人知道或应当知道承揽人不具有完成承揽工作所必需的资质、条件，而仍然要求其完成工作的情形。我国一些法律对承揽人需要具备的资质、条件作出了明确规定。例如，《安全生产法》第17条规定："生产经营单位应当具备本法和有关法律、行政法规和国家标准或者行业标准规定的安全生产条件；不具备安全生产条件的，不得从事生产经营活动。"《中华人民共和国建筑法》（以下简称《建筑法》）第 13 条规定："从事建筑活动的建筑施工企业、勘察单位、设计单位和工程监理单位，按照其拥有的注册资本、专业技术人员、技术装备和已完成的建筑工程业绩等资质条件，划分为不同的资质等级，经资质审查合格，取得相应等级的资质证书后，方可在其资质等级许可的范围内从事建筑活动。"

2. 在承揽、分包、雇佣等多重法律关系并存的情况下，出现人身损害结果应如何承担责任的问题。此处举一案例进行说明：张三将其所有的室内装潢工程承包给李四，并签订合同，但李四并无相应的施工资质。之后，李四将该室内装潢工程的水电安装分包给王五，王五也没有水电安装资质。王五后来又找来赵六为其工作，赵六在工作中受到王五的支配。在工作过程中，赵六从脚手架上摔下受伤。在这种情况下，赵六的人身损害结果应当由谁承担责任？确定对赵六承担赔偿责任的主体，首先应当分析案件中的各个法律关系：①张三将其所有的室内装潢工程承包给李四，双方之间形成承揽合同，张三是定作人（发包人）、李四是承揽人（承包人）；②李四将该室内装潢工程的水电安装分包给王五，李四与王五之间形成发包分包关系（本质上也属于承揽合同），李四是分包人，王五是接受分包的一方；③王五后来又找来赵六为其工作，赵六在工作中受到王五的支配，二者之间形成雇佣合同，王五是雇主，赵六是雇员。

《人身损害赔偿司法解释》第 11 条第 1 款规定："雇员在从事雇佣活动中遭受人身损害，雇主应当承担赔偿责任。雇佣关系以外的第三人造成雇员人身损害的，赔偿权利人可以请求第三人承担赔偿责任，也可以请求雇主承担赔偿责任。雇主承担赔偿责任后，可以向第三人追偿。"该条第 2 款规定："雇员在从事雇佣活动中因安全生产事故遭受人身损害，发包人、分包人知道或者应当知道接受发包或者分包业务的雇主没有相应资质或者安全生产条件的，应当与雇主承担连带赔偿责任。"所以，赵六在提供劳务过程中受到人身损害，其雇主王五应当承担赔偿责任。室内装潢工程的发包人张三明知承包人李四并无相应资质，仍然将工程交予其承包，水电安装的分包人李四明知接受分包工程的王五没有水电安装的资质，仍然将这部分工程分包给王五，根据上述规定，张三、李四应当与王五一起，就赵六的人身损害结果承担连带赔偿责任。

二、定作人责任纠纷典型案例

1. 安装下水管道时，定作人不承担责任的情形——刘正强等与段萌等生命权、健康权、身体权纠纷案

▌案件信息及法院裁判

裁判文书字号：（2015）二中民终字第08883号

案由：生命权、健康权、身体权纠纷

上诉人（原审被告）：刘正强

上诉人（原审被告）：杨秀英

上诉人（原审被告）：梁华明

被上诉人（原审原告）：段萌

被上诉人（原审被告）：牛云海

段萌、刘正强、杨秀英、梁华明均为东城区王府井大街×号院内的住户及租户。2014年8月14日，刘正强、杨秀英的租户、梁华明三人分别出500元钱雇佣牛云海安装下水管道。该院内只有一条通道，安装下水管道的路径沿着该通道，因段萌叔叔家的房门在通道的一侧，其叔叔家门前的通道被挖出来一条沟，挖出的泥土堆积在一旁。2014年8月14日上午11时左右，段萌想进入其叔叔家送喜糖，跨过门前被挖开的沟时，不慎摔倒，手触到前方其叔叔家门的玻璃上，玻璃碎了之后将段萌的手划伤。段萌前往积水潭医院和总政医院进行治疗。总政医院诊断为右手腕肌腱神经断裂，并为段萌进行了手术治疗。段萌为此共花费医疗费5666.57元。医院为段萌开具了共计三个月的休假证明，段萌所在单位北京地铁运营有限公司二分公司共扣了段萌15 005.11元的工资收入。

北京市东城区人民法院一审认为：根据《侵权责任法》之规定，个人之间形成劳务关系，提供劳务一方因劳务造成他人损害的，由接受劳务一方承担侵权责任。根据查明的事实，牛云海和刘正强、杨秀英、梁华明之间形成了劳务关系，牛云海在提供劳务的过程中造成段萌受伤，刘正强、杨秀英、梁华明作为接受劳务的一方，对段萌的合理损失应承担责任。根据《侵权责任法》之规定，被侵权人对损害的发生也有过错的，可以减轻侵权人的责任。段萌系完全民事行为能力人，在跨过此沟的过程中应尽到注意义务，其对自己受伤亦有过错，亦应承担相应的责任。其中医疗费、误工费有相关证据证明，法院予以认可。交通费应为段萌乘坐一般交通工具往返医院产生的费用，法院将结合段萌的就医次数进行酌定。关于护理费和营养费，因段萌未提交相关的医嘱和证明，考虑到段萌的受伤情况，法院将结合段萌的伤情及休假情况予以酌定。关于精神损害抚慰金，法院将结合段萌的伤情及案情予以酌定。据此，原审法院于2015 年 6 月判决：自判决生效之日起七日内，刘正强、杨秀英、梁华明分别给付段萌 6667 元，其中医疗费 1416 元、误工费 3751 元、营养费 300 元、护理费600 元、交通费 100 元、精神损害抚慰金 500 元；驳回段萌的其他诉讼请求。

判决后，刘正强、杨秀英、梁华明均不服，上诉至北京市第二中级人民法院，请求改判三人不承担赔偿责任，主要理由为：①我们与牛云海之间是承包关系，不是雇佣关系；②段萌摔倒时，他叔叔门前的沟已经填平，段萌摔倒与挖沟无关；③段萌叔叔门前的沟是牛云海与段萌叔叔另行约定挖的，与我们无关。牛云海表示同意原判，认为三上诉人及其本人均不应承担赔偿责任，主要理由为：①段萌摔伤时，沟已填平，其摔伤与挖沟无关；②牛云海与刘正强、杨秀英、梁华明之间系雇佣关系。段萌表示同意原判，不同意三上诉人的上诉请求，主要理由为：①段萌摔伤时，沟并未填平，有警察的证言为证；②三上诉人与牛云海之间是雇佣关系；③上诉人作为雇主，应当承担赔偿责任。

二审审理中，经询，牛云海与刘正强、杨秀英、梁华明均认可：双方曾约定，由刘正强、杨秀英、梁华明每人出 500 元，由牛云海修下水道。牛云海自行购买下水管道、水泥、沙石，并另雇佣两人与其一起挖沟，由牛云海与两人约定工资标准并向二人支付报酬约 700 元。四人均认可，段萌进院到其叔叔家仅有一条道路，必须经过挖沟处。刘正强、杨秀英、梁华明、牛云海均称段萌摔伤时，其叔叔门前的沟已经填平，但未向法庭出示相应的证据。

北京市第二中级人民法院经审理认为：《侵权责任法》规定，在公共场所或者道路上挖坑、修缮安装地下设施等，没有设置明显标志和采取安全措施造成他人损害的，施工人应当承担侵权责任。根据已查明的事实，段萌在跨过院内下水沟施工处时摔倒，虽然刘正强、杨秀英、梁华明、牛云海均称段萌摔倒时，段萌叔叔门口的沟已填平，施工已完成，但段萌不予认可。根据原审法院向出警民警的调查记录记载，民警在下午 2 时或 3 时出现场时，沟并未填平。刘正强、杨秀英、梁华明、牛云海虽对民警的陈述有异议，但未能举证予以反驳。故原审法院认定段萌因施工受到伤害的事实，本院应予确认。关于具体赔偿责任承担主体的确定，关键在于认定刘正强、杨秀英、梁华明与牛云海之间是雇佣关系还是承揽关系，如双方系雇佣关系，则赔偿责任应当由雇主刘正强、杨秀英、梁华明承担；如双方系承揽关系，根据法律规定，承揽人在完成工作过程中对第三人造成损害的，刘正强、杨秀英、梁华明不承担赔偿责任，应由工程的承揽方牛云海承担。就法院查明的情况来看，刘正强、杨秀英、梁华明每人支付的 500 元是针对整个更换下水管道的工程，双方注重的是工程的交付结果；牛云海在与刘正强、杨秀英、梁华明达成合意后，自行购买下水管道、水泥、沙石，并自行决定另行雇佣两名人员与其共同完成下水管道的开挖及更换工作，自行决定雇佣人员的工资标准并进行工资结算。故牛云海向刘正强、杨秀英、梁华明提供的并非简单的劳务，刘正强、杨秀英、梁华明向牛云海支付的也不是单纯的劳务报酬。牛云海带领人挖沟并更换下水管道时，刘正强、杨秀英、梁华明也未在场管理、监督，牛云海的工作具有独立性。综上，牛云海与刘正强、杨秀英、梁华明之间的关系符合承揽关系的特征，而不是雇佣关系，赔偿责任应当由牛云海承担。原审法院认定法律关系错误，导致判决结果不当，应予纠正。刘正强、杨秀英、梁华明的上诉请求成立，予以支持。综上所述，依照《民事诉讼法》第 170 条第 1 款第 2 项之规定，判决如下：撤销北京市东城区人民法院（2014）东民初字第 12824 号民事判决第二项；变更北京市东城区人民法院（2014）东民初字第 12824 号民事判决第一项为：自判决生效之日起七日内，牛云海赔偿段萌医疗费 4248 元、误工费 11 252 元、营养费 900 元、护理费 1800 元、交通费 300 元、精神损害抚慰金 1500 元，以上共计 20 000 元；驳回段萌的其他诉讼请求。

▌案件分析

本案是一起生命权、健康权、身体权纠纷，案件的争议焦点为：①刘正强、杨秀英、梁华明与牛云海之间究竟形成何种法律关系；②哪一方应当对段萌的人身损害结果承担赔偿责任。

在本案中，被侵权人段萌主张牛云海与刘正强、杨秀英、梁华明之间形成雇佣合同，而刘、杨、梁三人主张其与牛云海之间形成承揽合同。因此，本案同样涉及雇佣合同和承揽合同的区分，承担责任的主体由法律关系的性质所决定。

关于雇佣合同和承揽合同的内容，即二者的主要不同点，在前面几个案例中已经有过详细介绍。具体到本案中，北京市第二中级人民法院在二审中主要查明以下事实：①刘正强、杨秀英、梁华明每人支付的 500 元是针对整个更换下水管道的工程，这说明刘、杨、梁三人与牛云海之间采用一次性结算报酬的支付方式而非定期结算报酬的支付方式，而且，双方的合同目的注重的是更换下水道这一工程的完成结果，并非单纯的劳务的付出。②牛云海在与刘正强、杨秀英、梁华明达成合意后，自行购买下水管道、水泥、沙石，并自行决定另行雇佣两名人员与其共同完成下水管道的开挖及更换工作，自行决定雇佣人员的工资标准并进行工资结算。这说明，更换下水管道所需的材料由牛云海提供，牛云海有权另行雇佣相关人员完成工作任务，其对刘正强、杨秀英、梁华明三人并无劳务专属性。另行雇佣的工作人员的劳动报酬也由牛云海负责结算。③牛云海带领人挖沟并更换下水管道时，刘正强、杨秀英、梁华明也未在场管理、监督，牛云海的工作具有独立性。这说明，刘、杨、梁三人对牛云海并无支配、控制力，牛云海系利用自身的技术、设备、劳力独立完成工作。以上特征完全符合承揽关系的主要特征，因此刘正强、杨秀英、梁华明与牛云海之间形成承揽合同关系，刘正强、杨秀英、梁华明三人为定作人，牛云海为承揽人，工作成果为更换下水管道这一工程完成的结果。因此，一审法院认为双方形成雇佣合同的观点是错误的。

《人身损害赔偿司法解释》第 10 条规定："承揽人在完成工作过程中对第三人造成损害或者造成自身损害的，定作人不承担赔偿责任。但定作人对定作、指示或者选任有过失的，应当承担相应的赔偿责任。"具体到本案中，并无证据证明作为定作人的刘正强、杨秀英、梁华明三人在牛云海完成工作的过程中具有定作、指示以及选任过失，因此，刘、杨、梁三人并不对段萌的人身损害结果承担赔偿责任。就牛云海的施工行为而言，根据法院查明的事实，牛云海在施工过程中挖开沟后，并没有设置明显标志和采取安全措施，进而导致段萌在路过施工现场时受到人身损害。《侵权责任法》第 91 条规定："在公共场所或者道路上挖坑、修缮安装地下设施等，没有设置明显标志和采取安全措施造成他人损害的，施工人应当承担侵权责任。"因此，牛云海在施工过程中没有设置明显标志和采取安全措施的行为表明其具有过错，该行为与段萌的人身损害结果存在因果关系，故牛云海应当对段萌承担损害赔偿责任。

▌法条链接

《人身损害赔偿司法解释》第 9 条第 1 款：雇员在从事雇佣活动中致人损害的，雇主应当承担赔偿责任；雇员因故意或者重大过失致人损害的，应当与雇主承担连带赔偿责任。雇主承担连带赔偿责任的，可以向雇员追偿。

《人身损害赔偿司法解释》第 10 条：承揽人在完成工作过程中对第三人造成损害或者造成自身损害的，定作人不承担赔偿责任。但定作人对定作、指示或者选任有过失的，应当承担相应的赔偿责任。

《人身损害赔偿司法解释》第 11 条第 1 款：雇员在从事雇佣活动中遭受人身损害，雇主应当承担赔偿责任。雇佣关系以外的第三人造成雇员人身损害的，赔偿权利人可以请求第三人承担赔偿责任，也可以请求雇主承担赔偿责任。雇主承担赔偿责任后，可以向第三人追偿。

《侵权责任法》第34条第1款：用人单位的工作人员因执行工作任务造成他人损害的，由用人单位承担侵权责任。

《侵权责任法》第35条：个人之间形成劳务关系，提供劳务一方因劳务造成他人损害的，由接受劳务一方承担侵权责任。提供劳务一方因劳务自己受到损害的，根据双方各自的过错承担相应的责任。

《侵权责任法》第89条：在公共道路上堆放、倾倒、遗撒妨碍通行的物品造成他人损害的，有关单位或者个人应当承担侵权责任。

2. 农村房屋修建中，定作人责任如何认定——赵希鹏与田士国等生命权、健康权、身体权纠纷案

▌案件信息及法院裁判

裁判文书字号：（2015）三中民终字第09720号

案由：生命权、健康权、身体权纠纷

上诉人（原审被告）：赵希鹏

被上诉人（原审原告）：田士国

被上诉人（原审被告）：赵克川

2014年4月左右，赵希鹏因家中东厢房需要修缮，通过他人介绍，经协商约定由田士国组织工人进行施工。2014年5月16日，赵克川驾驶蒙G×吊车在吊装该东厢房楼板时，发生楼板滑落，田士国从东厢房旁的架子板上跌落，导致左跟骨骨折、右踝关节骨折（粉碎），先后在顺义区医院、中国人民武装警察部队北京市总队第二医院（以下简称武警北京二医院）治疗，其中2014年5月16日至2014年6月3日在武警北京二医院住院治疗18天。田士国共计花费医疗费147 985.16元。

北京市顺义区人民法院在一审中认为：本案的争议焦点在于如何确定田士国所遭受人身损害的赔偿责任主体。对此，首先需要界定的是赵希鹏与田士国之间、赵希鹏与赵克川之间是属于雇佣关系还是承揽关系。在赵希鹏东厢房修缮施工中，根据查明的事实，相关的施工人员由田士国组织而来并进行管理、指挥，施工的工具也是由田士国提供，并且施工人员的费用也是田士国和赵希鹏结算后再由其发放，同时田士国也承认，其在获得正常劳动的160元/天的报酬外，还在每满10个工的情况下可额外获得一个工即160元的报酬，因此，田

士国与赵希鹏并非雇佣关系，而是承揽关系。赵克川为赵希鹏吊装楼板，所使用的主要工具蒙G×吊车系赵克川所有，具体的吊装过程也是由赵克川负责操作，并且赵克川也承认其所述的 400 元是吊装楼板的所有费用，操作吊车所产生的费用也是由其自行承担，因此，赵克川与赵希鹏之间也显然系承揽关系。《人身损害赔偿司法解释》第 10 条规定："承揽人在完成工作过程中对第三人造成损害或者造成自身损害的，定作人不承担赔偿责任。但定作人对定作、指示或者选任有过失的，应当承担相应的赔偿责任。"在赵克川与赵希鹏之间为承揽关系的情况下，赵克川为了完成其承揽的吊装楼板的工作，在吊车未进行年检、自己也不具备操作资质的情况下违章作业，导致在吊装过程中发生事故，造成他人身体受到伤害，因此应承担赔偿责任。而赵希鹏作为定作人，所选择的吊车未进行年检、操作人员也不具备操作资质，因此其对选任工作明显具有过失，也应当承担相应的赔偿责任。至于双方承担责任份额的大小，法院根据双方的过错程度和致害行为的原因比例，酌情确定赵希鹏与赵克川承担责任的比例为3:7。田士国作为常年承揽农村建房的包工头，应当具备一定的安全常识，应在指挥操作时合理选择安全的位置。但是在本案中，根据证人张×、翟×的证言，可知其在进行相应的指挥时，选择站立在吊臂下方这一明显具有危险性的位置，未尽到合理的安全防范义务，其对事故的发生也具有过错，根据《侵权责任法》第 26 条的规定，被侵权人对损害的发生也有过错的，可以减轻侵权人的责任。因此，田士国也应当对事故造成的损失自行承担一定的责任。法院综合上述情况，最终确定田士国与赵希棚、赵克川的责任分担比例为2:8。

判决后，赵希鹏不服原审判决，以原审法院判决认定事实与适用法律均存在错误为由，向北京市第三中级人民法院提起上诉，请求二审法院判令：①依法撤销北京市顺义区人民法院（2014）顺民初字第 14753 号民事判决，依法改判驳回田士国在原审中对赵希鹏的诉讼请求；②本案一、二审案件受理费由被上诉人负担。

北京市第三中级人民法院认为：根据本案查明情况，在赵希鹏东厢房修缮施工过程中，田士国组织并管理、指挥相关施工人员，并负责提供施工工具、发放施工人员工资等事项，故原审法院认定田士国与赵希鹏系承揽关系，并无不妥。关于赵希鹏与赵克川之间的关系，法院认为，在施工过程中，赵克川使用其所有的吊车为赵希鹏吊装楼板，并且自行承担操作吊车产生的费用，故原审法院认定赵克川与赵希鹏之间系承揽关系，亦无不当。关于赵希鹏与赵克川是否应对田士国承担赔偿责任之问题，法院认为，承揽人在完成工作过程中对第三人造成损害或者造成自身损害的，定作人不承担赔偿责任。但定作人对定作、指示或者选任有过失的，应当承担相应的赔偿责任。本案中，赵克川既不具备吊车操作资质，亦未对吊车进行年检，在此情形下违章作业，并在吊装过程中发生事故，造成田士国身体受到伤害，故其应承担赔偿责任。关于定作人赵希鹏是否应承担赔偿责任的问题，法院认为，赵希鹏选择未进行年检之吊车、不具备操作资质人员进行施工，其选任工作存在过失，故亦应承担责任。原审法院依据赵希鹏与赵克川的过错程度和致害行为的原因力比例，确定赵希鹏与赵克川承担责任的比例适当，予以确认。田士国在施工过程中，未尽到合理的安全防范义务，其对事故之发生亦有过错，故田士国亦应自行承担部分责任。原审法院综合考虑上述情况，确定田士国与赵希鹏、赵克川责任分担的比例适当，予以确认。原审法院依据查明的事实及相关标准，确定田士国的各项损失，符合法律规定，予以确认。赵希鹏的上诉主张，缺乏事实及法律依据，不予支持。判决驳回上诉，维持原判。

▌案件分析

本案是一起生命权、身体权、健康权纠纷。案件的争议焦点为，赵希鹏与田士国、赵克川之间分别形成何种法律关系，哪一方应当对田士国的人身损害结果承担赔偿责任。

本案中，田士国主张其与赵希鹏之间在建房过程中形成雇佣关系，而赵希鹏认为双方之间的法律关系为承揽关系。另外，赵希鹏认为其与赵克川之间的法律关系为承揽关系，而赵克川认为双方的法律关系为雇佣关系。故本案同样涉及雇佣合同和承揽合同的区分问题，需要一一进行分析。

关于田士国与赵希鹏之间的法律关系，法院查明了以下事实：①在赵希鹏东厢房修缮施工中，相关的施工人员由田士国组织而来并进行管理、指挥。这说明，田士国享有另外组织相关施工人员的权利，其对于赵希鹏而言并无劳务专属性。②施工的工具也由田士国提供。③施工人员的费用也是田士国在和赵希鹏结算后再由其发放，同时田士国也承认，其在获得正常劳动的160元/天的报酬外，还在每满10个工的情况下可额外获得一个工，即160元的报酬，这说明，相关施工人员与赵希鹏之间并不直接结算工钱，而由田士国和赵希鹏结算后再与相关施工人员结算。以上事实表明，田士国与赵希鹏之间的法律关系符合承揽关系的法律特征，赵希鹏与田士国之间形成承揽合同，赵希鹏为定作人，田士国为承揽人。承揽合同中的工作成果为田士国为赵希鹏修缮东厢房这一工作成果。另外，田士国与其组织而来的施工人员之间形成雇佣关系，因为田士国对相关施工人员具有支配、控制力，对施工人员在劳务内容和劳务方式等方面进行管理和指挥，且施工人员的工钱由田士国进行发放。田士国为雇主，相关施工人员为雇员。

关于赵希鹏与赵克川之间的法律关系，法院主要查明以下事实：①赵克川为赵希鹏吊装楼板，所使用的主要工具蒙 G×吊车系赵克川所有；②具体的吊装过程也是由赵克川负责操作，这说明赵克川依靠自身的技术、设备和劳力独立完成工作，并在工作过程中不受赵希鹏的支配控制；③赵克川承认其所述的400元是吊装楼板的所有费用，操作吊车所产生的费用也是由其自行承担，这说明，赵希鹏向赵克川支付的劳动报酬，为赵克川一次性完成的工作成果的劳动报酬，而非采用定期支付的方式向赵克川支付劳动报酬。以上事实表明，赵希鹏与赵克川之间的法律关系完全符合承揽关系的特征，并不符合雇佣关系的特征。因此，赵希鹏与赵克川之间形成承揽关系，赵希鹏为定作人，赵克川为承揽人，工作成果为赵克川利用吊车为赵希鹏吊装楼板。

赵克川驾驶吊车在吊装楼板时，发生楼板滑落，田士国从东厢房旁的架子板上跌落受伤。根据上述分析，赵希鹏与田士国之间形成承揽关系，赵希鹏与赵克川之间亦形成承揽关系。《人身损害赔偿司法解释》第10条规定："承揽人在完成工作过程中对第三人造成损害或者造成自身损害的，定作人不承担赔偿责任。但定作人对定作、指示或者选任有过失的，应当承担相应的赔偿责任。"此处需要说明两点，第一，田士国与赵克川均与赵希鹏形成承揽合同，二人相对于赵希鹏而言均为承揽人。因此，本案中存在两个承揽合同。赵克川在完成承揽工作的过程中致使田士国受到人身损害，属于《人身损害赔偿司法解释》第10条中的"承揽人在完成工作过程中对第三人造成损害"的情形。此时，虽然田士国也是赵希鹏的承揽人，但其与赵克川分别与赵希鹏形成两个承揽关系，因此在赵希鹏与赵克川的承揽关系中，田士国属于"第三人"。第二，根据人民法院查明的事实，赵克川为了完成其承揽的吊装楼板的工作，在吊车未进行年检、自己也不具备操作资质的情况下违章作业，导致在吊装过程中发生事故，造成田士国受到人身伤害，作为直接侵权人，应承担赔偿责任。而赵希鹏作为定作人，所选择的吊车未进行年检，操作人员也不具备操作资质，因此其对选任工作明显具有过失，即具有《人身损害赔偿司法解释》第10条中的选任过失，对田士国的人身损害结果也应当承担相应的赔偿责任。赵克川与赵希鹏的过错行为均与田士国的人身损害结果存在因果关系，至于双方承担责任份额的大小，法院根据双方的过错程度和致害行为的原因比例，酌情确定赵希鹏与赵克川承担责任的比例为3:7。另外，田士国作为常年承揽农村建房的包工头，应当具备一定的安全常识，即在指挥操作时合理选择安全的位置站立。但是在本案中，根据证人证言，可知其在进行相应的指挥时，选择站立在吊臂下方这一明显具有危险性的位置，未尽到合理的安全防范义务，其对事故的发生也具有过错，根据《侵权责任法》第26条的规定，被侵权人对损害的发生也有过错的，可以减轻侵权人的责任。因此，田士国也应当对事故造成的损失自行承担一定的责任。法院综合上述情况，最终确定田士国与赵希棚、赵克川的责任分担比例为2∶8。

另外需要说明的是，本案是一起农村建房过程中发生的人身损害案件。根据《建筑法》第83条的规定，农民自建低层住宅的建筑活动，不适用本法。因此，村民自建低层住宅的活动，应当由《合同法》第十五章规定的承揽合同调整，而不应由《合同法》第十六章规定的建设工程合同来调整。

▎法条链接

《人身损害赔偿司法解释》第10条：承揽人在完成工作过程中对第三人造成损害或者造成自身损害的，定作人不承担赔偿责任。但定作人对定作、指示或者选任有过失的，应当承担相应的赔偿责任。

《侵权责任法》第26条：被侵权人对损害的发生也有过错的，可以减轻侵权人的责任。

《建筑法》第83条：省、自治区、直辖市人民政府确定的小型房屋建筑工程的建筑活动，参照本法执行。

依法核定作为文物保护的纪念建筑物和古建筑等的修缮，依照文物保护的有关法律规定执行。

抢险救灾及其他临时性房屋建筑和农民自建低层住宅的建筑活动，不适用本法。

第五节 违反安全保障义务责任纠纷实务要点与典型案例

一、违反安全保障义务责任概述与实务要点

（一）违反安全保障义务责任概述

根据《侵权责任法》第37条第1款的规定，违反安全保障义务责任是指宾馆、商场、银行、车站、娱乐场所等公共场所的管理人或者群众性活动的组织者未尽到对他人人身、财产安全的安全保障义务，造成他人损害时应当承担的侵权责任。违反安全保障义务责任具有以下特征：

1. 承担安全保障义务的主体具有特定性。承担安全保障义务的主体包括宾馆、商场、银行、车站、娱乐场所等公共场所的管理人以及群众性活动的组织者。

2. 安全保障义务的内容为对他人的人身和财产安全进行保障。在宾馆、商场、车站等公共场所和群众性活动的活动场所人流量大，因此相关主体对上述区域尽到安全保障义务事关不特定公众的生命、健康和财产安全。具体来说，宾馆、商场、银行、车站、娱乐场所等公共场所的管理人以及群众性活动的组织者应当在公共场所以及群众性活动的活动区域尽到设施设备维护、服务管理、应急安保，以及在特定情形下对老人、儿童等特殊主体进行保护等全方位的安全保障义务。

3. 违反安全保障义务责任是一种侵权责任，适用过错责任原则。违反安全保障义务是指宾馆、商场、银行、车站、娱乐场所等公共场所的管理人或者群众性活动的组织者违反了对不特定公众人身财产安全的保障义务，即违反了作为义务。所以，违反安全保障义务责任是一种侵权责任，而非合同责任。

（二）违反安全保障义务责任的构成要件

1. 受害人遭受损害的地点位于公共场所或者群众性活动的场所。根据《侵权责任法》第 37 条的规定，公共场所包括宾馆、商场、银行、车站、娱乐场所等。除此之外，对不特定公众开放，有着一定的人流量的地方也属于公共场所，例如饭店、公园、博物馆、体育场馆、游乐场、公共图书馆、候机楼、码头、各类市场等地。群众性活动场所是指特定群众性活动的举办地，例如龙舟会、庙会、灯会等活动的举办地点。

2. 受害人在公共场所或者群众性活动的场所受到了损害。受害人受到的损害一般分两种情况，一种是由于公共场所的管理人或者群众性活动的组织者未对公共场所或群众性活动地采取应当采取的安全措施，进而导致受害人受到损害。例如，受害人由于商场地板过于湿滑摔倒受伤。另一种是公共场所的管理人或者群众性活动的组织者未尽到安全保障义务，致使场所内的受害人遭受第三人不法侵害而受到损害，如宾馆未采取足够的安全保护措施，致使受害人在宾馆遭受不法分子侵害。

3. 受害人受到损害和公共场所的管理人或者群众性活动的组织者未尽到安全保障义务具有因果关系。由于公共场所管理人或者群众性活动的组织者未尽到安全保障义务，例如银行没有配备足够的安保人员，致使顾客被不法分子抢劫遇害，又如庙会等活动的组织者没有预料到现场人流量，对现场的疏散通道没有提前作出更多安排，致使现场出现踩踏事故，造成多人伤亡。在类似这样的情况下，公共场所的管理人或者群众性活动的组织者未尽到安全保障义务和受害人受到损害具有因果关系，受害人有权请求公共场所的管理人或者群众性活动的组织者进行赔偿。

（三）违反安全保障义务责任实务要点

1. 责任主体如何认定的问题。根据《侵权责任法》第37条的规定，违反安全保障义务责任中包含两类责任主体，即宾馆、商场、银行、车站、娱乐场所等公共场所的管理人以及群众性活动的组织者。公共场所的管理人是指依据法律规定或者合同约定对公共场所负有管理职责、权限的相关主体。群众性活动的组织者一般是指在媒体、论坛、微博、微信等社交平台上发布群众性活动的具体时间、地点、内容，并组织报名者参加该活动的相关主体。活动是否有偿并不影响对组织者的认定。

2. 安全保障义务限度的判断问题。关于宾馆、商场、银行、车站、娱乐场所等公共场所的管理人以及群众性活动的组织者这两类主体是否尽到安全保障义务的问题，一般来说，应当从以下几方面进行判断：

（1）法律、法规对安全保障义务是否有明确的规定。如果法律法规对公共场所的管理人以及群众性活动的组织者负有的安全保障义务的具体内容有着明确的规定，而负有该义务的主体又没有尽到该义务，且因其不作为而导致对他人人身损害的结果，可直接认定该公共场所的管理人以及群众性活动的组织者没有尽到安全保障义务，应当向受害人承担责任。例如，《营业性演出管理条例》第19条规定："在公共场所举办营业性演出，演出举办单位应当依照有关安全、消防的法律、行政法规和国家有关规定办理审批手续，并制定安全保卫工作方案和灭火、应急疏散预案。演出场所应当配备应急广播、照明设施，在安全出入口设置明显标识，保证安全出入口畅通；需要临时搭建舞台、看台的，演出举办单位应当按照国家有关安全标准搭建舞台、看台，确保安全。"又如，国务院《娱乐场所管理条例》第21条规定："营业期间，娱乐场所应当保证疏散通道和安全出口畅通，不得封堵、锁闭疏散通道和安全出口，不得在疏散通道和安全出口设置栅栏等影响疏散的障碍物。娱乐场所应当在疏散通道和安全出口设置明显指示标志，不得遮挡、覆盖指示标志。"上述规定对负有安全保障义务的相关主体的具体义务作出了明确的规定。

（2）出现损害结果可能性的大小。一般来说，在公共场所或者群众性活动地点，出现他人损害结果的可能性越大，公共场所管理人或者群众性活动的组织者负有的安全保障义务就越高。以组织出游的群众性活动为例，组织青少年去野外郊游的危险性一般要大于组织青少年在市内游玩的危险性。因为野外情况复杂，可能出现恶劣的天气，或者须经过崎岖的山路，甚至还存在野生动物的威胁，而在市内出游，则总体来说较为安全。因此，对于这两类活动的组织者来说，野外出游的组织者负有的安全保障义务明显要高于在市内游玩活动的组织者负有的义务。例如，野外出游的组织者须提前看出游地的天气预报，熟悉游玩路线，配备足够的帐篷、拐杖、药品等设施。

（3）公共场所管理人或者群众性活动的组织者对可能出现的人身损害结果的预防、控制的能力和成本的大小。一般来说，公共场所管理人或者群众性活动的组织者对可能出现的人身损害结果越容易预见，或者其避免损害结果发生的成本越低，其负有的安全保障义务就越高。例如，大型酒店的经营、管理者能更好地预见其经营场所内可能发生的各种危险（例如可能针对酒店顾客出现的盗窃、抢劫以及其他不法侵害），而且由于其财力较为雄厚，可以把预防危险的成本内化于其经营收入内。所以，大型酒店负有的安全保障义务一般较高（例如，需要在酒店必要的地方安装摄像头，为酒店配备足够的安保人员，保障酒店设施设备应当达到安全标准等）。而相比之下，小餐馆的经营、管理者则对可能发生的危险的预见能力较低，且预防损害发生的成本也较大。例如，如果让小餐馆的经营管理者配备足够的安保人员，在其经营规模、经营成本方面显然是不切实际的。所以，如果顾客在小餐馆遇到人身损害，餐馆经营管理者是否尽到安全保障义务应当根据其具有的预防、控制危险的能力来判断（如在店内有不法分子侵害顾客时，经营管理者是否及时报警，是否及时阻止侵权人的侵害行为等）。

（4）公共场所管理人或者群众性活动的组织者是否获得利益。根据民法利益和风险相一致原则，营利性的公共场所管理人或者群众性活动的组织者负有的安全保障义务一般大于非营利性的公共场所管理人或者群众性活动的组织者所负有的义务。营利较多的公共场所管理人或者群众性活动的组织者负有的安全保障义务一般大于营利较少的公共场所管理人或者群众性活动的组织者负有的义务，如大型酒店负有的安全保障义务明显要高于小型旅店负有的义务。

3. 违反安全保障义务中第三人侵权情况下的责任承担问题。在违反安全保障义务责任纠纷中，有很多情形是第三人在公共场所或者群众性活动地侵害受害人，致使受害人遭受损害。关于这种情况下的责任承担，《侵权责任法》第37 条第 2 款规定："因第三人的行为造成他人损害的，由第三人承担侵权责任；管理人或者组织者未尽到安全保障义务的，承担相应的补充责任。"对该款规定应当从以下几方面进行理解：

（1）如果受害人受到的损害完全由第三人造成，而公共场所管理人或者群众性活动的组织者确已尽到安全保障义务，则由实施侵权行为的第三人对受害人的损害结果承担赔偿责任。

（2）如果受害人受到损害的直接原因是第三人的侵害，而此时公共场所管理人或者群众性活动的组织者并没有充分尽到安全保障义务，相当于二者共同导致了损害结果的发生。一方面，第三人的侵害行为直接导致了受害人损害结果的发生，第三人侵害对损害结果发生具有的原因力是最大的，所以应当由第三人作为第一位的责任人对受害人进行赔偿。另一方面，公共场所管理人或者群众性活动的组织者没有充分尽到安全保障义务，其不作为行为在一定程度上增加了受害人遭受损害的风险，所以管理人或组织者对损害结果的发生也具有一定的过错，但其对损害结果发生具有的原因力是次要的，因此应当承担相应的补充责任。这指的是，应当由实施侵权行为的第三人对受害人进行赔偿，如果该第三人无法找到或者其赔偿能力不足的，则公共场所管理人或者群众性活动的组织者应当在其过错范围之内，对受害人进行一定数额的赔偿，而非全部赔偿。

二、违反安全保障义务责任纠纷典型案例

1. 乘坐地铁时受伤，地铁公司应当承担损害赔偿责任——高子玉诉南京地铁集团有限公司健康权纠纷案

▌案件信息及法院裁判

裁判文书字号：（2012）玄民初字第 1817 号民事判决书
案由：生命权、健康权、身体权纠纷
原告：高子玉
被告：南京地铁集团有限公司

2012 年 6 月 29 日，原告高子玉携带一名免票儿童在被告地铁公司所属新街口地铁站乘车，原告刷卡进站时腹部与进站闸机扇门接触后受伤，当日即到中国人民解放军南京军区南京总医院（以下简称军区总院）就诊。经诊断，原告系腹部闭合伤、急性弥漫性腹膜炎、回肠穿孔等疾病，施行回肠双造口等治疗。原告在军区总院、南京市中医院诊治，共计住院治疗 53 天。因向被告主张医疗费等费用未果，原告遂诉至法院。

江苏省南京市玄武区人民法院一审认为：公民的生命健康权受法律保护。《侵权责任法》第 37 条第 1 款规定，宾馆、商场、银行、车站、娱乐场所等公

共场所的管理人未尽到安全保障义务，造成他人损害的，应当承担侵权责任。本案中，被告地铁公司作为地铁站和检票闸机的管理人，应当在乘客进站乘车过程中履行相应的安全保障义务，其不仅要保证闸机的正常运行，还要对乘客进站时安全通过闸机的方式进行必要的引导，并配备相应的设施使免票乘客能够正常通行。若被告因未履行上述义务而导致乘客受伤，则应当承担相应的侵权责任。本案被告仅在票务通告中告知乘客车票使用办法等票务问题，但未对免票乘客及其随行人员如何安全进站进行合理的安排和管理，导致原告高子玉携带免票儿童刷卡进站时，在无法得知安全进站方式的情况下与闸机接触后受伤，故原告的受伤与被告未尽到安全保障义务存在因果关系，被告应当对原告的受伤承担相应的侵权责任。地铁闸机扇门的开合是其正常的工作原理，原告在刷卡验票后其同行儿童已经通过闸机的情况下，欲通过闸机时未仔细观察扇门的闭合情况，未尽到必要的观察和注意义务，故其对自身的损伤存在过失，也应当承担一定的责任。结合本案原、被告的过错程度等因素，法院认定被告对原告的损伤承担70%的责任，原告自担30%的责任。

对于原告高子玉因受伤发生的医疗费36 362.67元、住院伙食补助费1060元、残疾赔偿金59 354元，被告地铁公司均不持异议，法院予以认定。关于原告高子玉主张的护理费，原告提供的证据证明其雇用了护工进行护理，结合司法鉴定意见书确定的护理期限为伤后120天，一审法院酌定参照当地护工一般报酬标准每天100元计算，该项费用为12 000元。被告地铁公司虽对司法鉴定认定的120天护理期限存在异议，但无证据证明其观点，故法院对被告的该项辩称意见不予采纳。关于原告高子玉主张的营养费，根据司法鉴定意见和原告的伤情，法院对原告主张的该项费用1800元予以认定。被告地铁公司虽对司法鉴定认定的120天营养期限存在异议，但无证据证明其观点，故法院对被告的该项辩称意见不予采纳。关于原告高子玉主张的交通费，根据法律规定，交通费票据应当与就医地点、时间、人数、次数相符合。因原告提供的票据无法证明是其就诊而发生的费用，故法院对其票据载明的金额不予认定。因被告地铁公司认可该项费用为100元，法院认定交通费为100元。以上各项费用共计110 676.67元，被告地铁公司应当承担70%的赔偿责任，应当赔偿原告高子玉77 473.67元。关于原告高子玉主张的精神损害抚慰金，结合原告的伤残等级、伤残部位、原被告的过错程度等因素，法院酌定为7000元。

据此，江苏省南京市玄武区人民法院依照《民法通则》第119条，《侵权责任法》第16条、第26条、第37条第1款，《人身损害赔偿司法解释》第17条、第19条、第21条、第22条、第23条、第24条、第25条第1款，《精神损害赔偿司法解释》第 8 条第 2 款、第 10 条、第 11 条，于 2013 年 11 月 15 日判决被告南京地铁集团有限公司赔偿原告高子玉医疗费、护理费、营养费、交通费、残疾赔偿金、精神损害抚慰金共计 84 473.67 元。

▌案件分析

本案系一起不存在第三人介入情况下的违反安全保障义务的纠纷，案件的争议焦点为，南京地铁公司是否应当对高子玉的人身损害承担赔偿责任，如果承担的话，该种责任是何种性质的责任。

就本案性质而言，原告高子玉在被告南京地铁公司所属新街口地铁站乘车，在刷卡进站时腹部与进站闸机扇门接触后受伤。《人身损害赔偿司法解释》第 6 条第 1 款规定："从事住宿、餐饮、娱乐等经营活动或者其他社会活动的自然人、法人、其他组织，未尽合理限度范围内的安全保障义务致使他人遭受人身损害，赔偿权利人请求其承担相应赔偿责任的，人民法院应予支持。"《侵权责任法》第 37 条第 1 款规定："宾馆、商场、银行、车站、娱乐场所等公共场所的管理人或者群众性活动的组织者，未尽到安全保障义务，造成他人损害的，应当承担侵权责任。"地铁站属于公共场所，原告高子玉在地铁站受伤，理应由作为地铁站管理人的地铁公司承担责任。因此，本案属于违反安全保障义务的侵权责任纠纷。

判断地铁公司是否应当承担赔偿责任，应当先判断其是否违反了作为公共场所管理人应当负有的安全保障义务。法律规定安全保障义务的出发点在于督促公共场所的管理人和大型活动的组织者能够尽到必要的义务，维护公共安全。本案中，被告地铁公司作为地铁站和检票闸机的管理人，属于《人身损害赔偿司法解释》第 6 条和《侵权责任法》第 37 条规定的公共场所的管理人，理应在乘客进站乘车过程中履行相应的安全保障义务，其不仅要保证闸机的正常运行，还要对乘客进站时安全通过闸机的方式进行必要的引导，并配备相应的设施使免票乘客能够正常通行，或者应当安排工作人员在闸机口附近进行必要的引导、指挥。若被告因未履行上述义务而导致乘客受伤，则应当承担相应的侵权责任。本案被告仅在票务通告中告知乘客车票使用等票务问题，但未对免票乘客及其随行人员如何安全进站进行合理的安排和管理，导致原告高子玉携带免票儿童刷卡进站时，在无法得知安全进站方式的情况下与闸机接触后受伤，故原告高子玉遭受的人身损害结果可认定为被告南京地铁公司未尽到安全保障义务所致，被告应当对原告的损害结果承担违反安全保障义务的侵权责任。

▌法条链接

《人身损害赔偿司法解释》第 6 条第 1 款：从事住宿、餐饮、娱乐等经营活动或者其他社会活动的自然人、法人、其他组织，未尽合理限度范围内的安全保障义务致使他人遭受人身损害，赔偿权利人请求其承担相应赔偿责任的，人民法院应予支持。

《侵权责任法》第 37 条第 1 款：宾馆、商场、银行、车站、娱乐场所等公共场所的管理人或者群众性活动的组织者，未尽到安全保障义务，造成他人损害的，应当承担侵权责任。

2. 在银行取款时遇袭，银行安全保障义务责任的认定——吴成礼等诉中国建设银行云南省分行昆明市官渡支行等人身损害赔偿案

▌案件信息及法院裁判

裁判文书字号：（2004）云高民一终字第 72 号

案由：生命权、健康权、身体权纠纷

原告（上诉人）：吴成礼（吴艳红之父）、靳素云（吴艳红之母）、赵辉（吴艳红之夫）、赵思雅（吴艳红之女）、赵俊凯（吴艳红之子）

被告（上诉人）：中国建设银行云南省分行昆明市官渡支行（以下简称官渡建行）

被告（上诉人）：昆明市五华保安公司（以下简称保安公司）

昆明市中级人民法院经审理查明：2003 年 2 月 26 日上午 9 时 47 分左右，昆明市官渡区艳红精米厂个体经营业主吴艳红等三人携款到被告官渡建行办理存款和汇款手续。从官渡建行提供的录像资料看，吴艳红在营业厅的写字台上填写存单时，有一人在其身后窥视。吴艳红填单完毕，即到三号柜台前办理存汇款手续。官渡建行营业厅柜台前设置了"一米线"，但窥视吴艳红的人违反他人必须在"一米线"以外等候的规定，进入"一米线"站在吴艳红身侧，没有引起值班保安人员徐志涛的注意和制止。就在吴艳红将部分现金交给柜台内的营业员时，此人从吴艳红左侧伸手抢夺钱袋。吴艳红紧抓钱袋反抗，抢钱的人对吴艳红胸部连开两枪后逃离现场，徐志涛随后追赶未果。吴艳红中弹倒地，其所携钱袋及现金未被抢走。9 时 51 分，官渡建行向公安机关报警。公安人员出警后未能抓获抢钱人。10 时 1 分，官渡建行向云南省急救中心拨打 120 急救电话。急救车到达现场后，经医生检查，吴艳红已死亡。对吴艳红抢劫行凶的

犯罪分子已被公安机关通缉，但至今未缉拿归案。另查明，2002 年 6 月 10 日，被告五华保安公司与被告官渡建行签订了保安服务合同。官渡建行提交的录像资料只能证明该行营业厅内设置了电视监控系统，不能证明按规定还安装了联网报警装置和必须安装的探测报警等技术设施。

昆明市中级人民法院经审理认为：《民法通则》第 106 条第 2 款规定，公民、法人由于过错侵害国家的、集体的财产，侵害他人财产、人身的，应当承担民事责任。吴艳红在犯罪分子持枪抢劫时遇害，因此应当由作案人对吴艳红之死承担刑事责任和民事责任。五原告以被告官渡建行、五华保安公司主观上有过错为由，诉请判令官渡建行、五华保安公司连带承担吴艳红死亡的全部民事赔偿责任，理由不能成立。

被告官渡建行为商业银行。《中华人民共和国商业银行法》（以下简称《商业银行法》）第 6 条规定："商业银行应当保障存款人的合法权益不受任何单位和个人的侵犯。"商业银行在开展存、贷款及其他业务活动时，应依照法律规定，认真履行保障存款人和其他客户合法权益不受侵犯的义务。商业银行的营业厅是商业银行为客户提供金融服务的主要场所，商业银行应当根据其从事经营活动的规模，依照法律、法规以及相关部门规章的规定，在营业厅内预先安装必需的安全防范设施，安排保安人员，预防和尽可能避免不法侵害的发生，为客户的人身及财产安全提供保障，维护良好的交易秩序。公安部、中国人民银行发布的《基层金融单位治安保卫工作暂行规定》第 12 条第 4 项规定，商业银行需满足"营业操作室安装紧急报警装置或联防警铃"的要求；中国建设银行在《安全防护设施建设及使用管理暂行规定》（以下简称《安全防护规定》）第 2 条第 2 项要求，建设银行应当在营业场所内安装探测报警、电视监控、无线通信等安全技术防范设施，以及预防不法侵害所需的技术设备和相应的指挥控制系统。官渡建行提交的录像资料证明，该行在营业厅内安装了电视监控系统，但没有证据证明该行还有紧急报警、联防警铃、探测报警、无线通信等其他必要的安全防范设施。官渡建行虽然在营业厅内安排了一名保安人员值班，但当作案人在营业厅内来回走动，窥视被害人吴艳红填写存单，并且违反规定进入"一米线"时，这些明显反常行为始终未引起值班保安人员的高度警惕。以至在作案人开始抢夺钱袋并开枪伤人时，保安人员不能及时制止犯罪或给被害人以必要的帮助。官渡建行未能合理配置保障客户人身及财产安全的安全防范设施，安排的值班保安人员又未能在合理限度内尽到保安义务，在吴艳红死亡事件上有一定过错，应当承担相应的赔偿责任。待作案人缉拿归案后，官渡建行可就自己承担的赔偿责任向作案人追偿。

　　法律以维护和实现社会正义为目的，在尊重和保护人的生命健康权的同时，必须充分考虑在什么范围内确定被告官渡建行应承担的补充赔偿责任。官渡建行虽未在合理限度内尽到充分保障客户人身及财产安全的义务，对吴艳红的死亡有一定过错，但该行毕竟设置了录像监控系统，也安排了值班保安人员，与完全不履行安全保障义务不同，其承担的过错责任应与这种情形相适应，不得随意加重或减轻。只有让赔偿义务主体在合理范围内承担民事法律责任，才能体现法律的公平，实现法的价值和作用。原告吴成礼等人失去亲人后，遭受了沉重的精神刺激，且两名幼子不能在母亲的抚养下成长也已成事实，有权要求官渡建行根据其过错在死亡赔偿金、丧葬费以及死者生前抚养人的抚养费等方面先行补偿。最高人民法院在《关于审理触电人身损害赔偿案件若干问题的解释》（以下简称《触电损害赔偿司法解释》），该规定于 2013 年失效，但对本案仍适用）第 4 条第 7 项规定："丧葬费：国家或者地方有关机关有规定的，依该规定；没有规定的，按照办理丧葬实际支出的合理费用计算。"第 8 项规定："死亡补偿费：按照当地平均生活费计算，补偿二十年。对七十周岁以上的，年龄每增加一岁少计一年，但补偿年限最低不少于十年。"第 9 项规定："被抚养人生活费：以死者生前或者残者丧失劳动能力前实际抚养的、没有其他生活来源的人为限，按当地居民基本生活费标准计算。被抚养人不满十八周岁的，生活费计算到十八周岁。被抚养人无劳动能力的，生活费计算二十年，但五十周岁以上的，年龄每增加一岁抚养费少计一年，但计算生活费的年限最低不少于十年；被抚养人七十周岁以上的，抚养费只计五年。"参照上述规定，吴艳红的丧葬费应按实际支出的合理费用计算，双方当事人均认可此项支出为 8241 元，故官渡建行应依此数额补偿。受诉法院当地年平均生活费为 3338 元，依此标准计算的二十年死亡补偿费为 66 760 元，应由官渡建行补偿。吴艳红死亡时，其女儿赵思雅 2 岁，儿子赵俊凯 1 岁，以当地年平均生活费 3338 元为标准，计算至两名被抚养人均年满十八周岁，共需 113 866.95 元；扣除父亲赵辉应负担的一半，官渡建行应当补偿的被抚养人生活费是 56 933.48 元。三项补偿费用合计，官渡建行应当支付 131 934.48 元。吴成礼和原告靳素云虽然主张赔偿赡养费，但未提交其已丧失劳动能力且无其他生活来源的相应证据，不予支持；对吴成礼、靳素云和原告赵辉主张赔偿的交通费、误工费、停产损失、餐费、住宿费、医药费等其他费用，以及赵思雅、赵俊凯的保姆费，均不予支持。

　　被告五华保安公司与被告官渡建行签订过保安服务合同，并已向官渡建行派出符合条件的保安人员，履行了保安服务合同中的义务。管理和安排派驻保安人员的工作，是官渡建行的权利与义务，保安人员的履职行为应视为官渡建行的行为。因保安人员履职不当引起的民事法律后果，应由官渡建行承担，五华保安公司不负连带责任。故原告诉请判令五华保安公司连带赔偿因吴艳红死亡遭受的经济损失，理由不能成立。

据此，昆明市中级人民法院依照《民事诉讼法》第64条第1款的规定，于2003年12月25日判决：被告官渡建行在判决生效后10日内向原告吴成礼、靳素云、赵辉、赵思雅、赵俊凯赔偿吴艳红死亡赔偿金66 760元、丧葬费8241元，向赵辉赔偿赵思雅、赵俊凯的被抚养人生活费56 933.48元，三项合计131 934.48元；驳回原告吴成礼、靳素云、赵辉、赵思雅、赵俊凯的其他诉讼请求。

一审宣判后，双方当事人均不服判决，分别向云南省高级人民法院提起上诉。

云南省高级人民法院经审理，除不确认一审判决中关于"官渡建行未按规定安装联网报警装置和必须安装的探测报警等技术设施"这一认定外，对一审认定的其他事实均予确认。另查明，自作案人进入银行监控录像的视场范围至其实施抢劫，共有1分20秒时间。案发前，值班保安人员正在回答另一名储户关于往外地汇款方法的提问。案发后，官渡建行通过其安装的联网报警装置向官渡公安分局报警的时间是2003年2月26日9时51分。

云南省高级人民法院认为，本案的争议焦点是：①官渡建行有无过错，应否承担损害赔偿的民事责任；②如何认定损害赔偿的范围与标准；③五华保安公司是否承担连带赔偿责任。

关于争议焦点一：上诉人官渡建行是以人民币存取、结算为主要经营内容的金融企业法人，其经营内容的特殊性决定了客观上存在着易受不法行为侵害的危险。官渡建行的营业厅作为开放程度较高的经营场所，更加大了危险发生的可能。作为金融企业法人，官渡建行负有防范、制止危险发生，保障银行自身及进入银行营业场所客户的人身、财产安全的义务。该义务既是法律为维护正常社会秩序而对金融企业法人提出的要求，也是客户在与银行长期合作中对银行的希望。本案中，官渡建行虽根据《安全防护规定》设置了相应的安全防范设施，但不能证明其已按该规定第62条的要求安排专门人员值守这些安全防范设施，以至这些设施不能发挥应当具有的预见、防止或者减少损害的作用。保安人员职业的特殊性决定了其对涉及公共安全的事项负有高度注意义务，不是其他人对此类事项的一般关注。官渡建行虽然安排了一名保安人员值班，并且在营业厅内划出了"一米线"，但当有人进入"一米线"时，保安人员不去干涉，丧失了及时发现与制止不法侵害的可能。从作案人进入营业厅窥视吴艳红填单到其实施抢劫期间，值班保安人员回答客户关于银行业务的提问，却没有履行其维护营业厅安全、防范危害事件突发的职责；在作案人逃离现场时，值班保安人员也无任何制止犯罪行为的表示；故认定负有控制危险、保障客户安全义务的官渡建行对吴艳红死亡事件有一定过错，应当承担与其过错相适应的民事责任，并无不当。

关于争议焦点二：从作案人进入银行到逃离现场，时间仅为 1 分 20 秒，本案确为突发事件，损害结果是作案人一手造成。上诉人官渡建行虽然对吴艳红的死亡有一定过错，但其在事件发生前安装了符合规定要求的安全防范技术设施，事件发生后履行了追赶作案人、报警、急救等义务，因此若令其承担本案的全部赔偿责任，既不符合本案事实，也不符合公平正义的法律基本理念。官渡建行应当在其本应达到却由于自身原因未达到的安全防范标准范围内，对吴艳红的死亡承担补充赔偿责任。一审将死亡赔偿金、抚养费、丧葬费确定为官渡建行的补偿范围，既符合官渡建行的责任程度，也能解决上诉人吴成礼等五人的最迫切需求，并无不当，应予维持。吴成礼等人从外地来昆明料理吴艳红的后事，必然产生交通费、住宿费、误工费等费用。基于官渡建行在本案中承担的不是全部赔偿责任，一审未将这些费用纳入赔偿范围，是适当的。《人身损害赔偿司法解释》规定，该解释仅适用于 2004 年 5 月 1 日以后受理的一审案件，一审法院在《人身损害赔偿司法解释》不能适用于本案的情况下，参照《触电损害赔偿司法解释》来确定本案的赔偿标准也是可行的。一审按这个赔偿标准计算的死亡赔偿金是 66 760 元，吴成礼等人上诉请求改判死亡赔偿金为 238 520 元，没有事实根据和法律依据，不予支持。

关于争议焦点三：基于上诉人官渡建行与上诉人五华保安公司签订的保安服务合同，保安人员才能到官渡建行担任保安工作。但到银行工作的保安人员对存款人和其他客户承担的保障人身和财产安全义务并非源于保安服务合同的约定，而是源于法律对商业银行的规定。商业银行将其承担的保障客户人身及财产安全的法定义务一部分交给保安人员去完成，保安人员的履职行为自然应视为商业银行的行为，因履职不当应承担的法律后果也自然由商业银行负责。五华保安公司与此次侵权事件无关，不能承担连带赔偿责任。

综上，一审认定的事实虽有部分失误，但适用法律正确，判决结果适当，应当维持。双方当事人的上诉理由均不能成立，不予采纳。据此，云南省高级人民法院依照《民事诉讼法》第 153 条第 1 款第 1 项的规定，于 2004 年 6 月 10 日判决驳回上诉，维持原判。

▌案件分析

本案是一起第三人介入下的违反安全保障义务侵权纠纷案，争议焦点为：

第一，官渡建行是否违反安全保障义务，是否应当对被侵权人吴艳红死亡的损害后果承担侵权责任，应承担何种程度的赔偿责任；第二，五华保安公司是否应当与官渡建行承担连带赔偿责任。

就本案性质而言，被侵权人吴艳红在官渡建行办理存款及汇款业务时，遭到不法分子抢劫，并不幸遇害。《人身损害赔偿司法解释》第6条第1款规定："从事住宿、餐饮、娱乐等经营活动或者其他社会活动的自然人、法人、其他组织，未尽合理限度范围内的安全保障义务致使他人遭受人身损害，赔偿权利人请求其承担相应赔偿责任的，人民法院应予支持。"《侵权责任法》第37条第1款规定："宾馆、商场、银行、车站、娱乐场所等公共场所的管理人或者群众性活动的组织者，未尽到安全保障义务，造成他人损害的，应当承担侵权责任。"因此，银行属于法律、司法解释明文规定的负有安全保障义务的公共场所管理人，被侵权人家属以银行违反该义务为理由将银行诉至法院。因此，本案属于违反安全保障义务的责任纠纷。

就官渡建行是否违反安全保障义务而言，首先，根据《侵权责任法》第37条等的规定，官渡建行为公共场所，法律明确规定其负有安全保障义务。而且，商业银行是以人民币存取、结算为主要经营内容的金融企业法人，其经营内容的特殊性决定了客观上存在着易受不法行为侵害的危险。基于该特殊性，《商业银行法》等法律对其安全保障义务做了进一步的规定。例如，《商业银行法》第6条规定："商业银行应当保障存款人的合法权益不受任何单位和个人的侵犯。"商业银行在开展存、贷款及其他业务活动时，应依照法律规定，认真履行保障存款人和其他客户合法权益不受侵犯的义务。商业银行的营业厅是商业银行为客户提供金融服务的主要场所，商业银行应当根据其从事经营活动的规模，依照法律、法规以及相关部门规章的规定，在营业厅内预先安装必需的安全防范设施，安排保安人员，预防和尽可能避免不法侵害的发生，为客户的人身及财产安全提供保障，维护良好的交易秩序。官渡建行的营业厅作为开放程度较高的经营场所，更加大了危险发生的可能。作为金融企业法人，官渡建行负有防范、制止危险发生，保障银行自身及进入银行营业场所客户的人身、财产权利安全的义务。本案中，官渡建行虽根据《安全防护规定》设置了相应的安全防范设施，但不能证明其已按该规定第62条的要求安排专门人员值守这些安全防范设施，以致这些设施不能发挥应当具有的预见、防止或者减少损害的作用。保安人员职业的特殊性决定了其对涉及公共安全的事项负有高度注意义务，此项义务应当明显高于一般人的注意义务。官渡建行虽然安排了一名保安人员值班，并且在营业厅内划出了"一米线"，但当侵权人进入"一米线"观察、接近被侵权人吴艳红时，保安人员徐志涛并未及时察觉，以致丧失了在第一时间报警、制止不法侵害的机会。而且，在吴艳红遭遇被侵权人抢劫时，保安人员未能第一时间及时加以制止。在作案人逃离现场时，保安人员也未能控制侵权人。因此，本案事实表明，官渡建行未能充分履行安全保障义务，因此对被侵权人吴艳红的死亡结果不能免除责任。

本案与前一案例最大的不同之处在于，本案是一起涉及第三人侵权的违反安全保障义务的侵权纠纷，即本案的直接侵权人为第三人，直接损害结果也是由第三人造成的。《人身损害赔偿司法解释》第 6 条第 2 款规定："因第三人侵权导致损害结果发生的，由实施侵权行为的第三人承担赔偿责任。安全保障义务人有过错的，应当在其能够防止或者制止损害的范围内承担相应的补充赔偿责任。安全保障义务人承担责任后，可以向第三人追偿。赔偿权利人起诉安全保障义务人的，应当将第三人作为共同被告，但第三人不能确定的除外。"《侵权责任法》第 37 条第 2 款规定："因第三人的行为造成他人损害的，由第三人承担侵权责任；管理人或者组织者未尽到安全保障义务的，承担相应的补充责任。"因此，本案应当由实施侵权行为的第三人先行承担赔偿责任。虽然官渡建行未在合理限度内尽到充分保障客户人身及财产安全的义务，对吴艳红的死亡有一定过错，但该行毕竟设置了录像监控系统，也安排了值班保安人员，其行为属于没有充分履行安全保障义务，但并不是完全未履行安全保障义务。因此，官渡建行应当在其没有充分履行安全保障义务的过错程度内承担补充赔偿责任。由于本案中侵权人尚未缉拿归案，在侵权人被缉拿归案后，官渡建行可以就其承担责任的部分向侵权人追偿。另外，本案审理时，《人身损害赔偿司法解释》及《侵权责任法》尚未实施，因此，法院根据《民法通则》的相关条文对本案进行了裁判。

就五华保安公司是否应当与官渡建行承担连带赔偿责任而言，保安人员到官渡建行担任保安工作，是基于官渡建行与五华保安公司签订的保安服务合同。但是保安人员对存款人和其他客户承担的保障人身和财产安全义务，并非来源于保安服务合同的约定，而是源于法律对商业银行的规定。保安人员履行职责的行为应当视为商业银行的行为的一部分，因履职不当应承担的法律后果也自然由商业银行负责。因此，五华保安公司与此次侵权事件无关，不应当承担连带赔偿责任。

▍法条链接

《人身损害赔偿司法解释》第 6 条第 2 款：因第三人侵权导致损害结果发生

的，由实施侵权行为的第三人承担赔偿责任。安全保障义务人有过错的，应当在其能够防止或者制止损害的范围内承担相应的补充赔偿责任。安全保障义务人承担责任后，可以向第三人追偿。赔偿权利人起诉安全保障义务人的，应当将第三人作为共同被告，但第三人不能确定的除外。

《侵权责任法》第37条第2款：因第三人的行为造成他人损害的，由第三人承担侵权责任；管理人或者组织者未尽到安全保障义务的，承担相应的补充责任。

第六节　教育机构责任纠纷实务要点与典型案例

一、教育机构责任纠纷概述与实务要点

（一）教育机构责任纠纷概述

教育机构责任纠纷是指无民事行为能力人、限制民事行为能力人在幼儿园、学校或者其他教育机构学习、生活期间受到人身损害时，幼儿园、学校或者其他教育机构因未尽到教育管理职责而应当承担的责任。教育机构责任具有以下特征：

1. 教育机构责任适用了过错责任原则和过错推定原则。《侵权责任法》第38条规定："无民事行为能力人在幼儿园、学校或者其他教育机构学习、生活期间受到人身损害的，幼儿园、学校或者其他教育机构应当承担责任，但能够证明尽到教育、管理职责的，不承担责任。"也就是说，无民事行为能力人在教育机构学习、生活期间受到人身损害，适用过错推定原则，法律直接推定教育机构存在过错，除非教育机构有证据证明其尽到了教育管理职责。《侵权责任法》第39条规定："限制民事行为能力人在学校或者其他教育机构学习、生活期间受到人身损害，学校或者其他教育机构未尽到教育、管理职责的，应当承担责任。"也就是说，限制民事行为能力人在学校或者其他教育机构学习、生活期间受到人身损害，适用过错责任原则。受害人一方需要举证证明教育机构存在未尽到教育、管理职责的情形。

2. 教育机构承担的仅为对无民事行为能力人或者限制民事行为能力人遭受的人身损害的赔偿责任。损害包括财产损害和人身损害，根据《侵权责任法》第38、39条的规定，教育机构仅对其未尽到教育管理职责时，无民事行为能力人或者限制民事行为能力人遭受的人身损害承担赔偿责任。

3. 教育机构责任属于一种违反作为义务的侵权责任。教育机构责任类似于违反安全保障义务责任，即教育机构和公共场所管理人或群众性活动的组织者均没有直接对受害人实施侵权行为，而是违反了特定的作为义务，所以才应当

向受害人承担责任。教育机构没有尽到教育、管理职责，而公共场所管理人或群众性活动的组织者没有尽到安全保障义务。

（二）教育机构责任构成要件

1. 教育机构责任中的受害人为无民事行为能力人或者限制民事行为能力人。根据《民法通则》第 12 条和第 13 条的规定，限制民事行为能力人包括两种人，即年满 10 周岁不满 18 周岁的未成年人（如果年满 16 周岁的未成年人可以自己的劳动收入为主要生活来源的，则年满 10 周岁不满 16 周岁的未成年人为限制民事行为能力人），以及不能完全辨认自己行为的精神病人。无民事行为能力人包括两种人，即 10 周岁以下的未成年人和完全不能辨认自己行为的精神病人。

2. 无民事行为能力人或者限制民事行为能力人是在教育机构学习、生活期间遭受了人身损害。

（1）无民事行为能力人或者限制民事行为能力人遭受人身损害的地点为幼儿园、学校及其他教育机构。根据国务院《幼儿园管理条例》第 2 条的规定，幼儿园一般是指对三周岁以上学龄前幼儿实施保育和教育的机构。学校是指国家、企业、个人或其他社会力量举办的全日制中小学（包括特殊教育学校）、各类中等职业学校、高等学校等。其他教育机构是指少年宫等机构。

（2）无民事行为能力人或者限制民事行为能力人是在教育机构学习、生活期间遭受了人身损害。"学习、生活期间"从内容上讲，指在教育机构正常教学计划内的教学、课间休息以及自习期间。从空间上讲，学习、生活的地点不仅包括学校内部，还应当包括由幼儿园、学校及其他教育机构组织的校外春游、夏令营、社会实践、观看演出等地点，因为这些活动是教育机构出于增长学生知识、锻炼学生体能、拓展学生视野等目的组织的，属于学校教学计划的延伸。所以，学校及其他教育机构组织的校外春游、夏令营、社会实践、观看演出等活动，也属于学生在教育机构的"学习、生活期间"。

（3）无民事行为能力人或者限制民事行为能力人在教育机构学习、生活期间遭受的是人身损害，而不包括财产损害。

3. 无民事行为能力人或者限制民事行为能力人在教育机构学习、生活期间遭受的人身损害与教育机构未尽到教育管理职责之间具有因果关系。对无民事行为能力人和限制民事行为能力人进行教育、管理是教育机构最核心的义务。所以，如果没有尽到教育、管理职责，使得学生在教育机构学习、生活期间受到人身伤害，教育机构自然具有过错，应当向遭受损害的学生承担责任。当前，《中华人民共和国教育法》（以下简称《教育法》）、《学生伤害事故处理办法》等法律法规对教育机构的教育管理职责作出了具体的规定。例如，《学生伤害事故处理办法》第9条规定："因下列情形之一造成的学生伤害事故，学校应当依法承担相应的责任：（一）学校的校舍、场地、其他公共设施，以及学校提供给学生使用的学具、教育教学和生活设施、设备不符合国家规定的标准，或者有明显不安全因素的；（二）学校的安全保卫、消防、设施设备管理等安全管理制度有明显疏漏，或者管理混乱，存在重大安全隐患，而未及时采取措施的；（三）学校向学生提供的药品、食品、饮用水等不符合国家或者行业的有关标准、要求的；（四）学校组织学生参加教育教学活动或者校外活动，未对学生进行相应的安全教育，并未在可预见的范围内采取必要的安全措施的；（五）学校知道教师或者其他工作人员患有不适宜担任教育教学工作的疾病，但未采取必要措施的；（六）学校违反有关规定，组织或者安排未成年学生从事不宜未成年人参加的劳动、体育运动或者其他活动的；（七）学生有特异体质或者特定疾病，不宜参加某种教育教学活动，学校知道或者应当知道，但未予以必要的注意的；（八）学生在校期间突发疾病或者受到伤害，学校发现，但未根据实际情况及时采取相应措施，导致不良后果加重的；（九）学校教师或者其他工作人员体罚或者变相体罚学生，或者在履行职责过程中违反工作要求、操作规程、职业道德或者其他有关规定的；（十）学校教师或者其他工作人员在负有组织、管理未成年学生的职责期间，发现学生行为具有危险性，但未进行必要的管理、告诫或者制止的；（十一）对未成年学生擅自离校等与学生人身安全直接相关的信息，学校发现或者知道，但未及时告知未成年学生的监护人，导致未成年学生因脱离监护人的保护而发生伤害的；（十二）学校有未依法履行职责的其他情形的。"

（三）教育机构责任纠纷实务要点

1. 教育机构责任和监护人责任的关系问题。无民事行为能力人或者限制民事行为能力人在教育机构受到人身损害的一种常见情形是，教育机构内的同学之间互相打闹、甚至斗殴，造成了一方受到人身损害的情形。在这种情形下，同时涉及教育机构责任和监护人责任，教育机构承担的是未对学生尽到教育管理职责的责任，实施侵权行为的学生的监护人承担的是未对监护人尽到监护职责的监护人责任。所以，受害人一方很可能会把教育机构和实施侵权学生的监护人一并诉至法院。这种情形下，侵权学生实施的侵权行为与受害学生遭受的损害具有直接因果关系，而学校未充分尽到对学生的教育、管理职责与损害结果的发生也存在一定的因果关系，所以，法院一般判决实施侵权行为的监护人和学校之间承担按份责任。一般来说，由于侵权行为发生时实施侵权的学生和受到损害的学生都在学校，其对学生的控制能力相较于监护人更强，应当承担较大比例的责任，实施侵权行为学生的监护人承担一定比例的责任。另外，如果受到损害的学生自己也存在一定过错的，则自身也应当承担一定的责任。

2. 第三人侵权行为情况下的责任承担问题。近年来，发生了不少不法分子闯入校园，对未成年人实施暴力侵害的恶性案件。这属于第三人侵害无民事行为能力人和限制民事行为能力人的情形。对此，《侵权责任法》第 40 条规定："无民事行为能力人或者限制民事行为能力人在幼儿园、学校或者其他教育机构学习、生活期间，受到幼儿园、学校或者其他教育机构以外的人员人身损害的，由侵权人承担侵权责任；幼儿园、学校或者其他教育机构未尽到管理职责的，承担相应的补充责任。"对该条规定应当从以下几方面进行理解：

（1）如果受害人受到的损害完全由第三人造成，而教育机构确已尽到对学生的管理职责，则由实施侵权行为的第三人对受害人的损害结果承担赔偿责任。

（2）如果受害人受到损害的直接原因来自第三人，而此时教育机构并没有充分尽到管理职责，相当于二者共同导致了损害结果的发生。一方面，第三人的侵害行为直接导致了受害人损害结果的发生，第三人对于损害结果发生具有的原因力是最大的，所以应当由第三人作为第一位的责任人对受害人进行赔偿。另一方面，教育机构没有充分尽到管理职责，其不作为在一定程度上增加了受害人遭受损害的风险，其对损害结果的发生也具有一定的过错。但教育机构对损害结果发生具有的原因力是次要的，因此应当承担相应的补充责任。这指的是，首先应当由实施侵权行为的第三人对受害人进行赔偿，如果该第三人无法找到或者其赔偿能力不足的，则由教育机构在其过错范围之内，对受害学生进行一定数额的赔偿，而非全部赔偿。

3. 教育机构在学生受到人身伤害的情况下，是否可能免责的问题。法律法规对教育机构可以免责的情形作出了一些具体规定。如《学生伤害事故处理办法》第 12 条规定："因下列情形之一造成的学生伤害事故，学校已履行了相应职责，行为并无不当的，无法律责任：（一）地震、雷击、台风、洪水等不可抗的自然因素造成的；（二）来自学校外部的突发性、偶发性侵害造成的；（三）学生有特异体质、特定疾病或者异常心理状态，学校不知道或者难于知道的；（四）学生自杀、自伤的；（五）在对抗性或者具有风险性的体育竞赛活动中发生意外伤害的；（六）其他意外因素造成的。"第 13 条规定："下列情形下发生的造成学生人身损害后果的事故，学校行为并无不当的，不承担事故责任；事故责任应当按有关法律法规或者其他有关规定认定：（一）在学生自行上学、放学、返校、离校途中发生的；（二）在学生自行外出或者擅自离校期间发生的；（三）在放学后、节假日或者假期等学校工作时间以外，学生自行滞留学校或者自行到校发生的；（四）其他在学校管理职责范围外发生的。"

需要说明的是，在上述规定的免责事由情形下，学校等教育机构仍需要证明自己尽到了教育、管理职责，才可能免于承担责任。例如，如果学生自行外出或者擅自离校期间受到人身损害，但学生能够擅自离校是在学校的老师疏于看管，且学校并未在上课期间封闭的情况下发生的，则学校未尽到教育管理职责，仍然应当承担一定的责任。

4. 教育机构是否具有过错的具体判断问题。在实践中，可以紧密结合案情，从以下一些方面判断学校等教育机构对学生遭受的损害结果是否具有过错。例如，伤害事件发生时，老师有没有及时出面阻止，是否及时对受害人进行救治，是否立即报警，学校的安保措施是否完备，门禁方面是否对外来人员进行严格检查。又如，学校在平时是否对学生进行足够的安全教育，是否进行一些模拟安全事故的演习，等等。

二、教育机构责任纠纷典型案例

1. 限制民事行为能力人在校期间因打闹发生人身损害的责任主体认定——衡某与张某某等侵权责任纠纷上诉案

▌案件信息及法院裁判

裁判文书字号：（2012）玄民初字第 1817 号民事判决书

案由：侵权责任纠纷

上诉人（原审被告）：衡某

被上诉人（原审原告）：张某某

被上诉人（原审被告）：邳州市某小学

原审原告张某某为邳州市碾庄镇庙前小学（以下简称庙前小学）学生。2010 年 12 月 1 日，张某某与原审被告衡某在下课后因琐事发生打闹，打闹过程中衡某推倒张某某，致张某某左肘肱骨髁上粉碎性骨折，两次共住院治疗 23 天，支出医疗费 10 325.9 元。庙前小学隶属于某小学，不能独立承担民事责任。张某某将衡某与某小学诉至法院，请求两被告对损害结果承担侵权责任。

原审法院认为，《侵权责任法》第 39 条规定："限制民事行为能力人在学校或者其他教育机构学习、生活期间受到人身损害，学校或者其他教育机构未尽到教育、管理职责的，应当承担责任。"侵权行为虽然发生在学校，但因张某某、衡某在事发时均系限制行为能力人，且事发于下课期间，伤害是由二者打闹造成的，张某某亦未提供证据证明某小学对本起事件的发生未尽到教育、管理职责，故某小学对张某某不承担赔偿责任。

衡某将张某某推倒致张某某受伤，其主观上存在过错，理应对张某某造成人身损害的后果承担赔偿责任。因张某某违反校规，与衡某打闹，对损害的发生亦存在过错，应减轻衡某的赔偿责任。根据双方的过错程度，酌定衡某承担70%的赔偿责任。因衡某系限制行为能力人，没有独立财产，其赔偿责任应由其监护人衡某甲承担。

张某某主张的各项损失应为：①医疗费 10 325.9 元；②住院伙食补助费 18 元/天×23 天 = 414 元；③营养费 10 元/天×23 天 = 230 元；④护理费 40 元/天×（23 + 90）天 = 4520 元；⑤交通费酌定为 300 元；以上各项合计 15 789.9 元。根据赔偿责任的承担比例，衡某的监护人衡某甲应赔偿张某某 11 052.93 元。原审法院判决：衡某的监护人衡某甲于判决书生效后十日内赔偿张某某 11 052.93 元；驳回张某某的其他诉讼请求。

被告衡某不服，向江苏省徐州市中级人民法院提起上诉称：①某小学未尽到管理责任，应承担责任。②对住院 23 天的护理天数没有异议，对另外 90 天的护理天数有异议，本案应按照 23 天计算护理费，但一审法院按照 113 天计算错误；对一审判决的 300 元交通费用有异议。故请求二审法院依法改判或者发回重审。被上诉人张某某答辩称：某小学应承担一定责任。被上诉人受伤较重，需要一定的护理期限。一审判决的各项数额正确。故请求二审法院依法判决。

徐州市中级人民法院经审理认为，二审中衡某陈述："当时因为一道数学题我没有听懂，下课时我到讲台找数学老师询问题目的解法，张某某过来拍我的后背，说这道题你都不会！我当时直接把他推过去了，他就倒在讲台附近靠门南侧的地上了，我也没有考虑到后果，我也没太注意，也没有想到他会出事。"被上诉人张某某陈述："衡某不仅推了张某某，还用脚绊了张某某，把张某某压在身下，导致张某某胳膊骨折。"这表明张某某与衡某打闹过程中，衡某推了一下张某某，后张某某受伤。《侵权责任法》第 39 条规定："限制民事行为能力人在学校或者其他教育机构学习、生活期间受到人身损害，学校或者其他教育机构未尽到教育、管理职责的，应当承担责任。"事发时，衡某和张某某均年满 11 周岁，系限制行为能力人，在一定程度上可以知悉打闹行为具有一定的危险性，对张某某损害的发生均具有责任。因事故发生时系课间，事发原因突然，系衡某和张某某的打闹行为所致，且事后学校积极送医院治疗，因此，一审判决某小学不承担责任并无不当。根据《人身损害赔偿司法解释》第 21 条第 3 款，护理期限应计算至受害人恢复生活自理能力时止。邳州市医院于 2010 年 12 月 14

日（张某某出院时间）的诊断证明记载：继续治疗并休息三个月。因此，考虑张某某的受伤情况及医院诊断证明，一审法院除计算住院23天的护理天数外，另计算了90天的护理天数，并无不当。因张某某骨折住院，从常理讲，存在自己及家人往返医院的交通成本，一审法院酌定300元的交通费用并无不当。因此，人民法院最终判决驳回上诉，维持原判。

▍案件分析

本案的焦点在于，如何确定承担张某某人身损害的赔偿责任主体，某小学是否应当承担赔偿责任。

第一，本案中，衡某在与张某某打闹的过程中致张某某受伤，为张某某受到人身损害的直接侵权人。但本案发生时衡某为限制民事行为能力人。《侵权责任法》第32条规定："无民事行为能力人、限制民事行为能力人造成他人损害的，由监护人承担侵权责任。监护人尽到监护责任的，可以减轻其侵权责任。有财产的无民事行为能力人、限制民事行为能力人造成他人损害的，从本人财产中支付赔偿费用。不足部分，由监护人赔偿。"本案被告衡某为限制行为能力人，且没有独立财产，因此，法院判决由衡某的监护人对张某某的损害承担赔偿责任。

第二，本案发生在原被告在校就读期间，某小学是否应当对张某某的损害承担赔偿责任？《侵权责任法》第39条规定："限制民事行为能力人在学校或者其他教育机构学习、生活期间受到人身损害，学校或者其他教育机构未尽到教育、管理职责的，应当承担责任。"在本案中，事件发生在课间，事发原因突然，老师在第一时间难以阻止，且事后学校积极送医院治疗，不能认为学校没有尽到教育、管理职责。因此，法院最终判决某小学不承担赔偿责任是恰当的。需要明确的是，如果是在上课时学生发生打闹，老师没有制止或者老师擅自离开课堂的情况下致使学生受伤，这种情况下就可认定学校未尽到教育、管理职责，就应当对学生受伤的损害结果承担责任。

第三，经法院审理查明，本案中被侵权人张某某在打闹过程中也存在一定的过错。《侵权责任法》第26条规定："被侵权人对损害的发生也有过错的，可以减轻侵权人的责任。"因此，法院最终判决张某某对损害结果也应当承担一部分责任。

▍法条链接

《侵权责任法》第26条：被侵权人对损害的发生也有过错的，可以减轻侵权人的责任。

《侵权责任法》第 39 条：限制民事行为能力人在学校或者其他教育机构学习、生活期间受到人身损害，学校或者其他教育机构未尽到教育、管理职责的，应当承担责任。

2. 无民事行为能力人在幼儿园做游戏时发生人身损害的责任主体认定——马某某与彭阳县茹河幼儿园教育机构责任纠纷案

▌案件信息及法院裁判

裁判文书字号：（2015）固民终字第 343 号民事判决书

案由：教育机构责任纠纷

上诉人（原审被告）：彭阳县茹河幼儿园

被上诉人（原审原告）：马某某

原审原告马某某系被告彭阳县茹河幼儿园学生。2014 年 5 月 27 日下午，马某某所在班级的 35 名学生在两位带班老师组织下，课间在室外做"丢飞盘"游戏。游戏过程中，马某某因捡拾"飞盘"而跌倒摔伤。原告受伤后，被告彭阳县茹河幼儿园及时将原告送往医院救治，并第一时间通知马某某家长。原告于 2014 年 5 月 27 日入住固原市人民医院，经诊断伤情为右肱骨外髁骨折；右肱骨远端骨骺损伤。2014 年 5 月 29 日行切开复位内固定术，后于 2014 年 6 月 3 日出院。花去医疗费 6371.92 元。2014 年 8 月 22 日，经固原正源司法鉴定所鉴定，原告马某某之损伤构成十级伤残，劳动能力丧失 10%。支出鉴定费 600 元。因原告投保了幼儿意外伤害保险，事发后，原告在保险公司报销医疗费 4460.34 元。另查明，在原告治疗过程中，被告曾多次派员看望原告，关心原告病情，并支付原告医疗费 2000 元。

原审法院经审理后认为：无民事行为能力人在幼儿园、学校或者其他教育机构学习、生活期间受到人身损害的，幼儿园、学校或者其他教育机构应当承担责任，但能够证明尽到教育、管理职责的，不承担责任。本案原告系刚满 3 周岁的无民事行为能力人，幼儿园应当履行教育、管理职责，依法履行安全保障和保护义务。原告在课间参加带班老师组织的室外游戏活动时，由于老师管理不善，应该预见到潜在危险或认识到危险结果而未尽到相当注意义务，未在可预见的范围内采取必要的安全措施，导致原告在捡拾"飞盘"过程中跌倒摔伤。且被告未能提供足够的证据证明其尽到了安全管理职责，根据过错推定原则，被告对原告受伤存在过错，被告应承担全部赔偿责任。故对原告的诉讼请求本院予以支持。被告辩称原告受伤后，被告及时将原告送往医院救治，并第一时间通知原告家长。在原告治疗过程中，被告曾多次派员看望原告，关心原告病情。作为教育机构，本院对被告的此举表示肯定和认同。但被告以游戏前带班老师已向原告告知了安全注意事项，说明其已尽到了教育、管理职责，不存在过错，不应承担赔偿责任的抗辩意见，法院不予认同。因原告年仅三岁半，正处在成长发育阶段，年幼单纯，对事物的判断能力和自我保护能力都很差，特别容易受到伤害，属于社会弱势群体，需要特别予以重视和关爱，并在法律上给予特殊保护，因此，保障儿童人身安全是教育管理机构的一项法定职责。根据《中华人民共和国未成年人保护法》（以下简称《未成年人保护法》）的规定，学校和幼儿园安排儿童外出参加集会、文化娱乐、社会实践等活动，应当防止发生人身安全事故。本案中，被告以游戏前已向年仅三岁半的儿童告知安全注意事项为由推卸责任，与《侵权责任法》对儿童特殊保护的立法精神和国际上奉行的"儿童最大利益原则"相悖，其抗辩意见不予采纳。综上，本院依据原告的请求及所提供的证据，结合法律及司法解释的规定，确定原告的损失为医疗费 6371.92 元，住院伙食补助费 700 元、护理费 663.74 元、鉴定费 600 元、残疾赔偿金 43 666 元、精神抚慰金 2000 元，共计 54 001.66 元。对原告在保险公司报销的 4460.34 元和被告已支付的 2000 元，应在赔偿总额中予以扣减。这样，被告还需赔偿原告 47 541.32 元。对原告请求被告赔偿住宿费、交通费、营养费等，因其未提供相关证据证实，本院不予支持。因原告年幼，且造成十级伤残，给其身心造成一定的精神损害，其请求被告赔偿精神损害抚慰金 2000元，未超出合理范围，本院予以支持。据此，依照《侵权责任法》第 6 条第 2款、第 16 条、第 38 条，《人身损害赔偿司法解释解释》第 17 条第 1、2 款，第18 条第 1 款，第 19 条，第 21 条第 1、2 款，第 23 条，第 25 条，《精神损害赔偿司法解释》第 1 条，判决：被告彭阳县茹河幼儿园于本判决发生法律效力后十日内赔偿原告马某某经济损失 47 541.32 元；驳回原告马某某的其他诉讼请求。

宣判后，彭阳县茹河幼儿园不服，认为原审适用法律错误，处理错误，请求二审法院撤销原审判决，依法改判上诉人不承担赔偿责任。理由是：第一，被上诉人的受伤是其在捡"飞盘"的过程中不慎摔倒所致，并非上诉人未尽到注意义务。幼儿园的教学以游戏为主，游戏是幼儿园教学中必须进行的课程，上诉人在组织学生做游戏前，指派两名老师对学生进行了注意安全的提示，在游戏过程中进行全程看管，足以说明上诉人对被上诉人已经尽到了教育、管理职责，依法履行了安全保障义务。第二，上诉人作为教育机构，是在法律和行政法规（《幼儿园管理条例》）允许的范围内组织学生正常游戏，并没有违反法定义务。第三，原审法院既对被上诉人的残疾赔偿金进行判决，又对精神损害抚慰金进行判决，属重复赔偿。

宁夏回族自治区固原市中级人民法院经审理认为，本案争议的焦点问题是上诉人对被上诉人是否尽到了安全保障的注意义务。幼儿园老师组织学生在未采取软化等安全措施的活动场所做"丢飞盘"游戏，本就存在一定的危险性，虽然老师已告知注意事项并提醒注意安全，但是马某某是年仅三岁半的无民事行为能力人，不能意识到"丢飞盘"游戏的危险性，在游戏过程中也不能控制自己的行为。老师组织马某某等玩"丢飞盘"游戏，期间疏于对孩子进行管理，未尽到管理义务。因此，幼儿园不能证明自己没有过错，应承担相应的赔偿责任。关于上诉人认为原审法院既支持了被上诉人的残疾赔偿金，又支持了精神损害抚慰金，属重复赔偿的问题。被上诉人根据《侵权责任法》第16条请求侵权人赔偿残疾赔偿金外，还可依据该法第22条的规定，请求精神损害赔偿，不违反法律规定，因此，上诉人的该项上诉理由亦不能成立。本案应当适用《侵权责任法》第22条，而一审法院未适用，予以纠正。综上，原判认定事实清楚，处理正确。上诉人的上诉理由不能成立，其上诉请求不予支持。依照《民事诉讼法》第170条第1款第1项、第175条之规定，判决驳回上诉，维持原判。

▌案件分析

本案的焦点为，无民事行为能力人在幼儿园期间受到人身伤害，幼儿园是否应当承担民事责任。

根据《民法通则》第12条之规定，不满10周岁的未成年人是无民事行为能力人。在本案中，原告马某某在受伤时仅为三岁半，因而为无民事行为能力人。无民事行为能力人的认识能力与辨认能力较之限制民事行为能力人更低，在同等条件下更容易受到人身损害，因而法律对无民事行为能力人的保护力度比限制民事行为能力人更强。《侵权责任法》第38条对无民事行为能力人在幼儿园等教育机构受到人身损害的赔偿责任，规定的是过错推定责任原则，即如果幼儿园等教育机构在无民事行为能力人就读期间受到人身损害后不能证明尽到管理职责的，法律上就推定幼儿园等教育机构存在过错并应当承担民事责任。

在本案中，幼儿园老师组织学生在课间做"丢飞盘"游戏，虽然老师已告知学生注意事项并提醒注意安全，但是马某某为年仅三岁半的无民事行为能力人，依其年龄应有的认识能力和辨认能力，并不能意识到"丢飞盘"游戏的危险性，在游戏过程中也不能控制自己的行为。而且，老师在游戏期间疏于对孩子进行管理，未尽到管理义务。因此，幼儿园不能证明自己没有过错，应承担相应的赔偿责任。另外，本案中双方就残疾赔偿金与精神损害赔偿金是否应同时赔偿产生争议。残疾赔偿金是指被侵权人因遭受人身伤害致残而应获得的金钱赔偿，规定在《侵权责任法》第16条以及《人身损害赔偿司法解释》第17、25条。而精神损害赔偿是指因侵害他人的人身权益造成严重精神损害时，侵权人应当向被侵权人支付的精神损害抚慰金。规定在《侵权责任法》第22条以及《精神损害赔偿司法解释》第1条。因此，两类赔偿金的性质不同，计算方法也不同。法院判决被告幼儿园同时承担这两项赔偿金，是符合法律规定的。

▌法条链接

《侵权责任法》第16条：侵害他人造成人身损害的，应当赔偿医疗费、护理费、交通费等为治疗和康复支出的合理费用，以及因误工减少的收入。造成残疾的，还应当赔偿残疾生活辅助具费和残疾赔偿金。造成死亡的，还应当赔偿丧葬费和死亡赔偿金。

《侵权责任法》第22条：侵害他人人身权益，造成他人严重精神损害的，被侵权人可以请求精神损害赔偿。

《侵权责任法》第38条：无民事行为能力人在幼儿园、学校或者其他教育机构学习、生活期间受到人身损害的，幼儿园、学校或者其他教育机构应当承担责任，但能够证明尽到教育、管理职责的，不承担责任。

《人身损害赔偿司法解释》第1条第1款：因生命、健康、身体遭受侵害，赔偿权利人起诉请求赔偿义务人赔偿财产损失和精神损害的，人民法院应予受理。

《人身损害赔偿司法解释》第17条第2款：受害人因伤致残的，其因增加生活上需要所支出的必要费用以及因丧失劳动能力导致的收入损失，包括残疾赔偿金、残疾辅助器具费、被扶养人生活费，以及因康复护理、继续治疗实际发生的必要的康复费、护理费、后续治疗费，赔偿义务人也应当予以赔偿。

《人身损害赔偿司法解释》第25条第1款：残疾赔偿金根据受害人丧失劳动能力程度或者伤残等级，按照受诉法院所在地上一年度城镇居民人均可支配收入或者农村居民人均纯收入标准，自定残之日起按二十年计算。但六十周岁以上的，年龄每增加一岁减少一年；七十五周岁以上的，按五年计算。

3. 无民事行为能力人放学后在校外遭受人身损害的责任主体认定——高某2等诉密云县溪翁庄镇中心幼儿园等生命权、健康权、身体权案

▌案件信息及法院裁判

裁判文书字号：（2008）密民初字第3612号民事判决书

案由：生命权、健康权、身体权纠纷

原告：高某1、高某2

被告：密云县溪翁庄镇中心幼儿园（以下简称中心幼儿园）、密云县溪翁庄镇中心小学（以下简称中心小学）、密云县溪翁庄镇人民政府（以下简称镇政府）、密云县教育委员会（以下简称密云县教委）

2001年11月28日，中心幼儿园的校车将高某1等该园学生送至密云县密关路东智北村路口，中心幼儿园的随车人员将高某1交给其姐姐高某2，高某2带领高某1、张某某带领其子高某某由西向东步行横过马路时，适有北京大发正大有限公司（以下简称大发公司）的司机史某某驾驶该公司的小客车由北向南行驶，小客车前部与高某1、高某2、高某某、张某某身体相接触，造成高某1、高某2、张某某身体受伤及小客车损坏、高某某经医院抢救无效当天死亡的交通事故。密云县公安局交通大队现场勘查、分析事故原因后认为：高某1、高某2、高某某，张某某横过公路机动车道未让本车道内机动车优先通行，高某1在公路行走未有成年人带领的行为违反《道路交通管理条例》（2004年失效，案发时仍适用）第7条第1款"车辆、行人必须各行其道。借道通行的车辆或行人，应当让在其本道内行驶的车辆或行人优先通行"和第63条第5项"学龄前儿童在街道或公路上行走，须有成年人带领"之规定，其四人的违章行为是造成此次事故的主要原因，史某某驾驶小客车超速行驶未确保安全的行为是造成此次事故的次要原因。基于此认定：高某2和高某1的监护人、高某某的监护人张某某负此次事故的主要责任，史某某负次要责任。

北京市密云县人民法院经审理认为：公民的生命权、健康权、身体权受法律保护。对未成年人依法负有教育、管理、保护义务的学校、幼儿园或者其他教育机构，未尽职责范围内的相关义务致使未成年人遭受人身损害，或者未成年人致他人人身损害的，应当承担与其过错相应的赔偿责任。第三人侵权致未成年人遭受人身损害的，应当承担赔偿责任。学校、幼儿园等教育机构有过错的，应当承担相应的补充赔偿责任。2001年11月28日发生的此次交通事故，经北京市密云县公安局交通大队认定，高某2和高某1的监护人负此次事故的主要责任，史某某负次要责任，史某某系大发公司的职员，故大发公司应承担赔偿二原告合理经济损失的责任，经调查，大发公司已履行了赔偿义务。中心幼儿园对其学生负有教育、管理、保护义务，由于该园校车未将学生高某1送至其成年家属的监护范围内，故仍对高某1负有义务，高某1因交通事故遭受身体损害，中心幼儿园有过错，应当承担相应的赔偿责任。中心小学系中心幼儿园的举办者，密云县教委系中心小学的业务主管机关，镇政府系中心小学的财务主管单位，故二原告的损失应由中心幼儿园、中心小学、镇政府负担。由于原告高某 2 不是中心幼儿园的学生，对被告称高某 2 不具备本案原告主体资格的辩解意见，法院予以采纳。被告辩称高某 1 的家长同意由未成年人高某 2 接高某 1 放学，但并未能提交高某 1 的监护人书面表示同意的证据，且被告方提交的能够证明己方观点的证人均系被告方工作人员，与被告具有利害关系，故对被告方认为其不应当承担责任的辩解意见不予采纳。原告的诉讼请求亦合理，原告高某 1 要求的住宿费、鉴定费符合有关法律规定，法院予以支持；医疗费数额过高，根据相关证据予以核定；营养费、住院伙食补助费、交通费、护理费、精神损失费数额过高，依据其受伤程度、医院出具的诊断证明，予以酌定；伤残赔偿金数额过高，依据其与大发公司达成一次性赔偿协议的上年度的计算标准予以确定；日用品费、通信费不予支持。大发公司虽负事故次要责任，但已经按全责标准赔偿了二原告 2004 年 7 月前发生的损失，故本案三被告应对原告 2004 年 7 月后至今发生的损失承担责任。大发公司为高某 1、高某 2 支付的各项费用及现金中，部分包括了原告得到支持的诉讼请求，此部分费用应从三被告的赔偿总额中予以扣除。

北京市密云县人民法院依据《民法通则》第 98 条，《人身损害赔偿司法解释》第 7 条、第 17 条第 1 款、第 2 款，《民事诉讼证据若干规定》第 69 条的规定，判决被告中心幼儿园、中心小学、镇政府赔偿原告高某 1 医疗费、营养费、住院伙食补助费、护理费、交通费、住宿费、鉴定费、伤残赔偿金、精神损害抚慰金共计 18 846.08 元。驳回原告高某 1 的其他诉讼请求，驳回原告高某 2 的诉讼请求。

▌案件分析

本案是一起无民事行为能力人在校外遭受人身损害的案件，争议焦点为：在存在多个责任主体的情况下，本案中的赔偿责任主体如何确定，幼儿园是否应当承担损害赔偿责任。

第一，就造成本次人身损害的直接原因而言，高某 1、高某 2 的人身损害是由机动车交通事故造成的。在该起事故中，经密云县公安局交通大队现场勘查、分析事故原因后认为，高某 1、高某 2 等横过公路机动车道未让本车道内机动车优先通行，高某 1 在公路行走未有成年人带领的行为违反《道路交通管理条例》第 7 条第 1 款"车辆、行人必须各行其道。借道通行的车辆或行人，应当让在其本道内行驶的车辆或行人优先通行"和第 63 条第 5 项"学龄前儿童在街道或公路上行走，须有成年人带领"之规定，其四人的违章行为是造成此次事故的主要原因，史某某驾驶小客车超速行驶未确保安全的行为是造成此次事故的次要原因。因此，高某2和高某1的监护人放任未成年子女高某1、高某2在道路上行走，未能尽到作为监护人的监护职责，应当负此次事故的主要责任。史某某作为客车司机超速行驶，应当负此次事故的次要责任。由于史某某是在执行职务的时候致他人损害，因此应当由其所在公司就其应当承担的损害部分进行赔偿。所以，高某1、高某2的监护人和客车司机史某某所在的公司同为本次事故的责任主体。

第二，确定幼儿园是否作为赔偿主体，首先应确定幼儿园对于高某1、高某2的人身损害结果是否存在过错，即幼儿园作为教育机构是否尽到了教育管理职责。在本案中，高某1等幼儿园就读学生均为无民事行为能力人，因此幼儿园作为高某1的教育机构，在用校车送其回家时，理应将高某1等无民事行为能力人护送至其成年监护人的监护范围之内，以保证学生的人身安全。而在本案中，幼儿园的校车将高某1交给其姐姐高某2后便离去，高某2同样为未成年人，因此，幼儿园明显未尽到教育管理职责，对高某1的人身损害结果应当承担相应的补充责任。中心小学系中心幼儿园的举办者，密云县教委系中心小学的业务主管机关，镇政府系中心小学的财务主管单位，故应由中心幼儿园、中心小学、镇政府就幼儿园应当承担的赔偿责任承担连带责任。

第三，就本案的法律适用而言，由于本案发生于2001年，当时《侵权责任法》尚未颁布实施，因此法院在裁判中主要运用《民法通则》《人身损害赔偿司法解释》等进行了裁判。如果类似案件发生于《侵权责任法》实施之后，即2010年7月1日之后，赔偿权利人便可运用《侵权责任法》第40条的规定向人民法院主张权利。

▍法条链接

《人身损害赔偿司法解释》第7条：对未成年人依法负有教育、管理、保护义务的学校、幼儿园或者其他教育机构，未尽职责范围内的相关义务致使未成年人遭受人身损害，或者未成年人致他人人身损害的，应当承担与其过错相应的赔偿责任。

第三人侵权致未成年人遭受人身损害的，应当承担赔偿责任。学校、幼儿园等教育机构有过错的，应当承担相应的补充赔偿责任。

《人身损害赔偿司法解释》第17条第1、2款：受害人遭受人身损害，因就医治疗支出的各项费用以及因误工减少的收入，包括医疗费、误工费、护理费、交通费、住宿费、住院伙食补助费、必要的营养费，赔偿义务人应当予以赔偿。

　　受害人因伤致残的，其因增加生活上需要所支出的必要费用以及因丧失劳动能力导致的收入损失，包括残疾赔偿金、残疾辅助器具费、被扶养人生活费，以及因康复护理、继续治疗实际发生的必要的康复费、护理费、后续治疗费，赔偿义务人也应当予以赔偿。

　　《侵权责任法》第40条：无民事行为能力人或者限制民事行为能力人在幼儿园、学校或者其他教育机构学习、生活期间，受到幼儿园、学校或者其他教育机构以外的人员人身损害的，由侵权人承担侵权责任；幼儿园、学校或者其他教育机构未尽到管理职责的，承担相应的补充责任。

第三章

产品责任纠纷实务要点与典型案例

第一节 产品责任纠纷概述与实务要点

一、产品责任纠纷概述

产品责任是指生产者生产的产品、销售者销售的产品存在缺陷致使他人发生损害，产品的生产者、销售者应当承担的责任。产品责任具有以下特征：

1. 产品责任是一种无过错责任。《侵权责任法》第41条规定："因产品存在缺陷造成他人损害的，生产者应当承担侵权责任。"第43条第1款规定："因产品存在缺陷造成他人损害的，被侵权人可以向产品的生产者请求赔偿，也可以向产品的销售者请求赔偿。"这说明，产品责任发生后，受害人无须证明缺陷产品生产者或销售者存在过错，即可要求其承担责任。

2. 产品责任发生的原因是产品存在缺陷，进而造成了他人损害。关于如何界定产品的"缺陷"，《产品质量法》作出了明确规定。该法第46条规定："本法所称缺陷，是指产品存在危及人身、他人财产安全的不合理的危险；产品有保障人体健康和人身、财产安全的国家标准、行业标准的，是指不符合该标准。"因此，缺陷的具体判断标准有两条：涉案产品存在保障人体健康和人身、财产安全的国家标准、行业标准，该产品不符合相应的国家标准和行业标准；涉案产品存在危及人身、他人财产安全的不合理的危险。

3. 产品责任存在免责事由。根据《产品质量法》第41条的规定，产品责任存在三项免责事由：未将产品投入流通的；产品投入流通时，引起损害的缺陷尚不存在的；将产品投入流通时的科学技术水平尚不能发现缺陷的存在的。如果缺陷产品的生产者能够证明上述三项免责事由中的任何一项事由存在，即可对缺陷产品造成的损害免于承担责任。

二、产品责任构成要件

1. 造成他人损害的为存在缺陷的"产品"。关于如何界定产品，《产品质量法》第2条规定："在中华人民共和国境内从事产品生产、销售活动，必须遵守本法。本法所称产品是指经过加工、制作，用于销售的产品。建设工程不适用本法规定；但是，建设工程使用的建筑材料、建筑构配件和设备，属于前款规定的产品范围的，适用本法规定。"这说明，产品需要经过加工、制作，未经加工、制作的不属于产品，如刚从土地中收获的各种粮食作物等就不属于产品。另外，产品需要用于销售，即投入到流通领域。未投入流通领域的不能称为产品。产品具有缺陷，即产品存在危及人身、他人财产安全的不合理的危险。如果产品有保障人体健康和人身、财产安全的国家标准、行业标准的，是指不符合该标准。

2. 存在缺陷的产品造成了他人损害。损害包括人身损害和财产损害。例如，消费者A购买了一台微波炉，结果微波炉因存在缺陷而发生爆炸，致使A的近亲属被炸伤，家中若干家具也因爆炸受到损坏。

3. 发生的损害应当与产品具有缺陷存在因果关系。如果损害非因产品缺陷所致，产品的生产者、销售者自然无须承担责任。

三、产品责任纠纷实务要点

1. 产品责任与违约责任的竞合问题。

产品责任是指因产品存在缺陷造成他人损害，产品的生产者或者销售者应当承担的责任。因此，产品责任是一种侵权责任。与产品相关的违约责任是指销售者出售的产品不符合合同的约定或应当达到的质量标准，从而应当向该产品的买受人承担的修理、更换、赔偿损失、承担违约金等责任，这种责任是一种合同法上的违约责任。涉及缺陷产品的产品责任和违约责任在实践中往往会发生竞合，即同时符合两种责任的构成要件。例如，消费者A向商家B购买了一台热水器，在A洗澡时，该热水器发生爆炸，致使A被炸伤。这种情况下，A既可以根据《侵权责任法》第43条的规定，要求商家B承担产品责任这一侵权责任，也可以依据《合同法》第107、111条等规定要求商家B承担违约责任。在这种情况下，发生违约责任和侵权责任的竞合问题。

针对产品责任与违约责任的竞合问题，实践中需要特别注意两点：首先，合同具有相对性，只能约束合同的双方当事人。如果产品的买受人因产品存在缺陷发生损害，其可以自由选择依据《合同法》的违约责任相关条款或者《侵权责任法》中的产品责任相关规定要求商家承担责任。但是，如果是产品买受人的近亲属或者其他有密切关系的人因产品存在缺陷而发生人身损害，由于该受害人并非买卖合同的当事人，其只能依据侵权责任进行索赔。另外，因为合同相对性的存在，如果产品的买受人因产品缺陷受到损害，选择依据《合同法》的违约责任相关条款进行索赔，其只能要求产品的销售者承担责任，而不能要求产品的生产者承担责任。但是，如果缺陷产品的受害人选择侵权责任进行索赔，依据《侵权责任法》第43条的规定，其既可以要求产品的生产者进行赔偿，也可以要求产品的销售者进行赔偿。

其次，在两种责任的赔偿范围方面，一个显著的区别是依据违约责任进行索赔，赔偿范围并不包括精神损害赔偿，而依据侵权责任进行索赔，赔偿范围是可能包括精神损害赔偿的。《侵权责任法》第22条规定："侵害他人人身权益，造成他人严重精神损害的，被侵权人可以请求精神损害赔偿。"因此，综合以上两点，如果产品的买受人因产品存在缺陷而发生人身损害的结果，无论是从可选择赔偿的主体角度还是从可要求赔偿的范围角度，选择依据侵权责任进行索赔有利于最大限度地维护买受人的合法权益。

2. 产品责任中的惩罚性赔偿问题。在一般情况下，《侵权责任法》以填补损害作为指导思想，即应当承担赔偿责任的主体应按照被侵权人实际遭受的损失进行赔偿。惩罚性赔偿是指侵权人除了向被侵权人赔偿其实际遭受的损失之外，还应当根据法律的规定给予被侵权人赔偿超出实际损失的一定数额的赔偿。《侵权责任法》第47条规定："明知产品存在缺陷仍然生产、销售，造成他人死亡或者健康严重损害的，被侵权人有权请求相应的惩罚性赔偿。"食品、药品等皆属于产品，与公众的生命健康、安全问题息息相关。然而，近年涉及生产、销售有毒有害食品、药品的案件层出不穷，骇人听闻，严重威胁广大人民群众的生命安全，例如"毒奶粉""毒酒"等案件。因此，法律对惩罚性赔偿作出规定，有利于督促包含食品、药品在内的产品的生产者、销售者生产、销售符合安全标准的产品，保障公众的生命健康安全。

关于惩罚性赔偿的具体数额，《侵权责任法》第47条并未规定。该条仅规定了惩罚性赔偿的适用条件：①产品的生产者、销售者明知产品存在缺陷仍然进行生产、销售；②该缺陷产品造成他人死亡或者健康严重损害的结果。我国《食品安全法》和《消费者权益保护法》均对惩罚性赔偿的具体数额作出了规定。《食品安全法》第148条第2款规定："生产不符合食品安全标准的食品或者经营明知是不符合食品安全标准的食品，消费者除要求赔偿损失外，还可以向生产者或者经营者要求支付价款十倍或者损失三倍的赔偿金；增加赔偿的金额不足一千元的，为一千元。但是，食品的标签、说明书存在不影响食品安全且不会对消费者造成误导的瑕疵的除外。"《消费者权益保护法》第 55 条规定："经营者提供商品或者服务有欺诈行为的，应当按照消费者的要求增加赔偿其受到的损失，增加赔偿的金额为消费者购买商品的价款或者接受服务的费用的三倍；增加赔偿的金额不足五百元的，为五百元。法律另有规定的，依照其规定。经营者明知商品或者服务存在缺陷，仍然向消费者提供，造成消费者或者其他受害人死亡或者健康严重损害的，受害人有权要求经营者依照本法第四十九条、第五十一条等法律规定赔偿损失，并有权要求所受损失二倍以下的惩罚性赔偿。"

例如，消费者 A 在商店 B 购买了一台微波炉，如果商店 B 明知该微波炉系劣质产品，仍然以次充好，卖给了消费者，此时，消费者 A 便可以向商家要求该微波炉四倍价款的赔偿（购买该微波炉支付的价款＋微波炉价款三倍的惩罚性赔偿）。如果购买的是一些较便宜的商品，如一盒肥皂，因为普通肥皂在一般情况下不会太贵，即使是价款的三倍也难以达到 500 元，所以如果商店在销售肥皂时存在欺诈行为，消费者有权要求商店赔偿 500 元。在上一案例中，如果商店 B 明知所销售的微波炉系劣质产品，仍然卖给了消费者 A，结果该微波炉在 A 加热饭菜时发生爆炸，致使 A 被炸成重伤。在常规情形下，A 必然遭受包含医疗费、误工费、交通费、护理费等费用在内的一系列损失。假定 A 遭受的损失总额为 20 万元，则根据《产品质量法》第 55 条第 2 款的规定，商店 B 最多赔偿 60 万元（A 遭受的损失 20 万元＋该损失的两倍即 40 万元的惩罚性赔偿）。

3. 产品责任中各个责任主体如何承担责任的问题。产品责任中存在着生产者、销售者多责任主体的问题，甚至还包含产品的运输者、仓储者等主体。所以，被侵权人如何向各主体主张赔偿，是产品责任发生后受害人必须面对的问题。针对该问题，《侵权责任法》第 41 ~ 44 条作出了详细规定。该法第 41 条规定："因产品存在缺陷造成他人损害的，生产者应当承担侵权责任。"第 42 条规定："因销售者的过错使产品存在缺陷，造成他人损害的，销售者应当承担侵权责任。销售者不能指明缺陷产品的生产者也不能指明缺陷产品的供货者的，销售者应当承担侵权责任。"第 43 条规定："因产品存在缺陷造成损害的，被侵权人可以向产品的生产者请求赔偿，也可以向产品的销售者请求赔偿。产品缺陷由生产者造成的，销售者赔偿后，有权向生产者追偿。因销售者的过错使产品存在缺陷的，生产者赔偿后，有权向销售者追偿。"第 44 条规定："因运输者、仓储者等第三人的过错使产品存在缺陷，造成他人损害的，产品的生产者、销售者赔偿后，有权向第三人追偿。"对这四个法条，宜作出以下理解：首先，可以从表面责任和最终责任两个层面去理解产品责任。在表面责任方面，产品的生产者和销售者承担的均为无过错责任，即根据《侵权责任法》第 43 条第 1 款的规定，被侵权人既可以要求产品的生产者进行赔偿，也可以要求产品的销售者进行赔偿。其次，在产品的生产者和销售者内部责任划分方面，即产品责任的最终承担方面，生产者适用无过错责任原则，而销售者适用过错责任原则。如果产品缺陷由生产者造成，销售者赔偿后，有权向生产者追偿。如果因销售者的过错使产品存在缺陷，生产者赔偿后，有权向销售者追偿。最后，如果产品的缺陷是由产品的运输者、仓储者等主体的过错造成的，受害人不得直接向产品的运输者或仓储者主张赔偿，仍应当向产品的生产者或销售者主张赔偿。生产者或销售者赔偿后，有权向有过错的运输者、仓储者等主体进行追偿。

　　例如，消费者 A 从销售者 B 商店购买了一批烟花爆竹，该批烟花爆竹标明由生产者 C 爆竹加工厂生产。但该批爆竹存在严重的质量缺陷，致使 A 在燃放时被炸成重伤。在这种情况下，从表面责任的角度来说，A 既可以要求作为爆竹销售者的 B 商店赔偿损失，也可以要求作为爆竹生产者的 C 工厂赔偿损失。如果该批爆竹在生产时即存在缺陷，且根据 A 的要求，B 商店已经赔偿了损失，B 商店就有权向 C 工厂进行追偿。如果爆竹在生产时并不存在缺陷，该缺陷是由于销售者 B 存放不善所致，且爆竹生产者 C 工厂向 A 赔偿了损失，则 C 工厂有权向 B 商店进行追偿。但是，如果该批爆竹是由无经营执照的地下作坊违法加工生产的，且上面标明的厂家名称、地址等信息均为伪造，若销售者 B 商店不能指明爆竹的生产者，就应当向受害人 A 承担最终的赔偿责任。如果该批爆竹的缺陷是由于运输者 D 在从 C 工厂向 B 商店运输的过程中存放不善所致，则 A 不得直接向 D 主张赔偿，仍然应当向 C 工厂或者 B 商店主张赔偿。C 工厂或者 B 商店承担赔偿责任后，有权向运输者 D 另行追偿。如图所示：

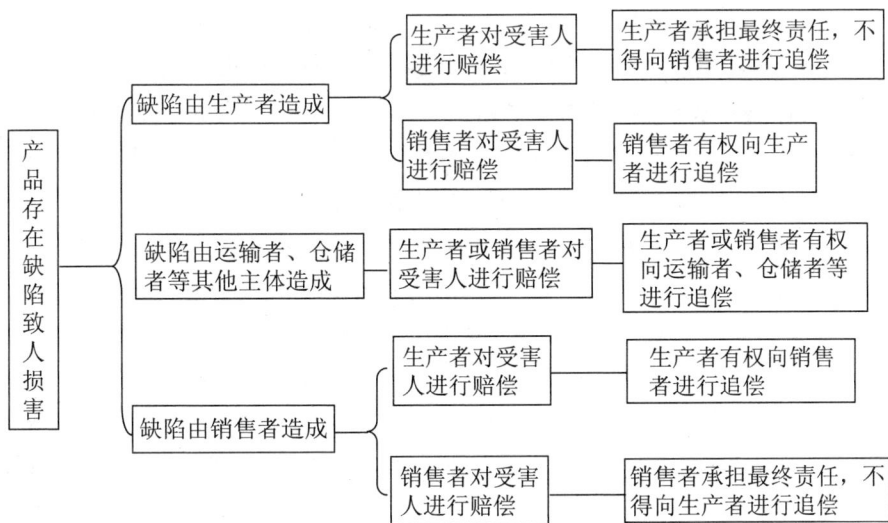

第二节 产品责任纠纷典型案例

1. 建房时楼板断裂，产品责任如何认定——上诉人吴索亭与被上诉人张月良产品生产者责任纠纷案

▌案件信息及法院裁判

裁判文书字号：（2015）商民二终字第 425 号

案由：产品生产者责任纠纷

上诉人（原审被告）：吴索亭

被上诉人（原审原告）：张月良

2014 年 2 月 15 日，原告张月良等人在夏邑县杨集镇扈李庄村为扈福战家建造四间两层楼房，由房主购买被告吴索亭生产的楼板。3 月 5 日 13 时 30 分许，原告等七人在二楼上砌墙时，因楼板断裂导致顶杆断掉，大梁下垂，楼板脱落，致正在施工的原告张月良、程卫国、程昆伦、张银招四人摔伤。原告被送至夏邑县人民医院住院治疗 9 日，支付医疗费 5928.23 元。原告之伤经商丘商都法医临床司法鉴定所鉴定，构成十级伤残。原告支付鉴定费 700 元。

夏邑县人民法院经审理认为，本案是产品生产者责任纠纷，原告提供的证据能够证明其受到的伤害系被告提供的楼板断裂所致，亦可证明被告提供的产品存在缺陷。《民事诉讼证据若干规定》第 4 条第 6 项规定："因缺陷产品致人损害的侵权诉讼，由产品的生产者就法律规定的免责事由承担举证责任。"《产品质量法》第 41 条第 2 款规定："生产者能够证明有下列情形之一的，不承担赔偿责任：（一）未将产品投入流通的；（二）产品投入流通时，引起损害的缺陷尚不存在的；（三）将产品投入流通时的科学技术水平尚不能发现缺陷的存在的。"《民事诉讼证据若干规定》第 2 条第 2 款规定："没有证据或者证据不足以证明当事人的事实主张的，由负有举证责任的当事人承担不利后果。"被告所举证据均不能证明上述免责事由的存在，属于举证不能，应承担举证不能的不利后果。故对被告的主张不予支持。但由于原告在施工过程中没有尽到安全注意义务，应减轻被告的赔偿责任，以被告承担 70% 的责任为宜。原告张月良的各项损失有：①医疗费，按照医疗费票据数额为 5928.23 元；②营养费 9 天×10 元/天＝90 元；③住院伙食补助费 9 天×15 元/天（住院期间）＝135 元；④护理费 9 天×30 元/天＝270 元；⑤误工费 70 天×30 元/天＝2100 元；⑥残疾赔偿金，按照当地上一年度农村居民人均纯收入 8475. 34 元/年 × 20 年 × 10% = 16 950. 68 元；⑦鉴定费 700 元。以上计款 26 173. 91 元，由被告承担 70% 的责任，即 18 321. 74 元。被告给原告造成伤害，应承担精神损害抚慰金，结合原告的伤残等级及被告的过错程度，精神抚慰金以 4000 元为宜。以上合计 22 321. 74 元，由被告赔偿原告。因原告张月良没有提供交通费相关证据，原审法院对此不再予以计算。原告起诉的为被告吴索亭，其诉状中书写的吴锁停有误，应以被告的身份信息为准。依据《民法通则》第 122 条，《侵权责任法》第 26、41 条，《产品质量法》第 31、32 条，《精神损害赔偿司法解释》第 9、10 条，《人身损害赔偿司法解释》第 17、18、19、20、21、23、24、25 条，判决：被告吴索亭自本判决生效之日起 10 日内一次性赔偿原告张月良经济损失 22 321. 74 元。驳回原告其他诉讼请求。案件受理费 648 元，由被告吴索亭负担 450 元，原告张月良负担 198 元。

一审宣判后，上诉人吴索亭以原审认定本案是产品生产者责任纠纷系法律性质认定错误，不应该适用《产品质量法》等相关法律规定，以及一审程序违法、认定事实错误等原因为由向河南省商丘市中级人民法院提起上诉。

河南省商丘市中级人民法院在二审中认为，关于原审程序是否违法的问题，夏邑县人民法院民事审判第二庭行使夏邑县人民法院的审判权审理本案并不违反相关法律规定。上诉人吴索亭关于夏邑县人民法院民事审判第二庭不应审理本案的上诉理由，于法无据，不能成立，不予支持。本案被上诉人以上诉人提供的楼板存在缺陷造成自己损害提起产品生产者责任诉讼，并非请求雇主赔偿提供劳务者受害责任诉讼，且张姓包工头并非楼板生产方、销售方，亦非楼板运输、仓储者，故上诉人主张追加张姓包工头为被告的理由不属于《民事诉讼法》第 132 条规定的必须共同进行诉讼的情形，且当事人没有申请追加张姓包工头为被告，原审法院没有通知张姓包工头参加诉讼并无不当。

关于原审判决上诉人对被上诉人承担 70% 的责任有无事实和法律依据的问题。根据《产品质量法》第 2 条"在中华人民共和国境内从事产品生产、销售活动，必须遵守本法。本法所称产品是指经过加工、制作，用于销售的产品。建设工程不适用本法规定；但是，建设工程使用的建筑材料、建筑构配件和设备，属于前款规定的产品范围的，适用本法规定"之规定，上诉人加工制作、销售的预制楼板系建筑材料，属于《产品质量法》认定的产品，被上诉人提起产品生产者责任诉讼，适用《产品质量法》。根据《产品质量法》第 12 条、第 21 条第 1 款、第 26 条等规定，上诉人吴索亭作为产品加工制作、销售方，依法应提供经检验合格的楼板。夏邑县质量技术监督局检验测试中心建材产品质量监督检验收费票据并非法律规定的质量检验结果或者认证证明，故检验收费票据不能证明涉案楼板质量合格，原审没有采信该证据并无不当。一审证人扈展坤的证言仅能反映楼板和大梁一块脱落，不能证明大梁脱落原因系大梁使用钢筋短所致；没有证据证明扈福战事发时在现场，其证言证据效力明显较低；证人扈廷战是第二次参加建房的工人，其凭眼力判断因顶柱细而被大梁压断，属个人评判，并无其他直接证据证明涉案顶柱承受力不足，原审没有采信上述三证人证言正确。因上诉人吴索亭不能提供涉案楼板的质量检验结果或者认证证明，亦不能提供证据证明涉案楼板加工、制作符合国家标准或行业标准，故上诉人关于涉案楼板质量合格、被上诉人受伤的全部过错在施工方的主张，证据不足，不能成立，法院不予采纳。被上诉人称二楼南侧的楼板存在质量缺陷，断裂致顶杆断掉，大梁整体脱落致其受伤，以证人张书义、程利宽证言作为依据。张书义、程利宽系案发现场施工人员，两人一致称楼板先断裂，但二审上诉人称张书义、程利宽与被上诉人有利害关系，被上诉人并不否认，法院认为上诉人关于张书义、程利宽与被上诉人有利害关系的异议成立，原审采信张书义、程利宽的证言认定案件事实依据不足。因对外委托鉴定不能正常进行，涉案楼板是否存在质量缺陷无直接证据证明，故被上诉人主张二楼南侧的楼板存在质量缺陷的举证不充分。根据《民事诉讼证据若干规定》第73条第2款之规定，本案不能排除涉案楼板存在质量缺陷及施工存在过错等可能。根据《人身损害赔偿司法解释》第3条第2款"二人以上没有共同故意或者共同过失，但其分别实施的数个行为间接结合发生同一损害后果的，应当根据过失大小或者原因力比例各自承担相应的赔偿责任"之规定，由于施工现场不复存在，涉案楼板是否存在质量缺陷以及施工是否存在过失现均难以查清，本案伤害的发生不排除多个原因力的结合，故本案应根据过失大小或者原因力比例划分责任。法院认为，在天气寒冷的季节，混凝土本身难以凝固，施工队在承重大梁刚刚灌注后即上楼板，且楼板上堆放砖头，站有施工人员，必然加大楼板、大梁的承重及变形，施工危险明显加大，承重大梁脱落不排除施工存在过失，因又存在楼板断裂，存在多种原因力结合，但原告仅起诉了楼板生产者，综合本案案情，法院酌定上诉人吴索亭承担被上诉人损失的20%；被上诉人作为施工人员，对施工中危险因素的增大不可能不知晓，其未正确防范施工危险，对自身受伤害存在过错，法院酌定被上诉人承担自身损失的20%。被上诉人因建房受伤并未请求其他责任人赔偿，故法院不作进一步审理，被上诉人对其损失的剩余部分可以另行向其他责任人依法主张。被上诉人的损失总计为 30 173.91 元 [法定赔偿项目损失26 173.91元（①医疗费按照医疗费票据数额为5928.23元；②营养费9天×10元/天＝90元；③住院伙食补助费9天×15元/天＝135元；④护理费9天×30元/天＝270元；⑤误工费70天×30元/天＝2100元；⑥残疾赔偿金按，照当地上一年度农村居民人均纯收入8475.34元/年×20年×10%＝16 950.68元；⑦鉴定费700元。以上计款26 173.91元）＋精神损害抚慰金4000元＝30 173.91元]，依据上述责任比例，上诉人吴索亭应承担20%的赔偿责任，即6035元（30173.91元×20%＝6034.78元，取整为6035元），被上诉人张月良自己承担损失的20%，即6035元（30173.91元×20%＝6034.78元，取整为6035元）。原审法院以上诉人吴索亭所举证据均不能证明《产品质量法》第41条第2款规定的免责事由存在为由，认为上诉人吴索亭举证不能，应承担举证不能的不利后果，判决上诉人承担70%的责任，适用法律错误致判决结果错误，法院予以纠正。

综上，原审认定事实、适用法律部分错误，判处结果失当，依法应予改判。依照《民事诉讼法》第170条第1款第2项之规定，判决如下：撤销夏邑县人民法院（2014）夏民初字第00775号民事判决；上诉人吴索亭自本判决生效之日起10日内一次性赔偿被上诉人张月良各项损失6035元；驳回上诉人吴索亭的其他上诉请求；驳回被上诉人张月良的其他诉讼请求。

▌案件分析

本案是一起产品生产者责任纠纷，案件的争议焦点有三：本案是否属于产品责任纠纷，是否可以适用《产品质量法》进行裁判；一审程序是否违法，是否应当追加包工头作为被告；被告吴索亭是否应当就原告张月良的人身损害结果承担全部赔偿责任。

第一，本案是否属于产品责任纠纷。在建房施工过程中，由于房主购买的由被告吴索亭生产的楼板突然断裂，导致顶杆断掉，大梁下垂，楼板脱落，进而导致原告张月良等几人摔下受伤。因此，致使原告发生人身损害的直接原因是楼板断裂。但被告吴索亭认为本案并不属于产品责任纠纷。判断本案是否属于产品责任纠纷，是否应当适用《产品质量法》，首先应当确定楼板是否属于《产品质量法》中规定的产品。《产品质量法》第2条规定："在中华人民共和国境内从事产品生产、销售活动，必须遵守本法。本法所称产品是指经过加工、制作，用于销售的产品。建设工程不适用本法规定；但是，建设工程使用的建筑材料、建筑构配件和设备，属于前款规定的产品范围的，适用本法规定。"从以上定义可知，《产品质量法》第2条规定的产品具有以下特征：首先，产品的范围应当仅限于动产。建设工程等不动产并不属于该法的调整范围。但该法特别规定了"建设工程使用的建筑材料、建筑构配件和设备，属于前款规定的产品范围的，适用本法规定"。其次，产品应当是经过加工、制作的动产，即从原材料到产品的最终完成，必定经过了改变原材料的物理、化学性质的加工制造活动这一过程。最后，产品必须是用于销售的产品，即如果产品在生产出来后尚未进入流通领域，就不能算作产品。[1]

在本案中，首先，涉案楼板并不等同于建设工程，属于《产品质量法》第2条中规定的建设工程中使用的建筑材料；其次，楼板是由原材料经过加工、制造产生；再次，该楼板是由被告吴索亭生产并出售，因此该楼板已经进入流通领域；最后，根据人民法院查明的事实，上诉人吴索亭不能提供涉案楼板的质量检验结果或者认证证明，亦不能提供证据证明涉案楼板加工、制作符合国家标准或行业标准，因此该楼板存在产品缺陷。综上，本案中的楼板符合《产品质量法》第2条规定的产品的全部特征，属于产品，因楼板存在缺陷造成了原告人身损害结果的发生，本案属于产品责任纠纷，应当适用《产品质量法》相关规定以及《侵权责任法》第41条等规定进行裁判。

第二，一审程序是否违法。上诉人吴索亭上诉认为，原审程序违法，本案应追加张姓包工头为被告，一审没有追加。在本案中，原告张月良是以被告吴索亭提供的楼板存在缺陷造成自己损害提起产品生产者责任诉讼，并非请求雇主赔偿的提供劳务者受害责任诉讼，且张姓包工头并非楼板生产方、销售方，亦非楼板运输、仓储者，故人民法院在二审中认为，上诉人主张追加张姓包工头为被告的理由不符合《民事诉讼法》第132条规定的必须共同进行诉讼的情形，且当事人没有申请追加张姓包工头为被告，原审法院没有通知张姓包工头参加诉讼并无不当。需要说明的是，产品责任是一种特殊的侵权责任，只要被侵权人因生产者生产的产品或销售者销售的产品存在产品缺陷而造成人身损害，就可以向该产品的生产者或销售者提起产品责任纠纷之诉，不需要以被侵权人与存在缺陷的产品生产者、销售者存在买卖合同等法律关系为前提。任何因产品的缺陷而发生人身损害结果的被侵权人均有权请求该缺陷产品的生产者和销售者承担损害赔偿责任。这一点并不同于买卖合同中的违约责任。在买卖合同中，如果出卖人出售的商品出现了质量问题，但并未造成买受人的人身损害以及除了该商品之外的其他财产损害，买受人可要求出卖人承担修理、更换、赔

---

[1] 关于产品的特征介绍，参见程啸：《侵权责任法》（第2版），法律出版社2015年版，第487页。

偿损失、承担违约金等违约责任。在这种情况下，承担违约责任的只能是买卖合同的相对方，即出卖人。

第三，被告吴索亭是否应当就原告张月良的人身损害结果承担全部赔偿责任。在本案中，根据人民法院在二审中查明的事实，本案伤害的发生不排除多个原因力相结合的情况，故本案应根据过失大小或者原因力比例划分责任。二审法院认为，在天气寒冷的季节，混凝土本身难以凝固，施工队在承重大梁刚刚灌注后即上楼板，且楼板上堆放砖头，站有施工人员，必然加大楼板、大梁的承重，施工危险明显增加，承重大梁脱落不排除施工存在过失、楼板断裂等多种原因力结合的可能。这说明，造成原告张月良受到人身损害的原因，除了被告吴索亭出售的楼板存在质量问题之外，不能排除施工队相关人员在施工时存在过失，致使楼板断裂。因此，本案属于《侵权责任法》第12条规定的各种原因力结合造成他人人身损害结果的情形。但原告仅起诉了楼板的生产者吴索亭，并未起诉其他相关人员，故原告张月良的人身损害结果不应由被告吴索亭承担全部赔偿责任。而且，原告张月良作为施工人员，应当能够意识到施工中危险因素的增大，但其未正确防范施工危险，对自身受伤害亦存在过错。因此，根据《侵权责任法》第26条的规定，原告自身也应当就损害结果承担一定的责任。

▍法条链接

《产品质量法》第2条：在中华人民共和国境内从事产品生产、销售活动，必须遵守本法。

本法所称产品是指经过加工、制作，用于销售的产品。

建设工程不适用本法规定；但是，建设工程使用的建筑材料、建筑构配件和设备，属于前款规定的产品范围的，适用本法规定。

《侵权责任法》第12条：二人以上分别实施侵权行为造成同一损害，能够确定责任大小的，各自承担相应的责任；难以确定责任大小的，平均承担赔偿责任。

《侵权责任法》第26条：被侵权人对损害的发生也有过错的，可以减轻侵权人的责任。

《侵权责任法》第41条：因产品存在缺陷造成他人损害的，生产者应当承担侵权责任。

2. 燃放爆竹时致人损害，产品缺陷的认定——杨某甲与萧某甲产品销售者责任纠纷案

▌案件信息及法院裁判

裁判文书字号：（2014）益法民一终字第359号

案由：产品销售者责任纠纷

上诉人（原审被告）：萧某甲

上诉人（原审原告）：杨某甲

2013年7月20日，因杨某甲同村村民熊某甲的母亲去世，杨某甲受熊某甲儿媳的邀请为丧事活动燃放烟花爆竹。当日9时许，杨某甲在燃放一串鞭炮后将一名为"至尊雷"的花炮搬至田间进行燃放，杨某甲在距离烟花大概一尺远的地方点燃花炮引线后，烟花燃放将其炸伤。杨某甲先后在桃江县人民医院、中南大学湘雅二医院住院治疗共计47天，用去医疗费43 535.79元（萧某甲在杨某甲受伤后已垫付医药费2000元，熊某甲已垫付医药费4000元）。杨某甲的伤势经医院诊断为：①眼外伤；眼睑皮肤裂伤；眼眶骨折；眼睑血肿；黄斑裂孔；视神经挫伤；②鼻骨骨折；③额骨骨折。经益阳市银城司法鉴定所鉴定，杨某甲构成一个七级伤残和一个九级伤残。

另查明：熊某甲在其母亲丧事活动中所燃放的全部烟花爆竹均在萧某甲处购得，事故烟花"至尊雷"便是其中之一；事故烟花"至尊雷"外包装标明产品厂名为浏阳市蓝精灵烟花鞭炮厂，厂址为浏阳市官桥镇。事发后，经湖南省桃江县质量技术监督局协查，并由浏阳市工商局信息咨询点电脑查询，浏阳市官桥镇并无"浏阳市蓝精灵烟花鞭炮厂"的工商注册登记数据，仅有一家名为"浏阳市蓝精灵花炮厂"的烟花生产企业。

湖南省益阳市桃江县人民法院在一审中认为：本案事故烟花的厂名与厂址均系伪造，产品非正规厂家生产，产品存在严重缺陷，根据《侵权责任法》第43条第1款之规定，因产品存在缺陷造成损害的，被侵权人可以向产品的生产者请求赔偿，也可以向产品的销售者请求赔偿。本案事故烟花由熊某甲在个体户萧某甲处购得，杨某甲在燃放烟花时被烟花炸伤，故杨某甲要求萧某甲赔偿损失的诉讼请求应予支持；杨某甲在点燃烟花引线燃放烟花时仅隔烟花大概一尺远，且医院的诊断结论及司法鉴定意见证实杨某甲的伤害主要在眼部，杨某甲燃放烟花时未尽到足够的安全注意义务，自身存在一定的过错；综合本案的实际情况，双方的责任比例划分应以3∶7较为适宜。杨某甲受伤后的各项经济损失法院依法核算如下：①医药费 43 535.79 元 – 9400 元（农村合作医疗保险范围内报销额）＝ 34 135.79 元；②误工费 59.82 元／天 × 110 元 ＝ 6580.2 元；③残疾赔偿金 7440 元／年 × 20 年 × 42% ＝ 62 496 元；④住院伙食补助费 12 元／天 × 47 天 ＝ 564 元；⑤护理费 59.82 元／天 × 47 天 ＝ 2811.54 元；⑥法医鉴定费 600 元；⑦精神抚慰金 8000 元；⑧交通费因原告未提交合法有效的证据予以证实，不予支持。以上各项经济损失共计 115 187.53 元。根据《产品质量法》第 46 条，《侵权责任法》第 3、15、26、43 条，《人身损害赔偿司法解释》第 1、17、18、19、20、21、22、23、25 条，判决：由萧某甲赔偿杨某甲经济损失 80 631.27 元，扣除萧某甲及熊某甲已支付给杨某甲的 6000 元，尚应由萧某甲赔偿杨某甲 74 631.27 元；驳回杨某甲的其余诉讼请求。案件受理费 2975 元，由杨某甲负担 1152 元，由萧某甲负担 1823 元。

宣判后，萧某甲、杨某甲均不服，均向湖南省益阳市中级人民法院提起上诉。

二审经审理查明，杨某甲系用手中香烟引燃烟花，距离燃放的烟花较近。一审查明的其他事实，法院依法予以确认。

湖南省益阳市中级人民法院在二审中认为，本案系产品销售者责任纠纷。双方争议的焦点为：本案法律关系的性质；涉案烟花是否构成缺陷；原审对责任的认定是否正确。

第一，关于本案法律关系的性质问题。《侵权责任法》第 43 条第 1 款规定："因产品存在缺陷造成损害的，被侵权人可以向产品的生产者请求赔偿，也可以向产品的销售者请求赔偿。"法律关系的性质，除侵权行为的性质外，主要以当事人的诉请所依据的法律关系为基础。本案中，杨某甲系燃放的烟花产品致伤，作为受害人，其以该烟花产品存在厂址、厂名仿冒、无检验合格证明，危及人身安全的不合理危险的事实，诉请作为烟花销售人的萧某甲承担侵权责任，致害烟花的销售者萧某甲应依法应承担侵权责任。原审对法律关系性质认定正确，予以支持。萧某甲上诉提出本案应为一般人身损害责任纠纷中义务帮工人受害责任纠纷。法院审查认为，产品责任纠纷为特殊的人身损害赔偿纠纷，受害人既可以选择一般人身侵权纠纷事实主张赔偿，也可以选择特殊侵权纠纷事实主张赔偿。故对萧某甲主张应以帮工过程中发生的人身损害责任纠纷审理的理由，法院不予支持。

第二，关于涉案烟花是否构成缺陷产品的问题。根据《产品质量法》第 46 条的规定，缺陷是指产品存在危及人身财产、他人财产安全的不合理的危险，不符合保障人体健康和人身、财产安全的国家标准、行业标准。本案中的烟花属于易燃易爆物品，极易造成他人的人身财产损害，具有高度危险性。且本案涉案烟花仿冒他人厂名、厂址，质量未依法经相关部门检验合格，存在标识错误、质量不合格的缺陷，故原审认定涉案产品为缺陷产品并无不当。萧某甲上诉提出不存在任何检测结论证实其销售的产品存在致害缺陷。法院审查认为，具有合法生产许可，并依法检验合格，正常投入流通领域的产品，才须进行鉴定检验，检测产品缺陷的认定，而涉案烟花仿冒他人厂名、厂址，并非流通渠道的合法、合格产品，其不具有合法的市场流通资格，不能投入市场消费流通，故对萧某甲上诉提出未经相关部门检测的不能认定产品缺陷的上诉理由，不予支持。

第三，关于原审对责任的认定是否正确的问题。《产品质量法》第 33、36 条规定，销售者应当建立并执行进货检查验收制度，验收产品合格证明和其他标识；销售者销售的产品的标识应当符合产品标识必须真实的要求。本案中，销售者萧某甲未严格执行进货检验制度，销售未经检验合格的不良产品，故其作为致害产品销售者应当承担产品侵权责任。原审认定萧某甲承担产品侵权责任正确。另根据《侵权责任法》第 26 条，被侵权人对损害的发生也有过错的，可以减轻侵权人的责任。本案中，杨某甲并不具有专业燃放烟花的水平，其忽视易燃易爆物品的安全作业危险，在燃放烟花时，保持安全燃放距离不适当，随手用香烟引燃烟花，对损害的发生具有一定的过错。原审根据其自身安全注意义务的忽视，认定其承担相应责任并无不当，杨某甲上诉提出要求萧某甲承担全部责任的理由，于法无据，不予支持。

综上所述，上诉人萧某甲、上诉人杨某甲各自的上诉理由均不能成立，法院均依法不予支持。原审认定事实清楚，适用法律正确，审理程序合法，实体处理恰当，依法应予维持。依照《民事诉讼法》第 170 条第 1 款第 1 项之规定，判决驳回上诉，维持原判。

▌案件分析

本案是一起产品销售者责任纠纷，案件的争议焦点有三点：本案法律关系性质的认定是否正确；涉案烟花是否构成缺陷；原审法院对责任的认定是否正确。

第一，本案法律关系性质的认定是否正确。一审宣判后，被告萧某甲在上诉中主张该案应为帮工人杨某甲与被帮工人熊某甲在帮工过程中发生的人身损害责任纠纷，原审将法律关系认定为产品销售者责任纠纷应属不当。本案中，因原告杨某甲同村村民熊某甲的母亲去世，杨某甲受熊某甲儿媳的邀请为丧事活动燃放烟花爆竹。杨某甲在燃放一串鞭炮后将一名为"至尊雷"的花炮搬至田间进行燃放，在距离烟花大概一尺远的地方点燃花炮引线后，烟花燃放将其炸伤。因此，就燃放爆竹一事而言，杨某甲确实与熊某甲一方形成义务帮工关系。但本案中杨某甲受到人身损害的直接原因为爆竹的质量问题，因此，杨某甲以爆竹存在产品缺陷为由对爆竹的销售者萧某甲提起产品销售者责任之诉。选择何种法律关系起诉属于原告杨某甲的自由，即杨某甲既可以义务帮工关系纠纷起诉熊某甲一方，也可以产品责任纠纷起诉爆竹的销售者萧某甲。事实上，杨某甲基于被爆竹炸伤的原因选择了以产品责任纠纷起诉萧某甲，因此本案为一起产品销售者责任纠纷，原审法院对案件法律关系的认定是正确的。

第二，涉案烟花是否构成缺陷。产品存在缺陷是产品责任的构成要件之一。关于如何界定产品的"缺陷"，《产品质量法》第46条规定："本法所称缺陷，是指产品存在危及人身、他人财产安全的不合理的危险；产品有保障人体健康和人身、财产安全的国家标准、行业标准的，是指不符合该标准。"因此，缺陷的具体判断标准有两条：①涉案产品存在保障人体健康和人身、财产安全的国家标准、行业标准，该产品不符合相应的国家标准和行业标准；②涉案产品存在危及人身、他人财产安全的不合理的危险。

就第一条标准而言，《中华人民共和国标准化法》（以下简称《标准化法》）第6条第1款规定："对需要在全国范围内统一的技术要求，应当制定国家标准。国家标准由国务院标准化行政主管部门制定。对没有国家标准而又需要在全国某个行业范围内统一的技术要求，可以制定行业标准。行业标准由国务院有关行政主管部门制定，并报国务院标准化行政主管部门备案，在公布国家标准之后，该项行业标准即行废止。对没有国家标准和行业标准而又需要在省、自治区、直辖市范围内统一的工业产品的安全、卫生要求，可以制定地方标准。地方标准由省、自治区、直辖市标准化行政主管部门制定，并报国务院标准化行政主管部门和国务院有关行政主管部门备案，在公布国家标准或者行政标准之后，该项地方标准即行废止。"同时，该法第7条规定："国家标准、行业标准分为强制标准和推荐性标准。保障人体健康，人身、财产安全的标准和法律、行政法规规定强制执行的标准是强制标准，其他标准是推荐性标准。省、自治区、直辖市标准化行政主管部门制定的工业产品的安全、卫生要求的地方标准，在本行政区域内是强制性标准。"结合上述法条，《产品质量法》第46条规定的"保障人体健康和人身、财产安全的国家标准、行业标准"是指《标准化法》中的强制标准。因此，如果涉案产品应当达到相应的强制标准而没有达到，就应当认定其存在缺陷。

　　第二条标准，即涉案产品存在危及人身、他人财产安全的不合理的危险，是指产品的买受人以及其他相关人在对产品进行合理使用的过程中出现的危及其人身、财产安全的危险。如果使用者在合理使用产品的情况下因产品缺陷导致了其人身和其他财产的损害，即可认为该产品存在不合理的危险。判断对产品的使用是否为合理使用，主要从以下两方面进行判断：①使用者是否按照产品的说明对产品进行了使用，如果使用者严格按照产品说明使用产品，即表明使用者对产品进行了合理使用。如果在这种情况下仍然出现了人身及其他财产方面的损害，则表明产品存在不合理的危险。②产品生产者是否作出了对产品不合理使用下可能出现的危险警示。特别是在产品本身为危险物品的情况下，更应当作出警示。《产品质量法》第 28 条规定："易碎、易燃、易爆、有毒、有腐蚀性、有放射性等危险物品以及储运中不能倒置和其他有特殊要求的产品，其包装质量必须符合相应要求，依照国家有关规定作出警示标志或者中文警示说明，标明储运注意事项。"如果产品的生产并未作出对产品不合理使用下可能出现的危险警示，而产品的使用者在使用过程中出现了人身及其他财产方面的损害，也表明该产品存在不合理的危险。

　　具体到本案中，根据人民法院查明的事实，涉案烟花仿冒他人厂名、厂址，质量未依法经相关部门检验合格，存在标识错误、质量缺陷。而且，涉案烟花仿冒他人厂名、厂址，并非合法、合格产品，其不具有合法的市场流通资格，不能投入市场消费流通。这些事实足以认定，涉案烟花符合《产品质量法》第 46 条规定的"存在危及人身、他人财产安全的不合理的危险"的标准，即该烟花具有产品缺陷，与原告杨某甲人身损害结果的发生具有因果关系。

　　第三，原审法院对责任的认定是否正确。《侵权责任法》第 43 条规定："因产品存在缺陷造成损害的，被侵权人可以向产品的生产者请求赔偿，也可以向产品的销售者请求赔偿。产品缺陷由生产者造成的，销售者赔偿后，有权向生产者追偿。因销售者的过错使产品存在缺陷的，生产者赔偿后，有权向销售者追偿。"该条表明，即使在产品销售者并无过错的情况下，如果被侵权人请求其对发生的损害结果进行赔偿，产品销售者也应当先行赔偿，进而向产品生产者进行追偿。法律这样规定是为了督促产品的销售者向正规的商家进货，从而保证产品质量。如《产品质量法》第 33 条规定："销售者应当建立并执行进货检查验收制度，验明产品合格证明和其他标识。"本案中，销售者萧某甲未严格执行进货检验制度，销售未经检验合格的不良产品，故在本案中产品的生产者不能查明的情况下，根据《侵权责任法》第 42 条第 2 款的规定，萧某甲作为致害产品销售者应当向被侵权人杨某甲承担产品侵权责任。

另外，根据本案中人民法院查明的事实，被侵权人杨某甲并不具有专业燃放烟花的水平，其忽视易燃易爆物品的安全作业危险，在燃放烟花时，不适当保持燃放距离，随手用香烟引燃，对损害的发生具有一定的过错，因此根据《侵权责任法》第26条的规定，杨某甲对其人身损害结果的发生也应当承担一定的责任。

▌法条链接

《标准化法》第6条第1条：对需要在全国范围内统一的技术要求，应当制定国家标准。国家标准由国务院标准化行政主管部门制定。对没有国家标准而又需要在全国某个行业范围内统一的技术要求，可以制定行业标准。行业标准由国务院有关行政主管部门制定，并报国务院标准化行政主管部门备案，在公布国家标准之后，该项行业标准即行废止。对没有国家标准和行业标准而又需要在省、自治区、直辖市范围内统一的工业产品的安全、卫生要求，可以制定地方标准。地方标准由省、自治区、直辖市标准化行政主管部门制定，并报国务院标准化行政主管部门和国务院有关行政主管部门备案，在公布国家标准或者行政标准之后，该项地方标准即行废止。

《产品质量法》第28条：易碎、易燃、易爆、有毒、有腐蚀性、有放射性等危险物品以及储运中不能倒置和其他有特殊要求的产品，其包装质量必须符合相应要求，依照国家有关规定作出警示标志或者中文警示说明，标明储运注意事项。

《产品质量法》第33条：销售者应当建立并执行进货检查验收制度，验明产品合格证明和其他标识。

《产品质量法》第46条：本法所称缺陷，是指产品存在危及人身、他人财产安全的不合理的危险；产品有保障人体健康和人身、财产安全的国家标准、行业标准的，是指不符合该标准。

《侵权责任法》第26条：被侵权人对损害的发生也有过错的，可以减轻侵权人的责任。

《侵权责任法》第42条第2款：销售者不能指明缺陷产品的生产者也不能指明缺陷产品的供货者的，销售者应当承担侵权责任。

《侵权责任法》第43条：因产品存在缺陷造成损害的，被侵权人可以向产品的生产者请求赔偿，也可以向产品的销售者请求赔偿。

产品缺陷由生产者造成的，销售者赔偿后，有权向生产者追偿。

因销售者的过错使产品存在缺陷的，生产者赔偿后，有权向销售者追偿。

3. 热水器致人损害，产品生产者与产品销售者之间如何分配责任——多田公司、德智公司、滕全明与谢媛婧产品责任纠纷案

▌案件信息及法院裁判

裁判文书字号：（2014）永中法民三终字第 176 号

案由：产品责任纠纷

上诉人（原审被告）：广东省佛山市顺德区多田电器有限公司（以下称"多田公司"）

上诉人（原审被告）：宁远德智家电商贸有限公司（以下称"德智公司"）

上诉人（原审被告）：滕全明

被上诉人（原审原告）：谢媛婧

原告谢媛婧系谢兴明、唐碧颖之女。2009 年 2 月 22 日，谢兴明、唐碧颖到被告德智公司购买了一台由被告多田公司生产的海贵牌 JSD16 - 8 家用燃气快速热水器（自动式排气），被告多田公司在产品包装中附有使用说明书，但附的却是强制式（排烟）家用燃气快速热水器的使用说明书。被告德智公司职工欧来志向唐碧颖开具了一张商品保修卡，并在票上注明保修电话 13974649529（滕）。随后，被告滕全明到唐碧颖家中将热水器安装在浴室内的墙壁上。2011 年 1 月 9 日晚，原告谢媛婧将浴室门窗关闭后洗澡时昏迷倒地，家人发现后，立即将其送至宁远县人民医院抢救。宁远县人民医院诊断原告谢媛婧系一氧化碳中毒。

湖南省宁远县人民法院在一审重审中认为，公民的生命健康权受法律保护。行为人过错侵害他人造成人身损害的，应当赔偿医疗费、住院伙食补助费、护理费、交通费等，造成残疾的还应当赔偿残疾赔偿金。被告德智公司向原告的父母谢兴明、唐碧颖出售热水器，双方形成买卖合同关系，被告德智公司作为销售者，对所出售的产品造成他人损害有过错的，应当承担侵权责任。原告购买产品后，由被告滕全明为原告家安装热水器，被告滕全明没有按照产品性能要求对热水器进行分室安装，安装不符合规范，导致原告使用该热水器时发生一氧化碳中毒，对原告由此造成的损失，被告德智公司应当承担损害赔偿责任。被告滕全明在执行被告德智公司安排的工作时，没有按照产品性能要求进行安装，在本案中有重大过错，应当与被告德智公司承担连带责任。被告德智公司提出，没有雇请被告滕全明为原告家安装热水器，但从原告提供的 4 张发票内容、视听资料，结合合同的附随义务及本地的交易习惯，消费者购买热水器，卖家应包安装，被告德智公司该项答辩理由不成立，不予采纳。被告德智公司、

滕全明均提出，双方不是雇佣关系，没有为原告家安装热水器，考虑二者之间的特殊关系，结合本案证据，对该项答辩理由不予采纳。被告多田公司提供给被告德智公司进行销售的海贵牌JSD16－8家用燃气快速热水器（自动排气式）虽然是合格产品，但是被告多田公司在产品包装内附具的却是强制式家用燃气快速热水器的使用说明书，对产品消费者形成误导，对本案的发生亦存在一定的过错。被告多田公司在本案一审审理过程中向宁远县人民法院另行提供了一份热水器使用说明书，使用说明书中安装方法第2条规定："请培训合格的专业人员安装。"而由产品消费者寻找培训合格的专业人员安装是不现实的，生产商和销售商对产品的安装人员应该有提供和推荐介绍的义务，即产品售后服务的义务，但是生产商和销售商就哪一方负责安装没有明确约定，因此，被告多田公司在这方面也存在一定过错，对原告的损失应承担赔偿责任。原告是未成年人，其父母应当引导原告正确使用热水器，而原告未按照使用说明书要求正确使用热水器导致一氧化碳中毒，对自身损害有重大过错，应相应减轻被告的损害赔偿责任。虽然原告在事故发生时系农业户口，但其父母于2008年便在宁远县城购买房屋并在县城居住、工作、生活，原告自2008年以来即随同父母在宁远县城居住生活，因此，原告的经常居住地为宁远县县城，对其残疾赔偿金应当按照城镇居民人均可支配收入计算。原告之损伤经司法鉴定，构成部分护理依赖，鉴于原告的伤残等级系依据GB/T16180－2006《劳动能力鉴定职工工伤与职业病致残程度等级》进行鉴定，故为公平起见，其后期护理费也应依据《工伤保险条例》第22条之规定按湖南省2011年职工月平均工资2 439.60元的30%计算20年。依据《湖南省道路交通事故损害赔偿项目计算标准（2011～2012）》，谢媛婧因本次事故造成的损失如下：①医疗费87 702.12元；②鉴定费1 720元；③住院伙食补助费370天×12元/天＝4 440元；④营养费370天×12元/天＝4 440元；⑤住院期间护理费32 412元÷365天×370天＝32 856元；⑥交通费6 765元；⑦住宿费980元；⑧残疾赔偿金16 565.7元/年×20年×90%＝298 182.60元；⑨后期治疗费24 000元；⑩精神抚慰金50 000元；⑪后期护理费2 439.6元/月×12个月×20×30%＝175 651.20元。以上合计686 736.92元。根据本案情况，确定原告自行承担30%的责任，被告德智公司承担35%的责任，即240 357.9元，被告多田公司承担35%的责任，即240 357.9元，被告滕全明与德智公司对原告的损失承担连带赔偿责任。根据《侵权责任法》第6条第1款、第16条、第22条、第23条、第26条、第41条，《人身损害赔偿司法解释》第9条、第19条、第21条、第22条、第24条、第25条，《精神损害赔偿司法解释》第10条，判决如下：限被告宁远县德智商贸有限公司自判决生效之日起 10 日内赔偿原告谢媛婧医疗费、鉴定费、护理费、住院伙食补助费、交通费、住宿费、残疾赔偿金、后期护理费、精神抚慰金等各项经济损失共计 240 357.9 元，被告滕全明对上述经济损失承担连带责任；限被告广东省广州市顺德区多田有限责任公司自判决生效之日起 10 日内赔偿原告谢媛婧上述各项经济损失共计 240 357.9 元。驳回原告谢媛婧的其他诉讼请求。一审宣判后，原审被告多田公司、德智公司、滕全明均不服，分别提起上诉。

湖南省永州市中级人民法院在二审中认为，本案争议焦点是：①被上诉人谢媛婧一氧化碳中毒的原因；②本案责任的划分；③被上诉人谢媛婧损失的具体数额。

第一，被上诉人谢媛婧一氧化碳中毒的原因。结合被上诉人谢媛婧的监护人在庭审中的陈述、公安机关出具的证明、邻居李本仁的证言、病历、现场勘验笔录、质证笔录等证据可以认定，被上诉人谢媛婧于 2011 年 1 月 9 日晚将浴室门窗关闭后洗澡导致其一氧化碳中毒。三上诉人提出的被上诉人谢媛婧一氧化碳中毒原因不明的上诉理由不能成立。

第二，本案责任的划分。

（1）上诉人多田公司在本案中的责任。①上诉人多田公司在销售给谢兴明、唐碧颖的海贵牌 JSD16 - 8 家用燃气快速热水器（自动排气式）包装内附具的是强制式家用燃气快速热水器的使用说明书，对产品消费者形成一定的误导。②上诉人多田公司在本案一审审理过程中向宁远县人民法院另行提供了一份热水器使用说明书，该使用说明书中安装方法第 2 条规定："请培训合格的专业人员安装。"而培训合格的专业人员安装显然不是消费者所应承担的责任，生产商和销售商对产品的安装人员应该有提供和推荐介绍的义务，但是生产商和销售商就哪一方负责安装没有明确约定，在此情况下，上诉人多田公司没有提供和推介合格的专业安装人员，导致热水器的安装不符合安全规范。③根据被上诉方提交的热水器使用说明书，成套热水器包括烟道总成。而上诉人德智公司没有将烟道总成配送给谢兴明、唐碧颖，导致被上诉方没有为热水器安装烟道。上诉人德智公司提出，没有配送烟道总成是因为上诉人多田公司没有提供烟道总成，而上诉人多田公司未提供任何证据证实其向上诉人德智公司提供了烟道总成。综上，上诉人多田公司在本案中存在一定过错，一审重审判决其承担 35% 的责任并无不妥。

（2）上诉人德智公司在本案中的责任。上诉人德智公司向原告的父母谢兴明、唐碧颖出售热水器，双方形成买卖合同关系，根据本地的交易习惯，消费者购买热水器；卖家应包安装，故上诉人德智公司应承担热水器的安装义务。

因安装不符合规范，导致被上诉人谢媛婧在洗澡时一氧化碳中毒，上诉人德智公司应承担损害赔偿责任。综合全案考虑，一审重审判决上诉人德智公司承担35%的责任并无不妥。

（3）上诉人滕全明在本案中的责任。上诉人滕全明在安装热水器的过程中没有按照产品性能要求进行安装，在本案中有重大过错，应当与上诉人德智公司承担连带责任。

（4）被上诉人谢媛婧在本案中的责任。被上诉人谢媛婧是未成年人，谢兴明、唐碧颖作为其父母应当引导原告正确使用热水器，被上诉人谢媛婧未按照使用说明书的要求正确使用热水器导致一氧化碳中毒，对自身损害有重大过错，应相应减轻三被上诉人的损害赔偿责任。故一审重审判决被上诉人谢媛婧自己承担30%的责任是恰当的。

第三，被上诉人谢媛婧损失的具体数额。一审重审判决认定被上诉人谢媛婧的损失如下：①医疗费 87 702.12 元；②鉴定费 1 720 元；③住院伙食补助费370 天 × 12 元 = 4 440 元；④营养费 370 天 × 12 元/天 = 4 440 元；⑤护理费208 507.2 元，其中，住院期间护理费 32 412 元 ÷ 365 天 × 370 天 = 32 856 元，后期护理费 2 439.6 元/月 × 12 个月 × 20 × 30% = 175 651.2 元；⑥交通费 6 765元；⑦住宿费 980 元；⑧残疾赔偿金 16 565.7 元/年 × 20 年 × 90% = 298 182.60元；⑨后期治疗费 24 000 元；⑩精神抚慰金 50 000 元。以上各项合计686 736.92 元。上诉人多田公司提出被上诉人谢媛婧在经过伤残鉴定后，又进行了治疗，病情有所好转，不再构成二级伤残，也不再需要 24 000 元的后期治疗费，护理费、残疾赔偿金、精神抚慰金、后期护理费等计算过高，但上诉人多田公司既未对伤残等级及后期治疗费申请重新鉴定，亦未提供证据证实被上诉人不再需要进行后期治疗，也未提供证据或者法律依据证实上述费用计算过高，故上诉人多田公司的上述上诉理由不能成立。法院依法确认被上诉人谢媛婧的损失为 686 736.92 元。综上，原审判决认定事实基本清楚，适用法律正确，实体处理适当。依照《民事诉讼法》第 170 条第 1 款第 1 项之规定，判决驳回上诉，维持原判。

▌案件分析

本案是一起产品责任纠纷，案件的争议焦点为，对原告谢媛婧的人身损害结果，各方当事人之间应当如何划分责任。

要判断当事人之间应当如何划分责任，首先要明确产品责任中应当承担责任的相关主体以及各方承担责任时应当适用的归责原则。在《侵权责任法》中，产品责任是一种特殊的侵权责任，规定在该法的第五章。从该章的规定以及《侵权责任法》的一般理论可知，产品责任中有两大责任主体，一为生产者，二为销售者。生产者是指生产缺陷产品的一方民事主体，销售者为销售缺陷产品，将其投入流通领域的一方民事主体。

《侵权责任法》为生产者和销售者承担产品责任规定了不同的归责原则。该法第41条规定："因产品存在缺陷造成他人损害的，生产者应当承担侵权责任。"《产品质量法》第41条第1款规定："因产品存在缺陷造成人身、缺陷产品以外的其他财产损害的，生产者应当承担赔偿责任。"这说明，法律为产品的生产者规定了无过错责任原则作为归责原则，即生产者生产的产品造成他人人身或其他财产损害的结果，不论生产者是否具有过错，均应当向被侵权人承担赔偿责任。法律为生产者规定无过错责任原则的原因主要有以下几点：①生产者运用自身的专业设备、技术和劳力生产相关产品，其控制整个产品的生产过程，特别是一些具备较高的科学技术水平的产品的生产过程中，只有产品的生产者才是最能了解产品的缺陷并加以预防的一方。如果把生产者应当承担产品责任的归责原则规定为过错责任原则，产品使用者以及其他因产品缺陷而受到人身损害的主体由于与产品生产者在财力、知识水平方面的严重不对等性，是很难去证明产品的缺陷的。②产品生产者可以通过出售产品而获得利润，基于民法风险与收益相一致的原理，其在获得利益的同时，也应当承担在此过程中可能发生的因产品的缺陷而造成他人人身、财产损害的风险。③产品的生产者可以更好地分散因产品的缺陷而造成他人人身、财产损害的风险。生产者既可以通过提高商品的价格将可能基于产品缺陷而承担的风险予以分散，也可以通过购买保险的方式将上述风险予以分摊。

《侵权责任法》第42条第1款规定："因销售者的过错使产品存在缺陷，造成他人损害的，销售者应当承担侵权责任。"《产品质量法》第42条第1款规定："由于销售者的过错使产品存在缺陷，造成人身、他人财产损害的，销售者应当承担赔偿责任。"这说明，法律在产品责任中为产品的销售者规定了过错责任原则作为归责原则，即销售者销售的产品造成他人人身或其他财产损害的结果，在其对损害结果的发生具有过错的情况下，销售者应当向被侵权人承担赔偿责任。法律为产品销售者规定过错责任原则的根据在于，销售者仅仅是将产品进行销售、投入流通的一方，并不是产品的生产者，并不能控制整个产品的生产过程，在了解产品的缺陷并加以预防方面远不如生产者便利。故产品的销售者只在具有过错致使产品存在缺陷的情况下，才应对被侵权人因此发生的人身损害结果承担赔偿责任。例如，销售者因不适当保存食品致使食品变质，消费者在购买并食用该食品后出现了人身损害结果。在这种情况下，销售者具有过错，其应当向出现人身损害结果的被侵权人承担赔偿责任。但特别需要说明的是，销售者承担的过错责任，属于最终责任。《侵权责任法》第43条规定："因产品存在缺陷造成损害的，被侵权人可以向产品的生产者请求赔偿，也可以向产品的销售者请求赔偿。产品缺陷由生产者造成的，销售者赔偿后，有权向生产者追偿。因销售者的过错使产品存在缺陷的，生产者赔偿后，有权向销售者追偿。"这说明，如果产品因缺陷致使他人出现人身损害，无论是生产者还是销售者均应就损害的直接责任承担无过错责任。即使销售者对于造成损害的产品缺陷并无过错，其也需根据被侵权人的请求承担赔偿责任，然后再向缺陷产品的生产者追偿。

▌法条链接

《产品质量法》第41条第1款：因产品存在缺陷造成人身、缺陷产品以外的其他财产损害的，生产者应当承担赔偿责任。

《产品质量法》第42条第1款：由于销售者的过错使产品存在缺陷，造成人身、他人财产损害的，销售者应当承担赔偿责任。

《侵权责任法》第26条：被侵权人对损害的发生也有过错的，可以减轻侵权人的责任。

《侵权责任法》第34条第1款：用人单位的工作人员因执行工作任务造成他人损害的，由用人单位承担侵权责任。

《侵权责任法》第41条：因产品存在缺陷造成他人损害的，生产者应当承担侵权责任。

《侵权责任法》第42条第1款：因销售者的过错使产品存在缺陷，造成他人损害的，销售者应当承担侵权责任。

《侵权责任法》第43条：因产品存在缺陷造成损害的，被侵权人可以向产品的生产者请求赔偿，也可以向产品的销售者请求赔偿。

产品缺陷由生产者造成的，销售者赔偿后，有权向生产者追偿。

因销售者的过错使产品存在缺陷的，生产者赔偿后，有权向销售者追偿。

《人身损害赔偿司法解释》第9条第1款：雇员在从事雇佣活动中致人损害的，雇主应当承担赔偿责任；雇员因故意或者重大过失致人损害的，应当与雇主承担连带赔偿责任。雇主承担连带赔偿责任的，可以向雇员追偿。

第四章

机动车交通事故责任纠纷实务要点与典型案例

第一节　机动车交通事故责任纠纷概述与实务要点

一、机动车交通事故责任纠纷概述

根据《道路交通安全法》第119条第5项的规定，"交通事故"是指车辆在道路上因过错或者意外造成的人身伤亡或者财产损失的事件。因此，机动车交通事故责任是指车辆在道路上因过错或者意外造成人身伤亡或者财产损失，相关主体应当承担的责任。机动车交通事故责任具有以下特征：

1. 机动车交通事故责任纠纷适用二元归责原则。

（1）机动车之间发生交通事故，适用过错责任原则。机动车驾驶人之间属于平等的主体，不存在强弱之别，而且也负有共同遵守《道路交通安全法》有关机动车驾驶的相关规定的义务，因此，机动车之间发生交通事故，如果一方负有全部责任，应当由负有全部责任的一方对另一方的损害进行赔偿；如果双方对交通事故的发生都具有过错的，应当根据双方的过错程度即各自的过错行为对交通事故造成的原因力的大小来分担责任。

（2）在机动车与非机动车驾驶人、行人之间发生交通事故的情况下，适用无过错责任原则。机动车属于一种高速运输工具，其行驶会对行人及非机动车驾驶人的生命财产安全造成不特定的危险，因此，根据《道路交通安全法》第76条第1款第2项的规定，如果机动车与非机动车驾驶人、行人之间发生交通事故，在非机动车驾驶人和行人没有过错的情况下，应当由机动车一方承担赔偿责任；在机动车一方完全没有过错的情况下，也应当承担不超过被侵权人遭受损失的10%的赔偿责任；在非机动车驾驶人或行人也存在一定过错的情况下，应当根据被侵权人对损害发生存在的过错程度适当减轻机动车一方的赔偿责任。

2. 机动车交通事故责任中，交警部门出具的道路交通事故认定书具有非常重要的地位。机动车交通事故发生后，交警部门接到报警，赶赴现场后，除抢救伤员、采取相应措施尽快恢复交通秩序外，会对现场进行勘验、检查、搜集证据，进而根据对事故现场的勘验情况和相关证据出具道路交通事故认定书。道路交通事故认定书会载明交通事故中各方当事人的责任，包括全部责任、主要责任、同等责任和次要责任，即对当事人各方是否具有过错以及具有过错的程度作出详细的记载。所以，在司法实践中，道路交通事故认定书是道路交通事故责任纠纷中当事人向人民法院提交的重要的证据，人民法院在裁判时也往往根据事故认定书中各方的责任比例作出裁判。需要注意的是，虽然道路交通事故认定书是道路交通事故责任纠纷中的重要证据，但并不能将其作为裁判纠纷、分配各方责任的唯一证据。人民法院在裁判时仍应当全面分析案件所有证据，对案件的事实作出综合分析认定。如果当事人一方提交的证据足以推翻道路交通事故认定书中认定的相关事实，就应当否定事故认定书中该部分事实的证明效力。对此，《最高人民法院关于审理道路交通事故损害赔偿案件适用法律若干问题的解释》（以下简称《道路交通事故损害赔偿司法解释》）第 27 条规定："公安机关交通管理部门制作的交通事故认定书，人民法院应依法审查并确认其相应的证明力，但有相反证据推翻的除外。"

二、机动车交通事故责任构成要件

1. 交通事故的当事人至少有一方驾驶机动车。根据《道路交通安全法》第 119 条第 3 项的规定，机动车是指以动力装置驱动或者牵引，上道路行驶的供人员乘用或者用于运送物品以及进行工程专项作业的轮式车辆。对这一概念应当从以下几方面进行掌握：①"动力装置"是指车辆驱动或者牵引的主要动力来源为机械、电力等动力，这区别于以人力或畜力为车辆驱动力的情形，所以，人工黄包车、马车、驴车等并不属于机动车；②"上道路行驶"是指机动车的行驶以客运、货运及其他活动为目的，需在道路上面行驶以实现目的，这区别于由特定博物馆或者个人收藏的仅以参观、收藏为目的的车辆等；③"轮式车辆"是指以车轮为运行方式的车辆，这区别于以履带或气垫为运行方式的车辆，如坦克显然不属于机动车。

2. 交通事故发生时，机动车需在道路上。根据《道路交通安全法》第 119 条第 1 项的规定，道路是指公路、城市道路和虽在单位管辖范围但允许社会机动车通行的地方，包括广场、公共停车场等用于公众通行的场所。根据国务院发布的《城市道路管理条例》第 2 条的规定，城市道路是指城市供车辆、行人通行的，具备一定技术条件的道路、桥梁及其附属设施。

需要说明的是，机动车之间或者机动车与非机动车驾驶人或行人发生交通事故时，机动车既可以处于运行的行驶状态，也可以处于在道路上的静止状态，如机动车在道路上违规停车进而发生交通事故。

3. 机动车交通事故造成了损害。可能受到损害的有机动车驾驶人、机动车上的其他人员以及与机动车发生交通事故的非机动车驾驶人或行人。损害包括人身损害与财产损害。机动车交通事故发生时，机动车一般处于高速运行状态，因此，机动车交通事故造成的损害结果一般较为严重。

4. 受害人受到的损害与机动车交通事故的发生具有因果关系。如果机动车致人损害并非由于交通事故而是由于其他原因所致，则不属于机动车交通事故责任。例如，张三的汽车停放在路边，因该车存在质量问题而发生爆炸，致使受害人李四被炸成重伤。在这种情况下，李四不能依据机动车交通事故责任的相关规定向张三请求赔偿，但可依据一般侵权行为的相关规定向李四主张赔偿。

5. 机动车之间发生交通事故，需侵权人具有过错。因为根据《道路交通安全法》第76条的规定，机动车之间发生交通事故适用过错责任原则，即需要应当承担责任的一方具有过错。如果双方都具有过错，则应当按照各自过错的比例分担责任。而驾驶人之间过错一般需要根据交警部门出具的交通事故认定书来确定。

三、机动车交通事故责任纠纷实务要点

1. 机动车交通事故责任中，各类责任主体的认定问题。根据《道路交通安全法》第76条的规定，机动车交通事故责任中应当承担责任的主体为机动车一方。根据当前我国理论界和司法实务的通说观点，机动车一方应当为对机动车的运行享有支配权，并享受该机动车的运行所产生的利益的相关主体。在实践中，机动车交通事故责任中责任主体的认定较为复杂，情形众多。根据《道路交通安全法》《道路交通人身损害赔偿司法解释》以及《侵权责任法》的相关规定，机动车交通事故责任中主要包含以下一些责任主体：

（1）机动车所有人。在很多情况下，机动车的驾驶人即为其所有人。我国实行机动车登记制度。公安部发布的《机动车登记规定》第5条规定："初次申领机动车号牌、行驶证的，机动车所有人应当向住所地的车辆管理所申请注册登记。"第4条第1款规定："车辆管理所应当使用计算机登记系统办理机动车登记，并建立数据库。不使用计算机登记系统登记的，登记无效。"因此，查询应当承担交通事故责任的机动车所有人，可以通过公安机关交通管理部门车辆

管理所的登记系统进行。

（2）在因租赁、借用等原因使得机动车所有人和使用人不一致情况下的机动车使用人、所有人或管理人。实践中经常有机动车所有权人将机动车借用、出租于他人的情况，如果借用人、承租人在借用、承租期间驾驶该机动车发生交通事故，造成的损害结果应当由哪一方进行承担？对此问题，《侵权责任法》第49条规定："因租赁、借用等情形机动车所有人与使用人不是同一人时，发生交通事故后属于该机动车一方责任的，由保险公司在机动车强制保险责任限额范围内予以赔偿。不足部分，由机动车使用人承担赔偿责任；机动车所有人对损害的发生有过错的，承担相应的赔偿责任。"对机动车所有人在出租、出借机动车时是否具有过错的认定，《道路交通事故损害赔偿司法解释》第1条规定："机动车发生交通事故造成损害，机动车所有人或者管理人有下列情形之一，人民法院应当认定其对损害的发生有过错，并适用侵权责任法第四十九条的规定确定其相应的赔偿责任：（一）知道或者应当知道机动车存在缺陷，且该缺陷是交通事故发生原因之一的；（二）知道或者应当知道驾驶人无驾驶资格或者未取得相应驾驶资格的；（三）知道或者应当知道驾驶人因饮酒、服用国家管制的精神药品或者麻醉药品，或者患有妨碍安全驾驶机动车的疾病等依法不能驾驶机动车的；（四）其它应当认定机动车所有人或者管理人有过错的。"综合上述规定，在因租赁、借用等原因使得机动车所有人和使用人不一致时，如果发生交通事故，应当由机动车一方承担赔偿责任的，责任主体为机动车的使用人。如果机动车的所有人、管理人对损害的发生也具有过错，也应当承担相应的赔偿责任。

（3）转让机动车所有权但未办理所有权转移登记情况下的机动车受让人。实践中存在着很多买卖机动车但尚未办理所有权转移登记的情况，关于此种情形下发生交通事故责任主体的认定，《侵权责任法》第50条规定："当事人之间已经以买卖等方式转让并交付机动车但未办理所有权转移登记，发生交通事故后属于该机动车一方责任的，由保险公司在机动车强制保险责任限额范围内予以赔偿。不足部分，由受让人承担赔偿责任。"《道路交通事故损害赔偿司法解释》第4条规定："被多次转让但未办理转移登记的机动车发生交通事故造成损害，属于该机动车一方责任，当事人请求由最后一次转让并交付的受让人承担赔偿责任的，人民法院应予支持。"所以，在这种情形下发生交通事故，机动车一方应当承担责任的，承担责任的主体为机动车的买受人。

（4）转让拼装或已达到报废标准的机动车情况下的机动车转让人和受让人。拼装车和已经达到报废标准的机动车会对机动车驾驶人和公众的人身和财产安全造成极大的危险，因此法律明文禁止拼装机动车和驾驶已经达到报废标准的机动车的行为。例如，《道路交通安全法》第16条第1项规定，任何单位或者个人不得拼装机动车或者擅自改变机动车已登记的结构、构造或者特征。该法第14条规定："国家实行机动车强制报废制度，根据机动车的安全技术状况和不同用途，规定不同的报废标准。应当报废的机动车必须及时办理注销登记。达到报废标准的机动车不得上道路行驶。报废的大型客、货车及其他营运车辆应当在公安机关交通管理部门的监督下解体。"因此，转让拼装或已达到报废标准的机动车本身就是违法行为。《侵权责任法》第51条规定："以买卖等方式转让拼装或者已达到报废标准的机动车，发生交通事故造成损害的，由转让人和受让人承担连带责任。"《道路交通事故损害赔偿司法解释》第6条规定："拼装车、已达到报废标准的机动车或者依法禁止行驶的其他机动车被多次转让，并发生交通事故造成损害，当事人请求由所有的转让人和受让人承担连带责任的，人民法院应予支持。"因此，在转让拼装或已达到报废标准的机动车的情况下，如果发生交通事故，应当由转让人和受让人就造成的损害承担连带赔偿责任。

（5）机动车被盗窃、抢劫或抢夺情况下的盗窃者、抢劫者或抢夺者。在实践中，机动车有可能被不法分子盗窃、抢劫或抢夺，进而发生交通事故。盗窃、抢劫、抢夺等行为本身已涉嫌犯罪，关于涉嫌该类犯罪的嫌疑人在占有机动车期间发生交通事故的责任承担问题，《侵权责任法》第52条规定："盗窃、抢劫或者抢夺的机动车发生交通事故造成损害的，由盗窃人、抢劫人或者抢夺人承担赔偿责任。保险公司在机动车强制保险责任限额范围内垫付抢救费用的，有权向交通事故责任人追偿。"即机动车在被盗窃、抢劫或抢夺情况下发生交通事故的，应当承担责任的为涉嫌犯罪的盗窃人、抢劫人或者抢夺人。

（6）机动车发生交通事故后逃逸情况下的责任主体。对此问题，《侵权责任法》第53条规定："机动车驾驶人发生交通事故后逃逸，该机动车参加强制保险的，由保险公司在机动车强制保险责任限额范围内予以赔偿；机动车不明或者该机动车未参加强制保险，需要支付被侵权人人身伤亡的抢救、丧葬等费用的，由道路交通事故社会救助基金垫付。道路交通事故社会救助基金垫付后，其管理机构有权向交通事故责任人追偿。"

（7）未经允许驾驶他人机动车情况下的驾驶人、所有人或管理人。未经允许的情况下偷开机动车，是指行为人在没有征得机动车所有人或管理人的同意的情况下，擅自驾驶他人机动车的行为。例如子女在未取得驾照的情况下，偷开父母机动车的行为，或者朋友之间一方未征得对方的同意，擅自偷开对方机动车的行为。如果在这种情况下发生交通事故，责任主体该如何确定？对此问题，《道路交通事故损害赔偿司法解释》第2条规定："未经允许驾驶他人机动车发生交通事故造成损害，当事人依照侵权责任法第四十九条的规定请求由机动车驾驶人承担赔偿责任的，人民法院应予支持。机动车所有人或者管理人有过错的，承担相应的赔偿责任，但具有侵权责任法第五十二条规定情形的除外。"在这种情况下，应当由偷开机动车的驾驶人就其造成的交通事故损害结果承担赔偿责任。如果机动车的所有人或管理人具有过错，也应当承担相应的赔偿责任。在这里，机动车所有人或管理人是否具有过错应当在个案中具体认定。例如，机动车驾驶人A在回到小区停车后，忘记拔出车钥匙，其未取得驾照的儿子B趁A回家时将车开出，进而发生交通事故致使他人受伤。这种情况下A具有过错，应当对被侵权人承担相应的责任。

（8）机动车存在挂靠的情况下，应当承担责任的主体为挂靠人和被挂靠人。《道路交通事故损害赔偿司法解释》第3条规定："以挂靠形式从事道路运输经营活动的机动车发生交通事故造成损害，属于该机动车一方责任，当事人请求由挂靠人和被挂靠人承担连带责任的，人民法院应予支持。"

（9）机动车套牌情况下的套牌车所有人或管理人。套牌机动车是指行为人使用与他人机动车牌照号码相同的伪造车牌的机动车的行为。驾驶套牌机动车是法律明确规定的违法行为，一方面会规避正常的税收程序，侵犯国家税收利益，另一方面也会在套牌车造成他人人身损害的情况下使受害人难以找到真正的侵权人，因此法律对该行为作出了明确的禁止性规定。例如，《道路交通安全法》第96条规定："伪造、变造或者使用伪造、变造的机动车登记证书、号牌、行驶证、驾驶证的，由公安机关交通管理部门予以收缴，扣留该机动车，处十五日以下拘留，并处二千元以上五千元以下罚款；构成犯罪的，依法追究刑事责任。伪造、变造或者使用伪造、变造的检验合格标志、保险标志的，由公安机关交通管理部门予以收缴，扣留该机动车，处十日以下拘留，并处一千元以上三千元以下罚款；构成犯罪的，依法追究刑事责任。使用其他车辆的机动车登记证书、号牌、行驶证、检验合格标志、保险标志的，由公安机关交通管理部门予以收缴，扣留该机动车，处二千元以上五千元以下罚款。当事人提供相应的合法证明或者补办相应手续的，应当及时退还机动车。"如果驾驶套牌机动车发生交通事故，责任主体该如何确定？对此，《道路交通事故损害赔偿司法解释》第5条规定："套牌机动车发生交通事故造成损害，属于该机动车一方责任，当事人请求由套牌机动车的所有人或者管理人承担赔偿责任的，人民法院应予支持；被套牌机动车所有人或者管理人同意套牌的，应当与套牌机动车的所有人或者管理人承担连带责任。"所以，在驾驶套牌车发生交通事故的情况下，应当由不法行为人即由套牌车的所有人或管理人就损害结果承担赔偿责任。如果在被套牌机动车所有人或者管理人同意套牌的情况下（例如被套牌的机动车所有人与套牌车的机动车所有人互相串通，侵犯国家税收利益），就应当由被套牌车的机动车所有人或管理人与套牌车的机动车所有人或管理人向受害人承担连带赔偿责任。

（10）分期付款购买机动车情况下的机动车买受人。在机动车买卖中，存在着分期付款的情况，因此买卖双方可能会达成机动车所有权保留的约定，即虽然机动车移转于买受人，但在机动车买受人支付全部价款前，由机动车出让人保留该机动车的所有权。对此，《合同法》第134条规定："当事人可以在买卖合同中约定买受人未履行支付价款或者其他义务的，标的物的所有权属于出卖人。"在这种情况下，如果出现机动车交通事故责任纠纷，责任主体该如何确定？对此，《最高人民法院关于购买人使用分期付款购买的车辆从事运输因交通事故造成他人财产损失，保留车辆所有权的出卖方不应承担民事责任的批复》规定："采取分期付款方式购车，出卖方在购买方付清全部车款前保留车辆所有权的，购买方以自己名义与他人订立货物运输合同并使用该车运输时，因交通事故造成他人财产损失的，出卖方不承担民事责任。"即在分期购买机动车的情况下，如果出现交通事故责任纠纷，应当由机动车买受人承担责任。

（11）驾校学员在学习驾驶过程中发生交通事故时的驾校一方。机动车驾驶人为了获得驾驶资格，一般需要在驾校培训学习驾驶。在驾校练习驾驶时如果发生交通事故，责任主体该如何确定？对此，《道路交通事故损害赔偿司法解释》第7条规定："接受机动车驾驶培训的人员，在培训活动中驾驶机动车发生交通事故造成损害，属于该机动车一方责任，当事人请求驾驶培训单位承担赔偿责任的，人民法院应予支持。"这种情形下应当承担责任的主体为驾校。

（12）机动车试乘中发生交通事故时的试乘服务提供者。在顾客准备购买机动车时，机动车的销售者一般会提供试乘服务，如果在这种情况下发生交通事故造成他人损害，责任该如何确定？对此问题，《道路交通事故损害赔偿司法解释》第8条规定："机动车试乘过程中发生交通事故造成试乘人损害，当事人请求提供试乘服务者承担赔偿责任的，人民法院应予支持。试乘人有过错的，应当减轻提供试乘服务者的赔偿责任。"

2. 机动车内的人员因交通事故遭受损害，责任如何认定的问题。机动车发生交通事故后，对于车内除驾驶人外的其他人员受到人身损害情况下责任如何认定的问题，应当从以下两方面进行判断：

（1）车内人员与机动车一方存在着合同关系的情况。例如，车内人员可能在乘坐公交车或者出租车时因公交车或者出租车发生交通事故而受伤。这种情况又可分为两种具体情形：

第一种情形：出租车或者公交车在未与其他机动车发生碰撞的情况下发生交通事故（例如由于驾驶员的过错，出租车或公交车撞到桥墩上造成车内乘客受伤）。在这种情况下，受伤的乘客与涉事出租车或公交车所属的出租车公司或公交公司之间形成客运合同，出租车公司或公交公司为承运人。《合同法》第302条规定："承运人应当对运输过程中旅客的伤亡承担损害赔偿责任，但伤亡是旅客自身健康原因造成的或者承运人证明伤亡是旅客故意、重大过失造成的除外。前款规定适用于按照规定免票、持优待票或者经承运人许可搭乘的无票旅客。"在发生交通事故的情况下，出租车公司或者公交公司违反了其与乘客之间的合同义务，因此，受伤乘客可以依据《合同法》第302条的规定，向出租车公司或者公交公司主张违约损害赔偿。但在这种情况下，出租车公司或者公交公司的车辆发生交通事故致使乘客受到损害，同时也构成了对乘客的侵权行为。《合同法》第122条规定："因当事人一方的违约行为，侵害对方人身、财产权益的，受损害方有权选择依照本法要求其承担违约责任或者依照其他法律要求其承担侵权责任。"所以，受伤乘客也可以依据《侵权责任法》和《道路交通安全法》等法律的规定，要求出租车公司或者公交公司承担侵权责任。但需要说明的是，如果受伤乘客依据《合同法》的规定向出租车公司或者公交公司主张违约损害赔偿，并不能主张精神损害赔偿；如果依据侵权责任主张赔偿，可以同时主张精神损害赔偿。

第二种情形：出租车或者公交车与其他机动车碰撞发生交通事故。在这种情况下，受伤乘客同样可以依据《合同法》的相关规定要求出租车公司或者公交公司承担违约责任，理由如上一种情形所述。从侵权责任的角度来说，由于机动车之间发生的交通事故适用过错责任原则，要根据交警部门出具的交通事故认定书来认定两方机动车的过错程度和责任比例。此时，受伤乘客可以根据交通事故认定书等证据要求具有过错的机动车一方承担侵权赔偿责任。举例来说，乘客A在乘坐B出租公司的出租车时，出租车与C驾驶的自己所有的越野车发生碰撞，致使A受伤。此时，如果该起交通事故由B公司的出租车负全部责任，则A可以请求B公司承担侵权赔偿责任；如果该起交通事故由C负全部责任，则A可以请求C承担侵权赔偿责任；如果出租车和私家越野车对事故的发生都具有过错（即两方机动车之间存在同等责任、主要责任或次要责任的情况），则A可以将B公司和C作为共同被告诉至法院，要求两方共同承担赔偿责任（一般来说，这种情况下的B公司和C应当按照其各自的过错程度向A承担按份责任）。

（2）车内人员与机动车一方不存在合同关系的情况。这种情况下，机动车驾驶人一般是基于友情等关系自愿免费搭乘乘车人，即双方形成好意同乘的关系。好意同乘情况下，驾驶人出于好意免费搭乘乘车人，但其仍然负有对乘车人人身的保护义务，所以不排除可能在发生交通事故时向乘车人承担一定的侵权赔偿责任的可能性。好意同乘情况下，乘车人与驾驶人之间并不存在客运合同，所以乘车人不得依据违约责任向驾驶人主张违约损害赔偿。在好意同乘时发生交通事故致使乘车人受伤的情况又可分为两种具体情形：

第一种情形：乘车人搭乘的机动车未与其他机动车发生碰撞的情况下发生交通事故（例如由于驾驶人的过错，机动车撞到墙上致使乘车人受伤）。由于驾驶人免费搭乘乘车人的行为本质上属于一种好意施惠行为，所以不应对驾驶人苛以较重的责任。司法实践中的一般处理方法为，在机动车驾驶人对损害结果并不存在故意或重大过失的情况下，可以适当减轻对受伤乘车人的赔偿责任。例如，《浙江省高级人民法院民一庭关于审理道路交通事故损害赔偿纠纷案件若干问题的意见（试行）》第18条规定："机动车发生道路交通事故，造成本车无偿搭乘者损害的，应适当减轻本车赔偿义务人的赔偿责任，但本车驾驶人有重大过错的除外。无偿搭乘者有过错的，应相应减轻本车赔偿义务人的赔偿责任。"好意同乘情况下的故意是指驾驶人借免费搭乘乘车人的机会，故意制造交通事故以达成伤害乘车人的目的。而重大过失需要结合案情具体认定，如驾驶人明知自己无驾驶执照的情况下仍然搭乘乘车人，或者驾驶人在醉酒、吸毒情况下搭乘乘车人等情况。如果驾驶人对损害结果的发生存在故意或者重大过失，则不能免除对受伤乘车人的赔偿责任。如果不存在故意或重大过失，则可以适度减轻其赔偿责任。

第二种情形：乘车人搭乘的机动车与其他机动车碰撞发生交通事故。由于机动车之间发生的交通事故适用过错责任原则，所以要根据交警部门出具的交通事故认定书来认定两方机动车的过错程度和责任比例。此时，受伤的乘车人可以根据交通事故认定书等证据要求具有过错的机动车一方承担侵权赔偿责任。举例来说，A免费搭乘了B的轿车出行（B为轿车所有人），结果途中与C驾驶的越野车（C为越野车的所有人）发生碰撞，致使A受伤。此时，如果该起交通事故由B负全部责任，则A可以请求B承担侵权赔偿责任，但由于A与B之间形成好意同乘关系，除了B具有故意或者重大过失的情况，可以适当减轻B对A的赔偿责任；如果该起交通事故由C负全部责任，则A可以请求C承担侵权赔偿责任；如果B和C对事故的发生都具有过错（即两方机动车之间存在同等责任、主要责任或次要责任的情况），则 A 可以将 B 和 C 作为共同被告诉至法院，要求两方共同承担赔偿责任（一般来说，这种情况下 B 和 C 应当按照其各自应当的过错程度向 A 承担按份责任。另外，基于 B 与 A 之间的好意同乘关系，B 应当承担的具体赔偿数额也可以适度减少）。

3. 关于机动车交通事故责任强制保险的若干问题。《机动车交通事故责任强制保险条例》第 3 条规定："本条例所称机动车交通事故责任强制保险，是指由保险公司对被保险机动车发生道路交通事故造成本车人员、被保险人以外的受害人的人身伤亡、财产损失，在责任限额内予以赔偿的强制性责任保险。"机动车交通事故责任强制保险，简称"交强险"，在机动车道路交通事故责任中起着非常重要的作用。关于交强险，在实务中应当注意以下问题：

（1）交强险中的受害人范围。根据《机动车交通事故责任强制保险条例》第 3 条的规定，交强险中的受害人并不包括被保险人和本车人员。根据《机动车交通事故责任强制保险条例》第 41 条第 2 项的规定，被保险人是指投保人及其允许的合法驾驶人，而本车人员是指机动车交通事故发生时，被保险机动车上除了驾驶人以外的其他乘车人。

（2）驾驶人对交通事故的发生存在故意或重大过失，或者机动车被盗抢期间发生交通事故的情况下，保险公司是否应当赔偿的问题。实践中，不少交通事故是在机动车驾驶人具有故意或重大过失的情况下发生的。例如，驾驶人在无证驾驶或者醉酒的情况下发生交通事故，或者被保险人基于私利故意制造交通事故。对此问题，《机动车交通事故责任强制保险条例》第 22 条规定："有下列情形之一的，保险公司在机动车交通事故责任强制保险责任限额范围内垫付抢救费用，并有权向致害人追偿：（一）驾驶人未取得驾驶资格或者醉酒的；（二）被保险机动车被盗抢期间肇事的；（三）被保险人故意制造道路交通事故的。有前款所列情形之一，发生道路交通事故的，造成受害人的财产损失，保险公司不承担赔偿责任。"《道路交通事故损害赔偿司法解释》第 18 条规定："有下列情形之一导致第三人人身损害，当事人请求保险公司在交强险责任限额范围内予以赔偿，人民法院应予支持：（一）驾驶人未取得驾驶资格或者未取得相应驾驶资格的；（二）醉酒、服用国家管制的精神药品或者麻醉药品后驾驶机动车发生交通事故的；（三）驾驶人故意制造交通事故的。保险公司在赔偿范围内向侵权人主张追偿权的，人民法院应予支持。追偿权的诉讼时效期间自保险公司实际赔偿之日起计算。"综合以上规定，在驾驶人对交通事故的发生存在故意或无证驾驶、醉驾的重大过失，或者机动车被盗抢期间发生交通事故的情况下，保险公司应当在交强险责任限额范围内对受害人进行赔偿。

（3）机动车交通事故责任强制保险的责任限额问题。《机动车交通事故责任强制保险条例》第 23 条第 1 款规定："机动车交通事故责任强制保险在全国范围内实行统一的责任限额。责任限额分为死亡伤残赔偿限额、医疗费用赔偿限额、财产损失赔偿限额以及被保险人在道路交通事故中无责任的赔偿限额。"根据保监会在 2008 年发布的《中国保监会关于调整交强险责任限额的公告》，我国机动车交通事故责任强制保险责任的限额为：在被保险的车辆有责任的情况下，死亡伤残赔偿限额为 110 000 元人民币，医疗费用赔偿限额为 10 000 元人民币，财产损失赔偿限额为 2 000 元人民币；在被保险车辆无责任的情况下，死亡伤残赔偿限额为 11 000 元人民币，医疗费用赔偿限额为 1000 元人民币，财产损失赔偿限额为 100 元人民币。

（4）多辆机动车发生交通事故造成第三人损害的情况下，各保险公司应当如何在各自责任限额范围内承担赔偿责任的问题。《道路交通事故损害赔偿司法解释》第 21 条规定："多辆机动车发生交通事故造成第三人损害，损失超出各机动车交强险责任限额之和的，由各保险公司在各自责任限额范围内承担赔偿责任；损失未超出各机动车交强险责任限额之和，当事人请求由各保险公司按照其责任限额与责任限额之和的比例承担赔偿责任的，人民法院应予支持。依法分别投保交强险的牵引车和挂车连接使用时发生交通事故造成第三人损害，当事人请求由各保险公司在各自的责任限额范围内平均赔偿的，人民法院应予支持。多辆机动车发生交通事故造成第三人损害，其中部分机动车未投保交强险，当事人请求先由已承保交强险的保险公司在责任限额范围内予以赔偿的，人民法院应予支持。保险公司就超出其应承担的部分向未投保交强险的投保义务人或者侵权人行使追偿权的，人民法院应予支持。"举例来说，甲、乙、丙三人驾驶各自所有的机动车行驶时发生连环追尾，造成第三人丁受伤，丁受伤后共花费医疗费 20 000 元。在该起交通事故中，甲应负事故的主要责任，乙应负事故的次要责任，丙对事故的发生无责任。因为在机动车有责任时，交强险的医疗费赔偿限额为 10 000 元，在机动车无责任时，交强险的医疗费赔偿限额为 1000 元。这种情况下，丁的医药费损失未超出各机动车交强险责任限额之和，根据《道路交通事故损害赔偿司法解释》第 21 条第 1 款的规定，甲、乙、丙三人投保的保险公司分别应当在三辆车的交强险医疗费责任限额内承担如下责任：甲投保的保险公司应当承担的交强险责任为：20 000 元（医疗费实际损失）×10 000 元/（10 000 元 + 10 000 元 + 1000 元）（责任限额与责任限额之和的比例）= 9523.81 元；乙投保的保险公司应当承担的交强险责任为：20 000 元（医疗费实际损失）×10 000 元/（10 000 元 + 10 000 元 + 1000 元）（责任限额与责任限额之和的比例）＝9523.81元；丙投保的保险公司应当承担的交强险责任为：20 000元（医疗费实际损失）×1000元／（10 000元＋10 000元＋1000元）（责任限额与责任限额之和的比例）＝952.38元。

（5）在同一起交通事故中存在多名受害人的情况下，保险公司应当如何在交强险责任限额内赔偿的问题。《道路交通事故损害赔偿司法解释》第22条规定："同一交通事故的多个被侵权人同时起诉的，人民法院应当按照各被侵权人的损失比例确定交强险的赔偿数额。"举例来说，甲驾驶其所有的机动车行驶时发生交通事故，造成乙、丙、丁三人受伤。乙花费的医疗费为5000元，丙花费的医疗费为10 000元，丁花费的医疗费为15 000元。此时，甲投保的保险公司应当在交强险医疗费责任限额内向乙赔偿：10 000元（交强险医疗费责任限额）×5000元／（5000元＋10 000元＋15 000元）（乙的医疗费损失占乙、丙、丁三人医疗费损失总额的比例）＝1666.67元；向丙赔偿：10 000元（交强险医疗费责任限额）×10 000元／（5000元＋10 000元＋15 000元）（丙的医疗费损失占乙、丙、丁三人医疗费损失总额的比例）＝3333.33元；向丁赔偿：10 000元（交强险医疗费责任限额）×15 000元／（5000元＋10 000元＋15 000元）（丁的医疗费损失占乙、丙、丁三人医疗费损失总额的比例）＝5000元。

4. 机动车交通事故责任强制保险与机动车第三者责任商业保险（即商业三者险）如何适用的问题。实践中，不少机动车所有人在投保机动车交通事故责任强制保险的同时还投保了商业三者险，针对发生交通事故时这两个险种如何适用的问题，《道路交通事故损害赔偿司法解释》第16条规定："同时投保机动车第三者责任强制保险（以下简称'交强险'）和第三者责任商业保险（以下简称'商业三者险'）的机动车发生交通事故造成损害，当事人同时起诉侵权人和保险公司的，人民法院应当按照下列规则确定赔偿责任：（一）先由承保交强险的保险公司在责任限额范围内予以赔偿；（二）不足部分，由承保商业三者险的保险公司根据保险合同予以赔偿；（三）仍有不足的，依照道路交通安全法和侵权责任法的相关规定由侵权人予以赔偿。被侵权人或者其近亲属请求承保交强险的保险公司优先赔偿精神损害的，人民法院应予支持。"另外，《最高人民法院关于财保六安市分公司与李福国等道路交通事故人身损害赔偿纠纷请示的复函》中规定："……《机动车交通事故责任强制保险条例》第3条规定的'人身伤亡'所造成的损害包括财产损害和精神损害。精神损害赔偿与物资损害赔偿在强制责任保险限额中的赔偿次序，请求权人有权进行选择。请求权人选择优先赔偿精神损害，对物资损害赔偿不足部分由商业第三者责任险赔偿。"

5. 机动车的情况在交强险保险期内发生重要变化时，保险公司是否需要承担责任的问题。机动车的情况在交强险保险期内发生重要变化主要是指两种情况：第一种情况是投保的机动车在交强险保险期内因买卖等原因发生了所有权的变更；第二种情况是在交强险保险期内，机动车所有人出于特定目的，在未通知保险公司的情况下对机动车实施了改装、改变用途（如将私家车用于客运）等行为，而这些行为无疑会使投保机动车在运行过程中的危险性增加。在这两种情况下，如果发生交通事故造成他人损害，保险公司是否应当在交强险责任限额内向受害人承担责任？对此，《道路交通事故损害赔偿司法解释》第23条规定："机动车所有权在交强险合同有效期内发生变动，保险公司在交通事故发生后，以该机动车未办理交强险合同变更手续为由主张免除赔偿责任的，人民法院不予支持。机动车在交强险合同有效期内发生改装、使用性质改变等导致危险程度增加的情形，发生交通事故后，当事人请求保险公司在责任限额范围内予以赔偿的，人民法院应予支持。前款情形下，保险公司另行起诉请求投保义务人按照重新核定后的保险费标准补足当期保险费的，人民法院应予支持。"也就是说，机动车在交强险保险期内发生所有权变动或者发生改装、使用性质改变等导致危险程度增加的情形时，如果发生交通事故造成他人损害，保险公司仍然需要在交强险责任限额范围内对受害人予以赔偿，只不过在后一种情形下，保险公司有权另行请求投保义务人按照重新核定后的保险费标准补足当期保险费。

第二节　机动车交通事故责任纠纷典型案例

1. 转让机动车但未办理过户登记时发生交通事故的责任认定——中国人民财产保险股份有限公司揭东支公司诉陈耀焕等机动车交通事故责任纠纷案

▍案件信息及法院裁判

裁判文书字号：（2014）惠中法民四终字第362号

案由：机动车交通事故责任纠纷

上诉人（原审被告）：中国人民财产保险股份有限公司揭东支公司（系肇事车辆赣某号重型厢式货车的承保人）

被上诉人（原审原告）：陈耀焕

被上诉人（原审第三人）：林宏辉

原审被告：张细生（系肇事车辆赣某号重型厢式货车的驾驶员）

原审被告：樟树市昌隆汽车运输服务有限公司（系肇事车辆赣某号重型厢式货车的车主）

原审第三人：陈建雄

2012年11月29日，被告张细生驾驶赣某号重型厢式货车辗压同方向行驶的燃油助力车驾驶人原告陈耀焕的左脚，导致原告受伤。惠东县公安局交警大队作出《道路交通事故认定书》，认定被告张细生承担事故的全部责任，原告陈耀焕不承担事故责任。被告樟树市昌隆汽车运输服务有限公司系登记车主，该车已卖给第三人陈建雄，第三人陈建雄再将该车转让给第三人林宏辉。上述转让均未办理过户手续。事故发生时的车辆实际支配人系第三人林宏辉。第三人陈建雄以其名义向被告中国人民财产保险股份有限公司揭东支公司购买了机动车交通事故责任强制保险（以下简称交强险）及不计免赔的保险限额为1 000 000元的商业第三者责任险。被告张细生是第三人林宏辉雇佣的员工，在从事雇佣活动时发生交通事故。

惠东县人民法院在一审中经审理认为，双方当事人对事故认定书无异议，原审法院予以认定。原告在交通事故中受伤且无责任，其损失应由被告方予以赔偿。

关于被告中国人民财产保险股份有限公司揭东支公司应否在商业第三者责任险限额内承担赔偿责任问题：根据《中华人民共和国保险法》（以下简称《保险法》）第65条"保险人对责任保险的被保险人给第三者造成的损害，可以依照法律的规定或者合同的约定，直接向该第三者赔偿保险金。责任保险的被保险人给第三者造成损害，被保险人对第三者应负的赔偿责任确定的，根据被保险人的请求，保险人应当直接向该第三者赔偿保险金。被保险人怠于请求的，第三者有权就其应获赔偿部分直接向保险人请求赔偿保险金。责任保险的被保险人给第三者造成损害，被保险人未向该第三者赔偿的，保险人不得向被保险人赔偿保险金。责任保险是指以被保险人对第三者责任依法应负的赔偿责任为保险标的的保险"的规定，中国人民财产保险股份有限公司揭东支公司应在承保的商业第三者责任险限额内承担赔付责任。被告中国人民财产保险股份有限公司揭东支公司以"本案肇事司机未保护现场，导致无法查清事故事实，根据约定，我公司在商业第三者责任保险范围内不承担赔偿责任"为由提出抗辩，理由不充分，不予采纳。

《道路交通事故损害赔偿司法解释》第16条规定："同时投保机动车第三者责任强制保险（以下简称"交强险"）和第三者责任商业保险（以下简称"商

业三者险") 的机动车发生交通事故造成损害，当事人同时起诉侵权人和保险公司的，人民法院应当按照下列规则确定赔偿责任：（一）先由承保交强险的保险公司在责任限额范围内予以赔偿；（二）不足部分，由承保商业三者险的保险公司根据保险合同予以赔偿；（三）仍有不足的，依照道路交通安全法和侵权法的相关规定由侵权人予以赔偿。被侵权人或者其近亲属请求承保交强险的保险公司优先赔偿精神损害的，人民法院应予支持。"原告的损失费用先由被告中国人民财产保险股份有限公司揭东支公司在其承保的交强险限额范围内予以赔偿，即在交强险死亡伤残赔偿 110 000 元限额范围内赔偿原告残疾赔偿金 70 000 元、精神损害抚慰金 40 000 元，合计 110 000 元，在交强险医疗赔偿 10 000 元限额范围内赔偿原告医疗费 10 000 元。以上在交强险限额范围内赔付的款项合计 120 000 元，被告中国人民财产保险股份有限公司揭东支公司已先行赔付了 30 000 元，在实际履行中应予扣除。超过交强险限额的部分为 607 368 元（727 368 元 – 120 000 元），扣除第三人林宏辉已垫付的原告生活费、医疗费 37 400 元及交通费 2200 元，原告陈耀焕尚应获赔 567 768 元。此款按责任划分，由被告张细生承担全部赔偿责任，因被告张细生是第三人林宏辉雇佣的工人，在从事雇佣活动时发生交通事故，依照《侵权责任法》第 35 条 "个人之间形成劳务关系，提供劳务一方因劳务造成他人损害的，由接受劳务一方承担侵权责任。提供劳务一方因劳务自己受到损害的，根据双方各自的过错承担相应的责任" 的规定，由第三人林宏辉承担赔偿责任。第三人林宏辉在本案中已垫付了 39 600 元（37 400 元 ＋2200 元交通费），原告将此款纳入诉请范围。据此，由被告中国人民财产保险股份有限公司揭东支公司在商业第三者责任险赔偿限额 1 000 000 元范围内对第三人林宏辉承担的上述赔偿款承担直接赔付责任，即赔付 567 768 元给原告，并直接支付 39 600 元给第三人林宏辉。被告樟树市昌隆汽车运输服务有限公司是本案肇事车辆赣＊＊＊＊＊重型厢式货车的登记车主，第三人陈建雄向其购买该车，然后又转卖给第三人林宏辉，均未办理所有权转移登记，第三人林宏辉是该车的最后一手买受人和实际支配人，依照《侵权责任法》第 50 条 "当事人之间已经以买卖等方式转让并交付机动车但未办理所有权转移登记，发生交通事故后属于该机动车一方责任的，由保险公司在机动车强制保险责任限额范围内予以赔偿。不足部分，由受让人承担赔偿责任" 的规定，由第三人林宏辉承担赔偿责任，被告樟树市昌隆汽车运输服务有限公司、第三人陈建雄在本案中不承担赔偿责任。

被告樟树市昌隆汽车运输服务有限公司经原审法院传票传唤未到庭参加诉讼，依法可缺席判决。综上所述，依照《侵权责任法》第 16、22、50 条，《道路交通安全法》第 76 条第 1 款,《保险法》第 65 条第 1 款,《民事诉讼法》第 64 条第 1 款、第 142 条、第 144 条和《人身损害赔偿司法解释》第 17 ~ 25 条、第 28 条及相关司法解释的规定, 判决如下: 被告中国人民财产保险股份有限公司揭东支公司于本判决生效之日起 7 日内一次性在交强险医疗费用赔偿限额范围内赔偿医疗费 10 000 元, 在交强险死亡伤残赔偿限额范围内赔偿 110 000 元, 合计 120 000 元给原告陈耀焕 (在实际履行中扣除先予赔付的 30 000 元, 尚应赔付 90 000 元)。被告中国人民财产保险股份有限公司揭东支公司于本判决生效之日起 7 日内一次性在商业第三者责任险赔偿限额 1 000 000 元范围内予以赔付 607 368 元, 其中赔偿原告陈耀焕 567 768 元, 直接支付 39 600 元给第三人林宏辉。驳回原告陈耀焕的其他诉讼请求。

上诉人中国人民财产保险股份有限公司揭东支公司不服原审判决, 向广东省惠州市中级人民法院提起上诉。广东省惠州市中级人民法院在二审中认为, 本案属于机动车交通事故责任纠纷, 事故各方应按交通事故责任大小承担相应的事故责任。由于上诉人对交通事故的责任认定并无异议, 法院予以确认。针对上诉人的上诉, 法院经审查认为: ①关于按照城镇标准计算被上诉人陈耀焕的残疾赔偿金和被抚养人的生活费问题。陈耀焕已在原审提交了相关证据证明本案交通事故发生时其在城镇工作、居住、生活一年以上的事实, 故原审按照城镇标准计算被上诉人陈耀焕的残疾赔偿金和被抚养人的生活费有事实和法律依据。②关于被上诉人陈耀焕的残疾辅助器具费用问题。陈耀焕已经安装的假肢为每具 34 800 元, 有发票为证, 为实际发生的费用, 原审认定每四年更换一次假肢是根据专业假肢制造公司出具的证明作出的, 并无不当之处。③关于判令上诉人直接支付林宏辉垫付费用的问题。林宏辉在原审中有请求, 原审的处理有利于减少当事人的诉累。④关于原审判令上诉人在商业险范围内承担赔偿责任问题。本案的被保险车辆在上诉人处购买了商业险, 本案的交通事故发生在保险期限之内, 原审判令上诉人在商业险范围内承担赔偿责任有事实和法律依据。综上所述, 上诉人的诉请主张缺乏事实和法律依据, 不予支持; 原审判决认定的事实和适用法律、实体处理正确, 予以维持。依照《民事诉讼法》第 170 条第 1 款第 1 项的规定, 判决驳回上诉, 维持原判。

▌案件分析

本案是一起机动车交通事故责任纠纷, 案件的争议焦点为, 在肇事机动车存在多次转让并且均未办理过户登记的情况下, 各方当事人是否应当就原告的人身损害结果承担赔偿责任。

《道路交通安全法》第76条规定："机动车发生交通事故造成人身伤亡、财产损失的，由保险公司在机动车第三者责任强制保险责任限额范围内予以赔偿；不足的部分，按照下列规定承担赔偿责任：（一）机动车之间发生交通事故的，由有过错的一方承担赔偿责任；双方都有过错的，按照各自过错的比例分担责任。（二）机动车与非机动车驾驶人、行人之间发生交通事故，非机动车驾驶人、行人没有过错的，由机动车一方承担赔偿责任；有证据证明非机动车驾驶人、行人有过错的，根据过错程度适当减轻机动车一方的赔偿责任；机动车一方没有过错的，承担不超过百分之十的赔偿责任。交通事故的损失是由非机动车驾驶人、行人故意碰撞机动车造成的，机动车一方不承担赔偿责任。"这是《道路交通安全法》对机动车交通事故责任归责原则的基本规定。从该条规定可以看出，机动车之间发生交通事故，应当适用过错责任原则。机动车与非机动车驾驶人、行人之间发生交通事故，应当适用无过错责任原则。然而该条并未对"机动车一方"作出详细解释，机动车一方究竟是指机动车的驾驶人，还是指机动车的所有人、管理人等相关人员，尚需明确。

根据国内民法学界形成的通说，《道路交通安全法》第76条规定的"机动车一方"并不能局限地理解为机动车驾驶人，而应理解为机动车的保有人。认定机动车保有人具体应当参考两个因素：第一为保有人需对机动车享有运行支配的权利，即机动车保有人能够在事实上支配、管理机动车的运行。第二为保有人需对机动车享有运行利益，即保有人能通过机动车的运行获得一定的利益。

本案的一大特殊之处在于涉案机动车经过了数次转让，并且每次转让均未办理过户登记。这为责任主体的认定增加了不确定性。根据人民法院查明的事实，被告樟树市昌隆汽车运输服务有限公司系登记车主，该车已卖给第三人陈建雄，第三人陈建雄再将该车转让给第三人林宏辉。上述转让均未办理过户手续。事故发生时的车辆实际支配人系第三人林宏辉。第三人陈建雄以其名义向被告中国人民财产保险股份有限公司揭东支公司购买了机动车交通事故责任强制保险及不计免赔的保险限额为1 000 000元的商业第三者责任险。被告张细生是第三人林宏辉雇佣的员工，在从事雇佣活动时发生了交通事故。

对于这种情况，《侵权责任法》第50条规定："当事人之间已经以买卖等方式转让并交付机动车但未办理所有权转移登记，发生交通事故后属于该机动车一方责任的，由保险公司在机动车强制保险责任限额范围内予以赔偿。不足部分，由受让人承担赔偿责任。"《道路交通事故损害赔偿司法解释》第4条规定："被多次转让但未办理转移登记的机动车发生交通事故造成损害，属于该机动车一方责任，当事人请求由最后一次转让并交付的受让人承担赔偿责任的，人民法院应予支持。"作出该规定的根据在于，机动车转让后虽尚未办理过户登记，但机动车的占有已经转移。在事故发生时，机动车的最后一位受让人实际占有机动车，对机动车享有支配控制的权利，并且获取该机动车的运行利益。因此，事故发生时肇事机动车的最后受让人是机动车的保有人，应当对事故造成的人身损害结果承担赔偿责任。需要指出的是，《物权法》第23条规定："动产物权的设立和转让，自交付时发生效力，但法律另有规定的除外。"第24条规定："船舶、航空器和机动车等物权的设立、变更、转让和消灭，未经登记，不得对抗善意第三人。"这说明，动产物权的变更要件为交付。机动车作为一类特殊动产，固然具有其特殊性，但机动车登记仅仅为机动车物权变更的对抗要件，而非生效要件，即买卖双方交付机动车后，机动车的所有权已经转移。此时，机动车的最后一位受让人为林宏辉，林宏辉亦为该车辆的所有权人，该车辆受其支配控制，并且车辆的运行利益归林宏辉所有。虽然肇事车辆的驾驶人为张细生，但其受林宏辉雇佣，并且在雇佣活动中发生了交通事故致使原告陈耀焕受到人身损害。根据《侵权责任法》第35条、《人身损害赔偿司法解释》第9条以及《道路交通事故损害赔偿司法解释》第16条的规定，车辆的承保人，即被告中国人民财产保险股份有限公司揭东支公司，在交强险以及商业险的范围内就原告的人身损害结果承担赔偿责任后，不足部分应当由林宏辉承担赔偿责任。

▌法条链接

《道路交通安全法》第76条：机动车发生交通事故造成人身伤亡、财产损失的，由保险公司在机动车第三者责任强制保险责任限额范围内予以赔偿；不足的部分，按照下列规定承担赔偿责任：

（一）机动车之间发生交通事故的，由有过错的一方承担赔偿责任；双方都有过错的，按照各自过错的比例分担责任。

（二）机动车与非机动车驾驶人、行人之间发生交通事故，非机动车驾驶人、行人没有过错的，由机动车一方承担赔偿责任；有证据证明非机动车驾驶人、行人有过错的，根据过错程度适当减轻机动车一方的赔偿责任；机动车一方没有过错的，承担不超过百分之十的赔偿责任。

交通事故的损失是由非机动车驾驶人、行人故意碰撞机动车造成的，机动车一方不承担赔偿责任。

《道路交通事故损害赔偿司法解释》第4条：被多次转让但未办理转移登记的机动车发生交通事故造成损害，属于该机动车一方责任，当事人请求由最后一次转让并交付的受让人承担赔偿责任的，人民法院应予支持。

《道路交通事故损害赔偿司法解释》第 16 条：同时投保机动车第三者责任强制保险（以下简称"交强险"）和第三者责任商业保险（以下简称"商业三者险"）的机动车发生交通事故造成损害，当事人同时起诉侵权人和保险公司的，人民法院应当按照下列规则确定赔偿责任：

（一）先由承保交强险的保险公司在责任限额范围内予以赔偿；

（二）不足部分，由承保商业三者险的保险公司根据保险合同予以赔偿；

（三）仍有不足的，依照道路交通安全法和侵权责任法的相关规定由侵权人予以赔偿。

被侵权人或者其近亲属请求承保交强险的保险公司优先赔偿精神损害的，人民法院应予支持。

《侵权责任法》第 35 条：个人之间形成劳务关系，提供劳务一方因劳务造成他人损害的，由接受劳务一方承担侵权责任。提供劳务一方因劳务自己受到损害的，根据双方各自的过错承担相应的责任。

《侵权责任法》第 50 条：当事人之间已经以买卖等方式转让并交付机动车但未办理所有权转移登记，发生交通事故后属于该机动车一方责任的，由保险公司在机动车强制保险责任限额范围内予以赔偿。不足部分，由受让人承担赔偿责任。

《物权法》第 23 条：动产物权的设立和转让，自交付时发生效力，但法律另有规定的除外。

《物权法》第 24 条：船舶、航空器和机动车等物权的设立、变更、转让和消灭，未经登记，不得对抗善意第三人。

《人身损害赔偿司法解释》第 9 条第 1 款：雇员在从事雇佣活动中致人损害的，雇主应当承担赔偿责任；雇员因故意或者重大过失致人损害的，应当与雇主承担连带赔偿责任。雇主承担连带赔偿责任的，可以向雇员追偿。

2. 在公共道路之外发生交通事故的责任认定——中国太平洋财产保险股份有限公司济宁中心支公司与韩清龙、齐文峰等机动车交通事故责任纠纷案

▋案件信息及法院裁判

裁判文书字号：（2015）济民终字第 869 号

案由：机动车交通事故责任纠纷

上诉人（原审被告）：中国太平洋财产保险股份有限公司济宁中心支公司

被上诉人（原审原告）：韩清龙

被上诉人（原审原告）：齐文峰

被上诉人（原审被告）：崔素云

被上诉人（原审被告）：赵海洋

2014年5月17日6时30分左右，被告崔素云驾驶鲁H××××号小型普通客车在梁山县韩垓镇油坊小学附属幼儿园由南向北倒车时，碰撞车后的韩依晨，造成韩依晨受伤、经抢救无效死亡。经梁山县公安局交通警察大队出具的交通事故分析报告认定被告崔素云承担事故的全部过错，韩依晨无事故过错。被告崔素云驾驶的鲁H××××号小型普通客车在被告中国太平洋财产保险股份有限公司济宁中心支公司投保了交强险和商业三者险，商业三者险限额为500 000元，涉案事故发生在保险期间内。被告赵海洋是鲁H××××号小型普通客车的所有人，被告崔素云是该车的驾驶员，被告赵海洋、崔素云系夫妻关系。受害人韩依晨是原告韩清龙、齐文峰的女儿，受害人韩依晨为城镇居民。法院认定原告的损失有：死亡赔偿金565 280元（28 264元/年×20年）、丧葬费23 826元（47 652元÷2）、精神抚慰金10 000元，共计599 106元。

梁山县人民法院在一审中经审理认为，被告崔素云驾驶鲁H××××号小型普通客车在倒车时将受害人韩依晨碰撞致其死亡的事实清楚，被告崔素云对本案事故的发生负全部过错责任，对原告的损失应承担赔偿责任，原告的诉请应予支持。本案事故发生时间是非工作日，事故车辆为被告赵海洋所有，受害人亦非幼儿园的学生，事故地点虽发生在封闭的幼儿园院中，但根据《道路交通安全法》及《道路交通安全法实施条例》的有关规定，该事故仍应参照适用《机动车交通事故责任强制保险条例》处理。被告中国太平洋财产保险股份有限公司济宁中心支公司关于本案不属于道路交通事故，不属于交强险承保范围的辩解意见，无事实和法律依据，不予采纳。鲁H××××号小型普通客车在被告中国太平洋财产保险股份有限公司济宁中心支公司投保了交强险和商业三者险，被告中国太平洋财产保险股份有限公司济宁中心支公司应在交强险限额内先行赔偿，不足部分再从商业三者险限额内赔偿。因此，被告中国太平洋财产保险股份有限公司济宁中心支公司在交强险限额内赔偿原告死亡赔偿金100 000元、精神抚慰金10 000元，合计110 000元。超出交强险限额部分的费用489 106元（599 106元 – 110 000元），由被告中国太平洋财产保险股份有限公司济宁中心支公司在商业三者险限额内赔偿。依照《侵权责任法》第35条，《道路交通安全法》第76条，《道路交通事故损害赔偿司法解释》第16条第1款第1、2项，第28条，《机动车交通事故责任强制保险条例》第44条，《人身损害赔偿司法解释》第27、29条,《精神损害赔偿司法解释》第9、10条之规定,判决:被告中国太平洋财产保险股份有限公司济宁中心支公司于判决生效之日起10日内在交强险限额内赔偿原告韩清龙、齐文峰死亡赔偿金、精神抚慰金共计110 000元;被告中国太平洋财产保险股份有限公司济宁中心支公司于判决书生效之日起10日内在商业三者险限额内赔偿原告韩清龙、齐文峰死亡赔偿金、丧葬费共计489 106元;驳回原告韩清龙、齐文峰的其他诉讼请求。

判决送达后,中国太平洋财产保险股份有限公司济宁中心支公司不服,向山东省济宁市中级人民法院提起上诉,请求改判上诉人在交强险限额内不承担赔偿责任,理由是:本案不属于道路交通事故,根据《道路交通安全法》第119条,交通事故是指车辆在道路上因过错或意外造成的人身伤亡或财产损失的事件。本次事故并非在道路上发生,而是在封闭的院落内发生,不属于交强险的赔偿范围。

被上诉人韩清龙、齐文峰答辩称,原审判决认定事实清楚,适用法律正确,请求驳回上诉,维持原判。本案事故虽发生在道路以外的地方,但根据法律规定,应参照交通事故处理有关事故责任认定和赔偿责任承担问题。《道路交通安全法实施条例》第97条第1款规定:"车辆在道路以外发生交通事故,公安机关交通管理部门接到报案的,参照道路交通安全法和本条例的规定处理。"《机动车交通事故责任强制保险条例》第43条规定:"机动车在道路以外的地方通行时发生事故,造成人身伤亡、财产损失的赔偿,比照适用本条例。"《道路交通事故损害赔偿司法解释》第28条规定:"机动车在道路以外的地方通行时引发的损害赔偿案件,可以参照适用本解释的规定。"故上诉人对被上诉人的各项损失承担赔偿责任,具有充分的法律依据。

山东省济宁市中级人民法院在二审中认为,《机动车交通事故责任强制保险条例》第43条规定:"机动车在道路以外的地方通行时发生事故,造成人身伤亡、财产损失的赔偿,比照适用本条例。"本案事故虽然发生在幼儿园中,属于道路以外的地方,但被上诉人崔素云是在倒车过程中造成本次事故的,符合"机动车在道路以外的地方通行时发生事故"的情形,应比照适用《机动车交通事故责任强制保险条例》,上诉人中国太平洋财产保险股份有限公司济宁中心支公司应当在交强险范围内承担赔偿责任。一审判决结果正确,上诉人的上诉理由不能成立,不予支持。依照《民事诉讼法》第169条、第170条第1款第1项、第175条之规定,判决驳回上诉,维持原判。

▌案件分析

本案是一起特殊的机动车交通事故责任纠纷,案件的争议焦点为:本案中事故地点具有特殊性，是否应当适用《道路交通安全法》等相关法律法规进行裁判以及被侵权人的人身损害结果是否包含在交强险的赔偿范围内。

首先，本案最大的特殊之处在于事故发生在封闭的幼儿园院中。判断本案是否应当适用《道路交通安全法》等相关法律法规进行裁判，首先应当明确《道路交通安全法》等法律法规对机动车交通责任纠纷中的地点如何界定。《道路交通安全法》第119条第1项规定："'道路'，是指公路、城市道路和虽在单位管辖范围但允许社会机动车通行的地方，包括广场、公共停车场等用于公众通行的场所。"从该规定来看，本案的案发地点即封闭的幼儿园明显不在公路、城市道路的范围之内，也不属于虽在单位管辖范围但允许社会机动车通行的地方。因此，本案的案发地幼儿园并不属于《道路交通安全法》第119条第1项所规定的"道路"。

那么，本案是否可以适用《道路交通安全法》等相关法律法规进行裁判呢？《道路交通安全法实施条例》第97条第1款规定："车辆在道路以外发生交通事故，公安机关交通管理部门接到报案的，参照道路交通安全法和本条例的规定处理。"《道路交通事故损害赔偿司法解释》第28条规定："机动车在道路以外的地方通行时引发的损害赔偿案件，可以参照适用本解释的规定。"根据上述规定，本案的事故发生地虽然在封闭的幼儿园内，不属于《道路交通安全法》规定的道路范围，但仍然可以参照《道路交通安全法》以及《道路交通事故损害赔偿司法解释》的相关规定进行处理。

其次，关于被侵权人的人身损害结果是否包含在交强险的赔偿范围之内，依据《机动车交通事故责任强制保险条例》第44条"机动车在道路以外的地方通行时发生事故，造成人身伤亡、财产损失的赔偿，比照适用本条例"的规定，以及《道路交通事故损害赔偿司法解释》第16条的规定，被告中国太平洋财产保险股份有限公司济宁中心支公司应当在交强险范围内就被侵权人的人身损害结果承担赔偿责任。

▌法条链接

《道路交通安全法》第119条第1项："道路"，是指公路、城市道路和虽在单位管辖范围但允许社会机动车通行的地方，包括广场、公共停车场等用于公众通行的场所。

《道路交通安全法实施条例》第97条第1款：车辆在道路以外发生交通事故，公安机关交通管理部门接到报案的，参照道路交通安全法和本条例的规定处理。

《道路交通事故损害赔偿司法解释》第 16 条：同时投保机动车第三者责任强制保险（以下简称"交强险"）和第三者责任商业保险（以下简称"商业三者险"）的机动车发生交通事故造成损害，当事人同时起诉侵权人和保险公司的，人民法院应当按照下列规则确定赔偿责任：

（一）先由承保交强险的保险公司在责任限额范围内予以赔偿；

（二）不足部分，由承保商业三者险的保险公司根据保险合同予以赔偿；

（三）仍有不足的，依照道路交通安全法和侵权责任法的相关规定由侵权人予以赔偿。

被侵权人或者其近亲属请求承保交强险的保险公司优先赔偿精神损害的，人民法院应予支持。

《道路交通事故损害赔偿司法解释》第 28 条：机动车在道路以外的地方通行时引发的损害赔偿案件，可以参照适用本解释的规定。

《机动车交通事故责任强制保险条例》第 43 条：机动车在道路以外的地方通行时发生事故，造成人身伤亡、财产损失的赔偿，比照适用本条例。

3. 在挂靠情况下发生机动车交通事故的责任认定——中国人民财产保险股份有限公司金华市分公司诉赵义剑等机动车交通事故责任纠纷案

▌案件信息及法院裁判

裁判文书字号：（2016）沪 02 民终 863 号

案由：机动车交通事故责任纠纷

上诉人（原审被告）：中国人民财产保险股份有限公司金华市分公司

被上诉人（原审原告）：赵义剑

原审被告：卫舒平

原审被告：上海郭墅实业有限公司

2014 年 6 月 25 日 8 时 25 分许，在上海市嘉定区胜辛北路兴荣路路口，卫舒平驾驶牌号为沪 BK×××× 的中型厢式货车沿胜辛北路由南向北行驶，适逢赵义剑骑行电动自行车沿兴荣路由东向西行驶，因卫舒平违反信号灯规定行驶，与正常行驶的赵义剑车辆相撞，造成两车损坏、赵义剑受伤的交通事故。后经上海市公安局嘉定分局交通警察支队出具道路交通事故认定书认定，卫舒平负本起交通事故的全部责任，赵义剑无责任。赵义剑受伤后即至医院就医治疗，花费医疗费人民币（以下币种均为人民币）47 639.13 元。2015 年 2 月 4 日，上海市公安局嘉定分局交通警察支队委托华东政法大学司法鉴定中心对赵义剑损伤后的精神状态、伤残等级及休息、护理、营养期限进行评定，结论为：赵义剑因2014年6月25日的交通事故受伤，使其患有脑损害所致精神障碍，构成×××伤残，酌情休息300日，营养150日，护理150日。为此，赵义剑支出鉴定费4 000元。因双方就赔偿事宜未协商一致，赵义剑遂诉讼至原审法院要求判令各当事人赔偿赵义剑因交通事故造成的损失：医疗费47 639.13元、住院伙食补助费780元、营养费6 000元、护理费19 500元、残疾赔偿金477 100元、精神损害抚慰金25 000元、误工费20 300元、交通费1000元、鉴定费4 000元、律师代理费6 000元、衣物损失500元、车辆损失1 200元。前款由人保金华公司在保险范围内承担先行赔偿责任，余款由卫舒平承担赔偿责任。

原审另查：①牌号为沪BK××××的中型厢式货车由人保金华公司承保了机动车交通事故责任强制保险及商业三者险，含不计免赔，事故发生在保险期限内；②赵义剑因就医、伤残鉴定等，支出了一定的交通费用；③上海市居住房屋租赁合同登记备案通知书显示，赵义剑自2013年4月15日至2015年4月14日租住在嘉定区嘉定镇街道城中路×××号×××室内；④事故发生前，赵义剑主要收入长期来源于本市城镇地区。

上海市嘉定区人民法院在一审中经审理认为，公民的生命健康权受法律保护。因机动车发生交通事故造成人身伤亡的，由机动车投保的保险公司在强制保险的责任限额内按照实际损失赔付，不足部分由双方按责承担。本案中，肇事车辆已向人保金华公司投保了交强险及商业三者险，事故发生在保险期间，故人保金华公司应在交强险限额内对赵义剑因交通事故受到的损失直接承担赔付责任。至于超过交强险部分的损失，因卫舒平负本起交通事故的全部责任，法院确定由卫舒平承全部的赔偿责任。上海郭墅实业有限公司系肇事车辆挂靠单位，赵义剑要求其对卫舒平所负之款承担连带赔偿责任的请求，于法无悖，予以支持。具体的赔偿项目及金额，应依法确定：①医疗费，确系赵义剑受伤后实际治疗所产生的费用，故予以支持。具体金额以相关票据为准。②营养费、护理费，法院酌定营养费标准为900元/月，护理费以当事人认可标准确定为1 200元/月。③残疾赔偿金，赵义剑虽系农业户籍人员，但其长期居住且主要收入来源于本市城镇地区，故可按本市城镇地区居民标准予以赔偿，现赵义剑诉请金额在合理范围内，予以照准。④精神损害抚慰金，赵义剑因事故受伤致残，必然给其造成一定的精神伤害，给予一定的精神损害抚慰金确实能在一定程度上对赵义剑起到抚慰作用，现赵义剑诉请金额在合理范围之内，予以照准。⑤交通费，根据赵义剑就医治疗及处理事故的情况，酌情支持500元。⑥鉴定费、住院伙食补助费，于法无悖，予以支持。⑦律师代理费，现赵义剑诉请金额在合理范围之内，予以照准。⑧误工费，赵义剑不能证明其主张的误工费标准，酌定为2 020元/月。⑨衣物损失，酌定为300元。⑩车辆损失，当事人均无异议，予以照准。据此，依照《侵权责任法》第2条第1款、第6条第1款、第15条第1款第6项、第16条、第22条、第48条，《道路交通安全法》第76条第1款第1项之规定，判决如下：中国人民财产保险股份有限公司金华市分公司应于判决生效之日起10日内在机动车交通事故责任强制保险限额内赔偿赵义剑121 500元，其中在医疗赔偿限额项下赔偿10 000元，在伤残赔偿限额项下赔偿110 000元（含精神损害抚慰金25 000元），在财产损失限额项下赔偿衣物损失300元、车辆损失1 200元；赵义剑因事故造成损失：医疗费47 639.13元、住院伙食补助费780元、营养费4 500元、护理费6 000元、残疾赔偿金477 100元、精神损害抚慰金25 000元、误工费20 200元、交通费500元、衣物损失300元、车辆损失1 200元，扣除保险公司在前项应赔偿款项，中国人民财产保险股份有限公司金华市分公司应于判决生效之日起10日内在商业三者险限额内赔偿赵义剑461 719.13元；卫舒平应赔偿赵义剑鉴定费4 000元并承担其律师代理费6 000元，与其垫付的7 000元相折抵，卫舒平应于判决生效之日起10日内赔偿赵义剑3 000元；上海郭墅实业有限公司对卫舒平所负之款承担连带赔偿责任。

原审法院判决后，上诉人人保金华公司不服，向上海市第二中级人民法院提起上诉。上海市第二中级人民法院认为，本案系因道路交通事故引发的损害赔偿纠纷，各方当事人对本起事故基本经过及责任划分并无异议，法院予以确认。现上诉人对被上诉人的伤残鉴定意见提出异议。经查，上述鉴定意见书系处置交通事故的交警部门委托华东政法大学司法鉴定中心评定。该鉴定机构具备鉴定资质，鉴定程序无违法之处，鉴定结论应予以采信。上诉人要求重新鉴定的依据不足，原审法院据此所做的判决并无不当，法院依法予以维持。据此，上诉人的上诉理由不能成立，其上诉请求不予支持。依照《民事诉讼法》第170条第1款第1项之规定，判决驳回上诉，维持原判。

▌案件分析

本案是一起机动车交通事故责任纠纷，案件的争议焦点为，除被告卫舒平之外，被告上海郭墅实业有限公司是否应当对原告的人身损害结果承担赔偿责任。若要判断上海郭墅实业有限公司是否应当承担赔偿责任，首先应查明该公司与肇事车辆的关系。在本案中，根据人民法院查明的事实，上海郭墅实业有限公司系肇事车辆的挂靠单位。因此，本案的争议焦点即为，发生机动车交通事故后，肇事车辆的挂靠单位是否应当就事故中发生的人身损害结果承担赔偿责任。

挂靠是我国经济社会中的一种特有现象。挂靠的历史背景为，在改革开放之初，由于意识形态等因素的存在，国家在法律法规及政策等方面存在很多对私营经济、个体经济进入特定领域经营的限制性规定或者禁止性规定。为了进入相关存在限制性或禁止性规定的行业经营，不少私营企业、个体工商户会与某些国有企业或集体企业签订合同，约定依托该企业并以该企业的名义从事生产经营活动。而机动车挂靠也是我国运输行业的一种较为普遍的现象，对此，我国法律尚未作出明确的规定。一般而言，机动车挂靠是指个人或合伙出资购买机动车，与具有运输经营资质的企业签订合同，约定将该机动车登记在该企业名下，以该企业的名义从事运输经营活动。在这一合同中，车辆的实际所有人为挂靠者，运输企业为被挂靠者。

关于机动车存在挂靠的情况下发生交通事故后的责任认定，《侵权责任法》并未作出规定，但《道路交通事故损害赔偿司法解释》第 3 条规定："以挂靠形式从事道路运输经营活动的机动车发生交通事故造成损害，属于该机动车一方责任，当事人请求由挂靠人和被挂靠人承担连带责任的，人民法院应予支持。"司法解释作出这一规定主要有以下原因：第一，挂靠行为本身是一种违法行为，其违反了行政许可法相关规定，规避了国家对一些行业规定的准入制度。如果不对这种情况下发生交通事故后被挂靠企业的责任作出规定，便会在一定程度上纵容挂靠行为继续发生。第二，肇事车辆挂靠在相关企业名下，以被挂靠企业的名义进行运输活动，会使得不特定公众产生一种合理信赖，即信赖该机动车归被挂靠的企业所有，信赖该机动车的运营活动属于该企业的生产经营活动的一部分。第三，机动车挂靠在特定企业名下，被挂靠企业会收取挂靠人一定的管理费用，即受有了利益。在这种情况下，机动车的挂靠人实际管理、支配该车辆，对肇事机动车具有管理控制力。被挂靠企业享受了一定的机动车的运行利益，可以将挂靠人和被挂靠人共同理解为机动车的保有人，因此，司法解释规定在当事人请求的情况下，应当由二者承担连带责任。

具体到本案中，肇事车辆的驾驶人为卫舒平，其将机动车挂靠在上海郭墅实业有限公司名下，因此，卫舒平为挂靠人，上海郭墅实业有限公司为被挂靠人。本案肇事车辆已向人保金华公司投保了交强险及商业三者险，事故发生在保险期间，因此应根据《道路交通事故损害赔偿司法解释》第 16 条的规定，由承保人人保金华公司在交强险限额内对原告赵义剑因交通事故受到的损失直接承担赔付责任。对于超过交强险部分的损失，应根据《道路交通事故损害赔偿司法解释》第3条的规定，由卫舒平和上海郭墅实业有限公司承担连带赔偿责任。

▌法条链接

《道路交通事故损害赔偿司法解释》第3条：以挂靠形式从事道路运输经营活动的机动车发生交通事故造成损害，属于该机动车一方责任，当事人请求由挂靠人和被挂靠人承担连带责任的，人民法院应予支持。

《道路交通事故损害赔偿司法解释》第16条：同时投保机动车第三者责任强制保险（以下简称"交强险"）和第三者责任商业保险（以下简称"商业三者险"）的机动车发生交通事故造成损害，当事人同时起诉侵权人和保险公司的，人民法院应当按照下列规则确定赔偿责任：

（一）先由承保交强险的保险公司在责任限额范围内予以赔偿；

（二）不足部分，由承保商业三者险的保险公司根据保险合同予以赔偿；

（三）仍有不足的，依照道路交通安全法和侵权责任法的相关规定由侵权人予以赔偿。

被侵权人或者其近亲属请求承保交强险的保险公司优先赔偿精神损害的，人民法院应予支持。

4. 因租赁、借用等情形致使机动车所有人与使用人不是同一人时发生机动车交通事故的责任认定——郭子豪、毛祝孔诉李明波、唐大兵、韦晓辉机动车交通事故责任纠纷案

▌案件信息及法院裁判

裁判文书字号：（2014）甘民一终字第34号

案由：机动车交通事故责任纠纷

上诉人（原审原告）：郭子豪

上诉人（原审被告）：李明波

被上诉人（原审原告）：毛祝礼

被上诉人（原审被告）：唐大兵

被上诉人（原审被告）：韦晓辉

2012年2月20日17时20分许，被告唐大兵无照驾驶被告韦晓辉从被告李明波处租赁的甘FA0897号"猎豹"牌小型普通客车，沿国家高速（G30）由西向东行驶至2427Km+652.6m处时，所驾车辆与右侧护栏相撞后翻出路外，造成乘车人郭某某死亡，驾驶人唐大兵、乘车人韦晓辉等 5 人受伤，车辆及高速公路设施受损的道路交通事故。甘肃省公安厅交通警察总队高速公路第二支队雄关大队于 2012 年 2 月 21 日委托甘肃省汽车性能监督检验站对肇事车辆进行鉴定，该站于 2012 年 3 月 20 日作出的鉴定结论为：甘 FA0897 号车辆转向性能符合国标要求，制动性能不能满足车辆行车制动要求。甘肃省公安厅交通警察总队高速公路第二支队雄关大队委托甘肃科证司法鉴定所鉴定，郭某某死亡原因系急性重型颅脑损伤、高位颈椎脱位致中枢性呼吸循环衰竭合并胸腔脏器损伤致呼吸循环衰竭导致死亡。甘肃省公安厅交通警察总队高速公路第二支队雄关大队认定：甘 FA0897 号"猎豹"牌小型普通客车，所有人为李明波，注册日期为 2010 年 6 月 22 日，车辆检验有效期至 2012 年 6 月；唐大兵未安全驾驶且未取得机动车驾驶证，驾驶不符合技术标准的机动车上道路行驶，负事故的全部责任，郭某某、韦晓辉等 6 人不负事故责任。2012 年 8 月 14 日，嘉峪关市人民法院以被告唐大兵犯交通肇事罪，判处其有期徒刑二年，被告唐大兵现正在甘肃酒泉监狱服刑。

另外，肇事车辆甘 FA0897 号"猎豹"牌小型普通客车出厂于 2010 年 4 月 16 日，经被告李明波于 2010 年 6 月 21 日向酒泉市金盾机动车安全技术检验站送检，检验结论为：合格（建议维护）。被告李明波分别在 2011 年 5 月 4 日、7 日、8 日、8 月 3 日等时间对该车进行维护。2012 年 2 月 19 日，被告李明波将肇事车辆出租给被告韦晓辉，对被告韦晓辉提交其身份证、驾驶证复印件进行了审核，但未将相关证件与原件核对。2012 年 2 月 20 日，被告韦晓辉将承租车辆交给无驾驶证的唐大兵驾驶。2012 年 8 月 20 日，甘肃矿区人民法院对李明波诉韦晓辉要求支付汽车租赁费一案作出判决，韦晓辉支付李明波车辆租赁费 45 000 元。2013 年 6 月 17 日，嘉峪关市公安局交通警察支队车辆管理所向原审法院出具证明：经查询，韦晓辉没有驾驶证登记情况。

嘉峪关市人民法院经一审审理认为，被告唐大兵无照驾驶机动车辆，违反道路交通安全法规，造成一人死亡的重大交通事故，负事故的全部责任，除应承担刑事责任外，还应承担民事赔偿责任。原告要求被告唐大兵赔偿经济损失的诉请，符合法律规定，予以支持。被告韦晓辉明知被告唐大兵无驾驶证，仍将自己租赁的车辆交给其驾驶，对交通事故的发生有一定的过错，依法应当承担相应的赔偿责任。原告要求被告韦晓辉与被告唐大兵承担连带赔偿责任的诉请，因无法律依据，不予采纳。被告李明波作为肇事车辆所有人，将自己的车辆租赁给他人使用，获取一定的利益，并无不当，虽无审查承租人是否具有驾驶资质的义务，但有保证出租车辆完好、能够安全行驶、告知承租人须安全行车等义务，由于肇事车辆制动性能有瑕疵，李明波存在过错，对交通事故的发生有一定的责任，依法应当承担相应的赔偿责任。原告以被告李明波将存在安全隐患的车辆租赁给被告韦晓辉使用，具有过错，要求被告李明波与被告韦晓辉、被告唐大兵承担连带赔偿责任的诉请，无法律依据，不予采纳。受害者郭某某是完全民事行为能力人，与被告唐大兵系多年同班组同事，应当知道唐大兵无驾驶证，理应预见乘坐无驾驶资质人员驾驶的车辆存在风险，仍乘其驾驶的车辆，有一定的责任，依法应当自行承担相应的损害结果。原告要求各被告按照 2013 年赔偿标准赔偿医疗费、鉴定费、丧葬费、死亡赔偿金、被抚养人郭子豪生活费、交通费、精神损害抚慰金等项目，由于被害人郭某某死亡发生在 2012 年，因此，应当依照《2012 年甘肃省道路交通事故人身损害赔偿有关费用计算标准》进行计算，原告主张的符合法律规定的合理部分，予以支持。根据《侵权责任法》第 16、22、49 条，《人身损害赔偿司法解释》第 17 条第 1、3款，第 18 条第 1 款，第 27、28、29、35 条，《最高人民法院关于民事诉讼证据的若干规定》第 2、76 条之规定，判决：一、被告唐大兵按 40% 的责任比例赔偿原告毛祝礼、郭子豪各项经济损失 138 990.80 元；被告韦晓辉按 30% 的责任比例赔偿原告毛祝礼、郭子豪各项经济损失 104 243.10 元；被告李明波按 20%的责任比例赔偿原告毛祝礼、郭子豪各项经济损失 69 495.40 元；剩余 10% 的经济损失即 34 747.70 元由原告毛祝礼、郭子豪自行承担；各被告于判决生效后 30日内付清。驳回原告毛祝礼、郭子豪的其他诉讼请求。案件受理费 1970 元，被告唐大兵承担 670 元，被告韦晓辉承担 550 元，被告李明波承担 450 元，原告毛祝礼、郭子豪共同承担 300 元，诉讼保全费 820 元，退还原告郭子豪。一审宣判后，郭子豪、李明波不服，向甘肃省高级人民法院提出上诉。

甘肃省高级人民法院认为，本案二审争议焦点为案涉损害赔偿数额应如何确定，赔偿责任应如何划分。

关于赔偿数额的确定问题。依照《人身损害赔偿司法解释》第 35 条的规定，相关费用的计算标准为一审法庭辩论终结时，各省、自治区、直辖市以及经济特区和计划单列市上一年度相关统计数据。故一审法院以《2012 年甘肃省道路交通事故人身损害赔偿有关费用计算标准》计算赔偿数额并无不当，上诉人郭子豪要求按照 2013 年的标准计算赔偿数额没有法律依据，不应予以支持。

关于赔偿责任的划分问题。根据《侵权责任法》第 49 条及《道路交通事故损害赔偿司法解释》第 1 条的规定，在发生交通事故，车辆所有人、管理人、驾驶人不是同一人时，所有人、管理人对损害发生有过错的，承担相应的赔偿责任。具体到本案中，车辆所有人李明波承担责任的前提是其知道或应当知道肇事车辆的制动系统在出租给韦晓辉时存在安全缺陷。对此，上诉人举出《机动车安全技术检验报告》及相关保养单据，据以证明出租前车辆不存在安全缺陷，并已定期保养、维护，故其对损害的发生不存在过错，其不应承担责任。经审核，《机动车安全技术检验报告》的形成时间为 2010 年 6 月，而上诉人将车辆出租于韦晓辉的时间是 2012 年 2 月 19 日，两者相隔一年半，相关维护保养时间与出租车辆时间亦在半年以上，故上述证据并不能充分证实车辆交于韦晓辉时不存在安全缺陷。同时，上诉人作为车辆的有偿出租人，其对出租车辆应具有更为严格的运行安全保障义务，鉴于事故发生在车辆出租的第二天（2012 年 2 月 20 日），在上诉人未能提交相关证据证实制动系统存在问题是粗暴驾驶或碰撞所致的情况下，不能排除车辆在出租前即存在安全缺陷，故一审法院判令车辆所有人李明波承担 20% 的赔偿责任，并无不当。鉴于受害人是免费搭乘肇事车辆，且与肇事司机唐大兵为多年同事，其对唐大兵无驾驶资质应当是明知的，在此情况下，受害人草率搭乘，亦存在一定过错，一审法院判令受害人自行承担 10% 的责任，符合法律规定，应予以维持。综上，李明波、郭子豪的上诉理由均不能成立。依照《民事诉讼法》第 170 条第 1 款第 1 项之规定，判决驳回上诉，维持原判。

▌案件分析

本案是一起机动车交通事故责任纠纷，案件的争议焦点为，除肇事机动车的驾驶人唐大兵外，其余几名被告是否应当就本案的人身损害结果承担赔偿责任。

在本案中，若要分析其余几名被告是否应当就本案的人身损害结果承担赔偿责任，首先应分析其余几名被告和肇事机动车存在的关系。在本案中，根据人民法院查明的事实，肇事车辆的所有人为李明波，李明波将该车辆通过租赁的方式出租给韦晓辉，韦晓辉作为车辆的承租人，事实上行使着车辆管理人的职能。韦晓辉又将该车交给唐大兵驾驶，因此，就肇事车辆而言，李明波与韦晓辉之间形成租赁关系，而由于法院对韦晓辉与唐大兵之间的法律关系并未做进一步解释，并未说明为有偿使用，不妨将其理解为借用关系。因此，本案中肇事机动车的所有人、管理人以及驾驶人三者是不重合的。《侵权责任法》对这种情形下发生交通事故，责任该如何承担作出了相应规定。该法第 49 条规定："因租赁、借用等情形机动车所有人与使用人不是同一人时，发生交通事故后属于该机动车一方责任的，由保险公司在机动车强制保险责任限额范围内予以赔偿。不足部分，由机动车使用人承担赔偿责任；机动车所有人对损害的发生有过错的，承担相应的赔偿责任。"本案中机动车的使用人即为机动车的驾驶人唐大兵，因此唐大兵应当对被侵权人的人身损害结果承担赔偿责任。而肇事机动车的所有人李明波和该机动车的承租人韦晓辉是否应当承担责任，取决于其对损害的发生是否具有过错。

关于此种情形下相关责任人过错的认定，《道路交通事故损害赔偿司法解释》第1条规定："机动车发生交通事故造成损害，机动车所有人或者管理人有下列情形之一，人民法院应当认定其对损害的发生有过错，并适用侵权责任法第四十九条的规定确定其相应的赔偿责任：（一）知道或者应当知道机动车存在缺陷，且该缺陷是交通事故发生原因之一的；（二）知道或者应当知道驾驶人无驾驶资格或者未取得相应驾驶资格的；（三）知道或者应当知道驾驶人因饮酒、服用国家管制的精神药品或者麻醉药品，或者患有妨碍安全驾驶机动车的疾病等依法不能驾驶机动车的；（四）其它应当认定机动车所有人或者管理人有过错的。"第一，根据人民法院查明的事实，车辆所有人李明波在把车辆出租给韦晓辉时理应知道肇事车辆的制动系统存在安全缺陷，并且，李明波作为车辆的有偿出租人，对出租车辆应具有更为严格的运行安全保障义务。因此，李明波的行为符合上述《道路交通事故损害赔偿司法解释》第1条第1项"知道或者应当知道机动车存在缺陷，且该缺陷是交通事故发生原因之一的"的规定，即李明波在肇事车辆的租赁关系中具有过错。第二，根据人民法院查明的事实，作为车辆承租人的韦晓辉明知唐大兵无驾驶证，仍将自己租赁的车辆交给其驾驶，因此，其行为符合上述《道路交通事故损害赔偿司法解释》第1条第2项"知道或者应当知道驾驶人无驾驶资格或者未取得相应驾驶资格的"的规定，即韦晓辉在把肇事车辆交给唐大兵驾驶时具有过错。因此，李明波和韦晓辉都具有一定的过错，应当就本案中的人身损害结果承担相应的赔偿责任。

此外，根据人民法院查明的事实，本案中被侵权人郭某某是完全民事行为能力人，与被告唐大兵系多年同班组同事，应当知道唐大兵无驾驶证，理应预见乘坐无驾驶资质人员驾驶的车辆存在风险，却仍乘其驾驶的车辆，因此郭某某自身亦存在一定的过错，应当就损害结果承担一定比例的责任。

在生活中，亲朋好友之间难免会出现借用、租赁机动车的情况。助人为乐是中华民族的传统美德，然而机动车具有一定的特殊性，作为一种高速的交通运输工具，在驾驶时如有不慎，便可能发生交通事故。因此，机动车所有人在出借机动车时除了应对自己的机动车的状况非常熟悉外，也应对借用人的基本情况较为了解，如借用人有无驾驶资格，是否存在饮酒、滥用麻醉药品等对驾驶机动车具有严重危害性的行为等。如果机动车存在一定的安全隐患，或者借用人无驾驶资格，或者有饮酒等妨害驾驶的行为存在，出借人就应当拒绝出借机动车。

▌法条链接

《道路交通事故损害赔偿司法解释》第1条：机动车发生交通事故造成损害，机动车所有人或者管理人有下列情形之一，人民法院应当认定其对损害的发生有过错，并适用侵权责任法第四十九条的规定确定其相应的赔偿责任：

（一）知道或者应当知道机动车存在缺陷，且该缺陷是交通事故发生原因之一的；

（二）知道或者应当知道驾驶人无驾驶资格或者未取得相应驾驶资格的；

（三）知道或者应当知道驾驶人因饮酒、服用国家管制的精神药品或者麻醉药品，或者患有妨碍安全驾驶机动车的疾病等依法不能驾驶机动车的；

（四）其它应当认定机动车所有人或者管理人有过错的。

《侵权责任法》第26条：被侵权人对损害的发生也有过错的，可以减轻侵权人的责任。

《侵权责任法》第49条：因租赁、借用等情形机动车所有人与使用人不是同一人时，发生交通事故后属于该机动车一方责任的，由保险公司在机动车强制保险责任限额范围内予以赔偿。不足部分，由机动车使用人承担赔偿责任；机动车所有人对损害的发生有过错的，承担相应的赔偿责任。

第五章
环境污染责任纠纷实务要点与典型案例

第一节　环境污染责任纠纷概述与实务要点

一、环境污染责任纠纷概述

环境污染责任是指因环境污染造成他人损害时，污染者应当承担的侵权责任。环境污染责任具有以下特征：

1. 环境污染责任适用无过错责任原则。根据《侵权责任法》第65条的规定，因污染环境造成损害的，污染者应当承担侵权责任。这就是说，如果污染环境的行为造成他人损害，受害人无须证明污染者存在过错，即可要求其承担赔偿责任。

2. 环境污染责任中，应当由污染者就其行为与损害结果之间不存在因果关系承担举证责任。在法律没有特殊规定的情况下，发生损害结果，应当由受害人就侵权责任的构成要件承担证明责任：在适用过错责任原则的情形下，受害人向人民法院起诉要求责任人对损害结果进行赔偿，应当证明侵权行为、侵权人存在过错、遭受的损害以及侵权行为和损害结果之间存在因果关系；在适用无过错责任的情形下，受害人应当证明侵权行为、遭受的损害以及侵权行为和损害结果之间存在因果关系。但法律、司法解释的制定者会结合不同侵权责任中侵权人与受害人之间各方面条件不对等、受害人举证能力的大小等因素，规定某些侵权责任的构成要件应当由侵权人来举证证明，即举证责任的倒置。在环境污染责任中，根据《侵权责任法》第66条的规定，应当由污染者就其行为与损害结果之间不存在因果关系承担举证责任。

二、环境污染责任构成要件

1. 污染者实施了污染环境的行为，包括大气污染行为、水污染行为、环境噪声污染行为、固体废物污染行为、海洋环境污染行为、放射性污染行为等。

2. 环境污染行为给他人造成了损害。例如，某工厂在邻近的河流中排放污水，污水中含有剧毒物质，致使邻近居民在取水使用后出现人身损害的结果。

3. 环境污染行为与受害人遭受的损害结果之间存在因果关系。环境污染责任中，由于污染环境行为具有长期性、潜伏性、持续性等特点，污染环境行为与受害人遭受损害结果之间的因果关系往往十分复杂，通常只能借助高科技手段才能证明。受限于财力、知识水平等因素，受害人欲证明该因果关系的存在极为困难。所以，法律为环境污染责任中的因果关系要件作出了举证责任倒置的规定。

三、环境污染责任纠纷实务要点

1. 存在两个以上污染者的情况下损害赔偿责任的确定问题。在实践中，损害结果由两个以上污染者造成的情况非常普遍。例如，某条河流旁有若干家工厂，这些工厂都往河中排放污水，导致沿河居民取水使用后出现人身损害的结果。在实践中，两个以上污染者共同导致损害结果的发生，一般具有如下几种情况：①两个以上污染者分别实施的污染行为均不足以单独导致损害结果的发生，两种污染行为结合在一起共同导致了损害结果的发生；②两个以上污染者分别实施了污染行为，每一个行为都足以导致损害结果的发生；③两个以上污染者分别实施了污染行为，但无法查清损害结果是其中一个污染行为还是数个污染行为导致的，如果是数个污染行为导致的，也不能查清是数个污染行为结合在一起共同导致了损害结果的发生，还是每一个污染行为都足以导致损害结果的发生。对此，《侵权责任法》第67条规定："两个以上污染者污染环境，污染者承担责任的大小，根据污染物的种类、排放量等因素确定。"即两个以上污染者承担责任大小的依据是各个污染者的行为在损害结果中所占的原因力的比例，而该比例要根据污染物的种类、排放量等因素来确定。在这种情况下，各个污染者承担的是一种按份责任。

2. 因第三人过错造成环境污染进而致人损害的情况下，责任如何承担的问题。在实践中，存在着因第三人的过错造成环境污染，进而致使他人受到损害的情况。对于这种情况，《侵权责任法》第68条规定："因第三人的过错污染环境造成损害的，被侵权人可以向污染者请求赔偿，也可以向第三人请求赔偿。污染者赔偿后，有权向第三人追偿。"《中华人民共和国水污染防治法》第85条第4款规定："水污染损害是由第三人造成的，排污方承担赔偿责任后，有权向第三人追偿。"《中华人民共和国海洋环境保护法》第89条第1款规定："造成海洋环境污染损害的责任者，应当排除危害，并赔偿损失；完全由于第三者的故意或者过失，造成海洋环境污染损害的，由第三者排除危害，并承担赔偿责任。"

3. 有关环境污染责任中诉讼时效特殊性的问题。诉讼时效是指当事人的权利（一般限于债权请求权）受到损害后，向人民法院请求保护民事权利的期间。该期间从当事人知道或者应当知道权利被侵害时起计算。如果当事人没有在该期间内行使权利，而在诉讼时效经过后再向人民法院提起诉讼，对方当事人以诉讼时效经过为由进行抗辩的，则当事人不能胜诉。《民法通则》第 135 条规定："向人民法院请求保护民事权利的诉讼时效期间为二年，法律另有规定的除外。"第 136 条规定："下列的诉讼时效期间为一年：（一）身体受到伤害要求赔偿的；（二）出售质量不合格的商品未声明的；（三）延付或者拒付租金的；（四）寄存财物被丢失或者损毁的。"在环境污染责任中，法律规定了更长的诉讼时效期间。《环境保护法》第 42 条规定："提起环境损害赔偿诉讼的时效期间为三年，从当事人知道或者应当知道其受到损害时起计算。"在环境污染致人损害案件中，各方面的情况较为复杂，法律为加强对当事人的保护，规定了更长的诉讼时效期间。

第二节　环境污染责任纠纷典型案例

1. 排放污水致人损害责任的认定——范洪东与张红兵、李红生命权、健康权、身体权纠纷案

▌案件信息及法院裁判

裁判文书字号：（2015）雁江民初字第 3278 号
案由：生命权、健康权、身体权纠纷
原告：范洪东
被告：张红兵
被告：李红

经人民法院审理查明，二被告张红兵、李红自 2006 年起在资阳市雁江区保和镇四方碑村 14 社开办养猪场至今。在按资阳市雁江区环保局的要求整改前，养猪场产生的粪便等废水经沼气池处理后，再进入净化池净化，最后再经过管道横穿王成沟至保和镇、中和镇的村道公路（以下简称王保公路）排放至该公

路旁的蓄粪池内。该蓄粪池在被告租用的莫某的责任田内。2015 年 7 月 28 日，资阳市雁江区环保局作出《责令改正环境违法行为决定书》，认定被告养猪场未取得《排污许可证》即向外排放污染物和养殖废水，经沼气池处理后进入净化池，再经过管道排放到未经防渗漏的水田行为违反法律规定，并责令被告停止违法行为。被告收到该决定书后将 1 号田中蓄粪池填埋并将净化池的粪水另行择地排放。

莫某的责任田与原告诉称感染钩体的田（以下简称 7 号田）之间，依次有范六伟的田（以下简称 2 号田）、范正远的藕田（3 号田）、范正远的稻田（5 号田）。其中，莫某的责任田处于上游。在 2 号田与莫某的责任田之间有范德勋的责任田，且已由被告租用，但租用后一直系空地。范德勋的责任田与 2 号田之间有一缺口痕迹，2 号田、3 号田均与 5 号田各有一缺口，5 号田与 7 号田之间有一缺口。2 号田亦有其他的流水穿过公路流入。7 号田与原告的房屋及厕所、鸡舍相邻，并正在房前。

2015 年 7 月 4 日，原告下班后到 7 号田内施肥。2015 年 7 月 8 日，原告至核工业四一六医院（以下简称 416 医院）住院治疗，入院诊断为：双下肢无力、疼痛待查；多发性肌炎；肺部感染。2015 年 7 月 10 日，416 医院医嘱原告转至上一级医院治疗，并为原告办理出院手续。416 医院出院诊断为：①钩端螺旋体（黄疸出血型、重型）；②急性肾功能衰竭；③肝功能损害；④肺部感染（重症）肺出血；⑤低钠低氯血症；⑥甲状腺功能亢进症；⑦快速性心房纤颤；⑧血小板减少症；⑨高甘油三酯血症；⑩急性呼吸衰竭。因在 416 医院住院治疗，原告支付医疗费 25 531.72 元。

从 416 医院出院后，原告前往四川大学华西医院门诊急诊治疗，并于 2015 年 7 月 17 日办理住院治疗。2015 年 8 月 11 日，原告病情好转出院，出院诊断为：①××；②多器官功能不全（肝功能不全、急性肾功能不全、凝血功能障碍）；③戊型病毒新肝炎；④败血症；⑤双肺肺炎；⑥代谢性酸中毒；电解质紊乱；⑦高脂血症。出院医嘱为：①肝病饮食，勿饮酒，慎用伤肝药物，注意休息，避免感冒；②出院后 1～10 天复查肝功、血常规等检查，传染科门诊长期随访及调整治疗方案；③肝功颗粒 1 天 3 次，1 次 1 袋，易善复每日 2 次，每次 2 片，思美泰 1 天 2 次，每次 500 mg；④如有不适，及时就医。因急诊治疗，原告支付医疗费 62 922.3 元，急诊陪护费 110 元；四川大学华西医院治疗，原告支付医疗费 31 648.23 元。2015 年 10 月 8 日，原告前往四川大学华西医院传染科检查，支付医疗费 231.20 元。

另查明，2015 年 7 月 13 日，资阳市雁江区疾病预防控制中心防控中心（以下简称雁江疾控中心）根据国家疫情专报系统发现原告患××。随后，雁江疾控中心组织人员对原告所在村进行流行病学调查、对原告家周围开展病情监测、将原告所在社确定为疫区范围并在原告家周围500米疫点进行消毒和灭鼠工作。

另查明，××是由致病性钩体引起的一种分布广泛的人畜共患病，俗称"打谷黄"。××病常在夏秋季（6～10月）、稻田收割季节和洪涝灾害发生后流行。我国已从67种动物中分离出钩体，其中危害最大的主要宿主动物是啮齿动物以及家畜。传染源以野鼠和猪为主。传播途径为人直接或间接与带菌动物的尿污染的水体接触，钩体通过破损皮肤或黏膜进入血循环，引起菌血症和中毒血症。临床表现为：潜伏期一般为2～28天，发病早期得到及时有效抗菌素治疗后，即可痊愈，而另有××例发展到中期（约在病后3～14天），将出现不同程序的器官损害。控制措施以预防为主，包括灭鼠、兴修水利防治洪涝灾害、免疫接种、预防服药、××教育等。

另查明，原告因治疗××遭受的经济损失为125 533.5元，其中医疗费120 443.5元、误工费2040元（60元/天×34天）、住院伙食补助费850元（25元/天×34天）、交通费500元、护理费1450元（50元/天×34天）。因住院治疗领取新型农村合作医疗补偿12 696.4元，原告实际损失为112 837.05元。

四川省资阳市雁江区人民法院经审理认为，根据当事人的诉辩主张，本案系因被告开办的养猪场排放污水引发的纠纷，依照《水污染防治法》第91条的规定，被告在养殖生猪过程中所产生的粪便、废水属污染物，故本案为环境污染责任纠纷。《侵权责任法》第66条规定："因污染环境发生纠纷，污染者应当就法律规定的不承担责任或者减轻责任的情形及其行为与损害之间不存在因果关系承担举证责任。"《最高人民法院关于审理环境侵权责任纠纷案件适用法律若干问题的解释》（以下简称《环境侵权纠纷司法解释》）第6条规定："被侵权人根据侵权责任法第六十五条规定请求赔偿的，应当提供证明以下事实的证据材料：（一）污染者排放了污染物；（二）被侵权人的损害；（三）污染者排放的污染物或者其次生污染物与损害之间具有关联性。"第7条规定："污染者举证证明下列情形之一的，人民法院应当认定其污染行为与损害之间不存在因果关系：（一）排放的污染物没有造成该损害可能的；（二）排放的可造成该损害的污染物未到达该损害发生地的；（三）该损害于排放污染物之前已发生的；（四）其他可以认定污染行为与损害之间不存在因果关系的情形。"依照上述规定，本案原告应承担被告排放了污染物、原告有损害后果及排放的污染物或者其次生污染物与损害后果之间具有因果关系的事实的证明责任。在原告完成对上述事实证明责任的情况下，应由被告就法律规定的不承担责任或者减轻责任的情形及其行为与损害之间不存在因果关系承担举证责任。本案中，原告所举证据能够证明：①被告养殖生猪所产生的污水未经无害化处理，也未采取防渗漏措施，直接排放入租用的田内，该田处于原告责任田的上游，污水渗漏及洪水期均可污染原告的责任田；②原告在感染××前在其责任田进行了施肥等作业。同时，猪是××菌的重要保菌带菌宿主，通过尿液长期排菌，猪系××主要传染源，故原告所举证据能够证明被告养殖猪排放的污染物与其患××之间存在因果关系。故应由被告就法律规定的不承担责任或者减轻责任的情形及其行为与损害之间不存在因果关系承担举证责任。本案中，被告所举证据不能证明存在法律规定的不承担责任或者减轻责任的情形及其行为与损害之间不存在因果关系，被告应对原告感染××造成的损害后果承担赔偿责任。因原告未举证证实因治疗支付了交通费2095元，故对原告要求被告赔偿2095元交通费的诉讼请求不支持，但原告因医疗确实支付了一定交通费，酌情认定被告承担原告交通费损失500元。因原告未举证证实其应当加强营养，故对原告要求被告赔偿营养费的诉讼请求不予支持。关于原告要求被告支付住宿费3900元的诉讼请求，与本案损害后果缺乏法律上的关联，故不予支持。关于原告要求被告支付后期诊疗费3000元的诉讼请求，因未实际发生且无证据证实需要3000元的后期诊疗费，故对原告要求被告支付后期诊疗费3000元的诉讼请求亦不予支持。据此，依照《侵权责任法》第6、16、65、66条，最高人民法院《环境侵权纠纷司法解释》第6条之规定，本案经审委会讨论决定判决如下：被告张红兵、李红于本判决生效之日起10日内给付原告范洪东因医疗××遭受的损失112 837.05元；驳回原告范洪东其他诉讼请求。

▌案件分析

本案是一起生命权、健康权、身体权纠纷，案件的争议焦点为二被告张红兵、李红是否应当对原告范洪东的人身损害结果承担赔偿责任。

本案中原告范洪东主张，由于被告的养猪场没有依据《环境保护法》等相关法律规定办理环境审批手续，无任何污水处理措施，经营过程中也未采取有效的污水防护措施，猪粪直接排入农田沟渠中，严重污染原告周边的土地。污水中一种致病性钩体的寄生虫溢流到原告的田中，原告在田中耕作时，该寄生虫侵入原告体内，导致原告患"打谷黄"疾病进而产生人身损害。判断二被告张红兵、李红是否应当对原告范洪东的人身损害结果承担赔偿责任，应当分析环境污染责任中的归责原则，以及二被告开办的养猪场产生的废物与原告范洪东的人身损害结果是否具有因果关系。

第一，《侵权责任法》第 65 条规定："因污染环境造成损害的，污染者应当承担侵权责任。"这说明，环境污染责任的归责原则为无过错责任原则。原因如下：①环境污染纠纷中，造成特定损害的污染物一般来源于现代工业生产过程中产生的废水、废气、固体废弃物等。基于被侵权人与污染物排放者之间在专业知识、财力等方面存在的严重不对等性，被侵权人在一般情况下很难证明污染物排放者具有过错。②排污者通过开办企业进行生产经营活动而获取利益，但同时也排放了污染物造成环境损害。基于民法风险与利益相一致的原则，排污者在获取利益的同时，也应当承担因排污可能产生的损害赔偿责任的风险。③在侵权法上，环境污染责任本质上是一种危险责任。排污者承担责任的根源在于其生产经营活动中的排污行为属于一种可能给社会和不特定公众造成损害的危险活动，即排污行为开启了危险源。因此，法律规定环境污染责任中排污者应当承担无过错责任。

第二，环境污染是一类特殊的侵权行为，其特殊性主要表现在：①环境污染损害一般具有长期性、潜伏性、持续性、广泛性的特点，有的环境污染地域广泛，污染源与损害结果地距离很远，有的损害结果不是即时形成的，而是日积月累慢慢形成的。所以，发生损害后很难判断损害事实是否由某侵权行为造成，因果关系的证明非常困难。②环境污染造成损害的过程具有复杂性，损害并非总是由污染物直接作用于人身和财产造成的，而是污染物与各环境要素或者其他要素之间发生物理、化学反应，经过迁移、扩散、转化、代谢等一系列中间环节后才起作用，这使得污染行为与损害结果之间的因果关系表现得十分隐蔽。③有的环境污染侵权涉及一系列的物理、化学、生物、地理和医学等方面的专业知识甚至一些高科技知识，要证明行为与损失事实之间的因果关系，必须具备相关的专门科技知识和仪器设备，而这些知识和设备往往并不是常人尤其是环境污染事故中的被侵权人所具备的。甚至在现有的科学技术条件下，一些极为复杂的环境污染行为与损害事实之间的因果关系会无法认定。④在确定环境污染行为与损害事实之间具有因果关系时，经常有多因一果的情况出现，如数家工厂同时向邻近的某一条河流排污，河水被污染后导致饮用该河水的沿岸居民感染疾病。这种情况下，被侵权人对因果关系的证明会更加困难。[1]

由于上述环境污染侵权行为的特殊性，导致环境污染行为与被侵权人损害结果之间的因果关系链条非常复杂。在一般侵权行为中，根据证明责任的相关

---

[1] 全国人大法工委民法室编：《〈中华人民共和国侵权责任法〉条文解释与立法背景》，法律出版社 2010 年版，第 267 页。

规则，应当由原告（一般为被侵权人）就侵权行为的构成要件承担证明责任，当然包括了对侵权行为与损害事实之间因果关系的证明。但在环境侵权行为中，结合环境污染具有的特殊性可知，被侵权人对环境侵权行为与损害事实之间因果关系的证明极为困难，甚至无法证明。如果坚持让被侵权人承担对因果关系的证明责任，无疑会阻碍对被侵权人损害的救济，损害其合法权益。所以，《侵权责任法》第 66 条规定："因污染环境发生纠纷，污染者应当就法律规定的不承担责任或者减轻责任的情形及其行为与损害之间不存在因果关系承担举证责任。"即被侵权人一方不承担证明环境侵权行为与损害事实之间因果关系的责任，应当由污染者就其行为与损害之间不存在因果关系承担举证责任。如果污染者不能证明其排污行为与损害结果之间不存在因果关系，就应当承担损害赔偿责任。但需要特别注意的是，环境污染责任中污染行为与损害结果之间的因果关系认定虽然根据法律规定适用举证责任倒置，但并不意味着被侵权人不承担任何证明责任。在环境侵权行为中，被侵权人至少应提出初步的或盖然性的证据，据以建立被告的环境污染行为与自己所受损害之间的初步联系。[1]《环境侵权纠纷司法解释》第 6 条规定："被侵权人根据侵权责任法第六十五条规定请求赔偿的，应当提供证明以下事实的证据材料：（一）污染者排放了污染物；（二）被侵权人的损害；（三）污染者排放的污染物或者其次生污染物与损害之间具有关联性。"根据该规定，如果被侵权人完成了对环境污染行为与损害事实之间具有因果关系的初步证明，就应当由污染者就环境污染行为与损害事实之间不存在因果关系承担证明责任。该解释第 7 条规定："污染者举证证明下列情形之一的，人民法院应当认定其污染行为与损害之间不存在因果关系：（一）排放的污染物没有造成该损害可能的；（二）排放的可造成该损害的污染物未到达该损害发生地的；（三）该损害于排放污染物之前已发生的；（四）其他可以认定污染行为与损害之间不存在因果关系的情形。"如果被告能够证明该条规定的四项情形之一，就对被侵权人的损害结果不承担赔偿责任。

在本案中，根据人民法院查明的事实，原告所举证据能够证明：①被告养殖生猪所产生的污水未经无害化处理，也未采取防渗漏措施，直接排放入租用的田内，该田处于原告责任田的上游，污水渗漏及洪水期均可污染原告的责任田；②原告在感染"打谷黄"疾病前在其责任田进行了施肥等作业。同时，猪是××菌的重要保菌带菌宿主，通过尿液长期排菌，猪系"打谷黄"的主要传染源，原告所举证据能够证明被告养殖猪排放的污染物与其患"打谷黄"疾病

---

〔1〕　程啸：《侵权责任法》（第 2 版），法律出版社 2015 年版，第 579 页。

之间存在关联。故应由被告就法律规定的不承担责任或者减轻责任的情形及其行为与损害之间不存在因果关系承担举证责任。本案中，被告所举证据不能证明存在法律规定的不承担责任或者减轻责任的情形及其行为与损害之间不存在因果关系，所以，被告应对原告感染该种疾病造成的人身损害结果承担赔偿责任。

▌法条链接

《侵权责任法》第 65 条：因污染环境造成损害的，污染者应当承担侵权责任。

《侵权责任法》第 66 条：因污染环境发生纠纷，污染者应当就法律规定的不承担责任或者减轻责任的情形及其行为与损害之间不存在因果关系承担举证责任。

《环境侵权纠纷司法解释》第 6 条：被侵权人根据侵权责任法第六十五条规定请求赔偿的，应当提供证明以下事实的证据材料：

（一）污染者排放了污染物；

（二）被侵权人的损害；

（三）污染者排放的污染物或者其次生污染物与损害之间具有关联性。

《环境侵权纠纷司法解释》第 7 条：污染者举证证明下列情形之一的，人民法院应当认定其污染行为与损害之间不存在因果关系：

（一）排放的污染物没有造成该损害可能的；

（二）排放的可造成该损害的污染物未到达该损害发生地的；

（三）该损害于排放污染物之前已发生的；

（四）其他可以认定污染行为与损害之间不存在因果关系的情形。

2. 环境侵权责任中证明责任的分配——陈桂枝与万华化学（宁波）有限公司生命权、健康权、身体权纠纷案

▌案件信息及法院裁判

裁判文书字号：（2014）浙甬民一终字第 38 号

案由：生命权、健康权、身体权纠纷

上诉人（原审原告）：陈桂枝

被上诉人（原审被告）：万华化学（宁波）有限公司

陈桂枝原系宁波大榭开发区兴岛企业服务贸易有限公司（以下简称兴岛公司）职工，工作岗位为保洁员，工作任务是为万华公司打扫卫生。根据兴岛公

司考勤记载，陈桂枝自 2006 年 11 月起一直工作至 2010 年 7 月 2 日。2010 年 7 月 3 日，陈桂枝曾以身体不适为由向兴岛公司提出辞职，未去万华公司上班。2010 年 8 月 1 日，陈桂枝应兴岛公司要求再次上班至 2010 年 8 月 12 日，次日正式向兴岛公司辞去工作。陈桂枝辞去工作后，先后在宁波大榭开发区医院、复旦大学附属华山医院、上海市肺科医院、浙江大学医学院附属第一医院、上海圣草中医门诊部、宁波市康宁医院等医院进行治疗，怀疑化学品中毒。2012 年 11 月，陈桂枝向宁波市劳动人事仲裁委员会申请追索工伤保险待遇赔偿仲裁，要求兴岛公司、万华公司赔偿医药费等损失，后因故撤回申请。原审法院另查明：万华公司的营业执照记载，万华公司是一家从事聚氨酯及助剂、异氰酸酯及衍生产品等化工品生产企业，化工生产衍生品中有硫化氢等危化品。

陈桂枝于 2012 年 12 月 25 日向宁波市北仑区人民法院提起诉讼称：陈桂枝自 2006 年 11 月在兴岛公司工作，工作岗位为保洁员，工作任务是为万华公司清洁卫生。2010 年 8 月 5 日早上，陈桂枝在打扫万华公司卫生间时，发现墙壁瓷砖上有红色粉末，并闻有臭味，对此进行清理时，当即出现火烧心、从嗓子到上腹有燃烧、灼热感觉，出现头部眩晕、肚子发胀等症状，疑是万华公司的硫化氢泄漏中毒。陈桂枝先后在宁波大榭开发区医院、复旦大学附属华山医院、上海市肺科医院等多家医院进行治疗，上海市肺科医院等医院诊断为接触硫化氢等化学品。化学品中毒对陈桂枝的身体和精神带来巨大影响，其不能参加工作，目前仍需长期持续治疗。陈桂枝认为，因万华公司的硫化氢泄漏，导致其遭受严重的人身损害，根据《侵权责任法》等法律规定，应由万华公司承担赔偿责任，请求判令万华公司赔偿陈桂枝各项损失 300 000 元。

万华公司在原审中答辩称：陈桂枝是兴岛公司派遣到万华公司从事保洁工作的，辞职时做过体检，未发现中毒状况。陈桂枝自述于 2010 年 8 月 5 日在万华公司工作时发生中毒损害，但陈桂枝从没有向兴岛公司和万华公司提出过硫化氢中毒，在 2012 年 11 月陈桂枝向宁波市劳动人事仲裁委员会申请工伤仲裁时才提出硫化氢中毒之事。万华公司有严格的安全生产预防措施，也专门制定实施了事故应急预案。根据万华公司 2010 年 8 月 5 日《交接班记录本》记载，当天并没有发生硫化氢泄漏事故，而万华公司硫化氢属于生产中的副产品，其生产装置位置与陈桂枝工作的位置有很长距离，若发生硫化氢泄漏事故，气体飘散，将影响公司生产车间和附近员工，势必造成重大影响，也会引起有关部门的关注和处理，故陈桂枝诉称硫化氢中毒并不属实。陈桂枝的治疗并没有确诊为硫化氢中毒，其提交的病历和用药中没有化学品中毒后的就医记录和治疗用药，大多为治疗抑郁症、妇科病和消化系统用药，故陈桂枝的病情与万华公司之间不存在因果关系。同时，本案应属工伤事故，非一般侵权法律关系，陈桂枝的赔偿应按工伤事故程序处理，其起诉已超过诉讼时效。因此，应驳回陈桂枝的诉讼请求。

宁波市北仑区人民法院在一审中经审理认为：被侵权人有权请求侵权人承担侵权责任。因环境污染发生纠纷，污染者应当就法律规定的不承担责任或减轻责任的情形及其行为与损害之间不存在因果关系承担举证责任。被侵权人应就污染行为和其自身损害事实的存在承担举证责任。本案陈桂枝认为其在万华公司打扫卫生时接触到一种红色粉末，因万华公司的硫化氢泄漏中毒，但其提交的证据不足以证实万华公司于 2010 年 8 月 5 日发生硫化氢泄漏并因此导致其中毒，造成其人身损害。而万华公司提交的证据可以证实当日未发生硫化氢泄漏事故，即无环境污染的事实存在，更与陈桂枝的人身损害不存在因果关系，原审法院也无法通过委托司法鉴定或医疗诊断的途径实现对上述因果关系的认定。故陈桂枝主张的万华公司存在硫化氢泄漏及因此人身受损的事实和因果关系，原审法院难以认定，陈桂枝要求万华公司赔偿损失的诉请亦难以支持。至于万华公司辩称陈桂枝起诉已过诉讼时效，因陈桂枝长期治疗，且多次向有关部门反映或申请仲裁，并未超过诉讼时效，原审法院不予采信。另万华公司辩称本案属工伤的观点，亦与法不符。据此，原审法院依照《侵权责任法》第65、66 条之规定，判决：驳回陈桂枝的诉讼请求。一审案件受理费 5800 元，由陈桂枝负担。

宣判后，陈桂枝不服，向二审法院提起上诉称：本案系环境污染案件，专业化程度高，万华公司是专业的化工企业，陈桂枝只是一个清洁工，原审法院举证责任分配不公，认定证据错误，导致案件处理不公正。首先，原审法院对陈桂枝提供的证据不予采信是错误的：①陈桂枝提供了上海市肺科医院的门诊病历资料，该病历明确诊断为：接触硫化氢等化学品。②陈桂枝在原审中申请了三位证人李某、胡某、王某出庭作证，可以证明陈桂枝中毒的事实。上述证据足以证实万华公司的污染行为导致陈桂枝身体损害的事实。其次，原审法院采信万华公司提供的《交接班记录本》是错误的：《交接班记录本》是万华公司内部人员的记录，是一个孤证，且记录内容反映了万华公司存在多次安全上的疏漏问题，不能达到万华公司的证明目的，即不足以否定环境污染行为与陈桂枝的人身损害之间存在因果关系。原审以没有司法鉴定机构进行鉴定为由驳回陈桂枝的诉讼请求不当。请求二审法院撤销原判，依法改判。

万华公司答辩称：原审法院举证责任分配合理，对证据的采信完全合理合法。陈桂枝提供的证据无法证实万华公司存在硫化氢泄漏致环境污染的事实。

陈桂枝提供的病历资料仅仅显示其患有妇科病、抑郁症等病症，与硫化氢中毒无直接关联。陈桂枝提供的李某、胡某的证言系传来证据，王某的证言与陈桂枝的陈述又存在明显偏差，原审法院对上述证据不予采信是正确的。原审认定事实清楚，请求二审法院驳回上诉，维持原判。

二审中，双方当事人均未提供新的证据。

二审审理过程中，陈桂枝向法院提出鉴定申请，法院予以准许。双方当事人经协商一致，共同委托浙江大学司法鉴定中心进行鉴定，后法院于2014年3月27日收到浙江大学司法鉴定中心关于其不受理此案的函件。

经审理，二审法院除对原审法院认定的事实予以确认外，另认定：2010年8月5日，万华公司的总调度记录显示"火炬H_2S味很大，正在处理"。宁波万华聚氨酯有限公司于2013年8月6日将名称变更为万华化学（宁波）有限公司。

宁波市中级人民法院在二审中认为：本案二审争议的焦点一是原审法院对双方举证责任的分配是否合理、对相关证据的认定是否正确；二是陈桂枝所诉称的人身损害赔偿能否得到支持。

关于争议焦点一，法院认为：首先，陈桂枝以万华公司泄漏硫化氢造成其人身损害为由提起诉讼，故本案系环境污染引起的纠纷。根据相关法律规定，应由万华公司就法律规定的不承担责任或减轻责任的情形及其行为与损害结果之间不存在因果关系承担举证责任。但举证责任的倒置原则并不意味着陈桂枝将一切举证责任都转移给万华公司承担，陈桂枝仍然具有初步的举证责任，即陈桂枝对损害事实的存在和环境污染行为的发生负有举证责任。因此，本案中，原审法院对双方举证责任的分配是合理的。其次，陈桂枝在原审中提供的上海市肺科医院的门诊病历资料虽记载有硫化氢中毒，但从诊断情况分析，是根据陈桂枝的自述而记载。陈桂枝在该院所做的检查项目为"心脏左心功能"，该院并未出具相应的较为完整的化验单或较为科学的诊断依据。故原审法院未将该门诊病历资料中的诊断意见作为认定本案事实的依据并无不妥。同时，从陈桂枝提供的证人李某、胡某的证言内容分析，证人李某、胡某未亲眼看到陈桂枝在2010年8月5日硫化氢中毒的情景，均是根据陈桂枝本人的单方陈述，难以达到陈桂枝的证明目的。证人王某虽陈述看到了红色粉末，但该红色粉末与陈桂枝诉称的硫化氢气体存在偏差，故证人王某的证言与陈桂枝所主张的事实亦缺乏关联性。原审对上述证人证言均不予采信并无不当。再次，万华公司在原审中提供的《交接班记录本》虽是万华公司单方制作，但该记录本较为完整地记录了公司每天的工作情况以及交接班情况，相对较为客观，陈桂枝也无证据证明万华公司存在伪造或篡改的事实，故原审认定该证据并无不妥。

关于争议焦点二，法院认为：根据《侵权责任法》的相关规定，被侵权人有权请求侵权人承担侵权责任。环境污染侵权以存在环境污染行为、环境损害事实、环境污染行为与损害事实之间存在因果关系为构成要件。本案中，陈桂枝称万华公司存在硫化氢泄漏造成其人身损害，故陈桂枝应对其所受到的损害事实承担举证责任。陈桂枝虽称其受到的人身损害为"火烧心、从嗓子到上腹有燃烧、灼热感觉，出现头部眩晕、肚子发胀、神经紧张、心跳加快"等症状，但其未能提供确凿的证据予以证实。二审中，法院曾经就陈桂枝所诉称的人身损害是否存在以及该损害是否系万华公司生产的硫化氢中毒引起（即两者是否存在因果关系）委托浙江大学司法鉴定中心进行鉴定，后因该鉴定中心不予受理而退回。故法院对陈桂枝主张的万华公司存在硫化氢泄漏造成其人身受损的事实和因果关系难以认定，陈桂枝要求万华公司承担赔偿责任的上诉请求，法院难以支持。综上，原审判决认定事实清楚，适用法律正确，判决并无不当。依照《民事诉讼法》第170条第1款第1项之规定，判决驳回上诉，维持原判。

▌案件分析

本案是一起生命权、健康权、身体权纠纷，案件的争议焦点有二：一审法院对原被告之间证明责任的分配是否合理；被告是否应当就原告的人身损害结果承担赔偿责任。

第一，《民事诉讼法司法解释》第90条规定："当事人对自己提出的诉讼请求所依据的事实或者反驳对方诉讼请求所依据的事实，应当提供证据加以证明，但法律另有规定的除外。在作出判决前，当事人未能提供证据或者证据不足以证明其事实主张的，由负有举证证明责任的当事人承担不利的后果。"第91条规定："人民法院应当依照下列原则确定举证证明责任的承担，但法律另有规定的除外：（一）主张法律关系存在的当事人，应当对产生该法律关系的基本事实承担举证证明责任；（二）主张法律关系变更、消灭或者权利受到妨害的当事人，应当对该法律关系变更、消灭或者权利受到妨害的基本事实承担举证证明责任。"本案是一起环境污染侵权责任纠纷，所以，从《民事诉讼法司法解释》第91条的规定出发，原告向人民法院起诉被告，主张被告的侵权行为给自己造成了人身损害，需要证明侵权法律关系的基本事实和构成要件。环境污染责任的构成要件有三：污染环境的行为、损害结果、污染行为与损害结果之间存在因果关系。主张侵权法律关系存在的原告一方需要就各构成要件进行证明。由于环境污染侵权行为是一种特殊的侵权行为，法律对环境污染侵权行为中的因果关系证明规定了证明责任倒置，被侵权人只需证明被告污染环境的行为与自身受到损害结果这两个要件。在本案中，人民法院认为原告陈桂枝对损害事实的存在和环境污染行为的发生负有举证责任，被告万华公司应当就法律规定的不承担责任或减轻责任的情形及其行为与损害之间不存在因果关系承担举证责任。因此，本案中，原审法院对双方举证责任的分配是符合法律规定的。

第二，被告是否应当对原告的人身损害结果承担赔偿责任，取决于原告的举证责任是否完成，即原告陈桂枝是否完成了对损害事实的存在和环境污染行为发生的证明。在损害事实的证明方面，陈桂枝在原审中提供的上海市肺科医院的门诊病历资料虽记载有硫化氢中毒，但从诊断情况分析，是根据陈桂枝的自述而记载的。陈桂枝在该院所做的检查项目为"心脏左心功能"，该院并未出具相应的较为完整的化验单或较为科学的诊断依据。故法院未将该门诊病历资料中的诊断意见作为认定本案事实的依据。而且，陈桂枝虽称其受到的人身损害为"火烧心、从嗓子到上腹部有燃烧、灼热感觉，出现头部眩晕、肚子发胀、神经紧张、心跳加快"等症状，但其未能提供确凿的证据予以证实。在环境污染行为的存在方面，被告万华公司在原审中提供的《交接班记录本》较为完整地记录了公司每天的工作情况以及交接班情况，且陈桂枝也无证据证明万华公司存在伪造或篡改的事实，所以原告陈桂枝也没有完成对硫化氢泄漏这一污染行为存在事实的证明。原告没有完成对损害事实的存在和环境污染行为的发生的证明，更不可能证明污染者排放的污染物或者其次生污染物与损害之间具有关联性，即证明污染行为与损害结果之间存在的因果关系。因此，本案原告陈桂枝在案情真伪不明时，并没有完成对其主张的侵权法律关系存在的证明，应当承担不能完成证明的败诉风险。

▌法条链接

《民事诉讼法司法解释》第90条：当事人对自己提出的诉讼请求所依据的事实或者反驳对方诉讼请求所依据的事实，应当提供证据加以证明，但法律另有规定的除外。在作出判决前，当事人未能提供证据或者证据不足以证明其事实主张的，由负有举证证明责任的当事人承担不利的后果。

《民事诉讼法司法解释》第91条：人民法院应当依照下列原则确定举证证明责任的承担，但法律另有规定的除外：

（一）主张法律关系存在的当事人，应当对产生该法律关系的基本事实承担举证证明责任；

（二）主张法律关系变更、消灭或者权利受到妨害的当事人，应当对该法律关系变更、消灭或者权利受到妨害的基本事实承担举证证明责任。

第六章

高度危险责任纠纷实务要点与典型案例

第一节　高度危险责任纠纷概述与实务要点

一、高度危险责任纠纷概述

高度危险责任是指从事高度危险活动，占有、使用高度危险物品或者管理高度危险作业区域致人损害，相关责任主体应当承担的责任。从事高度危险活动，典型如《侵权责任法》第73条规定的高空、高压、地下挖掘活动。占有高度危险物品，典型如《侵权责任法》第72条规定的占有或者使用易燃、易爆、剧毒、放射性等高度危险物。管理高度危险作业区域规定在《侵权责任法》第76条，是指管理人对高度危险活动区域或者高度危险物存放区域的管理，典型如高速公路管理部门对封闭的高速公路区域的管理。高度危险责任具有以下特征：

1. 相关活动具有"高度危险性"。高度危险性具有以下几层意义：①高度危险性具有危险现实化的高度可能性。例如，易燃、易爆、剧毒、放射性等物品危险性极大，造成损害他人人身事故的可能性也极大。②高度危险活动造成的后果一般非常严重。例如，核泄漏事故造成的损害是难以估量的，飞机失事造成的人身伤亡后果也是非常惨重的。③高度危险责任的发生也具有高度不确定性，因为高度危险活动往往具有极高的科学技术水平，损害结果的发生往往具有高度不确定性。

2. 高度危险责任适用无过错责任原则。根据《侵权责任法》第69条的规定，从事高度危险作业造成他人损害的，应当承担侵权责任。因此，如果被侵权人因高度危险活动遭受损害，其无须证明相关责任人具有过错，即可要求其承担责任。

3. 高度危险责任中，一般有一定的责任限额。高度危险作业一旦发生事故，造成的损害后果往往十分严重，在这种情况下，相关责任主体往往难以承担巨额的赔偿费用，如果承担全部的赔偿费用，相关企业极有可能破产，因此，法律为高度危险责任设置了一定的责任限额。例如，《国务院关于核事故损害赔偿责任问题的批复》第 7 条规定："核电站的营运者和乏燃料贮存、运输、后处理的营运者，对一次核事故所造成的核事故损害的最高赔偿额为 3 亿元人民币；其他营运者对一次核事故所造成的核事故损害的最高赔偿额为 1 亿元人民币。核事故损害的应赔总额超过规定的最高赔偿额的，国家提供最高限额为 8 亿元人民币的财政补偿。对非常核事故造成的核事故损害赔偿，需要国家增加财政补偿金额的由国务院评估后决定。"

二、高度危险责任构成要件

1. 相关责任主体从事了高度危险作业，具体包括从事高度危险活动，占有、使用高度危险物品或者管理高度危险作业区域三种具体形式。

2. 相关的高度危险作业造成了他人损害。由于高度危险作业存在高度危险性，所以发生事故造成的损害结果往往是非常严重的。

3. 损害结果的发生与高度危险作业之间具有因果关系。如果损害结果的发生与高度危险作业并不存在因果关系，从事高度危险作业的相关主体自然不需要承担责任。

三、高度危险责任纠纷实务要点

（一）高度危险责任主体的免责及减责问题

高度危险作业适用无过错责任原则。这样规定的原因在于：首先，高度危险作业具有对不特定公众的人身、财产造成严重损害的可能性。从事上述活动的相关主体开启了这一危险。其次，在高度危险作业中，占有者、经营者、管理者等相关责任主体最有能力控制相关风险，将危险程度降至最低。最后，高度危险作业的经营者往往能从上述活动中获取巨大利益，基于民法利益与风险相一致的原则，经营者也应当承担该活动对不特定公众造成损害结果的风险。也正因为如此，法律为高度危险作业的责任主体设置了相较于其他侵权责任更为严格的免责和减责事由。

1. 免责事由。

（1）受害人故意。《侵权责任法》第 27 条、第 70～73 条均规定了受害人故意属于高度危险责任的免责事由。根据上述法条的规定，在民用核设施致人损害，民用航空器致人损害，易燃、易爆、剧毒、放射性等高度危险物致人损害，高空、高压、地下挖掘活动等高度危险活动致人损害的情形下，如果从事高度危险作业的相关责任人能够证明损害是受害人利用高度危险作业故意造成的，就可以免于承担责任。例如，如果受害人在铁路上卧轨自杀，则铁路运输企业免于对受害人承担赔偿责任。

（2）不可抗力。不可抗力是指不能预见、不能避免并不能克服的客观情况。《侵权责任法》第29、72、73条规定了不可抗力属于高度危险活动的免责事由，即在易燃、易爆、剧毒、放射性等高度危险物致人损害，高空、高压、地下挖掘活动等高度危险活动致人损害的情形下，如果从事高度危险作业的相关责任人能够证明损害是由于不可抗力造成的，就可以免于承担责任。例如，如果由于气象部门未能准确预测到的台风天气造成了高度危险物品泄露，进而发生损害结果，则危险物的占有人、使用人等责任主体可以免于承担责任。

（3）战争等情形。根据《侵权责任法》第70条的规定，战争等情形是民用核设施发生核事故造成他人损害的免责情形。《国务院关于核事故损害赔偿责任问题的批复》第6条规定："对直接由于武装冲突、敌对行动、战争或者暴乱所引起的核事故造成的核事故损害，营运者不承担赔偿责任。"如果民用核设施发生核事故造成他人损害且该损害是由于战争的爆发所导致的，则民用核设施的经营者不需要承担责任。

（4）高度危险作业区域管理人对高度危险作业区域已经采取安全措施并尽到警示义务。这一项是《侵权责任法》第76条规定的高度危险作业区域致害责任中特有的免责事由，即如果高度危险作业区域管理人对高度危险作业区域已经采取安全措施并尽到警示义务，而受害人无视该安全措施和警示标志，擅自进入高度危险活动区域或者高度危险物存放区域发生人身损害，则高度危险作业区域的管理人根据实际情况有可能不需要承担赔偿责任。

2. 减责事由。

（1）受害人具有过失或重大过失。《侵权责任法》第26、72、73条规定了受害人过失或者重大过失是高度危险责任的减责事由。根据第72条的规定，如果易燃、易爆、剧毒、放射性等高度危险物造成他人损害，而被侵权人对损害的发生具有重大过失，例如被侵权人无视高度危险物的警示标志而擅自动用危险物品发生损害，则可以减轻高度危险物占有人或者使用人的责任。根据第73条的规定，如果高空、高压、地下挖掘活动或者高速轨道运输工具造成他人损害，而被侵权人对损害的发生具有过失（此处法律规定为过失，而非重大过失），则可以减轻高度危险活动经营者的责任。

（2）高度危险作业区域管理人对高度危险作业区域已经采取安全措施并尽到警示义务。需要明确的是，这一项既是《侵权责任法》第76条规定的高度危险作业区域致害责任特有的免责事由，也是高度危险作业区域致害责任中特有的减责事由。二者在此处的区别在于，如果高度危险作业区域的管理人已经采取了足够完备的安全措施并充分尽到警示义务，受害人仍然无视该安全措施和警示进入高度危险作业区域并发生了人身损害，则高度危险作业区域的管理人可以免于承担赔偿责任；如果在高度危险作业区域的管理人尚未采取足够完备的安全措施，也未充分尽到警示义务的情况下（即仅仅采取了一般性的安全措施和尽到了一般性警示义务的情况下），受害人无视该安全措施和警示进入高度危险作业区域并发生了人身损害，则不能完全免除高度危险作业区域管理人的赔偿责任，但可以减轻其赔偿责任。

（二）高度危险物品及高度危险活动的认定问题

《侵权责任法》第九章规定的高度危险责任中，第70条规定的民用核设施致害责任和第71条规定的民用航空器致害责任都非常容易界定。但第72条规定的高度危险物致害责任和第73条规定的高度危险活动致害责任在实践中需要进一步认定。

1.《侵权责任法》第72条将危险物品界定为"易燃、易爆、剧毒、放射性"等物品，而究竟哪些物品属于上述物品，在实践中一般需要根据国家颁布的统一标准进行认定，典型如国家质量监督检验检疫总局和国家标准化管理委员会发布的《危险货物品名表》（GB12268—2012）及其他危险物品的界定标准。例如，在《危险货物品名表》（GB12268—2012）中，危险物品一共被分为九大类，分别为：爆炸品；气体；易燃液体；易燃固体、易于自燃的物质、遇水放出易燃气体的物质；氧化性物质和有机氧化物；毒性物质和感染性物质；放射性物质；腐蚀性物质；杂项危险物质和物品，包括危险环境物质。所以，如果属于上述几大类物质，则很有可能属于高度危险物品。另外需要注意的是，即使是没有出现在上述标准中的物品，如果同样具有高度危险性，也有可能属于高度危险物品。

2.《侵权责任法》第73条规定的高度危险活动为"高空、高压、地下挖掘活动或者使用高速轨道运输工具的活动"。

高空活动是指超出地面一定距离的作业。但离开地面具体多大距离的活动算作高空活动，当前在法律上并无规定。实践中，只要超出地面一定距离的活动可以对他人造成不特定的危险，就可以认为是高空活动。

高压活动中的"高压"包含高压电和高压容器。实践中，可以把1千伏作为判断高压电的标准，即1千伏以下的电为低压电，1千伏及以上的电为高压电。而在压力容器中，高压容器的设计压力为10MPa～100MPa，100MPa以上为超高压容器。

地下挖掘活动是指在地面表层以下具有一定深度的距离进行挖掘的相关活动，典型如修建地铁、钻探活动、开采矿产、挖掘隧道等活动。

高速运输工具是指火车、地铁、磁悬浮列车等在铁轨、轻轨、磁悬浮轨道等固定轨道上面运行的交通运输工具。法律对多大速度可算作高速还没有具体的规定，在实践中，应当根据一般的社会观念予以确定。

（三）高度危险责任中赔偿责任主体的确定问题

高度危险作业一旦致人损害，后果往往非常严重。因此，对高度危险责任中赔偿责任主体的认定便显得十分重要。具体来说：

1. 《侵权责任法》第70条规定的民用核设施致害责任，赔偿主体为民用核设施的经营者。《国务院关于核事故损害赔偿责任问题的批复》第1条规定："中华人民共和国境内，依法取得法人资格，营运核电站、民用研究堆、民用工程实验反应堆的单位或者从事民用核燃料生产、运输和乏燃料贮存、运输、后处理且拥有核设施的单位，为该核电站或者核设施的营运者。"该条即为对核设施经营者责任的具体规定。

2. 《侵权责任法》第71条规定的民用航空器致害责任，赔偿主体为民用航空器的经营者。具体分为两种情况：在第一种情况下，如果民用航空器造成其承运的乘客发生人身损害，则经营者为航空运输的承运人。根据《民用航空法》第138条的规定，承运人包括缔约承运人和实际承运人。在第二种情况下，如果民用航空器造成了地面第三人的人身损害，民用航空器的经营者为损害发生时使用民用航空器的人。民用航空器的使用权已经直接或者间接地授予他人，本人保留对该民用航空器的航行控制权的，本人仍被视为经营人。经营人的受雇人、代理人在受雇、代理过程中使用民用航空器，无论是否在其受雇、代理范围内行事，均视为经营人使用民用航空器。民用航空器登记的所有人应当被视为经营人，并承担经营人的责任，除非在判定其责任的诉讼中所有人证明经营人是他人，并在法律程序许可的范围内采取适当措施使该人成为诉讼当事人之一。另外，根据《民用航空法》第159条的规定，未经对民用航空器有航行控制权的人同意而使用民用航空器，对地面第三人造成损害的，有航行控制权的人除证明本人已经适当注意防止此种使用外，应当与该非法使用人承担连带责任。

3. 《侵权责任法》第72、74、75条规定的均为高度危险物品致人损害责任。在第 72 条规定的占有、使用高度危险物品致人损害责任中，应当承担赔偿责任的主体为易燃、易爆、剧毒、放射性等高度危险物的占有人或者使用人。占有人一般包括直接占有高度危险物品的所有权人，以及与高度危险物所有权人基于运输、保管等合同关系而占有高度危险物品的承运人、保管人等相关主体。而使用人是指与高度危险物品所有权人基于租赁、借用等合同关系而使用高度危险物品的承租人、借用人等相关主体。在第 74 条规定的遗失、抛弃高度危险物致人损害责任中，应当承担赔偿责任的主体为被遗失、抛弃的高度危险物的所有权人。在第 75 条规定的非法占有高度危险物致人损害责任中，应当承担赔偿责任的主体为高度危险物品的非法占有人。在这种情况下，如果高度危险物品的所有人、管理人不能证明对防止他人非法占有尽到高度注意义务，则应当与非法占有人承担连带责任。

4.《侵权责任法》第 73 条规定的为高度危险活动致人损害责任。在高度危险活动致人损害责任中，应当承担赔偿责任的主体为从事高空、高压、地下挖掘活动或者使用高速轨道运输工具造成他人损害的经营者。其中有两类责任主体需要特别明确，一类是在高压电致人损害的责任主体。原电力工业部《供电营业规则》第 51 条规定："在供电设施上发生事故引起的法律责任，按供电设施产权归属确定。产权归属于谁，谁就承担其拥有的供电设施上发生事故引起的法律责任。但产权所有者不承担受害者因违反安全或其他规章制度，擅自进入供电设施非安全区域内而发生事故引起的法律责任，以及在委托维护的供电设施上，因代理方维护不当所发生事故引起的法律责任。"《中华人民共和国电力法》（以下简称《电力法》）第 60 条规定："因电力运行事故给用户或者第三人造成损害的，电力企业应当依法承担赔偿责任。电力运行事故由下列原因之一造成的，电力企业不承担赔偿责任：（一）不可抗力；（二）用户自身的过错。因用户或者第三人的过错给电力企业或者其他用户造成损害的，该用户或者第三人应当依法承担赔偿责任。"这说明，高压电致人损害的责任人为电力设施的产权人。产权人包括电力设施的所有人和管理人，一般是指国有独资电力企业和其他国有企业。另一类是铁路运营致人损害责任中的责任主体。这一类责任主体分为两类：一类是在运营国家铁路、地方铁路造成他人损害的情形下，根据《中华人民共和国铁路法》（以下简称《铁路法》）第 58 条第 1 款和第 72 条的规定，应当承担赔偿责任的主体为铁路运输企业，包括铁路局和铁路分局。另一类是在专用铁路及铁路专用线上因运输造成他人人身损害的情况下，根据《最高人民法院关于审理铁路运输人身损害赔偿纠纷案件适用法律若干问题的解释》（以下简称《铁路运输损害赔偿司法解释》）第 15 条的规定，应当承担赔偿责任的主体为肇事工具或者设备的所有人、使用人或者管理人。

5.《侵权责任法》第76条规定的为高度危险区域致人损害责任。如果受害人进入高度危险活动区域或者高度危险物存放区域受到损害，而该高度危险区域的管理人未采取安全措施或者未尽到警示义务，则应当承担赔偿责任的主体为高度危险区域的管理人。

第二节 高度危险责任纠纷典型案例

1. 催泪弹引爆的责任认定——吴朋朋因高度危险物侵权责任纠纷案

▌案件信息及法院裁判

裁判文书字号：（2014）新中民一终字第498号

案由：生命权、健康权、身体权纠纷

上诉人（原审原告）：吴朋朋

上诉人（原审被告）：吴昌要

上诉人（原审被告）：张纯武

被上诉人（原审被告）：贾涛

被上诉人（原审被告）：新乡县农村信用合作联社小冀信用社

被上诉人（原审被告）：新乡县农村信用合作联社

2012年7月，吴朋朋经人介绍到魏庄电瓶大世界工作，2012年8月10日中午在宿舍休息时，吴昌要将一催泪弹从柜子中拿出，将帽拧开放在柜子旁的桌子上，后来吴朋朋在和张纯武玩闹中将该催泪弹引爆，造成吴朋朋、张纯武和吴昌要受伤，后均被送往医院住院治疗。吴朋朋在三七一医院治疗，于2012年12月1日出院，共住院114天。住院期间，贾涛向吴朋朋支付医疗费33 000元。后经吴朋朋申请，新乡县人民法院依法委托新乡牧野法医临床司法鉴定所进行鉴定，该鉴定所于2013年3月12日作出新牧司鉴所（2013）临鉴字第021号司法鉴定意见书，鉴定吴朋朋为"爆炸伤至左手1-5指缺如及左拇指、无名指脚趾再造术伤残等级应为五级，双下肢爆炸物灼伤瘢痕大于5%，伤残等级应为九级"。原魏庄信用社在业务上隶属于小冀信用社，在2011年被撤销，爆炸发生地是原魏庄信用社的办公用房，现由魏庄电瓶大世界租用。2013年度农村居民人均纯收入为7524.94元/年。新乡魏庄电瓶大世界系个体工商户，登记名称为新乡县经济开发区付祥修配门市部，登记的业主为李丽萍，实际经营者为贾涛。

河南省新乡县人民法院在一审中经审理认为：公民的健康权受法律保护，侵害公民身体造成伤害的，应当承担赔偿责任。本案中，吴朋朋因爆炸物受伤治疗，其各项损失为：①医疗费98 278.81元；②护理费，医院的诊断证明书建议陪护两人，吴朋朋提交了两名陪护的工资表及相关的误工证明，故应当参照误工费的规定计算，吴朋朋父亲吴记意的工资为2900元/月，吴朋朋母亲王书玲的工资为2000元/月，吴朋朋住院114天，故吴朋朋的护理费应为18 620元；③住院伙食补助费为10元/天，共计1140元；④营养费为10元/天，共计1140元；⑤交通费根据吴朋朋提供的票据及实际情况，酌定为1300元；⑥住宿费根据票据及实际情况，酌定为3000元；⑦鉴定费725元；⑧残疾赔偿金为7524.94元/年×20年×62%＝93 309.26元；⑨吴朋朋的精神损害赔偿，酌定为15 000元，以上各项损失共计232 513.07元。原魏庄信用社被撤销后，其上级机构为小冀信用社，小冀信用社作为占有易燃易爆等高度危险物的主体，在造成他人损害时，应当承担无过错的侵权责任，因小冀信用社不具有法人资格，其可以作为诉讼主体参与诉讼，但是民事责任应当由新乡县联社承担。吴朋朋作为未成年人，在此次事故中有一定的责任，其监护人也未尽到监护义务；此爆炸物是吴昌要从柜子中拿出并拧开帽，吴朋朋是在和张纯武的玩闹中引爆催泪弹导致事故的发生，张纯武和吴昌要在此次爆炸中均存在过错；贾涛雇佣未成年人进行工作，且未安全存放危险物品，其在此次事故中亦有一定的过错，贾涛提交情况说明，认可其为电瓶大世界的实际经营者，此案中的赔偿责任由贾涛承担。以上各方的过错可以减轻新乡县联社的侵权责任。综合分析后，酌定吴朋朋承担15%的责任，贾涛承担10%的责任，新乡县联社承担50%的责任，张纯武承担15%的责任，吴昌要承担10%的责任。吴朋朋在本案审理期间撤回残疾辅助器具费用的赔偿请求，并在本案结束后将二次手术费用和残疾辅助器具费用一并另行起诉，经审查，予以准许。综上，贾涛应赔偿吴朋朋各项损失共计23 251.31元，因贾涛在吴朋朋住院期间已经支付吴朋朋33 000元，吴朋朋也予以认可。新乡县联社应当赔偿吴朋朋各项损失共计116 256.54元，张纯武应赔偿吴朋朋各项损失共计34 876.96元，吴昌要应赔偿吴朋朋各项损失共计23 251.31元。依据《侵权责任法》第16、22、72条和《民事诉讼法》第64条之规定，原审判决：新乡县农村信用合作联社于判决生效后10日内赔偿吴朋朋各项损失共计116 256.54元；吴昌要于判决生效后10日内赔偿吴朋朋各项损失共计23 251.31元；张纯武于判决生效后10日内赔偿吴朋朋各项损失共计34 876.96元；驳回吴朋朋的其他诉讼请求。如果未按判决指定的期间履行给付金钱义务,应当依照《民事诉讼法》第253条之规定,加倍支付迟延履行期间的债务利息。案件受理费9190元,因吴朋朋撤回部分诉讼请求,撤诉部分减半收取由吴朋朋承担,剩余部分各方按比例承担,即吴朋朋承担2665.1元,新乡县农村信用合作联社承担2757元,贾涛承担551.4元,吴昌要承担551.4元,张纯武承担827.1元(吴朋朋已垫支,待执行时由各被告一并结清)。一审宣判后,吴朋朋、吴昌要、张纯武不服一审判决,向河南省新乡市中级人民法院提起上诉。

河南省新乡市中级人民法院在二审中认为:本案焦点在于赔偿义务人的确定及责任比例划分问题。本案中,发生突发性爆炸后,当地公安机关介入进行了调查、走访,基本确认涉案爆炸物品系催泪弹。事发的房屋也是原信用社办公用房,信用社曾经配发过相应的催泪弹等安全保卫工具,其对相应的安全保卫警用工具的管理并无明确的台账、登记造册等措施。加之两信用社对原审判决也未依法提出相应上诉,应视为对原审判决认定事实及裁判结果的认可,故原审判决认定涉案物品系信用社遗留的催泪弹并无不当。信用社作为相关警用安全保卫用品的所有人、使用人,负有相应严格的监管责任,根据《侵权责任法》第74条遗失、抛弃高度危险物造成他人损害的,由所有人承担侵权责任。所有人将高度危险物交由他人管理的,由管理人承担侵权责任;所有人有过错的,与管理人承担连带责任的规定,本案中信用社作为高度危险物品催泪弹的所有人和管理人应当承担相应侵权责任。但在事故的发生过程中,受害人张纯武、吴朋朋、吴昌要对损害的发生同样存在一定过错,在明知危险物品存在时仍然嬉戏,应依法减轻赔偿义务人的赔偿责任;原审判决根据本案实际划分的责任比例基本适当,与各方过错程度相适应,依法予以维持。

关于本案的受害人吴朋朋要求残疾赔偿金的计算标准问题。根据《人身损害赔偿司法解释》第25条规定,残疾赔偿金根据受害人丧失劳动能力程度或者伤残等级,按照受诉法院所在地上一年度城镇居民人均可支配收入或者农村居民人均纯收入标准,自定残之日起按二十年计算。我国侵权法意义上的城镇居民是指:在城镇有户籍,有固定的居所、固定的职业和相对稳定的收入及生活来源的人员;已经在城镇居住、生活、学习、工作且达一定期限的人员,虽为农业户口,也可认定为城镇居民。本案中吴朋朋户籍虽在农村,但其作为未成年人并未有独立的收入、住所地,其在政法机关对本案事故原因进行调查时明确表明其父母均系务农,且其也没有充分证据证明其经常居住地和主要收入来源来自于城镇,其在二审中提供的证据也不能证明其主张,且无相应劳动合同等证据相印证,不予采信。故原审判决按照农村标准进行相关赔偿项目计算符合法律规定，上诉人吴朋朋的该项上诉理由不能成立，法院依法不予支持。综上，原审判决认定事实清楚，适用法律正确。依照《民事诉讼法》第170条第1款第1项之规定，判决驳回上诉，维持原判。

▌案件分析

本案是一起生命权、健康权、身体权纠纷，案件的争议焦点为，各被告是否应当对原告吴朋朋的人身损害结果承担赔偿责任，如果承担，责任该如何分配。

在本案中，根据人民法院查明的事实，原告吴朋朋在和被告张纯武玩闹中致使被告吴昌要从柜子中拿出的催泪弹发生爆炸，造成吴朋朋、张纯武和吴昌要受伤。爆炸发生地是原魏庄信用社（在2011年被撤销）的办公用房，原魏庄信用社在业务上隶属于小冀信用社，现由魏庄电瓶大世界租用。新乡县魏庄电瓶大世界系个体工商户，登记名称为新乡县经济开发区付祥修配门市部，登记的业主为李丽萍，实际经营者为贾涛。所以，要判断各被告是否应当就原告的人身损害结果承担赔偿责任，需要先分析各被告与原告之间存在的法律关系。

首先，造成原告吴朋朋人身损害结果的直接原因是催泪弹爆炸，催泪弹的占有人为新乡县魏庄电瓶大世界的实际经营者贾涛，催泪弹的所有人为原魏庄信用社。催泪弹是一种高度危险物。根据《民法通则》第123条以及《侵权责任法》第72条的规定，高度危险物一般是指易燃、易爆、剧毒、放射性等物品。催泪弹显然属于一种易爆物品。《民法通则》第123条规定："从事高空、高压、易燃、易爆、剧毒、放射性、高速运输工具等对周围环境有高度危险的作业造成他人损害的，应当承担民事责任；如果能够证明损害是由受害人故意造成的，不承担民事责任。"《侵权责任法》第72条规定："占有或者使用易燃、易爆、剧毒、放射性等高度危险物造成他人损害的，占有人或者使用人应当承担侵权责任，但能够证明损害是因受害人故意或者不可抗力造成的，不承担责任。被侵权人对损害的发生有重大过失的，可以减轻占有人或者使用人的责任。"这说明，法律对高度危险物致人损害规定了无过错责任原则，即如果发生易燃、易爆、剧毒、放射性等高度危险物致他人人身损害，被侵权人无须证明高度危险物的占有人或使用人具有过错，即可要求其承担损害赔偿责任。这是因为，易燃、易爆、剧毒、放射性等危险物品基于其内在属性，极容易发生造成他人人身损害的严重后果，其占有人或使用人占有、使用高度危险物品，开启了该种风险。另外，危险物品的占有人、使用人在占有、使用该危险物品的同时，负有高度注意义务，具有控制危险物发生事故的能力，所以应当承担无过错责任。

本案的一大特殊之处在于，催泪弹的占有人贾涛并未使用过该催泪弹，甚至很可能都不知道该催泪弹的存在。催泪弹的存放地为原魏庄信用社（在2011年被撤销）的办公用房，且根据法院查明的事实，信用社曾经配发过相应的催泪弹等安全保卫工具，其对相应的安全保卫警用工具的管理并无明确的台账、登记造册等措施。因此，该催泪弹的所有人为原魏庄信用社，信用社在搬迁后遗弃了催泪弹。关于该种情况下的责任承担，《侵权责任法》第74条规定："遗失、抛弃高度危险物造成他人损害的，由所有人承担侵权责任。所有人将高度危险物交由他人管理的，由管理人承担侵权责任；所有人有过错的，与管理人承担连带责任。"即法律对遗失、抛弃高度危险物的所有人规定了无过错责任。这是因为，高度危险物品的所有人支配、控制着高度危险物品，对该物品负有高度的管理、注意义务，如果任意遗弃、抛弃危险物品，该物品在脱离控制的状态下极易发生造成他人人身损害的严重事故。在本案中，原魏庄信用社被撤销后，其上级机构为小冀信用社，小冀信用社作为占有易燃易爆等高度危险物的主体，在造成他人损害时，应当承担无过错的侵权责任，但小冀信用社不具有法人资格，其可以作为诉讼主体参与诉讼，民事责任应当由新乡县联社承担。因此，新乡县联社应当就原告的人身损害结果承担赔偿责任。

本案事故是由于原告吴朋朋在和被告张纯武玩闹中致使被告吴昌要从柜子中拿出的催泪弹发生爆炸所致。在责任分配方面，吴昌要从柜子中拿出此爆炸物并拧开帽，吴朋朋在和张纯武的玩闹中引爆该催泪弹，张纯武和吴昌要在此次爆炸中均存在过错。另外，电瓶大世界的实际经营者贾涛未安全存放危险物品，其在此次事故中亦有一定的过错。因此，这三名被告应当根据《侵权责任法》第6条，向原告吴朋朋承担一定的赔偿责任。原告吴朋朋自身亦具有一定的过错，应当根据《侵权责任法》第26条的规定，减轻其余几名被告的责任。因此，法院经综合分析后，酌定吴朋朋承担15%的责任，贾涛承担10%的责任，新乡县联社承担50%的责任，张纯武承担15%的责任，吴昌要承担10%的责任。

▌法条链接

《民法通则》第123条：从事高空、高压、易燃、易爆、剧毒、放射性、高速运输工具等对周围环境有高度危险的作业造成他人损害的，应当承担民事责任；如果能够证明损害是由受害人故意造成的，不承担民事责任。

《侵权责任法》第6条第1款：行为人因过错侵害他人民事权益，应当承侵权责任。

《侵权责任法》第 26 条：被侵权人对损害的发生也有过错的，可以减轻侵权人的责任。

《侵权责任法》第 72 条：占有或者使用易燃、易爆、剧毒、放射性等高度危险物造成他人损害的，占有人或者使用人应当承担侵权责任，但能够证明损害是因受害人故意或者不可抗力造成的，不承担责任。被侵权人对损害的发生有重大过失的，可以减轻占有人或者使用人的责任。

《侵权责任法》第 74 条：遗失、抛弃高度危险物造成他人损害的，由所有人承担侵权责任。所有人将高度危险物交由他人管理的，由管理人承担侵权责任；所有人有过错的，与管理人承担连带责任。

2. 钓鱼时触电身亡的责任认定——北京市清河电力电讯管理所等与刘梅等触电人身损害责任纠纷案

▌案件信息及法院裁判

裁判文书字号：（2015）高民终字第 01044 号

案由：触电人身损害责任纠纷

上诉人（原审被告）：北京市清河电力电讯管理所

上诉人（原审被告）：北京市信达实业总公司（天津）

上诉人（原审被告）：王金锁

上诉人（原审被告）：宁河县交通局

被上诉人（原审原告）：刘梅（死者臧夫辉之妻）

被上诉人（原审原告）：臧美慧（刘梅与死者臧夫辉之女）

被上诉人（原审原告）：臧寿臣（死者臧夫辉之父）

被上诉人（原审原告）：周守芬（死者臧夫辉之母）

臧夫辉于 2014 年 3 月 31 日上午 10 点 58 分，在北京市清河农场津汉公路42.2 公里处北侧高压电线下排水沟钓鱼时，因甩杆不慎，被 10 千伏高压电线击倒，经滨海新区汉沽医院抢救无效死亡。事发地点 10 千伏高压线路的管理者为电管所，该高压线距正下方地面高度为 5.63 米，电线杆上有警示牌，写有"高压危险，严禁钓鱼"。该区域属于非人员频繁活动区，北京地区电气规程规定 1千伏~10 千伏线路电压在非人员频繁活动区，在最大弧垂时导线与地面的最小距离为 5.5 米。死者臧夫辉钓鱼站立处距津汉公路北侧 8.5 米，该处属宁河县交通局管理。死者臧夫辉钓鱼触电身亡事故现场的排水沟属于信达公司管辖，此排水沟是公用排水沟。该排水沟位于王金锁家大院东侧约 600 米处，王金锁在排水沟内撒了鲫鱼、鲤鱼的鱼苗。2014 年 3 月 31 日事故发生前，王金锁的儿子王才有发现臧夫辉与赵伟（案外人）在该排水沟内钓鱼时，向与臧夫辉同行钓鱼的赵伟按照每人 20 元的标准共收取了 40 元的垂钓费。

北京市第一中级人民法院在一审中经审理认为：公民的合法权益受法律保护。因侵权行为致使他人死亡的，赔偿义务人应当承担相应的民事赔偿责任。被侵权人死亡后，其民事主体资格已消灭，享有损害赔偿请求权的是被侵权人的近亲属。本案中，根据公安机关出具的关于臧夫辉死亡的调查结论及天津市滨海新区公安局汉沽分局物证鉴定所法医学尸体鉴定书及天津市居民死亡医学证明，可以确认臧夫辉系电击死亡。根据《侵权责任法》等相关规定，因高压电造成人身损害的案件，由电力设施产权人承担民事责任，若因高压电引起的人身损害是由多个原因造成的，按照致害人的行为与损害结果之间的原因力确定各自的责任。被害人对损害的发生有过失的，可以减轻产权人的责任。电的运送及使用均系高度危险活动，致人损害的，属法律规定的无过错责任侵权行为，应由危险活动的占有人、管理人承担无过错责任。电管所是高压电线的产权人和管理人，其未提供证据证明事故由臧夫辉自己故意造成，亦未提供证据证明有其他法定免责事由，虽高压线的架设高度符合国家规定的标准，事发地点的高压电线杆上亦有标注警示标牌，但其仍有管理和监督的责任，因疏于管理和监督，致使他人死亡，应承担相应的民事责任。事发的排水沟归属于信达公司管辖，该排水沟用于公共排水，信达公司虽未将事发的排水沟承包给被告王金锁，但在王金锁将排水沟的两头堵住后私自往排水沟内投放鱼苗时，信达公司未加以制止，管理失职，应承担相应责任。信达公司关于死者臧夫辉钓鱼的地方是位于公路管理区和线路保护区、钓鱼的地方是野沟，不在信达公司发包的范围内，信达公司不应承担责任的辩解意见不能成立，法院不予采信。王金锁之子王才有看到臧夫辉及赵伟在自己撒有鱼苗的排水沟内钓鱼，向赵伟收取人民币 40 元钱的行为，应认定是王金锁的一个经营事实，收取的应是垂钓费，王金锁的代理人说收取的是罚款，与常理常规相悖，因在只看到其中一个人钓的鱼，没有看到另一个人钓的鱼的情况下，根本不能确定到底应该罚多少钱。如是罚款，也没有给钓鱼人留电话号码的必要，故王金锁的代理人发表的代理意见不能成立，法院不予采信。本案事发地点在津汉公路 42.2 千米处缘石外北侧 8.5 米的高压线下，根据北京市监狱管理局清河分局与宁河县交通局签订的协议书，公路的路缘石外返 10 米以内归宁河县交通局养管。虽然交通局的主要职责是护路，但对其养管范围高压线下有人钓鱼的情形有提示注意的义务，交通局在其养管的区域内的高压线下未及时发现钓鱼者，没有尽到注意义务，对损害后果应承担一定的责任。宁河县交通局关于事发地点并非交通局管辖范围、其对钓鱼过程中的安全没有注意义务的辩解意见，无事实根据，法院不予支持。死者臧夫辉作为完全民事行为能力人，将自己置于高压线下危险的境地钓鱼，应当预见到损害后果，具有重大过错，在高压电线下钓鱼的行为与损害后果之间具有直接的因果关系，故可以减轻其他侵权人的民事责任。关于原告刘梅一家人自 2007 年至今一直生活、工作在天津市东丽区，事故发生地在北京市清河农场，应该按照北京市城镇居民标准赔偿的主张，于法有据，法院予以支持。关于要求赔偿除丧葬费以外的殡仪服务费人民币 5350 元的主张，虽无证据证明，但考虑到实际处理丧葬事宜所产生的费用属于客观事实，故法院对此予以酌情考虑。关于臧美慧主张的被抚养人生活费一节，因其母刘梅对臧美慧亦应承担抚养义务，故法院对其要求应由刘梅负担的部分抚养费不予支持。

综上，北京市第一中级人民法院法院依照《侵权责任法》第 73 条、第 15 条第 6 项、第 16 条、第 26 条，《人身损害赔偿司法解释》第 17 条第 3 款、第 27 条、第 28 条、第 29 条、第 30 条之规定，判决如下：电管所赔偿刘梅、臧寿臣、周守芬、臧美慧死亡赔偿金、丧葬费、殡仪服务费共计 295 112.3 元；赔偿臧美慧被抚养人生活费 32 186.8 元（于判决生效后 30 日内给付）；信达公司赔偿刘梅、臧寿臣、周守芬、臧美慧死亡赔偿金、丧葬费、殡仪服务费共计 168 635 元；赔偿臧美慧被抚养人生活费 18 392.5 元（于判决生效后 30 日内给付）；王金锁赔偿刘梅、臧寿臣、周守芬、臧美慧死亡赔偿金、丧葬费、殡仪服务费共计 168 635.6 元；赔偿臧美慧被抚养人生活费 18 392.5 元（于判决生效后 30 日内给付）；交通局赔偿刘梅、臧寿臣、周守芬、臧美慧死亡赔偿金、丧葬费、殡仪服务费共计 42 158.9 元；赔偿臧美慧被抚养人生活费 4598.1 元（于判决生效后 30 日内给付）；驳回刘梅、臧寿臣、周守芬、臧美慧的其他诉讼请求。原审宣判后，四被告均不服并上诉至北京市高级人民法院。

北京市高级人民法院在二审中认为：二人以上分别实施侵权行为造成同一损害，能够确定责任大小的，各自承担相应的责任。本案中，各行为人并未共同实施同一行为，而是各自的独立行为结合在一起造成了臧夫辉触电死亡的损害后果，故各行为人不存在承担连带责任的事实基础。现有证据不能证明赵伟对臧夫辉的死亡存在过错，刘梅等四人并未要求其承担责任，赵伟不是本案必须参加诉讼的当事人，故原审程序并无不当。

作为致害高压电力设施的产权人，电管所依法承担无过错责任，只有存在法定事由才能减轻或免除其责任。该所援引已经废止的《触电人身损害赔偿司法解释》作为其免责依据，不能成立。根据现有证据，可以认定致害高压线路的架设高度符合国家规定标准，事发地点的电线杆上亦悬挂了警示标牌。原审法院综合考虑电管所作业行为的实际情况以及死者臧夫辉和其他相关行为人的过错程度，酌情将该所承担的责任比例降低至35%，并无不当。

原审法院关于王金锁存在过错行为的认定完全正确（理由不再赘述），判令其承担20%的赔偿责任也属于合理范围。

信达公司作为事发排水沟所属土地的使用权人，不能仅以该沟系公用即免除其管理责任，其对臧夫辉的死亡确实存在一定过错。但考虑其过错程度轻于臧夫辉和王金锁，其管理不善行为与臧夫辉死亡后果的因果关系也较为疏远，故本院在原审判决的基础上适当降低其责任比例至18%。

原审法院根据现有证据，认定臧夫辉事发当时所处的位置属于交通局的养管范围，并无不当。但是，交通局的职责系对公路及其附属区域进行养护，该区域幅员广阔且对社会公众完全开放，若要求其对该区域内可能发生的一切危险（尤其是与交通行为无关的危险，如钓鱼等）加以警示、发现和制止，则过于苛刻。鉴于不能认定交通局对臧夫辉的死亡存在过错，本院改判驳回刘梅等四人要求该局承担赔偿责任的诉讼请求。

原审法院认定死者臧夫辉自身存在重大过错，应当减轻其他行为人的侵权责任，是正确的。

臧夫辉、刘梅及臧美慧长期在城市居住、工作或生活，事故发生地属于北京市，原审法院按照受诉法院所在地（即北京市）城镇居民标准计算相关赔偿项目，合法有据。刘梅等四人除依法定标准主张丧葬费外，同时还主张实际发生的殡仪服务费，属于重复求偿，后者应予驳回。

综上，交通局的上诉请求合法有据，予以支持。其他3名上诉人的上诉请求部分成立，对原审判决依法做出相应变更；该3名上诉人的其他上诉请求，欠缺事实和法律依据，予以驳回。现依照《民事诉讼法》第170条第1款第2项之规定，判决如下：撤销原审判决第四项、第五项；变更原审判决第一项为：北京市清河电力电讯管理所赔偿刘梅、臧寿臣、周守芬、臧美慧死亡赔偿金、丧葬费共计294 412.3元；赔偿臧美慧被抚养人生活费32 186.8元（于本判决生效后7日内给付）；变更原审判决第二项为：北京市信达实业总公司（天津）赔偿刘梅、臧寿臣、周守芬、臧美慧死亡赔偿金、丧葬费共计151 412元；赔偿臧美慧被抚养人生活费16 553.3元（于本判决生效后七日内给付）；变更原审判决第三项为：王金锁赔偿刘梅、臧寿臣、周守芬、臧美慧死亡赔偿金、丧葬费共计168 235.6元；赔偿臧美慧被抚养人生活费18 392.5元（于本判决生效后十五日内给付）；驳回刘梅、臧寿臣、周守芬、臧美慧的其他诉讼请求；驳回北京市清河电力电讯管理所、北京市信达实业总公司（天津）、王金锁的其他上诉请求。

▌案件分析

本案是一起触电人身损害责任纠纷，案件的争议焦点为，各被告是否应当就被侵权人死亡的人身损害结果承担赔偿责任。

判断各被告是否应当就被侵权人死亡的人身损害结果承担赔偿责任，首先应分析各被告与被侵权人死亡这一结果存在的关系。本案中，根据人民法院查明的事实，各被告与被侵权人死亡的结果存在如下关系：①臧夫辉系电击死亡，北京市清河电力电讯管理所是高压电线的产权人和管理人；②事发的排水沟归属于信达公司管辖，该排水沟用于公共排水；③信达公司与王金锁签订有承包合同，信达公司虽未将事发的排水沟承包给被告王金锁，但王金锁将排水沟的两头堵住后私自往排水沟内投放鱼苗；④本案事发地点在津汉公路42.2千米处缘石外北侧8.5米的高压线下，根据北京市监狱管理局清河分局与宁河县交通局签订的协议书，公路的路缘石外返10米以内归宁河县交通局养护管理。

在本案中，被侵权人臧夫辉死亡的直接原因是电击。因此，首先应当分析电管所的责任。高压电致人损害，属于一种高度危险活动致害责任。《民法通则》第123条规定："从事高空、高压、易燃、易爆、剧毒、放射性、高速运输工具等对周围环境有高度危险的作业造成他人损害的，应当承担民事责任；如果能够证明损害是由受害人故意造成的，不承担民事责任。"《侵权责任法》第73条规定："从事高空、高压、地下挖掘活动或者使用高速轨道运输工具造成他人损害的，经营者应当承担侵权责任，但能够证明损害是因受害人故意或者不可抗力造成的，不承担责任。被侵权人对损害的发生有过失的，可以减轻经营者的责任。"这说明，法律为高度危险活动致害规定了无过错责任原则。这是因为，高空、高压、地下挖掘活动或者使用高速轨道运输工具的活动均属于高度危险活动，具有对不特定公众的人身、财产造成严重损害的可能性；在高空、高压、地下挖掘活动或者使用高速轨道运输工具的活动中，经营者最有能力控制相关风险，将危险程度降至最低；高空、高压、地下挖掘活动或者使用高速轨道运输工具活动的经营者往往能从上述活动中获取巨大利益，基于民法利益与风险相一致的原则，经营者也应当承担该活动对不特定公众造成损害结果的风险。基于上述原因，法律为高度危险活动致害责任规定了无过错责任。

关于高压电致人损害的具体责任主体，原电力工业部《供电营业规则》第

51条规定："在供电设施上发生事故引起的法律责任，按供电设施产权归属确定。产权归属于谁，谁就承担其拥有的供电设施上发生事故引起的法律责任。但产权所有者不承担受害人因违反安全或其他规章制度，擅自进入供电设施非安全区域内而发生事故引起的法律责任，以及在委托维护的供电设施上，因代理方维护不当所发生事故引起的法律责任。"《电力法》第60条规定："因电力运行事故给用户或者第三人造成损害的，电力企业应当依法承担赔偿责任。电力运行事故由下列原因之一造成的，电力企业不承担赔偿责任：（一）不可抗力；（二）用户自身的过错。因用户或者第三人的过错给电力企业或者其他用户造成损害的，该用户或者第三人应当依法承担赔偿责任。"这说明，高压电致人损害的责任人为电力设施的产权人。产权人包括电力设施的所有人和管理人，一般是指国有独资电力企业和其他国有企业。

高度危险活动具有免责及减责事由。根据《民法通则》第123条、《侵权责任法》第73条的规定，高度危险活动的免责事由是受害人故意及不可抗力，即如果是被侵权人故意或者因为不能预见、不能避免并不能克服的客观情况出现导致高度危险活动致人损害的，高度危险活动的经营者等相关主体不用承担责任。另外，根据上述规定，高度危险活动的减责事由是被侵权人的过失，即如果被侵权人对损害的发生有过失的，可以减轻经营者等相关主体的责任。

具体到本案，电管所是高压电线的产权人和管理人，其未提供证据证明事故系由臧夫辉自己故意造成，亦未提供证据证明有其他法定免责事由，虽高压线的架设高度符合国家规定的标准，事发地点的高压电线杆上亦有警示标牌，但其仍有管理和监督的责任。电管所因疏于管理和监督致使他人死亡，应当根据《民法通则》第123条、《侵权责任法》第73条等规定，向被侵权人的近亲属承担民事责任。但是，本案中被侵权人臧夫辉作为完全民事行为能力人，在高压电之下的区域钓鱼，应当预见到可能发生的损害后果，结果在钓鱼甩杆时不幸触电身亡。被侵权人臧夫辉在高压电线下钓鱼的行为与其身亡的损害后果之间具有直接的因果关系，可认定其具有重大过失，据此可以减轻北京市清河电力电讯管理所的赔偿责任。

根据人民法院查明的事实，事发的排水沟归属于信达公司管辖，该排水沟用于公共排水，信达公司虽未将事发的排水沟承包给被告王金锁，但在王金锁将排水沟的两头堵住后私自往排水沟内投放鱼苗时，信达公司未加以制止，管理失职，故应承担相应责任。王金锁之子王才有看到死者臧夫辉及赵伟在自己撒有鱼苗的排水沟内钓鱼，向与死者一起钓鱼的赵伟收取人民币40元钱的行为，应认定是王金锁的经营事实，收取的应是垂钓费。因此，王金锁对臧夫辉死亡的结果也具有一定的过错，应当承担相应的赔偿责任。另外，根据北京市高级人民法院在二审中的观点，交通局的职责系对公路及其附属区域进行养护，该区域幅员广阔且对社会公众完全开放，若要求其对该区域内可能发生的一切危险（尤其是与交通行为无关的危险，如钓鱼等）加以警示、发现和制止，则过于苛刻。鉴于不能认定交通局对臧夫辉的死亡存在过错，交通局不应当对臧夫辉的死亡结果承担赔偿责任。

▌法条链接

《民法通则》第 123 条：从事高空、高压、易燃、易爆、剧毒、放射性、高速运输工具等对周围环境有高度危险的作业造成他人损害的，应当承担民事责任；如果能够证明损害是由受害人故意造成的，不承担民事责任。

《侵权责任法》第 26 条：被侵权人对损害的发生也有过错的，可以减轻侵权人的责任。

《侵权责任法》第 27 条：损害是因受害人故意造成的，行为人不承担责任。

《侵权责任法》第 29 条：因不可抗力造成他人损害的，不承担责任。法律另有规定的，依照其规定。

《侵权责任法》第 73 条：从事高空、高压、地下挖掘活动或者使用高速轨道运输工具造成他人损害的，经营者应当承担侵权责任，但能够证明损害是因受害人故意或者不可抗力造成的，不承担责任。被侵权人对损害的发生有过失的，可以减轻经营者的责任。

《供电营业规则》第 51 条：在供电设施上发生事故引起的法律责任，按供电设施产权归属确定。产权归属于谁，谁就承担其拥有的供电设施上发生事故引起的法律责任。但产权所有者不承担受害者因违反安全或其他规章制度，擅自进入供电设施非安全区域内而发生事故引起的法律责任，以及在委托维护的供电设施上，因代理方维护不当所发生事故引起的法律责任。

《电力法》第 60 条：因电力运行事故给用户或者第三人造成损害的，电力企业应当依法承担赔偿责任。电力运行事故由下列原因之一造成的，电力企业不承担赔偿责任：

（一）不可抗力；

（二）用户自身的过错。

因用户或者第三人的过错给电力企业或者其他用户造成损害的，该用户或者第三人应当依法承担赔偿责任。

3. 擅自进入高度危险活动区域发生损害的责任认定——焦作市新时代高速公路有限公司与崔金安机动车交通事故责任纠纷案

▌案件信息及法院裁判

裁判文书字号：（2015）焦民一终字第 212 号

案由：机动车交通事故责任纠纷

上诉人（原审被告）：焦作市新时代高速公路有限公司

被上诉人（原审原告）：崔金安

武陟县人民法院在原审中查明：2012 年 9 月 4 日 20 时 30 分许，在原焦高速公路郑州至焦作方向 45 公里 233 米处，李存财驾驶豫 HLVl30 小型客车，行驶中未按操作规范安全行驶，将在超车道内行走的原告近亲属崔保安撞死。经焦作市公安交通警察支队第七勤务大队处理，原告弟弟崔保安负事故的主要责任，李存财承担事故的次要责任。后原告为赔偿事宜以李存财及中国人寿财产保险股份有限公司郑州市中心支公司等为被告向本院提起诉讼，经武陟县人民法院审理，于 2013 年 1 月 7 日作出（2012）武民一初字第 261 号民事判决，认定原告的损失为医疗费 506.7 元，丧葬费 15 151.5 元，死亡赔偿金为 132 080.6 元，酌定精神损害抚慰金为 40 000 元、交通费为 800 元。受害人崔保安因本次事故死亡，其兄崔金安作为其近亲属，依法享有获得赔偿之权利，按照责任划分，应由被告负担 30% 的赔偿责任，原告自负 70% 的责任。综合考虑李存财垫付 19 000 元及投保交强险的情况，判决李存财及承保的保险公司赔偿原告各项损失 133 916.33 元。原告剩余损失 54 622.47 元未得到赔偿。另外，2012 年 9 月 4 日该机动车交通事故发生之时，正值武西高速公路上跨郑焦晋高速公路施工期间，此处路段出现防护栏缺失，而原告家所在村庄距离此处相对较近，原告之弟弟系智力二级残疾人，在原告监护不到位的情况下，诸方面因素相结合以致此事故发生。

武陟县人民法院在一审中经审理认为，本案属于机动车交通事故责任纠纷。处理民事侵权损害赔偿案件应结合行为人在侵权行为中的过错程度，根据案情，全面分析全部证据，根据民事诉讼的归责原则进行综合认定。《道路交通事故损害赔偿司法解释》第 9 条第 2 款规定："依法不得进入高速公路的车辆、行人，进入高速公路发生交通事故造成自身损害，当事人请求高速公路管理者承担赔偿责任的，适用侵权责任法第七十六条的规定。"而《侵权责任法》第 76 条规定："未经许可进入高度危险活动区域或者高度危险物存放区域受到损害，管理人已经采取安全措施并尽到警示义务的，可以减轻或者不承担责任。"

根据庭审查明的事实，此次事故发生时，正值武西高速公路上跨郑焦晋高速公路施工期间，此处路段出现防护栏缺失，而原告家所在村庄距离此处相对较近，原告之弟弟系智力二级残疾人，在原告监护不到位的情况下，诸因素相结合以致此事故发生。被告焦作市新时代高速公路有限公司作为事发路段的高速公路的经营管理单位，对处于施工时期护网缺失管理不到位，以致智障人员进入高速公路，对本次事故的发生具有一定的过错，应承担相应的责任。但原告崔金安作为智障人员崔保安的监护人，未尽到监护职责，将其弟弟置于危险之中，应承担一定的责任。法院酌定对原告已获赔偿之外的损失 54 622.47 元，由原告自行承担 80%，被告焦作市新时代高速公路有限公司承担 20% 的赔偿责任即 10 924.5 元。一审法院作出如下判决：被告焦作市新时代高速公路有限公司于本判决生效后 10 日内赔偿原告崔金安死亡赔偿金、丧葬费、交通费等10 924.5元；驳回原告的其他诉讼请求。

焦作市新时代高速公路有限公司不服原判，上诉至河南省焦作市中级人民法院。河南省焦作市中级人民法院在二审中认为，本案系在高速公路上发生的交通事故。高速公路上车辆多、车速快，是车辆高度危险的活动区域。焦作市新时代高速公路有限公司作为本案事发路段的高速公路管理人，有责任、有义务保证高速公路两边的安全防护网不缺失、不损坏，以防止不安全因素的发生。焦作市新时代高速公路有限公司称事故发生时，正值武西高速公路上跨郑焦晋高速公路施工期间，此处出现防护栏缺失路段，按照与河南省桃花峪黄河大桥投资有限公司签订的关于《武西高速公路上跨郑焦晋高速公路施工协议书》及《该协议的补充协议》，发生事故后责任承担主体系河南省桃花峪黄河大桥投资有限公司。即使按照双方上述约定，河南省桃花峪黄河大桥投资有限公司对安全防护栏管理不到位，焦作市新时代高速公路有限公司也应当尽到巡查、监管、督促、整改的职责，但其没有尽到上述职责，造成智障人崔保安越过安全防护栏到高速公路上，发生惨剧。焦作市新时代高速公路有限公司是管理人身份，河南省桃花峪黄河大桥投资有限公司是施工人身份，双方对发生事故时由河南省桃花峪黄河大桥投资有限公司承担责任的约定，仅在双方之间发生效力，不能对抗第三人。现崔金安未向河南省桃花峪黄河大桥投资有限公司主张权利，而向事发高速公路的管理人焦作市新时代高速公路有限公司主张权利，符合法律规定。原审未漏列诉讼主体。原审根据案件的事实，酌定焦作市新时代高速公路有限公司对崔保安的死亡承担 20% 赔偿责任，并无不妥。原审认定事实清楚，判决正确。焦作市新时代高速公路有限公司的上诉理由不足，不予支持。依据《民事诉讼法》第 170 条第 1 款第 1 项之规定，判决驳回上诉，维持原判。

▌案件分析

本案是一起交通事故责任纠纷后针对未赔偿部分再次提起的诉讼。2012 年 9 月 4 日，被侵权人崔保安进入高速公路的超车道行走，进而与李存财驾驶的小型客车发生交通事故，致使崔保安死亡。案发后，崔保安的近亲属崔金安已经以机动车驾驶人李存财及中国人寿财产保险股份有限公司郑州市中心支公司等为被告向法院提起诉讼，并获得一定赔偿，现就其未获得赔偿部分向被告焦作市新时代高速公路有限公司提起诉讼。所以案件的争议焦点为，被告焦作市新时代高速公路有限公司是否应当对被侵权人的人身损害结果承担赔偿责任。

根据人民法院查明的事实，2012 年 9 月 4 该机动车交通事故发生之时，原告的近亲属即被侵权人崔保安进入该路段，进而导致了交通事故的发生。所以，判断被告焦作市新时代高速公路有限公司是否应当对被侵权人的人身损害结果承担赔偿责任，首先要根据法律规定分析，被告就原告进入高速公路路段进而发生损害的结果是否应当承担责任。

在侵权法上，被侵权人未经许可，擅自进入高速公路等危险区域或者有易燃、易爆等高度危险物存放区域进而受到人身损害的责任称为高度危险区域致害责任。《侵权责任法》第 76 条对此作出了规定："未经许可进入高度危险活动区域或者高度危险物存放区域受到损害，管理人已经采取安全措施并尽到警示义务的，可以减轻或者不承担责任。"该种责任也是高度危险责任中的一种，承担责任的主体为高度危险活动区域或者高度危险物存放区域的管理人。高速公路属于一种典型的高度危险区域，因为在高速公路上行驶的机动车时速一般非常快，进而非常容易对周边环境造成巨大危险。正因如此，《道路交通安全法》对不能进入高速公路的对象作出了明确规定。该法第 67 条规定："行人、非机动车、拖拉机、轮式专用机械车、铰接式客车、全挂拖斗车以及其他设计最高时速低于七十公里的机动车，不得进入高速公路。高速公路限速标志标明的最高时速不得超过一百二十公里。"这一条明确规定行人是严禁进入高速公路行走的。关于行人进入高速公路进而受到人身损害的责任承担，《道路交通事故损害赔偿司法解释》第 9 条第 2 款规定："依法不得进入高速公路的车辆、行人，进入高速公路发生交通事故造成自身损害，当事人请求高速公路管理者承担赔偿责任的，适用侵权责任法第七十六条的规定。"该条进一步明确了高速公路属于《侵权责任法》第 76 条规定的高度危险活动区域。另外，根据《侵权责任法》第 76 条，高度危险区域致害中管理人免除责任或者减轻责任的情形有两种，一为管理人已经采取安全措施，二为管理人尽到警示义务，二者缺一不可，即如果在事故发生后高度危险活动区域的管理人能够证明自己已经采取安全措施并尽到警示义务，可以减轻或者不承担责任。

具体到本案中，根据庭审查明的事实，此次事故发生时，正值武西高速公路上跨郑焦晋高速公路施工期间，此处路段出现防护栏缺失，而原告家所在村庄距离此处相对较近，因而被侵权人擅自进入了该高速公路路段。被告焦作市新时代高速公路有限公司作为事发路段的高速公路的经营管理单位，对处于施工时期的护网缺失管理不到位，以致智障人员进入高速公路。因此，被告焦作市新时代高速公路有限公司并未充分采取安全措施并尽到警示义务，应当对被侵权人崔保安死亡的人身损害结果承担赔偿责任。被告称事故发生时，正值武西高速公路上跨郑焦晋高速公路施工期间，此处出现防护栏缺失路段，按照与河南省桃花峪黄河大桥投资有限公司签订的关于《武西高速公路上跨郑焦晋高速公路施工协议书》及《该协议的补充协议》，发生事故，责任承担主体系河南省桃花峪黄河大桥投资有限公司。法院认为焦作市新时代高速公路有限公司是管理人，河南省桃花峪黄河大桥投资有限公司是施工人，双方对发生事故由河南省桃花峪黄河大桥投资有限公司承担责任的约定，属于双方之间的约定，不能对抗第三人。

另外，根据人民法院查明的事实，本案中被侵权人崔保安系智力二级残疾人。崔保安在原告崔金安作为监护人监护不到位的情况下进入高速公路，可认为原告一方存在过错。因此，应当根据《侵权责任法》第26条的规定，依法减轻被告焦作市新时代高速公路有限公司的赔偿责任。

▌法条链接

《侵权责任法》第26条：被侵权人对损害的发生也有过错的，可以减轻侵权人的责任。

《侵权责任法》第76条：未经许可进入高度危险活动区域或者高度危险物存放区域受到损害，管理人已经采取安全措施并尽到警示义务的，可以减轻或者不承担责任。

《道路交通安全法》第67条：行人、非机动车、拖拉机、轮式专用机械车、铰接式客车、全挂拖斗车以及其他设计最高时速低于七十公里的机动车，不得进入高速公路。高速公路限速标志标明的最高时速不得超过一百二十公里。

《道路交通损害赔偿司法解释》第9条第2款：依法不得进入高速公路的车辆、行人，进入高速公路发生交通事故造成自身损害，当事人请求高速公路管理者承担赔偿责任的，适用侵权责任法第七十六条的规定。

第七章

饲养动物损害责任纠纷实务要点与典型案例

第一节 饲养动物损害责任纠纷概述与实务要点

一、饲养动物损害责任纠纷概述

饲养动物损害责任是指被饲养的动物致使他人发生损害结果时，该动物的饲养人或者管理人应当承担的赔偿责任。饲养动物损害责任具有以下特征：

1. 饲养动物损害责任属于一种"准侵权行为"责任。因为在饲养动物损害责任中，被侵权人遭受损害的直接原因是受到动物的攻击行为，典型如被狗咬伤、被猴子抓伤等。而动物的饲养人、管理人并未对被侵权人实施侵权行为，但需要对其饲养、管理的动物造成的损害承担责任。此时，致害动物的饲养人、管理人承担的相当于一种对自己管理的"物"造成他人损害而承担的责任。因此，饲养动物损害责任属于一种"准侵权行为"责任。

2. 《侵权责任法》对饲养动物损害责任在不同情形下规定了不同的归责原则，包括无过错责任原则、严格责任原则和过错推定原则。具体来说：

（1）无过错责任原则。《侵权责任法》第78条规定："饲养的动物造成他人损害的，动物饲养人或者管理人应当承担侵权责任，但能够证明损害是因被侵权人故意或者重大过失造成的，可以不承担或者减轻责任。"这说明，饲养动物损害责任在一般情况下以无过错责任原则为归责原则，即一般情况下，如果饲养的动物造成他人损害，受害人无须证明该动物的饲养人或管理人具有过错，即可要求其承担赔偿责任。

（2）严格责任原则。《侵权责任法》第79条规定："违反管理规定，未对动物采取安全措施造成他人损害的，动物饲养人或者管理人应当承担侵权责任。"第80条规定："禁止饲养的烈性犬等危险动物造成他人损害的，动物饲养人或者管理人应当承担侵权责任。"这说明,《侵权责任法》为未对动物采取安全措施造成他人损害的责任和饲养禁止饲养的烈性犬等危险动物造成他人损害的责任规定了严格责任原则。严格责任原则与无过错责任原则的联系在于,二者均侧重于保护被侵权人的利益,皆不要求被侵权人证明责任人具有过错。但区别在于,严格责任对受害人的保护力度更大。具体来说,如果在《侵权责任法》第78条规定的一般情形下饲养动物造成他人损害,例如农村中的家养犬(不属于禁止饲养的烈性犬等危险动物的情况)造成他人损害,如果该家养犬的饲养人或管理人能够证明损害是在被侵权人故意或具有重大过错的情况下造成的(例如被侵权人故意惊吓、打击该家养犬),则该家养犬的饲养人或管理人可以根据实际情况减轻或者免于承担赔偿责任。而在《侵权责任法》第79、80条规定的未对动物采取安全措施造成他人损害和饲养禁止饲养的烈性犬等危险动物造成他人损害的情况下,动物的饲养人或管理人并不能适用减责或者免责事由。也就是说,即使受害人对损害结果的发生具有重大过失,也不能减轻动物饲养人的责任。这是因为,动物的饲养人或管理人违反相关管理规定不对动物采取相应的安全措施,或者饲养相关法律、法规禁止饲养的烈性犬等危险动物的,该行为本身就属于违法行为,且饲养人或管理人在主观上也存在重大过错。因为饲养人或管理人违反相关管理规定不对动物采取相应的安全措施,或者饲养相关法律、法规禁止饲养的烈性犬等危险动物的行为会对他人的人身、财产安全造成极大的危险。所以法律在这两种情形下为动物的饲养人或管理人规定了更为严厉的严格责任原则。

(3)过错推定原则。《侵权责任法》第81条规定:"动物园的动物造成他人损害的,动物园应当承担侵权责任,但能够证明尽到管理职责的,不承担责任。"这说明,法律为动物园饲养的动物致人损害的责任规定了过错推定原则,即如果他人在动物园受到动物园饲养的动物攻击而遭受人身损害,法律推定动物园存在过错,应当向受害人承担赔偿责任。如果动物园能够证明其已经尽到管理职责,如已经对致害的动物采取了非常完备的保护措施或者设置了足够醒目的警示标志等,动物园就可以免于承担责任。

二、饲养动物损害责任构成要件

1. 造成他人损害的必须为饲养的动物。饲养的动物直接区别于野生动物。如果被侵权人在野外受到野生动物的攻击而遭受人身损害,就不能适用《侵权责任法》第十章的规定。例如,几名"驴友"自发结伴到野生峡谷游览,结果一人不幸被当地的毒蛇咬伤。由于毒蛇是野生的,并无饲养人,受害人只能自己承担损害结果。在实践中，饲养的动物一般有以下几类：个人或家庭饲养的狗、猫、兔子等动物；养殖场等企业饲养的鸡、鸭、牛、羊、驴等动物；动物园饲养的老虎、狮子、大象等动物。

2. 因饲养动物的攻击行为等原因，造成了他人的人身损害。饲养动物造成他人损害的常见情形有家犬咬伤他人、家猫抓伤他人、农村居民饲养的马、驴踢伤他人等。

3. 受害人遭受损害须和饲养的动物的攻击等行为存在因果关系。如果受害人遭受的损害并非是由饲养动物所致，动物的饲养人或管理人自然不需承担赔偿责任。

三、饲养动物损害责任纠纷实务要点

1. 动物的饲养人、管理人如何认定的问题。动物的饲养人通常为该动物的所有权人。根据一些地方性法规，城市养犬者应当到住所地的区、县公安机关进行养犬登记，领取养犬登记证，并应当办理年检。例如，《北京市养犬管理规定》第 12 条第 2 款规定："养犬人应当自取得居民委员会、村民委员会出具的符合养犬条件的证明之日起 30 日内，持证明到住所地的区、县公安机关进行养犬登记，领取养犬登记证。"《上海市养犬管理条例》第 14 条第 1 款规定："养犬人应当到居住地或者单位住所地的区、县公安部门指定机构申请办理养犬登记和年检。"第 19 条规定："公安部门应当建立养犬管理信息系统和养犬管理电子档案，与兽医主管、城管执法、工商行政管理、卫生等部门实行登记、免疫和监管等信息共享，为公众提供相关管理和服务信息。养犬管理电子档案记载下列信息：（一）养犬人的姓名、居住地或者单位名称、住所地；（二）犬只的免疫接种、品种、出生时间、主要体貌特征和照片；（三）养犬人因违反养犬管理规定受到的行政处罚记录；（四）养犬登记相关证照的发放、变更、注销和收回信息；（五）其他需要记载的信息。"因此，如果受害人被狗咬伤而所有人不能确定时，也可以通过公安部门的养犬管理信息系统和养犬管理电子档案进行查询。

动物的管理人是指除动物的所有人之外合法占有、管理动物的人，例如与动物所有人之间基于保管、借用等关系而管理动物的人。国家设立的动物园也属于园内动物的管理人。因为管理人实际占有动物，对动物具有支配力和控制力，所以应当对动物造成他人的损害结果承担赔偿责任。但在这种情况下，如果动物的所有人具有一定过错的，也应当对该动物造成的损害结果承担赔偿责任。例如，如果动物所有人明知保管人缺乏保管能力，仍然将动物交予其保管，

进而发生损害结果的，动物的所有人也应当根据其过错程度向受害人承担赔偿责任。

2.《侵权责任法》第79条规定的"违反管理规定，未对动物采取安全措施造成他人损害的"具体情形该如何认定的问题。如前文所述，《侵权责任法》第79条规定的"违反管理规定，未对动物采取安全措施造成他人损害的"情形适用严格责任原则。即使受害人对损害结果的发生具有重大过失，也不能减轻和免除动物饲养人和管理人的责任。在实践中，可以根据地方性法规规定的具体情形来认定饲养人或管理人是否违反管理规定。例如，《北京市养犬管理规定》第17条规定："养犬人应当遵守下列规定：（一）不得携犬进入市场、商店、商业街区、饭店、公园、公共绿地、学校、医院、展览馆、影剧院、体育场馆、社区公共健身场所、游乐场、候车室等公共场所；（二）不得携犬乘坐除小型出租汽车以外的公共交通工具；携犬乘坐小型出租汽车时，应当征得驾驶员同意，并为犬戴嘴套，或者将犬装入犬袋、犬笼，或者怀抱；（三）携犬乘坐电梯的，应当避开乘坐电梯的高峰时间，并为犬戴嘴套，或者将犬装入犬袋、犬笼；居民委员会、村民委员会、业主委员会可以根据实际情况确定禁止携犬乘坐电梯的具体时间；（四）携犬出户时，应当对犬束犬链，由成年人牵领，携犬人应当携带养犬登记证，并应当避让老年人、残疾人、孕妇和儿童；（五）对烈性犬、大型犬实行拴养或者圈养，不得出户遛犬；因登记、年检、免疫、诊疗等出户的，应当将犬装入犬笼或者为犬戴嘴套、束犬链，由成年人牵领；（六）携犬出户时，对犬在户外排泄的粪便，携犬人应当立即清除；（七）养犬不得干扰他人正常生活；犬吠影响他人休息时，养犬人应当采取有效措施予以制止；（八）定期为犬注射预防狂犬病疫苗；（九）不得虐待、遗弃所养犬；（十）严格履行养犬义务保证书规定的其他义务。"如果发生饲养动物造成他人损害的结果，可查询当地的养犬管理规定，以确定动物饲养人或管理人的行为是否违反规定。

3.《侵权责任法》第80条规定的"禁止饲养的烈性犬等危险动物"如何认定的问题。烈性犬等危险动物由于其品种、特性等原因，会对他人的人身安全造成严重的威胁，因此法律严禁饲养人饲养某些品种的烈性犬。而且，根据《侵权责任法》第80条的规定，禁止饲养的烈性犬等危险动物造成他人损害应当适用严格责任原则，即如果禁止饲养的烈性犬造成他人损害，即使受害人具有重大过失，也不能减轻和免除饲养人或管理人的责任。在实践中，一些地区的养犬管理规定会对烈性犬的品种作出规定。例如，2016年7月1日起施行的《吉林市城区养犬管理条例》第22条第6款规定："本条例所称烈性犬种包括：阿富汗猎犬，阿根廷杜高犬，阿里埃日犬，爱尔兰猎狼犬，爱尔兰赛特犬，巴山基猎犬，巴西非拉犬，巴仙吉犬，贝林登梗，比利时牧羊犬，比特犬，边境梗，伯恩山犬，波音达猎犬，川东犬，刺毛犬，大白熊犬，大丹犬，大麦町犬，德国猎梗，德国牧羊犬，斗牛犬，笃宾犬，恶霸犬，俄罗斯高加索犬，法国波尔多獒犬，法国狼犬，加纳利犬，卡累利亚猎熊犬，卡斯特牧羊犬，凯丽蓝梗，克罗地亚牧羊犬，可蒙多犬，猎狐犬，猎鹿犬，灵缇，罗得西亚脊背犬，罗威纳犬，马犬，美国斯塔福郡梗，蒙古细犬，纽芬兰犬，牛头梗，皮卡迪牧羊犬，葡萄牙善泳犬，秋田犬，拳狮犬，萨摩耶德犬，沙皮犬，圣伯纳犬，松狮犬，苏俄猎狼犬，苏俄牧羊犬，苏格兰牧羊犬，塔塔尔牧羊犬，土佐犬，威玛猎犬，西藏獒犬，西伯利亚雪橇犬，雪达犬，寻血猎犬，伊卑萨猎犬，意大利卡斯罗犬，意大利纽波利顿犬，伊利里牧羊犬，英国斗牛獒犬，英国古代牧羊犬，英国马士提夫犬，中华田园犬，中亚牧羊犬，以及经公安机关和畜牧兽医部门联合认定并向社会公布的其它犬种。"该规定以及其他地区的相关法规对烈性犬品种作出的规定，可以作为实践中判断致人损害的犬是否为烈性犬的参考标准。

第二节　饲养动物损害责任纠纷典型案例

1. 宠物店内饲养动物致人损害的责任认定——张瑞诉裴智慧等健康权纠纷案

▌案件信息及法院裁判

裁判文书字号：（2015）焦民二终字第 00016 号民事判决书

案由：生命权、健康权、身体权纠纷

上诉人（原审被告）：张瑞

被上诉人（原审原告）：裴智慧

原审被告：张瑶

原审被告：张行州

原审法院认定，2014 年 3 月 10 日，原审原告裴智慧到原审被告张瑞实际经营的位于焦作市解放区花卉市场内的宠物店内购买宠物，裴智慧在观看店内的一只阿拉斯加犬时，被该只阿拉斯加犬咬伤，事发时该只阿拉斯加犬被关在一个铁质的笼子内，笼子被上锁，且笼子上悬挂有"此犬凶猛、禁止触摸、后果自负"的警示牌。事发后，裴智慧及张瑞到焦作市第二人民医院进行治疗，并报警处理。受伤当日，裴智慧以"被狗咬伤左上肢致疼痛，出血 20 分钟"为主诉，入住焦作市第二人民医院，经诊断为左前臂和左手犬咬伤，入院后急诊犬咬伤创面清创引流消毒包扎，对症抗感染和清创毒素综合治疗，创面定期清创引流。入院两天后裴智慧坚决要求出院，转回当地医院治疗，焦作市第二人民医院告知裴智慧后果，上级医师准予出院。裴智慧于 2014 年 3 月 12 日出院，期间花费各项费用共计 2959.40 元，出院医嘱：①创面继续定期换药；②继续抗感染和清创毒素治疗；③定期复查。后裴智慧于 2014 年 3 月 13 日以"被狗咬伤后左上肢疼痛 3 天"为主诉入住获嘉县人民医院继续治疗，入院后结合病史、查体，确诊为狗咬伤，完善术前准备后，臂丛神经麻醉下行"左上肢扩创缝合"术，手术顺利，术后恢复良好，于 2014 年 3 月 21 日自动出院，期间花费各项费用共计 1616.79 元，出院医嘱：定期复查，按时拆线。此外，裴智慧于 2014 年 3 月 10 日在焦作市疾病预防控制中心接种血清及疫苗，花费 1375 元，后又分别于 2014 年 3 月 13 日、3 月 18 日及 4 月 8 日在获嘉县疾病预防控制中心接种狂犬病疫苗共计三次，每次各花费 60 元。裴智慧以上各项治疗费用共计 6131.19 元。因双方就此纠纷协调未果，裴智慧诉至本院。另查明，2014 年度河南省城镇居民人均可支配收入为 22 398.03 元，2014 年度河南省居民服务业和其他服务业职工平均工资为 29 041 元。

原审法院认为，公民的生命健康权受法律保护。《侵权责任法》第 78 条规定："饲养动物造成他人损害的，动物饲养人或者管理人应当承担侵权责任，但能够证明损害是因被侵权人故意或者重大过失造成的，可以不承担或者减轻责任。"结合本案查明事实，张瑞自认其系咬伤裴智慧的阿拉斯加犬的饲养人，裴智慧在张瑞实际经营的宠物店内，被关在笼子内的阿拉斯加犬咬伤，关于张瑞称因裴智慧对该阿拉斯加犬进行挑逗，导致其被该犬咬伤的辩解意见，证据理由不足，不予采信，故张瑞应承担裴智慧被狗咬伤的相应责任。关于裴智慧主张张行州、张瑶应承担本案责任的诉讼请求，裴智慧并未提供相关证据证明张行州、张瑶系该阿拉斯加犬的饲养人或管理人，故该项诉讼请求不予支持。此外，裴智慧作为一个有完全民事行为能力的成年人，进入宠物店后，对该体型较大的阿拉斯加犬具有一定危险性应当有认知，且鉴于该只阿拉斯加犬被锁在笼子内，结合该笼子的密度，加之张瑞已在该犬笼外悬挂有警示牌，可以推定裴智慧距离该阿拉斯加犬的距离过近是导致犬将人咬伤的原因之一，即裴智慧在此事故中有重大过失，可以减轻张瑞的责任，故法院认为将裴智慧与张瑞在此事故中的责任份额划分为 3∶7 较为适宜。关于裴智慧诉称医疗费 6131.19 元的主张，有医院票据予以证明，予以认定。关于裴智慧要求张瑞承担护理费、误工费、住院伙食补助费及交通费的主张，裴智慧实际住院 10 天，参照 2014 年河

南省城镇居民人均可支配收入 22 398.03 元的标准,误工费应为 613.64 元
(22 398.03元÷365 天×10 天 = 613.64 元);参照 2014 年度河南省居民服务业
和其他服务业职工平均工资 29 041 元的标准,护理费应为 795.64 元 (29 041 元÷
365 天×10 天 = 795.64 元);住院伙食补助费参照河南省国家机关一般工作人员
的出差伙食补助标准,按照每人每天 30 元计算,应为 300 元 (30 元/天×10 天 =
300 元);考虑到裴智慧家住新乡市,曾在焦作市第二人民医院住院 2 天,且共
计住院 10 天,故裴智慧 300 元交通费的主张符合相关法律规定;对上述费用予
以认定。张瑞应承担本案责任的 70%,即医疗费 4291.83 元、误工费 429.55
元、护理费 556.95 元、住院伙食补助费 210 元、交通费 210 元,故关于裴智慧
请求张瑞承担护理费 795.6 元、误工费 613.6 元、住院伙食补助费 300 元、交通
费 300 元主张,超过部分不予支持。关于裴智慧要求张瑞承担精神抚慰金 2500
元的诉讼请求,因裴智慧并未构成伤残,且未提供有力证据予以支持,故该项
诉讼请求不符合相关法律规定,不予支持。依照《侵权责任法》第 16、78 条,
《人身损害赔偿司法解释》第 19、20、21、22、23 条之规定,判决:被告张瑞
在本判决生效后 10 日内赔偿原告裴智慧医疗费 4291.83 元、误工费 429.55 元、
护理费 556.95 元、交通费 210 元、住院伙食补助费 210 元,以上共计 5698.33
元;驳回原告裴智慧的其他诉讼请求。本案诉讼费 25 元,由被告张瑞承担。

　　张瑞上诉称,张瑞作为阿拉斯加犬的饲养人已经尽到了安全防范义务,事
发时阿拉斯加犬被关在铁质的笼子内,笼子被上锁,且笼子上悬挂有"此犬凶
猛、禁止触摸、后果自负"的警示牌。裴智慧作为成年人,完全能够看到、理
解警示内容,也应该知道手伸进犬笼内触摸犬的后果,但其放任后果的发生,
造成其被犬咬伤,责任应当由其自行承担。故请求二审法院撤销原判,改判驳
回裴智慧的诉讼请求。

　　二审法院认为,饲养动物造成他人损害的,动物饲养人或者管理人应当承
担侵权责任,但能够证明损害是因被侵权人故意或者重大过失造成的,可以不
承担或者减轻责任。本案中,裴智慧作为一个有完全民事行为能力的成年人,
进入张瑞经营的宠物店内,对体型较大的阿拉斯加犬具有一定危险性应当有认
知,且鉴于该只阿拉斯加犬被锁在笼子内,加之张瑞已在该犬笼外悬挂有警示
牌,从该犬笼的密度看,如果裴智慧的胳膊不近距离接触宠物犬是不可能被咬
伤的,故裴智慧在本案事故中存在重大过失,应当承担主要责任 (即 70%);
张瑞作为宠物犬的饲养人虽然在犬笼上悬挂有"此犬凶猛、禁止触摸、后果自
负"的警示牌,但缺乏顾客与宠物犬笼的安全距离设施,应承担对裴智慧被其
宠物犬咬伤的次要责任 (即 30%)。裴智慧在一审中提交的加油发票不能证明

系其在焦作市第二人民医院住院期间支出的交通费用，对此不予认定。原审法院认定事实清楚，但划分裴智慧与张瑞在此事故中承担责任的比例不当，予以变更。依照《民事诉讼法》第170条第1款第2项之规定，判决变更解放区人民法院（2014）解民一初字第762号民事判决第一项为：张瑞在本判决送达后10日内赔偿裴智慧医疗费1839.36元、误工费184.09元、护理费238.69元、住院伙食补助费90元，以上共计2352.14元；维持解放区人民法院（2014）解民一初字第762号民事判决第二项。

▌案件分析

本案是一起宠物店内动物侵权致害纠纷，案件的争议焦点为，作为动物饲养人的张瑞是否应当对裴智慧的人身损害结果承担赔偿责任。

原审原告裴智慧到原审被告张瑞实际经营的位于焦作市解放区花卉市场的宠物店内购买宠物，在观看店内的一只阿拉斯加犬时，被该只阿拉斯加犬咬伤。《民法通则》第127条规定："饲养的动物造成他人损害的，动物饲养人或者管理人应当承担民事责任；由于受害人的过错造成损害的，动物饲养人或者管理人不承担民事责任；由于第三人的过错造成损害的，第三人应当承担民事责任。"《侵权责任法》第78条规定："饲养的动物造成他人损害的，动物饲养人或者管理人应当承担侵权责任，但能够证明损害是因被侵权人故意或者重大过失造成的，可以不承担或者减轻责任。"张瑞是该阿拉斯加犬的饲养人，因此，本案为一起饲养动物损害责任纠纷。

根据《侵权责任法》第78条的规定，饲养动物损害责任适用的是无过错责任原则，即不考虑饲养人有无过错，均应当对被侵权人的损害结果承担赔偿责任。但第78条存在免责或减责事由，即如果损害是由被侵权人故意或重大过失造成的，动物饲养人可以不承担责任或者减轻责任。因此，判断张瑞对被侵权人裴智慧的损害结果是否应当承担责任，首先应判断裴智慧对损害结果的发生是否具有故意或者重大过失。

在本案中，根据法院查明的事实，咬伤裴智慧的阿拉斯加犬被关在宠物店的笼子中，根据笼子的密度及常识判断，只有被侵权人将手伸进笼子或者在非常靠近笼子的情况下，才有可能被犬咬伤。而且，阿拉斯加犬的饲养人张瑞已经在笼子上悬挂有"此犬凶猛、禁止触摸、后果自负"的警示牌。裴智慧作为完全民事行为能力人，对大型阿拉斯加犬具有的危险性应当有明确的认知。因此可认为，被侵权人裴智慧虽不存在故意，即主动追求被犬咬伤的结果，但对其损害结果的发生具有重大过失。因此，根据《侵权责任法》第78条，依法应当减轻动物饲养人张瑞的赔偿责任。

另外，本案中阿拉斯加犬的饲养人张瑞虽然已经在笼子上悬挂有"此犬凶猛、禁止触摸、后果自负"的警示牌，但其没有充分认识到阿拉斯加犬具有的危险性，并未设置保持顾客与宠物安全距离的相关设施。该阿拉斯加犬饲养于宠物店内，存在对不特定顾客造成人身损害的危险性。饲养人张瑞没有意识到该危险性，对被侵权人裴智慧的损害结果具有一定的过错。由于动物侵权致人损害适用无过错责任原则，二审法院最终判决动物饲养人张瑞对裴智慧的人身损害结果承担30%的赔偿责任。

▌法条链接

《侵权责任法》第78条：饲养的动物造成他人损害的，动物饲养人或者管理人应当承担侵权责任，但能够证明损害是因被侵权人故意或者重大过失造成的，可以不承担或者减轻责任。

《民法通则》第127条：饲养的动物造成他人损害的，动物饲养人或者管理人应当承担民事责任；由于受害人的过错造成损害的，动物饲养人或者管理人不承担民事责任；由于第三人的过错造成损害的，第三人应当承担民事责任。

《侵权责任法》第26条：被侵权人对损害的发生也有过错的，可以减轻侵权人的责任。

2. 旅游景区内饲养动物侵权的责任认定——蔡杵杵诉乾陵管理处侵权责任纠纷案

▌案件信息及法院裁判

裁判文书字号：（2015）咸中民终字第01145号民事判决书

案由：侵权责任纠纷

上诉人（原审原告）：蔡杵杵

被上诉人（原审被告）：乾陵管理处

第三人：乾县乾陵石马旅游有限责任公司（以下简称石马公司）法定代表人吴东礼（系该公司经理）

第三人：任月汗

原审法院经审理查明：2013年8月11日，原告及其妻子等一行五人购买门票，进入乾陵景区参观。参观期间，原告等人与乾陵景区内的石马公司马队服务点负责人讨价还价达成骑马上下山的旅游服务协议（每人由50元优惠至30

元，骑马下山后支付服务费）。石马公司遂指派相关人员牵马，其中由马主人之一的任月汗为蔡杆杆牵马。上山参观完返程行至马队服务点不远处时，原告不慎从马背摔下受伤（原告一行人均未支付服务费）。事故发生后，石马公司其他员工与任月汗、乾陵管理处的人员将原告送往乾县中医医院救治。原告被诊断为：①多发肋骨骨折；②肺挫裂伤；③气胸；④多处软组织损伤。后原告转至西安唐都医院住院治疗，被诊断为：①胸部闭合性损伤（左）；②多发肋骨骨折（第6～9肋）；③液气胸；④肺挫裂伤。原告在乾县中医医院治疗的所有费用均已由马的主人任月汗承担。原告在唐都医院住院治疗期间，马的主人任月汗给付原告现金13 000元。在本案审理过程中，应原告的申请，原审法院依法委托相关机构对原告的伤情进行了鉴定，意见为：原告此次外伤综合评定为八级伤残。2014年7月24日，原告诉至法院，要求被告赔偿其医疗费、误工费、营养费、护理费、住院伙食补助费、二次手术费、伤残赔偿金、精神损害抚慰金等合计213 291.86元。

另查明：乾陵系国家4A级旅游景区。因其地理位置独特，当地村民居住生活在大景区之中，并在景区内开展一些力所能及的经营活动（如：工艺品、饮食、照相、停车、旅游服务、马队）。石马公司系当地石马村村民设立的具有法人资格并能独立承担法律责任的自主经营性公司，村民自己购买马匹，由石马公司统一管理，在乾陵大陵景区给游客提供骑马上山服务。

原审法院认为，由于原告选择按照侵权之诉起诉，而侵权之诉的赔偿责任主体为实际侵权人。本案中，原告在骑乘石马公司管理的任月汗饲养的马匹上下山时受伤，其损害应由石马公司和任月汗共同赔偿。乾陵管理处既不是马匹的管理人，也不是马匹的饲养人，其在原告受伤过程中无任何责任，故原告要求乾陵管理处赔偿其损失不符合法律规定，不予支持。任月汗无充分有效的证据证明原告在骑马过程中有故意或重大过失，故对任月汗主张原告受伤系自己造成不予采信。原告无其他证据证明西安庆华医院的医疗费及唐都医院2013年9月16日的254元门诊费用是因本次事故造成的损失，故对该部分费用不予支持。因原告系干部，且未提交有效证据证明治疗期间实际收入减少，故对原告请求的误工费不予支持。对于二次手术费用，因原告未提交有效证据证明，也不予支持。对于精神损失抚慰金，由法院适当予以支持。依据《合同法》第122条，《侵权责任法》第16、78、79条，《人身损害赔偿司法解释》第18、19、21、23、24、25条之规定，判决：第三人乾县乾陵石马旅游有限责任公司及任月汗在判决生效后30日内连带赔偿原告蔡杆杆医疗费53 455.62元－13 000元＝40 455.62元、营养费30元/天×8天＝240元、护理费100元/天×8天＝800

元、住院伙食补助费30元/天×8天=240元、伤残赔偿金24 366元/年×20年×30%=146 196元、精神抚慰金2000元，以上共计189 931.62元。驳回原告蔡杵杵对被告乾陵管理处的所有诉讼请求。案件受理费4500元，由第三人乾县乾陵石马旅游有限责任公司及任月汗共同负担。

宣判后，上诉人蔡杵杵不服，向咸阳市中级人民法院提起上诉称：原审判决认定事实不清，适用法律错误。乾陵管理处在其管理的场所内，将部分经营项目和场地交由他人从事旅游交通、娱乐等经营，其对第三人的经营行为给他人造成的损害有不可推卸的责任。原审判决乾陵管理处不承担责任错误。本案应适用《中华人民共和国旅游法》（以下简称《旅游法》）和《最高人民法院关于审理旅游纠纷案件适用法律若干问题的规定》（以下简称《旅游纠纷适用法律规定》），判令乾陵管理处与第三人承担连带责任。原审判决错误认定本案为饲养动物侵权纠纷，判决乾陵管理处不承担任何责任系适用法律错误。请求二审改判乾陵管理处与第三人承担连带赔偿责任并赔偿二次手术费10 000元、鉴定费800元。

被上诉人乾陵管理处辩称：蔡杵杵在一审庭审过程中对原审认定的事实认可，不存在原审认定事实不清的问题。上诉人一审按照侵权起诉，但乾陵管理处并非侵权责任人，原审按照《侵权责任法》判决乾陵管理处不承担责任正确。乾陵管理处设置的交通方式只有徒步和乘坐旅游观光车两项，无骑马一项。蔡杵杵是与具有独立法人资质的石马公司订立了服务协议，骑马的费用也是由石马公司收取，与乾陵管理处没有任何关系，所乘马匹归任月汗所有，并由石马公司和任月汗经营管理，蔡杵杵受伤与乾陵管理处没有任何关系。乾陵管理处所经营的项目中没有骑马上下山这一项，不存在将该项目交由他人经营的情形。另外，由于特有的地理环境，景区内本来就有村民居住并从事经营活动。乾陵管理处没有权利禁止原住居民从事正当的经营活动，不存在将场地交由他人经营的情况。因此，本案不适用《旅游法》第54条。原审判决正确，应予维持。

第三人石马公司诉称，马队是一个群众组织，石马公司没有收取马匹的管理费。石马公司和任月汗之间签订有合同。

第三人任月汗诉称，蔡杵杵在骑马过程中一直在拍马，他告诉蔡杵杵不要拍，但蔡杵杵不听劝告，而且还一直在照相。

另查明，石马公司每年只向乾陵管理处交纳卫生费，乾陵管理处不参与石马公司收入分配。

咸阳市中级人民法院经审理认为，由于蔡杵杵与乾陵管理处达成的旅游服务协议中无骑马游览一项，该项目实际是蔡杵杵与石马公司（具体实施者为任月汗）协商后选定的，故石马公司不属于《旅游纠纷适用法律规定》第1条所规定的旅游辅助服务者，石马公司作为独立法人，任月汗作为该项服务的实际提供者，应对蔡杵杵在游览过程中遭受的损失承担赔偿责任。乾陵管理处既不是骑马游览服务的提供者，也不从中分享收益，其下属治安科与石马公司签订的《优质服务与安全管理责任合同书》中约定，治安科对石马公司日常经营活动有权随时进行检查监督管理，并有权根据违规或投诉情况对旅游马队进行处罚，该行为是一种外部监督管理行为，并非开展日常经营活动，故乾陵管理处不应承担民事责任。由于蔡杵杵的二次手术费用尚不确定，原审未予判处并无不当。蔡杵杵未提交鉴定费证据，其上诉要求赔偿鉴定费不应支持。

蔡杵杵上诉提到，本案应适用《旅游法》，不应适用《侵权责任法》第78条的。由于《旅游法》自2013年10月1日起施行，而本案发生于2013年8月11日，故《旅游法》对本案不适用。蔡杵杵是因骑马坠地受伤，骑马本身具有一定的危险性，原审适用《侵权责任法》第78条，按照无过错责任判令石马公司和任月汗承担赔偿责任并无不当。

综上，原审认定事实清楚，适用法律正确，依法应予维持。上诉人蔡杵杵上诉理由不能成立，对其上诉请求不予支持。依据《民事诉讼法》第170条第1款第1项之规定，判决驳回上诉，维持原判。

▎案件分析

本案是一起旅游景区内动物侵权纠纷，案件的争议焦点为，被告乾陵管理处是否应当对蔡杵杵的人身损害结果承担赔偿责任，石马公司、任月汗是否应当对蔡杵杵的人身损害结果承担赔偿责任。

原告蔡杵杵在乾陵景区游玩时，与景区内的石马公司马队负责人达成了服务协议，结果在骑马过程中从马背上摔下受伤。《民法通则》第127条规定："饲养的动物造成他人损害的，动物饲养人或者管理人应当承担民事责任；由于受害人的过错造成损害的，动物饲养人或者管理人不承担民事责任；由于第三人的过错造成损害的，第三人应当承担民事责任。"《侵权责任法》第78条规定："饲养的动物造成他人损害的，动物饲养人或者管理人应当承担侵权责任，但能够证明损害是因被侵权人故意或者重大过失造成的，可以不承担或者减轻责任。"因任月汗是该马匹的饲养人，且任月汗和马匹受石马公司的统一管理，所以，本案为一起饲养动物损害责任纠纷。

就被告乾陵管理处是否应当对蔡杵杵的人身损害结果承担赔偿责任而言，首先应当明确乾陵管理处与蔡杵杵之间形成何种法律关系，乾陵管理处对蔡杵杵的人身损害结果是否存在过错。在本案中，蔡杵杵等人购买门票进入乾陵景区游玩，与乾陵管理处之间形成的是旅游服务合同关系。根据本案中查明的事实，造成损害结果的马匹并非是乾陵管理处饲养的马匹，该马匹的饲养人应为石马公司。因此，乾陵景区并非造成损害结果的马匹的饲养人，不能作为《侵权责任法》第78条规定的动物侵权致害纠纷中的赔偿义务主体。乾陵管理处既不是骑马游览服务的提供者，也不从中分享收益，其下属治安科与石马公司签订的《优质服务与安全管理责任合同书》中约定，治安科对石马公司日常经营活动有权随时进行检查监督管理，并有权根据违规或投诉情况对旅游马队进行处罚，该行为是一种外部监督管理行为，并非开展日常经营活动，而且，在被侵权人蔡杵杵受伤后，乾陵管理处的人员连同石马公司的相关人员将原告送往乾县中医医院救治。因此，乾陵管理处对蔡杵杵的人身损害结果不应当承担赔偿责任。

就第三人石马公司、任月汗是否应当对蔡杵杵的人身损害结果承担赔偿责任而言，在本案中，石马公司系当地石马村村民设立的具有法人资格并能独立承担法律责任的自主经营性公司，村民自己购买马匹，由石马公司统一管理，在乾陵大陵景区给游客提供骑马上山服务。原告蔡杵杵与石马公司马队负责人达成了服务协议，石马公司指派任月汗为蔡杵杵牵马，结果原告在骑马过程中从马背上摔下受伤。造成蔡杵杵人身损害结果的马匹为任月汗的马，受石马公司的统一管理，作为致害动物饲养者与管理者的任月汗和石马公司应根据《侵权责任法》第78条的规定，对被侵权人蔡杵杵的损害承担连带赔偿责任。

▌法条链接

《侵权责任法》第78条：饲养的动物造成他人损害的，动物饲养人或者管理人应当承担侵权责任，但能够证明损害是因被侵权人故意或者重大过失造成的，可以不承担或者减轻责任。

《民法通则》第127条：饲养的动物造成他人损害的，动物饲养人或者管理人应当承担民事责任；由于受害人的过错造成损害的，动物饲养人或者管理人不承担民事责任；由于第三人的过错造成损害的，第三人应当承担民事责任。

3. 住宅内饲养动物致人损害的责任认定——何凤仙诉李滋伦、李笃兴饲养动物损害责任纠纷案

▌案件信息及法院裁判

裁判文书字号：（2015）百中民一终字第554号民事判决书

案由：饲养动物损害责任纠纷

被上诉人（原审原告）：何凤仙

上诉人（原审被告）：李滋伦

上诉人（原审被告）：李笃兴

乐业县人民法院审理查明：2014 年 6 月 8 日，被告李滋伦在其家中为其父亲即本案被告李笃兴举办生日酒宴，原告何凤仙于当日下午 3 点多钟前往赴宴。晚饭后原告行至二被告家厨房门口时，被二被告家饲养的家狗咬伤左小腿内侧。事发后被告李滋伦叫来村赤脚医生进行处置，但因原告伤口创面太大无法缝合，被告李滋伦当晚用面包车将原告送往乐业县人民医院进行治疗至 2014 年 6 月 12 日。2014 年 6 月 25 日，原告因伤口严重感染自行到乐业县人民医院住院治疗 64 天，于 2014 年 8 月 27 日出院，期间支付医疗费人民币 14 468.9 元。因二被告未积极主动向原告赔偿损失，原告为维护自身合法权益于 2014 年 9 月 9 日提起诉讼，请求：①依法判决二被告连带赔偿原告的医疗费等各项损失人民币 40 841.73 元（医疗费 14 468.9 元；误工费 7818.24 元；护理费 6254.59 元；住院伙食补助费 7300 元；精神损害抚慰金 5000 元）；②本案案件受理费由被告承担。

一审法院认为，公民的生命权、身体权、健康权受国家法律保护。侵权人侵害他人民事权益的，被侵权人有权请求侵权人承担侵权责任。依照《侵权责任法》第 78 条"饲养的动物造成他人损害的，动物饲养人或者管理人应当承担侵权责任，但能够证明损害是因被侵权人故意或者重大过失造成的，可以不承担责任或者减轻责任"之规定，结合本案，原告何凤仙被二被告家中饲养的狗咬伤左小腿内侧，二被告应承担侵权责任，二被告如能证明损害是因原告故意或者重大过失造成的，可以不承担责任或者减轻责任。本案二被告辩称其并不存在疏于管理或任何过错行为，原告所受到的损害系因原告自身存在主要过错引起，并提交证人李滋碧等人出具的证言证实被告饲养的狗温顺，只有在受到刺激后才会咬人这一事实，以及申请证人李美荣、李美玲、刘庆俐出庭作证，证实原告因踢了被告饲养的家狗一脚才被咬这一事实，并据此认为二被告不应承担赔偿责任。证人李滋碧等虽出具证言，但未出庭接受质询，依照《民事诉讼证据若干规定》第 69 条第 1 款第 5 项，对李滋碧等证人出具证言所证实的事实，不予认可。证人李美荣、李美林、刘庆俐虽与二被告为近亲属关系，但三位证人为完全民事行为能力人，意识清晰，表达清楚，证人证言对所证事实能相互印证，因此，对原告在二被告家厨房门口用脚踢了被告家饲养的狗一下的事实予以认可。原告为具有完全民事行为能力的自然人，应知晓狗的危险性，其用脚踢狗之行为，并不符合人们应该注意并能够注意的要求，以致造成被狗咬伤的损害后果，故原告应对该损害后果承担重大过失责任。被告方饲养狗，也应知该动物对不特定人具有一定的危险性，被告李滋伦为其父亲在家中举办生日酒宴，理应知晓当天为特殊日子，前来为其父亲祝寿的人也相对往日较多，在家有危险性犬类的情形下，应进行警示并采取诸如使用链条、绳子等将饲养物拴住或是置于圈内拴养等防范措施，但被告方未履行相应管理义务，致使所饲养的家狗咬伤原告，应承担赔偿责任。结合原、被告双方在本案中的过错程度，原告应对自身损害后果自行承担10%的责任。原告述称于2014年6月16日到乐业县逻沙乡卫生院住院治疗9天，却未向法庭提交其在此期间在该院住院治疗这一事实的相关证据，依照《民事诉讼证据若干规定》第2条"当事人对自己提出的诉讼请求所依据的事实或者反驳对方诉讼请求所依据的事实有责任提供证据加以证明。没有证据或者证据不足以证明当事人的事实主张的，由负有举证责任的当事人承担不利后果"之规定，对原告在乐业县逻沙乡卫生院住院治疗的这一事实，不予认定。因原告于2014年6月12日从乐业县人民医院治疗回家后，再于2014年6月25日入乐业县人民医院住院治疗，期间延误治疗，导致损害后果扩大，原告应自行承担20%的责任。综上，原告诉请赔偿的经济损失，原告应自行承担30%的责任。被告李笃兴与被告李滋伦为父子关系，且一起生活并未分家，二被告应对饲养的家狗咬伤原告承担共同赔偿责任，二被告应共同承担70%的责任。依照《侵权责任法》第16条的规定，造成他人损害的，应当赔偿医疗费、护理费、交通费等为治疗和康复支出的合理费用，以及因误工减少的收入。因此，对原告请求赔偿的损失应参照2014年《广西壮族自治区道路交通事故损害赔偿项目计算标准》计算。原告诉请：①医疗费14 468.9元。有住院医疗收费收据及费用清单佐证，予以支持。②误工费7818.24元。误工费是根据受害人的误工时间和收入状况确定的，原告从事农业，按其住院治疗68天计，误工费应为24 432元÷365天×68天＝4551.71元，原告诉请超过部分，不予支持。③护理费参照误工费以1人按64天计算应为24 432元÷365天×64天＝4283.96元，原告诉请6254.59元过高，超过部分，不予支持。④住院伙食补助费7300元，原告住院天数为68天，应获住院伙食补助费为68天×100元＝6800元，原告诉请超过部分，不予支持。上述①至④项费用总计为人民币30 104.57元。按照原告承担30%、二被告承担70%的责任比例，原告应自行承担费用为30 104.57元×30%＝9031.37元，被告应承担费用应为30 104.57元×70%＝21 073.2元。原告认可收到被告给付现金260元，应予扣除，即被告应赔偿原告经济损失为人民币20 813.2元。被告方因原告已获得乐业县新型农村合作医疗报销部分医疗费而主张不予赔偿原告该部分医疗费。本案属侵权责任案件，原告是基于被告方的侵权行为而产生赔偿请求权。原告通过新型农村合作医疗报销部分医疗费，应属于原告与该保险机构之间的合同关系。侵权之债与合同之债分属不同法律关系，原告由本案饲养动物损害责任所产生的医疗费与其是否获得新型农村合作医疗机构的报销并无关联，被告方不能以此作为不予赔偿该部分医疗费的理由。据此，被告方主张不予支持。因被告方的侵权行为导致原告身体受到损伤，确实给原告带来严重的精神损害，综合考量原、被告双方过错，本地的经济水平以及赔偿义务人的收入，原告请求精神损害抚慰金5000元过高，酌定为1000元。

综上所述，依照《侵权责任法》第16、22、78条，《民事诉讼证据若干规定》第2条及参照2014年《广西壮族自治区道路交通事故损害赔偿项目计算标准》之规定，判决被告李滋伦、被告李笃兴共同赔偿原告何凤仙经济损失人民币20 813.2元；被告李滋伦、被告李笃兴共同赔偿原告何凤仙精神损害抚慰金人民币1000元；驳回原告何凤仙的其他诉讼请求。

一审判决后，李滋伦、李笃兴不服，在法定期间内提出上诉称：①一审判决认定事实不清，判决错误。一审判决前后矛盾，既认定被上诉人对损害后果承担重大过失责任，又判决只要求被上诉人承担30%的责任，而上诉人没有过错却要共同承担70%的责任。②一审判决被上诉人误工费4551.71元是错误的。被上诉人出生于1946年9月14日，现已68岁。根据劳动法的规定，女员工退休年龄为55岁，本案中，被上诉人已68岁，是根本不具备劳动能力的自然人，不应获得误工费赔偿。③一审适用法律错误。法律明确规定，致害动物饲养、管理人的两种免责事由：一是因受害人的过错造成损害；二是因第三人的过错造成损害。根据《民法通则》第127条"饲养的动物造成他人损害的，动物饲养人或者管理人应当承担民事责任；由于受害人的过错造成损害的，动物饲养人或者管理人不承担民事责任；由于第三人的过错造成损害的，第三人应当承担民事责任"之规定，上诉人认为，原判决适用法律错误。

百色市中级人民法院经审理认为，各方当事人对2014年6月8日，在李滋伦、李笃兴家门口，何凤仙被李滋伦、李笃兴家饲养的家狗咬伤左小腿内侧的事实并无异议。本案的争议焦点为：①一审判决的责任比例分担是否正确；②何凤仙的误工费应否得到支持。关于一审判决的责任比例分担是否正确的问题。本案为饲养动物损害责任纠纷。《侵权责任法》第78条规定："饲养的动物造成他人损害的，动物饲养人或者管理人应当承担侵权责任，但能够证明损害是因被侵权人故意或者重大过失造成的，可以不承担或者减轻责任。"本案是两上诉人饲养的狗咬伤被上诉人，但证人李美荣、李美林、刘庆俐证实，是被上诉人用脚踢了上诉人的狗一脚后，才被狗咬伤的损害后果发生。因此，一审根据本案事实，以及各方当事人的过错程度、责任大小等因素，确定减轻上诉人30%的责任，即由上诉人承担70%的赔偿责任，并无不当。关于何凤仙的误工费应否得到支持的问题。何凤仙出生于1946年9月14日，虽然事故发生时其已经年满67岁，但在农村一般都是依靠自己的劳动来维持其生活。被上诉人被狗咬伤住院治疗，造成其收入减少。因此，一审支持何凤仙在住院期间的误工费，并无不当。综上所述，一审判决认定事实清楚，审判程序合法，判决及适用法律正确，应予维持。依照《民事诉讼法》第170条第1款第1项的规定，判决驳回上诉，维持原判。

▌案件分析

本案是一起住宅内动物侵权致害纠纷，案件的争议焦点为，李滋伦、李笃兴是否应当对何凤仙的人身损害结果承担赔偿责任，如承担责任的话，应承担多大程度的赔偿责任。

根据法院查明的事实，2014年6月8日，被告李滋伦在其家中为其父亲即本案被告李笃兴举办生日酒宴，原告何凤仙于当日下午3点多钟前往赴宴。晚饭后，原告行至二被告家厨房门口时，被二被告家饲养的家狗咬伤左小腿内侧。《民法通则》第127条规定："饲养的动物造成他人损害的，动物饲养人或者管理人应当承担民事责任；由于受害人的过错造成损害的，动物饲养人或者管理人不承担民事责任；由于第三人的过错造成损害的，第三人应当承担民事责任。"《侵权责任法》第78条规定："饲养的动物造成他人损害的，动物饲养人或者管理人应当承担侵权责任，但能够证明损害是因被侵权人故意或者重大过失造成的，可以不承担或者减轻责任。"因李滋伦、李笃兴是该犬的饲养人，所以，本案为一起饲养动物损害责任纠纷。

根据《侵权责任法》第78条的规定，饲养动物损害责任适用的是无过错责任原则，即不考虑饲养人有无过错，均应当对被侵权人的损害结果承担赔偿责任。但第78条存在免责或减责事由，即如果损害是由被侵权人故意或重大过失造成的，动物饲养人可以不承担责任或者减轻责任。因此，判断李滋伦、李笃兴对被侵权人何凤仙的损害结果是否应当承担责任，首先应判断何凤仙对损害结果的发生是否具有故意或者重大过失。

根据本案中查明的事实，原告在二被告家厨房门口用脚踢了被告家饲养的狗后被狗咬伤。原告为完全民事行为能力人，根据一般常识，应当认识到其用脚踢狗的行为可能引起被狗攻击的危险，因此，可认定何凤仙对损害结果的发生具有重大过失。另外，原告何凤仙于2014年6月12日从乐业县人民医院治疗回家后，再于 2014 年 6 月 25 日入乐业县人民医院住院治疗，期间延误治疗，导致了损害后果的扩大。因此，何凤仙对该部分扩大的损害结果同样存在过失。因此，原告对损害结果的发生虽然并无故意，但存在重大过失，可依法减轻李滋伦、李笃兴对何凤仙的损害赔偿责任。

另外，被告李滋伦为其父亲在家中举办生日酒宴，理应知晓当天为特殊日子，前来为其父亲祝寿的人会相对往日较多，在家中饲养狗的情形下，可能对不特定宾客造成人身损害结果，因此应采取诸如使用链条、绳子等将饲养的狗拴住或是置于狗窝内拴养等防范措施，但被告方未采取相应措施，致使所饲养的家狗咬伤原告。所以，法院最终判决二被告对原告的损害结果承担 70% 的责任是合理的。

▌法条链接

《侵权责任法》第 78 条：饲养的动物造成他人损害的，动物饲养人或者管理人应当承担侵权责任，但能够证明损害是因被侵权人故意或者重大过失造成的，可以不承担或者减轻责任。

《民法通则》第 127 条：饲养的动物造成他人损害的，动物饲养人或者管理人应当承担民事责任；由于受害人的过错造成损害的，动物饲养人或者管理人不承担民事责任；由于第三人的过错造成损害的，第三人应当承担民事责任。

《侵权责任法》第 26 条：被侵权人对损害的发生也有过错的，可以减轻侵权人的责任。

第八章

物件损害责任纠纷实务要点与典型案例

第一节　物件损害责任纠纷概述与实务要点

一、物件损害责任纠纷概述

《侵权责任法》第十一章规定的物件损害责任是指建筑物、构筑物及其搁置物、悬挂物、建筑物中的抛掷物、坠落物以及堆放物、道路遗撒物、林木等物件致人损害，相关责任人应当承担的责任。物件损害责任具有以下特征：

1. 物件损害责任的本质同饲养动物致人损害责任一样，属于一种"准侵权行为"责任。因为是建筑物、构筑物等物件造成他人损害，而物件的所有人、管理人、使用人等责任主体没有对被侵权人实施侵权行为，其承担责任的原因是对物件管理、保管不善。

2. 物件损害责任原则上以过错推定原则为归责原则，但同时包含多种归责原则。具体来说：

（1）过错推定原则。适用过错推定原则的情形为《侵权责任法》第85条规定的建筑物、构筑物或者其他设施及其搁置物、悬挂物发生脱落、坠落致人损害责任，第88条规定的堆放物倒塌致人损害责任，第90条规定的林木折断致人损害责任以及第91条第2款规定的窨井等地下设施致人损害责任。《侵权责任法》第85条规定："建筑物、构筑物或者其他设施及其搁置物、悬挂物发生脱落、坠落造成他人损害，所有人、管理人或者使用人不能证明自己没有过错的，应当承担侵权责任。所有人、管理人或者使用人赔偿后，有其他责任人的，有权向其他责任人追偿。"第88条规定："堆放物倒塌造成他人损害，堆放人不能证明自己没有过错的，应当承担侵权责任。"第90条规定："因林木折断造成他人损害，林木的所有人或者管理人不能证明自己没有过错的，应当承担侵权责任。"第91条第2款规定:"窨井等地下设施造成他人损害,管理人不能证明尽到管理职责的,应当承担侵权责任。"也就是说,在这四种情形下,如果受害人受到损害,法律推定物的所有人、管理人等责任主体具有过错,应当向受害人承担责任,但所有人、管理人等责任主体能够证明自己没有过错的,无须承担责任。例如,被侵权人张三某日经过某小区一幢单元楼下时,被楼上坠落的一个花盆砸伤。事后查明,该花盆来自该幢楼某住户,房屋所有权人是李四,事发时房屋由王五承租,于是张三将李四、王五一并诉至法院,要求二被告承担损害赔偿责任。房屋所有权人李四向法院提交证据证明该花盆是房屋承租人王五购买的,并且由王五放置到阳台之上。王五对这一事实认可并且也不能提交证据证明自己没有过错。因此,本案中房屋所有权人李四对损害结果的发生并无过错,应当由房屋承租人王五对张三的人身损害结果承担赔偿责任。

(2)过错责任原则。适用过错责任原则的情形为《侵权责任法》第91条规定的在公共场所或者道路上挖坑、修缮安装地下设施致人损害责任,即地面施工损害责任。该条第1款规定:"在公共场所或者道路上挖坑、修缮安装地下设施等,没有设置明显标志和采取安全措施造成他人损害的,施工人应当承担侵权责任。"根据该条规定,施工人的过错可以被客观认定,即施工人没有设置明显标志和采取安全措施。如果受害人因在公共场所或者道路上挖坑、修缮安装地下设施受到人身损害,只要提供相应证据,如现场照片、监控录像等,证明施工人没有设置明显标志和采取安全措施,即可认定施工人具有过错。

(3)无过错责任原则。适用无过错原则的情形为《侵权责任法》第86条规定的建筑物、构筑物或者其他设施倒塌致人损害责任和第89条规定的在公共道路上堆放、倾倒、遗撒妨碍通行的物品致人损害责任。《侵权责任法》第86条规定:"建筑物、构筑物或者其他设施倒塌造成他人损害的,由建设单位与施工单位承担连带责任。建设单位、施工单位赔偿后,有其他责任人的,有权向其他责任人追偿。因其他责任人的原因,建筑物、构筑物或者其他设施倒塌造成他人损害的,由其他责任人承担侵权责任。"第89条规定:"在公共道路上堆放、倾倒、遗撒妨碍通行的物品造成他人损害的,有关单位或者个人应当承担侵权责任。"在这两种情形下,如果受害人因建筑物、构筑物或者其他设施倒塌受到损害或者因在公共道路上堆放、倾倒、遗撒妨碍通行的物品受到损害,无须证明建设单位、施工单位、有关单位或者个人等责任主体具有过错,即可要求其承担责任。

(4)公平责任原则。需要说明的是,公平责任原则并非侵权责任中的一项独立的归责原则,可以将其理解为一项赔偿原则。在物件损害责任中,适用公平责任原则的是《侵权责任法》第87条规定的从建筑物中抛掷的物品或者从建筑物上坠落的物品致人损害的责任。该条规定："从建筑物中抛掷物品或者从建筑物上坠落的物品造成他人损害，难以确定具体侵权人的，除能够证明自己不是侵权人的外，由可能加害的建筑物使用人给予补偿。"例如，被侵权人张三某日经过某小区一幢单元楼下时，被楼上坠落的一个烟灰缸砸伤，但事后的确无法查明该烟灰缸究竟来自哪一户住户。因此，该幢单元楼的所有住户除能证明自己确实不是侵权人以外（如住户A可以通过提交机票、照片等证据证明事发当日其一家正在国外旅游，且家中并无他人，住户B可以通过监控录像和证人证言等证据证明其一家在事发时已经外出购物，且家中并无他人），应当对被侵权人的损害结果予以补偿。法律这样规定的原因在于，受害人被从建筑物中抛掷的物品或者从建筑物上坠落的物品砸伤时，在不能确定具体侵权人的情况下会得不到救济，出于合理分散损失、促进社会稳定、维护社会秩序等目的，立法作出了此条规定。需要说明的是，立法在此处规定的是"补偿"，即由不能证明自己不是侵权人的所有住户对受害人遭受的实际损失进行适当的补偿，一般情况下小于其实际遭受的损失，而非由不能证明自己不是侵权人的所有住户对受害人遭受的全部损失予以赔偿。

二、物件损害责任构成要件

1. 被侵权人遭受的损害是因建筑物、构筑物及其搁置物、悬挂物、建筑物中的抛掷物、坠落物以及堆放物、道路遗撒物、林木等物件造成的。在《侵权责任法》第十一章，规定了多种物件致人损害情形，具体包括：《侵权责任法》第85条规定的建筑物、构筑物或者其他设施及其搁置物、悬挂物发生脱落、坠落造成他人损害，第86条规定的建筑物、构筑物或者其他设施倒塌造成他人损害，第87条规定的从建筑物中抛掷物品或者从建筑物上坠落的物品造成他人损害，第88条规定的堆放物倒塌造成他人损害，第89条规定的在公共道路上堆放、倾倒、遗撒妨碍通行的物品造成他人损害，第90条规定的林木折断造成他人损害，第91条第1款规定的在公共场所或者道路上挖坑、修缮安装地下设施等，没有设置明显标志和采取安全措施造成他人损害，第91条第2款规定的窨井等地下设施造成他人损害。

2. 被侵权人受到了损害。在物件致人损害中，特别是在建筑物、构筑物或者其他设施及其搁置物、悬挂物发生脱落、坠落，建筑物、构筑物或者其他设施及其搁置物、悬挂物发生脱落、坠落，物品从建筑物中抛掷或坠落等情况下，由于致害物件从高处坠落，极易造成沿途的行人严重受伤的情况。

3. 被侵权人受到的损害同物件发生脱落、坠落、倒塌等原因具有因果关系。如果被侵权人受到的损害并非是由于物件所致，则物件的所有人、管理人、使用人等相关主体无须对被侵权人的损害结果承担赔偿责任。

4. 由于物件损害责任在不同情形下适用不同的归责原则，构成要件中是否包含过错责任需要分情况讨论。在适用过错原则的情形下，即《侵权责任法》第 91 条规定的在公共场所或者道路上挖坑、修缮安装地下设施致人损害责任，需要施工人具有过错，即施工人在施工时没有设置明显标志和采取安全措施。在适用过错推定原则的情形下，即《侵权责任法》第 85 条规定的建筑物、构筑物或者其他设施及其搁置物、悬挂物发生脱落、坠落致人损害责任，第 88 条规定的堆放物倒塌致人损害责任，第 90 条规定的林木折断致人损害责任以及第 91 条第 2 款规定的窨井等地下设施致人损害责任四种责任中，如果物件的所有人、管理人等责任主体并无证据证明自己没有过错，则法律推定物件的所有人、管理人等责任主体具有过错。在适用无过错责任原则的情形下，即《侵权责任法》第 86 条规定的建筑物、构筑物或者其他设施倒塌致人损害责任和第 89 条规定的在公共道路上堆放、倾倒、遗撒妨碍通行的物品致人损害责任中，建设单位、施工单位、有关单位或者个人等责任主体是否具有过错并不是责任认定的构成要件。

三、物件损害责任纠纷实务要点

1. 建筑物、构筑物或者其他设施及其搁置物、悬挂物以及脱落、坠落如何具体认定的问题。

（1）关于建筑物、构筑物或者其他设施及其搁置物、悬挂物在实务中如何具体认定的问题。建筑物、构筑物或者其他设施一般为不动产，而其上的搁置物、悬挂物为动产。具体来说，建筑物是指在地面上建造的供人类生活、生产或者进行其他活动的房屋或场所。建筑物根据其用途，一般分为民用建筑（如居民楼、四合院等）、工业建筑（如车间、仓库等）、商业建筑（如购物中心、宾馆、银行等）以及科教文卫建筑（如学校、医院、体育场馆等）。构筑物是指在地面上建造的具有特定用途，但并不能直接供人们居住、进行生产和其他活动的场所，如桥梁、道路、纪念碑、电线杆、隧道、码头、堤坝等。其他设施是指在建筑物、构筑物内部或外部建造的，附属于建筑物、构筑物，与其用途有关的相关设施，如单元楼内的电梯等设施。建筑物、构筑物或者其他设施上面的搁置物、悬挂物为动产，并非建筑物、构筑物及其他设施的组成部分。搁置物是指人为放置在建筑物、构筑物及其他设施上面的物件，例如楼房阳台上放置的花盆等物品。悬挂物是指通过一定的方式悬挂在建筑物、构筑物及其他设施上面的物品，例如楼房外墙上悬挂的广告牌、空调外挂机等物。

（2）关于在实务中如何认定脱落、坠落的问题。脱落是指建筑物、构筑物或者其他设施上的组成部分因一些原因与建筑物、构筑物或其他设施的主体部分相分离而掉落。对于建筑物、构筑物以及其他设施等不动产而言，其发生脱落的典型情形一般有瓷砖、瓦片、玻璃等建筑物的组成部分因建筑物疏于维修管理而脱落。对于建筑物、构筑物或者其他设施上面的搁置物、悬挂物等动产而言，其发生脱落的典型情形如楼房外面的广告牌、灯箱等因为安装不够牢固而脱落。坠落是指搁置、悬挂在建筑物、构筑物以及其他设施上面的动产因一些原因从原处掉落，典型情形如楼房阳台上的花盆掉下阳台，坠落到楼底。

2. 在实务中如何认定物件损害责任中的责任人问题。

（1）在《侵权责任法》第85条规定的建筑物、构筑物或者其他设施及其搁置物、悬挂物发生脱落、坠落造成他人损害责任中，承担责任的主体为建筑物、构筑物以及其他设施的所有人、管理人或者使用人。所有人即建筑物、构筑物以及其他设施的所有权人，对其所有的建筑物、构筑物以及其他设施享有占有、使用、收益、处分的权利。我国实行不动产登记制度，因此，可以通过查询不动产登记簿认定建筑物、构筑物以及其他设施的所有人。管理人是指对建筑物、构筑物以及其他设施依照法律规定或者合同约定享有管理权限但并没有所有权的人，前者如城市的市政部门对城市的一些国有建筑物依法进行管理，后者如小区物业公司根据其与业主签订的物业服务合同对小区设施进行管理和维护。使用人是指基于租赁、借用等合同关系而实际占有、使用建筑物、构筑物及其他设施的人，例如承租人依据租赁合同承租房屋所有人的房屋。《侵权责任法》为该种情形规定过错推定原则的理由在于，如果建筑物、构筑物或者其他设施及其搁置物、悬挂物发生脱落、坠落造成他人损害，所有人、管理人或者使用人往往具有对其所有、管理或者使用的建筑物、构筑物及其他设施疏于管理、维护等情形。例如，楼房的瓷砖、玻璃等组成部分掉落致人损害，一般是由于楼房较长时间缺乏维护维修，其所有人、管理人或使用人无疑对损害结果的发生具有过错。

（2）在《侵权责任法》第86条规定的建筑物、构筑物或者其他设施倒塌致人损害责任中，应当承担责任的主体为倒塌的建筑物、构筑物或者其他设施的建设单位与施工单位。建设单位是指依法取得建设用地使用权，在该片土地上有权建造建筑物、构筑物以及其他设施的相关主体。在实践中，建设单位一般为待建工程的总发包人，例如机关、企事业单位。施工单位是指施工建造建筑物、构筑物以及其他设施的相关主体，如建筑公司。实践中经常出现施工单位违法将工程层层转包的情况。《合同法》《建筑法》等法律对此问题进行了规制。例如，《合同法》第272条规定："发包人可以与总承包人订立建设工程合同，也可以分别与勘察人、设计人、施工人订立勘察、设计、施工承包合同。发包人不得将应当由一个承包人完成的建设工程肢解成若干部分发包给几个承包人。总承包人或者勘察、设计、施工承包人经发包人同意，可以将自己承包的部分工作交由第三人完成。第三人就其完成的工作成果与总承包人或者勘察、设计、施工承包人向发包人承担连带责任。承包人不得将其承包的全部建设工程转包给第三人或者将其承包的全部建设工程肢解以后以分包的名义分别转包给第三人。禁止承包人将工程分包给不具备相应资质条件的单位。禁止分包单位将其承包的工程再分包。建设工程主体结构的施工必须由承包人自行完成。"《建筑法》第67条规定："承包单位将承包的工程转包的，或者违反本法规定进行分包的，责令改正，没收违法所得，并处罚款，可以责令停业整顿，降低资质等级；情节严重的，吊销资质证书。承包单位有前款规定的违法行为的，对因转包工程或者违法分包的工程不符合规定的质量标准造成的损失，与接受转包或者分包的单位承担连带赔偿责任。"

需要说明的是，《侵权责任法》第86条第1款、第2款均规定了其他责任人的责任承担问题。第1款中规定的"其他责任人"是指除了施工单位之外参与建筑活动的主体，如勘察单位、设计单位、监理单位。如果上述单位在进行勘察、设计、监理工作时存在过错，致使建筑物、构筑物及其他设施因存在质量问题而倒塌进而致使他人损害，则建设单位、施工单位向受害人赔偿后，有权向有过错的勘察单位、设计单位、监理单位进行追偿。该条第2款规定的"其他责任人"是指建筑物非因质量问题而倒塌，应当承担责任的其他主体，例如非法改建扩建、装修、不当使用建筑物、构筑物及其他设施的所有人、管理人、使用人，或者非法挖掘致使他人房屋发生倒塌的人。

（3）在《侵权责任法》第87条规定的从建筑物中抛掷的物品或者从建筑物上坠落的物品造成他人损害责任中，应当承担补偿责任的主体为所有不能证明自己不是侵权人的建筑物使用人。在实务中，确定可能实施加害行为的建筑物使用人应当从以下方面进行考虑：从受害人受伤的位置，判断致害物品抛掷或坠落的大体位置，从受害人受伤的程度，判断致害物品抛掷或坠落的大致高度，进而判断致害的抛掷物品或坠落物品有可能来源于哪些户室。总之，判断可能实施侵害行为的侵权人时，一定要慎之又慎，不可盲目扩大范围。

（4）在《侵权责任法》第88条规定的堆放物倒塌造成他人损害责任中，应当承担责任的主体为堆放人。需要说明的是，此处的堆放物并不包括堆放在公共道路上的物品，因为堆放在公共道路上的物品致人损害责任已经由《侵权责任法》第89条专门规定。另外，不能把堆放人仅仅理解为直接实施了堆放行为的人。根据《人身损害赔偿司法解释》第16条第1款的规定，堆放人还应当包括堆放物品的所有人或管理人，因为在实践中，物的所有人或管理人有可能雇佣他人对特定物品进行堆放，此时，从事了堆放行为的受雇人是受到堆放物的所有人或管理人的指示才实施了堆放行为，从雇佣活动的本质来看，物的所有人或管理人才是堆放人。而且，根据《侵权责任法》第34、35条规定的用人者责任以及《人身损害赔偿司法解释》第9条规定的雇员从事雇佣活动时致害责任等规定，也应当由堆放活动的雇主即物的所有人或者管理人向因堆放物倒塌而受到损害的被侵权人承担赔偿责任。

（5）在《侵权责任法》第89条规定的在公共道路上堆放、倾倒、遗撒妨碍通行的物品造成他人损害责任中，应当承担责任的主体为"有关单位或者个人"。在实务中，"有关单位或个人"应当包含以下几类：①在公共道路上堆放、倾倒、遗撒妨碍通行的物品的人。公共道路的畅通事关公共安全，一般人完全有能力意识到在公共道路上堆放、倾倒、遗撒妨碍通行的物品可能会引起交通事故。因此，在公共道路上堆放、倾倒、遗撒妨碍通行的物品的人应当对因此发生的损害结果承担损害赔偿责任。②公共道路管理部门，一般为各地的公路管理局。公共道路的畅通事关人民群众的生命财产安全，因此，公共道路管理部门的职责之一便是管理公共道路，确保其畅通无阻。如果公共道路上出现了妨碍通行的物品，而公共道路管理部门怠于履行职责没有及时清理，进而出现了损害事故，公共道路管理部门也应当承担相应的责任。对此，《道路交通事故损害赔偿司法解释》第10条规定："因在道路上堆放、倾倒、遗撒物品等妨碍通行的行为，导致交通事故造成损害，当事人请求行为人承担赔偿责任的，人民法院应予支持。道路管理者不能证明已按照法律、法规、规章、国家标准、行业标准或者地方标准尽到清理、防护、警示等义务的，应当承担相应的赔偿责任。"即该司法解释为公共道路上堆放、倾倒、遗撒妨碍通行的物品造成他人损害责任中的交通管理部门规定了过错推定责任。

（6）在《侵权责任法》第90条规定的林木折断造成他人损害责任中，应当承担责任的主体为林木的所有人或者管理人。林木的所有权归属具有多样性，可能为国家所有、集体所有或者个人所有。如种植在城市公共道路两旁的林木一般为国家所有，集体土地上种植的林木为集体所有，由农民在自己承包的林地中种植的林木为该农民个人所有。管理人是指除林木的所有权人之外，依据法律规定或者合同约定对林木负有管理权限和职责的相关主体，例如，公路养护部门对公路两旁种植的树木负有管理职责，公园对其园内种植的林木负有管理职责，物业公司对小区内种植的林木负有管理职责等。

（7）在《侵权责任法》第91条第1款规定的在公共场所或者道路上挖坑、修缮安装地下设施等造成他人损害责任中，应当承担责任的主体为在施工过程中没有设置明显标志和采取安全措施的施工人。在实践中，施工人主要包括以下几类：①独立承揽（承包）施工项目的施工人。在这种情况下，施工人与委托其完成施工项目的主体之间形成承揽合同关系，施工人为承揽人，相对方为定作人。如果施工人在施工过程中没有设置明显标志和采取安全措施致使他人发生损害，根据《人身损害赔偿司法解释》第10条的规定，应当由作为承揽人的施工人向受害人承担赔偿责任。如果作为定作人的相对方具有定作、指示、选任过失，如选任了不具有相应资质的施工人进行施工，也应当承担相应的责任。②在施工项目存在转包、分包情况下接受转包、分包任务的施工人。《建筑法》第67条规定："承包单位将承包的工程转包的，或者违反本法规定进行分包的，责令改正，没收违法所得，并处罚款，可以责令停业整顿，降低资质等级；情节严重的，吊销资质证书。承包单位有前款规定的违法行为的，对因转包工程或者违法分包的工程不符合规定的质量标准造成的损失，与接受转包或者分包的单位承担连带赔偿责任。"这种情况下，应当由承包单位与接受转包或者分包的单位就受害人遭受的损失承担连带赔偿责任。③在数个施工人对施工工程共同承建的情况下，如果因施工现场没有设置明显标志和采取安全措施致使他人受到损害，应当根据各个施工人的过错程度向受害人承担赔偿责任。④在自然人雇佣他人进行施工的情况下，由于双方形成雇佣关系，施工人应当为作为雇主的自然人。

（8）在《侵权责任法》第91条第2款规定的窨井等地下设施造成他人损害责任中，应当承担责任的主体为管理人。窨井等地下设施按照其功能一般分属于城市交通、供水、供热、供电、供气、消防、环卫等部门管理。因此，如果受害人因窨井等地下设施受到损害，应当首先查明致害窨井的具体管理人，然后要求其承担赔偿责任。例如，被侵权人张三某日骑车回家，行至某街道时，因该街道上的下水井盖被盗，张三的车前轮陷入该井，致使张三摔倒受伤。在这种情况下，对该条道路负有管理职责的城市市政交通部门如果不能证明自己没有过错，就应当向张三承担赔偿责任。

第二节 物件损害责任纠纷典型案例

1. 安装的空调外机及周边墙体脱落致人损害的责任认定——孙亚君与宁波市江东区人民政府百丈街道办事处等物件损害责任纠纷案

▌案件信息及法院裁判

裁判文书字号：（2015）浙甬民一终字第1241号民事判决书

案由：物件损害责任纠纷

上诉人（原审原告）：孙亚君

被上诉人（原审被告）：宁波市江东区人民政府百丈街道办事处

被上诉人（原审被告）：宁波市江东区房地产管理处

原审法院审理认定：宁波富邦房地产开发有限公司系宁波市江东区甲街37弄13～19号房屋的所有权人。孙亚君向该公司租赁了宁波市江东区甲街37弄18号房屋，并在房屋墙体的两层延伸部位安装了空调。2013年4月5日，孙亚君安装的空调外机及周边墙体脱落致案外人徐美英受伤。2013年8月26日，徐美英起诉要求孙亚君、宁波富邦房地产开发有限公司赔偿损失，该案最终判决孙亚君赔偿徐美英损失250 212.54元的80%，即200 170.03元，宁波富邦房地产开发有限公司赔偿徐美英损失250 212.54元的20%即50 042.51元。现孙亚君已向徐美英支付款项20 800元。原审法院另查明：宁波市江东区甲街37弄13～19号房屋上方为居民住宅。

孙亚君于2015年8月5日向原审法院提起诉讼，认为宁波市江东区人民政府百丈街道办事处（以下简称百丈街道办事处）、宁波市江东区房地产管理处（以下简称江东房管处）系涉案房屋公共部位的管理人，请求判令：百丈街道办事处、江东房管处承担徐美英损失费200 170.03元的60%，即120 102.02元。

百丈街道办事处、江东房管处在原审中共同辩称：①孙亚君主张徐美英受伤系由涉案房屋二楼公共走廊墙体脱落所致，但未提供证据证实。即使徐美英被公共走廊脱落的墙体击中受伤，需要承担赔偿责任的也应是对涉案房屋公共部位享有权利承担义务的房屋业主。②百丈街道办事处、江东房管处系物业专项维修资金管理人，并非房屋公共部位的管理人，其既未收到涉案房屋业主缴纳的房屋维修资金，亦未收到业主的维修申请，管理责任不应由其承担。③孙亚君尚未向徐美英全额支付赔偿款。综上，孙亚君的诉请无事实及法律依据，应予驳回。

原审法院审理认为：建筑物、构筑物或者其他设施及其搁置物、悬挂物发生脱落、坠落造成他人损害的，所有人、管理人或者使用人不能证明自己没有过错的，应当承担侵权责任。所有人、管理人或者使用人赔偿后，有其他责任人的，有权向其他责任人追偿。孙亚君主张徐美英受伤系其所有的空调外机和涉案房屋二楼公共阳台墙体脱落共同造成，其有权向二楼公共阳台的管理人即百丈街道办事处、江东房管处进行追偿。但根据法律规定，建筑物专有部分以外的共有部分的权利人、管理人为房屋业主，百丈街道办事处、江东房管处并非脱落墙体的房屋业主，故百丈街道办事处、江东房管处并非该共有部分的管理人；且孙亚君亦未提供充分证据证明百丈街道办事处、江东房管处的行为与徐美英的受伤存在因果关系。故孙亚君向百丈街道办事处、江东房管处追偿，无事实及法律依据，原审法院不予支持。据此，原审法院依照《物权法》第70条、《民事诉讼法》第64条和《民事诉讼法司法解释》第90条之规定，判决：驳回孙亚君的诉讼请求。一审案件受理费2702元，减半收取1351元，由孙亚君负担。

宣判后，孙亚君不服，向宁波市中级人民法院提起上诉称：孙亚君不是涉案房屋的管理人，其只是使用人。涉案房屋于1996年建造，目前外墙体大部分脱落。百丈街道办事处、江东房管处当初没有监督孙亚君不能安装空调，其未尽管理、维修、监督责任，理应承担赔偿责任。综上，请求二审法院撤销原审判决，改判支持孙亚君的一审诉请。

百丈街道办事处、江东房管处共同答辩称：百丈街道办事处、江东房管处并非脱落墙体的管理人，徐美英的受伤与其无关。一审法院认定事实清楚，适用法律正确，请求二审法院驳回上诉，维持原判。

宁波市中级人民法院经审理认为：孙亚君认为百丈街道办事处、江东房管处因未尽管理责任而应承担赔偿责任，但其并未举证证明百丈街道办事处、江东房管处系涉案房屋公共部位的管理人，其一审诉请缺乏事实及法律依据。一审法院根据现有证据及各方陈述，未予支持孙亚君的诉请并无不当，法院予以维持。综上，孙亚君的上诉请求理由均不成立，原审法院适用法律正确，判决无误。依照《民事诉讼法》第170条第1款第1项之规定，判决驳回上诉，维持原判。

▍案件分析

本案是一起物件损害责任纠纷，案件争议焦点为，宁波市江东区人民政府百丈街道办事处和宁波市江东区房地产管理处是否应当对被侵权人徐美英的损害结果承担赔偿责任。

根据法院查明的事实，宁波富邦房地产开发有限公司系宁波市江东区甲街37弄13~19号房屋的所有权人。孙亚君向该公司租赁了宁波市江东区甲街37弄18号房屋，并在房屋墙体的两层延伸部位安装了空调。2013年4月5日，孙亚君安装的空调外机及周边墙体脱落致案外人徐美英受伤。《民法通则》第126条规定："建筑物或者其他设施以及建筑物上的搁置物、悬挂物发生倒塌、脱落、坠落造成他人损害的，它的所有人或者管理人应当承担民事责任，但能够证明自己没有过错的除外。"《侵权责任法》第85条规定："建筑物、构筑物或者其他设施及其搁置物、悬挂物发生脱落、坠落造成他人损害，所有人、管理人或者使用人不能证明自己没有过错的，应当承担侵权责任。所有人、管理人或者使用人赔偿后，有其他责任人的，有权向其他责任人追偿。"房屋使用人孙亚君在承担了对被侵权人徐美英的部分损害赔偿责任后，以宁波市江东区人民政府百丈街道办事处和宁波市江东区房地产管理处系涉案房屋公共部位的管理人为由，请求二被告承担对徐美英损害结果60%的赔偿责任。因此，本案属于一起物件损害责任纠纷中的追偿权纠纷。

根据上述《民法通则》第126条以及《侵权责任法》第85条的规定，建筑物、构筑物或者其他设施及其搁置物、悬挂物发生脱落、坠落致人损害责任适用的是过错推定原则，即如果建筑物、构筑物或者其他设施及其搁置物、悬挂物发生脱落、坠落致人损害的，法律推定所有人、管理人或者使用人存在过错。如果所有人、管理人或者使用人不能证明自己没有过错，就应当对被侵权人的损害结果承担赔偿责任。因此，本案中如要确定赔偿主体，首先应当明确案件中与涉案房屋有关的各主体的法律地位。

根据法院查明的事实，宁波富邦房地产开发有限公司系涉案房屋即宁波市江东区甲街37弄13~19号房屋的所有权人。孙亚君向该公司租赁了该套房屋，为房屋的实际使用人。法院已经先行判决房屋所有人宁波富邦房地产开发有限公司和房屋使用人孙亚君向被侵权人徐美英承担了赔偿责任。现孙亚君以宁波市江东区人民政府百丈街道办事处和宁波市江东区房地产管理处系涉案房屋公共部位的管理人为由，向二被告追偿对徐美英的部分赔偿金。因此，需要确定宁波市江东区人民政府百丈街道办事处和宁波市江东区房地产管理处是不是涉案房屋的管理人，如果是管理人，是否存在过错。

《物权法》第70条规定："业主对建筑物内的住宅、经营性用房等专有部分享有所有权，对专有部分以外的共有部分享有共有和共同管理的权利。"该法第

72 条第 1 款规定："业主对建筑物专有部分以外的共有部分，享有权利，承担义务；不得以放弃权利不履行义务。"建筑物专有部分以外的共有部分的权利人、管理人为房屋业主，百丈街道办事处、江东房管处并非脱落墙体的房屋业主，且孙亚君亦未提供充分证据证明百丈街道办事处、江东房管处的行为与徐美英的受伤存在因果关系，故百丈街道办事处、江东房管处并非该共有部分的管理人，不应当对被侵权人徐美英的损害结果承担赔偿责任。

▋ 法条链接

《民法通则》第 126 条：建筑物或者其他设施以及建筑物上的搁置物、悬挂物发生倒塌、脱落、坠落造成他人损害的，它的所有人或者管理人应当承担民事责任，但能够证明自己没有过错的除外。

《侵权责任法》第 85 条：建筑物、构筑物或者其他设施及其搁置物、悬挂物发生脱落、坠落造成他人损害，所有人、管理人或者使用人不能证明自己没有过错的，应当承担侵权责任。所有人、管理人或者使用人赔偿后，有其他责任人的，有权向其他责任人追偿。

《物权法》第 70 条：业主对建筑物内的住宅、经营性用房等专有部分享有所有权，对专有部分以外的共有部分享有共有和共同管理的权利。

《物权法》第 72 条第 1 款：业主对建筑物专有部分以外的共有部分，享有权利，承担义务；不得以放弃权利不履行义务。

2. 地面施工活动致人损害的责任认定——王林秀诉黑龙江北展科技开发有限公司物件损害责任纠纷案

▋ 案件信息及法院裁判

裁判文书字号：（2015）方民初字第 55 号民事判决书

案由：物件损害责任纠纷

原告：王林秀

被告：黑龙江北展科技开发有限公司

法院经审理确认以下事实：2014 年 10 月 7 日 3 时许，原告王林秀驾驶电动三轮车去方正镇东市场早市卖菜，行驶到方正镇林石巷巷路上时，因巷路上有一处被告黑龙江北展科技开发有限公司施工中的电缆线井，该井没有盖，也没设警示标志，附近多个车灯照射，加之原告的三轮车车灯亮度不够，致使原告驶到井口时没发现井口没盖，车前轮掉进井坑，把原告从车上甩到水泥路面上，早市卖菜的几个目击者将原告扶到车座上，通知原告爱人将原告送至县中医院。原告于2014年10月21日到方正县人民医院住院治疗，2014年11月10日出院，共住院20天，医药费12 282.89元。经县中医院、县医院诊断为：右股骨粗隆间骨折。经司法鉴定：①王林秀的右股骨粗隆间骨折术后，构成伤残九级；②伤后至鉴定之日起医疗终结；③伤后需2人护理1个月，之后1人护理4个月（含取内固定物时间）；④匡算取内固定物费用为8 000元，或按实际合理支出计算。鉴定中发生鉴定费用2 993元，车费619元。现原告要求被告赔偿医药费12 282.89元，伤残赔偿金为78 388元，误工费1 200元，护理费24 705元，伙食补助费2 000元，还有取固定物费8 000元，司法鉴定费2 993元，交通费770元，精神抚慰金8 000元，合计140 078.89元。

法院认为，原告驾驶三轮电动摩托在行驶中车前轮掉进井坑，导致原告摔伤，该事故虽然发生在巷路上，但非交通事故引发的，应按物件损害责任纠纷审理。被告施工中的电缆线井没有井盖，也没设警示标志，对事故的发生应负主要责任，对原告的伤害应给予一定的精神抚慰。原告车灯亮度不好，行驶中瞭望不够，对事故的发生亦有过失，应负有次要责任。依据《民法通则》第119、131条，《侵权责任法》第22条、第26条、第91条第1款之规定，判决如下：原告王林秀因伤发生医药费12 282.89元、伤残赔偿金78 388元、误工费1 200元、护理费24 660元、伙食补助费2 000元、术后取固定物8 000元、精神抚慰金3 000元，合计损失129 530.89元，由被告黑龙江北展科技开发有限公司负担80%，即赔偿原告人民币103 624.71元，此款于判决生效后10日内一次性付清；由原告自行负担20%，即人民币25 906.18元。案件受理费3 101元，由被告负担2 372.48元，由原告负担728.52元；司法鉴定费2 993元、鉴定用交通费619元，合计3 612元，由被告负担2 889.6元，由原告负担722.4元。

▎案件分析

本案是一起地面施工活动致人损害的侵权纠纷，案件的争议焦点为，被告黑龙江北展科技开发有限公司是否应当对原告王林秀的人身损害结果承担赔偿责任。

根据法院查明的事实，原告王林秀驾驶电动三轮车买菜时，行驶至方正镇林石巷巷路途中，因该路上有一处无盖的电缆线井，致使原告的车前轮掉入该井，原告从车上摔下受伤。《民法通则》第125条规定："在公共场所、道旁或者通道上挖坑、修缮安装地下设施等，没有设置明显标志和采取安全措施造成他人损害的，施工人应当承担民事责任。"《侵权责任法》第91条第1款规定：

"在公共场所或者道路上挖坑、修缮安装地下设施等，没有设置明显标志和采取安全措施造成他人损害的，施工人应当承担侵权责任。"因此，本案是一起地面施工活动致人损害的侵权纠纷案件。

根据《民法通则》第125条及《侵权责任法》第91条第1款的规定，判断被告黑龙江北展科技开发有限公司是否应当承担责任，首先应当确定该公司是否为涉案电缆线井的施工人。在本案中，原告提交了发包方哈尔滨元申广电与被告黑龙江北展公司的工程合同一份，以证实原告诉称的导致原告受伤的电缆线井系被告承包施工，而被告对此证据也予以认可。因此，被告黑龙江北展科技开发有限公司为涉案电缆线井的承包人，亦即施工人。

根据《民法通则》第125条及《侵权责任法》第91条第1款的规定，在公共场所或者道路上挖坑、修缮安装地下设施等地面施工活动中，如果发生人身损害结果，应当适用过错责任原则，即施工人只在具有过错的情况下才应当承担赔偿责任。此处的过错采用客观化标准，即只要施工人没有设置明显标志和采取安全措施造成他人损害，就应当认定施工人存在过错。在本案中，根据法院查明的事实，被告施工中的电缆线井并没有井盖，也没有设置警示标志。被告作为施工方，完全能意识到未给正在公共道路上施工的电缆线井安装井盖及设置安全标志，可能给过往的行人造成人身危险。原告王林秀骑车行至该路段时，因该井没有井盖和安全标志而摔倒受伤。据此可以认定，作为施工人的被告黑龙江北展科技开发有限公司对原告王林秀的人身损害结果的发生存在明显过错，应负主要责任。

根据法院查明的事实，原告的三轮车车灯亮度不够，致使原告驶到涉案井口时没有及时发现井口没有井盖，进而发生人身损害结果。原告作为完全民事行为能力人，理应认识到在车灯亮度不够的情况下，在道路上行车可能会发生人身损害结果，而原告没有及时更换或者维修车灯，因此可认为，原告对其人身损害结果的发生也存在一定的过错，应当对事故的发生负次要责任。

▌法条链接

《民法通则》第125条：在公共场所、道旁或者通道上挖坑、修缮安装地下设施等，没有设置明显标志和采取安全措施造成他人损害的，施工人应当承担民事责任。

《侵权责任法》第91条第1款：在公共场所或者道路上挖坑、修缮安装地下设施等，没有设置明显标志和采取安全措施造成他人损害的，施工人应当承担侵权责任。

《侵权责任法》第 26 条：被侵权人对损害的发生也有过错的，可以减轻侵权人的责任。

3. 公共道路妨碍通行致人损害的责任认定——吴桂芝诉海林市交通运输局等公共道路妨碍通行损害责任纠纷案

▌案件信息及法院裁判

裁判文书字号：（2015）海长民初字第 8 号民事判决书
案由：公共道路妨碍通行损害责任纠纷
原告：吴桂芝
被告：海林市交通运输局
被告：海林市惠恩粮贸有限公司
被告：付国昌

2014 年 8 月 9 日 13 时许，原告吴桂芝驾驶黑 C87H79 号夏利牌小型轿车，沿海长公路由东向西行驶至 34 千米 +600 米处时，由于路面遗撒稀泥影响通行，原告操作不当，致使车辆发生侧滑，驶入道路南侧路下撞到树上，造成驾驶人吴桂芝受伤、车辆损坏的道路交通事故。原告受伤后，入住海林市人民医院，当时诊断为：头面部裂伤，鼻骨骨折，右侧胫骨骨折。住院治疗 4 天后，转入牡丹江医学院红旗医院住院治疗 14 天，共支付医药费 29 815 元。

法院另查明，被告海林市惠恩粮贸有限公司运砂石的车辆，在被告付国昌所有的鱼池内向外清理运输砂石及淤泥用于本公司铺设场地，由于运输人员在运输过程中不慎遗撒稀泥妨碍通行。海林市交通运输局在该路段设置了限速 20 公里和红绿灯闪烁警示标志。

黑龙江省海林市人民法院经审理认为，在道路上堆放、倾倒、遗撒物品等妨碍通行的行为，导致交通事故造成损害，当事人请求行为人承担赔偿责任，人民法院应予支持。道路管理者不能证明已按照法律、法规、国家标准或者地方标准尽到清理、防护、警示等义务的，应当承担相应的赔偿责任。原告吴桂芝于 2014 年 8 月 9 日 13 时，驾驶自有车辆路过位于被告付国昌鱼池路段，因道路通往长汀方向遗撒稀泥影响行驶，原告又未能采取有效措施，导致发生交通事故。作为一名机动车驾驶员，面对路上遗撒稀泥妨碍通行的情况，应当采取避险措施，以免发生危害人身安全的行为。因此，原告本身负有安全注意义务，对此次事故负有主要责任；海林市惠恩粮贸有限公司为本公司运输砂石铺设地面，应当知道该路段属于公共道路，如果遗撒稀泥会影响通行，甚至危害他人人身健康，其主观上有过错，是导致此次交通事故的重要因素，负有次要赔偿责任。原告主张医疗费 29 815 元，误工费 33 975.90 元，护理费 10 610.12 元，住院伙食补助费 570 元，伤残赔偿金 41 812 元，二次手术费 7000 元，交通费 500 元，车辆损失 16 800 元，合计 141 083.02 元。被告海林市惠恩粮贸有限公司赔偿 30%，即 42 324.90 元，原告吴桂芝自行承担 70%，即 98 758.12 元。原告主张的营养费、精神损害赔偿金，根据过错责任及伤情，不予支持。海林市交通运输局作为管理者尽到警示义务，并无不当之处，不承担责任。被告付国昌不是行为人，不承担责任。依照《侵权责任法》第 16、89 条，《道路交通事故损害赔偿司法解释》第 10 条的规定，认定原告吴桂芝住院期间医疗费 29 815 元，误工费 33 975.90 元，护理费 10 610.12 元，住院伙食补助费 570 元，伤残赔偿金 41 812 元，二次手术费 7000 元，交通费 500 元，车辆损失 16 800 元，合计 141 083.02 元。被告海林市惠恩粮贸有限公司赔偿原告吴桂芝 42 324.90 元，原告吴桂芝自行承担 98 758.12 元。被告海林市惠恩粮贸有限公司于本判决发生法律效力后 15 日内一次付清；驳回原告吴桂芝对海林市交通运输局、付国昌的诉讼请求。

案件分析

本案是一起公共道路妨碍通行致人损害纠纷，案件的争议焦点为，各被告是否应当对被侵权人吴桂芝的人身损害结果承担赔偿责任。

根据法院查明的事实，2014 年 8 月 9 日 13 时许，原告吴桂芝驾驶轿车沿海长公路行驶时，由于路面遗撒稀泥影响通行，加上原告操作不当，致使车辆发生侧滑，发生吴桂芝受伤的人身损害结果。《侵权责任法》第 89 条规定："在公共道路上堆放、倾倒、遗撒妨碍通行的物品造成他人损害的，有关单位或者个人应当承担侵权责任。"因此，本案为一起公共道路妨碍通行致人损害纠纷。

《侵权责任法》第 98 条规定的责任主体为有关单位或者个人。根据立法机关的解释，此处的有关单位和个人应该包括两类主体，一类是实施堆放、倾倒、遗撒行为的人，另一类是对公共道路负有管理、维护义务，但没有及时清理妨碍通行物致人损害的单位或个人。[1]因此，判断本案中的几名被告是否应当对吴桂芝的人身损害结果承担赔偿责任，首先应判断几名被告是否属于上述责任主体。

根据法院查明的事实，被告海林市惠恩粮贸有限公司使用运砂石的车辆，

---

[1] 王利明主编：《中华人民共和国侵权责任法释义》，法律出版社 2010 年版，第 434 页。

在被告付国昌所有的鱼池内向外清理运输砂石及淤泥用于本公司铺设场地，运输人员在运输过程中不慎在海长公路上遗撒稀泥妨碍通行。因此，被告海林市惠恩粮贸有限公司属于实施堆放、倾倒、遗撒行为的主体，被告海林市交通运输局属于该公路的管理者，被告付国昌并不属于《侵权责任法》第89条规定的责任主体。

在本案中，海林市惠恩粮贸有限公司为本公司运输砂石铺设地面，其应当认识到该路段属于公共道路，如果遗撒稀泥不及时清理，可能会造成他人人身损害的结果。因此，被告海林市惠恩粮贸有限公司应当对吴桂芝的损害结果承担一定的赔偿责任。而被告海林市交通运输局已经在该路段设置了限速20公里和红绿灯闪烁警示标志，其作为公路的管理者尽到了警示义务，对被侵权人吴桂芝的人身损害结果不承担赔偿责任。

另外，根据法院查明的事实，并结合交警部门出具的道路交通事故认定书，原告吴桂芝作为一名机动车驾驶员，面对路上遗撒稀泥妨碍通行情况，应当采取避险措施，以免发生危害人身安全的结果。原告未能采取有效措施避免该事故发生，对该次事故负主要责任。因此，根据《侵权责任法》第26条的规定，原告吴桂芝对损害结果的发生具有过错，应当依法减轻被告的赔偿责任。

▎法条链接

《侵权责任法》第26条：被侵权人对损害的发生也有过错的，可以减轻侵权人的责任。

《侵权责任法》第89条：在公共道路上堆放、倾倒、遗撒妨碍通行的物品造成他人损害的，有关单位或者个人应当承担侵权责任。

4. 林木折断致人损害责任的认定——江苏省兴化市公路管理站与张志贵林木折断损害责任纠纷上诉案

▎案件信息及法院裁判

裁判文书字号：（2015）泰中民终字第00730号民事判决书

案由：林木折断损害责任纠纷

上诉人（原审被告）：江苏省兴化市公路管理站

被上诉人（原审原告）：张志贵

原审法院经审理查明：兴化市公安局昌荣派出所接警处工作登记表载明，2014年5月27日13时15分，张志贵骑三轮摩托车经过盐靖公路昌荣姚庄段时，被风刮倒的树砸到后受伤。事故发生后，张志贵被送往兴化市人民医院治疗，分别自 2014 年 5 月 27 日入院至 2014 年 6 月 9 日出院、2014 年 8 月 22 日入院至 2014 年 8 月 30 日出院，两次实际住院 21 天，医药费用计 15 389.27 元（另有 374.75 元医药费发票系复印件，且具体数额无法辨认）。庭审中张志贵主张医疗费 15 764.02 元、住院伙食补助费 378 元（21 天×18 元/天）、护理费 5760 元（院内护理 21 天且护理人员为 2 人、院外护理 30 天且护理人员为 1 人，80 元/天×2×21 天+80 元/天×1×30 天）、交通费 800 元（无票据）、误工费 14 100 元（21 天×100 元/天+4 个月×3000 元/月，按照城镇职工工资标准计算）、营养费 600 元（30 天×20 元/天），总计 28 142.27 元。兴化市公路管理站质证认为张志贵住院期间两人护理没有依据，护理费 80 元/天过高，出院后不应当有护理费用；张志贵没有提供交通费票据，不应当支持；误工期限 4 个月无依据，张志贵提交疾病诊断证明书注明只需休息 2 个月；张志贵陈述现居住于兴化市昌荣镇与事实不符，误工费不应当按照城镇标准计算；营养费 20 元/天无依据。

另查明：张志贵住所地为兴化市昌荣镇，系城镇居民。出院记录及疾病诊断证明书医嘱张志贵休息时间共三个月。盐宁公路 229 省道兴化市昌荣镇姚家路段靠近公路两侧各一排易杨系兴化市公路管理站种植、管理、养护，折断树木系枯树。经兴化市气象局证实，2014 年 5 月 27 日兴化市昌荣镇出现极大风速为 9.6 m/s（5 级、轻劲风），气象特征为"小树摇摆，负面泛小波，阻力极大"。2013 年江苏省城镇居民人均可支配收入为 32 538 元/年，即 89.145 元/天。

原审法院认为，因林木折断造成他人损害，林木所有人或管理人不能证明自己没有过错的，应当承担侵权责任。2014 年 5 月 27 日 13 时 15 分，张志贵骑三轮摩托车经过盐靖公路昌荣姚庄段时，被风刮倒的枯树砸到后受伤，有兴化市公安局昌荣派出所接警处工作登记表为证，予以认定。经走访调查，证实盐宁公路 229 省道兴化市昌荣镇姚家村路段靠近公路两侧各一排易杨系兴化市公路管理站种植、管理、养护，故对兴化市公路管理站辩称其不是该枯树的所有权人、不负有管理义务的辩解，原审法院不予采信。兴化市公路管理站是该路段和两侧护路树的所有权人及管理人，未能尽到管理养护义务，对枯死树木未及时清理是导致该树被风刮倒的主要原因，兴化市公路管理站应对此案承担主要民事责任。2014 年 5 月 27 日兴化市昌荣镇出现极大风速为 9.6 m/s，张志贵作为完全民事行为能力人，在驾驶三轮摩托车时未尽到谨慎驾驶注意义务，对损害的发生亦有过错，应减轻兴化市公路管理站的赔偿责任，酌情减轻兴化市公路管理站 10% 的赔偿责任。张志贵主张住院期间护理人员为 2 人、出院后护理30天且护理人员为1人无法律依据，酌情认定住院期间护理人员为1人。张志贵两次住院时间共21天，张志贵提供的出院记录及疾病诊断证明书医嘱，休息时间共三个月，张志贵要求误工费超出时间的部分法院不予支持。张志贵提交的374.75元医药费发票系复印件，且具体数额无法辨认，故不予认定。综上，张志贵、兴化市公路管理站的责任比例按1∶9划分较为适宜。张志贵误工费每天按89.145元计算为宜，请求误工费用的过高部分，不予支持。关于误工费、营养费标准，因本案损失不大，无须再行鉴定，根据《人身损害受伤人员休息期、营养期、护理期评定标准》酌定。经核算后各项费用认定为：医疗费15 389.27元；误工费9895.1元［（3×30天+21天）×89.145元/天］；住院伙食补助费378元（21天×18元/天）；护理费1680元［院内护理80元/（人·天）×1人×21天］；营养费600元（30天×20元/天）；交通费酌情认定200元；合计28 142.37元。兴化市公路管理站应赔偿张志贵28 142.37元×90%，即25 328.13元。原审法院据此依照《侵权责任法》第6、16、26、90条，《人身损害赔偿司法解释》第19、20条及《民事诉讼法》第64、142条的规定，判决：兴化市公路管理站于判决生效后10日内赔偿张志贵25 328.13元。驳回张志贵的其他诉讼请求。案件受理费735元，张志贵负担237元，兴化市公路管理站负担498元。

上诉人兴化市公路管理站不服原审判决，向江苏省泰州市中级人民法院提起上诉，二审审理查明的事实与原审查明的一致。

江苏省泰州市中级人民法院经审理认为：兴化市公安局昌荣派出所接警处工作登记表载明张志贵系骑三轮摩托车经过盐靖公路昌荣姚庄段时被风刮倒的树砸伤，原审据此予以认定，并无不当。上诉人虽对此有异议，但并未提交反驳证据予以推翻，故不予采信。关于案涉树木的归属，根据走访调查的情况，原审法院认定盐宁公路229省道兴化市昌荣镇姚家村路段靠近公路两侧各一排易杨系上诉人种植、管理和养护，有事实依据，并无不当。上诉人虽辩称其不是案涉树木的所有权人或管理人，但其所举证据并不能推翻上述认定，故亦不予采信。关于责任问题，根据《侵权责任法》的相关规定，因林木折断造成他人损害，林木所有人或管理人不能证明自己没有过错的应当承担侵权责任。上诉人是案涉树木的所有人及管理人，其并不能证明自己对树木折断伤人没有过错，故依法应当承担侵权责任。原审综合本案情况，认定上诉人对被上诉人本案中所受损失承担90%的赔偿责任，与事实相符，于法有据，并无不当。上诉人辩称其不应承担赔偿责任，与法不符，不予支持。上诉人江苏省兴化市公路管理站的上诉请求没有事实和法律依据，不予支持。原审判决认定事实清楚，适用法律正确，应予维持。据此，依照《民事诉讼法》第 170 条第 1 款第 1 项之规定，判决驳回上诉，维持原判。

▌案件分析

本案是一起林木折断损害责任纠纷，案件的争议焦点为，被告江苏省兴化市公路管理站是否应当对原告张志贵的人身损害结果承担赔偿责任。

根据法院查明的事实，原告张志贵骑三轮摩托车经过盐靖公路昌荣姚庄段时，被风刮倒的树砸到后受伤。《人身损害赔偿司法解释》第 16 条第 1 款规定："下列情形，适用民法通则第一百二十六条的规定，由所有人或者管理人承担赔偿责任，但能够证明自己没有过错的除外：（一）道路、桥梁、隧道等人工建造的构筑物因维护、管理瑕疵致人损害的；（二）堆放物品滚落、滑落或者堆放物倒塌致人损害的；（三）树木倾倒、折断或者果实坠落致人损害的。"《侵权责任法》第 90 条规定："因林木折断造成他人损害，林木的所有人或者管理人不能证明自己没有过错的，应当承担侵权责任。"因此，本案是一起林木折断损害责任纠纷。

根据《人身损害赔偿司法解释》第 16 条第 1 款以及《侵权责任法》第 90 条的规定，林木折断损害责任纠纷中，可能承担责任的主体为林木的所有人或者管理人。因此，应当首先判断被告江苏省兴化市公路管理站是否是本案中致害林木的所有人或者管理人。在本案中，根据法院查明的事实，盐宁公路 229 省道兴化市昌荣镇姚家村路段靠近公路两侧各一排易杨系兴化市公路管理站种植、管理、养护。因此，被告江苏省兴化市公路管理站为案发路段涉案林木的管理人。

根据《人身损害赔偿司法解释》第 16 条第 1 款以及《侵权责任法》第 90 条的规定，林木折断损害责任纠纷的归责原则为过错推定原则，即如果林木的所有人或者管理人不能证明自己没有过错，就应当对被侵权人的损害结果承担赔偿责任。在本案中，根据法院查明的事实，兴化市公路管理站作为该路段和两侧护路树的所有权人及管理人，在应当意识到枯死的树木可能对过往的行人造成人身损害危险的情况下，未及时清理枯死树木导致本案中致害树木被风刮倒，进而造成原告张志贵人身损害的结果。因此，兴化市公路管理站未能尽到管理、养护义务，对损害结果的发生具有过错，应对被侵权人张志贵的人身损害结果承担主要的赔偿责任。

另外，根据本案中法院查明的事实，案发当日兴化市昌荣镇出现极大风速，张志贵作为完全民事行为能力人，在驾驶三轮摩托车时应当认识到在当时的情况下有可能发生不特定的人身危险，然而其未尽到谨慎驾驶注意义务。因此，被侵权人张志贵对损害结果的发生亦存在过错，根据《侵权责任法》第 26 条的规定，法院依法减轻了被告兴化市公路管理站的部分赔偿责任。

▌法条链接

《人身损害赔偿司法解释》第 16 条第 1 款：下列情形，适用民法通则第一百二十六条的规定，由所有人或者管理人承担赔偿责任，但能够证明自己没有过错的除外：

（一）道路、桥梁、隧道等人工建造的构筑物因维护、管理瑕疵致人损害的；

（二）堆放物品滚落、滑落或者堆放物倒塌致人损害的；

（三）树木倾倒、折断或者果实坠落致人损害的。

《侵权责任法》第 90 条：因林木折断造成他人损害，林木的所有人或者管理人不能证明自己没有过错的，应当承担侵权责任。

《侵权责任法》第 26 条：被侵权人对损害的发生也有过错的，可以减轻侵权人的责任。

第九章
民事生活中其他类型人身损害责任纠纷概述与典型案例

第一节 民事生活中其他类型人身损害责任纠纷概述

民事生活纷繁复杂，随着经济的发展，人民生活水平的提高，各种类型的人身损害纠纷会日益增多。除了《侵权责任法》、《人身损害赔偿司法解释》等法律、司法解释规定的各类损害责任之外，民事生活中还会有一些法律尚未规定或者不宜规定的损害责任纠纷，在司法实践中较为多见的典型案例如共同饮酒后发生的人身损害责任纠纷，相约出游过程中发生的人身损害责任纠纷以及好意施惠关系中发生的人身损害责任纠纷。这一类人身损害案件一般具有以下特点：

第一，往往基于情谊行为而发生。例如，在共同饮酒后发生的人身损害责任纠纷、相约出游过程中发生的人身损害责任纠纷以及好意施惠关系中发生的人身损害责任纠纷中，受害人与案件的其他当事人往往因为友情、亲情等较为亲密的关系而一起聚餐饮酒、相约出游或者无偿搭乘机动车出行。在这一过程中或过程后出现了人身损害结果。

第二，造成损害结果发生的有可能为情谊行为中的相对方，也有可能是第三方，还有可能是受害人自身造成，甚至可能由不可抗力、意外事件等客观情况造成。例如，张三邀请朋友李四免费搭乘其机动车上班，结果在途中由于张三的过错发生机动车交通事故，致使李四受伤，这种情况下侵权人即为情谊行为中的相对方。又如几人相约去野外探险，结果其中一人不幸掉入河中溺亡，这种情况下造成损害结果发生的有可能是受害人自身，也有可能是第三人。如果当时野外爆发山洪，受害人是被洪水卷走遇难的，造成人身损害结果则是属于不可抗力的自然灾害。

第三，在这一类型案件中，如果出现人身损害结果，往往适用公平责任原则或者过错责任原则。因为这一类型案件往往基于情谊行为发生，所以受害人遭受的人身损害结果很可能并不是由情谊行为的相对方造成的。在这种情况下，有可能会适用公平责任原则，由情谊行为的相对方、活动的组织者等主体对受害一方进行适当的补偿。如果情谊活动的相对方、活动的组织者、参加者对受害人遭受的人身损害结果具有过错的，应当适用过错责任原则，在其过错程度内对受害人进行赔偿。

第二节 民事生活中其他类型人身损害责任纠纷典型案例

1. 饮酒后发生人身损害，同饮者承担公平责任典型案例——王泽军等诉蒋洪波等侵权纠纷案

▌案件信息及法院裁判

裁判文书字号：（2006）一中清民初字第7号民事判决书
案由：侵权责任纠纷
原告：王泽军、孙凤英、孙转英、王1
被告：蒋洪波、张建伟、崔晓东、李健、蒋洪斌、王海英、吕晓雷

2006年2月21日晚18时许，被告蒋洪波召集另外六名被告蒋洪斌、王海英、吕晓雷、张建伟、崔晓东、李健及王培忠到北京市清河农场五科宏富饭店吃饭。吃饭时，被告蒋洪波、张建伟、崔晓东、李健、蒋洪斌等五人同王培忠共同饮用了北大荒酒（38度，三两瓶装）。期间，被告李健先行离开宏富饭店。当晚8时30分许，由被告崔晓东租车，被告崔晓东、王海英、吕晓雷及王培忠共同搭乘该车离开宏富饭店。在途经北京市清河农场原七分场宿舍门口时，经王培忠同意后该出租车停车，王培忠自行下车。被告崔晓东、王海英、吕晓雷等人乘车返回各自住所。2006年2月22日6时许，路人在北京市清河农场原六分场路边发现王培忠死亡。经北京市公安局法医检验鉴定中心鉴定，推断王培忠死因为冻死，结论为"王培忠符合饮酒后冻死"。案发后，原告方认为被告等七人应当承担王培忠死亡的过错责任并给予相应赔偿，故诉至法院。

北京市第一中级人民法院经审理认为：死者王培忠作为完全民事行为能力人，应对自己饮酒和饮酒后的行为负责。本案没有证据证实各被告对王培忠有恶意劝酒行为，也没有证据证实王培忠在饮酒时和下车后出现醉酒不能自理或

发生其他危险情形，故各被告对王培忠没有劝阻和照顾的法律义务。因饮酒与人被冻死没有必然联系，故王培忠饮酒后冻死是各被告所不能预见的，应属意外事件，各被告人不应对没有过错且不能预见的后果承担法律责任。原告要求被告承担王培忠死亡的过错责任并给予相应赔偿的请求缺乏事实和法律依据，法院不予支持。鉴于王培忠因饮酒冻死后各原告确有损失发生，而各被告又表示愿意给原告一定的经济补偿，故法院酌定各被告给予原告适当的经济补偿。北京市第一中级人民法院依法作出以下判决：①被告蒋洪波、张建伟、崔晓东、李健、蒋洪斌、王海英、吕晓雷共同给付原告王泽军、孙凤英、孙转英、王1经济补偿金共计人民币6万元（于本判决生效后10日内给付）；②驳回原告王泽军、孙凤英、孙转英、王1其他诉讼请求。

▍案件分析

本案是一起饮酒后发生的人身损害纠纷案。案件的争议焦点为，被告蒋洪波等七人是否应当对王培忠的死亡结果承担损害赔偿责任。

酒文化是根植于我国历史传统的一种极为重要的文化，几乎每个家庭都深受酒文化的影响。在我国，无论是重大节日的纪念庆祝，还是家庭举行的红白宴席，抑或是公民生活之余的交往聚会，无不以酒作为纽带。近年来，饮酒后发生的人身损害案件日益增多，但《民法通则》《侵权责任法》《人身损害赔偿司法解释》等重要法律、司法解释均未规定共同饮酒后发生人身损害结果，如何确定损害责任的问题。因此，该类案件在我国尚属于立法没有规定的一类案件。

根据上文所述，因为当前我国法律、司法解释并没有规定共同饮酒后发生人身损害结果的责任承担问题，因此，判断七被告是否应当对王培忠的死亡结果承担赔偿责任，应当从七被告的行为进行分析，判断该行为是否属于法律规定的其他应当承担赔偿责任的情形。

根据我国法律的规定，可能发生赔偿或补偿责任后果的，有合同关系、侵权关系、无因管理关系、不当得利关系等情形。因本案明显不属于无因管理与不当得利等法律关系，因此判断七被告是否应当就其行为对王培忠的死亡结果承担损害赔偿责任，应当分析其行为是否构成应当承担赔偿责任的合同关系或者侵权关系。

本案中，被告蒋洪波召集另外六名被告蒋洪斌、王海英、吕晓雷、张建伟、崔晓东、李健以及被侵权人王培忠到北京市清河农场五科宏富饭店吃饭。被告蒋洪波系聚餐活动的组织者，其余六名被告及被侵权人王培忠为聚餐活动的参与者。合同行为属于一种民事法律行为,《合同法》第2条规定:"本法所称合同是平等主体的自然人、法人、其他组织之间设立、变更、终止民事权利义务关系的协议。"《民法通则》第54条规定:"民事法律行为是公民或法人设立、变更、终止民事权利和民事义务的合法行为。"民事法律行为的基本构成要素是意思表示。因此,只有行为人在从事特定行为时具有受法律约束的意思,且根据行为人的意思会产生法律上的权利义务的行为才是民事法律行为,否则该行为可能为情谊行为或者好意施惠行为。而在共同饮酒活动中,各共饮人并无在聚餐中设立、变更、终止民事权利和民事义务的意思表示,各共饮人基于共同的情谊参与聚餐活动,因此,共同饮酒行为并非是作为民事法律关系的合同关系,而是一种情谊行为。

在适用过错责任原则的情况下,侵权行为应当符合存在加害行为、发生损害结果、加害行为与损害结果之间存在因果关系、行为人具有过错这四项要件。在适用无过错责任原则的情况下,侵权行为应当符合存在加害行为、发生损害结果、加害行为与损害结果之间存在因果关系这三项要件。由于适用无过错责任原则的情形由法律明文规定,而我国现行法律并未规定共同饮酒后发生损害结果的责任承担问题,因此,如果各共同饮酒人的行为构成侵权行为,则该行为应当适用过错责任原则。《侵权责任法》第6条第1款规定:"行为人因过错侵害他人民事权益,应当承担侵权责任。"所以需要分析各共同饮酒人的行为是否符合存在加害行为、发生损害结果、加害行为与损害结果之间存在因果关系、行为人具有过错这四项要件。在本案中,被告蒋洪波组织了该次聚餐,其他六名被告共同参与了该次聚餐,这是七名被告实施的行为。聚餐结束后,王培忠在回家途中身亡,即发生了被侵权人死亡的损害结果。此时需要分析七被告对于王培忠死亡结果的发生是否具有过错,七被告的组织、参加聚餐的行为是否与王培忠死亡结果的发生存在因果关系。

在聚餐活动结束后,被告崔晓东、王海英、吕晓雷及王培忠共同搭乘出租车离开宏富饭店。在途经北京市清河农场原七分场宿舍门口时,经王培忠同意后该出租车停车,王培忠自行下车。车上其余几名被告乘车返回各自住所。王培忠作为完全民事行为能力人,完全能认识到饮酒后可能产生的相关结果。在聚餐活动进行时,本案并无证据证明几名被告对被侵权人王培忠存在强行劝酒、灌酒等行为,在聚餐活动结束后,本案并无证据表明王培忠存在醉酒进而无法自理等情况,且王培忠在与其他几名被告共同搭乘出租车回家的途中,王培忠要求出租车停车并自行下车。因此,根据生活中饮酒聚餐活动的常识,其余几名被告依据当时的实际情况有理由认为王培忠的意识较为清醒,并不会意识到王培忠可能发生死亡的损害结果，即几名被告对于王培忠的死亡结果并无过错。

在本案中，根据北京市公安局法医检验鉴定中心鉴定，推断王培忠死因为冻死，结论为"王培忠符合饮酒后冻死"。而且，本案并无证据证明几名被告对被侵权人王培忠存在强行劝酒、灌酒等行为。因此，七名被告组织、参加聚餐的行为与被侵权人王培忠死亡结果的发生并不存在因果关系。

因此，七名被告组织、参加聚餐的行为并不属于造成王培忠死亡结果的加害行为，其行为并不符合侵权行为的构成要件，因此，蒋洪波等七名被告对于王培忠的死亡结果不应当承担赔偿责任。但需要明确的是，在聚餐活动中，如果被告对于被侵权人存在强行劝酒、灌酒等行为或者在酒后被侵权人明显不能自理，而被告仍然放任其独自回家，此时可认定被告对于被侵权人的损害结果存在过错，且其行为同被侵权人的损害结果之间存在一定的因果关系。因此在这种情形下，被告的行为就构成侵权行为，应当对被侵权人的人身损害结果承担一定的赔偿责任。

本案中，法院最终根据公平原则判决七名被告共同补偿原告一定的金额。公平责任，是指在各方当事人对于损害的发生均没有过错，也没有根据法律应当适用无过错责任原则的情况下，法院依据公平的理念，在考虑受害人的损害、双方当事人的财产情况以及其他相关情况的基础上，决定由行为人和受害人对于损害结果予以分担的一项原则。《侵权责任法》第 24 条规定："受害人和行为人对损害的发生都没有过错的，可以根据实际情况，由双方分担损失。"《民法通则》第 132 条规定："当事人对造成损害都没有过错的，可以根据实际情况，由当事人分担民事责任。"因此，法院最终判决几名被告对原告承担了一定的补偿金额，由几名被告对原告的损失进行了分担。

▎法条链接

《合同法》第 2 条：本法所称合同是平等主体的自然人、法人、其他组织之间设立、变更、终止民事权利义务关系的协议。

《民法通则》第 54 条：民事法律行为是公民或法人设立、变更、终止民事权利和民事义务的合法行为。

《侵权责任法》第 6 条第 1 款：行为人因过错侵害他人民事权益，应当承担侵权责任。

《侵权责任法》第 24 条：受害人和行为人对损害的发生都没有过错的，可以根据实际情况，由双方分担损失。

《民法通则》第132条：当事人对造成损害都没有过错的，可以根据实际情况，由当事人分担民事责任。

2. 饮酒后发生人身损害，同饮者承担赔偿责任典型案例——徐长华等与上海经贸国际货运实业有限公司机动车交通事故责任纠纷上诉案

▌案件信息及法院裁判

裁判文书字号：（2010）沪一中民一（民）终字第825号民事判决书
案由：机动车交通事故责任纠纷
原告：徐长华、史慧琳、陆培红、徐多
被告：卞君
被告：上海经贸国际货运实业有限公司昆山分公司（以下简称昆山公司）
被告：上海经贸国际货运实业有限公司（以下简称上海经贸公司）

2009年6月15日20时40分许，被告卞君醉酒后驾驶登记在被告昆山公司名下的苏EMT075轿车沿昆山市开发区青阳路由北向南行驶至冯泾路路口南侧路段时，偏向道路左侧，车辆车身左侧与青阳路东侧人行道内的电线杆与树木相擦撞，造成被告卞君及车上乘客郑华不同程度受伤，另一乘客徐霈被甩出车外后在送往医院途中死亡。昆山市公安局交通巡逻警察大队认定，被告卞君醉酒后驾驶机动车行驶至事发路段时，车速偏快且遇情况操作不当的过错行为，是造成该起道路交通事故的直接原因，负事故全部责任。涉案事故发生前受害人徐霈与被上诉人卞君及案外人郑华有共同饮酒的行为。

上海市浦东新区人民法院经审理认为，公民、法人由于过错侵害他人财产、人身的，应当承担民事责任。本案被告卞君醉酒后驾驶机动车行驶至事发路段时，车速偏快且遇情况操作不当，直接造成徐霈死亡，应对徐霈的继承人承担相应的损害赔偿责任。但徐霈与被告卞君一同饮酒，在明知被告卞君已经醉酒的情况下，仍乘坐卞君驾驶的车辆，将自己置身于危险之中，并放任危险的发生，本身存在过失。综合本案的情况，法院酌定由被告卞君对死者徐霈的继承人承担70%的损害赔偿责任，被告昆山公司系肇事车辆的车主，依法应对被告卞君的赔偿义务负连带责任。但昆山公司系被告上海经贸公司下属分支机构，不具有对外独立承担民事责任的能力，其对外承担的民事责任依法应由被告上海经贸公司承担。对被告卞君关于其应酬饮酒系履行公司职务故应由昆山公司承担赔偿责任的意见，法院认为，本案的事故系由醉酒驾驶引起，即使被告卞君为履行公司职务而饮酒，其在醉酒的状态下仍应采用安全的交通方式，而非

违法酒后驾驶,对于其履行职务之说,不予采纳。被告昆山公司关于被告卞君偷开车辆的说法,因被告昆山公司没有提供相应的证据,法院亦未采信。被告卞君应承担70%的损害赔偿责任即562 075.78元,被告上海经贸公司对此负连带责任。

宣判后,四原告及被告上海经贸公司不服一审判决,提起上诉。

上海市第一中级人民法院经审理认为,涉案事故发生前受害人徐霈与被上诉人卞君及案外人郑华有共同饮酒的行为,酒后禁止驾驶车辆应为一般公众知晓的常理,在无充足的证据材料证实徐霈因饮酒丧失行为能力的状况下,徐霈乘坐酒后人员驾驶的车辆中,视为徐霈放任危险的发生,原审法院据此推定其存在过失,并相应减轻致害人卞君的责任,该判定方式于法无悖。上诉人徐长华等要求更改原审法院第一项判决的请求,不予支持。上诉人上海经贸公司主张卞君驾车的行为未取得昆山公司的许可,系偷开,在上诉人主张公司有着严格的用车制度且车钥匙由专人管理的状态下,法院难以采信上诉人的辩称内容。法院有理由认为卞君使用车辆时取得昆山公司的许可,昆山公司作为肇事车辆的管理人应承担相应的民事责任。上诉人上海经贸公司作为对外能够独立承担民事责任的法人,理应对于其下属分支机构的行为承担实际的赔付责任。故判决:驳回上诉,维持原判。

▌案件分析

本案是一起共同饮酒后醉酒驾驶发生人身损害的案件,案件的争议焦点为,三被告是否应当对被侵权人的死亡结果承担赔偿责任。

涉案事故发生前被侵权人徐霈与被上诉人卞君及案外人郑华有共同饮酒的行为,酒后由卞君驾车搭乘徐霈及郑华回家途中发生交通事故,致使徐霈死亡。本案中卞君与徐霈存在两个关系,一为共同饮酒的关系,二为共同饮酒后的搭乘关系,由于该搭乘为基于情谊的免费搭乘,所以又称为好意同乘关系。但《民法通则》《侵权责任法》《道路交通安全法》《人身损害赔偿司法解释》《道路交通损害赔偿司法解释》等重要法律、司法解释均未规定这两类关系中发生人身损害结果,如何承担赔偿责任的问题。因此,该类案件在我国属于立法没有规定的一类案件。

根据上文所述,因为当前我国法律、司法解释并没有规定共同饮酒以及好意同乘中发生人身损害结果后的责任承担问题,因此,判断被告是否应当对徐霈的死亡结果承担赔偿责任,应当从被告的行为进行分析,判断该行为是否属于法律规定的其他应当承担赔偿责任的情形。

根据我国法律的规定，可能发生赔偿或补偿责任后果的，有合同关系、侵权关系、无因管理关系、不当得利关系等情形。本案明显不属于无因管理与不当得利等法律关系，因此判断被告是否应当就其行为对徐霈的死亡结果承担损害赔偿责任，应当分析其行为是否构成应当承担赔偿责任的合同关系或者侵权关系。结合上一案例中的分析，本案中的两个行为，即共同饮酒行为和好意同乘行为均非合同关系，而属于情谊行为。因此便需要分析这两个行为是否属于侵权行为。由于在上一案例中笔者已经详细分析了共同饮酒行为在何种情形下不构成侵权行为，以及在何种情况下构成侵权行为，因此在这里主要分析该案中的好意同乘行为是否构成侵权行为。

结合上一案例的分析，如果好意同乘行为构成侵权行为，由于立法对该行为没有作出规定，因此该行为一定适用过错责任原则，即该行为应当符合存在加害行为、发生损害结果、加害行为与损害结果之间存在因果关系、行为人具有过错这四项要件。《侵权责任法》第6条第1款规定："行为人因过错侵害他人民事权益，应当承担侵权责任。"所以需要分析好意同乘的行为是否符合存在加害行为、发生损害结果、加害行为与损害结果之间存在因果关系、行为人具有过错这四项要件。在本案中，被告卞君在酒后搭乘被侵权人徐霈回家，这是被告实施的行为。回家途中发生交通事故致使徐霈死亡，即发生了被侵权人死亡的损害结果。此时需要分析被告对于徐霈死亡结果的发生是否具有过错，被告的行为是否与徐霈死亡结果的发生存在因果关系。

根据法院查明的事实，被告徐霈在饮酒后已经处于醉酒状态。由于醉酒驾车存在极其严重的社会危害性，因此我国《刑法》《道路交通安全法》《道路交通损害赔偿司法解释》等法律、司法解释均对醉酒驾车行为予以禁止并规定了严重的法律后果。被告卞君应当知道法律明确禁止醉驾，并且作为完全民事行为能力人，完全能够认识到醉酒驾车极有可能发生车祸，造成他人人身损害，仍然进行了醉驾行为。因此，被告卞君对于被侵权人徐霈死亡结果的发生存在重大过错。

根据本案中昆山市公安局交通巡逻警察大队认定的结果，被告卞君醉酒后驾驶机动车行驶至事发路段时，车速偏快且遇情况操作不当的过错行为，是造成该起道路交通事故的直接原因，负事故全部责任。因此，被告卞君醉酒后驾车搭乘徐霈的行为与徐霈死亡的结果存在直接因果关系。

因此，该案中的好意同乘行为构成侵权行为，被告卞君应当对被侵权人徐霈的死亡结果承担赔偿责任。昆山公司系被告上海经贸公司下属分支机构，不具有对外独立承担民事责任的能力，其对外承担的民事责任依法应由被告上海经贸公司承担。在上诉人主张公司有着严格的用车制度且车钥匙由专人管理的情况下，法院有理由认为卞君使用车辆时取得昆山公司的许可。根据《道路交通损害赔偿司法解释》第1条第1款第3项的规定，机动车发生交通事故造成损害，机动车所有人或者管理人知道或者应当知道驾驶人因饮酒、服用国家管制的精神药品或者麻醉药品，或者患有妨碍安全驾驶机动车的疾病等依法不能驾驶机动车的，人民法院应当认定其对损害的发生有过错，并适用《侵权责任法》第49条的规定确定其相应的赔偿责任。因此昆山公司作为肇事车辆的管理人具有过错，应承担相应的民事责任。上海经贸公司作为对外能够独立承担民事责任的法人，理应对于其下属分支机构的行为承担实际的赔付责任。因此法院判决上海经贸公司对于被侵权人徐霈的死亡结果承担连带赔偿责任。

本案中，徐霈与卞君在案发前曾经共同饮酒，也应当知道卞君已经醉酒的事实。作为完全民事行为能力人，徐霈完全能够认识到乘坐卞君所驾驶的汽车极有可能发生车祸，进而造成人身损害的危险性。但被侵权人徐霈放任该危险，仍然乘坐了卞君驾驶的汽车，最终发生了严重的交通事故，致使其死亡。因此，被侵权人对于损害结果的发生也具有过错。《侵权责任法》第26条规定："被侵权人对损害的发生也有过错的，可以减轻侵权人的责任。"所以法院在判决中依法减轻了被告的赔偿责任。

▌法条链接

《侵权责任法》第6条第1款：行为人因过错侵害他人民事权益，应当承担侵权责任。

《侵权责任法》第26条：被侵权人对损害的发生也有过错的，可以减轻侵权人的责任。

《侵权责任法》第49条：因租赁、借用等情形机动车所有人与使用人不是同一人时，发生交通事故后属于该机动车一方责任的，由保险公司在机动车强制保险责任限额范围内予以赔偿。不足部分，由机动车使用人承担赔偿责任；机动车所有人对损害的发生有过错的，承担相应的赔偿责任。

《道路交通损害赔偿司法解释》第1条：机动车发生交通事故造成损害，机动车所有人或者管理人有下列情形之一，人民法院应当认定其对损害的发生有过错，并适用侵权责任法第四十九条的规定确定其相应的赔偿责任：

（一）知道或者应当知道机动车存在缺陷，且该缺陷是交通事故发生原因之一的；

（二）知道或者应当知道驾驶人无驾驶资格或者未取得相应驾驶资格的；

（三）知道或者应当知道驾驶人因饮酒、服用国家管制的精神药品或者麻醉药品，或者患有妨碍安全驾驶机动车的疾病等依法不能驾驶机动车的；

（四）其它应当认定机动车所有人或者管理人有过错的。

3. 相约出游中出现人身损害结果的责任认定——邓兆龙、陈茂香与福建闽江源国家级自然保护区管理局、王文强、陈秀娟、鄢桂玲生命权纠纷案

▌案件信息及法院裁判

裁判文书字号：（2013）建民初字第 1276 号

案由：机动车交通事故责任纠纷

原告：邓兆龙

原告：陈茂香

被告：福建闽江源国家级自然保护区管理局

被告：王文强

被告：陈秀娟

被告：鄢桂玲

原告邓兆龙、陈茂香诉称，2013 年 8 月 25 日，被告王文强驾驶小车带被告陈秀娟、鄢桂玲和原告邓兆龙、陈茂香之子邓贞华到被告闽江源保护区管理局管理范围内的建宁县"高峰古道"旅游景点游玩。该景点有千沟万壑、百瀑千泉，激流险滩迂回在山峰之中，多处水深危险。被告王文强、陈秀娟、鄢桂玲等三人在明知邓贞华不会游泳、水深危险的情况下，未及时阻拦邓贞华下水游泳，以致邓贞华不幸溺水身亡。被告王文强、陈秀娟、鄢桂玲等三人未尽到互相看护、互相提醒的义务，应当承担相应的赔偿责任。被告闽江源保护区管理局作为保护区管理者，没有按管理职责的规定阻止未经批准的被告王文强、陈秀娟、鄢桂玲及邓贞华等四人进入景点游玩，也未及时巡护，在危险处没有设置警示标志及防护栏或其他可以防止人员随意进入、足以防止危险发生的设施以及在邓贞华溺水后未能及时发现并采取相应的救护措施，对邓贞华的溺水身亡负有疏于管理的主要责任。上述四被告对邓贞华的死亡均存在过错，应当负连带赔偿责任。诉讼请求：①判令四被告连带赔偿两原告丧葬费、被扶养人生活费、死亡赔偿金、治丧产生的费用（交通费、住宿费、误工费）共计 635 153.5 元的 70% 计 444 607.45 元；②判令四被告连带赔偿给两原告精神损害抚慰金50 000元；③四被告承担本案的诉讼费用。

被告闽江源保护区管理局辩称：①被告闽江源保护区管理局对保护区行使

行政管理职责，如果两原告认为被告闽江源保护区管理局疏于管理，应当提起行政诉讼，而非民事诉讼。②被告闽江源保护区管理局是自然保护区的管理者，并非旅游景点的管理者，邓贞华系成年人到野外游玩，根据"风险自甘"的原则，对其自身死亡的后果应自行承担责任。③原告提供的交通费和住宿费发票与本案无关，邓贞华的赔偿应以农村居民的标准计算。原告陈茂香为原告邓兆龙之妻，并非处于无人扶养的状态，因此不应该主张其扶养费。两原告已经主张了丧葬费，就不得再重复主张治丧费用。

被告王文强、陈秀娟、鄢桂玲辩称，被告王文强、陈秀娟、鄢桂玲与邓贞华系朋友关系，这次野外游玩是自由组织、自愿参加的，并不是营利性的活动。邓贞华系完全民事行为能力的成年人，且事故发生后，被告王文强、陈秀娟、鄢桂玲都积极参与救援，因此，邓贞华应自行承担其自身发生意外死亡的后果。

本案当事人对下列事实或对有关事实所产生的法律后果有争议，福建省建宁县人民法院予以查明、分析并认定：

一、被告闽江源保护区管理局是否对邓贞华的死亡承担赔偿责任

两原告认为被告闽江源保护区管理局作为景区管理者，没有按管理职责规定阻止未经批准的被告王文强、陈秀娟、鄢桂玲及死者邓贞华等四人进入景点游玩，也未及时巡护，在出事地点没有设置警示标志及防护栏或其他可以防止人员随意进入、足以防止危险发生的设施，以致在邓贞华进入后发生溺水，且未能及时发现并采取相应的救护措施，对邓贞华的溺水身亡负有疏于管理的主要责任。根据最高人民法院《人身损害赔偿司法解释》第6条和《侵权责任法》第37条第1款的规定：宾馆、商场、银行、车站、娱乐场所等公共场所的管理人或者群众性活动的组织者，未尽到安全保障义务，造成他人损害的，应当承担侵权责任。因此，本案被告闽江源保护区管理局应当对邓贞华的死亡承担赔偿责任。

被告闽江源保护区管理局认为，①被告闽江源保护区管理局对保护区行使行政管理职责，如果原告认为被告闽江源保护区管理局疏于管理，应当提起行政诉讼，而非民事诉讼。②被告闽江源保护区管理局是自然保护区的管理者，并非旅游景点的管理者，闽江源保护区管理局根据《中华人民共和国自然保护区条例》（以下简称《自然保护区条例》）第22条规定行使相关职责，被告闽江源保护区管理局没有阻止邓贞华进入保护区的义务，且被告闽江源保护区管理局在沿途设置了相关安全警示标志。邓贞华系成年人到野外游玩，根据"风险自甘"的原则，对其自身死亡的后果应自行承担责任。为证明自己的主张，被告闽江源保护区管理局向法院提供照片4张，以证明被告闽江源保护区管理

局对保护区内沿途可能存在的风险进行了必要的提示。

法院认为，两原告起诉被告闽江源保护区管理局应承担民事侵权责任，该诉权属于一般民事法律关系，两原告具有诉权。闽江源保护区内的"高峰古道"为开放式区域，并非经营性场所，王文强、陈秀娟、鄢桂玲和邓贞华进入该区域也未收取门票，两原告反复主张按照景区管理职责要求被告闽江源保护区管理局履行安全保障义务，混淆了自然保护区与经营性景区的本质区别。根据《自然保护区条例》的规定，自然保护区管理机构对保护区的管理职责为：①贯彻执行国家有关自然保护的法律、法规和方针、政策；②制定自然保护区的各项管理制度，统一管理自然保护区；③调查自然资源并建立档案，组织环境监测，保护自然保护区内的自然环境和自然资源；④组织或者协助有关部门开展自然保护区的科学研究工作；⑤进行自然保护的宣传教育；⑥在不影响保护自然保护区的自然环境和自然资源的前提下，组织开展参观、旅游等活动。闽江源保护区属3A级国家自然保护区，有履行上述法规规定的管理职责。被告闽江源保护区管理局在进入"高峰古道"的入口墙壁上树有"保护区内禁止游泳"的安全警示标志以及沿途一些地方设有"危险请勿靠外"等安全警示标志，亦对可能存在的风险进行了必要的提示。被告闽江源保护区管理局对于保护区的管理职责不能被无限扩大。《人身损害司法解释》第6条第1款规定，安全保障义务是指从事住宿、餐饮、娱乐等经营活动或者社会活动的自然人、法人、其他组织应尽的合理限度范围内的使他人免受人身损害的义务，其特点体现为对活动场所具有事实上的控制能力。福建闽江源自然保护区地域范围甚广，其范围东至泰宁县界，西至伊家乡兰溪村汪家辅，南至均口镇台田村三洋浆，北至金溪乡高峰村平坑，全区总面积13 022平方公里，且在该保护区有村庄和许多出入保护区的通道，保护区管理条例并没有限制他人进入保护区的强制规定，在管理上也不可能做到禁止他人进入保护区广大的区域，因此原告认为被告没有阻止邓贞华进入保护区导致事故发生，没有法律依据。邓贞华系在建宁县生活二十多年的居民，对当地环境和出行条件应当比较熟悉，且邓贞华作为具有完全民事行为能力的成年人，对于自己不会游泳及所在环境存在的危险有成年人的判断和认知。因此，综上所述，被告闽江源保护区管理局对邓贞华的意外死亡不承担赔偿责任。

二、被告王文强、陈秀娟、鄢桂玲是否对邓贞华的死亡承担赔偿责任

两原告认为，被告王文强、陈秀娟、鄢桂玲等三人明知邓贞华不会游泳、水深危险的情况下，未及时阻拦邓贞华下水游泳，以致邓贞华不幸溺水身亡。根据《民法通则》第106条第1款的规定："公民、法人违反合同或者不履行其

他义务的,应当承担民事责任。"被告王文强、陈秀娟、鄢桂玲等三人对邓贞华未尽到互相看护、互相提醒的义务,应当承担相应的赔偿责任。

被告王文强、陈秀娟、鄢桂玲认为,这次野外游玩是自由组织、自愿参加的,并不是营利性的活动。邓贞华系成年人,对其自身发生的意外死亡后果应当自行承担,况且事故发生后,被告王文强、陈秀娟、鄢桂玲都积极参与救援,因此,两原告要求被告王文强、陈秀娟、鄢桂玲赔偿损失的诉求没有法律依据,应予以驳回。

法院认为,被告王文强、陈秀娟、鄢桂玲和邓贞华属自由结合、自愿参加、共同前往"高峰古道"进行户外活动,各参加者之间未就出行风险等事宜进行约定,仅基于共同的兴趣爱好而结伴开展户外活动,各参加者之间并不存在管理与被管理的关系。各参与人系成年人,有完全民事行为能力,对野外集体探险或者结伴自助游具有一定风险应当明知。基于对风险的认识而产生结伴互助的依赖和信赖,形成临时互助团体的共同利益,参与各方应互相提醒注意安全。尽管邓贞华的死亡属于意外,参加野外自助游的其他当事人已尽相互的救助义务,主观上被告王文强、陈秀娟、鄢桂玲并无过错,但根据《民法通则》第132条"当事人对造成损害都没有过错的,可以根据实际情况,由当事人分担民事责任"以及最高人民法院《关于贯彻执行〈中华人民共和国民法通则〉若干问题的意见(试行)》(以下简称"《民通意见》")第157条"当事人对造成损害均无过错,但一方是在为对方的利益或者共同的利益进行活动的过程中受到损害的,可以责令对方或者受益人给予一定的经济补偿"的规定,本案被告王文强、陈秀娟、鄢桂玲应当给予原告邓兆龙、陈茂香适当的经济补偿。

三、两原告主张的赔偿项目及计算金额是否符合法律规定

两原告认为:两原告的经济损失:死亡赔偿金28 055元/年×20年=561 100元(其中被扶养人陈茂香的生活费7 401.92元/年×20年÷3人=49 346.1元)、丧葬费44 979元/年÷12×6=22 489.5元、误工费88.60元/天×3天×4人=1 063.2元、交通费545元、住宿费610元、精神损害抚慰金50 000元,合计685 153.5元。两原告向法院提供的证据:个体工商户营业执照复印件1份、货物销售发票复印件6张、记账单复印件12张、配置单复印件3张、调拨单复印件1张、结账单复印件1张、进货单复印件1张以证实邓贞华在建宁县建莲北路南岗堡3号经营建宁县濉溪镇易佳电脑店的事实,因邓贞华在城镇有相对固定的工作和收入并且在城镇已连续居住、生活、工作满一年以上,其损失应当按照城镇标准计算。两原告向本院提供车票16张、住宿费发票4张以证实两原告因丧子花费交通费545元及住宿费610元的事实。

被告闽江源保护区管理局认为：①原告提供的交通费和住宿费发票与本案无关，原告已经主张了丧葬费，就不得再重复主张治丧费用。②邓贞华为农村户口，仅仅凭两原告向法院提供的个体工商户营业执照、货物销售发票、记账单、配置单、调拨单、结账单、进货单并不能证实邓贞华在城镇连续工作一年以上，且原告邓兆龙、陈茂香向法院提供的货物销售发票、记账单、配置单、调拨单、结账单、进货单均为复印件，无法核对真伪，销售发票公章系三明市梅列区翔宏计算机商行，因此应按农村居民的标准计算其损失。③原告陈茂香为原告邓兆龙之妻，并非处于无人扶养的状态，因此原告陈茂香不应该主张被扶养人生活费。

法院认为，虽然两原告提供的货物销售发票、记账单、配置单、调拨单、结账单、进货单均为复印件，但是两原告提供的个体工商户营业执照能够证实邓贞华于2012年5月9日起在建宁县建莲北路南岗堡3号经营建宁县濉溪镇易佳电脑店。庭审中，被告王文强、陈秀娟、鄢桂玲三人并不否认邓贞华2012年5月起经营建宁县濉溪镇易佳电脑店，以此取得收入的事实。根据最高人民法院（2006）民他字第25号复函，其损失应当按照城镇标准计算。即死亡赔偿金，按照法院所在地上一年度城镇居民人均纯收入标准计算20年为28 055元/年×20年＝561 100元；丧葬费，按照法院所在地上一年度职工月平均工资标准，以6个月总额计算为44 979元/年÷12×6＝22 489.5元。根据最高人民法院《人身损害赔偿司法解释》第17条第3款的规定：受害人死亡的，赔偿义务人除应当根据抢救治疗情况赔偿本条第一款规定的相关费用外，还应当赔偿丧葬费、被扶养人生活费、死亡补偿费以及受害人亲属办理丧葬事宜支出的交通费、住宿费和误工损失等其他合理费用。因此两原告主张的为治丧产生的误工费、交通费、住宿费的请求，符合法律规定，应予支持，但是两原告主张误工费、交通费、住宿费的金额应当符合法律规定和实际情况。根据最高人民法院《人身损害赔偿司法解释》第20条、22条的规定，结合本案两原告提供的证据，予以确认误工费88.60元/天×3天×4人＝1063.2元；因原告邓兆龙、陈茂香均为建宁县当地人，两原告提供建宁至三明的来回车票，不符合实际情况，因此交通费应参照客运价格按建宁县金溪乡圳头村至建宁县县城三天往返三趟4人为宜，即120元（5元×4人×2×3次＝120元）；两原告提供的住宿发票4张既不是本人或者近亲属住宿产生的费用，也不是因处理丧葬事宜期间支出的住宿费，因此对原告邓兆龙、陈茂香提供的住宿发票4张计610元的诉讼请求不予支持。根据最高人民法院《人身损害赔偿司法解释》第28条第2款的规定："被扶养人是指受害人依法应当承担扶养义务的未成年人或者丧失劳动能力又无其他生活来源的成年近亲属。被扶养人还有其他扶养人的，赔偿义务人只赔偿受害人依法应当负担的部分。被扶养人有数人的，年赔偿总额累计不超过上一年度城镇居民人均消费性支出额或者农村居民人均年生活消费支出额。"两原告育有二女一子，原告陈茂香作为被扶养人，其被扶养人生活费为 7 401.92 元/年×20 年÷3 人＝49 346.1 元。鉴于各当事人对损害结果均无过错，故不应再承担精神损害赔偿责任，因此对两原告主张的精神抚慰金 50 000 元的请求不予支持。综上，两原告的损失为：死亡赔偿金 561 100 元（含被扶养人陈茂香的生活费 49 346.1 元）、丧葬费 22 489.5 元、误工费 1 063.2 元、交通费 120 元，合计 634 118.8 元。

综上所述，法院认为，原告邓兆龙、陈茂香之子邓贞华等人自愿结伴进行户外活动，对可能发生的危险没有充分认识，作为成年人明知不会游泳又在小溪水潭边游玩，以致发生意外身亡。自然保护区不是经营性场所，被告闽江源保护区管理局已履行相应的管理职责，亦对可能存在的风险进行了必要的提示，两原告认为被告闽江源保护区管理局没有阻止邓贞华等四人进入保护区游玩，未及时巡护，没有在危险处设置警示标志及防护栏等设施以致邓贞华溺水后又未能及时发现并采取相应的救护措施，要求被告闽江源保护区管理局承担主要责任没有法律依据。因此，被告闽江源保护区管理局对邓贞华的意外死亡不承担赔偿责任。被告王文强、陈秀娟、鄢桂玲与邓贞华结伴野外活动，对存在的风险有着互助的依赖和信赖，具有临时互助团体的共同利益，尽管受害人的死亡属于意外，被告王文强、陈秀娟、鄢桂玲主观上并无过错，也采取了必要的救助措施，但依法应给予受害人适当经济补偿。法院确定被告王文强、陈秀娟、鄢桂玲各补偿原告邓兆龙、陈茂香损失总额的 5% 为宜。据此，依照《民法通则》第 132 条，《侵权责任法》第 6 条第 1 款、第 16 条、第 26 条，最高人民法院《人身损害赔偿司法解释》第 6 条、第 17 条、第 20 条、第 22 条、第 27 条、第 28 条、第 29 条、第 35 条，最高人民法院《民通意见》第 157 条，最高人民法院《民事诉讼证据规定》第 2 条和《民事诉讼法》第 64 条、第 142 条之规定，判决如下：一、被告王文强、陈秀娟、鄢桂玲分别补偿原告邓兆龙、陈茂香损失总额的 5%（634 118.8 元×5%）计 31 705.94 元，于判决生效后 35 日内付清。二、驳回原告邓兆龙、陈茂香的其他诉讼请求。

▎案件分析

本案是一起相约出游过程中发生的人身损害纠纷案。案件的争议焦点为，本案被告福建闽江源国家级自然保护区管理局与王文强、陈秀娟、鄢桂玲的行为是否与本案受害人的死亡结果存在因果关系，是否应当就受害人死亡的结果承担赔偿责任。

第一，对于被告福建闽江源国家级自然保护区管理局与受害人邓贞华的死亡结果是否存在因果关系的问题。根据人民法院查明的事实，受害人邓贞华死亡的地点，即闽江源保护区内的"高峰古道"为开放式区域，并非经营性场所。王文强、陈秀娟、鄢桂玲和邓贞华进入该区域也并未支付门票费用。根据《自然保护区条例》的规定，自然保护区管理机构对保护区的管理职责为：①贯彻执行国家有关自然保护的法律、法规和方针、政策；②制定自然保护区的各项管理制度，统一管理自然保护区；③调查自然资源并建立档案，组织环境监测，保护自然保护区内的自然环境和自然资源；④组织或者协助有关部门开展自然保护区的科学研究工作；⑤进行自然保护的宣传教育；⑥在不影响保护自然保护区的自然环境和自然资源的前提下，组织开展参观、旅游等活动。闽江源保护区属3A级国家自然保护区，保护区管理局履行了上述法规规定的管理职责。被告闽江源保护区管理局在进入"高峰古道"的入口墙壁上树有"保护区内禁止游泳"的安全警示标志以及在沿途一些地方设有"危险请勿靠外"等安全警示标志，亦对可能存在的风险进行了必要的提示。

在本案中，两原告认为被告闽江源保护区管理局作为景区管理者，没有按管理职责规定阻止未经批准的被告王文强、陈秀娟、鄢桂玲及死者邓贞华等四人进入景点游玩，也未及时巡护。在出事地点没有设置警示标志及防护栏或其他可以防止人员随意进入、足以防止危险发生的设施，以致在邓贞华进入后发生溺水，且未能及时发现并采取相应的救护措施，对邓贞华的溺水身亡负有疏于管理的主要责任。因此应当向原告承担违反安全保障义务的责任。因此在此处需要界定被告闽江源保护区管理局是否属于受害人遇害区域的管理人，如果属于该区域的管理人，是否违反了应负有的安全保障义务。《侵权责任法》第37条第1款规定："宾馆、商场、银行、车站、娱乐场所等公共场所的管理人或者群众性活动的组织者，未尽到安全保障义务，造成他人损害的，应当承担侵权责任。"《人身损害赔偿司法解释》第6条第1款规定："从事住宿、餐饮、娱乐等经营活动或者其他社会活动的自然人、法人、其他组织，未尽合理限度范围内的安全保障义务致使他人遭受人身损害，赔偿权利人请求其承担相应赔偿责任的，人民法院应予支持。"在本案中，福建闽江源自然保护区地域范围甚广，其范围东至泰宁县界，西至伊家乡兰溪村汪家辅，南至均口镇台田村三洋浆，北至金溪乡高峰村平坑，全区总面积13 022平方公里，且在该保护区有村庄和许多出入保护区的通道，保护区管理条例并没有限制他人进入保护区的强制规定，在管理上也不可能做到禁止他人进入保护区广大的区域，被告闽江源保护区管理局作为景区管理者已经在该区域必要的位置（如"高峰古道"入口处）设置了相关安全警示标志，已尽到了安全保障义务，与受害人死亡结果的发生并无因果关系，故不应对受害人的死亡结果承担赔偿责任。

第二，对于被告王文强、陈秀娟、鄢桂玲的行为与本案受害人的死亡结果是否存在因果关系的问题。在本案中，被告王文强、陈秀娟、鄢桂玲以及受害人邓贞华均为完全民事行为能力人，其自行驾车赴闽江源保护区管理局管理范围内的建宁县"高峰古道"旅游景点游玩。该景点有多处水深的地方，较为危险。邓贞华自行下水游泳，进而溺亡。因此其死亡结果与被告王文强、陈秀娟、鄢桂玲的行为并无因果关系。被告王文强、陈秀娟、鄢桂玲和邓贞华属自由结合、自愿参加、共同前往"高峰古道"进行户外活动，各参加者之间未就出行风险等事宜进行约定，仅基于共同的兴趣爱好而结伴开展户外活动，各参加者之间并不存在管理与被管理的关系。各参与人系成年人，有完全民事行为能力，对野外集体探险或者结伴自助游具有一定风险应当明知。基于对风险的认识而产生结伴互助的依赖和信赖，形成临时互助团体的共同利益，参与各方应互相提醒注意安全。尽管邓贞华的死亡属于意外，参加野外自助游的其他当事人也已尽相互的救助义务，主观上被告王文强、陈秀娟、鄢桂玲并无过错，但可以依据公平责任向受害人的父母承担一定的补偿责任。《侵权责任法》第22条规定："受害人和行为人对损害的发生都没有过错的，可以根据实际情况，由双方分担损失。"《民法通则》第132条规定："当事人对造成损害都没有过错的，可以根据实际情况，由当事人分担民事责任。"因此，本案被告王文强、陈秀娟、鄢桂玲可以依据上述规定，给予受害人父母邓兆龙、陈茂香适当的经济补偿。

第三，对于受害人自身是否存在过错的问题。在本案中，邓贞华系在建宁县生活二十多年的居民，对当地环境和出行条件应当比较熟悉，且邓贞华作为具有完全民事行为能力的成年人，对于自己不会游泳及所在环境存在的危险有成年人的判断和认知。因此，受害人邓贞华应当对其死亡结果的发生存在严重过错，应对其死亡结果承担最主要的责任。

▍法条链接

《侵权责任法》第22条：受害人和行为人对损害的发生都没有过错的，可以根据实际情况，由双方分担损失。

《民法通则》第132条：当事人对造成损害都没有过错的，可以根据实际情况，由当事人分担民事责任。

4. 相约出行时，免费搭乘机动车受到人身损害的责任认定——刘文英诉王开良机动车交通事故责任纠纷案

▌案件信息及法院裁判

裁判文书字号：（2015）朝民初字第 01297 号

案由：机动车交通事故责任纠纷

原告：刘文英

被告：王开良

刘文英与王开良系朋友关系。2013 年 9 月 1 日 11 时 43 分，在房山区贾峪口跨河桥北 195 米处，王开良驾驶的机动车与别车发生交通事故，经交通队认定王开良负事故全部责任，当时刘文英乘坐在王开良驾驶的机动车副驾驶位置上未系安全带，因此受伤。事故发生后，刘文英前往北京积水潭医院就医，并于 2013 年 9 月 2 日至 2013 年 9 月 13 日在该院住院治疗，出院诊断为：肱骨干骨折（右，闭合）；2 型糖尿病；头皮血肿（顶）；糖尿病周围神经病变；高脂血症；骨质疏松；甲状腺多发结节；双下肢动脉粥样硬化；大脑中动脉颈内动脉血管狭窄。刘文英提供的医疗费票据合计 41 206.22 元。王开良请证人刘×，欲证明其在北京积水潭医院给付刘文英现金 11 000 元，刘文英对此不予认可。刘文英提供护理费发票 480 元、交通费票据若干。经刘文英申请，本院委托法大法庭科学技术鉴定研究所对其伤残等级进行鉴定，2015 年 4 月 27 日该所出具鉴定意见书，鉴定意见：被鉴定人刘文英的伤残等级属 X 级，伤残赔偿指数为 10%。刘文英交纳鉴定费 2250 元。

北京市朝阳区人民法院在一审中经审理认为：公民的合法权利受法律保护。本次交通事故中王开良负事故全部责任，但本案的交通事故系单方事故，既非机动车之间发生交通事故，亦非机动车与非机动车驾驶人、行人之间发生交通事故，原告刘文英的索赔对象既非对方机动车驾驶人，亦非承保对方机动车交强险或商业三者险的保险公司，而系本方机动车驾驶人；上述事故责任并不等同于民事赔偿责任，王开良负此次事故全部责任，其因过错造成原告刘文英损害，应承担赔偿责任，但并不必然导致其承担全部民事赔偿责任。

被侵权人对损害的发生也有过错的，可以减轻侵权人的责任。本案中，刘文英搭乘王开良驾驶车辆，并未系安全带保护安全，其对自身受害具有重大过失，应适当减免王开良的赔偿责任。交通事故发生时刘文英、王开良同乘一车，王开良所驾驶车辆并非营运车辆，刘文英系无偿搭乘；上述搭乘属好意同乘关系，刘文英作为无偿搭乘人，在王开良发生交通事故时，应与王开良共同承担风险，自行承担其部分经济损失；考虑到本案具体情况，对王开良主张依据好意同乘关系减轻赔偿责任的意见，法院予以采纳。本案存在刘文英对其自身受害具有过错以及好意同乘关系两种减轻王开良赔偿责任之情形；对该减轻幅度，法院酌定为30%，故对刘文英之合法损失，王开良应承担70%的赔偿责任。王开良所述垫付款项，仅有证人作证，并无其他证据佐证，法院不予采信。

刘文英主张的医疗费，法院按照相关票据予以判定。刘文英主张的住院伙食补助费，按照住院天数予以判定。刘文英主张的营养费，予以酌定。刘文英主张的护理费，参照相关护工标准予以判定。刘文英主张的残疾赔偿金，提供鉴定意见书予以佐证，予以认可。刘文英主张的精神损害抚慰金，因本次交通事故导致其伤残的严重后果，法院对该诉讼请求予以支持，具体数额法院酌定。刘文英主张的交通费数额过高，法院予以酌定。

综上，依据《侵权责任法》第16条、第22条、第26条、第48条，《道路交通安全法》第51条、《人身损害赔偿司法解释》第17条、第18条、第19条、第20条、第21条、第22条、第25条，《人身损害赔偿司法解释》第10条第1款之规定，判决如下：一、被告王开良于本判决生效后10日内赔偿原告刘文英医疗费28 844元、住院伙食补助费420元、营养费700元、护理费2436元、交通费300元、残疾赔偿金55 326元、精神损害抚慰金7000元。二、驳回原告刘文英其他诉讼请求。

▌案件分析

本案是一起机动车交通事故责任纠纷。案件的争议焦点为，在无偿搭乘的情况下，被告王开良是否应当对原告刘文英的人身损害结果承担赔偿责任。

要判断被告王开良是否应当对原告刘文英的人身损害结果承担赔偿责任，首先应当分析二者在本案中的法律关系。根据人民法院在本案中查明的事实，交通事故发生时刘文英、王开良同乘一车，王开良所驾驶车辆并非营运车辆，刘文英系无偿搭乘。这种搭乘属于一种基于情谊行为产生的好意同乘关系。

对于被告王开良是否要对原告刘文英承担赔偿责任的问题。本案中，原告刘文英搭乘的被告王开良驾驶的机动车发生交通事故，进而造成刘文英受伤。但本案的交通事故具有特殊性，既不是机动车之间发生交通事故，也不是机动车与非机动车驾驶人、行人之间发生交通事故。而是机动车单方发生交通事故，导致车内人员受伤的一起事故。由于机动车之间发生交通事故，适用过错责任原则，且本案中的交通事故由被告王开良承担全部责任。因此，本案中原告刘文英如要主张损害赔偿，其并不能找对方机动车驾驶人以及承保对方机动车交强险或商业三者险的保险公司主张赔偿。在本案中，被告王开良与原告刘文英之间并无客运合同关系，被告基于情谊而无偿搭乘原告刘文英。在这种情况下，被告作为机动车驾驶人，仍对原告的人身、财产安全负有保护义务。而被告因过错而导致交通事故发生，进而造成原告的人身损害，这属于一般侵权行为，适用过错责任原则。《侵权责任法》第6条第1款规定："行为人因过错侵害他人民事权益，应当承担侵权责任。"因此被告王开良应当对原告刘文英的人身损害结果承担赔偿责任。但是，被告毕竟是基于情谊行为而免费搭乘原告，由于驾驶人免费搭乘乘车人的行为本质上属于一种好意施惠行为，所以不应对驾驶人苛以较重的责任。司法实践中的一般处理方法为，在机动车驾驶人对损害结果并不存在故意或重大过失的情况下，可以适当减轻对受伤乘车人的赔偿责任。例如，《浙江省高级人民法院民一庭关于审理道路交通事故损害赔偿纠纷案件若干问题的意见（试行）》第18条规定："机动车发生道路交通事故，造成本车无偿搭乘者损害的，应适当减轻本车赔偿义务人的赔偿责任，但本车驾驶人有重大过错的除外。无偿搭乘者有过错的，应相应减轻本车赔偿义务人的赔偿责任。"因此本案中在被告王开良并不存在故意的情况下，应当适当减轻其对原告的赔偿责任。

对于原告刘文英自己对损害结果是否应当承担一定责任的问题，根据人民法院查明的事实，本案中刘文英搭乘王开良驾驶的车辆时，并未系安全带。《道路交通安全法》第51条规定："机动车行驶时，驾驶人、乘坐人员应当按规定使用安全带，摩托车驾驶人及乘坐人员应当按规定戴安全头盔。"因此，原告刘文英对自身损害具有重大过失。《侵权责任法》第26条规定："被侵权人对损害的发生也有过错的，可以减轻侵权人的责任。"故而在本案中应当适当减轻被告王开良的赔偿责任。

▌法条链接

《侵权责任法》第6条第1款：行为人因过错侵害他人民事权益，应当承担侵权责任。

《侵权责任法》第26条：被侵权人对损害的发生也有过错的，可以减轻侵权人的责任。

《浙江省高级人民法院民一庭关于审理道路交通事故损害赔偿纠纷案件若干问题的意见（试行）》第18条：机动车发生道路交通事故，造成本车无偿搭乘者损害的，应适当减轻本车赔偿义务人的赔偿责任，但本车驾驶人有重大过错的除外。无偿搭乘者有过错的，应相应减轻本车赔偿义务人的赔偿责任。

人身损害赔偿案件计算标准与实用图表

第一章
人身损害赔偿案件计算标准

1. 2011~2015 年我国各省、市、自治区城镇居民可支配收入[1]

单位：元

省份	2015 年	2014 年	2013 年	2012 年	2011 年
北京	52 859	43 910[2]	40321	36 469	32 903
天津	34 101	31 506	32 658[3]	29 626	26 921
河北	26 152	24 141	22 580	20 543	18 292.2
山西	25 828	24 069	22 456	20 411.7	18 123.9
内蒙古	30 594	28 350	25 497	23 150	20 408
辽宁	31 126	29 082	25 578	23 223	20 467
吉林	24 901	23 217.8	22 274.6	20 208.04	17 796.57
黑龙江	24 203	22 609	19 597	17 760	15 696
上海	52 962	47 710[4]	43 851	40 188	36 230
江苏	37 173	34 346	32 538	29 677	26 341
浙江	43 714	40 393	37 851	34 550	30 971

〔1〕 用于计算城镇居民或者长期在城镇居住并取得收入的农村居民因受到人身损害致残或致死后应获得的残疾赔偿金或死亡赔偿金。

〔2〕 在《中国统计年鉴－2015》（国家统计局官方微信"《统计微讯》"中的电子版统计年鉴，下同）中，该数据为48531.8。

〔3〕 在《中国统计年鉴－2014》（国家统计局官方微信"《统计微讯》"中的电子版统计年鉴，下同）中，该数据为32293.6。

〔4〕 在《中国统计年鉴－2015》中，该数据为48841.4。

续表

省份	2015 年	2014 年	2013 年	2012 年	2011 年
安徽	26 936	24 839	23 114	21 024	18 606
福建	33 275	30 722	30 816	28 055	24 907
江西	26 500	24 309	21 873	19 860	17 495
山东	31 545	29 222	28 264	25 755	22 792
河南	25 576	24 391. 45	22 398. 03	20 442. 62	18 194. 80
湖北	27 051	24 852	22 906	20 839. 59	18 373. 87
湖南	28 838	26 570	23 414	21 319	18 844
广东	34 757	32 148	33 090. 05	30 227	26 897
广西	26 416	24 669	23 305	21 243	18 854
海南	26 356	24 487	22 929	20 918	18 369
重庆	27 239	25 147	25 216	22 968	20 249. 70
四川	26 205	24 381 〔1〕	22 368	20 307	17 899
贵州	24 579. 64	22 548. 21	20 667. 07	18 700. 51	16 495. 01
云南	26 373	24 299	23 236	21 075	18 576
西藏		22 016	20 023	18 028	16 196
陕西	26 420	24 366	22 858	20 734	18 245
甘肃	23 767	20 804 〔2〕	18 964. 78	17 157	14 988. 68
青海	24 542. 35	22 306. 57	19 498. 54	17 566. 28	15 603. 31
宁夏	25 186	23 285	21 833	19 831	17 579
新疆		23 214	19 874	17 921	15 514

---

〔1〕 在《中国统计年鉴 – 2015》中，该数据为 24234. 4。
〔2〕 在《中国统计年鉴 – 2015》中，该数据为 21803. 9。

2. 2011～2015 年我国各省、市、自治区农村居民人均纯收入 [1]

单位：元

省份	2015 年	2014 年	2013 年	2012 年	2011 年
北京	20 569	20 226 [2]	18 337	16 476	14 736
天津	18 482	17 014	15 405 [3]	13 571 [4]	12 321
河北	11 051	10 186	9102	8081	7119.7
山西	9454	8809	7154	6356.6	5601.4
内蒙古	10 776	9976	8596	7611	6642
辽宁	12 057	11 191.5	10 523	9384	8297
吉林	11 326	10 780.1	9621.2	8598	7509.9
黑龙江	11 095	10 453	9634	8604	7591
上海	23 205	21 192	19 208 [5]	17 401	15 644
江苏	16 257	14 958	13 598	12 202	10 805
浙江	21 125	19 373	16 106	14 552	13 071
安徽	10 821	9916	8098	7161	6232
福建	13 793	12 650	11 184	9967	8779
江西	11 139	10 117	8781	7828	6892
山东	12 930	11 882	10 620	9446	8342
河南	10 853	9416.10	8475.34	7524.94	6604.03
湖北	11 844	10 849	8867	7851.71	6897.92
湖南	10 993	10 060	8372	7440	6567
广东	13 360	12 246	11 669.31	10 543	9372
广西	8246	7565	6791	6008	5231
海南	10 858	9913	8343	7408	6446

〔1〕 用于计算农村居民因受到人身损害致残或致死后应获得的残疾赔偿金或死亡赔偿金。

〔2〕 在《中国统计年鉴－2015》中，该数据为18867.3。

〔3〕 在《中国统计年鉴－2014》中，该数据为15841。

〔4〕 在《中国统计年鉴－2013》，中国统计出版社 2013 年版，第 401 页中，该数据为14026。

〔5〕 在《中国统计年鉴－2014》中，该数据为19595。

续表

省份	2015 年	2014 年	2013 年	2012 年	2011 年
重庆	10 505	9490	8332	7383.27	6480.41
四川	10 247	8803〔1〕	7895	7001.4	6128.6
贵州	7386.87	6671.22	5434.00	4753.00	4145.35
云南	8242	7456	6141	5417	4722
西藏		7359	6578	5719	4904
陕西	8689	7932	6503	5763	5028
甘肃	6936	5736〔2〕	5107.76	4507	3909.4
青海	7933.41	7282.73	6196.39	5364.38	4608.47
宁夏	9119	8410	6931	6180	5410
新疆		8724	7296	6394	5442

3. 2011～2015 年我国各省、市、自治区城镇居民人均消费性支出〔3〕

单位：元

省份	2015 年	2014 年	2013 年	2012 年	2011 年
北京	36 642	28 009〔4〕	26 275	24 046	21 984
天津	26 230	24 289.6	21 850〔5〕	20 024	18 424
河北	17 587	16 204	13 641	12 531	11 609.3
山西	15 819	14 637	13 166	12 211.5	11 354.3
内蒙古	21 876	20 885	19 249	17 717	15 878
辽宁		20 519.6	18 029.7	16 594	14 790
吉林	17 973	17 156	15 932.3	14 613.53	13 010.63
黑龙江		16 466.6	14 162	12 984	12 054

---

〔1〕 在《中国统计年鉴－2015》中，该数据为9347.7。

〔2〕 在《中国统计年鉴－2015》中，该数据为6276.6。

〔3〕 用于计算城镇居民或者长期在城镇居住并取得收入的农村居民因受到人身损害致残或致死后其被扶养人应获得的被扶养人生活费。

〔4〕 在《中国统计年鉴－2015》中，该数据为33717.5。

〔5〕 在《中国统计年鉴－2014》中，该数据为21711.9。

续表

省份	2015 年	2014 年	2013 年	2012 年	2011 年
上海	36 946	30 520 〔1〕	28 155	26 253	25 102
江苏		23 476.3	20 371	18 825	16 782
浙江	28 661	27 242	23 257	21 545	20 437
安徽	17 234	16 107	16 285	15 012	13 181
福建	23 520	22 204.1	20 093	18 593	16 661
江西	16 732	15 141.8	13 851	12 776	11 747
山东	19 854	18 323	17 112	15 778	14 561
河南	17 154	15 726.12 〔2〕	14 822	13 732.96	12 336.47
湖北		16 681.4	15 750	14 496	13 164
湖南	19 501	18 335	15 887	14 609	13 403
广东		23 611.7	24 113	22 396	20 252
广西	16 321	15 045	15 418	14 244	12 848
海南		17 513.8	15 593	14 457	12 643
重庆	19 742	18 279	17 814	16 573	14 974.49
四川	19 277	18 027 〔3〕	16 343.5	15 050	13 696
贵州	16 914.20	15 254.64	13 702.87	12 585.70	11 352.88
云南	17 675	16 268	15 156	13 884	12 248
西藏		15 669.4	12 232	11 184	10 399
陕西	18 464	17 546	16 680	15 333	13 783
甘肃	17 451	15 507 〔4〕	14 020.72	12 847	11 188.57
青海	19 200.65	17 492.89	13 539.50	12 346.29	10 955.46
宁夏	18 984	17 216	15 321	14 067	12 896
新疆		17 684.5	15 206	13 892	11 839

---

〔1〕 在《中国统计年鉴－2015》中，该数据为35182.4。

〔2〕 在《中国统计年鉴－2015》中，该数据为16184.5。

〔3〕 在《中国统计年鉴－2015》中，该数据为17759.9。

〔4〕 在《中国统计年鉴－2015》中，该数据为15942.3。

4. 2011～2015 年我国各省、市、自治区农村居民人均年生活消费支出[1]

单位：元

省份	2015 年	2014 年	2013 年	2012 年	2011 年
北京	15 811	14 529 [2]	13 553	11 879	11 078
天津	14 739	13 738.6	10 155	8337	6725
河北	9023	8248	6134	5364	4711.2
山西	7421	6992	6017 [3]	5566.2	4587.0
内蒙古	10 637	9972	7268	6382	5508
辽宁		7800.7	7159	5998	5406
吉林	8783	8139.8	7379.7	6186	5305.8
黑龙江		7830	6813.6	5718	5334
上海	16 152	15 291 [4]	13 425 [5]	12 096 [6]	11 272 [7]
江苏		11 820.3	9607 [8]	9138	8095
浙江	16 108	14 498	11 760	10 208	9644 [9]
安徽	8975	7981	5725	5556	4957
福建	11 961	11 055.9	8151	7402	6541
江西	8486	7548.3	5654	5129	4660
山东	8748	7962	7393	6776	5901
河南	7887	6438.12 [10]	5628	5032.14	4319.95
湖北		8680.9	6280	5727	5011

---

[1] 用于计算农村居民因受到人身损害致残或致死后其被扶养人应获得的被扶养人生活费。

[2] 在《中国统计年鉴－2015》中，该数据为14535.1。

[3] 在《中国统计年鉴－2014》中，该数据为5812.7。

[4] 在《中国统计年鉴－2015》中，该数据为14820.1。

[5] 在《中国统计年鉴－2014》中，该数据为14234.7。

[6] 在《中国统计年鉴－2013》中，该数据为11972。

[7] 在《中国统计年鉴－2012》中，该数据为11049。

[8] 在《中国统计年鉴－2014》中，该数据为9909.8。

[9] 在《中国统计年鉴－2012》中，该数据为9965。

[10] 在《中国统计年鉴－2015》中，该数据为7277.2。

续表

省份	2015 年	2014 年	2013 年	2012 年	2011 年
湖南	9691	9025	6609	5870	5179
广东		10043.2	8344	7459	6726
广西	7582	6675	5206	4878	4211
海南		7029	5467〔1〕	4736	4126
重庆	8938	7983	5796	5018.64	4502.06
四川	9251	6906〔2〕	6127〔3〕	5366.7	4675.5
贵州	6644.93	5970.25	4740.18	3901.71	3455.76
云南	6830	6030	4744	4561	4000
西藏		4822.1	3574	2968	2742
陕西	7901	7252	5724	5115	4496
甘肃	6830	5272〔4〕	4849.61	4146	3664.9
青海	8566.49	8235.14	6060.19	5338.94	4536.82
宁夏	8415	7676	6490	5351	4726.6
新疆		7365.3	5520〔5〕	5301	4398

附：我国各省、市、自治区统计局官网网址：

1. 北京市统计信息网——统计公报网址：http://www. bjstats. gov. cn/tjsj/tjgb/ndgb/

2. 天津统计信息网——统计公报网址：http://www. stats - tj. gov. cn/Category_ 44/Index. aspx

3. 河北省统计局——统计公报网址：http://www. hetj. gov. cn/hetj/tjgbtg/

4. 山西省统计信息网——统计公报网址：http://www. stats - sx. gov. cn/tjsj/tjgb/

5. 内蒙古自治区统计局——统计公报网址：http://www. nmgtj. gov. cn/nmgttj/tjgb/jjshfztjgb/A010601index_ 1. htm

---

〔1〕 在《中国统计年鉴－2014》中，该数据为5465.6。

〔2〕 在《中国统计年鉴－2015》中，该数据为8301.1。

〔3〕 在《中国统计年鉴－2014》中，该数据为6308.5。

〔4〕 在《中国统计年鉴－2015》中，该数据为6147.8。

〔5〕 在《中国统计年鉴－2014》中，该数据为6119.1。

6. 辽宁统计信息网——统计公报网址：http://www.ln.stats.gov.cn/tjsj/tjgb/

7. 吉林统计信息网——统计公报网址：http://tjj.jl.gov.cn/tjgb/ndgb/

8. 黑龙江省统计局——统计数据网址：http://www.hlj.stats.gov.cn/tjsj/ydsj/index_1.htm

9. 上海统计网——统计公报网址：http://www.stats-sh.gov.cn/column/tjgb.html

10. 江苏省统计局——年度数据网址：http://www.jssb.gov.cn/tjxxgk/tjsj/ndsj/

11. 浙江统计信息网——统计公报网址：http://www.zj.stats.gov.cn/tjgb/gmjjshfzgb/

12. 安徽省统计局——统计公报网址：http://www.ahtjj.gov.cn/tjj/web/list.jsp?strColId=14000601479283576&_index=1

13. 福建省统计局——统计公报网址：http://www.stats-fj.gov.cn/xxgk/tjgb/

14. 江西省统计局——统计公报网址：http://www.jxstj.gov.cn/Column.shtml?p5=401

15. 山东统计信息网——统计公报网址：http://www.stats-sd.gov.cn/col/col3902/index.html

16. 河南统计网——统计公报网址：http://www.ha.stats.gov.cn/hntj/tjfw/tjgb/A062007index_1.htm

17. 湖北省统计局——统计公报网址：http://www.stats-hb.gov.cn/info/iList.jsp?cat_id=10554

18. 湖南省统计局——统计公报网址：http://www.hntj.gov.cn/tjfx/tjgb_3399/hnsgmjjhshfztjgb/

19. 广东统计信息网——统计公报网址：http://www.gdstats.gov.cn/

20. 广西壮族自治区统计局——统计公报网址：http://www.gxtj.gov.cn/tjsj/tjgb/index.html

21. 海南省统计局——统计公报网址：http://www.stats.hainan.gov.cn/

22. 重庆统计信息网——统计公报网址：http://www.cqtj.gov.cn/html/tjsj/tjgb/List_2.html

23. 四川省统计局——统计公报网址：http://www.sc.stats.gov.cn/sjfb/tjgb/

24. 贵州省统计局——统计公报网址：http://www.gz.stats.gov.cn/Web62/List_News1.aspx?cid=23

25. 云南省统计局——统计公报网址：http://www.stats.yn.gov.cn/TJJMH_Model/newslist.aspx?classid=133661

26. 陕西省统计局——统计公报网址：http://www.shaanxitj.gov.cn/site/1/html/126/132/141/list.htm

27. 甘肃省统计局——统计公报网址：http://www.gstj.gov.cn/www/HdClsContent-

Main. asp？ClassId＝8

28. 青海统计信息网——统计公报网址：http：//www. qhtjj. gov. cn/tjData/yearBulle-tin/

29. 宁夏回族自治区统计局——统计公报网址：http：//www. nxtj. gov. cn/nxtjjxbww/tjgb/2011tjgb/

30. 新疆维吾尔自治区统计局——统计公报网址：http：//www. xjtj. gov. cn/sjcx/tjgb_ 3414/

5. 湖南省省直机关工作人员差旅住宿费标准明细表

单位：元／（人·天）

序号	地区（城市）		住宿费标准			旺季地区	旺季浮动标准			
							旺季期间	旺季上浮价		
			省级	厅局级	其他人员			省级	厅局级	其他人员
1	北京	全市	1100	650	500					
2	天津	6个中心城区 滨海新区 东丽区 西青区 津南区 北辰区 武清区 宝坻区 静海区 蓟县	800	480	380					
		宁河区	600	350	320					
3	河北	石家庄市 张家口市 秦皇岛市 廊坊市 承德市 保定市	800	450	350	张家口市	7～9月 11～3月	1200	675	525
						秦皇岛市	7～8月	1200	680	500
						承德市	7～9月	1000	580	580
		其他地区	800	450	310					

续表

序号	地区（城市）		住宿费标准			旺季地区	旺季浮动标准			
			省级	厅局级	其他人员		旺季期间	旺季上浮价		
								省级	厅局级	其他人员
4	山西	太原市大同市晋城市	800	480	350					
		临汾市	800	480	330					
		阳泉市长治市晋中市	800	480	310					
		其他地区	800	400	240					
5	内蒙古	呼和浩特市	800	460	350					
		其他地区	800	460	320	海拉尔区满洲里市阿尔山市	7～9月	1200	690	480
						二连浩特市	7～9月	1000	580	400
						额济纳旗	9～10月	1200	690	480
6	辽宁	沈阳市	800	480	350					
		其他地区	800	480	330					
7	大连	全市	800	490	350	全市	7～9月	960	590	420
8	吉林	长春市吉林市延边州长白山管理区	800	450	350	吉林市延边州长白山管理区	7～9月	960	540	420
		其他地区	750	400	300					
9	黑龙江	哈尔滨市	800	450	350	哈尔滨市	7～9月	960	540	4200
		其他地区	750	450	300	牡丹江市伊春市大兴安岭地区黑河市佳木斯市	6～8月	900	540	360

续表

序号	地区（城市）		住宿费标准			旺季地区	旺季浮动标准			
							旺季期间	旺季上浮价		
			省级	厅局级	其他人员			省级	厅局级	其他人员
10	上海	全市	1100	600	500					
11	江苏	南京市 苏州市 无锡市 常州市 镇江市	900	490	380					
		其他地区	900	490	360					
12	浙江	杭州市	900	500	400					
		其他地区	800	490	340					
13	宁波	全市	800	450	350					
14	安徽	全省	800	460	350					
15	福建	福州市 泉州市 平潭综合实验区	900	480	380					
		其他地区	900	480	350					
16	厦门	全市	900	500	400					
17	江西	全省	800	470	350					
18	山东	济南市 淄博市 枣庄市 东营市 烟台市 潍坊市 济宁市 泰安市 威海市 日照市	800	480	380	烟台市 威海市 日照市	7～9月	960	570	450
		其他地区	800	460	360					

序号	地区（城市）		住宿费标准			旺季地区	旺季浮动标准			
							旺季期间	旺季上浮价		
			省级	厅局级	其他人员			省级	厅局级	其他人员
19	青岛	全市	800	490	380	全市	7~9月	960	590	450
20	河南	郑州市	900	480	380					
		其他地区	800	480	330	洛阳市	4~5月上旬	1200	720	500
21	湖北	武汉市	800	480	350					
		其他地区	800	480	320					
22	湖南	长沙市	800	450	350					
		其他地区	800	450	330					
23	广东	广州市 珠海市 佛山市 东莞市 中山市 江门市	900	550	450					
		其他地区	850	530	420					
24	深圳	全市	900	550	450					
25	广西	南宁市	800	470	350					
		其他地区	800	470	330	桂林市 北海市	1~2月 7~9月	1040	610	430
26	海南	海口市 三沙市 儋州市 五指山市 文昌市 琼海市 万宁市 东方市 定安县 屯昌县 澄迈县	800	500	350	海口市 文昌市 澄迈县	11~2月	1040	650	450
						琼海市 万宁市 陵水县 保亭县	11~3月	1040	650	450

续表

序号	地区（城市）	住宿费标准			旺季地区	旺季浮动标准			
						旺季期间	旺季上浮价		
		省级	厅局级	其他人员			省级	厅局级	其他人员
	临高县 白沙县 昌江县 乐东县 陵水县 保亭县 琼中县 洋浦开发区								
	三亚市	1000	600	400	三亚市	10～4月	1200	720	480
27	重庆	9个中心城区北部新区	800	480	370				
		其他地区	770	450	300				
28	四川	成都市	900	470	370				
		阿坝州 甘孜州	800	430	330				
		绵阳市 乐山市 雅安市	800	430	320				
		宜宾市	800	430	300				
		凉山州	750	430	330				
		德阳市 遂宁市 巴中市	750	430	310				
		其他地区	750	430	300				
29	贵州	贵阳市	800	470	370				
		其他地区	750	450	300				
30	云南	昆明市 大理州 丽江市 迪庆州 西双版纳州	900	480	380				
		其他地区	900	480	330				

序号	地区（城市）	住宿费标准			旺季地区	旺季浮动标准			
		省级	厅局级	其他人员		旺季期间	旺季上浮价		
							省级	厅局级	其他人员
31	西藏	拉萨市 800	500	350	拉萨市	6~9月	1200	750	530
		其他地区 500	400	300	其他地区	6~9月	800	500	350
32	陕西	西安市 800	460	350					
		榆林市 延安市 680	350	300					
32	陕西	杨凌区 680	320	260					
		咸阳市 宝鸡市 600	320	260					
		渭南市 韩城市 600	300	260					
		其他地区 600	300	230					
33	甘肃	兰州市 800	470	350					
		其他地区 700	450	310					
34	青海	西宁市 800	500	350	西宁市	6~9月	1200	750	530
		玉树州 果洛州 600	350	300	玉树州	5~9月	900	525	450
		海北州 黄南州 600	350	250	海北州 黄南州	5~9月	900	525	375
		海东市 海南州 600	300	250	海东市 海南州	5~9月	900	450	375
		海西州 600	300	200	海西州	5~9月	900	450	300
35	宁夏	银川市 800	470	350					
		其他地区 800	430	330					
36	新疆	石河子市 克拉玛依市 昌吉州 伊犁州 阿勒泰地区 博州 吐鲁番市 哈密地区 巴州 和田地区 800	480	340					

续表

序号	地区（城市）	住宿费标准			旺季地区	旺季浮动标准			
						旺季期间	旺季上浮价		
		省级	厅局级	其他人员			省级	厅局级	其他人员
	克州	800	480	320					
	喀什地区	780	480	300					
	阿克苏地区	700	450	300					
	塔城地区	700	400	300					

来源文件：湖南省财政厅关于印发《湖南省省直机关差旅住宿费标准明细表》的通知（湘财行〔2016〕7号）。

6. 上海市市级机关差旅住宿费标准明细表

单位：元／（人·天）

序号	地区（城市）	住宿费标准			旺季地区	旺季浮动标准			
						旺季期间	旺季上浮价		
		部级	司局级	其他人员			部级	司局级	其他人员
1	北京　全市	1100	650	500					
2	天津　6个中心城区、滨海新区、东丽区、西青区、津南区、北辰区、武清区、宝坻区、静海区、蓟县	800	480	380					
	宁河区	600	350	320					

续表

序号	地区（城市）	住宿费标准			旺季地区	旺季浮动标准			
						旺季期间	旺季上浮价		
		部级	司局级	其他人员			部级	司局级	其他人员
3	河北	石家庄市、张家口市、秦皇岛市、廊坊市、承德市、保定市			张家口市	7~9月、11~3月	1200	675	525
		800	450	350	秦皇岛市	7~8月	1200	680	500
					承德市	7~9月	1000	580	580
		其他地区							
		800	450	310					
4	山西	太原市、大同市、晋城市							
		800	480	350					
		临汾市							
		800	480	330					
		阳泉市、长治市、晋中市							
		800	480	310					
		其他地区							
		800	400	240					
5	内蒙古	呼和浩特市							
		800	460	350					
		其他地区			海拉尔区、满洲里市、阿尔山市	7~9月	1200	690	480
		800	460	320	二连浩特市	7~9月	1000	580	400
					额济纳旗	9~10月	1200	690	480
6	辽宁	沈阳市							
		800	480	350					
		其他地区							
		800	480	330					
7	大连	全市			全市	7~9月	960	590	420
		800	490	350					

续表

序号	地区（城市）		住宿费标准			旺季地区	旺季浮动标准			
							旺季期间	旺季上浮价		
			部级	司局级	其他人员			部级	司局级	其他人员
8	吉林	长春市、吉林市、延边州、长白山管理区	800	450	350	吉林市、延边州、长白山管理区	7~9月	960	540	420
		其他地区	750	400	300					
9	黑龙江	哈尔滨市	800	450	350	哈尔滨市	7~9月	960	540	420
		其他地区	750	450	300	牡丹江市、伊春市、大兴安岭地区、黑河市、佳木斯市	6~8月	900	540	360
10	上海	全市	1100	600	500					
11	江苏	南京市、苏州市、无锡市、常州市、镇江市	900	490	380					
		其他地区	900	490	360					
12	浙江	杭州市	900	500	400					
		其他地区	800	490	340					
13	宁波	全市	800	450	350					
14	安徽	全省	800	460	350					

续表

序号	地区（城市）		住宿费标准			旺季地区	旺季浮动标准			
							旺季期间	旺季上浮价		
			部级	司局级	其他人员			部级	司局级	其他人员
15	福建	福州市、泉州市、平潭综合实验区	900	480	380					
		其他地区	900	480	350					
16	厦门	全市	900	500	400					
17	江西	全省	800	470	350					
18	山东	济南市、淄博市、枣庄市、东营市、烟台市、潍坊市、济宁市、泰安市、威海市、日照市	800	480	380	烟台市、威海市、日照市	7～9月	960	570	450
		其他地区	800	460	360					
19	青岛	全市	800	490	380	全市	7～9月	960	590	450
20	河南	郑州市	900	480	380					
		其他地区	800	480	330	洛阳市	4～5月上旬	1200	720	500
21	湖北	武汉市	800	480	350					
		其他地区	800	480	320					
22	湖南	长沙市	800	450	350					
		其他地区	800	450	330					
23	广东	广州市、珠海市、佛山市、东莞市、中山市、江门市	900	550	450					
		其他地区	850	530	420					

续表

序号	地区 （城市）	住宿费标准			旺季地区	旺季浮动标准			
						旺季期间	旺季上浮价		
		部级	司局级	其他人员			部级	司局级	其他人员
24	深圳 全市	900	550	450					
25	广西 南宁市	800	470	350					
	其他地区	800	470	330	桂林市、北海市	1～2月、7～9月	1040	610	430
26	海南 海口市、三沙市、儋州市、五指山市、文昌市、琼海市、万宁市、东方市、定安县、屯昌县、澄迈县、临高县、白沙县、昌江县、乐东县、陵水县、保亭县、琼中县、洋浦开发区	800	500	350	海口市、文昌市、澄迈县	11～2月	1040	650	450
					琼海市、万宁市、陵水县、保亭县	11～3月	1040	650	450
	三亚市	1000	600	400	三亚市	10～4月	1200	720	480
27	重庆 9个中心城区、北部新区	800	480	370					
	其他地区	770	450	300					
28	四川 成都市	900	470	370					
	阿坝州、甘孜州	800	430	330					
	绵阳市、乐山市、雅安市	800	430	320					

续表

序号	地区（城市）	住宿费标准			旺季地区	旺季浮动标准			
		部级	司局级	其他人员		旺季期间	旺季上浮价		
							部级	司局级	其他人员
		宜宾市	800	430	300					
		凉山州	750	430	330					
		德阳市、遂宁市、巴中市	750	430	310					
		其他地区	750	430	300					
29	贵州	贵阳市	800	470	370					
		其他地区	750	450	300					
30	云南	昆明市、大理州、丽江市、迪庆州、西双版纳州	900	480	380					
		其他地区	900	480	330					
31	西藏	拉萨市	800	500	350	拉萨市	6～9月	1200	750	530
		其他地区	500	400	300	其他地区	6～9月	800	500	350
32	陕西	西安市	800	460	350					
		榆林市、延安市	680	350	300					
		杨凌区	680	320	260					
		咸阳市、宝鸡市	600	320	260					
		渭南市、韩城市	600	300	260					
		其他地区	600	300	230					
33	甘肃	兰州市	800	470	350					
		其他地区	700	450	310					

续表

序号	地区（城市）	住宿费标准			旺季地区	旺季浮动标准			
						旺季期间	旺季上浮价		
		部级	司局级	其他人员			部级	司局级	其他人员
34	青海	西宁市 800	500	350	西宁市	6～9月	1200	750	530
		玉树州、果洛州 600	350	300	玉树州	5～9月	900	525	450
		海北州、黄南州 600	350	250	海北州、黄南州	5～9月	900	525	375
		海东市、海南州 600	300	250	海东市、海南州	5～9月	900	450	375
		海西州 600	300	200	海西州	5～9月	900	450	300
35	宁夏	银川市 800	470	350					
		其他地区 800	430	330					
36	新疆	乌鲁木齐市 800	480	350					
		石河子市、克拉玛依市、昌吉州、伊犁州、阿勒泰地区、博州、吐鲁番市、哈密地区、巴州、和田地区 800	480	340					
		克州 800	480	320					
		喀什地区 780	480	300					
		阿克苏地区 700	450	300					
		塔城地区 700	400	300					

来源文件：上海市财政局关于印发《上海市市级机关差旅住宿费标准明细表》的通知（沪财行〔2016〕19号）。

7. 山东省省直机关工作人员差旅住宿费标准明细表

单位：元/（人·天）

地区（城市）		住宿费标准			旺季地区	旺季浮动标准			
						旺季上浮价			
		省级	厅局级	其他人员		旺季期间	省级	厅局级	其他人员
省内	济南市、淄博市、枣庄市、东营市、烟台市、潍坊市、济宁市、泰安市、威海市、日照市	800	480	380	烟台市、威海市、日照市	7~9月	960	570	450
	青岛市	800	490	380	青岛市	7~9月	960	590	450
	莱芜市、临沂市、德州市、聊城市、滨州市、菏泽市	800	460	360					
北京	全市	1100	650	500					
天津	6个中心城区、滨海新区、东丽区、西青区、津南区、北辰区、武清区、宝坻区、静海区、蓟县	800	480	380					
	宁河区	600	350	320					
河北	石家庄市、张家口市、秦皇岛市、廊坊市、承德市、保定市	800	450	350	张家口市	7~9月、11~3月	1200	675	525
					秦皇岛市	7~8月	1200	680	500
					承德市	7~9月	1000	580	580
	其他地区	800	450	310					
山西	太原市、大同市、晋城市	800	480	350					
	临汾市	800	480	330					
	阳泉市、长治市、晋中市	800	480	310					
	其他地区	800	400	240					

续表

地区 （城市）		住宿费标准			旺季 地区	旺季浮动标准			
						旺季期间	旺季上浮价		
		省级	厅局级	其他人员			省级	厅局级	其他人员
内蒙古	呼和浩特市	800	460	350					
	其他地区	800	460	320	海拉尔区、满洲里市、阿尔山市	7~9月	1200	690	480
					二连浩特市	7~9月	1000	580	400
					额济纳旗	9~10月	1200	690	480
辽宁	沈阳市	800	480	350					
	其他地区	800	480	330					
大连	全市	800	490	350	全市	7~9月	960	590	420
吉林	长春市、吉林市、延边州、长白山管理区	800	450	350	吉林市、延边州、长白山管理区	7~9月	960	540	420
	其他地区	750	400	300					
黑龙江	哈尔滨市	800	450	350	哈尔滨市	7~9月	960	540	420
	其他地区	750	450	300	牡丹江市、伊春市、大兴安岭地区、黑河市、佳木斯市	6~8月	900	540	360
上海	全市	1100	600	500					
江苏	南京市、苏州市、无锡市、常州市、镇江市	900	490	380					
	其他地区	900	490	360					

续表

地区 （城市）		住宿费标准			旺季 地区	旺季浮动标准			
						旺季期间	旺季上浮价		
		省级	厅局级	其他人员			省级	厅局级	其他人员
浙江	杭州市	900	500	400					
	其他地区	800	490	340					
宁波	全市	800	450	350					
安徽	全省	800	460	350					
福建	福州市、泉州市、平潭综合实验区	900	480	380					
	其他地区	900	480	350					
厦门	全市	900	500	400					
江西	全省	800	470	350					
河南	郑州市	900	480	380					
	其他地区	800	480	330	洛阳市	4~5月上旬	1200	720	500
湖北	武汉市	800	480	350					
	其他地区	800	480	320					
湖南	长沙市	800	450	350					
	其他地区	800	450	330					
广东	广州市、珠海市、佛山市、东莞市、中山市、江门市	900	550	450					
	其他地区	850	530	420					
深圳	全市	900	550	450					
广西	南宁市	800	470	350					
	其他地区	800	470	330	桂林市、北海市	1~2月、7~9月	1040	610	430

续表

地区（城市）		住宿费标准			旺季地区	旺季浮动标准			
		省级	厅局级	其他人员		旺季期间	旺季上浮价		
							省级	厅局级	其他人员
海南	海口市、三沙市、儋州市、五指山市、文昌市、琼海市、万宁市、东方市、定安县、屯昌县、澄迈县、临高县、白沙县、昌江县、乐东县、陵水县、保亭县、琼中县、洋浦开发区	800	500	350	海口市、文昌市、澄迈县	11～2月	1040	650	450
					琼海市、万宁市、陵水县、保亭县	11～3月	1040	650	450
	三亚市	1000	600	400	三亚市	10～4月	1200	720	480
重庆	9个中心城区、北部新区	800	480	370					
	其他地区	770	450	300					
四川	成都市	900	470	370					
	阿坝州、甘孜州	800	430	330					
	绵阳市、乐山市、雅安市	800	430	320					
	宜宾市	800	430	300					
	凉山州	750	430	330					
	德阳市、遂宁市、巴中市	750	430	310					
	其他地区	750	430	300					
贵州	贵阳市	800	470	370					
	其他地区	750	450	300					
云南	昆明市、大理州、丽江市、迪庆州、西双版纳州	900	480	380					
	其他地区	900	480	330					
西藏	拉萨市	800	500	350	拉萨市	6～9月	1200	750	530
	其他地区	500	400	300	其他地区	6～9月	800	500	350

续表

| 地区
（城市） | | 住宿费标准 | | | 旺季
地区 | 旺季浮动标准 | | | |
| | | | | | | | 旺季上浮价 | | |
		省级	厅局级	其他 人员		旺季期间	省级	厅局级	其他 人员
陕西	西安市	800	460	350					
	榆林市、延安市	680	350	300					
	杨凌区	680	320	260					
	咸阳市、宝鸡市	600	320	260					
	渭南市、韩城市	600	300	260					
	其他地区	600	300	230					
甘肃	兰州市	800	470	350					
	其他地区	700	450	310					
青海	西宁市	800	500	350	西宁市	6~9月	1200	750	530
	玉树州、果洛州	600	350	300	玉树州	5~9月	900	525	450
	海北州、黄南州	600	350	250	海北州、 黄南州	5~9月	900	525	375
	海东市、海南州	600	300	250	海东市、 海南州	5~9月	900	450	375
	海西州	600	300	200	海西州	5~9月	900	450	300
宁夏	银川市	800	470	350					
	其他地区	800	430	330					
新疆	乌鲁木齐市	800	480	350					
	石河子市、 克拉玛依市、 昌吉州、伊犁州、 阿勒泰地区、 博州、吐鲁番市、 哈密地区、巴州、 和田地区	800	480	340					
	克州	800	480	320					
	喀什地区	780	480	300					
	阿克苏地区	700	450	300					
	塔城地区	700	400	300					

来源文件：山东省财政厅关于印发《山东省省直机关工作人员差旅住宿费标准明细表》的通知（鲁财行〔2016〕27 号）。

8. 天津市党政机关工作人员赴外省市差旅住宿费标准明细表

单位：元/（间·天）

序号	地区（城市）		住宿费标准			旺季地区	旺季浮动标准				
								旺季上浮价			
			部级	司局级	其他人员		旺季期间	部级	司局级	其他人员
1	北京	全市	1100	650	500					
2	河北	石家庄市、张家口市、秦皇岛市、廊坊市、承德市、保定市	800	450	350	张家口市	7~9月、11~3月	1200	675	525
						秦皇岛市	7~8月	1200	680	500
						承德市	7~9月	1000	580	580
		其他地区	800	450	310					
3	山西	太原市、大同市、晋城市	800	480	350					
		临汾市	800	480	330					
		阳泉市、长治市、晋中市	800	480	310					
		其他地区	800	400	240					
4	内蒙古	呼和浩特市	800	460	350					
		其他地区	800	460	320	海拉尔市、满洲里市、阿尔山区	7~9月	1200	690	480
						二连浩特市	7~9月	1000	580	400
						额济纳旗	9~10月	1200	690	480
5	辽宁	沈阳市	800	480	350					
		其他地区	800	480	330					
6	大连	全市	800	490	350	全市	7~9月	960	590	420

续表

序号	地区（城市）	住宿费标准			旺季地区	旺季浮动标准			
							旺季上浮价		
		部级	司局级	其他人员		旺季期间	部级	司局级	其他人员
7	吉林	长春市、吉林市、延边州、长白山管理区			吉林市、延边州、长白山管理区	7~9月	960	540	420
		800	450	350					
		其他地区							
		750	400	300					
8	黑龙江	哈尔滨市			哈尔滨市	7~9月	960	540	420
		800	450	350					
		其他地区			牡丹江市、伊春市、大兴安岭地区、黑河市、佳木斯市	6~8月	900	540	360
		750	450	300					
9	上海	全市							
		1100	600	500					
10	江苏	南京市、苏州市、无锡市、常州市、镇江市							
		900	490	380					
		其他地区							
		900	490	360					
11	浙江	杭州市							
		900	500	400					
		其他地区							
		800	490	340					
12	宁波	全市							
		800	450	350					
13	安徽	全省							
		800	460	350					
14	福建	福州市、泉州市、平潭综合实验区							
		900	480	380					
		其他地区							
		900	480	350					

续表

序号	地区（城市）		住宿费标准			旺季地区	旺季浮动标准			
			部级	司局级	其他人员		旺季期间	旺季上浮价		
								部级	司局级	其他人员
15	厦门	全市	900	500	400					
16	江西	全省	800	470	350					
17	山东	济南市、淄博市、枣庄市、东营市、烟台市、潍坊市、济宁市、泰安市、威海市、日照市	800	480	380	烟台市、威海市、日照市	7~9月	960	570	450
		其他地区	800	460	360					
18	青岛	全市	800	490	380	全市	7~9月	960	590	450
19	河南	郑州市	900	480	380					
		其他地区	800	480	330	洛阳市	4~5月上旬	1200	720	500
20	湖北	武汉市	800	480	350					
		其他地区	800	480	320					
21	湖南	长沙市	800	450	350					
		其他地区	800	450	330					
22	广东	广州市、珠海市、佛山市、东莞市、中山市、江门市	900	550	450					
		其他地区	850	530	420					
23	深圳	全市	900	550	450					
24	广西	南宁市	800	470	350					
		其他地区	800	470	330	桂林市、北海市	1~2月、7~9月	1040	610	430

续表

序号	地区（城市）	住宿费标准			旺季地区	旺季浮动标准			
		部级	司局级	其他人员		旺季期间	旺季上浮价		
							部级	司局级	其他人员
25	海南	800	500	350	海口市、文昌市、澄迈县	11~2月	1040	650	450
	海口市、三沙市、儋州市、五指山市、文昌市、琼海市、万宁市、东方市、定安县、屯昌县、澄迈县、临高县、白沙县、昌江县、乐东县、陵水县、保亭县、琼中县、洋浦开发区				琼海市、万宁市、陵水县、保亭县	11~3月	1040	650	450
	三亚市	1000	600	400	三亚市	10~4月	1200	720	480
26	重庆	9个中心城区、北部新区 800	480	370					
		其他地区 770	450	300					
27	四川	成都市 900	470	370					
		阿坝州、甘孜州 800	430	330					
		绵阳市、乐山市、雅安市 800	430	320					
		宜宾市 800	430	300					
		凉山州 750	430	330					
		德阳市、遂宁市、巴中市 750	430	310					
		其他地区 750	430	300					

续表

序号	地区（城市）		住宿费标准			旺季地区	旺季浮动标准			
			部级	司局级	其他人员		旺季期间	旺季上浮价		
								部级	司局级	其他人员
28	贵州	贵阳市	800	470	370					
		其他地区	750	450	300					
29	云南	昆明市、大理州、丽江市、迪庆州、西双版纳州	900	480	380					
		其他地区	900	480	330					
30	西藏	拉萨市	800	500	350	拉萨市	6~9月	1200	750	530
		其他地区	500	400	300	其他地区	6~9月	800	500	350
31	陕西	西安市	800	460	350					
		榆林市、延安市	680	350	300					
		杨凌区	680	320	260					
		咸阳市、宝鸡市	600	320	260					
		渭南市、韩城市	600	300	260					
		其他地区	600	300	230					
32	甘肃	兰州市	800	470	350					
		其他地区	700	450	310					
33	青海	西宁市	800	500	350	西宁市	6~9月	1200	750	530
		玉树州、果洛州	600	350	300	玉树州	5~9月	900	525	450
		海北州、黄南州	600	350	250	海北州、黄南州	5~9月	900	525	375
		海东市、海南州	600	300	250	海东市、海南州	5~9月	900	450	375
		海西州	600	300	200	海西州	5~9月	900	450	300

续表

序号	地区（城市）	住宿费标准			旺季地区	旺季浮动标准			
						旺季期间	旺季上浮价		
		部级	司局级	其他人员			部级	司局级	其他人员
34	宁夏	银川市 800	470	350					
		其他地区 800	430	330					
35	新疆	石河子市、克拉玛依市、昌吉州、伊犁州、阿勒泰地区、博州、吐鲁番市、哈密地区、巴州、和田地区 800	480	340					
		克州 800	480	320					
		喀什地区 780	480	300					
		阿克苏地区 700	450	300					
		塔城地区 700	400	300					

来源文件：天津市财政局关于印发《天津市党政机关工作人员赴外省市差旅住宿费标准明细表》的通知（津财行政〔2016〕16号）。

9. 浙江省分地区、分级别国内住宿差旅费标准明细表

单位：元/间

| 地区（城市） | 住宿费标准 | | | 旺季地区 | 旺季浮动标准 | | | |
| | | | | | | 旺季上浮价 | | |
	省级及相当职级人员	正副厅长及相当职级人员	其他人员		旺季期间	省级及相当职级人员	正副厅长及相当职级人员	其他人员
北京 全市	1100	650	500					
天津 6个中心城区、滨海新区、东丽区、西青区、津南区、北辰区、武清区、宝坻区、静海区、蓟县	800	480	380					
宁河区	600	350	320					
河北 石家庄市、张家口市、秦皇岛市、廊坊市、承德市、保定市	800	450	350	张家口市	7~9月、11~3月	1200	675	525
				秦皇岛市	7~8月	1200	680	500
				承德市	7~9月	1000	580	580
其他地区	800	450	310					
山西 太原市、大同市、晋城市	800	480	350					
临汾市	800	480	330					
阳泉市、长治市、晋中市	800	480	310					
其他地区	800	400	240					
内蒙古 呼和浩特市	800	460	350					
其他地区	800	460	320	海拉尔区、满洲里市、阿尔山市	7~9月	1200	690	480
				二连浩特市	7~9月	1000	580	400
				额济纳旗	9~10月	1200	690	480

续表

地区（城市）		住宿费标准			旺季浮动标准				
					旺季地区	旺季期间	旺季上浮价		
		省级及相当职级人员	正副厅长及相当职级人员	其他人员			省级及相当职级人员	正副厅长及相当职级人员	其他人员
辽宁	沈阳市	800	480	350					
	其他地区	800	480	330					
大连	全市	800	490	350	全市	7~9月	960	590	420
吉林	长春市、吉林市、延边州、长白山管理区	800	450	350	吉林市、延边州、长白山管理区	7~9月	960	540	420
	其他地区	750	400	300					
黑龙江	哈尔滨市	800	450	350	哈尔滨市	7~9月	960	540	420
	其他地区	750	450	300	牡丹江市、伊春市、大兴安岭地区、黑河市、佳木斯市	6~8月	900	540	360
上海	全市	1100	600	500					
江苏	南京市、苏州市、无锡市、常州市、镇江市	900	490	380					
	其他地区	900	490	360					
浙江	杭州市区	900	500	400					
	其他地区	800	490	340					
安徽	全省	800	460	350					

续表

地区 （城市）		住宿费标准			旺季浮动标准				
					旺季 地区	旺季期间	旺季上浮价		
		省级及相当职级人员	正副厅长及相当职级人员	其他人员			省级及相当职级人员	正副厅长及相当职级人员	其他人员
福建	福州市、泉州市、平潭综合实验区	900	480	380					
	其他地区	900	480	350					
厦门	全市	900	500	400					
江西	全省	800	470	350					
山东	济南市、淄博市、枣庄市、东营市、烟台市、潍坊市、济宁市、泰安市、威海市、日照市	800	480	380	烟台市、威海市、日照市	7~9月	960	570	450
	其他地区	800	460	360					
青岛	全市	800	490	380	全市	7~9月	960	590	450
河南	郑州市	900	480	380					
	其他地区	800	480	330	洛阳市	4~5月上旬	1200	720	500
湖北	武汉市	800	480	350					
	其他地区	800	480	320					
湖南	长沙市	800	450	350					
	其他地区	800	450	330					
广东	广州市、珠海市、佛山市、东莞市、中山市、江门市	900	550	450					
	其他地区	850	530	420					
深圳	全市	900	550	450					

地区（城市）		住宿费标准			旺季地区	旺季浮动标准			
		省级及相当职级人员	正副厅长及相当职级人员	其他人员		旺季期间	旺季上浮价		
							省级及相当职级人员	正副厅长及相当职级人员	其他人员
广西	南宁市	800	470	350					
	其他地区	800	470	330	桂林市、北海市	1～2月、7～9月	1040	610	430
海南	海口市、三沙市、儋州市、五指山市、文昌市、琼海市、万宁市、东方市、定安县、屯昌县、澄迈县、临高县、白沙县、昌江县、乐东县、陵水县、保亭县、琼中县、洋浦开发区	800	500	350	海口市、文昌市、澄迈县	11～2月	1040	650	450
					琼海市、万宁市、陵水县、保亭县	11～3月	1040	650	450
	三亚市	1000	600	400	三亚市	10～4月	1200	720	480
重庆	9个中心城区、北部新区	800	480	370					
	其他地区	770	450	300					
四川	成都市	900	470	370					
	阿坝州、甘孜州	800	430	330					
	绵阳市、乐山市、雅安市	800	430	320					
	宜宾市	800	430	300					
	凉山州	750	430	330					
	德阳市、遂宁市、巴中市	750	430	310					
	其他地区	750	430	300					

续表

地区 （城市）		住宿费标准			旺季 地区	旺季浮动标准			
							旺季上浮价		
		省级及相当职级人员	正副厅长及相当职级人员	其他人员		旺季期间	省级及相当职级人员	正副厅长及相当职级人员	其他人员
贵州	贵阳市	800	470	370					
	其他地区	750	450	300					
云南	昆明市、大理州、丽江市、迪庆州、西双版纳州	900	480	380					
	其他地区	900	480	330					
西藏	拉萨市	800	500	350	拉萨市	6～9月	1200	750	530
	其他地区	500	400	300	其他地区	6～9月	800	500	350
陕西	西安市	800	460	350					
	榆林市、延安市	680	350	300					
	杨凌区	680	320	260					
	咸阳市、宝鸡市	600	320	260					
	渭南市、韩城市	600	300	260					
	其他地区	600	300	230					
甘肃	兰州市	800	470	350					
	其他地区	700	450	310					
青海	西宁市	800	500	350	西宁市	6～9月	1200	750	530
	玉树州、果洛州	600	350	300	玉树州	5～9月	900	525	450
	海北州、黄南州	600	350	250	海北州、黄南州	5～9月	900	525	375
	海东市、海南州	600	300	250	海东市、海南州	5～9月	900	450	375
	海西州	600	300	200	海西州	5～9月	900	450	300

续表

| 地区
（城市） | 住宿费标准 | | | 旺季地区 | 旺季浮动标准 | | | |
| | | | | | | 旺季上浮价 | | |
	省级及相当职级人员	正副厅长及相当职级人员	其他人员		旺季期间	省级及相当职级人员	正副厅长及相当职级人员	其他人员
宁夏　银川市	800	470	350					
其他地区	800	430	330					
新疆　石河子市、克拉玛依市、昌吉州、伊犁州、阿勒泰地区、博州、吐鲁番市、哈密地区、巴州、和田地区	800	480	340					
克州	800	480	320					
喀什地区	780	480	300					
阿克苏地区	700	450	300					
塔城地区	700	400	300					

来源文件：浙江省财政厅关于进一步细化差旅住宿费限额标准的通知（浙财行〔2016〕33 号）。

10. 内蒙古自治区本级党政机关国内差旅住宿费标准调整表

单位：元/（人·天）

| 序号 | 地区
（城市） | 住宿费标准 | | | 淡旺季浮动标准建议 | | | | |
| | | | | | | 旺季上浮价 | | | 上浮比例 |
		部级	司局级	其他人员	旺季期间	部级	司局级	其他人员	
1	北京市	1100	650	500					
2	天津市	800	480	380					

续表

序号	地区（城市）	住宿费标准			淡旺季浮动标准建议				
					旺季期间	旺季上浮价			上浮比例
		部级	司局级	其他人员		部级	司局级	其他人员	
3	河北省（石家庄）	800	450	350					
4	山西省（太原）	800	480	350					
5	内蒙古（呼和浩特）	800	460	320					
6	辽宁省（沈阳）	800	480	350					
7	大连市	800	490	350	7～9月	960	590	420	20%
8	吉林省（长春）	800	450	350					
9	黑龙江省（哈尔滨）	800	450	350	7～9月	960	540	420	20%
10	上海市	1100	600	500					
11	江苏省（南京）	900	490	380					
12	浙江省（杭州）	900	500	400					
13	宁波市	800	450	350					
14	安徽省（合肥）	800	460	350					
15	福建省（福州）	900	480	380					
16	厦门市	900	500	400					
17	江西省（南昌）	800	470	350					
18	山东省（济南）	800	480	380					
19	青岛市	800	490	380	7～9月	960	590	450	20%
20	河南省（郑州）	900	480	380					
21	湖北省（武汉）	800	480	350					
22	湖南省（长沙）	800	450	350					
23	广东省（广州）	900	550	450					
24	深圳市	900	550	450					
25	广西（南宁）	800	470	350					
26	海南省（海口）	800	500	350	11～2月	1040	650	450	30%
27	重庆市	800	480	370					

续表

序号	地区（城市）	住宿费标准			淡旺季浮动标准建议				
		部级	司局级	其他人员	旺季期间	旺季上浮价			上浮比例
						部级	司局级	其他人员	
28	四川省（成都）	900	470	370					
29	贵州省（贵阳）	800	470	370					
30	云南省（昆明）	900	480	380					
31	西藏（拉萨）	800	500	350	6～9月	1200	750	530	50%
32	陕西省（西安）	800	460	350					
33	甘肃省（兰州）	800	470	350					
34	青海省（西宁）	800	500	350	6～9月	1200	750	530	50%
35	宁夏（银川）	800	470	350					
36	新疆（乌鲁木齐）	800	480	350					

来源文件：内蒙古自治区财政厅关于调整自治区直属机关差旅住宿费标准的通知（内财行规〔2016〕2号）。

11. 河北省省级机关国内差旅住宿费标准调整表

单位：元/（人·天）

序号	地区（城市）	住宿费标准			淡旺季浮动标准建议				
		省级	厅局级	其他人员	旺季期间	旺季上浮价			上浮比例
						省级	厅局级	其他人员	
一、省内差旅住宿费标准									
1	石家庄（省会城市）	800	450	350					
2	张家口市	800	450	350	7～9月 11～3月	1200	675	525	50%
3	秦皇岛市	800	450	350	7～8月	1200	680	500	50%
4	廊坊市	800	450	350					
5	唐山市	800	450	310					

续表

序号	地区（城市）	住宿费标准			淡旺季浮动标准建议				
					旺季期间	旺季上浮价			上浮比例
		省级	厅局级	其他人员		省级	厅局级	其他人员	
6	沧州市	800	450	310					
7	衡水市区	800	450	310					
8	邢台市	800	450	310					
9	承德市	800	450	350	7~9月	1000	580	580	25%~66%
10	邯郸市	800	450	310					
11	保定市	800	450	350					
二、省外差旅住宿费标准									
1	北京市	1100	650	500					
2	天津市	800	480	380					
3	山西省（太原）	800	480	350					
4	内蒙古（呼和浩特）	800	460	350					
5	辽宁省（沈阳）	800	480	350					
6	大连市	800	490	350	7~9月	960	590	420	20%
7	吉林省（长春）	800	450	350					
8	黑龙江省（哈尔滨）	800	450	350	7~9月	960	540	420	20%
9	上海市	1100	600	500					
10	江苏省（南京）	900	490	380					
11	浙江省（杭州）	900	500	400					
12	宁波市	800	450	350					
13	安徽省（合肥）	800	460	350					
14	福建省（福州）	900	480	380					
15	厦门市	900	500	400					
16	江西省（南昌）	800	470	350					
17	山东省（济南）	800	480	380					

续表

序号	地区（城市）	住宿费标准			淡旺季浮动标准建议				
		省级	厅局级	其他人员	旺季期间	旺季上浮价			上浮比例
						省级	厅局级	其他人员	
18	青岛市	800	490	380	7～9月	960	590	450	20%
19	河南省（郑州）	900	480	380					
20	湖北省（武汉）	800	480	350					
21	湖南省（长沙）	800	450	350					
22	广东省（广州）	900	550	450					
23	深圳市	900	550	450					
24	广西（南宁）	800	470	350					
25	海南（海口）	800	500	350	11～2月	1040	650	450	30%
26	重庆市	800	480	370					
27	四川省（成都）	900	470	370					
28	贵州省（贵阳）	800	470	370					
29	云南省（昆明）	900	480	380					
30	西藏（拉萨）	800	500	350	6～9月	1200	750	530	50%
31	陕西省（西安）	800	460	350					
32	甘肃省（兰州）	800	470	350					
33	青海省（西宁）	800	500	350	6～9月	1200	750	530	50%
34	宁夏（银川）	800	470	350					
35	新疆（乌鲁木齐）	800	480	350					

来源文件：河北省财政厅关于调整省级机关差旅住宿费标准等有关问题的通知（冀财行〔2015〕114号）。

12. 广西壮族自治区本级党政机关国内省会城市（直辖市、计划单列市）差旅住宿费标准调整表

单位：元/（人·天）

序号	地区（城市）	住宿费标准			淡旺季浮动标准建议				
		部级	司局级	其他人员	旺季期间	旺季上浮价			上浮比例
						部级	司局级	其他人员	
1	北京市	1100	650	500					
2	天津市	800	480	380					
3	河北省（石家庄）	800	450	350					
4	山西省（太原）	800	480	350					
5	内蒙古（呼和浩特）	800	460	350					
6	辽宁省（沈阳）	800	480	350					
7	大连市	800	490	350	7~9月	960	590	420	20%
8	吉林省（长春）	800	450	350					
9	黑龙江省（哈尔滨）	800	450	350	7~9月	960	540	420	20%
10	上海市	1100	600	500					
11	江苏省（南京）	900	490	380					
12	浙江省（杭州）	900	500	400					
13	宁波市	800	450	350					
14	安徽省（合肥）	800	460	350					
15	福建省（福州）	900	480	380					
16	厦门市	900	500	400					
17	江西省（南昌）	800	470	350					
18	山东省（济南）	800	480	380					
19	青岛市	800	490	380	7~9月	960	590	450	20%
20	河南省（郑州）	900	480	380					
21	湖北省（武汉）	800	480	350					
22	湖南省（长沙）	800	450	350					
23	广东省（广州）	900	550	450					

续表

序号	地区（城市）	住宿费标准			淡旺季浮动标准建议				
		部级	司局级	其他人员	旺季期间	旺季上浮价			上浮比例
						部级	司局级	其他人员	
24	深圳市	900	550	450					
25	广西（南宁）	800	470	350					
26	海南省（海口）	800	500	350	11~2月	1040	650	450	30%
27	重庆市	800	480	370					
28	四川省（成都）	900	470	370					
29	贵州省（贵阳）	800	470	370					
30	云南省（昆明）	900	480	380					
31	西藏（拉萨）	800	500	350	6~9月	1200	750	530	50%
32	陕西省（西安）	800	460	350					
33	甘肃省（兰州）	800	470	350					
34	青海省（西宁）	800	500	350	6~9月	1200	750	530	50%
35	宁夏（银川）	800	470	350					
36	新疆（乌鲁木齐）	800	480	350					

来源文件：广西壮族自治区财政厅关于调整自治区本级党政机关差旅住宿费标准等有关事项的通知（桂财行〔2015〕123号）。

13. 海南省直机关省外差旅住宿费标准调整表

金额单位：元/（人·天）

地区（城市）	住宿费标准			淡旺季浮动标准建议				
	省级	厅局级	其他人员	旺季期间	旺季上浮价			上浮比例
					省级	厅局级	其他人员	
北京市	1100	650	500					
天津市	800	480	380					

续表

地区（城市）	住宿费标准			淡旺季浮动标准建议				
					旺季上浮价			上浮比例
	省级	厅局级	其他人员	旺季期间	省级	厅局级	其他人员	
河北（石家庄）	800	450	350					
山西（太原）	800	480	350					
内蒙古（呼和浩特）	800	460	350					
辽宁（沈阳）	800	480	350					
大连	800	490	350	7～9月	960	590	420	20%
吉林（长春）	800	450	350					
黑龙江（哈尔滨）	800	450	350	7～9月	960	450	420	20%
上海	1100	600	500					
江苏（南京）	900	490	380					
浙江（杭州）	900	500	400					
宁波	800	450	350					
安徽（合肥）	800	460	350					
福建（福州）	900	480	380					
厦门	900	500	400					
江西（南昌）	800	470	350					
山东（济南）	800	480	380					
青岛	800	490	380	7～9月	960	590	450	20%
河南（郑州）	900	480	380					
湖北（武汉）	800	480	350					
广东（广州）	900	550	450					
深圳	900	550	450					
广西（南宁）	800	470	350					
海南（海口）	800	500	350	11～2月	1040	650	450	30%
重庆	800	480	370					
四川（成都）	900	470	370					

续表

地区 （城市）	住宿费标准			淡旺季浮动标准建议				
				旺季期间	旺季上浮价			上浮 比例
	省级	厅局 级	其他 人员		省级	厅局 级	其他 人员	
贵州（贵阳）	800	470	370					
云南（昆明）	900	480	380					
西藏（拉萨）	800	500	350	6~9月	1200	750	530	50%
陕西（西安）	800	460	350					
甘肃（兰州）	800	470	350					
青海（西宁）	800	500	350	6~9月	1200	750	530	50%
宁夏（银川）	800	470	350					
新疆（乌鲁木齐）	800	480	350					

来源文件：海南省财政厅关于调整省直机关差旅住宿费标准等有关问题的通知（琼财行〔2015〕2196号）。

14. 黑龙江省省直机关国内差旅住宿费标准调整表

单位：元/（人·天）

序号	地区 （城市）	住宿费标准			淡旺季浮动标准建议				
					旺季期间	旺季上浮价			上浮 比例
		省级	厅级	其他 人员		省级	厅级	其他 人员	
1	北京市	1100	650	500					
2	天津市	800	480	380					
3	河北省（石家庄）	800	450	350					
4	山西省（太原）	800	480	350					
5	内蒙古（呼和浩特）	800	460	350					
6	辽宁省（沈阳）	800	480	350					
7	大连市	800	490	350	7~9月	960	590	420	20%
8	吉林省（长春）	800	450	350					

续表

序号	地区（城市）	住宿费标准			淡旺季浮动标准建议				
		省级	厅级	其他人员	旺季期间	旺季上浮价			上浮比例
						省级	厅级	其他人员	
9	黑龙江省（哈尔滨）	800	450	350	7～9月	960	540	420	20%
10	上海市	1100	600	500					
11	江苏省（南京）	900	490	380					
12	浙江省（杭州）	900	500	400					
13	宁波市	800	450	350					
14	安徽省（合肥）	800	460	350					
15	福建省（福州）	900	480	380					
16	厦门市	900	500	400					
17	江西省（南昌）	800	470	350					
18	山东省（济南）	800	480	380					
19	青岛市	800	490	380	7～9月	960	590	450	20%
20	河南省（郑州）	900	480	380					
21	湖北省（武汉）	800	480	350					
22	湖南省（长沙）	800	450	350					
23	广东省（广州）	900	550	450					
24	深圳市	900	550	450					
25	广西（南宁）	800	470	350					
26	海南省（海口）	800	500	350	11～2月	1040	650	450	30%
27	重庆市	800	480	370					
28	四川省（成都）	900	470	370					
29	贵州省（贵阳）	800	470	370					
30	云南省（昆明）	900	480	380					
31	西藏（拉萨）	800	500	350	6～9月	1200	750	530	50%
32	陕西省（西安）	800	460	350					
33	甘肃省（兰州）	800	470	350					

续表

序号	地区（城市）	住宿费标准			淡旺季浮动标准建议				
		省级	厅级	其他人员	旺季期间	旺季上浮价			上浮比例
						省级	厅级	其他人员	
34	青海省（西宁）	800	500	350	6～9月	1200	750	530	50%
35	宁夏（银川）	800	470	350					
36	新疆（乌鲁木齐）	800	480	350					
省内差旅住宿费浮动标准	牡丹江市	750	450	300	6～8月	900	540	360	20%
	伊春市	750	450	300	6～8月	900	540	360	20%
	大兴安岭（加格达奇区）	750	450	300	6～8月	900	540	360	20%
	黑河市	750	450	300	6～8月	900	540	360	20%
	漠河县	750	450	300	6～8月	900	540	360	20%
	抚远县	750	450	300	6～8月	900	540	360	20%
	嘉荫县	750	450	300	6～8月	900	540	360	20%

来源文件：黑龙江省财政厅关于调整省直机关差旅住宿费标准的通知（黑财行政〔2015〕22号）。

15. 河南省直机关国内差旅住宿费限额标准调整表

单位：元/（人·天）

序号	地区（城市）	住宿费标准			淡旺季浮动标准建议				
		部级	司局级	其他人员	旺季期间	旺季上浮价			上浮比例
						部级	司局级	其他人员	
1	北京市	1100	650	500					
2	天津市	800	480	380					
3	河北省（石家庄）	800	450	350					
4	山西省（太原）	800	480	350					
5	内蒙古（呼和浩特）	800	460	350					

续表

序号	地区（城市）	住宿费标准			淡旺季浮动标准建议				
		部级	司局级	其他人员	旺季期间	旺季上浮价			上浮比例
						部级	司局级	其他人员	
6	辽宁省（沈阳）	800	480	350					
7	大连市	800	490	350	7~9月	960	590	420	20%
8	吉林省（长春）	800	450	350					
9	黑龙江省（哈尔滨）	800	450	350	7~9月	960	540	420	20%
10	上海市	1100	600	500					
11	江苏省（南京）	900	490	380					
12	浙江省（杭州）	900	500	400					
13	宁波市	800	450	350					
14	安徽省（合肥）	800	460	350					
15	福建省（福州）	900	480	380					
16	厦门市	900	500	400					
17	江西省（南昌）	800	470	350					
18	山东省（济南）	800	480	380					
19	青岛市	800	490	380	7~9月	960	590	450	20%
20	河南省（郑州）	900	480	380					
21	湖北省（武汉）	800	480	350					
22	湖南省（长沙）	800	450	350					
23	广东省（广州）	900	550	450					
24	深圳市	900	550	450					
25	广西（南宁）	800	470	350					
26	海南省（海口）	800	500	350	11~2月	1040	650	450	30%
27	重庆市	800	480	370					
28	四川省（成都）	900	470	370					
29	贵州省（贵阳）	800	470	29					
30	云南省（昆明）	900	480	380					

续表

序号	地区（城市）	住宿费标准			淡旺季浮动标准建议				
		部级	司局级	其他人员	旺季期间	旺季上浮价			上浮比例
						部级	司局级	其他人员	
31	西藏（拉萨）	800	500	350	6～9月	1200	750	530	50%
32	陕西省（西安）	800	460	350					
33	甘肃省（兰州）	800	470	350					
34	青海省（西宁）	800	500	350	6～9月	1200	750	530	50%
35	宁夏（银川）	800	470	350					
36	新疆（乌鲁木齐）	800	480	350					

来源文件：河南省财政厅关于调整省直机关差旅住宿费标准有关问题的通知（豫财行〔2015〕215号）。

16. 青海省省级党政机关省外差旅住宿费标准调整表

单位：元／（人·天）

序号	地区（城市）	住宿费标准			淡旺季浮动标准建议				
		部级	司局级	其他人员	旺季期间	旺季上浮价			上浮比例
						部级	司局级	其他人员	
1	北京市	1100	650	500					
2	天津市	800	480	380					
3	河北省（石家庄）	800	450	350					
4	山西省（太原）	800	480	350					
5	内蒙古（呼和浩特）	800	460	350					
6	辽宁省（沈阳）	800	480	350					
7	大连市	800	490	350	7～9月	960	590	420	20%
8	吉林省（长春）	800	450	350					
9	黑龙江省（哈尔滨）	800	450	350	7～9月	960	540	420	20%
10	上海市	1100	600	500					

续表

序号	地区（城市）	住宿费标准			淡旺季浮动标准建议				
		部级	司局级	其他人员	旺季期间	旺季上浮价			上浮比例
						部级	司局级	其他人员	
11	江苏省（南京）	900	490	380					
12	浙江省（杭州）	900	500	400					
13	宁波市	800	450	350					
14	安徽省（合肥）	800	460	350					
15	福建省（福州）	900	480	380					
16	厦门市	900	500	400					
17	江西省（南昌）	800	470	350					
18	山东省（济南）	800	480	380					
19	青岛市	800	490	380	7～9月	960	590	450	20%
20	河南省（郑州）	900	480	380					
21	湖北省（武汉）	800	480	350					
22	湖南省（长沙）	800	450	350					
23	广东省（广州）	900	550	450					
24	深圳市	900	550	450					
25	广西（南宁）	800	470	350					
26	海南省（海口）	800	500	350	11～2月	1040	650	450	30%
27	重庆市	800	480	370					
28	四川省（成都）	900	470	370					
29	贵州省（贵阳）	800	470	370					
30	云南省（昆明）	900	480	380					
31	西藏（拉萨）	800	500	350	6～9月	1200	750	530	50%
32	陕西省（西安）	800	460	350					
33	甘肃省（兰州）	800	470	350					
34	青海省（西宁）	800	500	350	6～9月	1200	750	530	50%
35	宁夏（银川）	800	470	350					

序号	地区（城市）	住宿费标准			淡旺季浮动标准建议				
		部级	司局级	其他人员	旺季期间	旺季上浮价			上浮比例
						部级	司局级	其他人员	
36	新疆（乌鲁木齐）	800	480	350					

来源文件：青海省财政厅关于调整省级党政机关省外差旅住宿费标准等有关问题的通知（青财行字〔2015〕1967号）。

17. 福建省省直机关省外差旅住宿费标准调整表

单位：元／（人·天）

序号	地区（城市）	住宿费标准			淡旺季浮动标准建议				
		省级	厅局级	其他人员	旺季期间	旺季上浮价			上浮比例
						省级	厅局级	其他人员	
1	北京市	1100	650	500					
2	天津市	800	480	380					
3	河北省（石家庄）	800	450	350					
4	山西省（太原）	800	480	350					
5	内蒙古（呼和浩特）	800	460	350					
6	辽宁省（沈阳）	800	480	350					
7	大连市	800	490	350	7~9月	960	590	420	20%
8	吉林省（长春）	800	450	350					
9	黑龙江省（哈尔滨）	800	450	350	7~9月	960	540	420	20%
10	上海市	1100	600	500					
11	江苏省（南京）	900	490	380					
12	浙江省（杭州）	900	500	400					
13	宁波市	800	450	350					
14	安徽省（合肥）	800	460	350					
15	江西省（南昌）	800	470	350					

续表

序号	地区（城市）	住宿费标准			淡旺季浮动标准建议				
		省级	厅局级	其他人员	旺季期间	旺季上浮价			上浮比例
						省级	厅局级	其他人员	
16	山东省（济南）	800	480	380					
17	青岛市	800	490	380	7~9月	960	590	450	20%
18	河南省（郑州）	900	480	380					
19	湖北省（武汉）	800	480	350					
20	湖南省（长沙）	800	450	350					
21	广东省（广州）	900	550	450					
22	深圳市	900	550	450					
23	广西（南宁）	800	470	350					
24	海南省（海口）	800	500	350	11~2月	1040	650	450	30%
25	重庆市	800	480	370					
26	四川省（成都）	900	470	370					
27	贵州省（贵阳）	800	470	370					
28	云南省（昆明）	900	480	380					
29	西藏（拉萨）	800	500	350	6~9月	1200	750	530	50%
30	陕西省（西安）	800	460	350					
31	甘肃省（兰州）	800	470	350					
32	青海省（西宁）	800	500	350	6~9月	1200	750	530	50%
33	宁夏（银川）	800	470	350					
34	新疆（乌鲁木齐）	800	480	350					

来源文件：福建省财政厅关于调整省直机关差旅住宿费标准等有关问题的通知（闽财行〔2015〕88号）。

第二章
人身损害赔偿案件实用图表

1. 人身损害赔偿项目和计算标准（总表）

项目	计算标准
医疗费	医疗费赔偿金额 = 医药费 + 住院费 + 治疗费 + 检查费 + 挂号费 + 其他费用
护理费	1. 护理人员有收入的情况：护理费赔偿金额 = 误工费 2. 护理人员没有收入或者雇佣护工的情况：护理费赔偿金额 = 当地同级别护工劳务报酬（元/天）× 护理期限（天）× 护工人数（个）
交通费	交通费赔偿金额 = 往返费用 × 往返次数 × 往返人数
为治疗和康复支出的其他合理费用	其他合理费用赔偿金额 = 住宿费 + 住院伙食补助费 + 营养费 1. 住宿费赔偿金额 = 国家机关一般工作人员出差住宿标准 × 住宿时间（天） 2. 住院伙食补助费赔偿金额 = 国家机关一般工作人员出差伙食补助标准 × 住院天数 3. 营养费赔偿金额 = 实际发生的必要营养费
误工费	1. 受害人有固定收入的情况：误工费赔偿金额 = 实际误工收入（元/天）× 误工时间（天） 2. 受害人无固定收入，能够举证证明其最近三年的平均收入状况的情况：误工费赔偿金额 = 受害人最近三年平均收入（元/天）× 误工时间（天） 3. 受害人无固定收入，不能够举证证明其最近三年的平均收入状况的情况：误工费赔偿金额 = 受诉法院所在地相同或者相近行业上一年度职工的平均工资（元/天）× 误工时间（天）
残疾生活辅助具费	残疾生活辅助具费赔偿金额 = 普通适用器具合理费用

项目	计算标准
残疾赔偿金	1. 受害人不满 60 周岁的情况：残疾赔偿金 = 受诉法院上一年度城镇居民人均可支配收入/农村居民人均纯收入 × 伤残系数 × 20 年 2. 受害人在 60 周岁以上不满 75 周岁的情况：残疾赔偿金 = 受诉法院上一年度城镇居民人均可支配收入/农村居民人均纯收入 × 伤残系数 × ［20 − （受害人实际年龄 − 60）］年 3. 受害人满 75 周岁的情况：残疾赔偿金 = 受诉法院上一年度城镇居民人均可支配收入/农村居民人均纯收入 × 伤残系数 × 5 年
被扶养人生活费	1. 被扶养人不满 18 周岁的情况：被扶养人生活费 = 受诉法院上一年度城镇居民人均消费性支出/农村居民人均年消费支出 × （18 − 被扶养人实际年龄）年 × 伤残赔偿指数 2. 被扶养人已满 18 周岁不满 60 周岁的情况：被扶养人生活费 = 受诉法院上一年度城镇居民人均消费性支出/农村居民人均年消费支出 × 20 年 × 伤残赔偿指数 3. 被扶养人已满 60 周岁不满 75 周岁的情况：被扶养人生活费 = 受诉法院上一年度城镇居民人均消费性支出/农村居民人均年消费支出 × ［20 − （被扶养人实际年龄 − 60）］年 × 伤残赔偿指数
后续治疗费	后续治疗费赔偿金额 = 后续治疗后实际发生的治疗费用
丧葬费	丧葬费 = 受诉法院上一年度职工月平均工资（元/月）×6 个月
死亡赔偿金	1. 死者不满 60 周岁的情况：死亡赔偿金 = 受诉法院上一年度城镇居民人均可支配收入/农村居民人均纯收入 × 20 年 2. 死者满 60 周岁不满 75 周岁的情况：死亡赔偿金 = 受诉法院上一年度城镇居民人均可支配收入/农村居民人均纯收入 × ［20 − （死者实际年龄 − 60）］年 3. 死亡赔偿金 = 受诉法院上一年度城镇居民人均可支配收入/农村居民人均纯收入 × 5 年
精神损害赔偿	精神损害赔偿金额应当考虑的因素 = 侵权人的过错程度 + 侵害行为的手段、场合、行为方式等具体情节 + 侵权行为造成后果的严重程度 + 侵权人是否获利 + 最终责任人的经济能力 + 受诉法院所在地的平均生活水平

2. 民事诉讼一审流程图

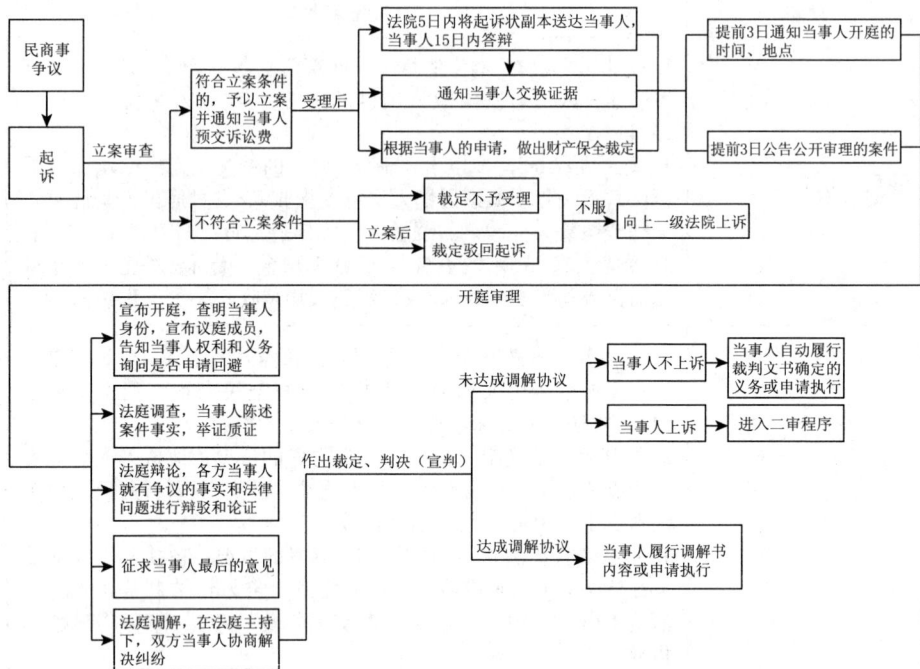

```
民商事争议 → 起诉 → 立案审查
```

立案审查 → 符合立案条件的，予以立案并通知当事人预交诉讼费 → 受理后 →
- 法院5日内将起诉状副本送达当事人，当事人15日内答辩
- 通知当事人交换证据
- 根据当事人的申请，做出财产保全裁定

→ 提前3日通知当事人开庭的时间、地点
→ 提前3日公告公开审理的案件

立案审查 → 不符合立案条件 → 立案后 →
- 裁定不予受理
- 裁定驳回起诉

→ 不服 → 向上一级法院上诉

开庭审理：
- 宣布开庭，查明当事人身份，宣布议庭成员，告知当事人权利和义务，询问是否申请回避
- 法庭调查，当事人陈述案件事实，举证质证
- 法庭辩论，各方当事人就有争议的事实和法律问题进行辩驳和论证
- 征求当事人最后的意见
- 法庭调解，在法庭主持下，双方当事人协商解决纠纷

→ 作出裁定、判决（宣判）→

未达成调解协议 →
- 当事人不上诉 → 当事人自动履行裁判文书确定的义务或申请执行
- 当事人上诉 → 进入二审程序

达成调解协议 → 当事人履行调解书内容或申请执行

3. 民事起诉状

民事起诉状

原告姓名：_____性别：_____民族：_____年龄：_____工作单位：_____

住址：_____身份证号：_____联系电话：_____

法定代理人：_____（注明与当事人的身份关系）

委托代理人：_____工作单位：_____职务：_____联系方式：_____

被告姓名：_____性别：_____民族：_____年龄：_____工作单位：_____

住址：_____身份证号：_____联系电话：_____（被告为自然人）

法定代理人：_____

委托代理人：_____工作单位：_____职务：_____联系方式：_____

被告名称：_____法定代表人：_____职务：_____住所地：_____

联系电话：_____（被告为法人或其他非法人团体）

委托代理人：_____工作单位：_____职务：_____联系方式：_____

诉讼请求：

事实和理由：

此致
人民法院

具状人：（签字）
年　月　日

4. 民事答辩状

民事答辩状

答辩人姓名_____ 性别：_____ 民族：_____ 年龄：_____工作单位：_____

住址：_____ 身份证号：_____ 联系电话：_____（答辩人为自然人）

法定代理人：_____（注明与当事人的身份关系）

委托代理人：_____ 工作单位：_____ 职务：_____ 联系方式：_____

答辩人名称：_____ 法定代表人：_____ 职务：_____ 住所地：_____

联系电话：_____（答辩人为法人或其他非法人团体）

委托代理人：_____ 工作单位：_____ 职务：_____ 联系方式：_____

被答辩人姓名_____ 性别：_____ 民族：_____ 年龄：_____工作单位：_____

住址：_____ 身份证号：_____ 联系电话：_____

因　诉我（单位）　纠纷一案，现提出如下答辩理由：

此致
人民法院

答辩人：（答辩人为自然人时签字）

答辩人：（答辩人为法人或非法人团体时加盖公章）

法定代表人：（签章）

年　月　日

5. 民事上诉状

民事上诉状

上诉人姓名_____性别：_____民族：_____年龄：_____

工作单位：_____

　　住址：_____身份证号：_____联系电话：_____

（上诉人为自然人）

　　法定代理人：_____（注明与当事人的身份关系）

　　委托代理人：_____工作单位：_____职务：_____联系方式：_____

　　上诉人名称：_____法定代表人：_____职务：_____住所地：____

　　联系电话：_____（上诉人为法人或其他非法人团体）

　　委托代理人：_____工作单位：_____职务：_____联系方式：_____

　　被上诉人：姓名_____性别：_____民族：_____年龄：____

工作单位：_____

　　住址：_____身份证号：_____联系电话：_____（被上诉人为自然人）

　　法定代理人：_____（注明与当事人的身份关系）

　　委托代理人：_____工作单位：_____职务：_____联系方式：_____

　　被上诉人名称：_____法定代表人：_____职务：_____住所地：

_____联系电话：_____（被上诉人为法人或其他非法人团体）

　　委托代理人：_____工作单位：_____职务：_____联系方式：_____

上诉人因与被上诉人_____纠纷一案，不服_____人民法院____年___月___

日（　）____字第____号民事判决书/民事裁定书，现提起上诉。

　　上诉请求：

　　事实和理由：

　　此致

　　人民法院

上诉人：（上诉人为自然人时签字）

上诉人：（上诉人为法人或非法人团体时加盖公章）

法定代表人：（签章）

年　月　日

6. 民事再审申请书

民事再审申请书

申请人姓名____性别：____民族：____年龄：____工作单位：_____

住址：_____身份证号：_____联系电话：_____

（申请人为自然人）

法定代理人：_____（注明与当事人的身份关系）

委托代理人：_____工作单位：_____职务：_____联系方式：_____

申请人名称：_____法定代表人：_____职务：_____住所地：_____

联系电话：_____（申请人为法人或其他非法人团体）委托代理人：_____工作单位：_____职务：_____联系方式：_____

被申请人姓名_____性别：_____民族：_____年龄：_____工作单位：_____

住址：_____身份证号：_____联系电话：_____（被申请人为自然人）

法定代理人：_____（注明与当事人的身份关系）

委托代理人：____工作单位：_____职务：_____联系方式：_____

被申请人名称：____法定代表人：____职务：_____住所地：_____

联系电话：_____（被申请人为法人或其他非法人团体）

委托代理人：_____工作单位：_____职务：_____联系方式：_____

申请人因与被申请人_____纠纷一案，不服_____人民法院____年____月____日（　）____字第____号民事判决书/民事裁定书，现根据（具体法律、法规、司法解释的条文），提出再审申请。

申请请求：

事实和理由：

此致

人民法院

申请人：（申请人为自然人时签字）
申请人：　（申请人为法人或非法人团体时加盖公章）
法定代表人：（签章）
年　月　日

7. 授权委托书

授权委托书

委托人姓名：_____ 身份证号：_____

住所地：_____ 联系电话：_____ （委托人为自然人）

委托人名称：_____ 住所地：_____

法定代表人：_____ 联系电话：_____ （委托人为法人或非法人团体）

受委托人姓名：_____ 工作单位：_____

职务：_____ 联系方式：_____

现委托受委托人在委托人与_____ 的_____ 纠纷一案中，作为我方的 代理人。受委托人_____的代理权限为：代为立案，代为承认、变更、放弃诉讼请求，代为与对方和解、调解，代为依法向人民法院或仲裁机关提出申请、代签、代收法律文书等权限。

委托人：（委托人为自然人时签字） 受委托人：（签字）

委托人：（委托人为法人或非法人团体时加盖公章）

法定代表人：（签章）

年 月 日

　　　　　　　　　　　　　　　　　　　　　年 月 日

8. 司法鉴定申请书

司法鉴定申请书

申请人姓名：＿＿＿＿性别：＿＿＿＿民族：＿＿＿＿年龄：＿＿＿＿＿工作单位：

＿＿＿＿＿、住址：＿＿＿＿＿＿身份证号：＿＿＿＿＿＿＿联系电话：＿＿＿＿＿

（申请人为自然人）

法定代理人：＿＿＿＿＿＿（注明与当事人的身份关系）

委托代理人：＿＿＿＿工作单位：＿＿＿＿＿＿＿职务：＿＿＿＿联系方

式：＿＿＿＿＿

申请人名称：＿＿＿＿＿法定代表人：＿＿＿＿职务：＿＿＿＿＿住所地：

＿＿＿＿＿＿＿＿

联系电话：＿＿＿＿＿＿＿（申请人为法人或其他非法人团体）

委托代理人：＿＿＿＿工作单位：＿＿＿＿＿职务：＿＿＿＿联系方式：

＿＿＿＿＿

申请事项：

申请理由：

此致
人民法院

申请人：（签名）

年　月　日

9. 司法鉴定委托书

司法鉴定委托书

（ ） 委 号

司法鉴定所（中心）：

本院受理的诉（当事人的姓名或者名称及案由）纠纷一案，现决定予以司法鉴定。经规定程序选定，委托贵机构予以司法鉴定。

鉴定对象：

鉴定事项：

鉴定要求：

鉴定标准：

现将司法鉴定委托书和相关材料移交贵机构，请根据司法部《司法鉴定程序通则》和《浙江省人民法院实施〈人民法院对外委托司法鉴定管理规定〉细则》的规定进行司法鉴定。鉴定完毕后，请将鉴定文书与相关材料一并移交本院。

鉴定费用由方预付％ ，方预付％ 。

年 月 日□
（院对外委托专用章）

鉴定督办人： ，联系电话：
附：《对外委托司法鉴定材料交接表》

10. 司法鉴定协议书

司法鉴定协议书

委托人		联系人	
联系地址		联系电话	
委托日期		送检人	
司法鉴定机构	机构名称：　　　　　　　　许可证号： 地　　址：　　　　　　　　邮　　编： 联 系 人：　　　　　　　　联系电话：		
委托鉴定事项 及用途			
委托鉴定要求			
所涉案件是否已进 入诉讼程序			
委托事项是否曾经 进行司法鉴定			
检案摘要			
鉴定材料目录、 数量及是否原件	检材： 鉴定资料：		
鉴定费用及收取方式	□按照委托鉴定事项分项目收费： ××××　　　　鉴定 ××××　　　　项目　　□标准　　　□协议 　　　　　　　　项目　　□标准　　　□协议 □特殊鉴定项目收费： 预计收费总计　　　　　元，人民币大写　　　　　　　元整。		
鉴定文书发送方式	□ 自取 □ 邮寄　　　地址： □ 其他方式（注明）		

协议事项： 1. 鉴定机构应当严格依照有关技术规范保管和使用鉴定材料。鉴定委托人同意或者认可： □ 应当对所提供的鉴定材料真实性负责； □ 因鉴定需要耗尽检材； □ 因鉴定需要可能损坏检材； □ 鉴定完成后无法完整退还检材； □ 检材留样保存3个月。 2. 鉴定时限：从协议签订之日起＿＿＿＿个工作日完成。 □ 遇复杂、疑难、特殊的技术问题，或者检验过程确需较长时间的，延长＿＿＿＿个工作日。 3. 特殊情形鉴定： □ 损伤程度鉴定应当提供办案机关同意鉴定的文书； □ 需要对女性作妇科检查； □ 需要对未成年人的身体进行检查； □ 需要对被鉴定人进行法医精神病鉴定； □ 需要到现场提取检材； □ 需要进行尸体解剖。 4. □ 需要补充或者重新提取鉴定材料的，延长 个工作日。 □ 委托人要求鉴定人回避。被要求回避的鉴定人姓名 。 5. 鉴定过程中如需变更协议书内容，由协议双方协议确定。	
通知对方当事人到场情况及其他约定事项	
鉴定机构履行《 省司法鉴定机构受理鉴定委托规则》规定的告知义务情况	
协议变更事项	
鉴定风险提示	1. 鉴定意见属于专家专业性意见，其是否被采信取决于办案机关的审查和判断，鉴定人和鉴定机构无权干涉； 2. 由于鉴定材料或者客观条件限制，并非所有鉴定都能得出明确的鉴定意见； 3. 鉴定活动遵循独立、客观、公正的原则，因此，鉴定意见可能对委托人有利，也可能不利； 4. 委托人作虚假确认、承诺或提供虚假鉴定材料的，司法鉴定机构可以撤销已出具的司法鉴定意见。

续表

委托人（机构） （签名或者盖章） 年　月　日	接受委托的鉴定机构 （签名、盖章） 年　月　日
备注	

11. 道路交通事故损害赔偿协议书

道路交通事故损害赔偿协议书

甲方（受害人或者其亲属）：

乙方（驾驶人或者其亲属）：

丙方（车辆挂靠单位名称）：

___年___月___日___时___分许，乙方_____驾驶车牌号为的_____ __车_____行驶至_____县_____路_____居民区附近时，不慎与甲方的_____发生交通事故，致 当场出现人身损害，财产受到相应损失。甲、乙、丙三方就赔偿事宜，经协商自愿达成如下协议：

一、乙方和丙方自愿一次性赔偿甲方各种法定人身损害赔偿项目以及财产损失项目共计_____万元（小写：_____元）整。

二、甲方同意接收上述赔偿款项，并放弃对乙方、丙方的其他一切权利，不再要求乙方、丙方进行任何形式的赔偿或承担其他任何责任。若甲方及甲方的其他利害关系人再向乙方提任何要求，由甲方负责处理解决。

三、本协议签订后，为方便乙方、丙方进行保险理赔，甲、乙、丙三方均同意互相配合就本事故的赔偿事宜通过非诉或者诉讼的方式解决。通过诉讼方式解决的，若法院出具判决书或者调解书确定的赔偿数额与本协议不一致，三方仍保证按本协议约定的赔偿数额履行。相关诉讼费、律师费及办案费用由乙丙两方承担。

四、乙方应在本协议生效之日向甲方支付赔偿金元，剩余款项_____元，乙方应于法院出具判决书之日全部付清。

五、丙方为乙方提供保证担保，若乙方不能按时支付上述赔偿款项，则由丙方代为支付。丙方代乙方支付赔偿款项后，有权向乙方追偿。

六、甲方对乙方的违法行为表示谅解，保证不再要求司法部门追究乙方的任何行政、刑事责任，并保证在必要时配合乙方向司法机关等有关部门说明本协议的情况，出具相关文件或证明。

七、甲方保证不再要求乙方、丙方或保险公司赔偿超过本协议赔偿数额以外的任何赔偿。因本事故产生车辆保险的赔付，由乙方和丙方进行理赔或索赔，保险赔付款项全部归乙方和丙方所有。

八、甲方保证本协议合法有效，保证没有其他权利人就此事故再向乙方、丙方主张权利，若本协议被确认无效，甲方应将已收取的全部赔偿款返还于乙方，若造成乙方或丙方其他损失，则由甲方承担全部责任。

九、甲、乙双方任何一方违反本协议约定，违约方应向对方支付违约金伍万元。

十、此事故双方一次性了结，别无其他任何纠葛。

十一、本协议一式四份，自三方签字后生效，甲、乙、丙三方各执一份，交警部门各留存一份，具同等法律效力。

甲方：

乙方：

丙方：

年　月　日

12. 当事人自行解决交通事故协议书

当事人自行解决交通事故协议书

事故时间_____年____月____日____时____分

事故地点_____

A 姓名_____驾驶证档案编号或住址_____

电话_____

交通方式_____车号_____

保险公司名称或保险凭证号_____

B 姓名_____驾驶证档案编号或住址_____

电话_____

交通方式_____车号_____保险公司名称或保险凭

证号_____

事故事实：

当事人 A 由____向____行驶，当事人 B 由____向____行驶。因当事人 A

____有《通告》第八条第____项过错行为，当事人 B ____有《通告》第八条第

____项过错行为，造成 A 车_____位置与 B 车_____位置接触。

当事人签字：A _____；B _____

赔偿协议：

1. 当事各方共同驾事故车辆到 A 方保险公司办理索赔手续。

2. 当事人 A 同意_____日内将当事人 B 车修复。

3. 当事人 A 同意赔偿当事人 B 事故损失费_____元（大写）；付款情况

_____。

当事人签字：A _____；B _____。

说明：

1. 撤除现场前，当事人应当首先填写事故事实一栏以上的部分。填写完毕

后当事人签名确认。

2. 撤除现场后，协商赔偿事宜。达成赔偿协议后，当事人签名确认。

3. 当事人对事故事实及成因有争议不即行撤离现场，或者协商赔偿事宜未达成协议的，应当迅速报警等候处理。

4. 当事人未达成协议或达成协议一方不履行的，另一方当事人可持本《当事人自行解决交通事故协议书》直接到人民法院提起民事诉讼。

人身损害赔偿案件处理依据
（法律、法规、司法解释等）

第一章

综合部分

1. 中华人民共和国侵权责任法

（2009 年 12 月 26 日第十一届全国人民代表大会常务委员会第十二次会议通过，中华人民共和国主席令第二十一号公布，自 2010 年 7 月 1 日起施行）

第一章　一般规定

第一条　为保护民事主体的合法权益，明确侵权责任，预防并制裁侵权行为，促进社会和谐稳定，制定本法。

第二条　侵害民事权益，应当依照本法承担侵权责任。

本法所称民事权益，包括生命权、健康权、姓名权、名誉权、荣誉权、肖像权、隐私权、婚姻自主权、监护权、所有权、用益物权、担保物权、著作权、专利权、商标专用权、发现权、股权、继承权等人身、财产权益。

第三条　被侵权人有权请求侵权人承担侵权责任。

第四条　侵权人因同一行为应当承担行政责任或者刑事责任的，不影响依法承担侵权责任。

因同一行为应当承担侵权责任和行政责任、刑事责任，侵权人的财产不足以支付的，先承担侵权责任。

第五条　其他法律对侵权责任另有特别规定的，依照其规定。

第二章　责任构成和责任方式

第六条　行为人因过错侵害他人民事权益，应当承担侵权责任。

根据法律规定推定行为人有过错，行为人不能证明自己没有过错的，应当承担侵权责任。

第七条 行为人损害他人民事权益，不论行为人有无过错，法律规定应当承担侵权责任的，依照其规定。

第八条 二人以上共同实施侵权行为，造成他人损害的，应当承担连带责任。

第九条 教唆、帮助他人实施侵权行为的，应当与行为人承担连带责任。

教唆、帮助无民事行为能力人、限制民事行为能力人实施侵权行为的，应当承担侵权责任；该无民事行为能力人、限制民事行为能力人的监护人未尽到监护责任的，应当承担相应的责任。

第十条 二人以上实施危及他人人身、财产安全的行为，其中一人或者数人的行为造成他人损害，能够确定具体侵权人的，由侵权人承担责任；不能确定具体侵权人的，行为人承担连带责任。

第十一条 二人以上分别实施侵权行为造成同一损害，每个人的侵权行为都足以造成全部损害的，行为人承担连带责任。

第十二条 二人以上分别实施侵权行为造成同一损害，能够确定责任大小的，各自承担相应的责任；难以确定责任大小的，平均承担赔偿责任。

第十三条 法律规定承担连带责任的，被侵权人有权请求部分或者全部连带责任人承担责任。

第十四条 连带责任人根据各自责任大小确定相应的赔偿数额；难以确定责任大小的，平均承担赔偿责任。

支付超出自己赔偿数额的连带责任人，有权向其他连带责任人追偿。

第十五条 承担侵权责任的方式主要有：

（一）停止侵害；

（二）排除妨碍；

（三）消除危险；

（四）返还财产；

（五）恢复原状；

（六）赔偿损失；

（七）赔礼道歉；

（八）消除影响、恢复名誉。

以上承担侵权责任的方式，可以单独适用，也可以合并适用。

第十六条 侵害他人造成人身损害的，应当赔偿医疗费、护理费、交通费等为治疗和康复支出的合理费用，以及因误工减少的收入。造成残疾的，还应当赔偿残疾生活辅助具费和残疾赔偿金。造成死亡的，还应当赔偿丧葬费和死亡赔偿金。

第十七条 因同一侵权行为造成多人死亡的，可以以相同数额确定死亡赔偿金。

第十八条 被侵权人死亡的，其近亲属有权请求侵权人承担侵权责任。被侵权人为单位，该单位分立、合并的，承继权利的单位有权请求侵权人承担侵权责任。

被侵权人死亡的，支付被侵权人医疗费、丧葬费等合理费用的人有权请求侵权人赔偿费用，但侵权人已支付该费用的除外。

第十九条 侵害他人财产的，财产损失按照损失发生时的市场价格或者其他方式计算。

第二十条 侵害他人人身权益造成财产损失的，按照被侵权人因此受到的损失赔偿；被侵权人的损失难以确定，侵权人因此获得利益的，按照其获得的利益赔偿；侵权人因此获得的利益难以确定，被侵权人和侵权人就赔偿数额协商不一致，向人民法院提起诉讼的，由人民法院根据实际情况确定赔偿数额。

第二十一条 侵权行为危及他人人身、财产安全的，被侵权人可以请求侵权人承担停止侵害、排除妨碍、消除危险等侵权责任。

第二十二条 侵害他人人身权益，造成他人严重精神损害的，被侵权人可以请求精神损害赔偿。

第二十三条 因防止、制止他人民事权益被侵害而使自己受到损害的，由侵权人承担责任。侵权人逃逸或者无力承担责任，被侵权人请求补偿的，受益人应当给予适当补偿。

第二十四条 受害人和行为人对损害的发生都没有过错的，可以根据实际情况，由双方分担损失。

第二十五条 损害发生后，当事人可以协商赔偿费用的支付方式。协商不一致的，赔偿费用应当一次性支付；一次性支付确有困难的，可以分期支付，但应当提供相应的担保。

第三章 不承担责任和减轻责任的情形

第二十六条 被侵权人对损害的发生也有过错的，可以减轻侵权人的责任。

第二十七条 损害是因受害人故意造成的，行为人不承担责任。

第二十八条 损害是因第三人造成的，第三人应当承担侵权责任。

第二十九条　因不可抗力造成他人损害的，不承担责任。法律另有规定的，依照其规定。

第三十条　因正当防卫造成损害的，不承担责任。正当防卫超过必要的限度，造成不应有的损害的，正当防卫人应当承担适当的责任。

第三十一条　因紧急避险造成损害的，由引起险情发生的人承担责任。如果危险是由自然原因引起的，紧急避险人不承担责任或者给予适当补偿。紧急避险采取措施不当或者超过必要的限度，造成不应有的损害的，紧急避险人应当承担适当的责任。

第四章　关于责任主体的特殊规定

第三十二条　无民事行为能力人、限制民事行为能力人造成他人损害的，由监护人承担侵权责任。监护人尽到监护责任的，可以减轻其侵权责任。

有财产的无民事行为能力人、限制民事行为能力人造成他人损害的，从本人财产中支付赔偿费用。不足部分，由监护人赔偿。

第三十三条　完全民事行为能力人对自己的行为暂时没有意识或者失去控制造成他人损害有过错的，应当承担侵权责任；没有过错的，根据行为人的经济状况对受害人适当补偿。

完全民事行为能力人因醉酒、滥用麻醉药品或者精神药品对自己的行为暂时没有意识或者失去控制造成他人损害的，应当承担侵权责任。

第三十四条　用人单位的工作人员因执行工作任务造成他人损害的，由用人单位承担侵权责任。

劳务派遣期间，被派遣的工作人员因执行工作任务造成他人损害的，由接受劳务派遣的用工单位承担侵权责任；劳务派遣单位有过错的，承担相应的补充责任。

第三十五条　个人之间形成劳务关系，提供劳务一方因劳务造成他人损害的，由接受劳务一方承担侵权责任。提供劳务一方因劳务自己受到损害的，根据双方各自的过错承担相应的责任。

第三十六条　网络用户、网络服务提供者利用网络侵害他人民事权益的，应当承担侵权责任。

网络用户利用网络服务实施侵权行为的，被侵权人有权通知网络服务提供者采取删除、屏蔽、断开链接等必要措施。网络服务提供者接到通知后未及时采取必要措施的，对损害的扩大部分与该网络用户承担连带责任。

网络服务提供者知道网络用户利用其网络服务侵害他人民事权益，未采取必要措施的，与该网络用户承担连带责任。

第三十七条　宾馆、商场、银行、车站、娱乐场所等公共场所的管理人或者群众性活动的组织者，未尽到安全保障义务，造成他人损害的，应当承担侵权责任。

因第三人的行为造成他人损害的，由第三人承担侵权责任；管理人或者组织者未尽到安全保障义务的，承担相应的补充责任。

第三十八条　无民事行为能力人在幼儿园、学校或者其他教育机构学习、生活期间受到人身损害的，幼儿园、学校或者其他教育机构应当承担责任，但能够证明尽到教育、管理职责的，不承担责任。

第三十九条　限制民事行为能力人在学校或者其他教育机构学习、生活期间受到人身损害，学校或者其他教育机构未尽到教育、管理职责的，应当承担责任。

第四十条　无民事行为能力人或者限制民事行为能力人在幼儿园、学校或者其他教育机构学习、生活期间，受到幼儿园、学校或者其他教育机构以外的人员人身损害的，由侵权人承担侵权责任；幼儿园、学校或者其他教育机构未尽到管理职责的，承担相应的补充责任。

第五章　产品责任

第四十一条　因产品存在缺陷造成他人损害的，生产者应当承担侵权责任。

第四十二条　因销售者的过错使产品存在缺陷，造成他人损害的，销售者应当承担侵权责任。

销售者不能指明缺陷产品的生产者也不能指明缺陷产品的供货者的，销售者应当承担侵权责任。

第四十三条　因产品存在缺陷造成损害的，被侵权人可以向产品的生产者请求赔偿，也可以向产品的销售者请求赔偿。

产品缺陷由生产者造成的，销售者赔偿后，有权向生产者追偿。

因销售者的过错使产品存在缺陷的，生产者赔偿后，有权向销售者追偿。

第四十四条　因运输者、仓储者等第三人的过错使产品存在缺陷，造成他人损害的，产品的生产者、销售者赔偿后，有权向第三人追偿。

第四十五条　因产品缺陷危及他人人身、财产安全的，被侵权人有权请求生产者、销售者承担排除妨碍、消除危险等侵权责任。

第四十六条　产品投入流通后发现存在缺陷的，生产者、销售者应当及时采取警示、召回等补救措施。未及时采取补救措施或者补救措施不力造成损害的，应当承担侵权责任。

第四十七条 明知产品存在缺陷仍然生产、销售，造成他人死亡或者健康严重损害的，被侵权人有权请求相应的惩罚性赔偿。

第六章 机动车交通事故责任

第四十八条 机动车发生交通事故造成损害的，依照道路交通安全法的有关规定承担赔偿责任。

第四十九条 因租赁、借用等情形机动车所有人与使用人不是同一人时，发生交通事故后属于该机动车一方责任的，由保险公司在机动车强制保险责任限额范围内予以赔偿。不足部分，由机动车使用人承担赔偿责任；机动车所有人对损害的发生有过错的，承担相应的赔偿责任。

第五十条 当事人之间已经以买卖等方式转让并交付机动车但未办理所有权转移登记，发生交通事故后属于该机动车一方责任的，由保险公司在机动车强制保险责任限额范围内予以赔偿。不足部分，由受让人承担赔偿责任。

第五十一条 以买卖等方式转让拼装或者已达到报废标准的机动车，发生交通事故造成损害的，由转让人和受让人承担连带责任。

第五十二条 盗窃、抢劫或者抢夺的机动车发生交通事故造成损害的，由盗窃人、抢劫人或者抢夺人承担赔偿责任。保险公司在机动车强制保险责任限额范围内垫付抢救费用的，有权向交通事故责任人追偿。

第五十三条 机动车驾驶人发生交通事故后逃逸，该机动车参加强制保险的，由保险公司在机动车强制保险责任限额范围内予以赔偿；机动车不明或者该机动车未参加强制保险，需要支付被侵权人人身伤亡的抢救、丧葬等费用的，由道路交通事故社会救助基金垫付。道路交通事故社会救助基金垫付后，其管理机构有权向交通事故责任人追偿。

第七章 医疗损害责任

第五十四条 患者在诊疗活动中受到损害，医疗机构及其医务人员有过错的，由医疗机构承担赔偿责任。

第五十五条 医务人员在诊疗活动中应当向患者说明病情和医疗措施。需要实施手术、特殊检查、特殊治疗的，医务人员应当及时向患者说明医疗风险、替代医疗方案等情况，并取得其书面同意；不宜向患者说明的，应当向患者的近亲属说明，并取得其书面同意。

医务人员未尽到前款义务，造成患者损害的，医疗机构应当承担赔偿责任。

　　第五十六条　因抢救生命垂危的患者等紧急情况，不能取得患者或者其近亲属意见的，经医疗机构负责人或者授权的负责人批准，可以立即实施相应的医疗措施。

　　第五十七条　医务人员在诊疗活动中未尽到与当时的医疗水平相应的诊疗义务，造成患者损害的，医疗机构应当承担赔偿责任。

　　第五十八条　患者有损害，因下列情形之一的，推定医疗机构有过错：

　　（一）违反法律、行政法规、规章以及其他有关诊疗规范的规定；

　　（二）隐匿或者拒绝提供与纠纷有关的病历资料；

　　（三）伪造、篡改或者销毁病历资料。

　　第五十九条　因药品、消毒药剂、医疗器械的缺陷，或者输入不合格的血液造成患者损害的，患者可以向生产者或者血液提供机构请求赔偿，也可以向医疗机构请求赔偿。患者向医疗机构请求赔偿的，医疗机构赔偿后，有权向负有责任的生产者或者血液提供机构追偿。

　　第六十条　患者有损害，因下列情形之一的，医疗机构不承担赔偿责任：

　　（一）患者或者其近亲属不配合医疗机构进行符合诊疗规范的诊疗；

　　（二）医务人员在抢救生命垂危的患者等紧急情况下已经尽到合理诊疗义务；

　　（三）限于当时的医疗水平难以诊疗。

　　前款第一项情形中，医疗机构及其医务人员也有过错的，应当承担相应的赔偿责任。

　　第六十一条　医疗机构及其医务人员应当按照规定填写并妥善保管住院志、医嘱单、检验报告、手术及麻醉记录、病理资料、护理记录、医疗费用等病历资料。

　　患者要求查阅、复制前款规定的病历资料的，医疗机构应当提供。

　　第六十二条　医疗机构及其医务人员应当对患者的隐私保密。泄露患者隐私或者未经患者同意公开其病历资料，造成患者损害的，应当承担侵权责任。

　　第六十三条　医疗机构及其医务人员不得违反诊疗规范实施不必要的检查。

　　第六十四条　医疗机构及其医务人员的合法权益受法律保护。干扰医疗秩序，妨害医务人员工作、生活的，应当依法承担法律责任。

第八章　环境污染责任

　　第六十五条　因污染环境造成损害的，污染者应当承担侵权责任。

　　第六十六条　因污染环境发生纠纷，污染者应当就法律规定的不承担责任或者减轻责任的情形及其行为与损害之间不存在因果关系承担举证责任。

第六十七条 两个以上污染者污染环境，污染者承担责任的大小，根据污染物的种类、排放量等因素确定。

第六十八条 因第三人的过错污染环境造成损害的，被侵权人可以向污染者请求赔偿，也可以向第三人请求赔偿。污染者赔偿后，有权向第三人追偿。

第九章　高度危险责任

第六十九条 从事高度危险作业造成他人损害的，应当承担侵权责任。

第七十条 民用核设施发生核事故造成他人损害的，民用核设施的经营者应当承担侵权责任，但能够证明损害是因战争等情形或者受害人故意造成的，不承担责任。

第七十一条 民用航空器造成他人损害的，民用航空器的经营者应当承担侵权责任，但能够证明损害是因受害人故意造成的，不承担责任。

第七十二条 占有或者使用易燃、易爆、剧毒、放射性等高度危险物造成他人损害的，占有人或者使用人应当承担侵权责任，但能够证明损害是因受害人故意或者不可抗力造成的，不承担责任。被侵权人对损害的发生有重大过失的，可以减轻占有人或者使用人的责任。

第七十三条 从事高空、高压、地下挖掘活动或者使用高速轨道运输工具造成他人损害的，经营者应当承担侵权责任，但能够证明损害是因受害人故意或者不可抗力造成的，不承担责任。被侵权人对损害的发生有过失的，可以减轻经营者的责任。

第七十四条 遗失、抛弃高度危险物造成他人损害的，由所有人承担侵权责任。所有人将高度危险物交由他人管理的，由管理人承担侵权责任；所有人有过错的，与管理人承担连带责任。

第七十五条 非法占有高度危险物造成他人损害的，由非法占有人承担侵权责任。所有人、管理人不能证明对防止他人非法占有尽到高度注意义务的，与非法占有人承担连带责任。

第七十六条 未经许可进入高度危险活动区域或者高度危险物存放区域受到损害，管理人已经采取安全措施并尽到警示义务的，可以减轻或者不承担责任。

第七十七条 承担高度危险责任，法律规定赔偿限额的，依照其规定。

第十章　饲养动物损害责任

第七十八条　饲养的动物造成他人损害的，动物饲养人或者管理人应当承担侵权责任，但能够证明损害是因被侵权人故意或者重大过失造成的，可以不承担或者减轻责任。

第七十九条　违反管理规定，未对动物采取安全措施造成他人损害的，动物饲养人或者管理人应当承担侵权责任。

第八十条　禁止饲养的烈性犬等危险动物造成他人损害的，动物饲养人或者管理人应当承担侵权责任。

第八十一条　动物园的动物造成他人损害的，动物园应当承担侵权责任，但能够证明尽到管理职责的，不承担责任。

第八十二条　遗弃、逃逸的动物在遗弃、逃逸期间造成他人损害的，由原动物饲养人或者管理人承担侵权责任。

第八十三条　因第三人的过错致使动物造成他人损害的，被侵权人可以向动物饲养人或者管理人请求赔偿，也可以向第三人请求赔偿。动物饲养人或者管理人赔偿后，有权向第三人追偿。

第八十四条　饲养动物应当遵守法律，尊重社会公德，不得妨害他人生活。

第十一章　物件损害责任

第八十五条　建筑物、构筑物或者其他设施及其搁置物、悬挂物发生脱落、坠落造成他人损害，所有人、管理人或者使用人不能证明自己没有过错的，应当承担侵权责任。所有人、管理人或者使用人赔偿后，有其他责任人的，有权向其他责任人追偿。

第八十六条　建筑物、构筑物或者其他设施倒塌造成他人损害的，由建设单位与施工单位承担连带责任。建设单位、施工单位赔偿后，有其他责任人的，有权向其他责任人追偿。

因其他责任人的原因，建筑物、构筑物或者其他设施倒塌造成他人损害的，由其他责任人承担侵权责任。

第八十七条　从建筑物中抛掷物品或者从建筑物上坠落的物品造成他人损害，难以确定具体侵权人的，除能够证明自己不是侵权人的外，由可能加害的建筑物使用人给予补偿。

第八十八条　堆放物倒塌造成他人损害，堆放人不能证明自己没有过错的，应当承担侵权责任。

第八十九条 在公共道路上堆放、倾倒、遗撒妨碍通行的物品造成他人损害的，有关单位或者个人应当承担侵权责任。

第九十条 因林木折断造成他人损害，林木的所有人或者管理人不能证明自己没有过错的，应当承担侵权责任。

第九十一条 在公共场所或者道路上挖坑、修缮安装地下设施等，没有设置明显标志和采取安全措施造成他人损害的，施工人应当承担侵权责任。

窨井等地下设施造成他人损害，管理人不能证明尽到管理职责的，应当承担侵权责任。

第十二章 附 则

第九十二条 本法自 2010 年 7 月 1 日起施行。

2. 最高人民法院关于适用《中华人民共和国侵权责任法》若干问题的通知

（法发〔2010〕23号）

各省、自治区、直辖市高级人民法院，解放军军事法院，新疆维吾尔自治区高级人民法院生产建设兵团分院：

《中华人民共和国侵权责任法》（以下简称侵权责任法），自2010年7月1日起施行。为了正确适用侵权责任法，现就有关问题通知如下：

一、侵权责任法施行后发生的侵权行为引起的民事纠纷案件，适用侵权责任法的规定。侵权责任法施行前发生的侵权行为引起的民事纠纷案件，适用当时的法律规定。

二、侵权行为发生在侵权责任法施行前，但损害后果出现在侵权责任法施行后的民事纠纷案件，适用侵权责任法的规定。

三、人民法院适用侵权责任法审理民事纠纷案件，根据当事人的申请或者依职权决定进行医疗损害鉴定的，按照《全国人民代表大会常务委员会关于司法鉴定管理问题的决定》《人民法院对外委托司法鉴定管理规定》及国家有关部门的规定组织鉴定。

四、人民法院适用侵权责任法审理民事纠纷案件，如受害人有被扶养人的，应当依据《最高人民法院关于审理人身损害赔偿案件适用法律若干问题的解释》第二十八条的规定，将被扶养人生活费计入残疾赔偿金或死亡赔偿金。

各级人民法院在适用侵权责任法过程中遇到的其他重大问题，请及时层报我院。

中华人民共和国最高人民法院
二〇一〇年六月三十日

3. 中华人民共和国民法通则（节录）

（1986 年 4 月 12 日第六届全国人民代表大会第四次会议通过，根据 2009 年 8 月 27 日第十一届全国人民代表大会常务委员会第十次会议《关于修改部分法律的决定》修正）

第二章　公民（自然人）

第一节　民事权利能力和民事行为能力

第九条　公民从出生时起到死亡时止，具有民事权利能力，依法享有民事权利，承担民事义务。

第十条　公民的民事权利能力一律平等。

第十一条　十八周岁以上的公民是成年人，具有完全民事行为能力，可以独立进行民事活动，是完全民事行为能力人。

十六周岁以上不满十八周岁的公民，以自己的劳动收入为主要生活来源的，视为完全民事行为能力人。

第十二条　十周岁以上的未成年人是限制民事行为能力人，可以进行与他的年龄、智力相适应的民事活动；其他民事活动由他的法定代理人代理，或者征得他的法定代理人的同意。

不满十周岁的未成年人是无民事行为能力人，由他的法定代理人代理民事活动。

第十三条　不能辨认自己行为的精神病人是无民事行为能力人，由他的法定代理人代理民事活动。

不能完全辨认自己行为的精神病人是限制民事行为能力人，可以进行与他的精神健康状况相适应的民事活动；其他民事活动由他的法定代理人代理，或者征得他的法定代理人的同意。

第十四条　无民事行为能力人、限制民事行为能力人的监护人是他的法定代理人。

第十五条　公民以他的户籍所在地的居住地为住所，经常居住地与住所不一致的，经常居住地视为住所。

第二节　监　护

第十六条　未成年人的父母是未成年人的监护人。

未成年人的父母已经死亡或者没有监护能力的，由下列人员中有监护能力的人担任监护人：

（一）祖父母、外祖父母；

（二）兄、姐；

（三）关系密切的其他亲属、朋友愿意承担监护责任，经未成年人的父、母的所在单位或者未成年人住所地的居民委员会、村民委员会同意的。

对担任监护人有争议的，由未成年人的父、母的所在单位或者未成年人住所地的居民委员会、村民委员会在近亲属中指定。对指定不服提起诉讼的，由人民法院裁决。

没有第一款、第二款规定的监护人的，由未成年人的父、母的所在单位或者未成年人住所地的居民委员会、村民委员会或者民政部门担任监护人。

第十七条　无民事行为能力或者限制民事行为能力的精神病人，由下列人员担任监护人：

（一）配偶；

（二）父母；

（三）成年子女；

（四）其他近亲属；

（五）关系密切的其他亲属、朋友愿意承担监护责任，经精神病人的所在单位或者住所地的居民委员会、村民委员会同意的。

对担任监护人有争议的，由精神病人的所在单位或者住所地的居民委员会、村民委员会在近亲属中指定。对指定不服提起诉讼的，由人民法院裁决。

没有第一款规定的监护人的，由精神病人的所在单位或者住所地的居民委员会、村民委员会或者民政部门担任监护人。

第十八条　监护人应当履行监护职责，保护被监护人的人身、财产及其他合法权益，除为被监护人的利益外，不得处理被监护人的财产。

监护人依法履行监护的权利，受法律保护。

监护人不履行监护职责或者侵害被监护人的合法权益的，应当承担责任；给被监护人造成财产损失的，应当赔偿损失。人民法院可以根据有关人员或者有关单位的申请，撤销监护人的资格。

第十九条 精神病人的利害关系人，可以向人民法院申请宣告精神病人为无民事行为能力人或者限制民事行为能力人。

被人民法院宣告为无民事行为能力人或者限制民事行为能力人的，根据他健康恢复的状况，经本人或者利害关系人申请，人民法院可以宣告他为限制民事行为能力人或者完全民事行为能力人。

第三节 宣告失踪和宣告死亡

第二十条 公民下落不明满二年的，利害关系人可以向人民法院申请宣告他为失踪人。

战争期间下落不明的，下落不明的时间从战争结束之日起计算。

第二十一条 失踪人的财产由他的配偶、父母、成年子女或者关系密切的其他亲属、朋友代管。代管有争议的，没有以上规定的人或者以上规定的人无能力代管的，由人民法院指定的人代管。

失踪人所欠税款、债务和应付的其他费用，由代管人从失踪人的财产中支付。

第二十二条 被宣告失踪的人重新出现或者确知他的下落，经本人或者利害关系人申请，人民法院应当撤销对他的失踪宣告。

第二十三条 公民有下列情形之一的，利害关系人可以向人民法院申请宣告他死亡：

（一）下落不明满四年的；

（二）因意外事故下落不明，从事故发生之日起满二年的。

战争期间下落不明的，下落不明的时间从战争结束之日起计算。

第二十四条 被宣告死亡的人重新出现或者确知他没有死亡，经本人或者利害关系人申请，人民法院应当撤销对他的死亡宣告。

有民事行为能力人在被宣告死亡期间实施的民事法律行为有效。

第二十五条 被撤销死亡宣告的人有权请求返还财产。依照继承法取得他的财产的公民或者组织，应当返还原物；原物不存在的，给予适当补偿。

第六章 民事责任

第一节 一般规定

第一百零六条 公民、法人违反合同或者不履行其他义务的，应当承担民事责任。

公民、法人由于过错侵害国家的、集体的财产，侵害他人财产、人身的应当承担民事责任。

没有过错，但法律规定应当承担民事责任的，应当承担民事责任。

第一百零七条　因不可抗力不能履行合同或者造成他人损害的，不承担民事责任，法律另有规定的除外。

第一百零八条　债务应当清偿。暂时无力偿还的，经债权人同意或者人民法院裁决，可以由债务人分期偿还。有能力偿还拒不偿还的，由人民法院判决强制偿还。

第一百零九条　因防止、制止国家的、集体的财产或者他人的财产、人身遭受侵害而使自己受到损害的，由侵害人承担赔偿责任，受益人也可以给予适当的补偿。

第一百一十条　对承担民事责任的公民、法人需要追究行政责任的，应当追究行政责任；构成犯罪的，对公民、法人的法定代表人应当依法追究刑事责任。

第三节　侵权的民事责任

第一百一十七条　侵占国家的、集体的财产或者他人财产的，应当返还财产，不能返还财产的，应当折价赔偿。

损坏国家的、集体的财产或者他人财产的，应当恢复原状或者折价赔偿。

受害人因此遭受其他重大损失的，侵害人并应当赔偿损失。

第一百一十八条　公民、法人的著作权（版权），专利权、商标专用权、发现权、发明权和其他科技成果权受到剽窃、篡改、假冒等侵害的，有权要求停止侵害，消除影响，赔偿损失。

第一百一十九条　侵害公民身体造成伤害的，应当赔偿医疗费、因误工减少的收入、残废者生活补助费等费用；造成死亡的，并应当支付丧葬费、死者生前扶养的人必要的生活费等费用。

第一百二十条　公民的姓名权、肖像权、名誉权、荣誉权受到侵害的，有权要求停止侵害，恢复名誉，消除影响，赔礼道歉，并可以要求赔偿损失。

法人的名称权、名誉权、荣誉权受到侵害的，适用前款规定。

第一百二十一条　国家机关或者国家机关工作人员在执行职务，侵犯公民、法人的合法权益造成损害的，应当承担民事责任。

第一百二十二条　因产品质量不合格造成他人财产、人身损害的，产品制造者、销售者应当依法承担民事责任。运输者仓储者对此负有责任的，产品制造者、销售者有权要求赔偿损失。

第一百二十三条 从事高空、高压、易燃、易爆、剧毒、放射性、高速运输工具等对周围环境有高度危险的作业造成他人损害的，应当承担民事责任；如果能够证明损害是由受害人故意造成的，不承担民事责任。

第一百二十四条 违反国家保护环境防止污染的规定，污染环境造成他人损害的，应当依法承担民事责任。

第一百二十五条 在公共场所、道旁或者通道上挖坑、修缮安装地下设施等，没有设置明显标志和采取安全措施造成他人损害的，施工人应当承担民事责任。

第一百二十六条 建筑物或者其他设施以及建筑物上的搁置物、悬挂物发生倒塌、脱落、坠落造成他人损害的，它的所有人或者管理人应当承担民事责任，但能够证明自己没有过错的除外。

第一百二十七条 饲养的动物造成他人损害的，动物饲养人或者管理人应当承担民事责任；由于受害人的过错造成损害的，动物饲养人或者管理人不承担民事责任；由于第三人的过错造成损害的，第三人应当承担民事责任。

第一百二十八条 因正当防卫造成损害的，不承担民事责任。正当防卫超过必要的限度，造成不应有的损害的，应当承担适当的民事责任。

第一百二十九条 因紧急避险造成损害的，由引起险情发生的人承担民事责任。如果危险是由自然原因引起的，紧急避险人不承担民事责任或者承担适当的民事责任。因紧急避险采取措施不当或者超过必要的限度，造成不应有的损害的，紧急避险人应当承担适当的民事责任。

第一百三十条 二人以上共同侵权造成他人损害的，应当承担连带责任。

第一百三十一条 受害人对于损害的发生也有过错的，可以减轻侵害人的民事责任。

第一百三十二条 当事人对造成损害都没有过错的，可以根据实际情况，由当事人分担民事责任。

第一百三十三条 无民事行为能力人、限制民事行为能力人造成他人损害的，由监护人承担民事责任。监护人尽了监护责任的，可以适当减轻他的民事责任。

有财产的无民事行为能力人、限制民事行为能力人造成他人损害的，从本人财产中支付赔偿费用。不足部分，由监护人适当赔偿，但单位担任监护人的除外。

第四节　承担民事责任的方式

第一百三十四条　承担民事责任的方式主要有：

（一）停止侵害；

（二）排除妨碍；

（三）消除危险；

（四）返还财产；

（五）恢复原状；

（六）修理、重作、更换；

（七）赔偿损失；

（八）支付违约金；

（九）消除影响、恢复名誉；

（十）赔礼道歉。

以上承担民事责任的方式，可以单独适用，也可以合并适用。

人民法院审理民事案件，除适用上述规定外，还可以予以训诫、责令具结悔过，收缴进行非法活动的财物和非法所得，并可以依照法律规定处以罚款、拘留。

第七章　诉讼时效

第一百三十五条　向人民法院请求保护民事权利的诉讼时效期间为二年，法律另有规定的除外。

第一百三十六条　下列的诉讼时效期间为一年：

（一）身体受到伤害要求赔偿的；

（二）出售质量不合格的商品未声明的；

（三）延付或者拒付租金的；

（四）寄存财物被丢失或者损毁的。

第一百三十七条　诉讼时效期间从知道或者应当知道权利被侵害时起计算。但是，从权利被侵害之日起超过二十年的，人民法院不予保护。有特殊情况的，人民法院可以延长诉讼时效期间。

第一百三十八条　超过诉讼时效期间，当事人自愿履行的，不受诉讼时效限制。

第一百三十九条　在诉讼时效期间的最后六个月内，因不可抗力或者其他障碍不能行使请求权的，诉讼时效中止。从中止时效的原因消除之日起，诉讼时效期间继续计算。

第一百四十条 诉讼时效因提起诉讼、当事人一方提出要求或者同意履行义务而中断。从中断时起，诉讼时效期间重新计算。

第一百四十一条 法律对诉讼时效另有规定的，依照法律规定。

4. 最高人民法院关于贯彻执行《中华人民共和国民法通则》若干问题的意见（试行）（节录）

（1988 年 1 月 26 日最高人民法院审判委员会讨论通过，1988 年 4 月 2 日发布）

五、民事责任

142. 为了维护国家、集体或者他人合法权益而使自己受到损害，在侵害人无力赔偿或者没有侵害人的情况下，如果受害人提出请求的，人民法院可以根据受益人受益的多少及其经济状况，责令受益人给予适当补偿。

143. 受害人的误工日期，应当按其实际损害程度、恢复状况并参照治疗医院出具的证明或者法医鉴定等认定。赔偿费用的标准，可以按照受害人的工资标准或者实际收入的数额计算。

受害人是承包经营户或者个体工商户的，其误工费的计算标准，可以参照受害人一定期限内的平均收入酌定。如果受害人承包经营的种植、养殖业季节性很强，不及时经营会造成更大损失的，除受害人应当采取措施防止损失扩大外，还可以裁定侵害人采取措施防止扩大损失。

144. 医药治疗费的赔偿，一般应以所在地治疗医院的诊断证明和医药费、住院费的单据为凭。应经医务部门批准而未获批准擅自另找医院治疗的费用，一般不予赔偿；擅自购买与损害无关的药品或者治疗其他疾病的，其费用则不予赔偿。

145. 经医院批准专事护理的人，其误工补助费可以按收入的实际损失计算。应得奖金一般可以计算在应赔偿的数额内。本人没有工资收入的，其补偿标准应以当地的一般临时工的工资标准为限。

146. 侵害他人身体致使其丧失全部或者部分劳动能力的，赔偿生活补助费一般应补足到不低于当地居民基本生活费的标准。

147. 侵害他人身体致人死亡或者丧失劳动能力的，依靠受害人实际扶养而又没有其他生活来源的人要求侵害人支付必要生活费的，应当予以支持，其数额根据实际情况确定。

148. 教唆、帮助他人实施侵权行为的人，为共同侵权人，应当承担连带民事责任。

教唆、帮助无民事行为能力人实施侵权行为的人，为侵权人，应当承担民事责任。

教唆、帮助限制民事行为能力人实施侵权行为的人，为共同侵权人，应当承担主要民事责任。

149. 盗用、假冒他人名义，以函、电等方式进行欺骗或者愚弄他人，并使其财产、名誉受到损害的，侵权人应当承担民事责任。

150. 公民的姓名权、肖像权、名誉权、荣誉权和法人的名称权、名誉权、荣誉权受到侵害，公民或者法人要求赔偿损失的，人民法院可以根据侵权人的过错程度、侵权行为的具体情节、后果和影响确定其赔偿责任。

151. 侵害他人的姓名权、名称权、肖像权、名誉权、荣誉权而获利的，侵权人除依法赔偿受害人的损失外，其非法所得应当予以收缴。

152. 国家机关工作人员在执行职务中，给公民、法人的合法权益造成损害的，国家机关应当承担民事责任。

153. 消费者、用户因为使用质量不合格的产品造成本人或者第三人人身伤害、财产损失的，受害人可以向产品制造者或者销售者要求赔偿。因此提起的诉讼，由被告所在地或侵权行为地人民法院管辖。

运输者和仓储者对产品质量负有责任，制造者或者销售者请求赔偿损失的，可以另案处理，也可以将运输者和仓储者列为第三人，一并处理。

154. 从事高度危险作业，没有按有关规定采取必要的安全防护措施，严重威胁他人人身、财产安全的，人民法院应当根据他人的要求，责令作业人消除危险。

155. 因堆放物品倒塌造成他人损害的，如果当事人均无过错，应当根据公平原则的酌情处理。

156. 因紧急避险造成他人损失的，如果险情是由自然原因引起，行为人采取的措施又无不当，则行为人不承担民事责任。受害人要求补偿的，可以责令受益人适当补偿。

157. 当事人对造成损害均无过错，但一方是在为对方的利益或者共同的利益进行活动的过程中受到损害的，可以责令对方或者受益人给予一定的经济补偿。

158. 夫妻离婚后，未成年子女侵害他人权益的，同该子女共同生活的一方应当承担民事责任；如果独立承担民事责任确有困难的，可以责令未与该子女共同生活的一方共同承担民事责任。

159. 被监护人造成他人损害的，有明确的监护人时，由监护人承担民事责任；监护人不明确的，由顺序在前的有监护能力的人承担民事责任。

160. 在幼儿园、学校生活、学习的无民事行为能力的人或者在精神病院治疗的精神病人，受到伤害或者给他人造成损害，单位有过错的，可以责令这些单位适当给予赔偿。

161. 侵权行为发生时行为人不满十八周岁，在诉讼时已满十八周岁，并有经济能力的，应当承担民事责任；行为人没有经济能力的，应当由原监护人承担民事责任。

行为人致人损害时年满十八周岁的，应当由本人承担民事责任；没有经济收入的，由扶养人垫付，垫付有困难的，也可以判决或者调解延期给付。

162. 在诉讼中遇有需要停止侵害、排除妨碍、消除危险的情况时，人民法院可以根据当事人的申请或者依职权先行作出裁定。

当事人在诉讼中用赔礼道歉方式承担了民事责任的，应当在判决中叙明。

163. 在诉讼中发现与本案有关的违法行为需要给予制裁的，可适用民法通则第一百三十四条第三款规定，予以训诫、责令具结悔过、收缴进行非法活动的财物和非法所得，或者依照法律规定处以罚款、拘留。

采用收缴、罚款、拘留制裁措施，必须经院长批准，另行制作民事制裁决定书。被制裁人对决定不服的，在收到决定书的次日起十日内向上一级人民法院申请复议一次。复议期间，决定暂不执行。

164. 适用民法通则第一百三十四条第三款对公民处以罚款的数额为五百元以下，拘留为十五日以下。

依法对法定代表人处以拘留制裁措施，为十五日以下。

以上两款，法律另有规定的除外。

六、诉讼时效

165. 在民法通则实施前，权利人知道或者应当知道其民事权利被侵害，民法通则实施后，向人民法院请求保护的诉讼时效期间，应当适用民法通则第一百三十五条和第一百三十六条的规定，从 1987 年 1 月 1 日起算。

166. 民法通则实施前，民事权利被侵害超过二十年的，民法通则实施后，权利人向人民法院请求保护的诉讼时效期间，分别为民法通则第一百三十五条规定的二年或者第一百三十六条规定的一年，从 1987 年 1 月 1 日起算。

167. 民法通则实施后，属于民法通则第一百三十五条规定的二年诉讼时效期间，权利人自权利被侵害时起的第十八年后至第二十年期间才知道自己的权利被侵害的，或者属于民法通则第一百三十六条规定的一年诉讼时效期间，权利人自权利被侵害时起的第十九年后至二十年期间才知道自己的权利被侵害的，提起诉讼请求的权利，应当在权利被侵害之日起的二十年内行使；超过二十年的，不予保护。

168. 人身损害赔偿的诉讼时效期间，伤害明显的，从受伤害之日起算；伤害当时未曾发现，后经检查确诊并能证明是由侵害引起的，从伤势确诊之日起算。

169. 权利人由于客观的障碍在法定诉讼时效期间不能行使请求权的，属于民法通则第一百三十七条规定的"特殊情况"。

170. 未授权给公民、法人经营、管理的国家财产受到侵害的，不受诉讼时效期间的限制。

171. 过了诉讼时效期间，义务人履行义务后，又以超过诉讼时效为由翻悔的，不予支持。

172. 在诉讼时效期间的最后六个月内，权利被侵害的无民事行为能力人、限制民事行为能力人没有法定代理人，或者法定代理人死亡、丧失代理权，或者法定代理人本人丧失行为能力的，可以认定为因其他障碍不能行使请求权，适用诉讼时效中止。

173. 诉讼时效因权利人主张权利或者义务人同意履行义务而中断后，权利人在新的诉讼时效期间内，再次主张权利或者义务人再次同意履行义务的，可以认定为诉讼时效再次中断。

权利人向债务保证人、债务人的代理人或者财产代管人主张权利的，可以认定诉讼时效中断。

174. 权利人向人民调解委员会或者有关单位提出保护民事权利的请求，从提出请求时起，诉讼时效中断。经调处达不成协议的，诉讼时效期间即重新起算；如调处达成协议，义务人未按协议所定期限履行义务的，诉讼时效期间应从期限届满时重新起算。

175. 民法通则第一百三十五条、第一百三十六条规定的诉讼时效期间，可以适用民法通则有关中止、中断和延长的规定。

民法通则第一百三十七条规定的"二十年"诉讼时效期间，可以适用民法通则有关延长的规定，不适用中止、中断的规定。

176. 法律、法规对索赔时间和对产品质量等提出异议的时间有特殊规定的，按特殊规定办理。

177. 继承的诉讼时效按继承法的规定执行。但继承开始后，继承人未明确表示放弃继承的，视为接受继承，遗产未分割的，即为共同共有。诉讼时效的中止、中断、延长，均适用民法通则的有关规定。

5. 最高人民法院关于审理人身损害赔偿案件 适用法律若干问题的解释

（法释〔2003〕20 号，2003 年 12 月 4 日最高人民法院审判委员会第 1299 次会议通过，2003 年 12 月 26 日公布，2004 年 5 月 1 日起施行）

为正确审理人身损害赔偿案件，依法保护当事人的合法权益，根据《中华人民共和国民法通则》以下简称民法通则、《中华人民共和国民事诉讼法》以下简称民事诉讼法等有关法律规定，结合审判实践，就有关适用法律的问题作如下解释：

第一条　因生命、健康、身体遭受侵害，赔偿权利人起诉请求赔偿义务人赔偿财产损失和精神损害的，人民法院应予受理。

本条所称"赔偿权利人"，是指因侵权行为或者其他致害原因直接遭受人身损害的受害人、依法由受害人承担扶养义务的被扶养人以及死亡受害人的近亲属。

本条所称"赔偿义务人"，是指因自己或者他人的侵权行为以及其他致害原因依法应当承担民事责任的自然人、法人或者其他组织。

第二条　受害人对同一损害的发生或者扩大有故意、过失的，依照民法通则第一百三十一条的规定，可以减轻或者免除赔偿义务人的赔偿责任。但侵权人因故意或者重大过失致人损害，受害人只有一般过失的，不减轻赔偿义务人的赔偿责任。

适用民法通则第一百零六条第三款规定确定赔偿义务人的赔偿责任时，受害人有重大过失的，可以减轻赔偿义务人的赔偿责任。

第三条　二人以上共同故意或者共同过失致人损害，或者虽无共同故意、共同过失，但其侵害行为直接结合发生同一损害后果的，构成共同侵权，应当依照民法通则第一百三十条规定承担连带责任。

二人以上没有共同故意或者共同过失，但其分别实施的数个行为间接结合发生同一损害后果的，应当根据过失大小或者原因力比例各自承担相应的赔偿责任。

第四条 二人以上共同实施危及他人人身安全的行为并造成损害后果，不能确定实际侵害行为人的，应当依照民法通则第一百三十条规定承担连带责任。共同危险行为人能够证明损害后果不是由其行为造成的，不承担赔偿责任。

第五条 赔偿权利人起诉部分共同侵权人的，人民法院应当追加其他共同侵权人作为共同被告。赔偿权利人在诉讼中放弃对部分共同侵权人的诉讼请求的，其他共同侵权人对被放弃诉讼请求的被告应当承担的赔偿份额不承担连带责任。责任范围难以确定的，推定各共同侵权人承担同等责任。

人民法院应当将放弃诉讼请求的法律后果告知赔偿权利人，并将放弃诉讼请求的情况在法律文书中叙明。

第六条 从事住宿、餐饮、娱乐等经营活动或者其他社会活动的自然人、法人、其他组织，未尽合理限度范围内的安全保障义务致使他人遭受人身损害，赔偿权利人请求其承担相应赔偿责任的，人民法院应予支持。

因第三人侵权导致损害结果发生的，由实施侵权行为的第三人承担赔偿责任。安全保障义务人有过错的，应当在其能够防止或者制止损害的范围内承担相应的补充赔偿责任。安全保障义务人承担责任后，可以向第三人追偿。赔偿权利人起诉安全保障义务人的，应当将第三人作为共同被告，但第三人不能确定的除外。

第七条 对未成年人依法负有教育、管理、保护义务的学校、幼儿园或者其他教育机构，未尽职责范围内的相关义务致使未成年人遭受人身损害，或者未成年人致他人人身损害的，应当承担与其过错相应的赔偿责任。

第三人侵权致未成年人遭受人身损害的，应当承担赔偿责任。学校、幼儿园等教育机构有过错的，应当承担相应的补充赔偿责任。

第八条 法人或者其他组织的法定代表人、负责人以及工作人员，在执行职务中致人损害的，依照民法通则第一百二十一条的规定，由该法人或者其他组织承担民事责任。上述人员实施与职务无关的行为致人损害的，应当由行为人承担赔偿责任。

属于《国家赔偿法》赔偿事由的，依照《国家赔偿法》的规定处理。

第九条 雇员在从事雇佣活动中致人损害的，雇主应当承担赔偿责任；雇员因故意或者重大过失致人损害的，应当与雇主承担连带赔偿责任。雇主承担连带赔偿责任的，可以向雇员追偿。

前款所称"从事雇佣活动"，是指从事雇主授权或者指示范围内的生产经营活动或者其他劳务活动。雇员的行为超出授权范围，但其表现形式是履行职务或者与履行职务有内在联系的，应当认定为"从事雇佣活动"。

第十条　承揽人在完成工作过程中对第三人造成损害或者造成自身损害的，定作人不承担赔偿责任。但定作人对定作、指示或者选任有过失的，应当承担相应的赔偿责任。

第十一条　雇员在从事雇佣活动中遭受人身损害，雇主应当承担赔偿责任。雇佣关系以外的第三人造成雇员人身损害的，赔偿权利人可以请求第三人承担赔偿责任，也可以请求雇主承担赔偿责任。雇主承担赔偿责任后，可以向第三人追偿。

雇员在从事雇佣活动中因安全生产事故遭受人身损害，发包人、分包人知道或者应当知道接受发包或者分包业务的雇主没有相应资质或者安全生产条件的，应当与雇主承担连带赔偿责任。

属于《工伤保险条例》调整的劳动关系和工伤保险范围的，不适用本条规定。

第十二条　依法应当参加工伤保险统筹的用人单位的劳动者，因工伤事故遭受人身损害，劳动者或者其近亲属向人民法院起诉请求用人单位承担民事赔偿责任的，告知其按《工伤保险条例》的规定处理。

因用人单位以外的第三人侵权造成劳动者人身损害，赔偿权利人请求第三人承担民事赔偿责任的，人民法院应予支持。

第十三条　为他人无偿提供劳务的帮工人，在从事帮工活动中致人损害的，被帮工人应当承担赔偿责任。被帮工人明确拒绝帮工的，不承担赔偿责任。帮工人存在故意或者重大过失，赔偿权利人请求帮工人和被帮工人承担连带责任的，人民法院应予支持。

第十四条　帮工人因帮工活动遭受人身损害的，被帮工人应当承担赔偿责任。被帮工人明确拒绝帮工的，不承担赔偿责任；但可以在受益范围内予以适当补偿。

帮工人因第三人侵权遭受人身损害的，由第三人承担赔偿责任。第三人不能确定或者没有赔偿能力的，可以由被帮工人予以适当补偿。

第十五条　为维护国家、集体或者他人的合法权益而使自己受到人身损害，因没有侵权人、不能确定侵权人或者侵权人没有赔偿能力，赔偿权利人请求受益人在受益范围内予以适当补偿的，人民法院应予支持。

第十六条　下列情形，适用民法通则第一百二十六条的规定，由所有人或者管理人承担赔偿责任，但能够证明自己没有过错的除外：

（一）道路、桥梁、隧道等人工建造的构筑物因维护、管理瑕疵致人损害的；

（二）堆放物品滚落、滑落或者堆放物倒塌致人损害的；

（三）树木倾倒、折断或者果实坠落致人损害的。

前款第（一）项情形，因设计、施工缺陷造成损害的，由所有人、管理人与设计、施工者承担连带责任。

第十七条 受害人遭受人身损害，因就医治疗支出的各项费用以及因误工减少的收入，包括医疗费、误工费、护理费、交通费、住宿费、住院伙食补助费、必要的营养费，赔偿义务人应当予以赔偿。

受害人因伤致残的，其因增加生活上需要所支出的必要费用以及因丧失劳动能力导致的收入损失，包括残疾赔偿金、残疾辅助器具费、被扶养人生活费，以及因康复护理、继续治疗实际发生的必要的康复费、护理费、后续治疗费，赔偿义务人也应当予以赔偿。

受害人死亡的，赔偿义务人除应当根据抢救治疗情况赔偿本条第一款规定的相关费用外，还应当赔偿丧葬费、被扶养人生活费、死亡补偿费以及受害人亲属办理丧葬事宜支出的交通费、住宿费和误工损失等其他合理费用。

第十八条 受害人或者死者近亲属遭受精神损害，赔偿权利人向人民法院请求赔偿精神损害抚慰金的，适用《最高人民法院关于确定民事侵权精神损害赔偿责任若干问题的解释》予以确定。

精神损害抚慰金的请求权，不得让与或者继承。但赔偿义务人已经以书面方式承诺给予金钱赔偿，或者赔偿权利人已经向人民法院起诉的除外。

第十九条 医疗费根据医疗机构出具的医药费、住院费等收款凭证，结合病历和诊断证明等相关证据确定。赔偿义务人对治疗的必要性和合理性有异议的，应当承担相应的举证责任。

医疗费的赔偿数额，按照一审法庭辩论终结前实际发生的数额确定。器官功能恢复训练所必要的康复费、适当的整容费以及其他后续治疗费，赔偿权利人可以待实际发生后另行起诉。但根据医疗证明或者鉴定结论确定必然发生的费用，可以与已经发生的医疗费一并予以赔偿。

第二十条 误工费根据受害人的误工时间和收入状况确定。

误工时间根据受害人接受治疗的医疗机构出具的证明确定。受害人因伤致残持续误工的，误工时间可以计算至定残日前一天。

受害人有固定收入的，误工费按照实际减少的收入计算。受害人无固定收入的，按照其最近三年的平均收入计算；受害人不能举证证明其最近三年的平均收入状况的，可以参照受诉法院所在地相同或者相近行业上一年度职工的平均工资计算。

第二十一条　护理费根据护理人员的收入状况和护理人数、护理期限确定。

护理人员有收入的，参照误工费的规定计算；护理人员没有收入或者雇佣护工的，参照当地护工从事同等级别护理的劳务报酬标准计算。护理人员原则上为一人，但医疗机构或者鉴定机构有明确意见的，可以参照确定护理人员人数。

护理期限应计算至受害人恢复生活自理能力时止。受害人因残疾不能恢复生活自理能力的，可以根据其年龄、健康状况等因素确定合理的护理期限，但最长不超过二十年。

受害人定残后的护理，应当根据其护理依赖程度并结合配制残疾辅助器具的情况确定护理级别。

第二十二条　交通费根据受害人及其必要的陪护人员因就医或者转院治疗实际发生的费用计算。交通费应当以正式票据为凭；有关凭据应当与就医地点、时间、人数、次数相符合。

第二十三条　住院伙食补助费可以参照当地国家机关一般工作人员的出差伙食补助标准予以确定。

受害人确有必要到外地治疗，因客观原因不能住院，受害人本人及其陪护人员实际发生的住宿费和伙食费，其合理部分应予赔偿。

第二十四条　营养费根据受害人伤残情况参照医疗机构的意见确定。

第二十五条　残疾赔偿金根据受害人丧失劳动能力程度或者伤残等级，按照受诉法院所在地上一年度城镇居民人均可支配收入或者农村居民人均纯收入标准，自定残之日起按二十年计算。但六十周岁以上的，年龄每增加一岁减少一年；七十五周岁以上的，按五年计算。

受害人因伤致残但实际收入没有减少，或者伤残等级较轻但造成职业妨害严重影响其劳动就业的，可以对残疾赔偿金作相应调整。

第二十六条　残疾辅助器具费按照普通适用器具的合理费用标准计算。伤情有特殊需要的，可以参照辅助器具配制机构的意见确定相应的合理费用标准。

辅助器具的更换周期和赔偿期限参照配制机构的意见确定。

第二十七条　丧葬费按照受诉法院所在地上一年度职工月平均工资标准，以六个月总额计算。

第二十八条　被扶养人生活费根据扶养人丧失劳动能力程度，按照受诉法院所在地上一年度城镇居民人均消费性支出和农村居民人均年生活消费支出标准计算。被扶养人为未成年人的，计算至十八周岁；被扶养人无劳动能力又无其他生活来源的，计算二十年。但六十周岁以上的，年龄每增加一岁减少一年；

七十五周岁以上的，按五年计算。

被扶养人是指受害人依法应当承担扶养义务的未成年人或者丧失劳动能力又无其他生活来源的成年近亲属。被扶养人还有其他扶养人的，赔偿义务人只赔偿受害人依法应当负担的部分。被扶养人有数人的，年赔偿总额累计不超过上一年度城镇居民人均消费性支出额或者农村居民人均年生活消费支出额。

第二十九条 死亡赔偿金按照受诉法院所在地上一年度城镇居民人均可支配收入或者农村居民人均纯收入标准，按二十年计算。但六十周岁以上的，年龄每增加一岁减少一年；七十五周岁以上的，按五年计算。

第三十条 赔偿权利人举证证明其住所地或者经常居住地城镇居民人均可支配收入或者农村居民人均纯收入高于受诉法院所在地标准的，残疾赔偿金或者死亡赔偿金可以按照其住所地或者经常居住地的相关标准计算。

被扶养人生活费的相关计算标准，依照前款原则确定。

第三十一条 人民法院应当按照民法通则第一百三十一条以及本解释第二条的规定，确定第十九条至第二十九条各项财产损失的实际赔偿金额。

前款确定的物质损害赔偿金与按照第十八条第一款规定确定的精神损害抚慰金，原则上应当一次性给付。

第三十二条 超过确定的护理期限、辅助器具费给付年限或者残疾赔偿金给付年限，赔偿权利人向人民法院起诉请求继续给付护理费、辅助器具费或者残疾赔偿金的，人民法院应予受理。赔偿权利人确需继续护理、配制辅助器具，或者没有劳动能力和生活来源的，人民法院应当判令赔偿义务人继续给付相关费用五至十年。

第三十三条 赔偿义务人请求以定期金方式给付残疾赔偿金、被扶养人生活费、残疾辅助器具费的，应当提供相应的担保。人民法院可以根据赔偿义务人的给付能力和提供担保的情况，确定以定期金方式给付相关费用。但一审法庭辩论终结前已经发生的费用、死亡赔偿金以及精神损害抚慰金，应当一次性给付。

第三十四条 人民法院应当在法律文书中明确定期金的给付时间、方式以及每期给付标准。执行期间有关统计数据发生变化的，给付金额应当适时进行相应调整。

定期金按照赔偿权利人的实际生存年限给付，不受本解释有关赔偿期限的限制。

第三十五条 本解释所称"城镇居民人均可支配收入"、"农村居民人均纯收入"、"城镇居民人均消费性支出"、"农村居民人均年生活消费支出"、"职工平均工资"，按照政府统计部门公布的各省、自治区、直辖市以及经济特区和计划单列市上一年度相关统计数据确定。

"上一年度"，是指一审法庭辩论终结时的上一统计年度。

第三十六条 本解释自 2004 年 5 月 1 日起施行。2004 年 5 月 1 日后新受理的一审人身损害赔偿案件，适用本解释的规定。已经作出生效裁判的人身损害赔偿案件依法再审的，不适用本解释的规定。

在本解释公布施行之前已经生效施行的司法解释，其内容与本解释不一致的，以本解释为准。

6. 最高人民法院关于确定民事侵权精神损害赔偿责任若干问题的解释

（法释〔2001〕7 号，2001 年 2 月 26 日最高人民法院审判委员会第 1161 次会议通过，2001 年 3 月 8 日公布，自 2001 年 3 月 10 日起施行）

为在审理民事侵权案件中正确确定精神损害赔偿责任，根据《中华人民共和国民法通则》等有关法律规定，结合审判实践经验，对有关问题作如下解释：

第一条 自然人因下列人格权利遭受非法侵害，向人民法院起诉请求赔偿精神损害的，人民法院应当依法予以受理：

（一）生命权、健康权、身体权；

（二）姓名权、肖像权、名誉权、荣誉权；

（三）人格尊严权、人身自由权。

违反社会公共利益、社会公德侵害他人隐私或者其他人格利益，受害人以侵权为由向人民法院起诉请求赔偿精神损害的，人民法院应当依法予以受理。

第二条 非法使被监护人脱离监护，导致亲子关系或者近亲属间的亲属关系遭受严重损害，监护人向人民法院起诉请求赔偿精神损害的，人民法院应当依法予以受理。

第三条 自然人死亡后，其近亲属因下列侵权行为遭受精神痛苦，向人民法院起诉请求赔偿精神损害的，人民法院应当依法予以受理：

（一）以侮辱、诽谤、贬损、丑化或者违反社会公共利益、社会公德的其他方式，侵害死者姓名、肖像、名誉、荣誉；

（二）非法披露、利用死者隐私，或者以违反社会公共利益、社会公德的其他方式侵害死者隐私；

（三）非法利用、损害遗体、遗骨，或者以违反社会公共利益、社会公德的其他方式侵害遗体、遗骨。

第四条 具有人格象征意义的特定纪念物品，因侵权行为而永久性灭失或者毁损，物品所有人以侵权为由，向人民法院起诉请求赔偿精神损害的，人民法院应当依法予以受理。

第五条　法人或者其他组织以人格权利遭受侵害为由，向人民法院起诉请求赔偿精神损害的，人民法院不予受理。

第六条　当事人在侵权诉讼中没有提出赔偿精神损害的诉讼请求，诉讼终结后又基于同一侵权事实另行起诉请求赔偿精神损害的，人民法院不予受理。

第七条　自然人因侵权行为致死，或者自然人死亡后其人格或者遗体遭受侵害，死者的配偶、父母和子女向人民法院起诉请求赔偿精神损害的，列其配偶、父母和子女为原告；没有配偶、父母和子女的，可以由其他近亲属提起诉讼，列其他近亲属为原告。

第八条　因侵权致人精神损害，但未造成严重后果，受害人请求赔偿精神损害的，一般不予支持，人民法院可以根据情形判令侵权人停止侵害、恢复名誉、消除影响、赔礼道歉。

因侵权致人精神损害，造成严重后果的，人民法院除判令侵权人承担停止侵害、恢复名誉、消除影响、赔礼道歉等民事责任外，可以根据受害人一方的请求判令其赔偿相应的精神损害抚慰金。

第九条　精神损害抚慰金包括以下方式：

（一）致人残疾的，为残疾赔偿金；

（二）致人死亡的，为死亡赔偿金；

（三）其他损害情形的精神抚慰金。

第十条　精神损害的赔偿数额根据以下因素确定：

（一）侵权人的过错程度，法律另有规定的除外；

（二）侵害的手段、场合、行为方式等具体情节；

（三）侵权行为所造成的后果；

（四）侵权人的获利情况；

（五）侵权人承担责任的经济能力；

（六）受诉法院所在地平均生活水平。

法律、行政法规对残疾赔偿金、死亡赔偿金等有明确规定的，适用法律、行政法规的规定。

第十一条　受害人对损害事实和损害后果的发生有过错的，可以根据其过错程度减轻或者免除侵权人的精神损害赔偿责任。

第十二条　在本解释公布施行之前已经生效施行的司法解释，其内容有与本解释不一致的，以本解释为准。

7. 最高人民法院关于对户口在农村但长期居住在城镇人员的人身损害赔偿标准适用问题请示的复函

（〔2006〕民一他字第 8 号）

甘肃省高级人民法院：

你院甘高法〔2005〕83 号《关于对户口在农村但长期居住在城镇人员的人身损害赔偿标准适用问题的请示》收悉。经研究认为：你院请示的问题，我院在〔2005〕民一他字第 25 号《经常居住在城镇的农村居民因交通事故伤亡如何计算赔偿费用的复函》中已经有明确意见，请你院参照执行。

二○○六年四月十日

8. 最高人民法院关于审理旅游纠纷案件适用法律若干问题的规定

（法释〔2010〕13 号，2010 年 9 月 13 日由最高人民法院审判委员会第 1496 次会议通过，2010 年 10 月 26 日公布，自 2010 年 11 月 1 日起施行）

为正确审理旅游纠纷案件，依法保护当事人合法权益，根据《中华人民共和国民法通则》《中华人民共和国合同法》《中华人民共和国消费者权益保护法》《中华人民共和国侵权责任法》和《中华人民共和国民事诉讼法》等有关法律规定，结合民事审判实践，制定本规定。

第一条 本规定所称的旅游纠纷，是指旅游者与旅游经营者、旅游辅助服务者之间因旅游发生的合同纠纷或者侵权纠纷。

"旅游经营者"是指以自己的名义经营旅游业务，向公众提供旅游服务的人。

"旅游辅助服务者"是指与旅游经营者存在合同关系，协助旅游经营者履行旅游合同义务，实际提供交通、游览、住宿、餐饮、娱乐等旅游服务的人。

旅游者在自行旅游过程中与旅游景点经营者因旅游发生的纠纷，参照适用本规定。

第二条 以单位、家庭等集体形式与旅游经营者订立旅游合同，在履行过程中发生纠纷，除集体以合同一方当事人名义起诉外，旅游者个人提起旅游合同纠纷诉讼的，人民法院应予受理。

第三条 因旅游经营者方面的同一原因造成旅游者人身损害、财产损失，旅游者选择要求旅游经营者承担违约责任或者侵权责任的，人民法院应当根据当事人选择的案由进行审理。

第四条 因旅游辅助服务者的原因导致旅游经营者违约，旅游者仅起诉旅游经营者的，人民法院可以将旅游辅助服务者追加为第三人。

第五条 旅游经营者已投保责任险，旅游者因保险责任事故仅起诉旅游经营者的，人民法院可以应当事人的请求将保险公司列为第三人。

第六条 旅游经营者以格式合同、通知、声明、告示等方式作出对旅游者不公平、不合理的规定，或者减轻、免除其损害旅游者合法权益的责任，旅游者请求依据消费者权益保护法第二十四条的规定认定该内容无效的，人民法院应予支持。

第七条 旅游经营者、旅游辅助服务者未尽到安全保障义务，造成旅游者人身损害、财产损失，旅游者请求旅游经营者、旅游辅助服务者承担责任的，人民法院应予支持。

因第三人的行为造成旅游者人身损害、财产损失，由第三人承担责任；旅游经营者、旅游辅助服务者未尽安全保障义务，旅游者请求其承担相应补充责任的，人民法院应予支持。

第八条 旅游经营者、旅游辅助服务者对可能危及旅游者人身、财产安全的旅游项目未履行告知、警示义务，造成旅游者人身损害、财产损失，旅游者请求旅游经营者、旅游辅助服务者承担责任的，人民法院应予支持。

旅游者未按旅游经营者、旅游辅助服务者的要求提供与旅游活动相关的个人健康信息并履行如实告知义务，或者不听从旅游经营者、旅游辅助服务者的告知、警示，参加不适合自身条件的旅游活动，导致旅游过程中出现人身损害、财产损失，旅游者请求旅游经营者、旅游辅助服务者承担责任的，人民法院不予支持。

第九条 旅游经营者、旅游辅助服务者泄露旅游者个人信息或者未经旅游者同意公开其个人信息，旅游者请求其承担相应责任的，人民法院应予支持。

第十条 旅游经营者将旅游业务转让给其他旅游经营者，旅游者不同意转让，请求解除旅游合同、追究旅游经营者违约责任的，人民法院应予支持。

旅游经营者擅自将其旅游业务转让给其他旅游经营者，旅游者在旅游过程中遭受损害，请求与其签订旅游合同的旅游经营者和实际提供旅游服务的旅游经营者承担连带责任的，人民法院应予支持。

第十一条 除合同性质不宜转让或者合同另有约定之外，在旅游行程开始前的合理期间内，旅游者将其在旅游合同中的权利义务转让给第三人，请求确认转让合同效力的，人民法院应予支持。

因前款所述原因，旅游经营者请求旅游者、第三人给付增加的费用或者旅游者请求旅游经营者退还减少的费用的，人民法院应予支持。

第十二条 旅游行程开始前或者进行中，因旅游者单方解除合同，旅游者请求旅游经营者退还尚未实际发生的费用，或者旅游经营者请求旅游者支付合理费用的，人民法院应予支持。

第十三条 因不可抗力等不可归责于旅游经营者、旅游辅助服务者的客观原因导致旅游合同无法履行，旅游经营者、旅游者请求解除旅游合同的，人民法院应予支持。旅游经营者、旅游者请求对方承担违约责任的，人民法院不予支持。旅游者请求旅游经营者退还尚未实际发生的费用的，人民法院应予支持。

因不可抗力等不可归责于旅游经营者、旅游辅助服务者的客观原因变更旅游行程，在征得旅游者同意后，旅游经营者请求旅游者分担因此增加的旅游费用或旅游者请求旅游经营者退还因此减少的旅游费用的，人民法院应予支持。

第十四条　因旅游辅助服务者的原因造成旅游者人身损害、财产损失，旅游者选择请求旅游辅助服务者承担侵权责任的，人民法院应予支持。

旅游经营者对旅游辅助服务者未尽谨慎选择义务，旅游者请求旅游经营者承担相应补充责任的，人民法院应予支持。

第十五条　签订旅游合同的旅游经营者将其部分旅游业务委托旅游目的地的旅游经营者，因受托方未尽旅游合同义务，旅游者在旅游过程中受到损害，要求作出委托的旅游经营者承担赔偿责任的，人民法院应予支持。

旅游经营者委托除前款规定以外的人从事旅游业务，发生旅游纠纷，旅游者起诉旅游经营者的，人民法院应予受理。

第十六条　旅游经营者准许他人挂靠其名下从事旅游业务，造成旅游者人身损害、财产损失，旅游者请求旅游经营者与挂靠人承担连带责任的，人民法院应予支持。

第十七条　旅游经营者违反合同约定，有擅自改变旅游行程、遗漏旅游景点、减少旅游服务项目、降低旅游服务标准等行为，旅游者请求旅游经营者赔偿未完成约定旅游服务项目等合理费用的，人民法院应予支持。

旅游经营者提供服务时有欺诈行为，旅游者请求旅游经营者双倍赔偿其遭受的损失的，人民法院应予支持。

第十八条　因飞机、火车、班轮、城际客运班车等公共客运交通工具延误，导致合同不能按照约定履行，旅游者请求旅游经营者退还未实际发生的费用的，人民法院应予支持。合同另有约定的除外。

第十九条　旅游者在自行安排活动期间遭受人身损害、财产损失，旅游经营者未尽到必要的提示义务、救助义务，旅游者请求旅游经营者承担相应责任的，人民法院应予支持。

前款规定的自行安排活动期间，包括旅游经营者安排的在旅游行程中独立的自由活动期间、旅游者不参加旅游行程的活动期间以及旅游者经导游或者领队同意暂时离队的个人活动期间等。

第二十条　旅游者在旅游行程中未经导游或者领队许可，故意脱离团队，遭受人身损害、财产损失，请求旅游经营者赔偿损失的，人民法院不予支持。

第二十一条 旅游者提起违约之诉，主张精神损害赔偿的，人民法院应告知其变更为侵权之诉；旅游者仍坚持提起违约之诉的，对于其精神损害赔偿的主张，人民法院不予支持。

第二十二条 旅游经营者或者旅游辅助服务者为旅游者代管的行李物品损毁、灭失，旅游者请求赔偿损失的，人民法院应予支持，但下列情形除外：

（一）损失是由于旅游者未听从旅游经营者或者旅游辅助服务者的事先声明或者提示，未将现金、有价证券、贵重物品由其随身携带而造成的；

（二）损失是由于不可抗力、意外事件造成的；

（三）损失是由于旅游者的过错造成的；

（四）损失是由于物品的自然属性造成的。

第二十三条 旅游者要求旅游经营者返还下列费用的，人民法院应予支持：

（一）因拒绝旅游经营者安排的购物活动或者另行付费的项目被增收的费用；

（二）在同一旅游行程中，旅游经营者提供相同服务，因旅游者的年龄、职业等差异而增收的费用。

第二十四条 旅游经营者因过错致其代办的手续、证件存在瑕疵，或者未尽妥善保管义务而遗失、毁损，旅游者请求旅游经营者补办或者协助补办相关手续、证件并承担相应费用的，人民法院应予支持。

因上述行为影响旅游行程，旅游者请求旅游经营者退还尚未发生的费用、赔偿损失的，人民法院应予支持。

第二十五条 旅游经营者事先设计，并以确定的总价提供交通、住宿、游览等一项或者多项服务，不提供导游和领队服务，由旅游者自行安排游览行程的旅游过程中，旅游经营者提供的服务不符合合同约定，侵害旅游者合法权益，旅游者请求旅游经营者承担相应责任的，人民法院应予支持。

旅游者在自行安排的旅游活动中合法权益受到侵害，请求旅游经营者、旅游辅助服务者承担责任的，人民法院不予支持。

第二十六条 本规定施行前已经终审，本规定施行后当事人申请再审或者按照审判监督程序决定再审的案件，不适用本规定。

9. 最高人民法院关于审理民事案件适用诉讼时效制度若干问题的规定

（法释〔2008〕11 号，2008 年 8 月 11 日由最高人民法院审判委员会第 1450 次会议通过，2008 年 8 月 21 日公布，自 2008 年 9 月 1 日起施行）

为正确适用法律关于诉讼时效制度的规定，保护当事人的合法权益，依照《中华人民共和国民法通则》《中华人民共和国物权法》《中华人民共和国合同法》《中华人民共和国民事诉讼法》等法律的规定，结合审判实践，制定本规定。

第一条　当事人可以对债权请求权提出诉讼时效抗辩，但对下列债权请求权提出诉讼时效抗辩的，人民法院不予支持：

（一）支付存款本金及利息请求权；

（二）兑付国债、金融债券以及向不特定对象发行的企业债券本息请求权；

（三）基于投资关系产生的缴付出资请求权；

（四）其他依法不适用诉讼时效规定的债权请求权。

第二条　当事人违反法律规定，约定延长或者缩短诉讼时效期间、预先放弃诉讼时效利益的，人民法院不予认可。

第三条　当事人未提出诉讼时效抗辩，人民法院不应对诉讼时效问题进行释明及主动适用诉讼时效的规定进行裁判。

第四条　当事人在一审期间未提出诉讼时效抗辩，在二审期间提出的，人民法院不予支持，但其基于新的证据能够证明对方当事人的请求权已过诉讼时效期间的情形除外。

当事人未按照前款规定提出诉讼时效抗辩，以诉讼时效期间届满为由申请再审或者提出再审抗辩的，人民法院不予支持。

第五条　当事人约定同一债务分期履行的，诉讼时效期间从最后一期履行期限届满之日起计算。

第六条　未约定履行期限的合同，依照合同法第六十一条、第六十二条的规定，可以确定履行期限的，诉讼时效期间从履行期限届满之日起计算；不能确定履行期限的，诉讼时效期间从债权人要求债务人履行义务的宽限期届满之日起计算，但债务人在债权人第一次向其主张权利之时明确表示不履行义务的，诉讼时效期间从债务人明确表示不履行义务之日起计算。

第七条 享有撤销权的当事人一方请求撤销合同的，应适用合同法第五十五条关于一年除斥期间的规定。对方当事人对撤销合同请求权提出诉讼时效抗辩的，人民法院不予支持。

合同被撤销，返还财产、赔偿损失请求权的诉讼时效期间从合同被撤销之日起计算。

第八条 返还不当得利请求权的诉讼时效期间，从当事人一方知道或者应当知道不当得利事实及对方当事人之日起计算。

第九条 管理人因无因管理行为产生的给付必要管理费用、赔偿损失请求权的诉讼时效期间，从无因管理行为结束并且管理人知道或者应当知道本人之日起计算。

本人因不当无因管理行为产生的赔偿损失请求权的诉讼时效期间，从其知道或者应当知道管理人及损害事实之日起计算。

第十条 具有下列情形之一的，应当认定为民法通则第一百四十条规定的"当事人一方提出要求"，产生诉讼时效中断的效力：

（一）当事人一方直接向对方当事人送交主张权利文书，对方当事人在文书上签字、盖章或者虽未签字、盖章但能够以其他方式证明该文书到达对方当事人的；

（二）当事人一方以发送信件或者数据电文方式主张权利，信件或者数据电文到达或者应当到达对方当事人的；

（三）当事人一方为金融机构，依照法律规定或者当事人约定从对方当事人账户中扣收欠款本息的；

（四）当事人一方下落不明，对方当事人在国家级或者下落不明的当事人一方住所地的省级有影响的媒体上刊登具有主张权利内容的公告的，但法律和司法解释另有特别规定的，适用其规定。

前款第（一）项情形中，对方当事人为法人或者其他组织的，签收人可以是其法定代表人、主要负责人、负责收发信件的部门或者被授权主体；对方当事人为自然人的，签收人可以是自然人本人、同住的具有完全行为能力的亲属或者被授权主体。

第十一条 权利人对同一债权中的部分债权主张权利，诉讼时效中断的效力及于剩余债权，但权利人明确表示放弃剩余债权的情形除外。

第十二条　当事人一方向人民法院提交起诉状或者口头起诉的，诉讼时效从提交起诉状或者口头起诉之日起中断。

第十三条　下列事项之一，人民法院应当认定与提起诉讼具有同等诉讼时效中断的效力：

（一）申请仲裁；

（二）申请支付令；

（三）申请破产、申报破产债权；

（四）为主张权利而申请宣告义务人失踪或死亡；

（五）申请诉前财产保全、诉前临时禁令等诉前措施；

（六）申请强制执行；

（七）申请追加当事人或者被通知参加诉讼；

（八）在诉讼中主张抵销；

（九）其他与提起诉讼具有同等诉讼时效中断效力的事项。

第十四条　权利人向人民调解委员会以及其他依法有权解决相关民事纠纷的国家机关、事业单位、社会团体等社会组织提出保护相应民事权利的请求，诉讼时效从提出请求之日起中断。

第十五条　权利人向公安机关、人民检察院、人民法院报案或者控告，请求保护其民事权利的，诉讼时效从其报案或者控告之日起中断。

上述机关决定不立案、撤销案件、不起诉的，诉讼时效期间从权利人知道或者应当知道不立案、撤销案件或者不起诉之日起重新计算；刑事案件进入审理阶段，诉讼时效期间从刑事裁判文书生效之日起重新计算。

第十六条　义务人作出分期履行、部分履行、提供担保、请求延期履行、制定清偿债务计划等承诺或者行为的，应当认定为民法通则第一百四十条规定的当事人一方"同意履行义务。"

第十七条　对于连带债权人中的一人发生诉讼时效中断效力的事由，应当认定对其他连带债权人也发生诉讼时效中断的效力。

对于连带债务人中的一人发生诉讼时效中断效力的事由，应当认定对其他连带债务人也发生诉讼时效中断的效力。

第十八条　债权人提起代位权诉讼的，应当认定对债权人的债权和债务人的债权均发生诉讼时效中断的效力。

第十九条　债权转让的，应当认定诉讼时效从债权转让通知到达债务人之日起中断。

债务承担情形下，构成原债务人对债务承认的，应当认定诉讼时效从债务承担意思表示到达债权人之日起中断。

第二十条 有下列情形之一的，应当认定为民法通则第一百三十九条规定的"其他障碍"，诉讼时效中止：

（一）权利被侵害的无民事行为能力人、限制民事行为能力人没有法定代理人，或者法定代理人死亡、丧失代理权、丧失行为能力；

（二）继承开始后未确定继承人或者遗产管理人；

（三）权利人被义务人或者其他人控制无法主张权利；

（四）其他导致权利人不能主张权利的客观情形。

第二十一条 主债务诉讼时效期间届满，保证人享有主债务人的诉讼时效抗辩权。

保证人未主张前述诉讼时效抗辩权，承担保证责任后向主债务人行使追偿权的，人民法院不予支持，但主债务人同意给付的情形除外。

第二十二条 诉讼时效期间届满，当事人一方向对方当事人作出同意履行义务的意思表示或者自愿履行义务后，又以诉讼时效期间届满为由进行抗辩的，人民法院不予支持。

第二十三条 本规定施行后，案件尚在一审或者二审阶段的，适用本规定；本规定施行前已经终审的案件，人民法院进行再审时，不适用本规定。

第二十四条 本规定施行前本院作出的有关司法解释与本规定相抵触的，以本规定为准。

10. 中华人民共和国民事诉讼法（节录）

（1991 年 4 月 9 日第七届全国人民代表大会第四次会议通过，根据 2007 年 10 月 28 日第十届全国人民代表大会常务委员会第三十次会议《关于修改〈中华人民共和国民事诉讼法〉的决定》第一次修正，根据 2012 年 8 月 31 日第十一届全国人民代表大会常务委员会第二十八次会议《关于修改〈中华人民共和国民事诉讼法〉的决定》第二次修正）

第二章　管　辖

第一节　级别管辖

第十七条　基层人民法院管辖第一审民事案件，但本法另有规定的除外。

第十八条　中级人民法院管辖下列第一审民事案件：

（一）重大涉外案件；

（二）在本辖区有重大影响的案件；

（三）最高人民法院确定由中级人民法院管辖的案件。

第十九条　高级人民法院管辖在本辖区有重大影响的第一审民事案件。

第二十条　最高人民法院管辖下列第一审民事案件：

（一）在全国有重大影响的案件；

（二）认为应当由本院审理的案件。

第二节　地域管辖

第二十一条　对公民提起的民事诉讼，由被告住所地人民法院管辖；被告住所地与经常居住地不一致的，由经常居住地人民法院管辖。

对法人或者其他组织提起的民事诉讼，由被告住所地人民法院管辖。

同一诉讼的几个被告住所地、经常居住地在两个以上人民法院辖区的，各该人民法院都有管辖权。

第二十二条　下列民事诉讼，由原告住所地人民法院管辖；原告住所地与经常居住地不一致的，由原告经常居住地人民法院管辖：

（一）对不在中华人民共和国领域内居住的人提起的有关身份关系的诉讼；

（二）对下落不明或者宣告失踪的人提起的有关身份关系的诉讼；

（三）对被采取强制性教育措施的人提起的诉讼；

（四）对被监禁的人提起的诉讼。

第二十三条 因合同纠纷提起的诉讼，由被告住所地或者合同履行地人民法院管辖。

第二十四条 因保险合同纠纷提起的诉讼，由被告住所地或者保险标的物所在地人民法院管辖。

第二十五条 因票据纠纷提起的诉讼，由票据支付地或者被告住所地人民法院管辖。

第二十六条 因公司设立、确认股东资格、分配利润、解散等纠纷提起的诉讼，由公司住所地人民法院管辖。

第二十七条 因铁路、公路、水上、航空运输和联合运输合同纠纷提起的诉讼，由运输始发地、目的地或者被告住所地人民法院管辖。

第二十八条 因侵权行为提起的诉讼，由侵权行为地或者被告住所地人民法院管辖。

第二十九条 因铁路、公路、水上和航空事故请求损害赔偿提起的诉讼，由事故发生地或者车辆、船舶最先到达地、航空器最先降落地或者被告住所地人民法院管辖。

第三十条 因船舶碰撞或者其他海事损害事故请求损害赔偿提起的诉讼，由碰撞发生地、碰撞船舶最先到达地、加害船舶被扣留地或者被告住所地人民法院管辖。

第三十一条 因海难救助费用提起的诉讼，由救助地或者被救助船舶最先到达地人民法院管辖。

第三十二条 因共同海损提起的诉讼，由船舶最先到达地、共同海损理算地或者航程终止地的人民法院管辖。

第三十三条 下列案件，由本条规定的人民法院专属管辖：

（一）因不动产纠纷提起的诉讼，由不动产所在地人民法院管辖；

（二）因港口作业中发生纠纷提起的诉讼，由港口所在地人民法院管辖；

（三）因继承遗产纠纷提起的诉讼，由被继承人死亡时住所地或者主要遗产所在地人民法院管辖。

第三十四条 合同或者其他财产权益纠纷的当事人可以书面协议选择被告

住所地、合同履行地、合同签订地、原告住所地、标的物所在地等与争议有实际联系的地点的人民法院管辖，但不得违反本法对级别管辖和专属管辖的规定。

第三十五条　两个以上人民法院都有管辖权的诉讼，原告可以向其中一个人民法院起诉；原告向两个以上有管辖权的人民法院起诉的，由最先立案的人民法院管辖。

第三节　移送管辖和指定管辖

第三十六条　人民法院发现受理的案件不属于本院管辖的，应当移送有管辖权的人民法院，受移送的人民法院应当受理。受移送的人民法院认为受移送的案件依照规定不属于本院管辖的，应当报请上级人民法院指定管辖，不得再自行移送。

第三十七条　有管辖权的人民法院由于特殊原因，不能行使管辖权的，由上级人民法院指定管辖。

人民法院之间因管辖权发生争议，由争议双方协商解决；协商解决不了的，报请它们的共同上级人民法院指定管辖。

第三十八条　上级人民法院有权审理下级人民法院管辖的第一审民事案件；确有必要将本院管辖的第一审民事案件交下级人民法院审理的，应当报请其上级人民法院批准。

下级人民法院对它所管辖的第一审民事案件，认为需要由上级人民法院审理的，可以报请上级人民法院审理。

第六章　证　据

第六十三条　证据包括：

（一）当事人的陈述；

（二）书证；

（三）物证；

（四）视听资料；

（五）电子数据；

（六）证人证言；

（七）鉴定意见；

（八）勘验笔录。

证据必须查证属实，才能作为认定事实的根据。

第六十四条　当事人对自己提出的主张，有责任提供证据。

当事人及其诉讼代理人因客观原因不能自行收集的证据，或者人民法院认为审理案件需要的证据，人民法院应当调查收集。

人民法院应当按照法定程序，全面地、客观地审查核实证据。

第六十五条 当事人对自己提出的主张应当及时提供证据。

人民法院根据当事人的主张和案件审理情况，确定当事人应当提供的证据及其期限。当事人在该期限内提供证据确有困难的，可以向人民法院申请延长期限，人民法院根据当事人的申请适当延长。当事人逾期提供证据的，人民法院应当责令其说明理由；拒不说明理由或者理由不成立的，人民法院根据不同情形可以不予采纳该证据，或者采纳该证据但予以训诫、罚款。

第六十六条 人民法院收到当事人提交的证据材料，应当出具收据，写明证据名称、页数、份数、原件或者复印件以及收到时间等，并由经办人员签名或者盖章。

第六十七条 人民法院有权向有关单位和个人调查取证，有关单位和个人不得拒绝。

人民法院对有关单位和个人提出的证明文书，应当辨别真伪，审查确定其效力。

第六十八条 证据应当在法庭上出示，并由当事人互相质证。对涉及国家秘密、商业秘密和个人隐私的证据应当保密，需要在法庭出示的，不得在公开开庭时出示。

第六十九条 经过法定程序公证证明的法律事实和文书，人民法院应当作为认定事实的根据，但有相反证据足以推翻公证证明的除外。

第七十条 书证应当提交原件。物证应当提交原物。提交原件或者原物确有困难的，可以提交复制品、照片、副本、节录本。

提交外文书证，必须附有中文译本。

第七十一条 人民法院对视听资料，应当辨别真伪，并结合本案的其他证据，审查确定能否作为认定事实的根据。

第七十二条 凡是知道案件情况的单位和个人，都有义务出庭作证。有关单位的负责人应当支持证人作证。

不能正确表达意思的人，不能作证。

第七十三条 经人民法院通知，证人应当出庭作证。有下列情形之一的，经人民法院许可，可以通过书面证言、视听传输技术或者视听资料等方式作证：

（一）因健康原因不能出庭的；

（二）因路途遥远，交通不便不能出庭的；

（三）因自然灾害等不可抗力不能出庭的；

（四）其他有正当理由不能出庭的。

第七十四条　证人因履行出庭作证义务而支出的交通、住宿、就餐等必要费用以及误工损失，由败诉一方当事人负担。当事人申请证人作证的，由该当事人先行垫付；当事人没有申请，人民法院通知证人作证的，由人民法院先行垫付。

第七十五条　人民法院对当事人的陈述，应当结合本案的其他证据，审查确定能否作为认定事实的根据。

当事人拒绝陈述的，不影响人民法院根据证据认定案件事实。

第七十六条　当事人可以就查明事实的专门性问题向人民法院申请鉴定。当事人申请鉴定的，由双方当事人协商确定具备资格的鉴定人；协商不成的，由人民法院指定。

当事人未申请鉴定，人民法院对专门性问题认为需要鉴定的，应当委托具备资格的鉴定人进行鉴定。

第七十七条　鉴定人有权了解进行鉴定所需要的案件材料，必要时可以询问当事人、证人。

鉴定人应当提出书面鉴定意见，在鉴定书上签名或者盖章。

第七十八条　当事人对鉴定意见有异议或者人民法院认为鉴定人有必要出庭的，鉴定人应当出庭作证。经人民法院通知，鉴定人拒不出庭作证的，鉴定意见不得作为认定事实的根据；支付鉴定费用的当事人可以要求返还鉴定费用。

第七十九条　当事人可以申请人民法院通知有专门知识的人出庭，就鉴定人作出的鉴定意见或者专业问题提出意见。

第八十条　勘验物证或者现场，勘验人必须出示人民法院的证件，并邀请当地基层组织或者当事人所在单位派人参加。当事人或者当事人的成年家属应当到场，拒不到场的，不影响勘验的进行。

有关单位和个人根据人民法院的通知，有义务保护现场，协助勘验工作。

勘验人应当将勘验情况和结果制作笔录，由勘验人、当事人和被邀参加人签名或者盖章。

第八十一条　在证据可能灭失或者以后难以取得的情况下，当事人可以在诉讼过程中向人民法院申请保全证据，人民法院也可以主动采取保全措施。

因情况紧急，在证据可能灭失或者以后难以取得的情况下，利害关系人可以在提起诉讼或者申请仲裁前向证据所在地、被申请人住所地或者对案件有管辖权的人民法院申请保全证据。

证据保全的其他程序，参照适用本法第九章保全的有关规定。

11. 最高人民法院关于适用《中华人民共和国民事 诉讼法》的解释（节录）

（法释〔2015〕5 号，2014 年 12 月 18 日由最高人民法院审判委员会第 1636 次会议通过，2015 年 1 月 30 日公布，自 2015 年 2 月 4 日起施行）

一、管 辖

第一条 民事诉讼法第十八条第一项规定的重大涉外案件，包括争议标的额大的案件、案情复杂的案件，或者一方当事人人数众多等具有重大影响的案件。

第二条 专利纠纷案件由知识产权法院、最高人民法院确定的中级人民法院和基层人民法院管辖。

海事、海商案件由海事法院管辖。

第三条 公民的住所地是指公民的户籍所在地，法人或者其他组织的住所地是指法人或者其他组织的主要办事机构所在地。

法人或者其他组织的主要办事机构所在地不能确定的，法人或者其他组织的注册地或者登记地为住所地。

第四条 公民的经常居住地是指公民离开住所地至起诉时已连续居住一年以上的地方，但公民住院就医的地方除外。

第五条 对没有办事机构的个人合伙、合伙型联营体提起的诉讼，由被告注册登记地人民法院管辖。没有注册登记，几个被告又不在同一辖区的，被告住所地的人民法院都有管辖权。

第六条 被告被注销户籍的，依照民事诉讼法第二十二条规定确定管辖；原告、被告均被注销户籍的，由被告居住地人民法院管辖。

第七条 当事人的户籍迁出后尚未落户，有经常居住地的，由该地人民法院管辖；没有经常居住地的，由其原户籍所在地人民法院管辖。

第八条 双方当事人都被监禁或者被采取强制性教育措施的，由被告原住所地人民法院管辖。被告被监禁或者被采取强制性教育措施一年以上的，由被告被监禁地或者被采取强制性教育措施地人民法院管辖。

第九条　追索赡养费、抚育费、扶养费案件的几个被告住所地不在同一辖区的，可以由原告住所地人民法院管辖。

第十条　不服指定监护或者变更监护关系的案件，可以由被监护人住所地人民法院管辖。

第十一条　双方当事人均为军人或者军队单位的民事案件由军事法院管辖。

第十二条　夫妻一方离开住所地超过一年，另一方起诉离婚的案件，可以由原告住所地人民法院管辖。

夫妻双方离开住所地超过一年，一方起诉离婚的案件，由被告经常居住地人民法院管辖；没有经常居住地的，由原告起诉时被告居住地人民法院管辖。

第十三条　在国内结婚并定居国外的华侨，如定居国法院以离婚诉讼须由婚姻缔结地法院管辖为由不予受理，当事人向人民法院提出离婚诉讼的，由婚姻缔结地或者一方在国内的最后居住地人民法院管辖。

第十四条　在国外结婚并定居国外的华侨，如定居国法院以离婚诉讼须由国籍所属国法院管辖为由不予受理，当事人向人民法院提出离婚诉讼的，由一方原住所地或者在国内的最后居住地人民法院管辖。

第十五条　中国公民一方居住在国外，一方居住在国内，不论哪一方向人民法院提起离婚诉讼，国内一方住所地人民法院都有权管辖。国外一方在居住国法院起诉，国内一方向人民法院起诉的，受诉人民法院有权管辖。

第十六条　中国公民双方在国外但未定居，一方向人民法院起诉离婚的，应由原告或者被告原住所地人民法院管辖。

第十七条　已经离婚的中国公民，双方均定居国外，仅就国内财产分割提起诉讼的，由主要财产所在地人民法院管辖。

第十八条　合同约定履行地点的，以约定的履行地点为合同履行地。

合同对履行地点没有约定或者约定不明确，争议标的为给付货币的，接收货币一方所在地为合同履行地；交付不动产的，不动产所在地为合同履行地；其他标的，履行义务一方所在地为合同履行地。即时结清的合同，交易行为地为合同履行地。

合同没有实际履行，当事人双方住所地都不在合同约定的履行地的，由被告住所地人民法院管辖。

第十九条　财产租赁合同、融资租赁合同以租赁物使用地为合同履行地。合同对履行地有约定的，从其约定。

第二十条　以信息网络方式订立的买卖合同，通过信息网络交付标的的，以买受人住所地为合同履行地；通过其他方式交付标的的，收货地为合同履行地。合同对履行地有约定的，从其约定。

第二十一条 因财产保险合同纠纷提起的诉讼，如果保险标的物是运输工具或者运输中的货物，可以由运输工具登记注册地、运输目的地、保险事故发生地人民法院管辖。

因人身保险合同纠纷提起的诉讼，可以由被保险人住所地人民法院管辖。

第二十二条 因股东名册记载、请求变更公司登记、股东知情权、公司决议、公司合并、公司分立、公司减资、公司增资等纠纷提起的诉讼，依照民事诉讼法第二十六条规定确定管辖。

第二十三条 债权人申请支付令，适用民事诉讼法第二十一条规定，由债务人住所地基层人民法院管辖。

第二十四条 民事诉讼法第二十八条规定的侵权行为地，包括侵权行为实施地、侵权结果发生地。

第二十五条 信息网络侵权行为实施地包括实施被诉侵权行为的计算机等信息设备所在地，侵权结果发生地包括被侵权人住所地。

第二十六条 因产品、服务质量不合格造成他人财产、人身损害提起的诉讼，产品制造地、产品销售地、服务提供地、侵权行为地和被告住所地人民法院都有管辖权。

第二十七条 当事人申请诉前保全后没有在法定期间起诉或者申请仲裁，给被申请人、利害关系人造成损失引起的诉讼，由采取保全措施的人民法院管辖。

当事人申请诉前保全后在法定期间内起诉或者申请仲裁，被申请人、利害关系人因保全受到损失提起的诉讼，由受理起诉的人民法院或者采取保全措施的人民法院管辖。

第二十八条 民事诉讼法第三十三条第一项规定的不动产纠纷是指因不动产的权利确认、分割、相邻关系等引起的物权纠纷。

农村土地承包经营合同纠纷、房屋租赁合同纠纷、建设工程施工合同纠纷、政策性房屋买卖合同纠纷，按照不动产纠纷确定管辖。

不动产已登记的，以不动产登记簿记载的所在地为不动产所在地；不动产未登记的，以不动产实际所在地为不动产所在地。

第二十九条 民事诉讼法第三十四条规定的书面协议，包括书面合同中的协议管辖条款或者诉讼前以书面形式达成的选择管辖的协议。

第三十条 根据管辖协议，起诉时能够确定管辖法院的，从其约定；不能确定的，依照民事诉讼法的相关规定确定管辖。

管辖协议约定两个以上与争议有实际联系的地点的人民法院管辖，原告可以向其中一个人民法院起诉。

第三十一条　经营者使用格式条款与消费者订立管辖协议，未采取合理方式提请消费者注意，消费者主张管辖协议无效的，人民法院应予支持。

第三十二条　管辖协议约定由一方当事人住所地人民法院管辖，协议签订后当事人住所地变更的，由签订管辖协议时的住所地人民法院管辖，但当事人另有约定的除外。

第三十三条　合同转让的，合同的管辖协议对合同受让人有效，但转让时受让人不知道有管辖协议，或者转让协议另有约定且原合同相对人同意的除外。

第三十四条　当事人因同居或者在解除婚姻、收养关系后发生财产争议，约定管辖的，可以适用民事诉讼法第三十四条规定确定管辖。

第三十五条　当事人在答辩期间届满后未应诉答辩，人民法院在一审开庭前，发现案件不属于本院管辖的，应当裁定移送有管辖权的人民法院。

第三十六条　两个以上人民法院都有管辖权的诉讼，先立案的人民法院不得将案件移送给另一个有管辖权的人民法院。人民法院在立案前发现其他有管辖权的人民法院已先立案的，不得重复立案；立案后发现其他有管辖权的人民法院已先立案的，裁定将案件移送给先立案的人民法院。

第三十七条　案件受理后，受诉人民法院的管辖权不受当事人住所地、经常居住地变更的影响。

第三十八条　有管辖权的人民法院受理案件后，不得以行政区域变更为由，将案件移送给变更后有管辖权的人民法院。判决后的上诉案件和依审判监督程序提审的案件，由原审人民法院的上级人民法院进行审判；上级人民法院指令再审、发回重审的案件，由原审人民法院再审或者重审。

第三十九条　人民法院对管辖异议审查后确定有管辖权的，不因当事人提起反诉、增加或者变更诉讼请求等改变管辖，但违反级别管辖、专属管辖规定的除外。

人民法院发回重审或者按第一审程序再审的案件，当事人提出管辖异议的，人民法院不予审查。

第四十条　依照民事诉讼法第三十七条第二款规定，发生管辖权争议的两个人民法院因协商不成报请它们的共同上级人民法院指定管辖时，双方为同属一个地、市辖区的基层人民法院的，由该地、市的中级人民法院及时指定管辖；同属一个省、自治区、直辖市的两个人民法院的，由该省、自治区、直辖市的高级人民法院及时指定管辖；双方为跨省、自治区、直辖市的人民法院，高级人民法院协商不成的，由最高人民法院及时指定管辖。

依照前款规定报请上级人民法院指定管辖时，应当逐级进行。

第四十一条 人民法院依照民事诉讼法第三十七条第二款规定指定管辖的，应当作出裁定。

对报请上级人民法院指定管辖的案件，下级人民法院应当中止审理。指定管辖裁定作出前，下级人民法院对案件作出判决、裁定的，上级人民法院应当在裁定指定管辖的同时，一并撤销下级人民法院的判决、裁定。

第四十二条 下列第一审民事案件，人民法院依照民事诉讼法第三十八条第一款规定，可以在开庭前交下级人民法院审理：

（一）破产程序中有关债务人的诉讼案件；

（二）当事人人数众多且不方便诉讼的案件；

（三）最高人民法院确定的其他类型案件。

人民法院交下级人民法院审理前，应当报请其上级人民法院批准。上级人民法院批准后，人民法院应当裁定将案件交下级人民法院审理。

四、证 据

第九十条 当事人对自己提出的诉讼请求所依据的事实或者反驳对方诉讼请求所依据的事实，应当提供证据加以证明，但法律另有规定的除外。

在作出判决前，当事人未能提供证据或者证据不足以证明其事实主张的，由负有举证证明责任的当事人承担不利的后果。

第九十一条 人民法院应当依照下列原则确定举证证明责任的承担，但法律另有规定的除外：

（一）主张法律关系存在的当事人，应当对产生该法律关系的基本事实承担举证证明责任；

（二）主张法律关系变更、消灭或者权利受到妨害的当事人，应当对该法律关系变更、消灭或者权利受到妨害的基本事实承担举证证明责任。

第九十二条 一方当事人在法庭审理中，或者在起诉状、答辩状、代理词等书面材料中，对于己不利的事实明确表示承认的，另一方当事人无需举证证明。

对于涉及身份关系、国家利益、社会公共利益等应当由人民法院依职权调查的事实，不适用前款自认的规定。

自认的事实与查明的事实不符的，人民法院不予确认。

第九十三条 下列事实，当事人无须举证证明：

（一）自然规律以及定理、定律；

（二）众所周知的事实；

（三）根据法律规定推定的事实；

（四）根据已知的事实和日常生活经验法则推定出的另一事实；

（五）已为人民法院发生法律效力的裁判所确认的事实；

（六）已为仲裁机构生效裁决所确认的事实；

（七）已为有效公证文书所证明的事实。

前款第二项至第四项规定的事实，当事人有相反证据足以反驳的除外；第五项至第七项规定的事实，当事人有相反证据足以推翻的除外。

第九十四条 民事诉讼法第六十四条第二款规定的当事人及其诉讼代理人因客观原因不能自行收集的证据包括：

（一）证据由国家有关部门保存，当事人及其诉讼代理人无权查阅调取的；

（二）涉及国家秘密、商业秘密或者个人隐私的；

（三）当事人及其诉讼代理人因客观原因不能自行收集的其他证据。

当事人及其诉讼代理人因客观原因不能自行收集的证据，可以在举证期限届满前书面申请人民法院调查收集。

第九十五条 当事人申请调查收集的证据，与待证事实无关联、对证明待证事实无意义或者其他无调查收集必要的，人民法院不予准许。

第九十六条 民事诉讼法第六十四条第二款规定的人民法院认为审理案件需要的证据包括：

（一）涉及可能损害国家利益、社会公共利益的；

（二）涉及身份关系的；

（三）涉及民事诉讼法第五十五条规定诉讼的；

（四）当事人有恶意串通损害他人合法权益可能的；

（五）涉及依职权追加当事人、中止诉讼、终结诉讼、回避等程序性事项的。

除前款规定外，人民法院调查收集证据，应当依照当事人的申请进行。

第九十七条 人民法院调查收集证据，应当由两人以上共同进行。调查材料要由调查人、被调查人、记录人签名、捺印或者盖章。

第九十八条 当事人根据民事诉讼法第八十一条第一款规定申请证据保全的，可以在举证期限届满前书面提出。

证据保全可能对他人造成损失的，人民法院应当责令申请人提供相应的担保。

第九十九条 人民法院应当在审理前的准备阶段确定当事人的举证期限。举证期限可以由当事人协商，并经人民法院准许。

人民法院确定举证期限，第一审普通程序案件不得少于十五日，当事人提供新的证据的第二审案件不得少于十日。

举证期限届满后，当事人对已经提供的证据，申请提供反驳证据或者对证据来源、形式等方面的瑕疵进行补正的，人民法院可以酌情再次确定举证期限，该期限不受前款规定的限制。

第一百条 当事人申请延长举证期限的，应当在举证期限届满前向人民法院提出书面申请。

申请理由成立的，人民法院应当准许，适当延长举证期限，并通知其他当事人。延长的举证期限适用于其他当事人。

申请理由不成立的，人民法院不予准许，并通知申请人。

第一百零一条 当事人逾期提供证据的，人民法院应当责令其说明理由，必要时可以要求其提供相应的证据。

当事人因客观原因逾期提供证据，或者对方当事人对逾期提供证据未提出异议的，视为未逾期。

第一百零二条 当事人因故意或者重大过失逾期提供的证据，人民法院不予采纳。但该证据与案件基本事实有关的，人民法院应当采纳，并依照民事诉讼法第六十五条、第一百一十五条第一款的规定予以训诫、罚款。

当事人非因故意或者重大过失逾期提供的证据，人民法院应当采纳，并对当事人予以训诫。

当事人一方要求另一方赔偿因逾期提供证据致使其增加的交通、住宿、就餐、误工、证人出庭作证等必要费用的，人民法院可予支持。

第一百零三条 证据应当在法庭上出示，由当事人互相质证。未经当事人质证的证据，不得作为认定案件事实的根据。

当事人在审理前的准备阶段认可的证据，经审判人员在庭审中说明后，视为质证过的证据。

涉及国家秘密、商业秘密、个人隐私或者法律规定应当保密的证据，不得公开质证。

第一百零四条 人民法院应当组织当事人围绕证据的真实性、合法性以及与待证事实的关联性进行质证，并针对证据有无证明力和证明力大小进行说明和辩论。

能够反映案件真实情况、与待证事实相关联、来源和形式符合法律规定的证据，应当作为认定案件事实的根据。

第一百零五条　人民法院应当按照法定程序，全面、客观地审核证据，依照法律规定，运用逻辑推理和日常生活经验法则，对证据有无证明力和证明力大小进行判断，并公开判断的理由和结果。

第一百零六条　对以严重侵害他人合法权益、违反法律禁止性规定或者严重违背公序良俗的方法形成或者获取的证据，不得作为认定案件事实的根据。

第一百零七条　在诉讼中，当事人为达成调解协议或者和解协议作出妥协而认可的事实，不得在后续的诉讼中作为对其不利的根据，但法律另有规定或者当事人均同意的除外。

第一百零八条　对负有举证证明责任的当事人提供的证据，人民法院经审查并结合相关事实，确信待证事实的存在具有高度可能性的，应当认定该事实存在。

对一方当事人为反驳负有举证证明责任的当事人所主张事实而提供的证据，人民法院经审查并结合相关事实，认为待证事实真伪不明的，应当认定该事实不存在。

法律对于待证事实所应达到的证明标准另有规定的，从其规定。

第一百零九条　当事人对欺诈、胁迫、恶意串通事实的证明，以及对口头遗嘱或者赠与事实的证明，人民法院确信该待证事实存在的可能性能够排除合理怀疑的，应当认定该事实存在。

第一百一十条　人民法院认为有必要的，可以要求当事人本人到庭，就案件有关事实接受询问。在询问当事人之前，可以要求其签署保证书。

保证书应当载明据实陈述、如有虚假陈述愿意接受处罚等内容。当事人应当在保证书上签名或者捺印。

负有举证证明责任的当事人拒绝到庭、拒绝接受询问或者拒绝签署保证书，待证事实又欠缺其他证据证明的，人民法院对其主张的事实不予认定。

第一百一十一条　民事诉讼法第七十条规定的提交书证原件确有困难，包括下列情形：

（一）书证原件遗失、灭失或者毁损的；

（二）原件在对方当事人控制之下，经合法通知提交而拒不提交的；

（三）原件在他人控制之下，而其有权不提交的；

（四）原件因篇幅或者体积过大而不便提交的；

（五）承担举证证明责任的当事人通过申请人民法院调查收集或者其他方式

无法获得书证原件的。

前款规定情形，人民法院应当结合其他证据和案件具体情况，审查判断书证复制品等能否作为认定案件事实的根据。

第一百一十二条 书证在对方当事人控制之下的，承担举证证明责任的当事人可以在举证期限届满前书面申请人民法院责令对方当事人提交。

申请理由成立的，人民法院应当责令对方当事人提交，因提交书证所产生的费用，由申请人负担。对方当事人无正当理由拒不提交的，人民法院可以认定申请人所主张的书证内容为真实。

第一百一十三条 持有书证的当事人以妨碍对方当事人使用为目的，毁灭有关书证或者实施其他致使书证不能使用行为的，人民法院可以依照民事诉讼法第一百一十一条规定，对其处以罚款、拘留。

第一百一十四条 国家机关或者其他依法具有社会管理职能的组织，在其职权范围内制作的文书所记载的事项推定为真实，但有相反证据足以推翻的除外。必要时，人民法院可以要求制作文书的机关或者组织对文书的真实性予以说明。

第一百一十五条 单位向人民法院提出的证明材料，应当由单位负责人及制作证明材料的人员签名或者盖章，并加盖单位印章。人民法院就单位出具的证明材料，可以向单位及制作证明材料的人员进行调查核实。必要时，可以要求制作证明材料的人员出庭作证。

单位及制作证明材料的人员拒绝人民法院调查核实，或者制作证明材料的人员无正当理由拒绝出庭作证的，该证明材料不得作为认定案件事实的根据。

第一百一十六条 视听资料包括录音资料和影像资料。

电子数据是指通过电子邮件、电子数据交换、网上聊天记录、博客、微博客、手机短信、电子签名、域名等形成或者存储在电子介质中的信息。

存储在电子介质中的录音资料和影像资料，适用电子数据的规定。

第一百一十七条 当事人申请证人出庭作证的，应当在举证期限届满前提出。

符合本解释第九十六条第一款规定情形的，人民法院可以依职权通知证人出庭作证。

未经人民法院通知，证人不得出庭作证，但双方当事人同意并经人民法院准许的除外。

第一百一十八条 民事诉讼法第七十四条规定的证人因履行出庭作证义务而支出的交通、住宿、就餐等必要费用，按照机关事业单位工作人员差旅费用和补贴标准计算；误工损失按照国家上年度职工日平均工资标准计算。

人民法院准许证人出庭作证申请的，应当通知申请人预缴证人出庭作证费用。

第一百一十九条　人民法院在证人出庭作证前应当告知其如实作证的义务以及作伪证的法律后果，并责令其签署保证书，但无民事行为能力人和限制民事行为能力人除外。

证人签署保证书适用本解释关于当事人签署保证书的规定。

第一百二十条　证人拒绝签署保证书的，不得作证，并自行承担相关费用。

第一百二十一条　当事人申请鉴定，可以在举证期限届满前提出。申请鉴定的事项与待证事实无关联，或者对证明待证事实无意义的，人民法院不予准许。

人民法院准许当事人鉴定申请的，应当组织双方当事人协商确定具备相应资格的鉴定人。当事人协商不成的，由人民法院指定。

符合依职权调查收集证据条件的，人民法院应当依职权委托鉴定，在询问当事人的意见后，指定具备相应资格的鉴定人。

第一百二十二条　当事人可以依照民事诉讼法第七十九条的规定，在举证期限届满前申请一至二名具有专门知识的人出庭，代表当事人对鉴定意见进行质证，或者对案件事实所涉及的专业问题提出意见。

具有专门知识的人在法庭上就专业问题提出的意见，视为当事人的陈述。

人民法院准许当事人申请的，相关费用由提出申请的当事人负担。

第一百二十三条　人民法院可以对出庭的具有专门知识的人进行询问。经法庭准许，当事人可以对出庭的具有专门知识的人进行询问，当事人各自申请的具有专门知识的人可以就案件中的有关问题进行对质。

具有专门知识的人不得参与专业问题之外的法庭审理活动。

第一百二十四条　人民法院认为有必要的，可以根据当事人的申请或者依职权对物证或者现场进行勘验。勘验时应当保护他人的隐私和尊严。

人民法院可以要求鉴定人参与勘验。必要时，可以要求鉴定人在勘验中进行鉴定。

12. 最高人民法院关于民事诉讼证据的若干规定

（2001 年 12 月 6 日由最高人民法院审判委员会第 1201 次会议通过，2001 年 12 月 21 日以法释〔2001〕33 号公布，自 2002 年 4 月 1 日起施行，根据 2008 年 12 月 16 日发布的《最高人民法院关于调整司法解释等文件中引用〈中华人民共和国民事诉讼法〉条文序号的决定》调整）

为保证人民法院正确认定案件事实，公正、及时审理民事案件，保障和便利当事人依法行使诉讼权利，根据《中华人民共和国民事诉讼法》（以下简称《民事诉讼法》）等有关法律的规定，结合民事审判经验和实际情况，制定本规定。

一、当事人举证

第一条 原告向人民法院起诉或者被告提出反诉，应当附有符合起诉条件的相应的证据材料。

第二条 当事人对自己提出的诉讼请求所依据的事实或者反驳对方诉讼请求所依据的事实有责任提供证据加以证明。

没有证据或者证据不足以证明当事人的事实主张的，由负有举证责任的当事人承担不利后果。

第三条 人民法院应当向当事人说明举证的要求及法律后果，促使当事人在合理期限内积极、全面、正确、诚实地完成举证。

当事人因客观原因不能自行收集的证据，可申请人民法院调查收集。

第四条 下列侵权诉讼，按照以下规定承担举证责任：

（一）因新产品制造方法发明专利引起的专利侵权诉讼，由制造同样产品的单位或者个人对其产品制造方法不同于专利方法承担举证责任；

（二）高度危险作业致人损害的侵权诉讼，由加害人就受害人故意造成损害的事实承担举证责任；

（三）因环境污染引起的损害赔偿诉讼，由加害人就法律规定的免责事由及其行为与损害结果之间不存在因果关系承担举证责任；

（四）建筑物或者其他设施以及建筑物上的搁置物、悬挂物发生倒塌、脱落、坠落致人损害的侵权诉讼，由所有人或者管理人对其无过错承担举证责任；

（五）饲养动物致人损害的侵权诉讼，由动物饲养人或者管理人就受害人有过错或者第三人有过错承担举证责任；

（六）因缺陷产品致人损害的侵权诉讼，由产品的生产者就法律规定的免责事由承担举证责任；

（七）因共同危险行为致人损害的侵权诉讼，由实施危险行为的人就其行为与损害结果之间不存在因果关系承担举证责任；

（八）因医疗行为引起的侵权诉讼，由医疗机构就医疗行为与损害结果之间不存在因果关系及不存在医疗过错承担举证责任。

有关法律对侵权诉讼的举证责任有特殊规定的，从其规定。

第五条　在合同纠纷案件中，主张合同关系成立并生效的一方当事人对合同订立和生效的事实承担举证责任；主张合同关系变更、解除、终止、撤销的一方当事人对引起合同关系变动的事实承担举证责任。

对合同是否履行发生争议的，由负有履行义务的当事人承担举证责任。

对代理权发生争议的，由主张有代理权一方当事人承担举证责任。

第六条　在劳动争议纠纷案件中，因用人单位作出开除、除名、辞退、解除劳动合同、减少劳动报酬、计算劳动者工作年限等决定而发生劳动争议的，由用人单位负举证责任。

第七条　在法律没有具体规定，依本规定及其他司法解释无法确定举证责任承担时，人民法院可以根据公平原则和诚实信用原则，综合当事人举证能力等因素确定举证责任的承担。

第八条　诉讼过程中，一方当事人对另一方当事人陈述的案件事实明确表示承认的，另一方当事人无需举证。但涉及身份关系的案件除外。

对一方当事人陈述的事实，另一方当事人既未表示承认也未否认，经审判人员充分说明并询问后，其仍不明确表示肯定或者否定的，视为对该项事实的承认。

当事人委托代理人参加诉讼的，代理人的承认视为当事人的承认。但未经特别授权的代理人对事实的承认直接导致承认对方诉讼请求的除外；当事人在场但对其代理人的承认不作否认表示的，视为当事人的承认。

当事人在法庭辩论终结前撤回承认并经对方当事人同意，或者有充分证据证明其承认行为是在受胁迫或者重大误解情况下作出且与事实不符的，不能免除对方当事人的举证责任。

第九条 下列事实，当事人无需举证证明：

（一）众所周知的事实；

（二）自然规律及定理；

（三）根据法律规定或者已知事实和日常生活经验法则，能推定出的另一事实；

（四）已为人民法院发生法律效力的裁判所确认的事实；

（五）已为仲裁机构的生效裁决所确认的事实；

（六）已为有效公证文书所证明的事实。

前款（一）、（三）、（四）、（五）、（六）项，当事人有相反证据足以推翻的除外。

第十条 当事人向人民法院提供证据，应当提供原件或者原物。如需自己保存证据原件、原物或者提供原件、原物确有困难的，可以提供经人民法院核对无异的复制件或者复制品。

第十一条 当事人向人民法院提供的证据系在中华人民共和国领域外形成的，该证据应当经所在国公证机关予以证明，并经中华人民共和国驻该国使领馆予以认证，或者履行中华人民共和国与该所在国订立的有关条约中规定的证明手续。

当事人向人民法院提供的证据是在香港、澳门、台湾地区形成的，应当履行相关的证明手续。

第十二条 当事人向人民法院提供外文书证或者外文说明资料，应当附有中文译本。

第十三条 对双方当事人无争议但涉及国家利益、社会公共利益或者他人合法权益的事实，人民法院可以责令当事人提供有关证据。

第十四条 当事人应当对其提交的证据材料逐一分类编号，对证据材料的来源、证明对象和内容作简要说明，签名盖章，注明提交日期，并依照对方当事人人数提出副本。

人民法院收到当事人提交的证据材料，应当出具收据，注明证据的名称、份数和页数以及收到的时间，由经办人员签名或者盖章。

二、人民法院调查收集证据

第十五条 《民事诉讼法》第六十四条规定的"人民法院认为审理案件需要的证据"，是指以下情形：

（一）涉及可能有损国家利益、社会公共利益或者他人合法权益的事实；

（二）涉及依职权追加当事人、中止诉讼、终结诉讼、回避等与实体争议无关的程序事项。

第十六条　除本规定第十五条规定的情形外，人民法院调查收集证据，应当依当事人的申请进行。

第十七条　符合下列条件之一的，当事人及其诉讼代理人可以申请人民法院调查收集证据：

（一）申请调查收集的证据属于国家有关部门保存并须人民法院依职权调取的档案材料；

（二）涉及国家秘密、商业秘密、个人隐私的材料；

（三）当事人及其诉讼代理人确因客观原因不能自行收集的其他材料。

第十八条　当事人及其诉讼代理人申请人民法院调查收集证据，应当提交书面申请。申请书应当载明被调查人的姓名或者单位名称、住所地等基本情况、所要调查收集的证据的内容、需要由人民法院调查收集证据的原因及其要证明的事实。

第十九条　当事人及其诉讼代理人申请人民法院调查收集证据，不得迟于举证期限届满前七日。

人民法院对当事人及其诉讼代理人的申请不予准许的，应当向当事人或其诉讼代理人送达通知书。当事人及其诉讼代理人可以在收到通知书的次日起三日内向受理申请的人民法院书面申请复议一次。人民法院应当在收到复议申请之日起五日内作出答复。

第二十条　调查人员调查收集的书证，可以是原件，也可以是经核对无误的副本或者复制件。是副本或者复制件的，应当在调查笔录中说明来源和取证情况。

第二十一条　调查人员调查收集的物证应当是原物。被调查人提供原物确有困难的，可以提供复制品或者照片。提供复制品或者照片的，应当在调查笔录中说明取证情况。

第二十二条　调查人员调查收集计算机数据或者录音、录像等视听资料的，应当要求被调查人提供有关资料的原始载体。提供原始载体确有困难的，可以提供复制件。提供复制件的，调查人员应当在调查笔录中说明其来源和制作经过。

第二十三条　当事人依据《民事诉讼法》第七十四条的规定向人民法院申请保全证据，不得迟于举证期限届满前七日。

当事人申请保全证据的，人民法院可以要求其提供相应的担保。

法律、司法解释规定诉前保全证据的，依照其规定办理。

第二十四条 人民法院进行证据保全，可以根据具体情况，采取查封、扣押、拍照、录音、录像、复制、鉴定、勘验、制作笔录等方法。

人民法院进行证据保全，可以要求当事人或者诉讼代理人到场。

第二十五条 当事人申请鉴定，应当在举证期限内提出。符合本规定第二十七条规定的情形，当事人申请重新鉴定的除外。

对需要鉴定的事项负有举证责任的当事人，在人民法院指定的期限内无正当理由不提出鉴定申请或者不预交鉴定费用或者拒不提供相关材料，致使对案件争议的事实无法通过鉴定结论予以认定的，应当对该事实承担举证不能的法律后果。

第二十六条 当事人申请鉴定经人民法院同意后，由双方当事人协商确定有鉴定资格的鉴定机构、鉴定人员，协商不成的，由人民法院指定。

第二十七条 当事人对人民法院委托的鉴定部门作出的鉴定结论有异议申请重新鉴定，提出证据证明存在下列情形之一的，人民法院应予准许：

（一）鉴定机构或者鉴定人员不具备相关的鉴定资格的；

（二）鉴定程序严重违法的；

（三）鉴定结论明显依据不足的；

（四）经过质证认定不能作为证据使用的其他情形。

对有缺陷的鉴定结论，可以通过补充鉴定、重新质证或者补充质证等方法解决的，不予重新鉴定。

第二十八条 一方当事人自行委托有关部门作出的鉴定结论，另一方当事人有证据足以反驳并申请重新鉴定的，人民法院应予准许。

第二十九条 审判人员对鉴定人出具的鉴定书，应当审查是否具有下列内容：（一）委托人姓名或者名称、委托鉴定的内容；

（二）委托鉴定的材料；

（三）鉴定的依据及使用的科学技术手段；

（四）对鉴定过程的说明；

（五）明确的鉴定结论；

（六）对鉴定人鉴定资格的说明；

（七）鉴定人员及鉴定机构签名盖章。

第三十条 人民法院勘验物证或者现场，应当制作笔录，记录勘验的时间、地点、勘验人、在场人、勘验的经过、结果，由勘验人、在场人签名或者盖章。对于绘制的现场图应当注明绘制的时间、方位、测绘人姓名、身份等内容。

第三十一条 摘录有关单位制作的与案件事实相关的文件、材料，应当注明出处，并加盖制作单位或者保管单位的印章，摘录人和其他调查人员应当在摘录件上签名或者盖章。

摘录文件、材料应当保持内容相应的完整性，不得断章取义。

三、举证时限与证据交换

第三十二条 被告应当在答辩期届满前提出书面答辩，阐明其对原告诉讼请求及所依据的事实和理由的意见。

第三十三条 人民法院应当在送达案件受理通知书和应诉通知书的同时向当事人送达举证通知书。举证通知书应当载明举证责任的分配原则与要求、可以向人民法院申请调查取证的情形、人民法院根据案件情况指定的举证期限以及逾期提供证据的法律后果。

举证期限可以由当事人协商一致，并经人民法院认可。

由人民法院指定举证期限的，指定的期限不得少于三十日，自当事人收到案件受理通知书和应诉通知书的次日起计算。

第三十四条 当事人应当在举证期限内向人民法院提交证据材料，当事人在举证期限内不提交的，视为放弃举证权利。

对于当事人逾期提交的证据材料，人民法院审理时不组织质证。但对方当事人同意质证的除外。

当事人增加、变更诉讼请求或者提起反诉的，应当在举证期限届满前提出。

第三十五条 诉讼过程中，当事人主张的法律关系的性质或者民事行为的效力与人民法院根据案件事实作出的认定不一致的，不受本规定第三十四条规定的限制，人民法院应当告知当事人可以变更诉讼请求。

当事人变更诉讼请求的，人民法院应当重新指定举证期限。

第三十六条 当事人在举证期限内提交证据材料确有困难的，应当在举证期限内向人民法院申请延期举证，经人民法院准许，可以适当延长举证期限。当事人在延长的举证期限内提交证据材料仍有困难的，可以再次提出延期申请，是否准许由人民法院决定。

第三十七条 经当事人申请，人民法院可以组织当事人在开庭审理前交换证据。

人民法院对于证据较多或者复杂疑难的案件，应当组织当事人在答辩期届满后、开庭审理前交换证据。

第三十八条 交换证据的时间可以由当事人协商一致并经人民法院认可，

也可以由人民法院指定。

人民法院组织当事人交换证据的，交换证据之日举证期限届满。当事人申请延期举证经人民法院准许的，证据交换日相应顺延。

第三十九条 证据交换应当在审判人员的主持下进行。

在证据交换的过程中，审判人员对当事人无异议的事实、证据应当记录在卷；对有异议的证据，按照需要证明的事实分类记录在卷，并记载异议的理由。通过证据交换，确定双方当事人争议的主要问题。

第四十条 当事人收到对方交换的证据后提出反驳并提出新证据的，人民法院应当通知当事人在指定的时间进行交换。

证据交换一般不超过两次。但重大、疑难和案情特别复杂的案件，人民法院认为确有必要再次进行证据交换的除外。

第四十一条 《民事诉讼法》第一百二十五条第一款规定的"新的证据"，是指以下情形：

（一）一审程序中的新的证据包括：当事人在一审举证期限届满后新发现的证据；当事人确因客观原因无法在举证期限内提供，经人民法院准许，在延长的期限内仍无法提供的证据；

（二）二审程序中的新的证据包括：一审庭审结束后新发现的证据；当事人在一审举证期限届满前申请人民法院调查取证未获准许，二审法院经审查认为应当准许并依当事人申请调取的证据。

第四十二条 当事人在一审程序中提供新的证据的，应当在一审开庭前或者开庭审理时提出。

当事人在二审程序中提供新的证据的，应当在二审开庭前或者开庭审理时提出；二审不需要开庭审理的，应当在人民法院指定的期限内提出。

第四十三条 当事人举证期限届满后提供的证据不是新的证据的，人民法院不予采纳。

当事人经人民法院准许延期举证，但因客观原因未能在准许的期限内提供，且不审理该证据可能导致裁判明显不公的，其提供的证据可视为新的证据。

第四十四条 《民事诉讼法》第一百七十九条第一款第（一）项规定的"新的证据"，是指原审庭审结束后新发现的证据。

当事人在再审程序中提供新的证据的，应当在申请再审时提出。

第四十五条 一方当事人提出新的证据的，人民法院应当通知对方当事人在合理期限内提出意见或者举证。

第四十六条 由于当事人的原因未能在指定期限内举证，致使案件在二审或者再审期间因提出新的证据被人民法院发回重审或者改判的，原审裁判不属于错误裁判案件。一方当事人请求提出新的证据的另一方当事人负担由此增加的差旅、误工、证人出庭作证、诉讼等合理费用以及由此扩大的直接损失，人民法院应予支持。

四、质 证

第四十七条 证据应当在法庭上出示，由当事人质证。未经质证的证据，不能作为认定案件事实的依据。

当事人在证据交换过程中认可并记录在卷的证据，经审判人员在庭审中说明后，可以作为认定案件事实的依据。

第四十八条 涉及国家秘密、商业秘密和个人隐私或者法律规定的其他应当保密的证据，不得在开庭时公开质证。

第四十九条 对书证、物证、视听资料进行质证时，当事人有权要求出示证据的原件或者原物。但有下列情况之一的除外：

（一）出示原件或者原物确有困难并经人民法院准许出示复制件或者复制品的；

（二）原件或者原物已不存在，但有证据证明复制件、复制品与原件或原物一致的。

第五十条 质证时，当事人应当围绕证据的真实性、关联性、合法性，针对证据证明力有无以及证明力大小，进行质疑、说明与辩驳。

第五十一条 质证按下列顺序进行：

（一）原告出示证据，被告、第三人与原告进行质证；

（二）被告出示证据，原告、第三人与被告进行质证；

（三）第三人出示证据，原告、被告与第三人进行质证。

人民法院依照当事人申请调查收集的证据，作为提出申请的一方当事人提供的证据。

人民法院依照职权调查收集的证据应当在庭审时出示，听取当事人意见，并可就调查收集该证据的情况予以说明。

第五十二条 案件有两个以上独立的诉讼请求的，当事人可以逐个出示证据进行质证。

第五十三条 不能正确表达意志的人，不能作为证人。

待证事实与其年龄、智力状况或者精神健康状况相适应的无民事行为能力人和限制民事行为能力人，可以作为证人。

第五十四条 当事人申请证人出庭作证，应当在举证期限届满十日前提出，并经人民法院许可。

人民法院对当事人的申请予以准许的，应当在开庭审理前通知证人出庭作证，并告知其应当如实作证及作伪证的法律后果。

证人因出庭作证而支出的合理费用，由提供证人的一方当事人先行支付，由败诉一方当事人承担。

第五十五条 证人应当出庭作证，接受当事人的质询。

证人在人民法院组织双方当事人交换证据时出席陈述证言的，可视为出庭作证。

第五十六条 《民事诉讼法》第七十条规定的"证人确有困难不能出庭"，是指有下列情形：

（一）年迈体弱或者行动不便无法出庭的；

（二）特殊岗位确实无法离开的；

（三）路途特别遥远，交通不便难以出庭的；

（四）因自然灾害等不可抗力的原因无法出庭的；

（五）其他无法出庭的特殊情况。

前款情形，经人民法院许可，证人可以提交书面证言或者视听资料或者通过双向视听传输技术手段作证。

第五十七条 出庭作证的证人应当客观陈述其亲身感知的事实。证人为聋哑人的，可以其他表达方式作证。

证人作证时，不得使用猜测、推断或者评论性的语言。

第五十八条 审判人员和当事人可以对证人进行询问。证人不得旁听法庭审理；询问证人时，其他证人不得在场。人民法院认为有必要的，可以让证人进行对质。

第五十九条 鉴定人应当出庭接受当事人质询。

鉴定人确因特殊原因无法出庭的，经人民法院准许，可以书面答复当事人的质询。

第六十条 经法庭许可，当事人可以向证人、鉴定人、勘验人发问。

询问证人、鉴定人、勘验人不得使用威胁、侮辱及不适当引导证人的言语和方式。

第六十一条 当事人可以向人民法院申请由一至二名具有专门知识的人员出庭就案件的专门性问题进行说明。人民法院准许其申请的，有关费用由提出申请的当事人负担。

审判人员和当事人可以对出庭的具有专门知识的人员进行询问。

经人民法院准许，可以由当事人各自申请的具有专门知识的人员就有案件中的问题进行对质。

具有专门知识的人员可以对鉴定人进行询问。

第六十二条 法庭应当将当事人的质证情况记入笔录，并由当事人核对后签名或者盖章。

五、证据的审核认定

第六十三条 人民法院应当以证据能够证明的案件事实为依据依法作出裁判。

第六十四条 审判人员应当依照法定程序，全面、客观地审核证据，依据法律的规定，遵循法官职业道德，运用逻辑推理和日常生活经验，对证据有无证明力和证明力大小独立进行判断，并公开判断的理由和结果。

第六十五条 审判人员对单一证据可以从下列方面进行审核认定：

（一）证据是否原件、原物，复印件、复制品与原件、原物是否相符；

（二）证据与本案事实是否相关；

（三）证据的形式、来源是否符合法律规定；

（四）证据的内容是否真实；

（五）证人或者提供证据的人，与当事人有无利害关系。

第六十六条 审判人员对案件的全部证据，应当从各证据与案件事实的关联程度、各证据之间的联系等方面进行综合审查判断。

第六十七条 在诉讼中，当事人为达成调解协议或者和解的目的作出妥协所涉及的对案件事实的认可，不得在其后的诉讼中作为对其不利的证据。

第六十八条 以侵害他人合法权益或者违反法律禁止性规定的方法取得的证据，不能作为认定案件事实的依据。

第六十九条 下列证据不能单独作为认定案件事实的依据：

（一）未成年人所作的与其年龄和智力状况不相当的证言；

（二）与一方当事人或者其代理人有利害关系的证人出具的证言；

（三）存有疑点的视听资料；

（四）无法与原件、原物核对的复印件、复制品；

（五）无正当理由未出庭作证的证人证言。

第七十条 一方当事人提出的下列证据，对方当事人提出异议但没有足以反驳的相反证据的，人民法院应当确认其证明力：

（一）书证原件或者与书证原件核对无误的复印件、照片、副本、节录本；

（二）物证原物或者与物证原物核对无误的复制件、照片、录像资料等；

（三）有其他证据佐证并以合法手段取得的、无疑点的视听资料或者与视听资料核对无误的复制件；

（四）一方当事人申请人民法院依照法定程序制作的对物证或者现场的勘验笔录。

第七十一条 人民法院委托鉴定部门作出的鉴定结论，当事人没有足以反驳的相反证据和理由的，可以认定其证明力。

第七十二条 一方当事人提出的证据，另一方当事人认可或者提出的相反证据不足以反驳的，人民法院可以确认其证明力。

一方当事人提出的证据，另一方当事人有异议并提出反驳证据，对方当事人对反驳证据认可的，可以确认反驳证据的证明力。

第七十三条 双方当事人对同一事实分别举出相反的证据，但都没有足够的依据否定对方证据的，人民法院应当结合案件情况，判断一方提供证据的证明力是否明显大于另一方提供证据的证明力，并对证明力较大的证据予以确认。

因证据的证明力无法判断导致争议事实难以认定的，人民法院应当依据举证责任分配的规则作出裁判。

第七十四条 诉讼过程中，当事人在起诉状、答辩状、陈述及其委托代理人的代理词中承认的对己方不利的事实和认可的证据，人民法院应当予以确认，但当事人反悔并有相反证据足以推翻的除外。

第七十五条 有证据证明一方当事人持有证据无正当理由拒不提供，如果对方当事人主张该证据的内容不利于证据持有人，可以推定该主张成立。

第七十六条 当事人对自己的主张，只有本人陈述而不能提出其他相关证据的，其主张不予支持。但对方当事人认可的除外。

第七十七条 人民法院就数个证据对同一事实的证明力，可以依照下列原则认定：

（一）国家机关、社会团体依职权制作的公文书证的证明力一般大于其他书证；

（二）物证、档案、鉴定结论、勘验笔录或者经过公证、登记的书证，其证明力一般大于其他书证、视听资料和证人证言；

（三）原始证据的证明力一般大于传来证据；

（四）直接证据的证明力一般大于间接证据；

（五）证人提供的对与其有亲属或者其他密切关系的当事人有利的证言，其证明力一般小于其他证人证言。

第七十八条　人民法院认定证人证言，可以通过对证人的智力状况、品德、知识、经验、法律意识和专业技能等的综合分析作出判断。

第七十九条　人民法院应当在裁判文书中阐明证据是否采纳的理由。

对当事人无争议的证据，是否采纳的理由可以不在裁判文书中表述。

六、其　他

第八十条　对证人、鉴定人、勘验人的合法权益依法予以保护。

当事人或者其他诉讼参与人伪造、毁灭证据，提供假证据，阻止证人作证，指使、贿买、胁迫他人作伪证，或者对证人、鉴定人、勘验人打击报复的，依照《民事诉讼法》第一百零二条的规定处理。

第八十一条　人民法院适用简易程序审理案件，不受本解释中第三十二条、第三十三条第三款和第七十九条规定的限制。

第八十二条　本院过去的司法解释，与本规定不一致的，以本规定为准。

第八十三条　本规定施行后受理的再审民事案件，人民法院依据《民事诉讼法》第一百八十六条的规定进行审理的，适用本规定。

本规定施行前已经审理终结的民事案件，当事人以违反本规定为由申请再审的，人民法院不予支持。

本规定施行后受理的再审民事案件，人民法院依据《民事诉讼法》第一百八十四条的规定进行审理的，适用本规定。

第二章
特殊责任主体部分

1. 中华人民共和国教育法

（1995 年 3 月 18 日第八届全国人民代表大会第三次会议通过，根据 2009 年 8 月 27 日第十一届全国人民代表大会常务委员会第十次会议《关于修改部分法律的决定》第一次修正，根据 2015 年 12 月 27 日第十二届全国人民代表大会常务委员会第十八次会议《关于修改〈中华人民共和国教育法〉的决定》第二次修正）

第一章　总　则

第一条　为了发展教育事业，提高全民族的素质，促进社会主义物质文明和精神文明建设，根据宪法，制定本法。

第二条　在中华人民共和国境内的各级各类教育，适用本法。

第三条　国家坚持以马克思列宁主义、毛泽东思想和建设有中国特色社会主义理论为指导，遵循宪法确定的基本原则，发展社会主义的教育事业。

第四条　教育是社会主义现代化建设的基础，国家保障教育事业优先发展。

全社会应当关心和支持教育事业的发展。

全社会应当尊重教师。

第五条　教育必须为社会主义现代化建设服务、为人民服务，必须与生产劳动和社会实践相结合，培养德、智、体、美等方面全面发展的社会主义建设者和接班人。

第六条　教育应当坚持立德树人，对受教育者加强社会主义核心价值观教育，增强受教育者的社会责任感、创新精神和实践能力。

国家在受教育者中进行爱国主义、集体主义、中国特色社会主义的教育，进行理想、道德、纪律、法治、国防和民族团结的教育。

第七条 教育应当继承和弘扬中华民族优秀的历史文化传统，吸收人类文明发展的一切优秀成果。

第八条 教育活动必须符合国家和社会公共利益。

国家实行教育与宗教相分离。任何组织和个人不得利用宗教进行妨碍国家教育制度的活动。

第九条 中华人民共和国公民有受教育的权利和义务。

公民不分民族、种族、性别、职业、财产状况、宗教信仰等，依法享有平等的受教育机会。

第十条 国家根据各少数民族的特点和需要，帮助各少数民族地区发展教育事业。

国家扶持边远贫困地区发展教育事业。

国家扶持和发展残疾人教育事业。

第十一条 国家适应社会主义市场经济发展和社会进步的需要，推进教育改革，推动各级各类教育协调发展、衔接融通，完善现代国民教育体系，健全终身教育体系，提高教育现代化水平。

国家采取措施促进教育公平，推动教育均衡发展。

国家支持、鼓励和组织教育科学研究，推广教育科学研究成果，促进教育质量提高。

第十二条 国家通用语言文字为学校及其他教育机构的基本教育教学语言文字，学校及其他教育机构应当使用国家通用语言文字进行教育教学。

民族自治地方以少数民族学生为主的学校及其他教育机构，从实际出发，使用国家通用语言文字和本民族或者当地民族通用的语言文字实施双语教育。

国家采取措施，为少数民族学生为主的学校及其他教育机构实施双语教育提供条件和支持。

第十三条 国家对发展教育事业做出突出贡献的组织和个人，给予奖励。

第十四条 国务院和地方各级人民政府根据分级管理、分工负责的原则，领导和管理教育工作。

中等及中等以下教育在国务院领导下，由地方人民政府管理。

高等教育由国务院和省、自治区、直辖市人民政府管理。

第十五条 国务院教育行政部门主管全国教育工作，统筹规划、协调管理全国的教育事业。

县级以上地方各级人民政府教育行政部门主管本行政区域内的教育工作。

县级以上各级人民政府其他有关部门在各自的职责范围内，负责有关的教育工作。

第十六条 国务院和县级以上地方各级人民政府应当向本级人民代表大会或者其常务委员会报告教育工作和教育经费预算、决算情况，接受监督。

第二章 教育基本制度

第十七条 国家实行学前教育、初等教育、中等教育、高等教育的学校教育制度。

国家建立科学的学制系统。学制系统内的学校和其他教育机构的设置、教育形式、修业年限、招生对象、培养目标等，由国务院或者由国务院授权教育行政部门规定。

第十八条 国家制定学前教育标准，加快普及学前教育，构建覆盖城乡，特别是农村的学前教育公共服务体系。

各级人民政府应当采取措施，为适龄儿童接受学前教育提供条件和支持。

第十九条 国家实行九年制义务教育制度。

各级人民政府采取各种措施保障适龄儿童、少年就学。

适龄儿童、少年的父母或者其他监护人以及有关社会组织和个人有义务使适龄儿童、少年接受并完成规定年限的义务教育。

第二十条 国家实行职业教育制度和继续教育制度。

各级人民政府、有关行政部门和行业组织以及企业事业组织应当采取措施，发展并保障公民接受职业学校教育或者各种形式的职业培训。

国家鼓励发展多种形式的继续教育，使公民接受适当形式的政治、经济、文化、科学、技术、业务等方面的教育，促进不同类型学习成果的互认和衔接，推动全民终身学习。

第二十一条 国家实行国家教育考试制度。

国家教育考试由国务院教育行政部门确定种类，并由国家批准的实施教育考试的机构承办。

第二十二条 国家实行学业证书制度。

经国家批准设立或者认可的学校及其他教育机构按照国家有关规定，颁发学历证书或者其他学业证书。

第二十三条 国家实行学位制度。

学位授予单位依法对达到一定学术水平或者专业技术水平的人员授予相应的学位，颁发学位证书。

第二十四条　各级人民政府、基层群众性自治组织和企业事业组织应当采取各种措施，开展扫除文盲的教育工作。

按照国家规定具有接受扫除文盲教育能力的公民，应当接受扫除文盲的教育。

第二十五条　国家实行教育督导制度和学校及其他教育机构教育评估制度。

第三章　学校及其他教育机构

第二十六条　国家制定教育发展规划，并举办学校及其他教育机构。

国家鼓励企业事业组织、社会团体、其他社会组织及公民个人依法举办学校及其他教育机构。

国家举办学校及其他教育机构，应当坚持勤俭节约的原则。

以财政性经费、捐赠资产举办或者参与举办的学校及其他教育机构不得设立为营利性组织。

第二十七条　设立学校及其他教育机构，必须具备下列基本条件：

（一）有组织机构和章程；

（二）有合格的教师；

（三）有符合规定标准的教学场所及设施、设备等；

（四）有必备的办学资金和稳定的经费来源。

第二十八条　学校及其他教育机构的设立、变更和终止，应当按照国家有关规定办理审核、批准、注册或者备案手续。

第二十九条　学校及其他教育机构行使下列权利：

（一）按照章程自主管理；

（二）组织实施教育教学活动；

（三）招收学生或者其他受教育者；

（四）对受教育者进行学籍管理，实施奖励或者处分；

（五）对受教育者颁发相应的学业证书；

（六）聘任教师及其他职工，实施奖励或者处分；

（七）管理、使用本单位的设施和经费；

（八）拒绝任何组织和个人对教育教学活动的非法干涉；

（九）法律、法规规定的其他权利。

国家保护学校及其他教育机构的合法权益不受侵犯。

第三十条 学校及其他教育机构应当履行下列义务：

（一）遵守法律、法规；

（二）贯彻国家的教育方针，执行国家教育教学标准，保证教育教学质量；

（三）维护受教育者、教师及其他职工的合法权益；

（四）以适当方式为受教育者及其监护人了解受教育者的学业成绩及其他有关情况提供便利；

（五）遵照国家有关规定收取费用并公开收费项目；

（六）依法接受监督。

第三十一条 学校及其他教育机构的举办者按照国家有关规定，确定其所举办的学校或者其他教育机构的管理体制。

学校及其他教育机构的校长或者主要行政负责人必须由具有中华人民共和国国籍、在中国境内定居、并具备国家规定任职条件的公民担任，其任免按照国家有关规定办理。学校的教学及其他行政管理，由校长负责。

学校及其他教育机构应当按照国家有关规定，通过以教师为主体的教职工代表大会等组织形式，保障教职工参与民主管理和监督。

第三十二条 学校及其他教育机构具备法人条件的，自批准设立或者登记注册之日起取得法人资格。

学校及其他教育机构在民事活动中依法享有民事权利，承担民事责任。

学校及其他教育机构中的国有资产属于国家所有。

学校及其他教育机构兴办的校办产业独立承担民事责任。

第四章 教师和其他教育工作者

第三十三条 教师享有法律规定的权利，履行法律规定的义务，忠诚于人民的教育事业。

第三十四条 国家保护教师的合法权益，改善教师的工作条件和生活条件，提高教师的社会地位。

教师的工资报酬、福利待遇，依照法律、法规的规定办理。

第三十五条 国家实行教师资格、职务、聘任制度，通过考核、奖励、培养和培训，提高教师素质，加强教师队伍建设。

第三十六条 学校及其他教育机构中的管理人员，实行教育职员制度。

学校及其他教育机构中的教学辅助人员和其他专业技术人员，实行专业技术职务聘任制度。

第五章　受教育者

第三十七条　受教育者在入学、升学、就业等方面依法享有平等权利。

学校和有关行政部门应当按照国家有关规定，保障女子在入学、升学、就业、授予学位、派出留学等方面享有同男子平等的权利。

第三十八条　国家、社会对符合入学条件、家庭经济困难的儿童、少年、青年，提供各种形式的资助。

第三十九条　国家、社会、学校及其他教育机构应当根据残疾人身心特性和需要实施教育，并为其提供帮助和便利。

第四十条　国家、社会、家庭、学校及其他教育机构应当为有违法犯罪行为的未成年人接受教育创造条件。

第四十一条　从业人员有依法接受职业培训和继续教育的权利和义务。

国家机关、企业事业组织和其他社会组织，应当为本单位职工的学习和培训提供条件和便利。

第四十二条　国家鼓励学校及其他教育机构、社会组织采取措施，为公民接受终身教育创造条件。

第四十三条　受教育者享有下列权利：

（一）参加教育教学计划安排的各种活动，使用教育教学设施、设备、图书资料；

（二）按照国家有关规定获得奖学金、贷学金、助学金；

（三）在学业成绩和品行上获得公正评价，完成规定的学业后获得相应的学业证书、学位证书；

（四）对学校给予的处分不服向有关部门提出申诉，对学校、教师侵犯其人身权、财产权等合法权益，提出申诉或者依法提起诉讼；

（五）法律、法规规定的其他权利。

第四十四条　受教育者应当履行下列义务：

（一）遵守法律、法规；

（二）遵守学生行为规范，尊敬师长，养成良好的思想品德和行为习惯；

（三）努力学习，完成规定的学习任务；

（四）遵守所在学校或者其他教育机构的管理制度。

第四十五条　教育、体育、卫生行政部门和学校及其他教育机构应当完善体育、卫生保健设施，保护学生的身心健康。

第六章　教育与社会

第四十六条　国家机关、军队、企业事业组织、社会团体及其他社会组织和个人，应当依法为儿童、少年、青年学生的身心健康成长创造良好的社会环境。

第四十七条　国家鼓励企业事业组织、社会团体及其他社会组织同高等学校、中等职业学校在教学、科研、技术开发和推广等方面进行多种形式的合作。

企业事业组织、社会团体及其他社会组织和个人，可以通过适当形式，支持学校的建设，参与学校管理。

第四十八条　国家机关、军队、企业事业组织及其他社会组织应当为学校组织的学生实习、社会实践活动提供帮助和便利。

第四十九条　学校及其他教育机构在不影响正常教育教学活动的前提下，应当积极参加当地的社会公益活动。

第五十条　未成年人的父母或者其他监护人应当为其未成年子女或者其他被监护人受教育提供必要条件。

未成年人的父母或者其他监护人应当配合学校及其他教育机构，对其未成年子女或者其他被监护人进行教育。

学校、教师可以对学生家长提供家庭教育指导。

第五十一条　图书馆、博物馆、科技馆、文化馆、美术馆、体育馆（场）等社会公共文化体育设施，以及历史文化古迹和革命纪念馆（地），应当对教师、学生实行优待，为受教育者接受教育提供便利。

广播、电视台（站）应当开设教育节目，促进受教育者思想品德、文化和科学技术素质的提高。

第五十二条　国家、社会建立和发展对未成年人进行校外教育的设施。

学校及其他教育机构应当同基层群众性自治组织、企业事业组织、社会团体相互配合，加强对未成年人的校外教育工作。

第五十三条　国家鼓励社会团体、社会文化机构及其他社会组织和个人开展有益于受教育者身心健康的社会文化教育活动。

第七章　教育投入与条件保障

第五十四条　国家建立以财政拨款为主、其他多种渠道筹措教育经费为辅的体制，逐步增加对教育的投入，保证国家举办的学校教育经费的稳定来源。

企业事业组织、社会团体及其他社会组织和个人依法举办的学校及其他教育机构，办学经费由举办者负责筹措，各级人民政府可以给予适当支持。

第五十五条 国家财政性教育经费支出占国民生产总值的比例应当随着国民经济的发展和财政收入的增长逐步提高。具体比例和实施步骤由国务院规定。

全国各级财政支出总额中教育经费所占比例应当随着国民经济的发展逐步提高。

第五十六条 各级人民政府的教育经费支出，按照事权和财权相统一的原则，在财政预算中单独列项。

各级人民政府教育财政拨款的增长应当高于财政经常性收入的增长，并使按在校学生人数平均的教育费用逐步增长，保证教师工资和学生人均公用经费逐步增长。

第五十七条 国务院及县级以上地方各级人民政府应当设立教育专项资金，重点扶持边远贫困地区、少数民族地区实施义务教育。

第五十八条 税务机关依法足额征收教育费附加，由教育行政部门统筹管理，主要用于实施义务教育。

省、自治区、直辖市人民政府根据国务院的有关规定，可以决定开征用于教育的地方附加费，专款专用。

第五十九条 国家采取优惠措施，鼓励和扶持学校在不影响正常教育教学的前提下开展勤工俭学和社会服务，兴办校办产业。

第六十条 国家鼓励境内、境外社会组织和个人捐资助学。

第六十一条 国家财政性教育经费、社会组织和个人对教育的捐赠，必须用于教育，不得挪用、克扣。

第六十二条 国家鼓励运用金融、信贷手段，支持教育事业的发展。

第六十三条 各级人民政府及其教育行政部门应当加强对学校及其他教育机构教育经费的监督管理，提高教育投资效益。

第六十四条 地方各级人民政府及其有关行政部门必须把学校的基本建设纳入城乡建设规划，统筹安排学校的基本建设用地及所需物资，按照国家有关规定实行优先、优惠政策。

第六十五条 各级人民政府对教科书及教学用图书资料的出版发行，对教学仪器、设备的生产和供应，对用于学校教育教学和科学研究的图书资料、教学仪器、设备的进口，按照国家有关规定实行优先、优惠政策。

第六十六条 国家推进教育信息化，加快教育信息基础设施建设，利用信息技术促进优质教育资源普及共享，提高教育教学水平和教育管理水平。

县级以上人民政府及其有关部门应当发展教育信息技术和其他现代化教学

方式，有关行政部门应当优先安排，给予扶持。

国家鼓励学校及其他教育机构推广运用现代化教学方式。

第八章　教育对外交流与合作

第六十七条　国家鼓励开展教育对外交流与合作，支持学校及其他教育机构引进优质教育资源，依法开展中外合作办学，发展国际教育服务，培养国际化人才。

教育对外交流与合作坚持独立自主、平等互利、相互尊重的原则，不得违反中国法律，不得损害国家主权、安全和社会公共利益。

第六十八条　中国境内公民出国留学、研究、进行学术交流或者任教，依照国家有关规定办理。

第六十九条　中国境外个人符合国家规定的条件并办理有关手续后，可以进入中国境内学校及其他教育机构学习、研究、进行学术交流或者任教，其合法权益受国家保护。

第七十条　中国对境外教育机构颁发的学位证书、学历证书及其他学业证书的承认，依照中华人民共和国缔结或者加入的国际条约办理，或者按照国家有关规定办理。

第九章　法律责任

第七十一条　违反国家有关规定，不按照预算核拨教育经费的，由同级人民政府限期核拨；情节严重的，对直接负责的主管人员和其他直接责任人员，依法给予处分。

违反国家财政制度、财务制度，挪用、克扣教育经费的，由上级机关责令限期归还被挪用、克扣的经费，并对直接负责的主管人员和其他直接责任人员，依法给予处分；构成犯罪的，依法追究刑事责任。

第七十二条　结伙斗殴、寻衅滋事，扰乱学校及其他教育机构教育教学秩序或者破坏校舍、场地及其他财产的，由公安机关给予治安管理处罚；构成犯罪的，依法追究刑事责任。

侵占学校及其他教育机构的校舍、场地及其他财产的，依法承担民事责任。

第七十三条　明知校舍或者教育教学设施有危险，而不采取措施，造成人员伤亡或者重大财产损失的，对直接负责的主管人员和其他直接责任人员，依法追究刑事责任。

第七十四条　违反国家有关规定，向学校或者其他教育机构收取费用的，由政府责令退还所收费用；对直接负责的主管人员和其他直接责任人员，依法给予处分。

第七十五条　违反国家有关规定，举办学校或者其他教育机构的，由教育行政部门或者其他有关行政部门予以撤销；有违法所得的，没收违法所得；对直接负责的主管人员和其他直接责任人员，依法给予处分。

第七十六条　学校或者其他教育机构违反国家有关规定招收学生的，由教育行政部门或者其他有关行政部门责令退回招收的学生，退还所收费用；对学校、其他教育机构给予警告，可以处违法所得五倍以下罚款；情节严重的，责令停止相关招生资格一年以上三年以下，直至撤销招生资格、吊销办学许可证；对直接负责的主管人员和其他直接责任人员，依法给予处分；构成犯罪的，依法追究刑事责任。

第七十七条　在招收学生工作中徇私舞弊的，由教育行政部门或者其他有关行政部门责令退回招收的人员；对直接负责的主管人员和其他直接责任人员，依法给予处分；构成犯罪的，依法追究刑事责任。

第七十八条　学校及其他教育机构违反国家有关规定向受教育者收取费用的，由教育行政部门或者其他有关行政部门责令退还所收费用；对直接负责的主管人员和其他直接责任人员，依法给予处分。

第七十九条　考生在国家教育考试中有下列行为之一的，由组织考试的教育考试机构工作人员在考试现场采取必要措施予以制止并终止其继续参加考试；组织考试的教育考试机构可以取消其相关考试资格或者考试成绩；情节严重的，由教育行政部门责令停止参加相关国家教育考试一年以上三年以下；构成违反治安管理行为的，由公安机关依法给予治安管理处罚；构成犯罪的，依法追究刑事责任：

（一）非法获取考试试题或者答案的；

（二）携带或者使用考试作弊器材、资料的；

（三）抄袭他人答案的；

（四）让他人代替自己参加考试的；

（五）其他以不正当手段获得考试成绩的作弊行为。

第八十条　任何组织或者个人在国家教育考试中有下列行为之一，有违法所得的，由公安机关没收违法所得，并处违法所得一倍以上五倍以下罚款；情节严重的，处五日以上十五日以下拘留；构成犯罪的，依法追究刑事责任；属于国家机关工作人员的，还应当依法给予处分：

（一）组织作弊的；

（二）通过提供考试作弊器材等方式为作弊提供帮助或者便利的；

（三）代替他人参加考试的；

（四）在考试结束前泄露、传播考试试题或者答案的；

（五）其他扰乱考试秩序的行为。

第八十一条 举办国家教育考试，教育行政部门、教育考试机构疏于管理，造成考场秩序混乱、作弊情况严重的，对直接负责的主管人员和其他直接责任人员，依法给予处分；构成犯罪的，依法追究刑事责任。

第八十二条 学校或者其他教育机构违反本法规定，颁发学位证书、学历证书或者其他学业证书的，由教育行政部门或者其他有关行政部门宣布证书无效，责令收回或者予以没收；有违法所得的，没收违法所得；情节严重的，责令停止相关招生资格一年以上三年以下，直至撤销招生资格、颁发证书资格；对直接负责的主管人员和其他直接责任人员，依法给予处分。

前款规定以外的任何组织或者个人制造、销售、颁发假冒学位证书、学历证书或者其他学业证书，构成违反治安管理行为的，由公安机关依法给予治安管理处罚；构成犯罪的，依法追究刑事责任。

以作弊、剽窃、抄袭等欺诈行为或者其他不正当手段获得学位证书、学历证书或者其他学业证书的，由颁发机构撤销相关证书。购买、使用假冒学位证书、学历证书或者其他学业证书，构成违反治安管理行为的，由公安机关依法给予治安管理处罚。

第八十三条 违反本法规定，侵犯教师、受教育者、学校或者其他教育机构的合法权益，造成损失、损害的，应当依法承担民事责任。

第十章 附 则

第八十四条 军事学校教育由中央军事委员会根据本法的原则规定。

宗教学校教育由国务院另行规定。

第八十五条 境外的组织和个人在中国境内办学和合作办学的办法，由国务院规定。

第八十六条 本法自 1995 年 9 月 1 日起施行。

2. 学生伤害事故处理办法

［2002 年 8 月 21 日发布，教育部令第 12 号，依据《教育部关于修改和废止部分规章的决定》（教育部令第 30 号）修改第八条］

第一章　总　则

第一条　为积极预防、妥善处理在校学生伤害事故，保护学生、学校的合法权益，根据《中华人民共和国教育法》《中华人民共和国未成年人保护法》和其他相关法律、行政法规及有关规定，制定本办法。

第二条　在学校实施的教育教学活动或者学校组织的校外活动中，以及在学校负有管理责任的校舍、场地、其他教育教学设施、生活设施内发生的，造成在校学生人身损害后果的事故的处理，适用本办法。

第三条　学生伤害事故应当遵循依法、客观公正、合理适当的原则，及时、妥善地处理。

第四条　学校的举办者应当提供符合安全标准的校舍、场地、其他教育教学设施和生活设施。

教育行政部门应当加强学校安全工作，指导学校落实预防学生伤害事故的措施，指导、协助学校妥善处理学生伤害事故，维护学校正常的教育教学秩序。

第五条　学校应当对在校学生进行必要的安全教育和自护自救教育；应当按照规定，建立健全安全制度，采取相应的管理措施，预防和消除教育教学环境中存在的安全隐患；当发生伤害事故时，应当及时采取措施救助受伤学生。

学校对学生进行安全教育、管理和保护，应当针对学生年龄、认知能力和法律行为能力的不同，采用相应的内容和预防措施。

第六条　学生应当遵守学校的规章制度和纪律；在不同的受教育阶段，应当根据自身的年龄、认知能力和法律行为能力，避免和消除相应的危险。

第七条　未成年学生的父母或者其他监护人（以下称为监护人）应当依法履行监护职责，配合学校对学生进行安全教育、管理和保护工作。

学校对未成年学生不承担监护职责，但法律有规定的或者学校依法接受委托承担相应监护职责的情形除外。

第二章 事故与责任

第八条 发生学生伤害事故，造成学生人身损害的，学校应当按照《中华人民共和国侵权责任法》及相关法律、法规的规定，承担相应的事故责任。

第九条 因下列情形之一造成的学生伤害事故，学校应当依法承担相应的责任：

（一）学校的校舍、场地、其他公共设施，以及学校提供给学生使用的学具、教育教学和生活设施、设备不符合国家规定的标准，或者有明显不安全因素的；

（二）学校的安全保卫、消防、设施设备管理等安全管理制度有明显疏漏，或者管理混乱，存在重大安全隐患，而未及时采取措施的；

（三）学校向学生提供的药品、食品、饮用水等不符合国家或者行业的有关标准、要求的；

（四）学校组织学生参加教育教学活动或者校外活动，未对学生进行相应的安全教育，并未在可预见的范围内采取必要的安全措施的；

（五）学校知道教师或者其他工作人员患有不适宜担任教育教学工作的疾病，但未采取必要措施的；

（六）学校违反有关规定，组织或者安排未成年学生从事不宜未成年人参加的劳动、体育运动或者其他活动的；

（七）学生有特异体质或者特定疾病，不宜参加某种教育教学活动，学校知道或者应当知道，但未予以必要的注意的；

（八）学生在校期间突发疾病或者受到伤害，学校发现，但未根据实际情况及时采取相应措施，导致不良后果加重的；

（九）学校教师或者其他工作人员体罚或者变相体罚学生，或者在履行职责过程中违反工作要求、操作规程、职业道德或者其他有关规定的；

（十）学校教师或者其他工作人员在负有组织、管理未成年学生的职责期间，发现学生行为具有危险性，但未进行必要的管理、告诫或者制止的；

（十一）对未成年学生擅自离校等与学生人身安全直接相关的信息，学校发现或者知道，但未及时告知未成年学生的监护人，导致未成年学生因脱离监护人的保护而发生伤害的；

（十二）学校有未依法履行职责的其他情形的。

第十条 学生或者未成年学生监护人由于过错，有下列情形之一，造成学生伤害事故，应当依法承担相应的责任：

（一）学生违反法律法规的规定，违反社会公共行为准则、学校的规章制度或者纪律，实施按其年龄和认知能力应当知道具有危险或者可能危及他人的行为的；

（二）学生行为具有危险性，学校、教师已经告诫、纠正，但学生不听劝阻、拒不改正的；

（三）学生或者其监护人知道学生有特异体质，或者患有特定疾病，但未告知学校的；

（四）未成年学生的身体状况、行为、情绪等有异常情况，监护人知道或者已被学校告知，但未履行相应监护职责的；

（五）学生或者未成年学生监护人有其他过错的。

第十一条　学校安排学生参加活动，因提供场地、设备、交通工具、食品及其他消费与服务的经营者，或者学校以外的活动组织者的过错造成的学生伤害事故，有过错的当事人应当依法承担相应的责任。

第十二条　因下列情形之一造成的学生伤害事故，学校已履行了相应职责，行为并无不当的，无法律责任：

（一）地震、雷击、台风、洪水等不可抗的自然因素造成的；

（二）来自学校外部的突发性、偶发性侵害造成的；

（三）学生有特异体质、特定疾病或者异常心理状态，学校不知道或者难于知道的；

（四）学生自杀、自伤的；

（五）在对抗性或者具有风险性的体育竞赛活动中发生意外伤害的；

（六）其他意外因素造成的。

第十三条　下列情形下发生的造成学生人身损害后果的事故，学校行为并无不当的，不承担事故责任；事故责任应当按有关法律法规或者其他有关规定认定：

（一）在学生自行上学、放学、返校、离校途中发生的；

（二）在学生自行外出或者擅自离校期间发生的；

（三）在放学后、节假日或者假期等学校工作时间以外，学生自行滞留学校或者自行到校发生的；

（四）其他在学校管理职责范围外发生的。

第十四条　因学校教师或者其他工作人员与其职务无关的个人行为，或者因学生、教师及其他个人故意实施的违法犯罪行为，造成学生人身损害的，由致害人依法承担相应的责任。

第三章 事故处理程序

第十五条 发生学生伤害事故，学校应当及时救助受伤害学生，并应当及时告知未成年学生的监护人；有条件的，应当采取紧急救援等方式救助。

第十六条 发生学生伤害事故，情形严重的，学校应当及时向主管教育行政部门及有关部门报告；属于重大伤亡事故的，教育行政部门应当按照有关规定及时向同级人民政府和上一级教育行政部门报告。

第十七条 学校的主管教育行政部门应学校要求或者认为必要，可以指导、协助学校进行事故的处理工作，尽快恢复学校正常的教育教学秩序。

第十八条 发生学生伤害事故，学校与受伤害学生或者学生家长可以通过协商方式解决；双方自愿，可以书面请求主管教育行政部门进行调解。成年学生或者未成年学生的监护人也可以依法直接提起诉讼。

第十九条 教育行政部门收到调解申请，认为必要的，可以指定专门人员进行调解，并应当在受理申请之日起 60 日内完成调解。

第二十条 经教育行政部门调解，双方就事故处理达成一致意见的，应当在调解人员的见证下签订调解协议，结束调解；在调解期限内，双方不能达成一致意见，或者调解过程中一方提起诉讼，人民法院已经受理的，应当终止调解。调解结束或者终止，教育行政部门应当书面通知当事人。

第二十一条 对经调解达成的协议，一方当事人不履行或者反悔的，双方可以依法提起诉讼。

第二十二条 事故处理结束，学校应当将事故处理结果书面报告主管的教育行政部门；重大伤亡事故的处理结果，学校主管的教育行政部门应当向同级人民政府和上一级教育行政部门报告。

第四章 事故损害的赔偿

第二十三条 对发生学生伤害事故负有责任的组织或者个人，应当按照法律法规的有关规定，承担相应的损害赔偿责任。

第二十四条 学生伤害事故赔偿的范围与标准，按照有关行政法规、地方性法规或者最高人民法院司法解释中的有关规定确定。

教育行政部门进行调解时，认为学校有责任的，可以依照有关法律法规及国家有关规定，提出相应的调解方案。

第二十五条 对受伤害学生的伤残程度存在争议的，可以委托当地具有相应鉴定资格的医院或者有关机构，依据国家规定的人体伤残标准进行鉴定。

第二十六条　学校对学生伤害事故负有责任的，根据责任大小，适当予以经济赔偿，但不承担解决户口、住房、就业等与救助受伤害学生、赔偿相应经济损失无直接关系的其他事项。

学校无责任的，如果有条件，可以根据实际情况，本着自愿和可能的原则，对受伤害学生给予适当的帮助。

第二十七条　因学校教师或者其他工作人员在履行职务中的故意或者重大过失造成的学生伤害事故，学校予以赔偿后，可以向有关责任人员追偿。

第二十八条　未成年学生对学生伤害事故负有责任的，由其监护人依法承担相应的赔偿责任。

学生的行为侵害学校教师及其他工作人员以及其他组织、个人的合法权益，造成损失的，成年学生或者未成年学生的监护人应当依法予以赔偿。

第二十九条　根据双方达成的协议、经调解形成的协议或者人民法院的生效判决，应当由学校负担的赔偿金，学校应当负责筹措；学校无力完全筹措的，由学校的主管部门或者举办者协助筹措。

第三十条　县级以上人民政府教育行政部门或者学校举办者有条件的，可以通过设立学生伤害赔偿准备金等多种形式，依法筹措伤害赔偿金。

第三十一条　学校有条件的，应当依据保险法的有关规定，参加学校责任保险。

教育行政部门可以根据实际情况，鼓励中小学参加学校责任保险。

提倡学生自愿参加意外伤害保险。在尊重学生意愿的前提下，学校可以为学生参加意外伤害保险创造便利条件，但不得从中收取任何费用。

第五章　事故责任者的处理

第三十二条　发生学生伤害事故，学校负有责任且情节严重的，教育行政部门应当根据有关规定，对学校的直接负责的主管人员和其他直接责任人员，分别给予相应的行政处分；有关责任人的行为触犯刑律的，应当移送司法机关依法追究刑事责任。

第三十三条　学校管理混乱，存在重大安全隐患的，主管的教育行政部门或者其他有关部门应当责令其限期整顿；对情节严重或者拒不改正的，应当依据法律法规的有关规定，给予相应的行政处罚。

第三十四条　教育行政部门未履行相应职责，对学生伤害事故的发生负有责任的，由有关部门对直接负责的主管人员和其他直接责任人员分别给予相应的行政处分；有关责任人的行为触犯刑律的，应当移送司法机关依法追究刑事责任。

第三十五条 违反学校纪律，对造成学生伤害事故负有责任的学生，学校可以给予相应的处分；触犯刑律的，由司法机关依法追究刑事责任。

第三十六条 受伤害学生的监护人、亲属或者其他有关人员，在事故处理过程中无理取闹，扰乱学校正常教育教学秩序，或者侵犯学校、学校教师或者其他工作人员的合法权益的，学校应当报告公安机关依法处理；造成损失的，可以依法要求赔偿。

第六章 附 则

第三十七条 本办法所称学校，是指国家或者社会力量举办的全日制的中小学（含特殊教育学校）、各类中等职业学校、高等学校。本办法所称学生是指在上述学校中全日制就读的受教育者。

第三十八条 幼儿园发生的幼儿伤害事故，应当根据幼儿为完全无行为能力人的特点，参照本办法处理。

第三十九条 其他教育机构发生的学生伤害事故，参照本办法处理。

在学校注册的其他受教育者在学校管理范围内发生的伤害事故，参照本办法处理。

第四十条 本办法自 2002 年 9 月 1 日起实施，原国家教委、教育部颁布的与学生人身安全事故处理有关的规定，与本办法不符的，以本办法为准。

在本办法实施之前已处理完毕的学生伤害事故不再重新处理。

第三章

产品责任部分

1. 中华人民共和国产品质量法

（1993 年 2 月 22 日第七届全国人民代表大会常务委员会第三十次会议通过，根据 2000 年 7 月 8 日第九届全国人民代表大会常务委员会第十六次会议《关于修改〈中华人民共和国产品质量法〉的决定》修正，根据 2009 年 8 月 27 日第十一届全国人民代表大会常务委员会第十次会议通过的《全国人民代表大会常务委员会关于修改部分法律的决定》修改）

第一章　总　则

第一条　为了加强对产品质量的监督管理，提高产品质量水平，明确产品质量责任，保护消费者的合法权益，维护社会经济秩序，制定本法。

第二条　在中华人民共和国境内从事产品生产、销售活动，必须遵守本法。

本法所称产品是指经过加工、制作，用于销售的产品。

建设工程不适用本法规定；但是，建设工程使用的建筑材料、建筑构配件和设备，属于前款规定的产品范围的，适用本法规定。

第三条　生产者、销售者应当建立健全内部产品质量管理制度，严格实施岗位质量规范、质量责任以及相应的考核办法。

第四条　生产者、销售者依照本法规定承担产品质量责任。

第五条　禁止伪造或者冒用认证标志等质量标志；禁止伪造产品的产地，伪造或者冒用他人的厂名、厂址；禁止在生产、销售的产品中掺杂、掺假，以假充真，以次充好。

第六条 国家鼓励推行科学的质量管理方法，采用先进的科学技术，鼓励企业产品质量达到并且超过行业标准、国家标准和国际标准。

对产品质量管理先进和产品质量达到国际先进水平、成绩显著的单位和个人，给予奖励。

第七条 各级人民政府应当把提高产品质量纳入国民经济和社会发展规划，加强对产品质量工作的统筹规划和组织领导，引导、督促生产者、销售者加强产品质量管理，提高产品质量，组织各有关部门依法采取措施，制止产品生产、销售中违反本法规定的行为，保障本法的施行。

第八条 国务院产品质量监督部门主管全国产品质量监督工作。国务院有关部门在各自的职责范围内负责产品质量监督工作。

县级以上地方产品质量监督部门主管本行政区域内的产品质量监督工作。县级以上地方人民政府有关部门在各自的职责范围内负责产品质量监督工作。

法律对产品质量的监督部门另有规定的，依照有关法律的规定执行。

第九条 各级人民政府工作人员和其他国家机关工作人员不得滥用职权、玩忽职守或者徇私舞弊，包庇、放纵本地区、本系统发生的产品生产、销售中违反本法规定的行为，或者阻挠、干预依法对产品生产、销售中违反本法规定的行为进行查处。

各级地方人民政府和其他国家机关有包庇、放纵产品生产、销售中违反本法规定的行为的，依法追究其主要负责人的法律责任。

第十条 任何单位和个人有权对违反本法规定的行为，向产品质量监督部门或者其他有关部门检举。

产品质量监督部门和有关部门应当为检举人保密，并按照省、自治区、直辖市人民政府的规定给予奖励。

第十一条 任何单位和个人不得排斥非本地区或者非本系统企业生产的质量合格产品进入本地区、本系统。

第二章 产品质量的监督

第十二条 产品质量应当检验合格，不得以不合格产品冒充合格产品。

第十三条 可能危及人体健康和人身、财产安全的工业产品，必须符合保障人体健康和人身、财产安全的国家标准、行业标准；未制定国家标准、行业标准的，必须符合保障人体健康和人身、财产安全的要求。

禁止生产、销售不符合保障人体健康和人身、财产安全的标准和要求的工业产品。具体管理办法由国务院规定。

第十四条　国家根据国际通用的质量管理标准，推行企业质量体系认证制度。企业根据自愿原则可以向国务院产品质量监督部门认可的或者国务院产品质量监督部门授权的部门认可的认证机构申请企业质量体系认证。经认证合格的，由认证机构颁发企业质量体系认证证书。

国家参照国际先进的产品标准和技术要求，推行产品质量认证制度。企业根据自愿原则可以向国务院产品质量监督部门认可的或者国务院产品质量监督部门授权的部门认可的认证机构申请产品质量认证。经认证合格的，由认证机构颁发产品质量认证证书，准许企业在产品或者其包装上使用产品质量认证标志。

第十五条　国家对产品质量实行以抽查为主要方式的监督检查制度，对可能危及人体健康和人身、财产安全的产品，影响国计民生的重要工业产品以及消费者、有关组织反映有质量问题的产品进行抽查。抽查的样品应当在市场上或者企业成品仓库内的待销产品中随机抽取。监督抽查工作由国务院产品质量监督部门规划和组织。县级以上地方产品质量监督部门在本行政区域内也可以组织监督抽查。法律对产品质量的监督检查另有规定的，依照有关法律的规定执行。

国家监督抽查的产品，地方不得另行重复抽查；上级监督抽查的产品，下级不得另行重复抽查。

根据监督抽查的需要，可以对产品进行检验。检验抽取样品的数量不得超过检验的合理需要，并不得向被检查人收取检验费用。监督抽查所需检验费用按照国务院规定列支。

生产者、销售者对抽查检验的结果有异议的，可以自收到检验结果之日起十五日内向实施监督抽查的产品质量监督部门或者其上级产品质量监督部门申请复检，由受理复检的产品质量监督部门作出复检结论。

第十六条　对依法进行的产品质量监督检查，生产者、销售者不得拒绝。

第十七条　依照本法规定进行监督抽查的产品质量不合格的，由实施监督抽查的产品质量监督部门责令其生产者、销售者限期改正。逾期不改正的，由省级以上人民政府产品质量监督部门予以公告；公告后经复查仍不合格的，责令停业，限期整顿；整顿期满后经复查产品质量仍不合格的，吊销营业执照。

监督抽查的产品有严重质量问题的，依照本法第五章的有关规定处罚。

第十八条　县级以上产品质量监督部门根据已经取得的违法嫌疑证据或者举报，对涉嫌违反本法规定的行为进行查处时，可以行使下列职权：

（一）对当事人涉嫌从事违反本法的生产、销售活动的场所实施现场检查；

（二）向当事人的法定代表人、主要负责人和其他有关人员调查、了解与涉嫌从事违反本法的生产、销售活动有关的情况；

（三）查阅、复制当事人有关的合同、发票、账簿以及其他有关资料；

（四）对有根据认为不符合保障人体健康和人身、财产安全的国家标准、行业标准的产品或者有其他严重质量问题的产品，以及直接用于生产、销售该项产品的原辅材料、包装物、生产工具，予以查封或者扣押。

县级以上工商行政管理部门按照国务院规定的职责范围，对涉嫌违反本法规定的行为进行查处时，可以行使前款规定的职权。

第十九条 产品质量检验机构必须具备相应的检测条件和能力，经省级以上人民政府产品质量监督部门或者其授权的部门考核合格后，方可承担产品质量检验工作。法律、行政法规对产品质量检验机构另有规定的，依照有关法律、行政法规的规定执行。

第二十条 从事产品质量检验、认证的社会中介机构必须依法设立，不得与行政机关和其他国家机关存在隶属关系或者其他利益关系。

第二十一条 产品质量检验机构、认证机构必须依法按照有关标准，客观、公正地出具检验结果或者认证证明。

产品质量认证机构应当依照国家规定对准许使用认证标志的产品进行认证后的跟踪检查；对不符合认证标准而使用认证标志的，要求其改正；情节严重的，取消其使用认证标志的资格。

第二十二条 消费者有权就产品质量问题，向产品的生产者、销售者查询；向产品质量监督部门、工商行政管理部门及有关部门申诉，接受申诉的部门应当负责处理。

第二十三条 保护消费者权益的社会组织可以就消费者反映的产品质量问题建议有关部门负责处理，支持消费者对因产品质量造成的损害向人民法院起诉。

第二十四条 国务院和省、自治区、直辖市人民政府的产品质量监督部门应当定期发布其监督抽查的产品的质量状况公告。

第二十五条 产品质量监督部门或者其他国家机关以及产品质量检验机构不得向社会推荐生产者的产品；不得以对产品进行监制、监销等方式参与产品经营活动。

第三章　生产者、销售者的产品质量责任和义务

第一节　生产者的产品质量责任和义务

第二十六条　生产者应当对其生产的产品质量负责。

产品质量应当符合下列要求：

（一）不存在危及人身、财产安全的不合理的危险，有保障人体健康和人身、财产安全的国家标准、行业标准的，应当符合该标准；

（二）具备产品应当具备的使用性能，但是，对产品存在使用性能的瑕疵作出说明的除外；

（三）符合在产品或者其包装上注明采用的产品标准，符合以产品说明、实物样品等方式表明的质量状况。

第二十七条　产品或者其包装上的标识必须真实，并符合下列要求：

（一）有产品质量检验合格证明；

（二）有中文标明的产品名称、生产厂厂名和厂址；

（三）根据产品的特点和使用要求，需要标明产品规格、等级、所含主要成分的名称和含量的，用中文相应予以标明；需要事先让消费者知晓的，应当在外包装上标明，或者预先向消费者提供有关资料；

（四）限期使用的产品，应当在显著位置清晰地标明生产日期和安全使用期或者失效日期；

（五）使用不当，容易造成产品本身损坏或者可能危及人身、财产安全的产品，应当有警示标志或者中文警示说明。

裸装的食品和其他根据产品的特点难以附加标识的裸装产品，可以不附加产品标识。

第二十八条　易碎、易燃、易爆、有毒、有腐蚀性、有放射性等危险物品以及储运中不能倒置和其他有特殊要求的产品，其包装质量必须符合相应要求，依照国家有关规定作出警示标志或者中文警示说明，标明储运注意事项。

第二十九条　生产者不得生产国家明令淘汰的产品。

第三十条　生产者不得伪造产地，不得伪造或者冒用他人的厂名、厂址。

第三十一条　生产者不得伪造或者冒用认证标志等质量标志。

第三十二条　生产者生产产品，不得掺杂、掺假，不得以假充真、以次充好，不得以不合格产品冒充合格产品。

第二节　销售者的产品质量责任和义务

第三十三条　销售者应当建立并执行进货检查验收制度，验明产品合格证明和其他标识。

第三十四条　销售者应当采取措施，保持销售产品的质量。

第三十五条　销售者不得销售国家明令淘汰并停止销售的产品和失效、变质的产品。

第三十六条　销售者销售的产品的标识应当符合本法第二十七条的规定。

第三十七条　销售者不得伪造产地，不得伪造或者冒用他人的厂名、厂址。

第三十八条　销售者不得伪造或者冒用认证标志等质量标志。

第三十九条　销售者销售产品，不得掺杂、掺假，不得以假充真、以次充好，不得以不合格产品冒充合格产品。

第四章　损害赔偿

第四十条　售出的产品有下列情形之一的，销售者应当负责修理、更换、退货；给购买产品的消费者造成损失的，销售者应当赔偿损失：

（一）不具备产品应当具备的使用性能而事先未作说明的；

（二）不符合在产品或者其包装上注明采用的产品标准的；

（三）不符合以产品说明、实物样品等方式表明的质量状况的。

销售者依照前款规定负责修理、更换、退货、赔偿损失后，属于生产者的责任或者属于向销售者提供产品的其他销售者（以下简称供货者）的责任的，销售者有权向生产者、供货者追偿。

销售者未按照第一款规定给予修理、更换、退货或者赔偿损失的，由产品质量监督部门或者工商行政管理部门责令改正。

生产者之间，销售者之间，生产者与销售者之间订立的买卖合同、承揽合同有不同约定的，合同当事人按照合同约定执行。

第四十一条　因产品存在缺陷造成人身、缺陷产品以外的其他财产（以下简称他人财产）损害的，生产者应当承担赔偿责任。

生产者能够证明有下列情形之一的，不承担赔偿责任：

（一）未将产品投入流通的；

（二）产品投入流通时，引起损害的缺陷尚不存在的；

（三）将产品投入流通时的科学技术水平尚不能发现缺陷的存在的。

第四十二条　由于销售者的过错使产品存在缺陷，造成人身、他人财产损害的，销售者应当承担赔偿责任。

销售者不能指明缺陷产品的生产者也不能指明缺陷产品的供货者的，销售者应当承担赔偿责任。

第四十三条　因产品存在缺陷造成人身、他人财产损害的，受害人可以向产品的生产者要求赔偿，也可以向产品的销售者要求赔偿。属于产品的生产者的责任，产品的销售者赔偿的，产品的销售者有权向产品的生产者追偿。属于产品的销售者的责任，产品的生产者赔偿的，产品的生产者有权向产品的销售者追偿。

第四十四条　因产品存在缺陷造成受害人人身伤害的，侵害人应当赔偿医疗费、治疗期间的护理费、因误工减少的收入等费用；造成残疾的，还应当支付残疾者生活自助具费、生活补助费、残疾赔偿金以及由其扶养的人所必需的生活费等费用；造成受害人死亡的，并应当支付丧葬费、死亡赔偿金以及由死者生前扶养的人所必需的生活费等费用。

因产品存在缺陷造成受害人财产损失的，侵害人应当恢复原状或者折价赔偿。受害人因此遭受其他重大损失的，侵害人应当赔偿损失。

第四十五条　因产品存在缺陷造成损害要求赔偿的诉讼时效期间为二年，自当事人知道或者应当知道其权益受到损害时起计算。

因产品存在缺陷造成损害要求赔偿的请求权，在造成损害的缺陷产品交付最初消费者满十年丧失；但是，尚未超过明示的安全使用期的除外。

第四十六条　本法所称缺陷，是指产品存在危及人身、他人财产安全的不合理的危险；产品有保障人体健康和人身、财产安全的国家标准、行业标准的，是指不符合该标准。

第四十七条　因产品质量发生民事纠纷时，当事人可以通过协商或者调解解决。当事人不愿通过协商、调解解决或者协商、调解不成的，可以根据当事人各方的协议向仲裁机构申请仲裁；当事人各方没有达成仲裁协议或者仲裁协议无效的，可以直接向人民法院起诉。

第四十八条　仲裁机构或者人民法院可以委托本法第十九条规定的产品质量检验机构，对有关产品质量进行检验。

第五章　罚　则

第四十九条　生产、销售不符合保障人体健康和人身、财产安全的国家标准、行业标准的产品的，责令停止生产、销售，没收违法生产、销售的产品，并处违法生产、销售产品（包括已售出和未售出的产品，下同）货值金额等值以上三倍以下的罚款；有违法所得的，并处没收违法所得；情节严重的，吊销营业执照；构成犯罪的，依法追究刑事责任。

第五十条 在产品中掺杂、掺假，以假充真，以次充好，或者以不合格产品冒充合格产品的，责令停止生产、销售，没收违法生产、销售的产品，并处违法生产、销售产品货值金额百分之五十以上三倍以下的罚款；有违法所得的，并处没收违法所得；情节严重的，吊销营业执照；构成犯罪的，依法追究刑事责任。

第五十一条 生产国家明令淘汰的产品的，销售国家明令淘汰并停止销售的产品的，责令停止生产、销售，没收违法生产、销售的产品，并处违法生产、销售产品货值金额等值以下的罚款；有违法所得的，并处没收违法所得；情节严重的，吊销营业执照。

第五十二条 销售失效、变质的产品的，责令停止销售，没收违法销售的产品，并处违法销售产品货值金额二倍以下的罚款；有违法所得的，并处没收违法所得；情节严重的，吊销营业执照；构成犯罪的，依法追究刑事责任。

第五十三条 伪造产品产地的，伪造或者冒用他人厂名、厂址的，伪造或者冒用认证标志等质量标志的，责令改正，没收违法生产、销售的产品，并处违法生产、销售产品货值金额等值以下的罚款；有违法所得的，并处没收违法所得；情节严重的，吊销营业执照。

第五十四条 产品标识不符合本法第二十七条规定的，责令改正；有包装的产品标识不符合本法第二十七条第（四）项、第（五）项规定，情节严重的，责令停止生产、销售，并处违法生产、销售产品货值金额百分之三十以下的罚款；有违法所得的，并处没收违法所得。

第五十五条 销售者销售本法第四十九条至第五十三条规定禁止销售的产品，有充分证据证明其不知道该产品为禁止销售的产品并如实说明其进货来源的，可以从轻或者减轻处罚。

第五十六条 拒绝接受依法进行的产品质量监督检查的，给予警告，责令改正；拒不改正的，责令停业整顿；情节特别严重的，吊销营业执照。

第五十七条 产品质量检验机构、认证机构伪造检验结果或者出具虚假证明的，责令改正，对单位处五万元以上十万元以下的罚款，对直接负责的主管人员和其他直接责任人员处一万元以上五万元以下的罚款；有违法所得的，并处没收违法所得；情节严重的，取消其检验资格、认证资格；构成犯罪的，依法追究刑事责任。

产品质量检验机构、认证机构出具的检验结果或者证明不实，造成损失的，应当承担相应的赔偿责任；造成重大损失的，撤销其检验资格、认证资格。

产品质量认证机构违反本法第二十一条第二款的规定，对不符合认证标准而使用认证标志的产品，未依法要求其改正或者取消其使用认证标志资格的，对因产品不符合认证标准给消费者造成的损失，与产品的生产者、销售者承担连带责任；情节严重的，撤销其认证资格。

第五十八条　社会团体、社会中介机构对产品质量作出承诺、保证，而该产品又不符合其承诺、保证的质量要求，给消费者造成损失的，与产品的生产者、销售者承担连带责任。

第五十九条　在广告中对产品质量作虚假宣传，欺骗和误导消费者的，依照《中华人民共和国广告法》的规定追究法律责任。

第六十条　对生产者专门用于生产本法第四十九条、第五十一条所列的产品或者以假充真的产品的原辅材料、包装物、生产工具，应当予以没收。

第六十一条　知道或者应当知道属于本法规定禁止生产、销售的产品而为其提供运输、保管、仓储等便利条件的，或者为以假充真的产品提供制假生产技术的，没收全部运输、保管、仓储或者提供制假生产技术的收入，并处违法收入百分之五十以上三倍以下的罚款；构成犯罪的，依法追究刑事责任。

第六十二条　服务业的经营者将本法第四十九条至第五十二条规定禁止销售的产品用于经营性服务的，责令停止使用；对知道或者应当知道所使用的产品属于本法规定禁止销售的产品的，按照违法使用的产品（包括已使用和尚未使用的产品）的货值金额，依照本法对销售者的处罚规定处罚。

第六十三条　隐匿、转移、变卖、损毁被产品质量监督部门或者工商行政管理部门查封、扣押的物品的，处被隐匿、转移、变卖、损毁物品货值金额等值以上三倍以下的罚款；有违法所得的，并处没收违法所得。

第六十四条　违反本法规定，应当承担民事赔偿责任和缴纳罚款、罚金，其财产不足以同时支付时，先承担民事赔偿责任。

第六十五条　各级人民政府工作人员和其他国家机关工作人员有下列情形之一的，依法给予行政处分；构成犯罪的，依法追究刑事责任：

（一）包庇、放纵产品生产、销售中违反本法规定行为的；

（二）向从事违反本法规定的生产、销售活动的当事人通风报信，帮助其逃避查处的；

（三）阻挠、干预产品质量监督部门或者工商行政管理部门依法对产品生产、销售中违反本法规定的行为进行查处，造成严重后果的。

第六十六条　产品质量监督部门在产品质量监督抽查中超过规定的数量索

取样品或者向被检查人收取检验费用的，由上级产品质量监督部门或者监察机关责令退还；情节严重的，对直接负责的主管人员和其他直接责任人员依法给予行政处分。

第六十七条 产品质量监督部门或者其他国家机关违反本法第二十五条的规定，向社会推荐生产者的产品或者以监制、监销等方式参与产品经营活动的，由其上级机关或者监察机关责令改正，消除影响，有违法收入的予以没收；情节严重的，对直接负责的主管人员和其他直接责任人员依法给予行政处分。

产品质量检验机构有前款所列违法行为的，由产品质量监督部门责令改正，消除影响，有违法收入的予以没收，可以并处违法收入一倍以下的罚款；情节严重的，撤销其质量检验资格。

第六十八条 产品质量监督部门或者工商行政管理部门的工作人员滥用职权、玩忽职守、徇私舞弊，构成犯罪的，依法追究刑事责任；尚不构成犯罪的，依法给予行政处分。

第六十九条 以暴力、威胁方法阻碍产品质量监督部门或者工商行政管理部门的工作人员依法执行职务的，依法追究刑事责任；拒绝、阻碍未使用暴力、威胁方法的，由公安机关依照治安管理处罚法的规定处罚。

第七十条 本法规定的吊销营业执照的行政处罚由工商行政管理部门决定，本法第四十九条至第五十七条、第六十条至第六十三条规定的行政处罚由产品质量监督部门或者工商行政管理部门按照国务院规定的职权范围决定。法律、行政法规对行使行政处罚权的机关另有规定的，依照有关法律、行政法规的规定执行。

第七十一条 对依照本法规定没收的产品，依照国家有关规定进行销毁或者采取其他方式处理。

第七十二条 本法第四十九条至第五十四条、第六十二条、第六十三条所规定的货值金额以违法生产、销售产品的标价计算；没有标价的，按照同类产品的市场价格计算。

第六章 附 则

第七十三条 军工产品质量监督管理办法，由国务院、中央军事委员会另行制定。

因核设施、核产品造成损害的赔偿责任，法律、行政法规另有规定的，依照其规定。

第七十四条 本法自 1993 年 9 月 1 日起施行。

2. 中华人民共和国食品安全法

（2009 年 2 月 28 日第十一届全国人民代表大会常务委员会第七次会议通过，2015 年 4 月 24 日第十二届全国人民代表大会常务委员会第十四次会议修订，自 2015 年 10 月 1 日起施行）

第一章　总　　则

第一条　为了保证食品安全，保障公众身体健康和生命安全，制定本法。

第二条　在中华人民共和国境内从事下列活动，应当遵守本法：

（一）食品生产和加工（以下称食品生产），食品销售和餐饮服务（以下称食品经营）；

（二）食品添加剂的生产经营；

（三）用于食品的包装材料、容器、洗涤剂、消毒剂和用于食品生产经营的工具、设备（以下称食品相关产品）的生产经营；

（四）食品生产经营者使用食品添加剂、食品相关产品；

（五）食品的贮存和运输；

（六）对食品、食品添加剂、食品相关产品的安全管理。

供食用的源于农业的初级产品（以下称食用农产品）的质量安全管理，遵守《中华人民共和国农产品质量安全法》的规定。但是，食用农产品的市场销售、有关质量安全标准的制定、有关安全信息的公布和本法对农业投入品作出规定的，应当遵守本法的规定。

第三条　食品安全工作实行预防为主、风险管理、全程控制、社会共治，建立科学、严格的监督管理制度。

第四条　食品生产经营者对其生产经营食品的安全负责。

食品生产经营者应当依照法律、法规和食品安全标准从事生产经营活动，保证食品安全，诚信自律，对社会和公众负责，接受社会监督，承担社会责任。

第五条　国务院设立食品安全委员会，其职责由国务院规定。

国务院食品药品监督管理部门依照本法和国务院规定的职责，对食品生产经营活动实施监督管理。

国务院卫生行政部门依照本法和国务院规定的职责，组织开展食品安全风险监测和风险评估，会同国务院食品药品监督管理部门制定并公布食品安全国家标准。

国务院其他有关部门依照本法和国务院规定的职责，承担有关食品安全工作。

第六条 县级以上地方人民政府对本行政区域的食品安全监督管理工作负责，统一领导、组织、协调本行政区域的食品安全监督管理工作以及食品安全突发事件应对工作，建立健全食品安全全程监督管理工作机制和信息共享机制。

县级以上地方人民政府依照本法和国务院的规定，确定本级食品药品监督管理、卫生行政部门和其他有关部门的职责。有关部门在各自职责范围内负责本行政区域的食品安全监督管理工作。

县级人民政府食品药品监督管理部门可以在乡镇或者特定区域设立派出机构。

第七条 县级以上地方人民政府实行食品安全监督管理责任制。上级人民政府负责对下一级人民政府的食品安全监督管理工作进行评议、考核。县级以上地方人民政府负责对本级食品药品监督管理部门和其他有关部门的食品安全监督管理工作进行评议、考核。

第八条 县级以上人民政府应当将食品安全工作纳入本级国民经济和社会发展规划，将食品安全工作经费列入本级政府财政预算，加强食品安全监督管理能力建设，为食品安全工作提供保障。

县级以上人民政府食品药品监督管理部门和其他有关部门应当加强沟通、密切配合，按照各自职责分工，依法行使职权，承担责任。

第九条 食品行业协会应当加强行业自律，按照章程建立健全行业规范和奖惩机制，提供食品安全信息、技术等服务，引导和督促食品生产经营者依法生产经营，推动行业诚信建设，宣传、普及食品安全知识。

消费者协会和其他消费者组织对违反本法规定，损害消费者合法权益的行为，依法进行社会监督。

第十条 各级人民政府应当加强食品安全的宣传教育，普及食品安全知识，鼓励社会组织、基层群众性自治组织、食品生产经营者开展食品安全法律、法规以及食品安全标准和知识的普及工作，倡导健康的饮食方式，增强消费者食品安全意识和自我保护能力。

新闻媒体应当开展食品安全法律、法规以及食品安全标准和知识的公益宣传，并对食品安全违法行为进行舆论监督。有关食品安全的宣传报道应当真实、公正。

第十一条　国家鼓励和支持开展与食品安全有关的基础研究、应用研究，鼓励和支持食品生产经营者为提高食品安全水平采用先进技术和先进管理规范。

国家对农药的使用实行严格的管理制度，加快淘汰剧毒、高毒、高残留农药，推动替代产品的研发和应用，鼓励使用高效低毒低残留农药。

第十二条　任何组织或者个人有权举报食品安全违法行为，依法向有关部门了解食品安全信息，对食品安全监督管理工作提出意见和建议。

第十三条　对在食品安全工作中做出突出贡献的单位和个人，按照国家有关规定给予表彰、奖励。

第二章　食品安全风险监测和评估

第十四条　国家建立食品安全风险监测制度，对食源性疾病、食品污染以及食品中的有害因素进行监测。

国务院卫生行政部门会同国务院食品药品监督管理、质量监督等部门，制定、实施国家食品安全风险监测计划。

国务院食品药品监督管理部门和其他有关部门获知有关食品安全风险信息后，应当立即核实并向国务院卫生行政部门通报。对有关部门通报的食品安全风险信息以及医疗机构报告的食源性疾病等有关疾病信息，国务院卫生行政部门应当会同国务院有关部门分析研究，认为必要的，及时调整国家食品安全风险监测计划。

省、自治区、直辖市人民政府卫生行政部门会同同级食品药品监督管理、质量监督等部门，根据国家食品安全风险监测计划，结合本行政区域的具体情况，制定、调整本行政区域的食品安全风险监测方案，报国务院卫生行政部门备案并实施。

第十五条　承担食品安全风险监测工作的技术机构应当根据食品安全风险监测计划和监测方案开展监测工作，保证监测数据真实、准确，并按照食品安全风险监测计划和监测方案的要求报送监测数据和分析结果。

食品安全风险监测工作人员有权进入相关食用农产品种植养殖、食品生产经营场所采集样品、收集相关数据。采集样品应当按照市场价格支付费用。

第十六条　食品安全风险监测结果表明可能存在食品安全隐患的，县级以上人民政府卫生行政部门应当及时将相关信息通报同级食品药品监督管理等部门，并报告本级人民政府和上级人民政府卫生行政部门。食品药品监督管理等部门应当组织开展进一步调查。

第十七条 国家建立食品安全风险评估制度，运用科学方法，根据食品安全风险监测信息、科学数据以及有关信息，对食品、食品添加剂、食品相关产品中生物性、化学性和物理性危害因素进行风险评估。

国务院卫生行政部门负责组织食品安全风险评估工作，成立由医学、农业、食品、营养、生物、环境等方面的专家组成的食品安全风险评估专家委员会进行食品安全风险评估。食品安全风险评估结果由国务院卫生行政部门公布。

对农药、肥料、兽药、饲料和饲料添加剂等的安全性评估，应当有食品安全风险评估专家委员会的专家参加。

食品安全风险评估不得向生产经营者收取费用，采集样品应当按照市场价格支付费用。

第十八条 有下列情形之一的，应当进行食品安全风险评估：

（一）通过食品安全风险监测或者接到举报发现食品、食品添加剂、食品相关产品可能存在安全隐患的；

（二）为制定或者修订食品安全国家标准提供科学依据需要进行风险评估的；

（三）为确定监督管理的重点领域、重点品种需要进行风险评估的；

（四）发现新的可能危害食品安全因素的；

（五）需要判断某一因素是否构成食品安全隐患的；

（六）国务院卫生行政部门认为需要进行风险评估的其他情形。

第十九条 国务院食品药品监督管理、质量监督、农业行政等部门在监督管理工作中发现需要进行食品安全风险评估的，应当向国务院卫生行政部门提出食品安全风险评估的建议，并提供风险来源、相关检验数据和结论等信息、资料。属于本法第十八条规定情形的，国务院卫生行政部门应当及时进行食品安全风险评估，并向国务院有关部门通报评估结果。

第二十条 省级以上人民政府卫生行政、农业行政部门应当及时相互通报食品、食用农产品安全风险监测信息。

国务院卫生行政、农业行政部门应当及时相互通报食品、食用农产品安全风险评估结果等信息。

第二十一条 食品安全风险评估结果是制定、修订食品安全标准和实施食品安全监督管理的科学依据。

经食品安全风险评估，得出食品、食品添加剂、食品相关产品不安全结论的，国务院食品药品监督管理、质量监督等部门应当依据各自职责立即向社会公告，告知消费者停止食用或者使用，并采取相应措施，确保该食品、食品添加剂、食品相关产品停止生产经营；需要制定、修订相关食品安全国家标准的，国务院卫生行政部门应当会同国务院食品药品监督管理部门立即制定、修订。

第二十二条　国务院食品药品监督管理部门应当会同国务院有关部门，根据食品安全风险评估结果、食品安全监督管理信息，对食品安全状况进行综合分析。对经综合分析表明可能具有较高程度安全风险的食品，国务院食品药品监督管理部门应当及时提出食品安全风险警示，并向社会公布。

第二十三条　县级以上人民政府食品药品监督管理部门和其他有关部门、食品安全风险评估专家委员会及其技术机构，应当按照科学、客观、及时、公开的原则，组织食品生产经营者、食品检验机构、认证机构、食品行业协会、消费者协会以及新闻媒体等，就食品安全风险评估信息和食品安全监督管理信息进行交流沟通。

第三章　食品安全标准

第二十四条　制定食品安全标准，应当以保障公众身体健康为宗旨，做到科学合理、安全可靠。

第二十五条　食品安全标准是强制执行的标准。除食品安全标准外，不得制定其他食品强制性标准。

第二十六条　食品安全标准应当包括下列内容：

（一）食品、食品添加剂、食品相关产品中的致病性微生物，农药残留、兽药残留、生物毒素、重金属等污染物质以及其他危害人体健康物质的限量规定；

（二）食品添加剂的品种、使用范围、用量；

（三）专供婴幼儿和其他特定人群的主辅食品的营养成分要求；

（四）对与卫生、营养等食品安全要求有关的标签、标志、说明书的要求；

（五）食品生产经营过程的卫生要求；

（六）与食品安全有关的质量要求；

（七）与食品安全有关的食品检验方法与规程；

（八）其他需要制定为食品安全标准的内容。

第二十七条　食品安全国家标准由国务院卫生行政部门会同国务院食品药品监督管理部门制定、公布，国务院标准化行政部门提供国家标准编号。

食品中农药残留、兽药残留的限量规定及其检验方法与规程由国务院卫生行政部门、国务院农业行政部门会同国务院食品药品监督管理部门制定。

屠宰畜、禽的检验规程由国务院农业行政部门会同国务院卫生行政部门制定。

第二十八条 制定食品安全国家标准，应当依据食品安全风险评估结果并充分考虑食用农产品安全风险评估结果，参照相关的国际标准和国际食品安全风险评估结果，并将食品安全国家标准草案向社会公布，广泛听取食品生产经营者、消费者、有关部门等方面的意见。

食品安全国家标准应当经国务院卫生行政部门组织的食品安全国家标准审评委员会审查通过。食品安全国家标准审评委员会由医学、农业、食品、营养、生物、环境等方面的专家以及国务院有关部门、食品行业协会、消费者协会的代表组成，对食品安全国家标准草案的科学性和实用性等进行审查。

第二十九条 对地方特色食品，没有食品安全国家标准的，省、自治区、直辖市人民政府卫生行政部门可以制定并公布食品安全地方标准，报国务院卫生行政部门备案。食品安全国家标准制定后，该地方标准即行废止。

第三十条 国家鼓励食品生产企业制定严于食品安全国家标准或者地方标准的企业标准，在本企业适用，并报省、自治区、直辖市人民政府卫生行政部门备案。

第三十一条 省级以上人民政府卫生行政部门应当在其网站上公布制定和备案的食品安全国家标准、地方标准和企业标准，供公众免费查阅、下载。

对食品安全标准执行过程中的问题，县级以上人民政府卫生行政部门应当会同有关部门及时给予指导、解答。

第三十二条 省级以上人民政府卫生行政部门应当会同同级食品药品监督管理、质量监督、农业行政等部门，分别对食品安全国家标准和地方标准的执行情况进行跟踪评价，并根据评价结果及时修订食品安全标准。

省级以上人民政府食品药品监督管理、质量监督、农业行政等部门应当对食品安全标准执行中存在的问题进行收集、汇总，并及时向同级卫生行政部门通报。

食品生产经营者、食品行业协会发现食品安全标准在执行中存在问题的，应当立即向卫生行政部门报告。

第四章 食品生产经营

第一节 一般规定

第三十三条 食品生产经营应当符合食品安全标准，并符合下列要求：

（一）具有与生产经营的食品品种、数量相适应的食品原料处理和食品加工、包装、贮存等场所，保持该场所环境整洁，并与有毒、有害场所以及其他污染源保持规定的距离；

（二）具有与生产经营的食品品种、数量相适应的生产经营设备或者设施，有相应的消毒、更衣、盥洗、采光、照明、通风、防腐、防尘、防蝇、防鼠、防虫、洗涤以及处理废水、存放垃圾和废弃物的设备或者设施；

（三）有专职或者兼职的食品安全专业技术人员、食品安全管理人员和保证食品安全的规章制度；

（四）具有合理的设备布局和工艺流程，防止待加工食品与直接入口食品、原料与成品交叉污染，避免食品接触有毒物、不洁物；

（五）餐具、饮具和盛放直接入口食品的容器，使用前应当洗净、消毒，炊具、用具用后应当洗净，保持清洁；

（六）贮存、运输和装卸食品的容器、工具和设备应当安全、无害，保持清洁，防止食品污染，并符合保证食品安全所需的温度、湿度等特殊要求，不得将食品与有毒、有害物品一同贮存、运输；

（七）直接入口的食品应当使用无毒、清洁的包装材料、餐具、饮具和容器；

（八）食品生产经营人员应当保持个人卫生，生产经营食品时，应当将手洗净，穿戴清洁的工作衣、帽等；销售无包装的直接入口食品时，应当使用无毒、清洁的容器、售货工具和设备；

（九）用水应当符合国家规定的生活饮用水卫生标准；

（十）使用的洗涤剂、消毒剂应当对人体安全、无害；

（十一）法律、法规规定的其他要求。

非食品生产经营者从事食品贮存、运输和装卸的，应当符合前款第六项的规定。

第三十四条　禁止生产经营下列食品、食品添加剂、食品相关产品：

（一）用非食品原料生产的食品或者添加食品添加剂以外的化学物质和其他可能危害人体健康物质的食品，或者用回收食品作为原料生产的食品；

（二）致病性微生物，农药残留、兽药残留、生物毒素、重金属等污染物质以及其他危害人体健康的物质含量超过食品安全标准限量的食品、食品添加剂、食品相关产品；

（三）用超过保质期的食品原料、食品添加剂生产的食品、食品添加剂；

（四）超范围、超限量使用食品添加剂的食品；

（五）营养成分不符合食品安全标准的专供婴幼儿和其他特定人群的主辅

食品；

（六）腐败变质、油脂酸败、霉变生虫、污秽不洁、混有异物、掺假掺杂或者感官性状异常的食品、食品添加剂；

（七）病死、毒死或者死因不明的禽、畜、兽、水产动物肉类及其制品；

（八）未按规定进行检疫或者检疫不合格的肉类，或者未经检验或者检验不合格的肉类制品；

（九）被包装材料、容器、运输工具等污染的食品、食品添加剂；

（十）标注虚假生产日期、保质期或者超过保质期的食品、食品添加剂；

（十一）无标签的预包装食品、食品添加剂；

（十二）国家为防病等特殊需要明令禁止生产经营的食品；

（十三）其他不符合法律、法规或者食品安全标准的食品、食品添加剂、食品相关产品。

第三十五条 国家对食品生产经营实行许可制度。从事食品生产、食品销售、餐饮服务，应当依法取得许可。但是，销售食用农产品，不需要取得许可。

县级以上地方人民政府食品药品监督管理部门应当依照《中华人民共和国行政许可法》的规定，审核申请人提交的本法第三十三条第一款第一项至第四项规定要求的相关资料，必要时对申请人的生产经营场所进行现场核查；对符合规定条件的，准予许可；对不符合规定条件的，不予许可并书面说明理由。

第三十六条 食品生产加工小作坊和食品摊贩等从事食品生产经营活动，应当符合本法规定的与其生产经营规模、条件相适应的食品安全要求，保证所生产经营的食品卫生、无毒、无害，食品药品监督管理部门应当对其加强监督管理。

县级以上地方人民政府应当对食品生产加工小作坊、食品摊贩等进行综合治理，加强服务和统一规划，改善其生产经营环境，鼓励和支持其改进生产经营条件，进入集中交易市场、店铺等固定场所经营，或者在指定的临时经营区域、时段经营。

食品生产加工小作坊和食品摊贩等的具体管理办法由省、自治区、直辖市制定。

第三十七条 利用新的食品原料生产食品，或者生产食品添加剂新品种、食品相关产品新品种，应当向国务院卫生行政部门提交相关产品的安全性评估材料。国务院卫生行政部门应当自收到申请之日起六十日内组织审查；对符合食品安全要求的，准予许可并公布；对不符合食品安全要求的，不予许可并书面说明理由。

第三十八条　生产经营的食品中不得添加药品，但是可以添加按照传统既是食品又是中药材的物质。按照传统既是食品又是中药材的物质目录由国务院卫生行政部门会同国务院食品药品监督管理部门制定、公布。

第三十九条　国家对食品添加剂生产实行许可制度。从事食品添加剂生产，应当具有与所生产食品添加剂品种相适应的场所、生产设备或者设施、专业技术人员和管理制度，并依照本法第三十五条第二款规定的程序，取得食品添加剂生产许可。

生产食品添加剂应当符合法律、法规和食品安全国家标准。

第四十条　食品添加剂应当在技术上确有必要且经过风险评估证明安全可靠，方可列入允许使用的范围；有关食品安全国家标准应当根据技术必要性和食品安全风险评估结果及时修订。

食品生产经营者应当按照食品安全国家标准使用食品添加剂。

第四十一条　生产食品相关产品应当符合法律、法规和食品安全国家标准。对直接接触食品的包装材料等具有较高风险的食品相关产品，按照国家有关工业产品生产许可证管理的规定实施生产许可。质量监督部门应当加强对食品相关产品生产活动的监督管理。

第四十二条　国家建立食品安全全程追溯制度。

食品生产经营者应当依照本法的规定，建立食品安全追溯体系，保证食品可追溯。国家鼓励食品生产经营者采用信息化手段采集、留存生产经营信息，建立食品安全追溯体系。

国务院食品药品监督管理部门会同国务院农业行政等有关部门建立食品安全全程追溯协作机制。

第四十三条　地方各级人民政府应当采取措施鼓励食品规模化生产和连锁经营、配送。

国家鼓励食品生产经营企业参加食品安全责任保险。

第二节　生产经营过程控制

第四十四条　食品生产经营企业应当建立健全食品安全管理制度，对职工进行食品安全知识培训，加强食品检验工作，依法从事生产经营活动。

食品生产经营企业的主要负责人应当落实企业食品安全管理制度，对本企业的食品安全工作全面负责。

食品生产经营企业应当配备食品安全管理人员，加强对其培训和考核。经考核不具备食品安全管理能力的，不得上岗。食品药品监督管理部门应当对企业食品安全管理人员随机进行监督抽查考核并公布考核情况。监督抽查考核不得收取费用。

第四十五条 食品生产经营者应当建立并执行从业人员健康管理制度。患有国务院卫生行政部门规定的有碍食品安全疾病的人员，不得从事接触直接入口食品的工作。

从事接触直接入口食品工作的食品生产经营人员应当每年进行健康检查，取得健康证明后方可上岗工作。

第四十六条 食品生产企业应当就下列事项制定并实施控制要求，保证所生产的食品符合食品安全标准：

（一）原料采购、原料验收、投料等原料控制；

（二）生产工序、设备、贮存、包装等生产关键环节控制；

（三）原料检验、半成品检验、成品出厂检验等检验控制；

（四）运输和交付控制。

第四十七条 食品生产经营者应当建立食品安全自查制度，定期对食品安全状况进行检查评价。生产经营条件发生变化，不再符合食品安全要求的，食品生产经营者应当立即采取整改措施；有发生食品安全事故潜在风险的，应当立即停止食品生产经营活动，并向所在地县级人民政府食品药品监督管理部门报告。

第四十八条 国家鼓励食品生产经营企业符合良好生产规范要求，实施危害分析与关键控制点体系，提高食品安全管理水平。

对通过良好生产规范、危害分析与关键控制点体系认证的食品生产经营企业，认证机构应当依法实施跟踪调查；对不再符合认证要求的企业，应当依法撤销认证，及时向县级以上人民政府食品药品监督管理部门通报，并向社会公布。认证机构实施跟踪调查不得收取费用。

第四十九条 食用农产品生产者应当按照食品安全标准和国家有关规定使用农药、肥料、兽药、饲料和饲料添加剂等农业投入品，严格执行农业投入品使用安全间隔期或者休药期的规定，不得使用国家明令禁止的农业投入品。禁止将剧毒、高毒农药用于蔬菜、瓜果、茶叶和中草药材等国家规定的农作物。

食用农产品的生产企业和农民专业合作经济组织应当建立农业投入品使用记录制度。

县级以上人民政府农业行政部门应当加强对农业投入品使用的监督管理和指导，建立健全农业投入品安全使用制度。

第五十条 食品生产者采购食品原料、食品添加剂、食品相关产品，应当查验供货者的许可证和产品合格证明；对无法提供合格证明的食品原料，应当按照食品安全标准进行检验；不得采购或者使用不符合食品安全标准的食品原料、食品添加剂、食品相关产品。

食品生产企业应当建立食品原料、食品添加剂、食品相关产品进货查验记录制度，如实记录食品原料、食品添加剂、食品相关产品的名称、规格、数量、生产日期或者生产批号、保质期、进货日期以及供货者名称、地址、联系方式等内容，并保存相关凭证。记录和凭证保存期限不得少于产品保质期满后六个月；没有明确保质期的，保存期限不得少于二年。

第五十一条　食品生产企业应当建立食品出厂检验记录制度，查验出厂食品的检验合格证和安全状况，如实记录食品的名称、规格、数量、生产日期或者生产批号、保质期、检验合格证号、销售日期以及购货者名称、地址、联系方式等内容，并保存相关凭证。记录和凭证保存期限应当符合本法第五十条第二款的规定。

第五十二条　食品、食品添加剂、食品相关产品的生产者，应当按照食品安全标准对所生产的食品、食品添加剂、食品相关产品进行检验，检验合格后方可出厂或者销售。

第五十三条　食品经营者采购食品，应当查验供货者的许可证和食品出厂检验合格证或者其他合格证明（以下称合格证明文件）。

食品经营企业应当建立食品进货查验记录制度，如实记录食品的名称、规格、数量、生产日期或者生产批号、保质期、进货日期以及供货者名称、地址、联系方式等内容，并保存相关凭证。记录和凭证保存期限应当符合本法第五十条第二款的规定。

实行统一配送经营方式的食品经营企业，可以由企业总部统一查验供货者的许可证和食品合格证明文件，进行食品进货查验记录。

从事食品批发业务的经营企业应当建立食品销售记录制度，如实记录批发食品的名称、规格、数量、生产日期或者生产批号、保质期、销售日期以及购货者名称、地址、联系方式等内容，并保存相关凭证。记录和凭证保存期限应当符合本法第五十条第二款的规定。

第五十四条　食品经营者应当按照保证食品安全的要求贮存食品，定期检查库存食品，及时清理变质或者超过保质期的食品。

食品经营者贮存散装食品，应当在贮存位置标明食品的名称、生产日期或者生产批号、保质期、生产者名称及联系方式等内容。

第五十五条　餐饮服务提供者应当制定并实施原料控制要求，不得采购不符合食品安全标准的食品原料。倡导餐饮服务提供者公开加工过程，公示食品原料及其来源等信息。

餐饮服务提供者在加工过程中应当检查待加工的食品及原料，发现有本法第三十四条第六项规定情形的，不得加工或者使用。

第五十六条 餐饮服务提供者应当定期维护食品加工、贮存、陈列等设施、设备；定期清洗、校验保温设施及冷藏、冷冻设施。

餐饮服务提供者应当按照要求对餐具、饮具进行清洗消毒，不得使用未经清洗消毒的餐具、饮具；餐饮服务提供者委托清洗消毒餐具、饮具的，应当委托符合本法规定条件的餐具、饮具集中消毒服务单位。

第五十七条 学校、托幼机构、养老机构、建筑工地等集中用餐单位的食堂应当严格遵守法律、法规和食品安全标准；从供餐单位订餐的，应当从取得食品生产经营许可的企业订购，并按照要求对订购的食品进行查验。供餐单位应当严格遵守法律、法规和食品安全标准，当餐加工，确保食品安全。

学校、托幼机构、养老机构、建筑工地等集中用餐单位的主管部门应当加强对集中用餐单位的食品安全教育和日常管理，降低食品安全风险，及时消除食品安全隐患。

第五十八条 餐具、饮具集中消毒服务单位应当具备相应的作业场所、清洗消毒设备或者设施，用水和使用的洗涤剂、消毒剂应当符合相关食品安全国家标准和其他国家标准、卫生规范。

餐具、饮具集中消毒服务单位应当对消毒餐具、饮具进行逐批检验，检验合格后方可出厂，并应当随附消毒合格证明。消毒后的餐具、饮具应当在独立包装上标注单位名称、地址、联系方式、消毒日期以及使用期限等内容。

第五十九条 食品添加剂生产者应当建立食品添加剂出厂检验记录制度，查验出厂产品的检验合格证和安全状况，如实记录食品添加剂的名称、规格、数量、生产日期或者生产批号、保质期、检验合格证号、销售日期以及购货者名称、地址、联系方式等相关内容，并保存相关凭证。记录和凭证保存期限应当符合本法第五十条第二款的规定。

第六十条 食品添加剂经营者采购食品添加剂，应当依法查验供货者的许可证和产品合格证明文件，如实记录食品添加剂的名称、规格、数量、生产日期或者生产批号、保质期、进货日期以及供货者名称、地址、联系方式等内容，并保存相关凭证。记录和凭证保存期限应当符合本法第五十条第二款的规定。

第六十一条 集中交易市场的开办者、柜台出租者和展销会举办者，应当依法审查入场食品经营者的许可证，明确其食品安全管理责任，定期对其经营环境和条件进行检查，发现其有违反本法规定行为的，应当及时制止并立即报告所在地县级人民政府食品药品监督管理部门。

第六十二条　网络食品交易第三方平台提供者应当对入网食品经营者进行实名登记，明确其食品安全管理责任；依法应当取得许可证的，还应当审查其许可证。

网络食品交易第三方平台提供者发现入网食品经营者有违反本法规定行为的，应当及时制止并立即报告所在地县级人民政府食品药品监督管理部门；发现严重违法行为的，应当立即停止提供网络交易平台服务。

第六十三条　国家建立食品召回制度。食品生产者发现其生产的食品不符合食品安全标准或者有证据证明可能危害人体健康的，应当立即停止生产，召回已经上市销售的食品，通知相关生产经营者和消费者，并记录召回和通知情况。

食品经营者发现其经营的食品有前款规定情形的，应当立即停止经营，通知相关生产经营者和消费者，并记录停止经营和通知情况。食品生产者认为应当召回的，应当立即召回。由于食品经营者的原因造成其经营的食品有前款规定情形的，食品经营者应当召回。

食品生产经营者应当对召回的食品采取无害化处理、销毁等措施，防止其再次流入市场。但是，对因标签、标志或者说明书不符合食品安全标准而被召回的食品，食品生产者在采取补救措施且能保证食品安全的情况下可以继续销售；销售时应当向消费者明示补救措施。

食品生产经营者应当将食品召回和处理情况向所在地县级人民政府食品药品监督管理部门报告；需要对召回的食品进行无害化处理、销毁的，应当提前报告时间、地点。食品药品监督管理部门认为必要的，可以实施现场监督。

食品生产经营者未依照本条规定召回或者停止经营的，县级以上人民政府食品药品监督管理部门可以责令其召回或者停止经营。

第六十四条　食用农产品批发市场应当配备检验设备和检验人员或者委托符合本法规定的食品检验机构，对进入该批发市场销售的食用农产品进行抽样检验；发现不符合食品安全标准的，应当要求销售者立即停止销售，并向食品药品监督管理部门报告。

第六十五条　食用农产品销售者应当建立食用农产品进货查验记录制度，如实记录食用农产品的名称、数量、进货日期以及供货者名称、地址、联系方式等内容，并保存相关凭证。记录和凭证保存期限不得少于六个月。

第六十六条　进入市场销售的食用农产品在包装、保鲜、贮存、运输中使用保鲜剂、防腐剂等食品添加剂和包装材料等食品相关产品，应当符合食品安全国家标准。

第三节　标签、说明书和广告

第六十七条　预包装食品的包装上应当有标签。标签应当标明下列事项：

（一）名称、规格、净含量、生产日期；

（二）成分或者配料表；

（三）生产者的名称、地址、联系方式；

（四）保质期；

（五）产品标准代号；

（六）贮存条件；

（七）所使用的食品添加剂在国家标准中的通用名称；

（八）生产许可证编号；

（九）法律、法规或者食品安全标准规定应当标明的其他事项。

专供婴幼儿和其他特定人群的主辅食品，其标签还应当标明主要营养成分及其含量。

食品安全国家标准对标签标注事项另有规定的，从其规定。

第六十八条　食品经营者销售散装食品，应当在散装食品的容器、外包装上标明食品的名称、生产日期或者生产批号、保质期以及生产经营者名称、地址、联系方式等内容。

第六十九条　生产经营转基因食品应当按照规定显著标示。

第七十条　食品添加剂应当有标签、说明书和包装。标签、说明书应当载明本法第六十七条第一款第一项至第六项、第八项、第九项规定的事项，以及食品添加剂的使用范围、用量、使用方法，并在标签上载明"食品添加剂"字样。

第七十一条　食品和食品添加剂的标签、说明书，不得含有虚假内容，不得涉及疾病预防、治疗功能。生产经营者对其提供的标签、说明书的内容负责。

食品和食品添加剂的标签、说明书应当清楚、明显，生产日期、保质期等事项应当显著标注，容易辨识。

食品和食品添加剂与其标签、说明书的内容不符的，不得上市销售。

第七十二条　食品经营者应当按照食品标签标示的警示标志、警示说明或者注意事项的要求销售食品。

第七十三条　食品广告的内容应当真实合法，不得含有虚假内容，不得涉及疾病预防、治疗功能。食品生产经营者对食品广告内容的真实性、合法性负责。

县级以上人民政府食品药品监督管理部门和其他有关部门以及食品检验机构、食品行业协会不得以广告或者其他形式向消费者推荐食品。消费者组织不得以收取费用或者其他牟取利益的方式向消费者推荐食品。

第四节　特殊食品

第七十四条　国家对保健食品、特殊医学用途配方食品和婴幼儿配方食品等特殊食品实行严格监督管理。

第七十五条　保健食品声称保健功能，应当具有科学依据，不得对人体产生急性、亚急性或者慢性危害。

保健食品原料目录和允许保健食品声称的保健功能目录，由国务院食品药品监督管理部门会同国务院卫生行政部门、国家中医药管理部门制定、调整并公布。

保健食品原料目录应当包括原料名称、用量及其对应的功效；列入保健食品原料目录的原料只能用于保健食品生产，不得用于其他食品生产。

第七十六条　使用保健食品原料目录以外原料的保健食品和首次进口的保健食品应当经国务院食品药品监督管理部门注册。但是，首次进口的保健食品中属于补充维生素、矿物质等营养物质的，应当报国务院食品药品监督管理部门备案。其他保健食品应当报省、自治区、直辖市人民政府食品药品监督管理部门备案。

进口的保健食品应当是出口国（地区）主管部门准许上市销售的产品。

第七十七条　依法应当注册的保健食品，注册时应当提交保健食品的研发报告、产品配方、生产工艺、安全性和保健功能评价、标签、说明书等材料及样品，并提供相关证明文件。国务院食品药品监督管理部门经组织技术审评，对符合安全和功能声称要求的，准予注册；对不符合要求的，不予注册并书面说明理由。对使用保健食品原料目录以外原料的保健食品作出准予注册决定的，应当及时将该原料纳入保健食品原料目录。

依法应当备案的保健食品，备案时应当提交产品配方、生产工艺、标签、说明书以及表明产品安全性和保健功能的材料。

第七十八条　保健食品的标签、说明书不得涉及疾病预防、治疗功能，内容应当真实，与注册或者备案的内容相一致，载明适宜人群、不适宜人群、功效成分或者标志性成分及其含量等，并声明"本品不能代替药物"。保健食品的功能和成分应当与标签、说明书相一致。

第七十九条 保健食品广告除应当符合本法第七十三条第一款的规定外，还应当声明"本品不能代替药物"；其内容应当经生产企业所在地省、自治区、直辖市人民政府食品药品监督管理部门审查批准，取得保健食品广告批准文件。省、自治区、直辖市人民政府食品药品监督管理部门应当公布并及时更新已经批准的保健食品广告目录以及批准的广告内容。

第八十条 特殊医学用途配方食品应当经国务院食品药品监督管理部门注册。注册时，应当提交产品配方、生产工艺、标签、说明书以及表明产品安全性、营养充足性和特殊医学用途临床效果的材料。

特殊医学用途配方食品广告适用《中华人民共和国广告法》和其他法律、行政法规关于药品广告管理的规定。

第八十一条 婴幼儿配方食品生产企业应当实施从原料进厂到成品出厂的全过程质量控制，对出厂的婴幼儿配方食品实施逐批检验，保证食品安全。

生产婴幼儿配方食品使用的生鲜乳、辅料等食品原料、食品添加剂等，应当符合法律、行政法规的规定和食品安全国家标准，保证婴幼儿生长发育所需的营养成分。

婴幼儿配方食品生产企业应当将食品原料、食品添加剂、产品配方及标签等事项向省、自治区、直辖市人民政府食品药品监督管理部门备案。

婴幼儿配方乳粉的产品配方应当经国务院食品药品监督管理部门注册。注册时，应当提交配方研发报告和其他表明配方科学性、安全性的材料。

不得以分装方式生产婴幼儿配方乳粉，同一企业不得用同一配方生产不同品牌的婴幼儿配方乳粉。

第八十二条 保健食品、特殊医学用途配方食品、婴幼儿配方乳粉的注册人或者备案人应当对其提交材料的真实性负责。

省级以上人民政府食品药品监督管理部门应当及时公布注册或者备案的保健食品、特殊医学用途配方食品、婴幼儿配方乳粉目录，并对注册或者备案中获知的企业商业秘密予以保密。

保健食品、特殊医学用途配方食品、婴幼儿配方乳粉生产企业应当按照注册或者备案的产品配方、生产工艺等技术要求组织生产。

第八十三条 生产保健食品，特殊医学用途配方食品、婴幼儿配方食品和其他专供特定人群的主辅食品的企业，应当按照良好生产规范的要求建立与所生产食品相适应的生产质量管理体系，定期对该体系的运行情况进行自查，保证其有效运行，并向所在地县级人民政府食品药品监督管理部门提交自查报告。

第五章　食品检验

第八十四条　食品检验机构按照国家有关认证认可的规定取得资质认定后，方可从事食品检验活动。但是，法律另有规定的除外。

食品检验机构的资质认定条件和检验规范，由国务院食品药品监督管理部门规定。

符合本法规定的食品检验机构出具的检验报告具有同等效力。

县级以上人民政府应当整合食品检验资源，实现资源共享。

第八十五条　食品检验由食品检验机构指定的检验人独立进行。

检验人应当依照有关法律、法规的规定，并按照食品安全标准和检验规范对食品进行检验，尊重科学，恪守职业道德，保证出具的检验数据和结论客观、公正，不得出具虚假检验报告。

第八十六条　食品检验实行食品检验机构与检验人负责制。食品检验报告应当加盖食品检验机构公章，并有检验人的签名或者盖章。食品检验机构和检验人对出具的食品检验报告负责。

第八十七条　县级以上人民政府食品药品监督管理部门应当对食品进行定期或者不定期的抽样检验，并依据有关规定公布检验结果，不得免检。进行抽样检验，应当购买抽取的样品，委托符合本法规定的食品检验机构进行检验，并支付相关费用；不得向食品生产经营者收取检验费和其他费用。

第八十八条　对依照本法规定实施的检验结论有异议的，食品生产经营者可以自收到检验结论之日起七个工作日内向实施抽样检验的食品药品监督管理部门或者其上一级食品药品监督管理部门提出复检申请，由受理复检申请的食品药品监督管理部门在公布的复检机构名录中随机确定复检机构进行复检。复检机构出具的复检结论为最终检验结论。复检机构与初检机构不得为同一机构。复检机构名录由国务院认证认可监督管理、食品药品监督管理、卫生行政、农业行政等部门共同公布。

采用国家规定的快速检测方法对食用农产品进行抽查检测，被抽查人对检测结果有异议的，可以自收到检测结果时起四小时内申请复检。复检不得采用快速检测方法。

第八十九条　食品生产企业可以自行对所生产的食品进行检验，也可以委托符合本法规定的食品检验机构进行检验。

食品行业协会和消费者协会等组织、消费者需要委托食品检验机构对食品进行检验的，应当委托符合本法规定的食品检验机构进行。

第九十条 食品添加剂的检验，适用本法有关食品检验的规定。

第六章 食品进出口

第九十一条 国家出入境检验检疫部门对进出口食品安全实施监督管理。

第九十二条 进口的食品、食品添加剂、食品相关产品应当符合我国食品安全国家标准。

进口的食品、食品添加剂应当经出入境检验检疫机构依照进出口商品检验相关法律、行政法规的规定检验合格。

进口的食品、食品添加剂应当按照国家出入境检验检疫部门的要求随附合格证明材料。

第九十三条 进口尚无食品安全国家标准的食品，由境外出口商、境外生产企业或者其委托的进口商向国务院卫生行政部门提交所执行的相关国家（地区）标准或者国际标准。国务院卫生行政部门对相关标准进行审查，认为符合食品安全要求的，决定暂予适用，并及时制定相应的食品安全国家标准。进口利用新的食品原料生产的食品或者进口食品添加剂新品种、食品相关产品新品种，依照本法第三十七条的规定办理。

出入境检验检疫机构按照国务院卫生行政部门的要求，对前款规定的食品、食品添加剂、食品相关产品进行检验。检验结果应当公开。

第九十四条 境外出口商、境外生产企业应当保证向我国出口的食品、食品添加剂、食品相关产品符合本法以及我国其他有关法律、行政法规的规定和食品安全国家标准的要求，并对标签、说明书的内容负责。

进口商应当建立境外出口商、境外生产企业审核制度，重点审核前款规定的内容；审核不合格的，不得进口。

发现进口食品不符合我国食品安全国家标准或者有证据证明可能危害人体健康的，进口商应当立即停止进口，并依照本法第六十三条的规定召回。

第九十五条 境外发生的食品安全事件可能对我国境内造成影响，或者在进口食品、食品添加剂、食品相关产品中发现严重食品安全问题的，国家出入境检验检疫部门应当及时采取风险预警或者控制措施，并向国务院食品药品监督管理、卫生行政、农业行政部门通报。接到通报的部门应当及时采取相应措施。

县级以上人民政府食品药品监督管理部门对国内市场上销售的进口食品、食品添加剂实施监督管理。发现存在严重食品安全问题的，国务院食品药品监督管理部门应当及时向国家出入境检验检疫部门通报。国家出入境检验检疫部门应当及时采取相应措施。

第九十六条　向我国境内出口食品的境外出口商或者代理商、进口食品的进口商应当向国家出入境检验检疫部门备案。向我国境内出口食品的境外食品生产企业应当经国家出入境检验检疫部门注册。已经注册的境外食品生产企业提供虚假材料，或者因其自身的原因致使进口食品发生重大食品安全事故的，国家出入境检验检疫部门应当撤销注册并公告。

国家出入境检验检疫部门应当定期公布已经备案的境外出口商、代理商、进口商和已经注册的境外食品生产企业名单。

第九十七条　进口的预包装食品、食品添加剂应当有中文标签；依法应当有说明书的，还应当有中文说明书。标签、说明书应当符合本法以及我国其他有关法律、行政法规的规定和食品安全国家标准的要求，并载明食品的原产地以及境内代理商的名称、地址、联系方式。预包装食品没有中文标签、中文说明书或者标签、说明书不符合本条规定的，不得进口。

第九十八条　进口商应当建立食品、食品添加剂进口和销售记录制度，如实记录食品、食品添加剂的名称、规格、数量、生产日期、生产或者进口批号、保质期、境外出口商和购货者名称、地址及联系方式、交货日期等内容，并保存相关凭证。记录和凭证保存期限应当符合本法第五十条第二款的规定。

第九十九条　出口食品生产企业应当保证其出口食品符合进口国（地区）的标准或者合同要求。

出口食品生产企业和出口食品原料种植、养殖场应当向国家出入境检验检疫部门备案。

第一百条　国家出入境检验检疫部门应当收集、汇总下列进出口食品安全信息，并及时通报相关部门、机构和企业：

（一）出入境检验检疫机构对进出口食品实施检验检疫发现的食品安全信息；

（二）食品行业协会和消费者协会等组织、消费者反映的进口食品安全信息；

（三）国际组织、境外政府机构发布的风险预警信息及其他食品安全信息，以及境外食品行业协会等组织、消费者反映的食品安全信息；

（四）其他食品安全信息。

国家出入境检验检疫部门应当对进出口食品的进口商、出口商和出口食品生产企业实施信用管理，建立信用记录，并依法向社会公布。对有不良记录的进口商、出口商和出口食品生产企业，应当加强对其进出口食品的检验检疫。

第一百零一条 国家出入境检验检疫部门可以对向我国境内出口食品的国家（地区）的食品安全管理体系和食品安全状况进行评估和审查，并根据评估和审查结果，确定相应检验检疫要求。

第七章 食品安全事故处置

第一百零二条 国务院组织制定国家食品安全事故应急预案。

县级以上地方人民政府应当根据有关法律、法规的规定和上级人民政府的食品安全事故应急预案以及本行政区域的实际情况，制定本行政区域的食品安全事故应急预案，并报上一级人民政府备案。

食品安全事故应急预案应当对食品安全事故分级、事故处置组织指挥体系与职责、预防预警机制、处置程序、应急保障措施等作出规定。

食品生产经营企业应当制定食品安全事故处置方案，定期检查本企业各项食品安全防范措施的落实情况，及时消除事故隐患。

第一百零三条 发生食品安全事故的单位应当立即采取措施，防止事故扩大。事故单位和接收病人进行治疗的单位应当及时向事故发生地县级人民政府食品药品监督管理、卫生行政部门报告。

县级以上人民政府质量监督、农业行政等部门在日常监督管理中发现食品安全事故或者接到事故举报，应当立即向同级食品药品监督管理部门通报。

发生食品安全事故，接到报告的县级人民政府食品药品监督管理部门应当按照应急预案的规定向本级人民政府和上级人民政府食品药品监督管理部门报告。县级人民政府和上级人民政府食品药品监督管理部门应当按照应急预案的规定上报。

任何单位和个人不得对食品安全事故隐瞒、谎报、缓报，不得隐匿、伪造、毁灭有关证据。

第一百零四条 医疗机构发现其接收的病人属于食源性疾病病人或者疑似病人的，应当按照规定及时将相关信息向所在地县级人民政府卫生行政部门报告。县级人民政府卫生行政部门认为与食品安全有关的，应当及时通报同级食品药品监督管理部门。

县级以上人民政府卫生行政部门在调查处理传染病或者其他突发公共卫生事件中发现与食品安全相关的信息，应当及时通报同级食品药品监督管理部门。

第一百零五条 县级以上人民政府食品药品监督管理部门接到食品安全事故的报告后，应当立即会同同级卫生行政、质量监督、农业行政等部门进行调查处理，并采取下列措施，防止或者减轻社会危害：

（一）开展应急救援工作，组织救治因食品安全事故导致人身伤害的人员；

（二）封存可能导致食品安全事故的食品及其原料，并立即进行检验；对确认属于被污染的食品及其原料，责令食品生产经营者依照本法第六十三条的规定召回或者停止经营；

（三）封存被污染的食品相关产品，并责令进行清洗消毒；

（四）做好信息发布工作，依法对食品安全事故及其处理情况进行发布，并对可能产生的危害加以解释、说明。

发生食品安全事故需要启动应急预案的，县级以上人民政府应当立即成立事故处置指挥机构，启动应急预案，依照前款和应急预案的规定进行处置。

发生食品安全事故，县级以上疾病预防控制机构应当对事故现场进行卫生处理，并对与事故有关的因素开展流行病学调查，有关部门应当予以协助。县级以上疾病预防控制机构应当向同级食品药品监督管理、卫生行政部门提交流行病学调查报告。

第一百零六条　发生食品安全事故，设区的市级以上人民政府食品药品监督管理部门应当立即会同有关部门进行事故责任调查，督促有关部门履行职责，向本级人民政府和上一级人民政府食品药品监督管理部门提出事故责任调查处理报告。

涉及两个以上省、自治区、直辖市的重大食品安全事故由国务院食品药品监督管理部门依照前款规定组织事故责任调查。

第一百零七条　调查食品安全事故，应当坚持实事求是、尊重科学的原则，及时、准确查清事故性质和原因，认定事故责任，提出整改措施。

调查食品安全事故，除了查明事故单位的责任，还应当查明有关监督管理部门、食品检验机构、认证机构及其工作人员的责任。

第一百零八条　食品安全事故调查部门有权向有关单位和个人了解与事故有关的情况，并要求提供相关资料和样品。有关单位和个人应当予以配合，按照要求提供相关资料和样品，不得拒绝。

任何单位和个人不得阻挠、干涉食品安全事故的调查处理。

第八章　监督管理

第一百零九条　县级以上人民政府食品药品监督管理、质量监督部门根据食品安全风险监测、风险评估结果和食品安全状况等，确定监督管理的重点、方式和频次，实施风险分级管理。

县级以上地方人民政府组织本级食品药品监督管理、质量监督、农业行政等部门制定本行政区域的食品安全年度监督管理计划，向社会公布并组织实施。

食品安全年度监督管理计划应当将下列事项作为监督管理的重点：

（一）专供婴幼儿和其他特定人群的主辅食品；

（二）保健食品生产过程中的添加行为和按照注册或者备案的技术要求组织生产的情况，保健食品标签、说明书以及宣传材料中有关功能宣传的情况；

（三）发生食品安全事故风险较高的食品生产经营者；

（四）食品安全风险监测结果表明可能存在食品安全隐患的事项。

第一百一十条　县级以上人民政府食品药品监督管理、质量监督部门履行各自食品安全监督管理职责，有权采取下列措施，对生产经营者遵守本法的情况进行监督检查：

（一）进入生产经营场所实施现场检查；

（二）对生产经营的食品、食品添加剂、食品相关产品进行抽样检验；

（三）查阅、复制有关合同、票据、账簿以及其他有关资料；

（四）查封、扣押有证据证明不符合食品安全标准或者有证据证明存在安全隐患以及用于违法生产经营的食品、食品添加剂、食品相关产品；

（五）查封违法从事生产经营活动的场所。

第一百一十一条　对食品安全风险评估结果证明食品存在安全隐患，需要制定、修订食品安全标准的，在制定、修订食品安全标准前，国务院卫生行政部门应当及时会同国务院有关部门规定食品中有害物质的临时限量值和临时检验方法，作为生产经营和监督管理的依据。

第一百一十二条　县级以上人民政府食品药品监督管理部门在食品安全监督管理工作中可以采用国家规定的快速检测方法对食品进行抽查检测。

对抽查检测结果表明可能不符合食品安全标准的食品，应当依照本法第八十七条的规定进行检验。抽查检测结果确定有关食品不符合食品安全标准的，可以作为行政处罚的依据。

第一百一十三条　县级以上人民政府食品药品监督管理部门应当建立食品生产经营者食品安全信用档案，记录许可颁发、日常监督检查结果、违法行为查处等情况，依法向社会公布并实时更新；对有不良信用记录的食品生产经营者增加监督检查频次，对违法行为情节严重的食品生产经营者，可以通报投资主管部门、证券监督管理机构和有关的金融机构。

第一百一十四条　食品生产经营过程中存在食品安全隐患，未及时采取措施消除的，县级以上人民政府食品药品监督管理部门可以对食品生产经营者的法定代表人或者主要负责人进行责任约谈。食品生产经营者应当立即采取措施，进行整改，消除隐患。责任约谈情况和整改情况应当纳入食品生产经营者食品安全信用档案。

第一百一十五条　县级以上人民政府食品药品监督管理、质量监督等部门应当公布本部门的电子邮件地址或者电话，接受咨询、投诉、举报。接到咨询、投诉、举报，对属于本部门职责的，应当受理并在法定期限内及时答复、核实、处理；对不属于本部门职责的，应当移交有权处理的部门并书面通知咨询、投诉、举报人。有权处理的部门应当在法定期限内及时处理，不得推诿。对查证属实的举报，给予举报人奖励。

有关部门应当对举报人的信息予以保密，保护举报人的合法权益。举报人举报所在企业的，该企业不得以解除、变更劳动合同或者其他方式对举报人进行打击报复。

第一百一十六条　县级以上人民政府食品药品监督管理、质量监督等部门应当加强对执法人员食品安全法律、法规、标准和专业知识与执法能力等的培训，并组织考核。不具备相应知识和能力的，不得从事食品安全执法工作。

食品生产经营者、食品行业协会、消费者协会等发现食品安全执法人员在执法过程中有违反法律、法规规定的行为以及不规范执法行为的，可以向本级或者上级人民政府食品药品监督管理、质量监督等部门或者监察机关投诉、举报。接到投诉、举报的部门或者机关应当进行核实，并将经核实的情况向食品安全执法人员所在部门通报；涉嫌违法违纪的，按照本法和有关规定处理。

第一百一十七条　县级以上人民政府食品药品监督管理等部门未及时发现食品安全系统性风险，未及时消除监督管理区域内的食品安全隐患的，本级人民政府可以对其主要负责人进行责任约谈。

地方人民政府未履行食品安全职责，未及时消除区域性重大食品安全隐患的，上级人民政府可以对其主要负责人进行责任约谈。

被约谈的食品药品监督管理等部门、地方人民政府应当立即采取措施，对食品安全监督管理工作进行整改。

责任约谈情况和整改情况应当纳入地方人民政府和有关部门食品安全监督管理工作评议、考核记录。

第一百一十八条　国家建立统一的食品安全信息平台，实行食品安全信息统一公布制度。国家食品安全总体情况、食品安全风险警示信息、重大食品安全事故及其调查处理信息和国务院确定需要统一公布的其他信息由国务院食品药品监督管理部门统一公布。食品安全风险警示信息和重大食品安全事故及其调查处理信息的影响限于特定区域的，也可以由有关省、自治区、直辖市人民政府食品药品监督管理部门公布。未经授权不得发布上述信息。

县级以上人民政府食品药品监督管理、质量监督、农业行政部门依据各自职责公布食品安全日常监督管理信息。

公布食品安全信息，应当做到准确、及时，并进行必要的解释说明，避免误导消费者和社会舆论。

第一百一十九条 县级以上地方人民政府食品药品监督管理、卫生行政、质量监督、农业行政部门获知本法规定需要统一公布的信息，应当向上级主管部门报告，由上级主管部门立即报告国务院食品药品监督管理部门；必要时，可以直接向国务院食品药品监督管理部门报告。

县级以上人民政府食品药品监督管理、卫生行政、质量监督、农业行政部门应当相互通报获知的食品安全信息。

第一百二十条 任何单位和个人不得编造、散布虚假食品安全信息。

县级以上人民政府食品药品监督管理部门发现可能误导消费者和社会舆论的食品安全信息，应当立即组织有关部门、专业机构、相关食品生产经营者等进行核实、分析，并及时公布结果。

第一百二十一条 县级以上人民政府食品药品监督管理、质量监督等部门发现涉嫌食品安全犯罪的，应当按照有关规定及时将案件移送公安机关。对移送的案件，公安机关应当及时审查；认为有犯罪事实需要追究刑事责任的，应当立案侦查。

公安机关在食品安全犯罪案件侦查过程中认为没有犯罪事实，或者犯罪事实显著轻微，不需要追究刑事责任，但依法应当追究行政责任的，应当及时将案件移送食品药品监督管理、质量监督等部门和监察机关，有关部门应当依法处理。

公安机关商请食品药品监督管理、质量监督、环境保护等部门提供检验结论、认定意见以及对涉案物品进行无害化处理等协助的，有关部门应当及时提供，予以协助。

第九章　法律责任

第一百二十二条 违反本法规定，未取得食品生产经营许可从事食品生产经营活动，或者未取得食品添加剂生产许可从事食品添加剂生产活动的，由县级以上人民政府食品药品监督管理部门没收违法所得和违法生产经营的食品、食品添加剂以及用于违法生产经营的工具、设备、原料等物品；违法生产经营的食品、食品添加剂货值金额不足一万元的，并处五万元以上十万元以下罚款；

货值金额一万元以上的，并处货值金额十倍以上二十倍以下罚款。

明知从事前款规定的违法行为，仍为其提供生产经营场所或者其他条件的，由县级以上人民政府食品药品监督管理部门责令停止违法行为，没收违法所得，并处五万元以上十万元以下罚款；使消费者的合法权益受到损害的，应当与食品、食品添加剂生产经营者承担连带责任。

第一百二十三条 违反本法规定，有下列情形之一，尚不构成犯罪的，由县级以上人民政府食品药品监督管理部门没收违法所得和违法生产经营的食品，并可以没收用于违法生产经营的工具、设备、原料等物品；违法生产经营的食品货值金额不足一万元的，并处十万元以上十五万元以下罚款；货值金额一万元以上的，并处货值金额十五倍以上三十倍以下罚款；情节严重的，吊销许可证，并可以由公安机关对其直接负责的主管人员和其他直接责任人员处五日以上十五日以下拘留：

（一）用非食品原料生产食品、在食品中添加食品添加剂以外的化学物质和其他可能危害人体健康的物质，或者用回收食品作为原料生产食品，或者经营上述食品；

（二）生产经营营养成分不符合食品安全标准的专供婴幼儿和其他特定人群的主辅食品；

（三）经营病死、毒死或者死因不明的禽、畜、兽、水产动物肉类，或者生产经营其制品；

（四）经营未按规定进行检疫或者检疫不合格的肉类，或者生产经营未经检验或者检验不合格的肉类制品；

（五）生产经营国家为防病等特殊需要明令禁止生产经营的食品；

（六）生产经营添加药品的食品。

明知从事前款规定的违法行为，仍为其提供生产经营场所或者其他条件的，由县级以上人民政府食品药品监督管理部门责令停止违法行为，没收违法所得，并处十万元以上二十万元以下罚款；使消费者的合法权益受到损害的，应当与食品生产经营者承担连带责任。

违法使用剧毒、高毒农药的，除依照有关法律、法规规定给予处罚外，可以由公安机关依照第一款规定给予拘留。

第一百二十四条 违反本法规定，有下列情形之一，尚不构成犯罪的，由县级以上人民政府食品药品监督管理部门没收违法所得和违法生产经营的食品、食品添加剂，并可以没收用于违法生产经营的工具、设备、原料等物品；违法生产经营的食品、食品添加剂货值金额不足一万元的，并处五万元以上十万元以下罚款；货值金额一万元以上的，并处货值金额十倍以上二十倍以下罚款；情节严重的，吊销许可证：

（一）生产经营致病性微生物，农药残留、兽药残留、生物毒素、重金属等污染物质以及其他危害人体健康的物质含量超过食品安全标准限量的食品、食品添加剂；

（二）用超过保质期的食品原料、食品添加剂生产食品、食品添加剂，或者经营上述食品、食品添加剂；

（三）生产经营超范围、超限量使用食品添加剂的食品；

（四）生产经营腐败变质、油脂酸败、霉变生虫、污秽不洁、混有异物、掺假掺杂或者感官性状异常的食品、食品添加剂；

（五）生产经营标注虚假生产日期、保质期或者超过保质期的食品、食品添加剂；

（六）生产经营未按规定注册的保健食品、特殊医学用途配方食品、婴幼儿配方乳粉，或者未按注册的产品配方、生产工艺等技术要求组织生产；

（七）以分装方式生产婴幼儿配方乳粉，或者同一企业以同一配方生产不同品牌的婴幼儿配方乳粉；

（八）利用新的食品原料生产食品，或者生产食品添加剂新品种，未通过安全性评估；

（九）食品生产经营者在食品药品监督管理部门责令其召回或者停止经营后，仍拒不召回或者停止经营。

除前款和本法第一百二十三条、第一百二十五条规定的情形外，生产经营不符合法律、法规或者食品安全标准的食品、食品添加剂的，依照前款规定给予处罚。

生产食品相关产品新品种，未通过安全性评估，或者生产不符合食品安全标准的食品相关产品的，由县级以上人民政府质量监督部门依照第一款规定给予处罚。

第一百二十五条 违反本法规定，有下列情形之一的，由县级以上人民政府食品药品监督管理部门没收违法所得和违法生产经营的食品、食品添加剂，并可以没收用于违法生产经营的工具、设备、原料等物品；违法生产经营的食品、食品添加剂货值金额不足一万元的，并处五千元以上五万元以下罚款；货值金额一万元以上的，并处货值金额五倍以上十倍以下罚款；情节严重的，责令停产停业，直至吊销许可证：

（一）生产经营被包装材料、容器、运输工具等污染的食品、食品添加剂；

（二）生产经营无标签的预包装食品、食品添加剂或者标签、说明书不符合本法规定的食品、食品添加剂；

（三）生产经营转基因食品未按规定进行标示；

（四）食品生产经营者采购或者使用不符合食品安全标准的食品原料、食品添加剂、食品相关产品。

生产经营的食品、食品添加剂的标签、说明书存在瑕疵但不影响食品安全且不会对消费者造成误导的，由县级以上人民政府食品药品监督管理部门责令改正；拒不改正的，处二千元以下罚款。

第一百二十六条　违反本法规定，有下列情形之一的，由县级以上人民政府食品药品监督管理部门责令改正，给予警告；拒不改正的，处五千元以上五万元以下罚款；情节严重的，责令停产停业，直至吊销许可证：

（一）食品、食品添加剂生产者未按规定对采购的食品原料和生产的食品、食品添加剂进行检验；

（二）食品生产经营企业未按规定建立食品安全管理制度，或者未按规定配备或者培训、考核食品安全管理人员；

（三）食品、食品添加剂生产经营者进货时未查验许可证和相关证明文件，或者未按规定建立并遵守进货查验记录、出厂检验记录和销售记录制度；

（四）食品生产经营企业未制定食品安全事故处置方案；

（五）餐具、饮具和盛放直接入口食品的容器，使用前未经洗净、消毒或者清洗消毒不合格，或者餐饮服务设施、设备未按规定定期维护、清洗、校验；

（六）食品生产经营者安排未取得健康证明或者患有国务院卫生行政部门规定的有碍食品安全疾病的人员从事接触直接入口食品的工作；

（七）食品经营者未按规定要求销售食品；

（八）保健食品生产企业未按规定向食品药品监督管理部门备案，或者未按备案的产品配方、生产工艺等技术要求组织生产；

（九）婴幼儿配方食品生产企业未将食品原料、食品添加剂、产品配方、标签等向食品药品监督管理部门备案；

（十）特殊食品生产企业未按规定建立生产质量管理体系并有效运行，或者未定期提交自查报告；

（十一）食品生产经营者未定期对食品安全状况进行检查评价，或者生产经营条件发生变化，未按规定处理；

（十二）学校、托幼机构、养老机构、建筑工地等集中用餐单位未按规定履行食品安全管理责任；

（十三）食品生产企业、餐饮服务提供者未按规定制定、实施生产经营过程控制要求。

餐具、饮具集中消毒服务单位违反本法规定用水，使用洗涤剂、消毒剂，或者出厂的餐具、饮具未按规定检验合格并随附消毒合格证明，或者未按规定在独立包装上标注相关内容的，由县级以上人民政府卫生行政部门依照前款规定给予处罚。

食品相关产品生产者未按规定对生产的食品相关产品进行检验的，由县级以上人民政府质量监督部门依照第一款规定给予处罚。

食用农产品销售者违反本法第六十五条规定的，由县级以上人民政府食品药品监督管理部门依照第一款规定给予处罚。

第一百二十七条 对食品生产加工小作坊、食品摊贩等的违法行为的处罚，依照省、自治区、直辖市制定的具体管理办法执行。

第一百二十八条 违反本法规定，事故单位在发生食品安全事故后未进行处置、报告的，由有关主管部门按照各自职责分工责令改正，给予警告；隐匿、伪造、毁灭有关证据的，责令停产停业，没收违法所得，并处十万元以上五十万元以下罚款；造成严重后果的，吊销许可证。

第一百二十九条 违反本法规定，有下列情形之一的，由出入境检验检疫机构依照本法第一百二十四条的规定给予处罚：

（一）提供虚假材料，进口不符合我国食品安全国家标准的食品、食品添加剂、食品相关产品；

（二）进口尚无食品安全国家标准的食品，未提交所执行的标准并经国务院卫生行政部门审查，或者进口利用新的食品原料生产的食品或者进口食品添加剂新品种、食品相关产品新品种，未通过安全性评估；

（三）未遵守本法的规定出口食品；

（四）进口商在有关主管部门责令其依照本法规定召回进口的食品后，仍拒不召回。

违反本法规定，进口商未建立并遵守食品、食品添加剂进口和销售记录制度、境外出口商或者生产企业审核制度的，由出入境检验检疫机构依照本法第一百二十六条的规定给予处罚。

第一百三十条 违反本法规定，集中交易市场的开办者、柜台出租者、展销会的举办者允许未依法取得许可的食品经营者进入市场销售食品，或者未履行检查、报告等义务的，由县级以上人民政府食品药品监督管理部门责令改正，没收违法所得，并处五万元以上二十万元以下罚款；造成严重后果的，责令停业，直至由原发证部门吊销许可证；使消费者的合法权益受到损害的，应当与食品经营者承担连带责任。

食用农产品批发市场违反本法第六十四条规定的，依照前款规定承担责任。

第一百三十一条 违反本法规定，网络食品交易第三方平台提供者未对入网食品经营者进行实名登记、审查许可证，或者未履行报告、停止提供网络交易平台服务等义务的，由县级以上人民政府食品药品监督管理部门责令改正，没收违法所得，并处五万元以上二十万元以下罚款；造成严重后果的，责令停业，直至由原发证部门吊销许可证；使消费者的合法权益受到损害的，应当与食品经营者承担连带责任。

消费者通过网络食品交易第三方平台购买食品，其合法权益受到损害的，可以向入网食品经营者或者食品生产者要求赔偿。网络食品交易第三方平台提供者不能提供入网食品经营者的真实名称、地址和有效联系方式的，由网络食品交易第三方平台提供者赔偿。网络食品交易第三方平台提供者赔偿后，有权向入网食品经营者或者食品生产者追偿。网络食品交易第三方平台提供者作出更有利于消费者承诺的，应当履行其承诺。

第一百三十二条 违反本法规定，未按要求进行食品贮存、运输和装卸的，由县级以上人民政府食品药品监督管理等部门按照各自职责分工责令改正，给予警告；拒不改正的，责令停产停业，并处一万元以上五万元以下罚款；情节严重的，吊销许可证。

第一百三十三条 违反本法规定，拒绝、阻挠、干涉有关部门、机构及其工作人员依法开展食品安全监督检查、事故调查处理、风险监测和风险评估的，由有关主管部门按照各自职责分工责令停产停业，并处二千元以上五万元以下罚款；情节严重的，吊销许可证；构成违反治安管理行为的，由公安机关依法给予治安管理处罚。

违反本法规定，对举报人以解除、变更劳动合同或者其他方式打击报复的，应当依照有关法律的规定承担责任。

第一百三十四条 食品生产经营者在一年内累计三次因违反本法规定受到责令停产停业、吊销许可证以外处罚的，由食品药品监督管理部门责令停产停业，直至吊销许可证。

第一百三十五条 被吊销许可证的食品生产经营者及其法定代表人、直接负责的主管人员和其他直接责任人员自处罚决定作出之日起五年内不得申请食品生产经营许可，或者从事食品生产经营管理工作、担任食品生产经营企业食品安全管理人员。

因食品安全犯罪被判处有期徒刑以上刑罚的，终身不得从事食品生产经营管理工作，也不得担任食品生产经营企业食品安全管理人员。

食品生产经营者聘用人员违反前两款规定的，由县级以上人民政府食品药品监督管理部门吊销许可证。

第一百三十六条 食品经营者履行了本法规定的进货查验等义务，有充分证据证明其不知道所采购的食品不符合食品安全标准，并能如实说明其进货来源的，可以免予处罚，但应当依法没收其不符合食品安全标准的食品；造成人身、财产或者其他损害的，依法承担赔偿责任。

第一百三十七条 违反本法规定，承担食品安全风险监测、风险评估工作的技术机构、技术人员提供虚假监测、评估信息的，依法对技术机构直接负责的主管人员和技术人员给予撤职、开除处分；有执业资格的，由授予其资格的主管部门吊销执业证书。

第一百三十八条 违反本法规定，食品检验机构、食品检验人员出具虚假检验报告的，由授予其资质的主管部门或者机构撤销该食品检验机构的检验资质，没收所收取的检验费用，并处检验费用五倍以上十倍以下罚款，检验费用不足一万元的，并处五万元以上十万元以下罚款；依法对食品检验机构直接负责的主管人员和食品检验人员给予撤职或者开除处分；导致发生重大食品安全事故的，对直接负责的主管人员和食品检验人员给予开除处分。

违反本法规定，受到开除处分的食品检验机构人员，自处分决定作出之日起十年内不得从事食品检验工作；因食品安全违法行为受到刑事处罚或者因出具虚假检验报告导致发生重大食品安全事故受到开除处分的食品检验机构人员，终身不得从事食品检验工作。食品检验机构聘用不得从事食品检验工作的人员的，由授予其资质的主管部门或者机构撤销该食品检验机构的检验资质。

食品检验机构出具虚假检验报告，使消费者的合法权益受到损害的，应当与食品生产经营者承担连带责任。

第一百三十九条 违反本法规定，认证机构出具虚假认证结论，由认证认可监督管理部门没收所收取的认证费用，并处认证费用五倍以上十倍以下罚款，认证费用不足一万元的，并处五万元以上十万元以下罚款；情节严重的，责令停业，直至撤销认证机构批准文件，并向社会公布；对直接负责的主管人员和负有直接责任的认证人员，撤销其执业资格。

认证机构出具虚假认证结论，使消费者的合法权益受到损害的，应当与食品生产经营者承担连带责任。

第一百四十条 违反本法规定，在广告中对食品作虚假宣传，欺骗消费者，或者发布未取得批准文件、广告内容与批准文件不一致的保健食品广告的，依照《中华人民共和国广告法》的规定给予处罚。

广告经营者、发布者设计、制作、发布虚假食品广告，使消费者的合法权益受到损害的，应当与食品生产经营者承担连带责任。

社会团体或者其他组织、个人在虚假广告或者其他虚假宣传中向消费者推荐食品，使消费者的合法权益受到损害的，应当与食品生产经营者承担连带责任。

违反本法规定，食品药品监督管理等部门、食品检验机构、食品行业协会以广告或者其他形式向消费者推荐食品，消费者组织以收取费用或者其他牟取利益的方式向消费者推荐食品的，由有关主管部门没收违法所得，依法对直接负责的主管人员和其他直接责任人员给予记大过、降级或者撤职处分；情节严重的，给予开除处分。

对食品作虚假宣传且情节严重的，由省级以上人民政府食品药品监督管理部门决定暂停销售该食品，并向社会公布；仍然销售该食品的，由县级以上人民政府食品药品监督管理部门没收违法所得和违法销售的食品，并处二万元以上五万元以下罚款。

第一百四十一条　违反本法规定，编造、散布虚假食品安全信息，构成违反治安管理行为的，由公安机关依法给予治安管理处罚。

媒体编造、散布虚假食品安全信息的，由有关主管部门依法给予处罚，并对直接负责的主管人员和其他直接责任人员给予处分；使公民、法人或者其他组织的合法权益受到损害的，依法承担消除影响、恢复名誉、赔偿损失、赔礼道歉等民事责任。

第一百四十二条　违反本法规定，县级以上地方人民政府有下列行为之一的，对直接负责的主管人员和其他直接责任人员给予记大过处分；情节较重的，给予降级或者撤职处分；情节严重的，给予开除处分；造成严重后果的，其主要负责人还应当引咎辞职：

（一）对发生在本行政区域内的食品安全事故，未及时组织协调有关部门开展有效处置，造成不良影响或者损失；

（二）对本行政区域内涉及多环节的区域性食品安全问题，未及时组织整治，造成不良影响或者损失；

（三）隐瞒、谎报、缓报食品安全事故；

（四）本行政区域内发生特别重大食品安全事故，或者连续发生重大食品安全事故。

第一百四十三条 违反本法规定，县级以上地方人民政府有下列行为之一的，对直接负责的主管人员和其他直接责任人员给予警告、记过或者记大过处分；造成严重后果的，给予降级或者撤职处分：

（一）未确定有关部门的食品安全监督管理职责，未建立健全食品安全全程监督管理工作机制和信息共享机制，未落实食品安全监督管理责任制；

（二）未制定本行政区域的食品安全事故应急预案，或者发生食品安全事故后未按规定立即成立事故处置指挥机构、启动应急预案。

第一百四十四条 违反本法规定，县级以上人民政府食品药品监督管理、卫生行政、质量监督、农业行政等部门有下列行为之一的，对直接负责的主管人员和其他直接责任人员给予记大过处分；情节较重的，给予降级或者撤职处分；情节严重的，给予开除处分；造成严重后果的，其主要负责人还应当引咎辞职：

（一）隐瞒、谎报、缓报食品安全事故；

（二）未按规定查处食品安全事故，或者接到食品安全事故报告未及时处理，造成事故扩大或者蔓延；

（三）经食品安全风险评估得出食品、食品添加剂、食品相关产品不安全结论后，未及时采取相应措施，造成食品安全事故或者不良社会影响；

（四）对不符合条件的申请人准予许可，或者超越法定职权准予许可；

（五）不履行食品安全监督管理职责，导致发生食品安全事故。

第一百四十五条 违反本法规定，县级以上人民政府食品药品监督管理、卫生行政、质量监督、农业行政等部门有下列行为之一，造成不良后果的，对直接负责的主管人员和其他直接责任人员给予警告、记过或者记大过处分；情节较重的，给予降级或者撤职处分；情节严重的，给予开除处分：

（一）在获知有关食品安全信息后，未按规定向上级主管部门和本级人民政府报告，或者未按规定相互通报；

（二）未按规定公布食品安全信息；

（三）不履行法定职责，对查处食品安全违法行为不配合，或者滥用职权、玩忽职守、徇私舞弊。

第一百四十六条 食品药品监督管理、质量监督等部门在履行食品安全监督管理职责过程中，违法实施检查、强制等执法措施，给生产经营者造成损失的，应当依法予以赔偿，对直接负责的主管人员和其他直接责任人员依法给予处分。

第一百四十七条 违反本法规定，造成人身、财产或者其他损害的，依法承担赔偿责任。生产经营者财产不足以同时承担民事赔偿责任和缴纳罚款、罚金时，先承担民事赔偿责任。

第一百四十八条　消费者因不符合食品安全标准的食品受到损害的，可以向经营者要求赔偿损失，也可以向生产者要求赔偿损失。接到消费者赔偿要求的生产经营者，应当实行首负责任制，先行赔付，不得推诿；属于生产者责任的，经营者赔偿后有权向生产者追偿；属于经营者责任的，生产者赔偿后有权向经营者追偿。

生产不符合食品安全标准的食品或者经营明知是不符合食品安全标准的食品，消费者除要求赔偿损失外，还可以向生产者或者经营者要求支付价款十倍或者损失三倍的赔偿金；增加赔偿的金额不足一千元的，为一千元。但是，食品的标签、说明书存在不影响食品安全且不会对消费者造成误导的瑕疵的除外。

第一百四十九条　违反本法规定，构成犯罪的，依法追究刑事责任。

第十章　附　则

第一百五十条　本法下列用语的含义：

食品，指各种供人食用或者饮用的成品和原料以及按照传统既是食品又是中药材的物品，但是不包括以治疗为目的的物品。

食品安全，指食品无毒、无害，符合应当有的营养要求，对人体健康不造成任何急性、亚急性或者慢性危害。

预包装食品，指预先定量包装或者制作在包装材料、容器中的食品。

食品添加剂，指为改善食品品质和色、香、味以及为防腐、保鲜和加工工艺的需要而加入食品中的人工合成或者天然物质，包括营养强化剂。

用于食品的包装材料和容器，指包装、盛放食品或者食品添加剂用的纸、竹、木、金属、搪瓷、陶瓷、塑料、橡胶、天然纤维、化学纤维、玻璃等制品和直接接触食品或者食品添加剂的涂料。

用于食品生产经营的工具、设备，指在食品或者食品添加剂生产、销售、使用过程中直接接触食品或者食品添加剂的机械、管道、传送带、容器、用具、餐具等。

用于食品的洗涤剂、消毒剂，指直接用于洗涤或者消毒食品、餐具、饮具以及直接接触食品的工具、设备或者食品包装材料和容器的物质。

食品保质期，指食品在标明的贮存条件下保持品质的期限。

食源性疾病，指食品中致病因素进入人体引起的感染性、中毒性等疾病，包括食物中毒。

食品安全事故，指食源性疾病、食品污染等源于食品，对人体健康有危害或者可能有危害的事故。

第一百五十一条 转基因食品和食盐的食品安全管理，本法未作规定的，适用其他法律、行政法规的规定。

第一百五十二条 铁路、民航运营中食品安全的管理办法由国务院食品药品监督管理部门会同国务院有关部门依照本法制定。

保健食品的具体管理办法由国务院食品药品监督管理部门依照本法制定。

食品相关产品生产活动的具体管理办法由国务院质量监督部门依照本法制定。

国境口岸食品的监督管理由出入境检验检疫机构依照本法以及有关法律、行政法规的规定实施。

军队专用食品和自供食品的食品安全管理办法由中央军事委员会依照本法制定。

第一百五十三条 国务院根据实际需要，可以对食品安全监督管理体制作出调整。

第一百五十四条 本法自 2015 年 10 月 1 日起施行。

3. 中华人民共和国消费者权益保护法

（1993 年 10 月 31 日第八届全国人民代表大会常务委员会第四次会议通过，根据 2009 年 8 月 27 日第十一届全国人民代表大会常务委员会第十次会议《关于修改部分法律的决定》第一次修正，根据 2013 年 10 月 25 日第十二届全国人民代表大会常务委员会第五次会议《关于修改〈中华人民共和国消费者权益保护法〉的决定》第二次修正）

第一章 总 则

第一条 为保护消费者的合法权益，维护社会经济秩序，促进社会主义市场经济健康发展，制定本法。

第二条 消费者为生活消费需要购买、使用商品或者接受服务，其权益受本法保护；本法未作规定的，受其他有关法律、法规保护。

第三条 经营者为消费者提供其生产、销售的商品或者提供服务，应当遵守本法；本法未作规定的，应当遵守其他有关法律、法规。

第四条 经营者与消费者进行交易，应当遵循自愿、平等、公平、诚实信用的原则。

第五条 国家保护消费者的合法权益不受侵害。

国家采取措施，保障消费者依法行使权利，维护消费者的合法权益。

国家倡导文明、健康、节约资源和保护环境的消费方式，反对浪费。

第六条 保护消费者的合法权益是全社会的共同责任。

国家鼓励、支持一切组织和个人对损害消费者合法权益的行为进行社会监督。

大众传播媒介应当做好维护消费者合法权益的宣传，对损害消费者合法权益的行为进行舆论监督。

第二章 消费者的权利

第七条 消费者在购买、使用商品和接受服务时享有人身、财产安全不受损害的权利。

消费者有权要求经营者提供的商品和服务，符合保障人身、财产安全的要求。

第八条 消费者享有知悉其购买、使用的商品或者接受的服务的真实情况的权利。

消费者有权根据商品或者服务的不同情况，要求经营者提供商品的价格、产地、生产者、用途、性能、规格、等级、主要成分、生产日期、有效期限、检验合格证明、使用方法说明书、售后服务，或者服务的内容、规格、费用等有关情况。

第九条 消费者享有自主选择商品或者服务的权利。

消费者有权自主选择提供商品或者服务的经营者，自主选择商品品种或者服务方式，自主决定购买或者不购买任何一种商品、接受或者不接受任何一项服务。

消费者在自主选择商品或者服务时，有权进行比较、鉴别和挑选。

第十条 消费者享有公平交易的权利。

消费者在购买商品或者接受服务时，有权获得质量保障、价格合理、计量正确等公平交易条件，有权拒绝经营者的强制交易行为。

第十一条 消费者因购买、使用商品或者接受服务受到人身、财产损害的，享有依法获得赔偿的权利。

第十二条 消费者享有依法成立维护自身合法权益的社会组织的权利。

第十三条 消费者享有获得有关消费和消费者权益保护方面的知识的权利。

消费者应当努力掌握所需商品或者服务的知识和使用技能，正确使用商品，提高自我保护意识。

第十四条 消费者在购买、使用商品和接受服务时，享有人格尊严、民族风俗习惯得到尊重的权利，享有个人信息依法得到保护的权利。

第十五条 消费者享有对商品和服务以及保护消费者权益工作进行监督的权利。

消费者有权检举、控告侵害消费者权益的行为和国家机关及其工作人员在保护消费者权益工作中的违法失职行为，有权对保护消费者权益工作提出批评、建议。

第三章 经营者的义务

第十六条 经营者向消费者提供商品或者服务，应当依照本法和其他有关法律、法规的规定履行义务。

经营者和消费者有约定的，应当按照约定履行义务，但双方的约定不得违背法律、法规的规定。

经营者向消费者提供商品或者服务，应当恪守社会公德，诚信经营，保障消费者的合法权益；不得设定不公平、不合理的交易条件，不得强制交易。

第十七条　经营者应当听取消费者对其提供的商品或者服务的意见，接受消费者的监督。

第十八条　经营者应当保证其提供的商品或者服务符合保障人身、财产安全的要求。对可能危及人身、财产安全的商品和服务，应当向消费者作出真实的说明和明确的警示，并说明和标明正确使用商品或者接受服务的方法以及防止危害发生的方法。

宾馆、商场、餐馆、银行、机场、车站、港口、影剧院等经营场所的经营者，应当对消费者尽到安全保障义务。

第十九条　经营者发现其提供的商品或者服务存在缺陷，有危及人身、财产安全危险的，应当立即向有关行政部门报告和告知消费者，并采取停止销售、警示、召回、无害化处理、销毁、停止生产或者服务等措施。采取召回措施的，经营者应当承担消费者因商品被召回支出的必要费用。

第二十条　经营者向消费者提供有关商品或者服务的质量、性能、用途、有效期限等信息，应当真实、全面，不得作虚假或者引人误解的宣传。

经营者对消费者就其提供的商品或者服务的质量和使用方法等问题提出的询问，应当作出真实、明确的答复。

经营者提供商品或者服务应当明码标价。

第二十一条　经营者应当标明其真实名称和标记。

租赁他人柜台或者场地的经营者，应当标明其真实名称和标记。

第二十二条　经营者提供商品或者服务，应当按照国家有关规定或者商业惯例向消费者出具发票等购货凭证或者服务单据；消费者索要发票等购货凭证或者服务单据的，经营者必须出具。

第二十三条　经营者应当保证在正常使用商品或者接受服务的情况下其提供的商品或者服务应当具有的质量、性能、用途和有效期限；但消费者在购买该商品或者接受该服务前已经知道其存在瑕疵，且存在该瑕疵不违反法律强制性规定的除外。

经营者以广告、产品说明、实物样品或者其他方式表明商品或者服务的质量状况的，应当保证其提供的商品或者服务的实际质量与表明的质量状况相符。

经营者提供的机动车、计算机、电视机、电冰箱、空调器、洗衣机等耐用商品或者装饰装修等服务，消费者自接受商品或者服务之日起六个月内发现瑕疵，发生争议的，由经营者承担有关瑕疵的举证责任。

第二十四条 经营者提供的商品或者服务不符合质量要求的，消费者可以依照国家规定、当事人约定退货，或者要求经营者履行更换、修理等义务。没有国家规定和当事人约定的，消费者可以自收到商品之日起七日内退货；七日后符合法定解除合同条件的，消费者可以及时退货，不符合法定解除合同条件的，可以要求经营者履行更换、修理等义务。

依照前款规定进行退货、更换、修理的，经营者应当承担运输等必要费用。

第二十五条 经营者采用网络、电视、电话、邮购等方式销售商品，消费者有权自收到商品之日起七日内退货，且无需说明理由，但下列商品除外：

（一）消费者定作的；

（二）鲜活易腐的；

（三）在线下载或者消费者拆封的音像制品、计算机软件等数字化商品；

（四）交付的报纸、期刊。

除前款所列商品外，其他根据商品性质并经消费者在购买时确认不宜退货的商品，不适用无理由退货。

消费者退货的商品应当完好。经营者应当自收到退回商品之日起七日内返还消费者支付的商品价款。退回商品的运费由消费者承担；经营者和消费者另有约定的，按照约定。

第二十六条 经营者在经营活动中使用格式条款的，应当以显著方式提请消费者注意商品或者服务的数量和质量、价款或者费用、履行期限和方式、安全注意事项和风险警示、售后服务、民事责任等与消费者有重大利害关系的内容，并按照消费者的要求予以说明。

经营者不得以格式条款、通知、声明、店堂告示等方式，作出排除或者限制消费者权利、减轻或者免除经营者责任、加重消费者责任等对消费者不公平、不合理的规定，不得利用格式条款并借助技术手段强制交易。

格式条款、通知、声明、店堂告示等含有前款所列内容的，其内容无效。

第二十七条 经营者不得对消费者进行侮辱、诽谤，不得搜查消费者的身体及其携带的物品，不得侵犯消费者的人身自由。

第二十八条 采用网络、电视、电话、邮购等方式提供商品或者服务的经营者，以及提供证券、保险、银行等金融服务的经营者，应当向消费者提供经营地址、联系方式、商品或者服务的数量和质量、价款或者费用、履行期限和方式、安全注意事项和风险警示、售后服务、民事责任等信息。

第二十九条　经营者收集、使用消费者个人信息，应当遵循合法、正当、必要的原则，明示收集、使用信息的目的、方式和范围，并经消费者同意。经营者收集、使用消费者个人信息，应当公开其收集、使用规则，不得违反法律、法规的规定和双方的约定收集、使用信息。

经营者及其工作人员对收集的消费者个人信息必须严格保密，不得泄露、出售或者非法向他人提供。经营者应当采取技术措施和其他必要措施，确保信息安全，防止消费者个人信息泄露、丢失。在发生或者可能发生信息泄露、丢失的情况时，应当立即采取补救措施。

经营者未经消费者同意或者请求，或者消费者明确表示拒绝的，不得向其发送商业性信息。

第四章　国家对消费者合法权益的保护

第三十条　国家制定有关消费者权益的法律、法规、规章和强制性标准，应当听取消费者和消费者协会等组织的意见。

第三十一条　各级人民政府应当加强领导，组织、协调、督促有关行政部门做好保护消费者合法权益的工作，落实保护消费者合法权益的职责。

各级人民政府应当加强监督，预防危害消费者人身、财产安全行为的发生，及时制止危害消费者人身、财产安全的行为。

第三十二条　各级人民政府工商行政管理部门和其他有关行政部门应当依照法律、法规的规定，在各自的职责范围内，采取措施，保护消费者的合法权益。

有关行政部门应当听取消费者和消费者协会等组织对经营者交易行为、商品和服务质量问题的意见，及时调查处理。

第三十三条　有关行政部门在各自的职责范围内，应当定期或者不定期对经营者提供的商品和服务进行抽查检验，并及时向社会公布抽查检验结果。

有关行政部门发现并认定经营者提供的商品或者服务存在缺陷，有危及人身、财产安全危险的，应当立即责令经营者采取停止销售、警示、召回、无害化处理、销毁、停止生产或者服务等措施。

第三十四条　有关国家机关应当依照法律、法规的规定，惩处经营者在提供商品和服务中侵害消费者合法权益的违法犯罪行为。

第三十五条　人民法院应当采取措施，方便消费者提起诉讼。对符合《中华人民共和国民事诉讼法》起诉条件的消费者权益争议，必须受理，及时审理。

第五章　消费者组织

第三十六条　消费者协会和其他消费者组织是依法成立的对商品和服务进行社会监督的保护消费者合法权益的社会组织。

第三十七条　消费者协会履行下列公益性职责：

（一）向消费者提供消费信息和咨询服务，提高消费者维护自身合法权益的能力，引导文明、健康、节约资源和保护环境的消费方式；

（二）参与制定有关消费者权益的法律、法规、规章和强制性标准；

（三）参与有关行政部门对商品和服务的监督、检查；

（四）就有关消费者合法权益的问题，向有关部门反映、查询，提出建议；

（五）受理消费者的投诉，并对投诉事项进行调查、调解；

（六）投诉事项涉及商品和服务质量问题的，可以委托具备资格的鉴定人鉴定，鉴定人应当告知鉴定意见；

（七）就损害消费者合法权益的行为，支持受损害的消费者提起诉讼或者依照本法提起诉讼；

（八）对损害消费者合法权益的行为，通过大众传播媒介予以揭露、批评。

各级人民政府对消费者协会履行职责应当予以必要的经费等支持。

消费者协会应当认真履行保护消费者合法权益的职责，听取消费者的意见和建议，接受社会监督。

依法成立的其他消费者组织依照法律、法规及其章程的规定，开展保护消费者合法权益的活动。

第三十八条　消费者组织不得从事商品经营和营利性服务，不得以收取费用或者其他牟取利益的方式向消费者推荐商品和服务。

第六章　争议的解决

第三十九条　消费者和经营者发生消费者权益争议的，可以通过下列途径解决：

（一）与经营者协商和解；

（二）请求消费者协会或者依法成立的其他调解组织调解；

（三）向有关行政部门投诉；

（四）根据与经营者达成的仲裁协议提请仲裁机构仲裁；

（五）向人民法院提起诉讼。

第四十条　消费者在购买、使用商品时，其合法权益受到损害的，可以向销售者要求赔偿。销售者赔偿后，属于生产者的责任或者属于向销售者提供商品的其他销售者的责任的，销售者有权向生产者或者其他销售者追偿。

消费者或者其他受害人因商品缺陷造成人身、财产损害的，可以向销售者要求赔偿，也可以向生产者要求赔偿。属于生产者责任的，销售者赔偿后，有权向生产者追偿。属于销售者责任的，生产者赔偿后，有权向销售者追偿。

消费者在接受服务时，其合法权益受到损害的，可以向服务者要求赔偿。

第四十一条 消费者在购买、使用商品或者接受服务时，其合法权益受到损害，因原企业分立、合并的，可以向变更后承受其权利义务的企业要求赔偿。

第四十二条 使用他人营业执照的违法经营者提供商品或者服务，损害消费者合法权益的，消费者可以向其要求赔偿，也可以向营业执照的持有人要求赔偿。

第四十三条 消费者在展销会、租赁柜台购买商品或者接受服务，其合法权益受到损害的，可以向销售者或者服务者要求赔偿。展销会结束或者柜台租赁期满后，也可以向展销会的举办者、柜台的出租者要求赔偿。展销会的举办者、柜台的出租者赔偿后，有权向销售者或者服务者追偿。

第四十四条 消费者通过网络交易平台购买商品或者接受服务，其合法权益受到损害的，可以向销售者或者服务者要求赔偿。网络交易平台提供者不能提供销售者或者服务者的真实名称、地址和有效联系方式的，消费者也可以向网络交易平台提供者要求赔偿；网络交易平台提供者作出更有利于消费者的承诺的，应当履行承诺。网络交易平台提供者赔偿后，有权向销售者或者服务者追偿。

网络交易平台提供者明知或者应知销售者或者服务者利用其平台侵害消费者合法权益，未采取必要措施的，依法与该销售者或者服务者承担连带责任。

第四十五条 消费者因经营者利用虚假广告或者其他虚假宣传方式提供商品或者服务，其合法权益受到损害的，可以向经营者要求赔偿。广告经营者、发布者发布虚假广告的，消费者可以请求行政主管部门予以惩处。广告经营者、发布者不能提供经营者的真实名称、地址和有效联系方式的，应当承担赔偿责任。

广告经营者、发布者设计、制作、发布关系消费者生命健康商品或者服务的虚假广告，造成消费者损害的，应当与提供该商品或者服务的经营者承担连带责任。

社会团体或者其他组织、个人在关系消费者生命健康商品或者服务的虚假广告或者其他虚假宣传中向消费者推荐商品或者服务，造成消费者损害的，应当与提供该商品或者服务的经营者承担连带责任。

第四十六条 消费者向有关行政部门投诉的，该部门应当自收到投诉之日起七个工作日内，予以处理并告知消费者。

第四十七条 对侵害众多消费者合法权益的行为，中国消费者协会以及在省、自治区、直辖市设立的消费者协会，可以向人民法院提起诉讼。

第七章　法律责任

第四十八条 经营者提供商品或者服务有下列情形之一的，除本法另有规定外，应当依照其他有关法律、法规的规定，承担民事责任：

（一）商品或者服务存在缺陷的；

（二）不具备商品应当具备的使用性能而出售时未作说明的；

（三）不符合在商品或者其包装上注明采用的商品标准的；

（四）不符合商品说明、实物样品等方式表明的质量状况的；

（五）生产国家明令淘汰的商品或者销售失效、变质的商品的；

（六）销售的商品数量不足的；

（七）服务的内容和费用违反约定的；

（八）对消费者提出的修理、重作、更换、退货、补足商品数量、退还货款和服务费用或者赔偿损失的要求，故意拖延或者无理拒绝的；

（九）法律、法规规定的其他损害消费者权益的情形。

经营者对消费者未尽到安全保障义务，造成消费者损害的，应当承担侵权责任。

第四十九条 经营者提供商品或者服务，造成消费者或者其他受害人人身伤害的，应当赔偿医疗费、护理费、交通费等为治疗和康复支出的合理费用，以及因误工减少的收入。造成残疾的，还应当赔偿残疾生活辅助具费和残疾赔偿金。造成死亡的，还应当赔偿丧葬费和死亡赔偿金。

第五十条 经营者侵害消费者的人格尊严、侵犯消费者人身自由或者侵害消费者个人信息依法得到保护的权利的，应当停止侵害、恢复名誉、消除影响、赔礼道歉，并赔偿损失。

第五十一条 经营者有侮辱诽谤、搜查身体、侵犯人身自由等侵害消费者或者其他受害人人身权益的行为，造成严重精神损害的，受害人可以要求精神损害赔偿。

第五十二条 经营者提供商品或者服务，造成消费者财产损害的，应当依照法律规定或者当事人约定承担修理、重作、更换、退货、补足商品数量、退还货款和服务费用或者赔偿损失等民事责任。

第五十三条 经营者以预收款方式提供商品或者服务的，应当按照约定提供。未按照约定提供的，应当按照消费者的要求履行约定或者退回预付款；并应当承担预付款的利息、消费者必须支付的合理费用。

第五十四条 依法经有关行政部门认定为不合格的商品，消费者要求退货的，经营者应当负责退货。

第五十五条 经营者提供商品或者服务有欺诈行为的，应当按照消费者的要求增加赔偿其受到的损失，增加赔偿的金额为消费者购买商品的价款或者接受服务的费用的三倍；增加赔偿的金额不足五百元的，为五百元。法律另有规定的，依照其规定。

经营者明知商品或者服务存在缺陷，仍然向消费者提供，造成消费者或者其他受害人死亡或者健康严重损害的，受害人有权要求经营者依照本法第四十九条、第五十一条等法律规定赔偿损失，并有权要求所受损失二倍以下的惩罚性赔偿。

第五十六条 经营者有下列情形之一，除承担相应的民事责任外，其他有关法律、法规对处罚机关和处罚方式有规定的，依照法律、法规的规定执行；法律、法规未作规定的，由工商行政管理部门或者其他有关行政部门责令改正，可以根据情节单处或者并处警告、没收违法所得、处以违法所得一倍以上十倍以下的罚款，没有违法所得的，处以五十万元以下的罚款；情节严重的，责令停业整顿、吊销营业执照：

（一）提供的商品或者服务不符合保障人身、财产安全要求的；

（二）在商品中掺杂、掺假，以假充真，以次充好，或者以不合格商品冒充合格商品的；

（三）生产国家明令淘汰的商品或者销售失效、变质的商品的；

（四）伪造商品的产地，伪造或者冒用他人的厂名、厂址，篡改生产日期，伪造或者冒用认证标志等质量标志的；

（五）销售的商品应当检验、检疫而未检验、检疫或者伪造检验、检疫结果的；

（六）对商品或者服务作虚假或者引人误解的宣传的；

（七）拒绝或者拖延有关行政部门责令对缺陷商品或者服务采取停止销售、警示、召回、无害化处理、销毁、停止生产或者服务等措施的；

（八）对消费者提出的修理、重作、更换、退货、补足商品数量、退还货款和服务费用或者赔偿损失的要求，故意拖延或者无理拒绝的；

（九）侵害消费者人格尊严、侵犯消费者人身自由或者侵害消费者个人信息依法得到保护的权利的；

（十）法律、法规规定的对损害消费者权益应当予以处罚的其他情形。

经营者有前款规定情形的，除依照法律、法规规定予以处罚外，处罚机关应当记入信用档案，向社会公布。

第五十七条 经营者违反本法规定提供商品或者服务，侵害消费者合法权益，构成犯罪的，依法追究刑事责任。

第五十八条 经营者违反本法规定，应当承担民事赔偿责任和缴纳罚款、罚金，其财产不足以同时支付的，先承担民事赔偿责任。

第五十九条 经营者对行政处罚决定不服的，可以依法申请行政复议或者提起行政诉讼。

第六十条 以暴力、威胁等方法阻碍有关行政部门工作人员依法执行职务的，依法追究刑事责任；拒绝、阻碍有关行政部门工作人员依法执行职务，未使用暴力、威胁方法的，由公安机关依照《中华人民共和国治安管理处罚法》的规定处罚。

第六十一条 国家机关工作人员玩忽职守或者包庇经营者侵害消费者合法权益的行为的，由其所在单位或者上级机关给予行政处分；情节严重，构成犯罪的，依法追究刑事责任。

第八章 附　则

第六十二条 农民购买、使用直接用于农业生产的生产资料，参照本法执行。

第六十三条 本法自 1994 年 1 月 1 日起施行。

4. 最高人民法院关于审理食品药品纠纷案件适用法律若干问题的规定

（法释〔2013〕28 号，2013 年 12 月 9 日最高人民法院审判委员会第 1599 次会议通过，2013 年 12 月 23 日公布，自 2014 年 3 月 15 日起施行）

为正确审理食品药品纠纷案件，根据《中华人民共和国侵权责任法》《中华人民共和国合同法》《中华人民共和国消费者权益保护法》《中华人民共和国食品安全法》《中华人民共和国民事诉讼法》等法律的规定，结合审判实践，制定本规定。

第一条　消费者因食品、药品纠纷提起民事诉讼，符合民事诉讼法规定受理条件的，人民法院应予受理。

第二条　因食品、药品存在质量问题造成消费者损害，消费者可以分别起诉或者同时起诉销售者和生产者。

消费者仅起诉销售者或者生产者的，必要时人民法院可以追加相关当事人参加诉讼。

第三条　因食品、药品质量问题发生纠纷，购买者向生产者、销售者主张权利，生产者、销售者以购买者明知食品、药品存在质量问题而仍然购买为由进行抗辩的，人民法院不予支持。

第四条　食品、药品生产者、销售者提供给消费者的食品或者药品的赠品发生质量安全问题，造成消费者损害，消费者主张权利，生产者、销售者以消费者未对赠品支付对价为由进行免责抗辩的，人民法院不予支持。

第五条　消费者举证证明所购买食品、药品的事实以及所购食品、药品不符合合同的约定，主张食品、药品的生产者、销售者承担违约责任的，人民法院应予支持。

消费者举证证明因食用食品或者使用药品受到损害，初步证明损害与食用食品或者使用药品存在因果关系，并请求食品、药品的生产者、销售者承担侵权责任的，人民法院应予支持，但食品、药品的生产者、销售者能证明损害不是因产品不符合质量标准造成的除外。

第六条 食品的生产者与销售者应当对于食品符合质量标准承担举证责任。认定食品是否合格，应当以国家标准为依据；没有国家标准的，应当以地方标准为依据；没有国家标准、地方标准的，应当以企业标准为依据。食品的生产者采用的标准高于国家标准、地方标准的，应当以企业标准为依据。没有前述标准的，应当以食品安全法的相关规定为依据。

第七条 食品、药品虽在销售前取得检验合格证明，且食用或者使用时尚在保质期内，但经检验确认产品不合格，生产者或者销售者以该食品、药品具有检验合格证明为由进行抗辩的，人民法院不予支持。

第八条 集中交易市场的开办者、柜台出租者、展销会举办者未履行食品安全法规定的审查、检查、管理等义务，发生食品安全事故，致使消费者遭受人身损害，消费者请求集中交易市场的开办者、柜台出租者、展销会举办者承担连带责任的，人民法院应予支持。

第九条 消费者通过网络交易平台购买食品、药品遭受损害，网络交易平台提供者不能提供食品、药品的生产者或者销售者的真实名称、地址与有效联系方式，消费者请求网络交易平台提供者承担责任的，人民法院应予支持。

网络交易平台提供者承担赔偿责任后，向生产者或者销售者行使追偿权的，人民法院应予支持。

网络交易平台提供者知道或者应当知道食品、药品的生产者、销售者利用其平台侵害消费者合法权益，未采取必要措施，给消费者造成损害，消费者要求其与生产者、销售者承担连带责任的，人民法院应予支持。

第十条 未取得食品生产资质与销售资质的个人、企业或者其他组织，挂靠具有相应资质的生产者与销售者，生产、销售食品，造成消费者损害，消费者请求挂靠者与被挂靠者承担连带责任的，人民法院应予支持。

消费者仅起诉挂靠者或者被挂靠者的，必要时人民法院可以追加相关当事人参加诉讼。

第十一条 消费者因虚假广告推荐的食品、药品存在质量问题遭受损害，依据消费者权益保护法等法律相关规定请求广告经营者、广告发布者承担连带责任的，人民法院应予支持。

社会团体或者其他组织、个人，在虚假广告中向消费者推荐食品、药品，使消费者遭受损害，消费者依据消费者权益保护法等法律相关规定请求其与食品、药品的生产者、销售者承担连带责任的，人民法院应予支持。

第十二条 食品、药品检验机构故意出具虚假检验报告，造成消费者损害，消费者请求其承担连带责任的，人民法院应予支持。

食品、药品检验机构因过失出具不实检验报告，造成消费者损害，消费者请求其承担相应责任的，人民法院应予支持。

第十三条 食品认证机构故意出具虚假认证，造成消费者损害，消费者请求其承担连带责任的，人民法院应予支持。

食品认证机构因过失出具不实认证，造成消费者损害，消费者请求其承担相应责任的，人民法院应予支持。

第十四条 生产、销售的食品、药品存在质量问题，生产者与销售者需同时承担民事责任、行政责任和刑事责任，其财产不足以支付，当事人依照侵权责任法等有关法律规定，请求食品、药品的生产者、销售者首先承担民事责任的，人民法院应予支持。

第十五条 生产不符合安全标准的食品或者销售明知是不符合安全标准的食品，消费者除要求赔偿损失外，向生产者、销售者主张支付价款十倍赔偿金或者依照法律规定的其他赔偿标准要求赔偿的，人民法院应予支持。

第十六条 食品、药品的生产者与销售者以格式合同、通知、声明、告示等方式作出排除或者限制消费者权利、减轻或者免除经营者责任、加重消费者责任等对消费者不公平、不合理的规定，消费者依法请求认定该内容无效的，人民法院应予支持。

第十七条 消费者与化妆品、保健品等产品的生产者、销售者、广告经营者、广告发布者、推荐者、检验机构等主体之间的纠纷，参照适用本规定。

消费者协会依法提起公益诉讼的，参照适用本规定。

第十八条 本规定施行后人民法院正在审理的一审、二审案件适用本规定。

本规定施行前已经终审，本规定施行后当事人申请再审或者按照审判监督程序决定再审的案件，不适用本规定。

第四章
机动车交通事故责任纠纷部分

1. 中华人民共和国道路交通安全法

(2003 年 10 月 28 日第十届全国人民代表大会常务委员会第五次会议通过，根据 2007 年 12 月 29 日第十届全国人民代表大会常务委员会第三十一次会议《关于修改〈中华人民共和国道路交通安全法〉的决定》第一次修正，根据 2011 年 4 月 22 日第十一届全国人民代表大会常务委员会第二十次会议《关于修改〈中华人民共和国道路交通安全法〉的决定》第二次修正)

第一章　总　则

第一条　为了维护道路交通秩序，预防和减少交通事故，保护人身安全，保护公民、法人和其他组织的财产安全及其他合法权益，提高通行效率，制定本法。

第二条　中华人民共和国境内的车辆驾驶人、行人、乘车人以及与道路交通活动有关的单位和个人，都应当遵守本法。

第三条　道路交通安全工作，应当遵循依法管理、方便群众的原则，保障道路交通有序、安全、畅通。

第四条　各级人民政府应当保障道路交通安全管理工作与经济建设和社会发展相适应。

县级以上地方各级人民政府应当适应道路交通发展的需要，依据道路交通安全法律、法规和国家有关政策，制定道路交通安全管理规划，并组织实施。

第五条　国务院公安部门负责全国道路交通安全管理工作。县级以上地方各级人民政府公安机关交通管理部门负责本行政区域内的道路交通安全管理工作。

县级以上各级人民政府交通、建设管理部门依据各自职责，负责有关的道路交通工作。

第六条 各级人民政府应当经常进行道路交通安全教育，提高公民的道路交通安全意识。

公安机关交通管理部门及其交通警察执行职务时，应当加强道路交通安全法律、法规的宣传，并模范遵守道路交通安全法律、法规。

机关、部队、企业事业单位、社会团体以及其他组织，应当对本单位的人员进行道路交通安全教育。

教育行政部门、学校应当将道路交通安全教育纳入法制教育的内容。

新闻、出版、广播、电视等有关单位，有进行道路交通安全教育的义务。

第七条 对道路交通安全管理工作，应当加强科学研究，推广、使用先进的管理方法、技术、设备。

第二章 车辆和驾驶人

第一节 机动车、非机动车

第八条 国家对机动车实行登记制度。机动车经公安机关交通管理部门登记后，方可上道路行驶。尚未登记的机动车，需要临时上道路行驶的，应当取得临时通行牌证。

第九条 申请机动车登记，应当提交以下证明、凭证：

（一）机动车所有人的身份证明；

（二）机动车来历证明；

（三）机动车整车出厂合格证明或者进口机动车进口凭证；

（四）车辆购置税的完税证明或者免税凭证；

（五）法律、行政法规规定应当在机动车登记时提交的其他证明、凭证。

公安机关交通管理部门应当自受理申请之日起五个工作日内完成机动车登记审查工作，对符合前款规定条件的，应当发放机动车登记证书、号牌和行驶证；对不符合前款规定条件的，应当向申请人说明不予登记的理由。

公安机关交通管理部门以外的任何单位或者个人不得发放机动车号牌或者要求机动车悬挂其他号牌，本法另有规定的除外。

机动车登记证书、号牌、行驶证的式样由国务院公安部门规定并监制。

第十条 准予登记的机动车应当符合机动车国家安全技术标准。申请机动车登记时，应当接受对该机动车的安全技术检验。但是，经国家机动车产品主管部门依据机动车国家安全技术标准认定的企业生产的机动车型，该车型的新车在出厂时经检验符合机动车国家安全技术标准，获得检验合格证的，免予安全技术检验。

第十一条 驾驶机动车上道路行驶，应当悬挂机动车号牌，放置检验合格标志、保险标志，并随车携带机动车行驶证。

机动车号牌应当按照规定悬挂并保持清晰、完整，不得故意遮挡、污损。

任何单位和个人不得收缴、扣留机动车号牌。

第十二条 有下列情形之一的，应当办理相应的登记：

（一）机动车所有权发生转移的；

（二）机动车登记内容变更的；

（三）机动车用作抵押的；

（四）机动车报废的。

第十三条 对登记后上道路行驶的机动车，应当依照法律、行政法规的规定，根据车辆用途、载客载货数量、使用年限等不同情况，定期进行安全技术检验。对提供机动车行驶证和机动车第三者责任强制保险单的，机动车安全技术检验机构应当予以检验，任何单位不得附加其他条件。对符合机动车国家安全技术标准的，公安机关交通管理部门应当发给检验合格标志。

对机动车的安全技术检验实行社会化。具体办法由国务院规定。

机动车安全技术检验实行社会化的地方，任何单位不得要求机动车到指定的场所进行检验。

公安机关交通管理部门、机动车安全技术检验机构不得要求机动车到指定的场所进行维修、保养。

机动车安全技术检验机构对机动车检验收取费用，应当严格执行国务院价格主管部门核定的收费标准。

第十四条 国家实行机动车强制报废制度，根据机动车的安全技术状况和不同用途，规定不同的报废标准。

应当报废的机动车必须及时办理注销登记。

达到报废标准的机动车不得上道路行驶。报废的大型客、货车及其他营运车辆应当在公安机关交通管理部门的监督下解体。

第十五条 警车、消防车、救护车、工程救险车应当按照规定喷涂标志图案，安装警报器、标志灯具。其他机动车不得喷涂、安装、使用上述车辆专用的或者与其相类似的标志图案、警报器或者标志灯具。

警车、消防车、救护车、工程救险车应当严格按照规定的用途和条件使用。

公路监督检查的专用车辆，应当依照公路法的规定，设置统一的标志和示警灯。

第十六条　任何单位或者个人不得有下列行为：

（一）拼装机动车或者擅自改变机动车已登记的结构、构造或者特征；

（二）改变机动车型号、发动机号、车架号或者车辆识别代号；

（三）伪造、变造或者使用伪造、变造的机动车登记证书、号牌、行驶证、检验合格标志、保险标志；

（四）使用其他机动车的登记证书、号牌、行驶证、检验合格标志、保险标志。

第十七条　国家实行机动车第三者责任强制保险制度，设立道路交通事故社会救助基金。具体办法由国务院规定。

第十八条　依法应当登记的非机动车，经公安机关交通管理部门登记后，方可上道路行驶。

依法应当登记的非机动车的种类，由省、自治区、直辖市人民政府根据当地实际情况规定。

非机动车的外形尺寸、质量、制动器、车铃和夜间反光装置，应当符合非机动车安全技术标准。

第二节　机动车驾驶人

第十九条　驾驶机动车，应当依法取得机动车驾驶证。

申请机动车驾驶证，应当符合国务院公安部门规定的驾驶许可条件；经考试合格后，由公安机关交通管理部门发给相应类别的机动车驾驶证。

持有境外机动车驾驶证的人，符合国务院公安部门规定的驾驶许可条件，经公安机关交通管理部门考核合格的，可以发给中国的机动车驾驶证。

驾驶人应当按照驾驶证载明的准驾车型驾驶机动车；驾驶机动车时，应当随身携带机动车驾驶证。

公安机关交通管理部门以外的任何单位或者个人，不得收缴、扣留机动车驾驶证。

第二十条　机动车的驾驶培训实行社会化，由交通主管部门对驾驶培训学校、驾驶培训班实行资格管理，其中专门的拖拉机驾驶培训学校、驾驶培训班由农业（农业机械）主管部门实行资格管理。

驾驶培训学校、驾驶培训班应当严格按照国家有关规定，对学员进行道路交通安全法律、法规、驾驶技能的培训，确保培训质量。

任何国家机关以及驾驶培训和考试主管部门不得举办或者参与举办驾驶培训学校、驾驶培训班。

第二十一条 驾驶人驾驶机动车上道路行驶前，应当对机动车的安全技术性能进行认真检查；不得驾驶安全设施不全或者机件不符合技术标准等具有安全隐患的机动车。

第二十二条 机动车驾驶人应当遵守道路交通安全法律、法规的规定，按照操作规范安全驾驶、文明驾驶。

饮酒、服用国家管制的精神药品或者麻醉药品，或者患有妨碍安全驾驶机动车的疾病，或者过度疲劳影响安全驾驶的，不得驾驶机动车。

任何人不得强迫、指使、纵容驾驶人违反道路交通安全法律、法规和机动车安全驾驶要求驾驶机动车。

第二十三条 公安机关交通管理部门依照法律、行政法规的规定，定期对机动车驾驶证实施审验。

第二十四条 公安机关交通管理部门对机动车驾驶人违反道路交通安全法律、法规的行为，除依法给予行政处罚外，实行累积记分制度。公安机关交通管理部门对累积记分达到规定分值的机动车驾驶人，扣留机动车驾驶证，对其进行道路交通安全法律、法规教育，重新考试；考试合格的，发还其机动车驾驶证。

对遵守道路交通安全法律、法规，在一年内无累积记分的机动车驾驶人，可以延长机动车驾驶证的审验期。具体办法由国务院公安部门规定。

第三章　道路通行条件

第二十五条 全国实行统一的道路交通信号。

交通信号包括交通信号灯、交通标志、交通标线和交通警察的指挥。

交通信号灯、交通标志、交通标线的设置应当符合道路交通安全、畅通的要求和国家标准，并保持清晰、醒目、准确、完好。

根据通行需要，应当及时增设、调换、更新道路交通信号。增设、调换、更新限制性的道路交通信号，应当提前向社会公告，广泛进行宣传。

第二十六条 交通信号灯由红灯、绿灯、黄灯组成。红灯表示禁止通行，绿灯表示准许通行，黄灯表示警示。

第二十七条 铁路与道路平面交叉的道口，应当设置警示灯、警示标志或者安全防护设施。无人看守的铁路道口，应当在距道口一定距离处设置警示标志。

第二十八条 任何单位和个人不得擅自设置、移动、占用、损毁交通信号灯、交通标志、交通标线。

道路两侧及隔离带上种植的树木或者其他植物，设置的广告牌、管线等，应当与交通设施保持必要的距离，不得遮挡路灯、交通信号灯、交通标志，不得妨碍安全视距，不得影响通行。

第二十九条 道路、停车场和道路配套设施的规划、设计、建设，应当符合道路交通安全、畅通的要求，并根据交通需求及时调整。

公安机关交通管理部门发现已经投入使用的道路存在交通事故频发路段，或者停车场、道路配套设施存在交通安全严重隐患的，应当及时向当地人民政府报告，并提出防范交通事故、消除隐患的建议，当地人民政府应当及时作出处理决定。

第三十条 道路出现坍塌、坑漕、水毁、隆起等损毁或者交通信号灯、交通标志、交通标线等交通设施损毁、灭失的，道路、交通设施的养护部门或者管理部门应当设置警示标志并及时修复。

公安机关交通管理部门发现前款情形，危及交通安全，尚未设置警示标志的，应当及时采取安全措施，疏导交通，并通知道路、交通设施的养护部门或者管理部门。

第三十一条 未经许可，任何单位和个人不得占用道路从事非交通活动。

第三十二条 因工程建设需要占用、挖掘道路，或者跨越、穿越道路架设、增设管线设施，应当事先征得道路主管部门的同意；影响交通安全的，还应当征得公安机关交通管理部门的同意。

施工作业单位应当在经批准的路段和时间内施工作业，并在距离施工作业地点来车方向安全距离处设置明显的安全警示标志，采取防护措施；施工作业完毕，应当迅速清除道路上的障碍物，消除安全隐患，经道路主管部门和公安机关交通管理部门验收合格，符合通行要求后，方可恢复通行。

对未中断交通的施工作业道路，公安机关交通管理部门应当加强交通安全监督检查，维护道路交通秩序。

第三十三条 新建、改建、扩建的公共建筑、商业街区、居住区、大（中）型建筑等，应当配建、增建停车场；停车泊位不足的，应当及时改建或者扩建；投入使用的停车场不得擅自停止使用或者改作他用。

在城市道路范围内，在不影响行人、车辆通行的情况下，政府有关部门可以施划停车泊位。

第三十四条 学校、幼儿园、医院、养老院门前的道路没有行人过街设施的,应当施划人行横道线,设置提示标志。

城市主要道路的人行道,应当按照规划设置盲道。盲道的设置应当符合国家标准。

第四章　道路通行规定

第一节　一般规定

第三十五条 机动车、非机动车实行右侧通行。

第三十六条 根据道路条件和通行需要,道路划分为机动车道、非机动车道和人行道的,机动车、非机动车、行人实行分道通行。没有划分机动车道、非机动车道和人行道的,机动车在道路中间通行,非机动车和行人在道路两侧通行。

第三十七条 道路划设专用车道的,在专用车道内,只准许规定的车辆通行,其他车辆不得进入专用车道内行驶。

第三十八条 车辆、行人应当按照交通信号通行;遇有交通警察现场指挥时,应当按照交通警察的指挥通行;在没有交通信号的道路上,应当在确保安全、畅通的原则下通行。

第三十九条 公安机关交通管理部门根据道路和交通流量的具体情况,可以对机动车、非机动车、行人采取疏导、限制通行、禁止通行等措施。遇有大型群众性活动、大范围施工等情况,需要采取限制交通的措施,或者作出与公众的道路交通活动直接有关的决定,应当提前向社会公告。

第四十条 遇有自然灾害、恶劣气象条件或者重大交通事故等严重影响交通安全的情形,采取其他措施难以保证交通安全时,公安机关交通管理部门可以实行交通管制。

第四十一条 有关道路通行的其他具体规定,由国务院规定。

第二节　机动车通行规定

第四十二条 机动车上道路行驶,不得超过限速标志标明的最高时速。在没有限速标志的路段,应当保持安全车速。

夜间行驶或者在容易发生危险的路段行驶,以及遇有沙尘、冰雹、雨、雪、雾、结冰等气象条件时,应当降低行驶速度。

第四十三条　同车道行驶的机动车，后车应当与前车保持足以采取紧急制动措施的安全距离。有下列情形之一的，不得超车：

（一）前车正在左转弯、掉头、超车的；

（二）与对面来车有会车可能的；

（三）前车为执行紧急任务的警车、消防车、救护车、工程救险车的；

（四）行经铁路道口、交叉路口、窄桥、弯道、陡坡、隧道、人行横道、市区交通流量大的路段等没有超车条件的。

第四十四条　机动车通过交叉路口，应当按照交通信号灯、交通标志、交通标线或者交通警察的指挥通过；通过没有交通信号灯、交通标志、交通标线或者交通警察指挥的交叉路口时，应当减速慢行，并让行人和优先通行的车辆先行。

第四十五条　机动车遇有前方车辆停车排队等候或者缓慢行驶时，不得借道超车或者占用对面车道，不得穿插等候的车辆。

在车道减少的路段、路口，或者在没有交通信号灯、交通标志、交通标线或者交通警察指挥的交叉路口遇到停车排队等候或者缓慢行驶时，机动车应当依次交替通行。

第四十六条　机动车通过铁路道口时，应当按照交通信号或者管理人员的指挥通行；没有交通信号或者管理人员的，应当减速或者停车，在确认安全后通过。

第四十七条　机动车行经人行横道时，应当减速行驶；遇行人正在通过人行横道，应当停车让行。

机动车行经没有交通信号的道路时，遇行人横过道路，应当避让。

第四十八条　机动车载物应当符合核定的载质量，严禁超载；载物的长、宽、高不得违反装载要求，不得遗洒、飘散载运物。

机动车运载超限的不可解体的物品，影响交通安全的，应当按照公安机关交通管理部门指定的时间、路线、速度行驶，悬挂明显标志。在公路上运载超限的不可解体的物品，并应当依照公路法的规定执行。

机动车载运爆炸物品、易燃易爆化学物品以及剧毒、放射性等危险物品，应当经公安机关批准后，按指定的时间、路线、速度行驶，悬挂警示标志并采取必要的安全措施。

第四十九条　机动车载人不得超过核定的人数，客运机动车不得违反规定载货。

第五十条　禁止货运机动车载客。

货运机动车需要附载作业人员的，应当设置保护作业人员的安全措施。

第五十一条 机动车行驶时，驾驶人、乘坐人员应当按规定使用安全带，摩托车驾驶人及乘坐人员应当按规定戴安全头盔。

第五十二条 机动车在道路上发生故障，需要停车排除故障时，驾驶人应当立即开启危险报警闪光灯，将机动车移至不妨碍交通的地方停放；难以移动的，应当持续开启危险报警闪光灯，并在来车方向设置警告标志等措施扩大示警距离，必要时迅速报警。

第五十三条 警车、消防车、救护车、工程救险车执行紧急任务时，可以使用警报器、标志灯具；在确保安全的前提下，不受行驶路线、行驶方向、行驶速度和信号灯的限制，其他车辆和行人应当让行。

警车、消防车、救护车、工程救险车非执行紧急任务时，不得使用警报器、标志灯具，不享有前款规定的道路优先通行权。

第五十四条 道路养护车辆、工程作业车进行作业时，在不影响过往车辆通行的前提下，其行驶路线和方向不受交通标志、标线限制，过往车辆和人员应当注意避让。

洒水车、清扫车等机动车应当按照安全作业标准作业；在不影响其他车辆通行的情况下，可以不受车辆分道行驶的限制，但是不得逆向行驶。

第五十五条 高速公路、大中城市中心城区内的道路，禁止拖拉机通行。其他禁止拖拉机通行的道路，由省、自治区、直辖市人民政府根据当地实际情况规定。

在允许拖拉机通行的道路上，拖拉机可以从事货运，但是不得用于载人。

第五十六条 机动车应当在规定地点停放。禁止在人行道上停放机动车；但是，依照本法第三十三条规定施划的停车泊位除外。

在道路上临时停车的，不得妨碍其他车辆和行人通行。

第三节 非机动车通行规定

第五十七条 驾驶非机动车在道路上行驶应当遵守有关交通安全的规定。非机动车应当在非机动车道内行驶；在没有非机动车道的道路上，应当靠车行道的右侧行驶。

第五十八条 残疾人机动轮椅车、电动自行车在非机动车道内行驶时，最高时速不得超过十五公里。

第五十九条 非机动车应当在规定地点停放。未设停放地点的，非机动车停放不得妨碍其他车辆和行人通行。

第六十条　驾驭畜力车，应当使用驯服的牲畜；驾驭畜力车横过道路时，驾驭人应当下车牵引牲畜；驾驭人离开车辆时，应当拴系牲畜。

第四节　行人和乘车人通行规定

第六十一条　行人应当在人行道内行走，没有人行道的靠路边行走。

第六十二条　行人通过路口或者横过道路，应当走人行横道或者过街设施；通过有交通信号灯的人行横道，应当按照交通信号灯指示通行；通过没有交通信号灯、人行横道的路口，或者在没有过街设施的路段横过道路，应当在确认安全后通过。

第六十三条　行人不得跨越、倚坐道路隔离设施，不得扒车、强行拦车或者实施妨碍道路交通安全的其他行为。

第六十四条　学龄前儿童以及不能辨认或者不能控制自己行为的精神疾病患者、智力障碍者在道路上通行，应当由其监护人、监护人委托的人或者对其负有管理、保护职责的人带领。

盲人在道路上通行，应当使用盲杖或者采取其他导盲手段，车辆应当避让盲人。

第六十五条　行人通过铁路道口时，应当按照交通信号或者管理人员的指挥通行；没有交通信号和管理人员的，应当在确认无火车驶临后，迅速通过。

第六十六条　乘车人不得携带易燃易爆等危险物品，不得向车外抛洒物品，不得有影响驾驶人安全驾驶的行为。

第五节　高速公路的特别规定

第六十七条　行人、非机动车、拖拉机、轮式专用机械车、铰接式客车、全挂拖斗车以及其他设计最高时速低于七十公里的机动车，不得进入高速公路。高速公路限速标志标明的最高时速不得超过一百二十公里。

第六十八条　机动车在高速公路上发生故障时，应当依照本法第五十二条的有关规定办理；但是，警告标志应当设置在故障车来车方向一百五十米以外，车上人员应当迅速转移到右侧路肩上或者应急车道内，并且迅速报警。

机动车在高速公路上发生故障或者交通事故，无法正常行驶的，应当由救援车、清障车拖曳、牵引。

第六十九条　任何单位、个人不得在高速公路上拦截检查行驶的车辆，公安机关的人民警察依法执行紧急公务除外。

第五章　交通事故处理

第七十条　在道路上发生交通事故，车辆驾驶人应当立即停车，保护现场；造成人身伤亡的，车辆驾驶人应当立即抢救受伤人员，并迅速报告执勤的交通警察或者公安机关交通管理部门。因抢救受伤人员变动现场的，应当标明位置。乘车人、过往车辆驾驶人、过往行人应当予以协助。

在道路上发生交通事故，未造成人身伤亡，当事人对事实及成因无争议的，可以即行撤离现场，恢复交通，自行协商处理损害赔偿事宜；不即行撤离现场的，应当迅速报告执勤的交通警察或者公安机关交通管理部门。

在道路上发生交通事故，仅造成轻微财产损失，并且基本事实清楚的，当事人应当先撤离现场再进行协商处理。

第七十一条　车辆发生交通事故后逃逸的，事故现场目击人员和其他知情人员应当向公安机关交通管理部门或者交通警察举报。举报属实的，公安机关交通管理部门应当给予奖励。

第七十二条　公安机关交通管理部门接到交通事故报警后，应当立即派交通警察赶赴现场，先组织抢救受伤人员，并采取措施，尽快恢复交通。

交通警察应当对交通事故现场进行勘验、检查，收集证据；因收集证据的需要，可以扣留事故车辆，但是应当妥善保管，以备核查。

对当事人的生理、精神状况等专业性较强的检验，公安机关交通管理部门应当委托专门机构进行鉴定。鉴定结论应当由鉴定人签名。

第七十三条　公安机关交通管理部门应当根据交通事故现场勘验、检查、调查情况和有关的检验、鉴定结论，及时制作交通事故认定书，作为处理交通事故的证据。交通事故认定书应当载明交通事故的基本事实、成因和当事人的责任，并送达当事人。

第七十四条　对交通事故损害赔偿的争议，当事人可以请求公安机关交通管理部门调解，也可以直接向人民法院提起民事诉讼。

经公安机关交通管理部门调解，当事人未达成协议或者调解书生效后不履行的，当事人可以向人民法院提起民事诉讼。

第七十五条　医疗机构对交通事故中的受伤人员应当及时抢救，不得因抢救费用未及时支付而拖延救治。肇事车辆参加机动车第三者责任强制保险的，由保险公司在责任限额范围内支付抢救费用；抢救费用超过责任限额的，未参加机动车第三者责任强制保险或者肇事后逃逸的，由道路交通事故社会救助基金先行垫付部分或者全部抢救费用，道路交通事故社会救助基金管理机构有权向交通事故责任人追偿。

第七十六条　机动车发生交通事故造成人身伤亡、财产损失的，由保险公司在机动车第三者责任强制保险责任限额范围内予以赔偿；不足的部分，按照下列规定承担赔偿责任：

（一）机动车之间发生交通事故的，由有过错的一方承担赔偿责任；双方都有过错的，按照各自过错的比例分担责任。

（二）机动车与非机动车驾驶人、行人之间发生交通事故，非机动车驾驶人、行人没有过错的，由机动车一方承担赔偿责任；有证据证明非机动车驾驶人、行人有过错的，根据过错程度适当减轻机动车一方的赔偿责任；机动车一方没有过错的，承担不超过百分之十的赔偿责任。

交通事故的损失是由非机动车驾驶人、行人故意碰撞机动车造成的，机动车一方不承担赔偿责任。

第七十七条　车辆在道路以外通行时发生的事故，公安机关交通管理部门接到报案的，参照本法有关规定办理。

第六章　执法监督

第七十八条　公安机关交通管理部门应当加强对交通警察的管理，提高交通警察的素质和管理道路交通的水平。

公安机关交通管理部门应当对交通警察进行法制和交通安全管理业务培训、考核。交通警察经考核不合格的，不得上岗执行职务。

第七十九条　公安机关交通管理部门及其交通警察实施道路交通安全管理，应当依据法定的职权和程序，简化办事手续，做到公正、严格、文明、高效。

第八十条　交通警察执行职务时，应当按照规定着装，佩戴人民警察标志，持有人民警察证件，保持警容严整，举止端庄，指挥规范。

第八十一条　依照本法发放牌证等收取工本费，应当严格执行国务院价格主管部门核定的收费标准，并全部上缴国库。

第八十二条　公安机关交通管理部门依法实施罚款的行政处罚，应当依照有关法律、行政法规的规定，实施罚款决定与罚款收缴分离；收缴的罚款以及依法没收的违法所得，应当全部上缴国库。

第八十三条　交通警察调查处理道路交通安全违法行为和交通事故，有下列情形之一的，应当回避：

（一）是本案的当事人或者当事人的近亲属；

（二）本人或者其近亲属与本案有利害关系；

（三）与本案当事人有其他关系，可能影响案件的公正处理。

第八十四条 公安机关交通管理部门及其交通警察的行政执法活动，应当接受行政监察机关依法实施的监督。

公安机关督察部门应当对公安机关交通管理部门及其交通警察执行法律、法规和遵守纪律的情况依法进行监督。

上级公安机关交通管理部门应当对下级公安机关交通管理部门的执法活动进行监督。

第八十五条 公安机关交通管理部门及其交通警察执行职务，应当自觉接受社会和公民的监督。

任何单位和个人都有权对公安机关交通管理部门及其交通警察不严格执法以及违法违纪行为进行检举、控告。收到检举、控告的机关，应当依据职责及时查处。

第八十六条 任何单位不得给公安机关交通管理部门下达或者变相下达罚款指标；公安机关交通管理部门不得以罚款数额作为考核交通警察的标准。

公安机关交通管理部门及其交通警察对超越法律、法规规定的指令，有权拒绝执行，并同时向上级机关报告。

第七章 法律责任

第八十七条 公安机关交通管理部门及其交通警察对道路交通安全违法行为，应当及时纠正。

公安机关交通管理部门及其交通警察应当依据事实和本法的有关规定对道路交通安全违法行为予以处罚。对于情节轻微，未影响道路通行的，指出违法行为，给予口头警告后放行。

第八十八条 对道路交通安全违法行为的处罚种类包括：警告、罚款、暂扣或者吊销机动车驾驶证、拘留。

第八十九条 行人、乘车人、非机动车驾驶人违反道路交通安全法律、法规关于道路通行规定的，处警告或者五元以上五十元以下罚款；非机动车驾驶人拒绝接受罚款处罚的，可以扣留其非机动车。

第九十条 机动车驾驶人违反道路交通安全法律、法规关于道路通行规定的，处警告或者二十元以上二百元以下罚款。本法另有规定的，依照规定处罚。

第九十一条 饮酒后驾驶机动车的，处暂扣六个月机动车驾驶证，并处一千元以上二千元以下罚款。因饮酒后驾驶机动车被处罚，再次饮酒后驾驶机动车的，处十日以下拘留，并处一千元以上二千元以下罚款，吊销机动车驾驶证。

醉酒驾驶机动车的，由公安机关交通管理部门约束至酒醒，吊销机动车驾驶证，依法追究刑事责任；五年内不得重新取得机动车驾驶证。

饮酒后驾驶营运机动车的，处十五日拘留，并处五千元罚款，吊销机动车驾驶证，五年内不得重新取得机动车驾驶证。

醉酒驾驶营运机动车的，由公安机关交通管理部门约束至酒醒，吊销机动车驾驶证，依法追究刑事责任；十年内不得重新取得机动车驾驶证，重新取得机动车驾驶证后，不得驾驶营运机动车。

饮酒后或者醉酒驾驶机动车发生重大交通事故，构成犯罪的，依法追究刑事责任，并由公安机关交通管理部门吊销机动车驾驶证，终生不得重新取得机动车驾驶证。

第九十二条　公路客运车辆载客超过额定乘员的，处二百元以上五百元以下罚款；超过额定乘员百分之二十或者违反规定载货的，处五百元以上二千元以下罚款。

货运机动车超过核定载质量的，处二百元以上五百元以下罚款；超过核定载质量百分之三十或者违反规定载客的，处五百元以上二千元以下罚款。

有前两款行为的，由公安机关交通管理部门扣留机动车至违法状态消除。

运输单位的车辆有本条第一款、第二款规定的情形，经处罚不改的，对直接负责的主管人员处二千元以上五千元以下罚款。

第九十三条　对违反道路交通安全法律、法规关于机动车停放、临时停车规定的，可以指出违法行为，并予以口头警告，令其立即驶离。

机动车驾驶人不在现场或者虽在现场但拒绝立即驶离，妨碍其他车辆、行人通行的，处二十元以上二百元以下罚款，并可以将该机动车拖移至不妨碍交通的地点或者公安机关交通管理部门指定的地点停放。公安机关交通管理部门拖车不得向当事人收取费用，并应当及时告知当事人停放地点。

因采取不正确的方法拖车造成机动车损坏的，应当依法承担补偿责任。

第九十四条　机动车安全技术检验机构实施机动车安全技术检验超过国务院价格主管部门核定的收费标准收取费用的，退还多收取的费用，并由价格主管部门依照《中华人民共和国价格法》的有关规定给予处罚。

机动车安全技术检验机构不按照机动车国家安全技术标准进行检验，出具虚假检验结果的，由公安机关交通管理部门处所收检验费用五倍以上十倍以下罚款，并依法撤销其检验资格；构成犯罪的，依法追究刑事责任。

第九十五条　上道路行驶的机动车未悬挂机动车号牌，未放置检验合格标志、保险标志，或者未随车携带行驶证、驾驶证的，公安机关交通管理部门应当扣留机动车，通知当事人提供相应的牌证、标志或者补办相应手续，并可以依照本法第九十条的规定予以处罚。当事人提供相应的牌证、标志或者补办相应手续的，应当及时退还机动车。

故意遮挡、污损或者不按规定安装机动车号牌的，依照本法第九十条的规定予以处罚。

第九十六条 伪造、变造或者使用伪造、变造的机动车登记证书、号牌、行驶证、驾驶证的，由公安机关交通管理部门予以收缴，扣留该机动车，处十五日以下拘留，并处二千元以上五千元以下罚款；构成犯罪的，依法追究刑事责任。

伪造、变造或者使用伪造、变造的检验合格标志、保险标志的，由公安机关交通管理部门予以收缴，扣留该机动车，处十日以下拘留，并处一千元以上三千元以下罚款；构成犯罪的，依法追究刑事责任。

使用其他车辆的机动车登记证书、号牌、行驶证、检验合格标志、保险标志的，由公安机关交通管理部门予以收缴，扣留该机动车，处二千元以上五千元以下罚款。

当事人提供相应的合法证明或者补办相应手续的，应当及时退还机动车。

第九十七条 非法安装警报器、标志灯具的，由公安机关交通管理部门强制拆除，予以收缴，并处二百元以上二千元以下罚款。

第九十八条 机动车所有人、管理人未按照国家规定投保机动车第三者责任强制保险的，由公安机关交通管理部门扣留车辆至依照规定投保后，并处依照规定投保最低责任限额应缴纳的保险费的二倍罚款。

依照前款缴纳的罚款全部纳入道路交通事故社会救助基金。具体办法由国务院规定。

第九十九条 有下列行为之一的，由公安机关交通管理部门处二百元以上二千元以下罚款：

（一）未取得机动车驾驶证、机动车驾驶证被吊销或者机动车驾驶证被暂扣期间驾驶机动车的；

（二）将机动车交由未取得机动车驾驶证或者机动车驾驶证被吊销、暂扣的人驾驶的；

（三）造成交通事故后逃逸，尚不构成犯罪的；

（四）机动车行驶超过规定时速百分之五十的；

（五）强迫机动车驾驶人违反道路交通安全法律、法规和机动车安全驾驶要求驾驶机动车，造成交通事故，尚不构成犯罪的；

（六）违反交通管制的规定强行通行，不听劝阻的；

（七）故意损毁、移动、涂改交通设施，造成危害后果，尚不构成犯罪的；

（八）非法拦截、扣留机动车辆，不听劝阻，造成交通严重阻塞或者较大财产损失的。

行为人有前款第二项、第四项情形之一的，可以并处吊销机动车驾驶证；有第一项、第三项、第五项至第八项情形之一的，可以并处十五日以下拘留。

第一百条　驾驶拼装的机动车或者已达到报废标准的机动车上道路行驶的，公安机关交通管理部门应当予以收缴，强制报废。

对驾驶前款所列机动车上道路行驶的驾驶人，处二百元以上二千元以下罚款，并吊销机动车驾驶证。

出售已达到报废标准的机动车的，没收违法所得，处销售金额等额的罚款，对该机动车依照本条第一款的规定处理。

第一百零一条　违反道路交通安全法律、法规的规定，发生重大交通事故，构成犯罪的，依法追究刑事责任，并由公安机关交通管理部门吊销机动车驾驶证。

造成交通事故后逃逸的，由公安机关交通管理部门吊销机动车驾驶证，且终生不得重新取得机动车驾驶证。

第一百零二条　对六个月内发生二次以上特大交通事故负有主要责任或者全部责任的专业运输单位，由公安机关交通管理部门责令消除安全隐患，未消除安全隐患的机动车，禁止上道路行驶。

第一百零三条　国家机动车产品主管部门未按照机动车国家安全技术标准严格审查，许可不合格机动车型投入生产的，对负有责任的主管人员和其他直接责任人员给予降级或者撤职的行政处分。

机动车生产企业经国家机动车产品主管部门许可生产的机动车型，不执行机动车国家安全技术标准或者不严格进行机动车成品质量检验，致使质量不合格的机动车出厂销售的，由质量技术监督部门依照《中华人民共和国产品质量法》的有关规定给予处罚。

擅自生产、销售未经国家机动车产品主管部门许可生产的机动车型的，没收非法生产、销售的机动车成品及配件，可以并处非法产品价值三倍以上五倍以下罚款；有营业执照的，由工商行政管理部门吊销营业执照，没有营业执照的，予以查封。

生产、销售拼装的机动车或者生产、销售擅自改装的机动车的，依照本条第三款的规定处罚。

有本条第二款、第三款、第四款所列违法行为，生产或者销售不符合机动车国家安全技术标准的机动车，构成犯罪的，依法追究刑事责任。

第一百零四条 未经批准，擅自挖掘道路、占用道路施工或者从事其他影响道路交通安全活动的，由道路主管部门责令停止违法行为，并恢复原状，可以依法给予罚款；致使通行的人员、车辆及其他财产遭受损失的，依法承担赔偿责任。

有前款行为，影响道路交通安全活动的，公安机关交通管理部门可以责令停止违法行为，迅速恢复交通。

第一百零五条 道路施工作业或者道路出现损毁，未及时设置警示标志、未采取防护措施，或者应当设置交通信号灯、交通标志、交通标线而没有设置或者应当及时变更交通信号灯、交通标志、交通标线而没有及时变更，致使通行的人员、车辆及其他财产遭受损失的，负有相关职责的单位应当依法承担赔偿责任。

第一百零六条 在道路两侧及隔离带上种植树木、其他植物或者设置广告牌、管线等，遮挡路灯、交通信号灯、交通标志，妨碍安全视距的，由公安机关交通管理部门责令行为人排除妨碍；拒不执行的，处二百元以上二千元以下罚款，并强制排除妨碍，所需费用由行为人负担。

第一百零七条 对道路交通违法行为人予以警告、二百元以下罚款，交通警察可以当场作出行政处罚决定，并出具行政处罚决定书。

行政处罚决定书应当载明当事人的违法事实、行政处罚的依据、处罚内容、时间、地点以及处罚机关名称，并由执法人员签名或者盖章。

第一百零八条 当事人应当自收到罚款的行政处罚决定书之日起十五日内，到指定的银行缴纳罚款。

对行人、乘车人和非机动车驾驶人的罚款，当事人无异议的，可以当场予以收缴罚款。

罚款应当开具省、自治区、直辖市财政部门统一制发的罚款收据；不出具财政部门统一制发的罚款收据的，当事人有权拒绝缴纳罚款。

第一百零九条 当事人逾期不履行行政处罚决定的，作出行政处罚决定的行政机关可以采取下列措施：

（一）到期不缴纳罚款的，每日按罚款数额的百分之三加处罚款；

（二）申请人民法院强制执行。

第一百一十条 执行职务的交通警察认为应当对道路交通违法行为人给予暂扣或者吊销机动车驾驶证处罚的，可以先予扣留机动车驾驶证，并在二十四小时内将案件移交公安机关交通管理部门处理。

道路交通违法行为人应当在十五日内到公安机关交通管理部门接受处理。无正当理由逾期未接受处理的，吊销机动车驾驶证。

公安机关交通管理部门暂扣或者吊销机动车驾驶证的，应当出具行政处罚决定书。

第一百一十一条　对违反本法规定予以拘留的行政处罚，由县、市公安局、公安分局或者相当于县一级的公安机关裁决。

第一百一十二条　公安机关交通管理部门扣留机动车、非机动车，应当当场出具凭证，并告知当事人在规定期限内到公安机关交通管理部门接受处理。

公安机关交通管理部门对被扣留的车辆应当妥善保管，不得使用。

逾期不来接受处理，并且经公告三个月仍不来接受处理的，对扣留的车辆依法处理。

第一百一十三条　暂扣机动车驾驶证的期限从处罚决定生效之日起计算；处罚决定生效前先予扣留机动车驾驶证的，扣留一日折抵暂扣期限一日。

吊销机动车驾驶证后重新申请领取机动车驾驶证的期限，按照机动车驾驶证管理规定办理。

第一百一十四条　公安机关交通管理部门根据交通技术监控记录资料，可以对违法的机动车所有人或者管理人依法予以处罚。对能够确定驾驶人的，可以依照本法的规定依法予以处罚。

第一百一十五条　交通警察有下列行为之一的，依法给予行政处分：

（一）为不符合法定条件的机动车发放机动车登记证书、号牌、行驶证、检验合格标志的；

（二）批准不符合法定条件的机动车安装、使用警车、消防车、救护车、工程救险车的警报器、标志灯具，喷涂标志图案的；

（三）为不符合驾驶许可条件、未经考试或者考试不合格人员发放机动车驾驶证的；

（四）不执行罚款决定与罚款收缴分离制度或者不按规定将依法收取的费用、收缴的罚款及没收的违法所得全部上缴国库的；

（五）举办或者参与举办驾驶学校或者驾驶培训班、机动车修理厂或者收费停车场等经营活动的；

（六）利用职务上的便利收受他人财物或者谋取其他利益的；

（七）违法扣留车辆、机动车行驶证、驾驶证、车辆号牌的；

（八）使用依法扣留的车辆的；

（九）当场收取罚款不开具罚款收据或者不如实填写罚款额的；

（十）徇私舞弊，不公正处理交通事故的；

（十一）故意刁难，拖延办理机动车牌证的；

（十二）非执行紧急任务时使用警报器、标志灯具的；

（十三）违反规定拦截、检查正常行驶的车辆的；

（十四）非执行紧急公务时拦截搭乘机动车的；

（十五）不履行法定职责的。

公安机关交通管理部门有前款所列行为之一的，对直接负责的主管人员和其他直接责任人员给予相应的行政处分。

第一百一十六条 依照本法第一百一十五条的规定，给予交通警察行政处分的，在作出行政处分决定前，可以停止其执行职务；必要时，可以予以禁闭。

依照本法第一百一十五条的规定，交通警察受到降级或者撤职行政处分的，可以予以辞退。

交通警察受到开除处分或者被辞退的，应当取消警衔；受到撤职以下行政处分的交通警察，应当降低警衔。

第一百一十七条 交通警察利用职权非法占有公共财物，索取、收受贿赂，或者滥用职权、玩忽职守，构成犯罪的，依法追究刑事责任。

第一百一十八条 公安机关交通管理部门及其交通警察有本法第一百一十五条所列行为之一，给当事人造成损失的，应当依法承担赔偿责任。

第八章 附 则

第一百一十九条 本法中下列用语的含义：

（一）"道路"，是指公路、城市道路和虽在单位管辖范围但允许社会机动车通行的地方，包括广场、公共停车场等用于公众通行的场所。

（二）"车辆"，是指机动车和非机动车。

（三）"机动车"，是指以动力装置驱动或者牵引，上道路行驶的供人员乘用或者用于运送物品以及进行工程专项作业的轮式车辆。

（四）"非机动车"，是指以人力或者畜力驱动，上道路行驶的交通工具，以及虽有动力装置驱动但设计最高时速、空车质量、外形尺寸符合有关国家标准的残疾人机动轮椅车、电动自行车等交通工具。

（五）"交通事故"，是指车辆在道路上因过错或者意外造成的人身伤亡或者财产损失的事件。

第一百二十条 中国人民解放军和中国人民武装警察部队在编机动车牌证、

在编机动车检验以及机动车驾驶人考核工作，由中国人民解放军、中国人民武装警察部队有关部门负责。

第一百二十一条　对上道路行驶的拖拉机，由农业（农业机械）主管部门行使本法第八条、第九条、第十三条、第十九条、第二十三条规定的公安机关交通管理部门的管理职权。

农业（农业机械）主管部门依照前款规定行使职权，应当遵守本法有关规定，并接受公安机关交通管理部门的监督；对违反规定的，依照本法有关规定追究法律责任。

本法施行前由农业（农业机械）主管部门发放的机动车牌证，在本法施行后继续有效。

第一百二十二条　国家对入境的境外机动车的道路交通安全实施统一管理。

第一百二十三条　省、自治区、直辖市人民代表大会常务委员会可以根据本地区的实际情况，在本法规定的罚款幅度内，规定具体的执行标准。

第一百二十四条　本法自 2004 年 5 月 1 日起施行。

2. 中华人民共和国道路交通安全法实施条例

（2004 年 4 月 28 日国务院第 49 次常务会议通过，2004 年 4 月 30 日公布，自 2004 年 5 月 1 日起施行）

第一章 总 则

第一条 根据《中华人民共和国道路交通安全法》（以下简称道路交通安全法）的规定，制定本条例。

第二条 中华人民共和国境内的车辆驾驶人、行人、乘车人以及与道路交通活动有关的单位和个人，应当遵守道路交通安全法和本条例。

第三条 县级以上地方各级人民政府应当建立、健全道路交通安全工作协调机制，组织有关部门对城市建设项目进行交通影响评价，制定道路交通安全管理规划，确定管理目标，制定实施方案。

第二章 车辆和驾驶人

第一节 机动车

第四条 机动车的登记，分为注册登记、变更登记、转移登记、抵押登记和注销登记。

第五条 初次申领机动车号牌、行驶证的，应当向机动车所有人住所地的公安机关交通管理部门申请注册登记。申请机动车注册登记，应当交验机动车，并提交以下证明、凭证：

（一）机动车所有人的身份证明；

（二）购车发票等机动车来历证明；

（三）机动车整车出厂合格证明或者进口机动车进口凭证；

（四）车辆购置税完税证明或者免税凭证；

（五）机动车第三者责任强制保险凭证；

（六）法律、行政法规规定应当在机动车注册登记时提交的其他证明、凭证。

不属于国务院机动车产品主管部门规定免予安全技术检验的车型的，还应当提供机动车安全技术检验合格证明。

第六条　已注册登记的机动车有下列情形之一的，机动车所有人应当向登记该机动车的公安机关交通管理部门申请变更登记：

（一）改变机动车车身颜色的；

（二）更换发动机的；

（三）更换车身或者车架的；

（四）因质量有问题，制造厂更换整车的；

（五）营运机动车改为非营运机动车或者非营运机动车改为营运机动车的；

（六）机动车所有人的住所迁出或者迁入公安机关交通管理部门管辖区域的。

申请机动车变更登记，应当提交下列证明、凭证，属于前款第（一）项、第（二）项、第（三）项、第（四）项、第（五）项情形之一的，还应当交验机动车；属于前款第（二）项、第（三）项情形之一的，还应当同时提交机动车安全技术检验合格证明：

（一）机动车所有人的身份证明；

（二）机动车登记证书；

（三）机动车行驶证。

机动车所有人的住所在公安机关交通管理部门管辖区域内迁移、机动车所有人的姓名（单位名称）或者联系方式变更的，应当向登记该机动车的公安机关交通管理部门备案。

第七条　已注册登记的机动车所有权发生转移的，应当及时办理转移登记。

申请机动车转移登记，当事人应当向登记该机动车的公安机关交通管理部门交验机动车，并提交以下证明、凭证：

（一）当事人的身份证明；

（二）机动车所有权转移的证明、凭证；

（三）机动车登记证书；

（四）机动车行驶证。

第八条　机动车所有人将机动车作为抵押物抵押的，机动车所有人应当向登记该机动车的公安机关交通管理部门申请抵押登记。

第九条　已注册登记的机动车达到国家规定的强制报废标准的，公安机关交通管理部门应当在报废期满的 2 个月前通知机动车所有人办理注销登记。机动车所有人应当在报废期满前将机动车交售给机动车回收企业，由机动车回收企业将报废的机动车登记证书、号牌、行驶证交公安机关交通管理部门注销。机动车所有人逾期不办理注销登记的，公安机关交通管理部门应当公告该机动车登记证书、号牌、行驶证作废。

因机动车灭失申请注销登记的，机动车所有人应当向公安机关交通管理部门提交本人身份证明，交回机动车登记证书。

第十条 办理机动车登记的申请人提交的证明、凭证齐全、有效的，公安机关交通管理部门应当当场办理登记手续。

人民法院、人民检察院以及行政执法部门依法查封、扣押的机动车，公安机关交通管理部门不予办理机动车登记。

第十一条 机动车登记证书、号牌、行驶证丢失或者损毁，机动车所有人申请补发的，应当向公安机关交通管理部门提交本人身份证明和申请材料。公安机关交通管理部门经与机动车登记档案核实后，在收到申请之日起 15 日内补发。

第十二条 税务部门、保险机构可以在公安机关交通管理部门的办公场所集中办理与机动车有关的税费缴纳、保险合同订立等事项。

第十三条 机动车号牌应当悬挂在车前、车后指定位置，保持清晰、完整。重型、中型载货汽车及其挂车、拖拉机及其挂车的车身或者车厢后部应当喷涂放大的牌号，字样应当端正并保持清晰。

机动车检验合格标志、保险标志应当粘贴在机动车前窗右上角。

机动车喷涂、粘贴标识或者车身广告的，不得影响安全驾驶。

第十四条 用于公路营运的载客汽车、重型载货汽车、半挂牵引车应当安装、使用符合国家标准的行驶记录仪。交通警察可以对机动车行驶速度、连续驾驶时间以及其他行驶状态信息进行检查。安装行驶记录仪可以分步实施，实施步骤由国务院机动车产品主管部门会同有关部门规定。

第十五条 机动车安全技术检验由机动车安全技术检验机构实施。机动车安全技术检验机构应当按照国家机动车安全技术检验标准对机动车进行检验，对检验结果承担法律责任。

质量技术监督部门负责对机动车安全技术检验机构实行资格管理和计量认证管理，对机动车安全技术检验设备进行检定，对执行国家机动车安全技术检验标准的情况进行监督。

机动车安全技术检验项目由国务院公安部门会同国务院质量技术监督部门规定。

第十六条　机动车应当从注册登记之日起，按照下列期限进行安全技术检验：

（一）营运载客汽车 5 年以内每年检验 1 次；超过 5 年的，每 6 个月检验 1 次；

（二）载货汽车和大型、中型非营运载客汽车 10 年以内每年检验 1 次；超过 10 年的，每 6 个月检验 1 次；

（三）小型、微型非营运载客汽车 6 年以内每 2 年检验 1 次；超过 6 年的，每年检验 1 次；超过 15 年的，每 6 个月检验 1 次；

（四）摩托车 4 年以内每 2 年检验 1 次；超过 4 年的，每年检验 1 次；

（五）拖拉机和其他机动车每年检验 1 次。

营运机动车在规定检验期限内经安全技术检验合格的，不再重复进行安全技术检验。

第十七条　已注册登记的机动车进行安全技术检验时，机动车行驶证记载的登记内容与该机动车的有关情况不符，或者未按照规定提供机动车第三者责任强制保险凭证的，不予通过检验。

第十八条　警车、消防车、救护车、工程救险车标志图案的喷涂以及警报器、标志灯具的安装、使用规定，由国务院公安部门制定。

第二节　机动车驾驶人

第十九条　符合国务院公安部门规定的驾驶许可条件的人，可以向公安机关交通管理部门申请机动车驾驶证。

机动车驾驶证由国务院公安部门规定式样并监制。

第二十条　学习机动车驾驶，应当先学习道路交通安全法律、法规和相关知识，考试合格后，再学习机动车驾驶技能。

在道路上学习驾驶，应当按照公安机关交通管理部门指定的路线、时间进行。在道路上学习机动车驾驶技能应当使用教练车，在教练员随车指导下进行，与教学无关的人员不得乘坐教练车。学员在学习驾驶中有道路交通安全违法行为或者造成交通事故的，由教练员承担责任。

第二十一条　公安机关交通管理部门应当对申请机动车驾驶证的人进行考试，对考试合格的，在 5 日内核发机动车驾驶证；对考试不合格的，书面说明理由。

第二十二条　机动车驾驶证的有效期为 6 年，本条例另有规定的除外。

机动车驾驶人初次申领机动车驾驶证后的 12 个月为实习期。在实习期内驾驶机动车的，应当在车身后部粘贴或者悬挂统一式样的实习标志。

机动车驾驶人在实习期内不得驾驶公共汽车、营运客车或者执行任务的警车、消防车、救护车、工程救险车以及载有爆炸物品、易燃易爆化学物品、剧毒或者放射性等危险物品的机动车；驾驶的机动车不得牵引挂车。

第二十三条 公安机关交通管理部门对机动车驾驶人的道路交通安全违法行为除给予行政处罚外，实行道路交通安全违法行为累积记分（以下简称记分）制度，记分周期为 12 个月。对在一个记分周期内记分达到 12 分的，由公安机关交通管理部门扣留其机动车驾驶证，该机动车驾驶人应当按照规定参加道路交通安全法律、法规的学习并接受考试。考试合格的，记分予以清除，发还机动车驾驶证；考试不合格的，继续参加学习和考试。

应当给予记分的道路交通安全违法行为及其分值，由国务院公安部门根据道路交通安全违法行为的危害程度规定。

公安机关交通管理部门应当提供记分查询方式供机动车驾驶人查询。

第二十四条 机动车驾驶人在一个记分周期内记分未达到 12 分，所处罚款已经缴纳的，记分予以清除；记分虽未达到 12 分，但尚有罚款未缴纳的，记分转入下一记分周期。

机动车驾驶人在一个记分周期内记分 2 次以上达到 12 分的，除按照第二十三条的规定扣留机动车驾驶证、参加学习、接受考试外，还应当接受驾驶技能考试。考试合格的，记分予以清除，发还机动车驾驶证；考试不合格的，继续参加学习和考试。

接受驾驶技能考试的，按照本人机动车驾驶证载明的最高准驾车型考试。

第二十五条 机动车驾驶人记分达到 12 分，拒不参加公安机关交通管理部门通知的学习，也不接受考试的，由公安机关交通管理部门公告其机动车驾驶证停止使用。

第二十六条 机动车驾驶人在机动车驾驶证的 6 年有效期内，每个记分周期均未达到 12 分的，换发 10 年有效期的机动车驾驶证；在机动车驾驶证的 10 年有效期内，每个记分周期均未达到 12 分的，换发长期有效的机动车驾驶证。

换发机动车驾驶证时，公安机关交通管理部门应当对机动车驾驶证进行审验。

第二十七条 机动车驾驶证丢失、损毁，机动车驾驶人申请补发的，应当向公安机关交通管理部门提交本人身份证明和申请材料。公安机关交通管理部门经与机动车驾驶证档案核实后，在收到申请之日起 3 日内补发。

第二十八条 机动车驾驶人在机动车驾驶证丢失、损毁、超过有效期或者被依法扣留、暂扣期间以及记分达到 12 分的，不得驾驶机动车。

第三章　道路通行条件

第二十九条　交通信号灯分为：机动车信号灯、非机动车信号灯、人行横道信号灯、车道信号灯、方向指示信号灯、闪光警告信号灯、道路与铁路平面交叉道口信号灯。

第三十条　交通标志分为：指示标志、警告标志、禁令标志、指路标志、旅游区标志、道路施工安全标志和辅助标志。

道路交通标线分为：指示标线、警告标线、禁止标线。

第三十一条　交通警察的指挥分为：手势信号和使用器具的交通指挥信号。

第三十二条　道路交叉路口和行人横过道路较为集中的路段应当设置人行横道、过街天桥或者过街地下通道。

在盲人通行较为集中的路段，人行横道信号灯应当设置声响提示装置。

第三十三条　城市人民政府有关部门可以在不影响行人、车辆通行的情况下，在城市道路上施划停车泊位，并规定停车泊位的使用时间。

第三十四条　开辟或者调整公共汽车、长途汽车的行驶路线或者车站，应当符合交通规划和安全、畅通的要求。

第三十五条　道路养护施工单位在道路上进行养护、维修时，应当按照规定设置规范的安全警示标志和安全防护设施。道路养护施工作业车辆、机械应当安装示警灯，喷涂明显的标志图案，作业时应当开启示警灯和危险报警闪光灯。对未中断交通的施工作业道路，公安机关交通管理部门应当加强交通安全监督检查。发生交通阻塞时，及时做好分流、疏导，维护交通秩序。

道路施工需要车辆绕行的，施工单位应当在绕行处设置标志；不能绕行的，应当修建临时通道，保证车辆和行人通行。需要封闭道路中断交通的，除紧急情况外，应当提前 5 日向社会公告。

第三十六条　道路或者交通设施养护部门、管理部门应当在急弯、陡坡、临崖、临水等危险路段，按照国家标准设置警告标志和安全防护设施。

第三十七条　道路交通标志、标线不规范，机动车驾驶人容易发生辨认错误的，交通标志、标线的主管部门应当及时予以改善。

道路照明设施应当符合道路建设技术规范，保持照明功能完好。

第四章　道路通行规定

第一节　一般规定

第三十八条　机动车信号灯和非机动车信号灯表示：

（一）绿灯亮时，准许车辆通行，但转弯的车辆不得妨碍被放行的直行车辆、行人通行；

（二）黄灯亮时，已越过停止线的车辆可以继续通行；

（三）红灯亮时，禁止车辆通行。

在未设置非机动车信号灯和人行横道信号灯的路口，非机动车和行人应当按照机动车信号灯的表示通行。

红灯亮时，右转弯的车辆在不妨碍被放行的车辆、行人通行的情况下，可以通行。

第三十九条　人行横道信号灯表示：

（一）绿灯亮时，准许行人通过人行横道；

（二）红灯亮时，禁止行人进入人行横道，但是已经进入人行横道的，可以继续通过或者在道路中心线处停留等候。

第四十条　车道信号灯表示：

（一）绿色箭头灯亮时，准许本车道车辆按指示方向通行；

（二）红色叉形灯或者箭头灯亮时，禁止本车道车辆通行。

第四十一条　方向指示信号灯的箭头方向向左、向上、向右分别表示左转、直行、右转。

第四十二条　闪光警告信号灯为持续闪烁的黄灯，提示车辆、行人通行时注意瞭望，确认安全后通过。

第四十三条　道路与铁路平面交叉道口有两个红灯交替闪烁或者一个红灯亮时，表示禁止车辆、行人通行；红灯熄灭时，表示允许车辆、行人通行。

第二节　机动车通行规定

第四十四条　在道路同方向划有 2 条以上机动车道的，左侧为快速车道，右侧为慢速车道。在快速车道行驶的机动车应当按照快速车道规定的速度行驶，未达到快速车道规定的行驶速度的，应当在慢速车道行驶。摩托车应当在最右侧车道行驶。有交通标志标明行驶速度的，按照标明的行驶速度行驶。慢速车道内的机动车超越前车时，可以借用快速车道行驶。

在道路同方向划有 2 条以上机动车道的，变更车道的机动车不得影响相关车道内行驶的机动车的正常行驶。

第四十五条　机动车在道路上行驶不得超过限速标志、标线标明的速度。在没有限速标志、标线的道路上，机动车不得超过下列最高行驶速度：

（一）没有道路中心线的道路，城市道路为每小时 30 公里，公路为每小时 40 公里；

（二）同方向只有 1 条机动车道的道路，城市道路为每小时 50 公里，公路为每小时 70 公里。

第四十六条　机动车行驶中遇有下列情形之一的，最高行驶速度不得超过每小时 30 公里，其中拖拉机、电瓶车、轮式专用机械车不得超过每小时 15 公里：

（一）进出非机动车道，通过铁路道口、急弯路、窄路、窄桥时；

（二）掉头、转弯、下陡坡时；

（三）遇雾、雨、雪、沙尘、冰雹，能见度在 50 米以内时；

（四）在冰雪、泥泞的道路上行驶时；

（五）牵引发生故障的机动车时。

第四十七条　机动车超车时，应当提前开启左转向灯、变换使用远、近光灯或者鸣喇叭。在没有道路中心线或者同方向只有 1 条机动车道的道路上，前车遇后车发出超车信号时，在条件许可的情况下，应当降低速度、靠右让路。后车应当在确认有充足的安全距离后，从前车的左侧超越，在与被超车辆拉开必要的安全距离后，开启右转向灯，驶回原车道。

第四十八条　在没有中心隔离设施或者没有中心线的道路上，机动车遇相对方向来车时应当遵守下列规定：

（一）减速靠右行驶，并与其他车辆、行人保持必要的安全距离；

（二）在有障碍的路段，无障碍的一方先行；但有障碍的一方已驶入障碍路段而无障碍的一方未驶入时，有障碍的一方先行；

（三）在狭窄的坡路，上坡的一方先行；但下坡的一方已行至中途而上坡的一方未上坡时，下坡的一方先行；

（四）在狭窄的山路，不靠山体的一方先行；

（五）夜间会车应当在距相对方向来车 150 米以外改用近光灯，在窄路、窄桥与非机动车会车时应当使用近光灯。

第四十九条　机动车在有禁止掉头或者禁止左转弯标志、标线的地点以及在铁路道口、人行横道、桥梁、急弯、陡坡、隧道或者容易发生危险的路段，不得掉头。

机动车在没有禁止掉头或者没有禁止左转弯标志、标线的地点可以掉头，但不得妨碍正常行驶的其他车辆和行人的通行。

第五十条 机动车倒车时，应当察明车后情况，确认安全后倒车。不得在铁路道口、交叉路口、单行路、桥梁、急弯、陡坡或者隧道中倒车。

第五十一条 机动车通过有交通信号灯控制的交叉路口，应当按照下列规定通行：

（一）在划有导向车道的路口，按所需行进方向驶入导向车道；

（二）准备进入环形路口的让已在路口内的机动车先行；

（三）向左转弯时，靠路口中心点左侧转弯。转弯时开启转向灯，夜间行驶开启近光灯；

（四）遇放行信号时，依次通过；

（五）遇停止信号时，依次停在停止线以外。没有停止线的，停在路口以外；

（六）向右转弯遇有同车道前车正在等候放行信号时，依次停车等候；

（七）在没有方向指示信号灯的交叉路口，转弯的机动车让直行的车辆、行人先行。相对方向行驶的右转弯机动车让左转弯车辆先行。

第五十二条 机动车通过没有交通信号灯控制也没有交通警察指挥的交叉路口，除应当遵守第五十一条第（二）项、第（三）项的规定外，还应当遵守下列规定：

（一）有交通标志、标线控制的，让优先通行的一方先行；

（二）没有交通标志、标线控制的，在进入路口前停车瞭望，让右方道路的来车先行；

（三）转弯的机动车让直行的车辆先行；

（四）相对方向行驶的右转弯的机动车让左转弯的车辆先行。

第五十三条 机动车遇有前方交叉路口交通阻塞时，应当依次停在路口以外等候，不得进入路口。

机动车在遇有前方机动车停车排队等候或者缓慢行驶时，应当依次排队，不得从前方车辆两侧穿插或者超越行驶，不得在人行横道、网状线区域内停车等候。

机动车在车道减少的路口、路段，遇有前方机动车停车排队等候或者缓慢行驶的，应当每车道一辆依次交替驶入车道减少后的路口、路段。

第五十四条 机动车载物不得超过机动车行驶证上核定的载质量，装载长度、宽度不得超出车厢，并应当遵守下列规定：

（一）重型、中型载货汽车，半挂车载物，高度从地面起不得超过4米，载运集装箱的车辆不得超过4.2米；

（二）其他载货的机动车载物，高度从地面起不得超过2.5米；

（三）摩托车载物，高度从地面起不得超过1.5米，长度不得超出车身0.2米。两轮摩托车载物宽度左右各不得超出车把0.15米；三轮摩托车载物宽度不得超过车身。

载客汽车除车身外部的行李架和内置的行李箱外，不得载货。载客汽车行李架载货，从车顶起高度不得超过0.5米，从地面起高度不得超过4米。

第五十五条　机动车载人应当遵守下列规定：

（一）公路载客汽车不得超过核定的载客人数，但按照规定免票的儿童除外，在载客人数已满的情况下，按照规定免票的儿童不得超过核定载客人数的10%；

（二）载货汽车车厢不得载客。在城市道路上，货运机动车在留有安全位置的情况下，车厢内可以附载临时作业人员1人至5人；载物高度超过车厢栏板时，货物上不得载人；

（三）摩托车后座不得乘坐未满12周岁的未成年人，轻便摩托车不得载人。

第五十六条　机动车牵引挂车应当符合下列规定：

（一）载货汽车、半挂牵引车、拖拉机只允许牵引1辆挂车。挂车的灯光信号、制动、连接、安全防护等装置应当符合国家标准；

（二）小型载客汽车只允许牵引旅居挂车或者总质量700千克以下的挂车。挂车不得载人；

（三）载货汽车所牵引挂车的载质量不得超过载货汽车本身的载质量。

大型、中型载客汽车，低速载货汽车，三轮汽车以及其他机动车不得牵引挂车。

第五十七条　机动车应当按照下列规定使用转向灯：

（一）向左转弯、向左变更车道、准备超车、驶离停车地点或者掉头时，应当提前开启左转向灯；

（二）向右转弯、向右变更车道、超车完毕驶回原车道、靠路边停车时，应当提前开启右转向灯。

第五十八条　机动车在夜间没有路灯、照明不良或者遇有雾、雨、雪、沙尘、冰雹等低能见度情况下行驶时，应当开启前照灯、示廓灯和后位灯，但同方向行驶的后车与前车近距离行驶时，不得使用远光灯。机动车雾天行驶应当开启雾灯和危险报警闪光灯。

第五十九条　机动车在夜间通过急弯、坡路、拱桥、人行横道或者没有交通信号灯控制的路口时，应当交替使用远近光灯示意。

机动车驶近急弯、坡道顶端等影响安全视距的路段以及超车或者遇有紧急情况时，应当减速慢行，并鸣喇叭示意。

第六十条　机动车在道路上发生故障或者发生交通事故，妨碍交通又难以移动的，应当按照规定开启危险报警闪光灯并在车后 50 米至 100 米处设置警告标志，夜间还应当同时开启示廓灯和后位灯。

第六十一条　牵引故障机动车应当遵守下列规定：

（一）被牵引的机动车除驾驶人外不得载人，不得拖带挂车；

（二）被牵引的机动车宽度不得大于牵引机动车的宽度；

（三）使用软连接牵引装置时，牵引车与被牵引车之间的距离应当大于 4 米小于 10 米；

（四）对制动失效的被牵引车，应当使用硬连接牵引装置牵引；

（五）牵引车和被牵引车均应当开启危险报警闪光灯。

汽车吊车和轮式专用机械车不得牵引车辆。摩托车不得牵引车辆或者被其他车辆牵引。

转向或者照明、信号装置失效的故障机动车，应当使用专用清障车拖曳。

第六十二条　驾驶机动车不得有下列行为：

（一）在车门、车厢没有关好时行车；

（二）在机动车驾驶室的前后窗范围内悬挂、放置妨碍驾驶人视线的物品；

（三）拨打接听手持电话、观看电视等妨碍安全驾驶的行为；

（四）下陡坡时熄火或者空挡滑行；

（五）向道路上抛撒物品；

（六）驾驶摩托车手离车把或者在车把上悬挂物品；

（七）连续驾驶机动车超过 4 小时未停车休息或者停车休息时间少于 20 分钟；

（八）在禁止鸣喇叭的区域或者路段鸣喇叭。

第六十三条　机动车在道路上临时停车，应当遵守下列规定：

（一）在设有禁停标志、标线的路段，在机动车道与非机动车道、人行道之间设有隔离设施的路段以及人行横道、施工地段，不得停车；

（二）交叉路口、铁路道口、急弯路、宽度不足 4 米的窄路、桥梁、陡坡、隧道以及距离上述地点 50 米以内的路段，不得停车；

（三）公共汽车站、急救站、加油站、消防栓或者消防队（站）门前以及距离上述地点 30 米以内的路段，除使用上述设施的以外，不得停车；

（四）车辆停稳前不得开车门和上下人员，开关车门不得妨碍其他车辆和行人通行；

（五）路边停车应当紧靠道路右侧，机动车驾驶人不得离车，上下人员或者装卸物品后，立即驶离；

（六）城市公共汽车不得在站点以外的路段停车上下乘客。

第六十四条　机动车行经漫水路或者漫水桥时，应当停车察明水情，确认安全后，低速通过。

第六十五条　机动车载运超限物品行经铁路道口的，应当按照当地铁路部门指定的铁路道口、时间通过。

机动车行经渡口，应当服从渡口管理人员指挥，按照指定地点依次待渡。机动车上下渡船时，应当低速慢行。

第六十六条　警车、消防车、救护车、工程救险车在执行紧急任务遇交通受阻时，可以断续使用警报器，并遵守下列规定：

（一）不得在禁止使用警报器的区域或者路段使用警报器；

（二）夜间在市区不得使用警报器；

（三）列队行驶时，前车已经使用警报器的，后车不再使用警报器。

第六十七条　在单位院内、居民居住区内，机动车应当低速行驶，避让行人；有限速标志的，按照限速标志行驶。

第三节　非机动车通行规定

第六十八条　非机动车通过有交通信号灯控制的交叉路口，应当按照下列规定通行：

（一）转弯的非机动车让直行的车辆、行人优先通行；

（二）遇有前方路口交通阻塞时，不得进入路口；

（三）向左转弯时，靠路口中心点的右侧转弯；

（四）遇有停止信号时，应当依次停在路口停止线以外。没有停止线的，停在路口以外；

（五）向右转弯遇有同方向前车正在等候放行信号时，在本车道内能够转弯的，可以通行；不能转弯的，依次等候。

第六十九条　非机动车通过没有交通信号灯控制也没有交通警察指挥的交叉路口，除应当遵守第六十八条第（一）项、第（二）项和第（三）项的规定外，还应当遵守下列规定：

（一）有交通标志、标线控制的，让优先通行的一方先行；

（二）没有交通标志、标线控制的，在路口外慢行或者停车瞭望，让右方道路的来车先行；

（三）相对方向行驶的右转弯的非机动车让左转弯的车辆先行。

第七十条 驾驶自行车、电动自行车、三轮车在路段上横过机动车道，应当下车推行，有人行横道或者行人过街设施的，应当从人行横道或者行人过街设施通过；没有人行横道、没有行人过街设施或者不便使用行人过街设施的，在确认安全后直行通过。

因非机动车道被占用无法在本车道内行驶的非机动车，可以在受阻的路段借用相邻的机动车道行驶，并在驶过被占用路段后迅速驶回非机动车道。机动车遇此情况应当减速让行。

第七十一条 非机动车载物，应当遵守下列规定：

（一）自行车、电动自行车、残疾人机动轮椅车载物，高度从地面起不得超过1.5米，宽度左右各不得超出车把0.15米，长度前端不得超出车轮，后端不得超出车身0.3米；

（二）三轮车、人力车载物，高度从地面起不得超过2米，宽度左右各不得超出车身0.2米，长度不得超出车身1米；

（三）畜力车载物，高度从地面起不得超过2.5米，宽度左右各不得超出车身0.2米，长度前端不得超出车辕，后端不得超出车身1米。

自行车载人的规定，由省、自治区、直辖市人民政府根据当地实际情况制定。

第七十二条 在道路上驾驶自行车、三轮车、电动自行车、残疾人机动轮椅车应当遵守下列规定：

（一）驾驶自行车、三轮车必须年满12周岁；

（二）驾驶电动自行车和残疾人机动轮椅车必须年满16周岁；

（三）不得醉酒驾驶；

（四）转弯前应当减速慢行，伸手示意，不得突然猛拐，超越前车时不得妨碍被超越的车辆行驶；

（五）不得牵引、攀扶车辆或者被其他车辆牵引，不得双手离把或者手中持物；

（六）不得扶身并行、互相追逐或者曲折竞驶；

（七）不得在道路上骑独轮自行车或者2人以上骑行的自行车；

（八）非下肢残疾的人不得驾驶残疾人机动轮椅车；

（九）自行车、三轮车不得加装动力装置；

（十）不得在道路上学习驾驶非机动车。

第七十三条　在道路上驾驭畜力车应当年满 16 周岁，并遵守下列规定：

（一）不得醉酒驾驭；

（二）不得并行，驾驭人不得离开车辆；

（三）行经繁华路段、交叉路口、铁路道口、人行横道、急弯路、宽度不足 4 米的窄路或者窄桥、陡坡、隧道或者容易发生危险的路段，不得超车。驾驭两轮畜力车应当下车牵引牲畜；

（四）不得使用未经驯服的牲畜驾车，随车幼畜须拴系；

（五）停放车辆应当拉紧车闸，拴系牲畜。

第四节　行人和乘车人通行规定

第七十四条　行人不得有下列行为：

（一）在道路上使用滑板、旱冰鞋等滑行工具；

（二）在车行道内坐卧、停留、嬉闹；

（三）追车、抛物击车等妨碍道路交通安全的行为。

第七十五条　行人横过机动车道，应当从行人过街设施通过；没有行人过街设施的，应当从人行横道通过；没有人行横道的，应当观察来往车辆的情况，确认安全后直行通过，不得在车辆临近时突然加速横穿或者中途倒退、折返。

第七十六条　行人列队在道路上通行，每横列不得超过 2 人，但在已经实行交通管制的路段不受限制。

第七十七条　乘坐机动车应当遵守下列规定：

（一）不得在机动车道上拦乘机动车；

（二）在机动车道上不得从机动车左侧上下车；

（三）开关车门不得妨碍其他车辆和行人通行；

（四）机动车行驶中，不得干扰驾驶，不得将身体任何部分伸出车外，不得跳车；

（五）乘坐两轮摩托车应当正向骑坐。

第五节　高速公路的特别规定

第七十八条　高速公路应当标明车道的行驶速度，最高车速不得超过每小时 120 公里，最低车速不得低于每小时 60 公里。

在高速公路上行驶的小型载客汽车最高车速不得超过每小时 120 公里，其他机动车不得超过每小时 100 公里，摩托车不得超过每小时 80 公里。

同方向有 2 条车道的，左侧车道的最低车速为每小时 100 公里；同方向有 3 条以上车道的，最左侧车道的最低车速为每小时 110 公里，中间车道的最低车速为每小时 90 公里。道路限速标志标明的车速与上述车道行驶车速的规定不一致的，按照道路限速标志标明的车速行驶。

第七十九条 机动车从匝道驶入高速公路，应当开启左转向灯，在不妨碍已在高速公路内的机动车正常行驶的情况下驶入车道。

机动车驶离高速公路时，应当开启右转向灯，驶入减速车道，降低车速后驶离。

第八十条 机动车在高速公路上行驶，车速超过每小时 100 公里时，应当与同车道前车保持 100 米以上的距离，车速低于每小时 100 公里时，与同车道前车距离可以适当缩短，但最小距离不得少于 50 米。

第八十一条 机动车在高速公路上行驶，遇有雾、雨、雪、沙尘、冰雹等低能见度气象条件时，应当遵守下列规定：

（一）能见度小于 200 米时，开启雾灯、近光灯、示廓灯和前后位灯，车速不得超过每小时 60 公里，与同车道前车保持 100 米以上的距离；

（二）能见度小于 100 米时，开启雾灯、近光灯、示廓灯、前后位灯和危险报警闪光灯，车速不得超过每小时 40 公里，与同车道前车保持 50 米以上的距离；

（三）能见度小于 50 米时，开启雾灯、近光灯、示廓灯、前后位灯和危险报警闪光灯，车速不得超过每小时 20 公里，并从最近的出口尽快驶离高速公路。

遇有前款规定情形时，高速公路管理部门应当通过显示屏等方式发布速度限制、保持车距等提示信息。

第八十二条 机动车在高速公路上行驶，不得有下列行为：

（一）倒车、逆行、穿越中央分隔带掉头或者在车道内停车；

（二）在匝道、加速车道或者减速车道上超车；

（三）骑、轧车行道分界线或者在路肩上行驶；

（四）非紧急情况时在应急车道行驶或者停车；

（五）试车或者学习驾驶机动车。

第八十三条 在高速公路上行驶的载货汽车车厢不得载人。两轮摩托车在高速公路行驶时不得载人。

第八十四条　机动车通过施工作业路段时，应当注意警示标志，减速行驶。

第八十五条　城市快速路的道路交通安全管理，参照本节的规定执行。

高速公路、城市快速路的道路交通安全管理工作，省、自治区、直辖市人民政府公安机关交通管理部门可以指定设区的市人民政府公安机关交通管理部门或者相当于同级的公安机关交通管理部门承担。

第五章　交通事故处理

第八十六条　机动车与机动车、机动车与非机动车在道路上发生未造成人身伤亡的交通事故，当事人对事实及成因无争议的，在记录交通事故的时间、地点、对方当事人的姓名和联系方式、机动车牌号、驾驶证号、保险凭证号、碰撞部位，并共同签名后，撤离现场，自行协商损害赔偿事宜。当事人对交通事故事实及成因有争议的，应当迅速报警。

第八十七条　非机动车与非机动车或者行人在道路上发生交通事故，未造成人身伤亡，且基本事实及成因清楚的，当事人应当先撤离现场，再自行协商处理损害赔偿事宜。当事人对交通事故事实及成因有争议的，应当迅速报警。

第八十八条　机动车发生交通事故，造成道路、供电、通讯等设施损毁的，驾驶人应当报警等候处理，不得驶离。机动车可以移动的，应当将机动车移至不妨碍交通的地点。公安机关交通管理部门应当将事故有关情况通知有关部门。

第八十九条　公安机关交通管理部门或者交通警察接到交通事故报警，应当及时赶赴现场，对未造成人身伤亡，事实清楚，并且机动车可以移动的，应当在记录事故情况后责令当事人撤离现场，恢复交通。对拒不撤离现场的，予以强制撤离。

对属于前款规定情况的道路交通事故，交通警察可以适用简易程序处理，并当场出具事故认定书。当事人共同请求调解的，交通警察可以当场对损害赔偿争议进行调解。

对道路交通事故造成人员伤亡和财产损失需要勘验、检查现场的，公安机关交通管理部门应当按照勘查现场工作规范进行。现场勘查完毕，应当组织清理现场，恢复交通。

第九十条　投保机动车第三者责任强制保险的机动车发生交通事故，因抢救受伤人员需要保险公司支付抢救费用的，由公安机关交通管理部门通知保险公司。

抢救受伤人员需要道路交通事故救助基金垫付费用的，由公安机关交通管理部门通知道路交通事故社会救助基金管理机构。

第九十一条 公安机关交通管理部门应当根据交通事故当事人的行为对发生交通事故所起的作用以及过错的严重程度，确定当事人的责任。

第九十二条 发生交通事故后当事人逃逸的，逃逸的当事人承担全部责任。但是，有证据证明对方当事人也有过错的，可以减轻责任。

当事人故意破坏、伪造现场、毁灭证据的，承担全部责任。

第九十三条 公安机关交通管理部门对经过勘验、检查现场的交通事故应当在勘查现场之日起 10 日内制作交通事故认定书。对需要进行检验、鉴定的，应当在检验、鉴定结果确定之日起 5 日内制作交通事故认定书。

第九十四条 当事人对交通事故损害赔偿有争议，各方当事人一致请求公安机关交通管理部门调解的，应当在收到交通事故认定书之日起 10 日内提出书面调解申请。

对交通事故致死的，调解从办理丧葬事宜结束之日起开始；对交通事故致伤的，调解从治疗终结或者定残之日起开始；对交通事故造成财产损失的，调解从确定损失之日起开始。

第九十五条 公安机关交通管理部门调解交通事故损害赔偿争议的期限为 10 日。调解达成协议的，公安机关交通管理部门应当制作调解书送交各方当事人，调解书经各方当事人共同签字后生效；调解未达成协议的，公安机关交通管理部门应当制作调解终结书送交各方当事人。

交通事故损害赔偿项目和标准依照有关法律的规定执行。

第九十六条 对交通事故损害赔偿的争议，当事人向人民法院提起民事诉讼的，公安机关交通管理部门不再受理调解申请。

公安机关交通管理部门调解期间，当事人向人民法院提起民事诉讼的，调解终止。

第九十七条 车辆在道路以外发生交通事故，公安机关交通管理部门接到报案的，参照道路交通安全法和本条例的规定处理。

车辆、行人与火车发生的交通事故以及在渡口发生的交通事故，依照国家有关规定处理。

第六章　执法监督

第九十八条 公安机关交通管理部门应当公开办事制度、办事程序，建立警风警纪监督员制度，自觉接受社会和群众的监督。

第九十九条 公安机关交通管理部门及其交通警察办理机动车登记，发放号牌，对驾驶人考试、发证，处理道路交通安全违法行为，处理道路交通事故，应当严格遵守有关规定，不得越权执法，不得延迟履行职责，不得擅自改变处罚的种类和幅度。

第一百条　公安机关交通管理部门应当公布举报电话，受理群众举报投诉，并及时调查核实，反馈查处结果。

第一百零一条　公安机关交通管理部门应当建立执法质量考核评议、执法责任制和执法过错追究制度，防止和纠正道路交通安全执法中的错误或者不当行为。

第七章　法律责任

第一百零二条　违反本条例规定的行为，依照道路交通安全法和本条例的规定处罚。

第一百零三条　以欺骗、贿赂等不正当手段取得机动车登记或者驾驶许可的，收缴机动车登记证书、号牌、行驶证或者机动车驾驶证，撤销机动车登记或者机动车驾驶许可；申请人在3年内不得申请机动车登记或者机动车驾驶许可。

第一百零四条　机动车驾驶人有下列行为之一，又无其他机动车驾驶人即时替代驾驶的，公安机关交通管理部门除依法给予处罚外，可以将其驾驶的机动车移至不妨碍交通的地点或者有关部门指定的地点停放：

（一）不能出示本人有效驾驶证的；

（二）驾驶的机动车与驾驶证载明的准驾车型不符的；

（三）饮酒、服用国家管制的精神药品或者麻醉药品、患有妨碍安全驾驶的疾病，或者过度疲劳仍继续驾驶的；

（四）学习驾驶人员没有教练人员随车指导单独驾驶的。

第一百零五条　机动车驾驶人有饮酒、醉酒、服用国家管制的精神药品或者麻醉药品嫌疑的，应当接受测试、检验。

第一百零六条　公路客运载客汽车超过核定乘员、载货汽车超过核定载质量的，公安机关交通管理部门依法扣留机动车后，驾驶人应当将超载的乘车人转运、将超载的货物卸载，费用由超载机动车的驾驶人或者所有人承担。

第一百零七条　依照道路交通安全法第九十二条、第九十五条、第九十六条、第九十八条的规定被扣留的机动车，驾驶人或者所有人、管理人30日内没有提供被扣留机动车的合法证明，没有补办相应手续，或者不前来接受处理，经公安机关交通管理部门通知并且经公告3个月仍不前来接受处理的，由公安机关交通管理部门将该机动车送交有资格的拍卖机构拍卖，所得价款上缴国库；

非法拼装的机动车予以拆除；达到报废标准的机动车予以报废；机动车涉及其他违法犯罪行为的，移交有关部门处理。

第一百零八条 交通警察按照简易程序当场作出行政处罚的，应当告知当事人道路交通安全违法行为的事实、处罚的理由和依据，并将行政处罚决定书当场交付被处罚人。

第一百零九条 对道路交通安全违法行为人处以罚款或者暂扣驾驶证处罚的，由违法行为发生地的县级以上人民政府公安机关交通管理部门或者相当于同级的公安机关交通管理部门作出决定；对处以吊销机动车驾驶证处罚的，由设区的市人民政府公安机关交通管理部门或者相当于同级的公安机关交通管理部门作出决定。

公安机关交通管理部门对非本辖区机动车的道路交通安全违法行为没有当场处罚的，可以由机动车登记地的公安机关交通管理部门处罚。

第一百一十条 当事人对公安机关交通管理部门及其交通警察的处罚有权进行陈述和申辩，交通警察应当充分听取当事人的陈述和申辩，不得因当事人陈述、申辩而加重其处罚。

第八章 附　则

第一百一十一条 本条例所称上道路行驶的拖拉机，是指手扶拖拉机等最高设计行驶速度不超过每小时 20 公里的轮式拖拉机和最高设计行驶速度不超过每小时 40 公里、牵引挂车方可从事道路运输的轮式拖拉机。

第一百一十二条 农业（农业机械）主管部门应当定期向公安机关交通管理部门提供拖拉机登记、安全技术检验以及拖拉机驾驶证发放的资料、数据。公安机关交通管理部门对拖拉机驾驶人作出暂扣、吊销驾驶证处罚或者记分处理的，应当定期将处罚决定书和记分情况通报有关的农业（农业机械）主管部门。吊销驾驶证的，还应当将驾驶证送交有关的农业（农业机械）主管部门。

第一百一十三条 境外机动车入境行驶，应当向入境地的公安机关交通管理部门申请临时通行号牌、行驶证。临时通行号牌、行驶证应当根据行驶需要，载明有效日期和允许行驶的区域。

入境的境外机动车申请临时通行号牌、行驶证以及境外人员申请机动车驾驶许可的条件、考试办法由国务院公安部门规定。

第一百一十四条 机动车驾驶许可考试的收费标准，由国务院价格主管部门规定。

第一百一十五条 本条例自 2004 年 5 月 1 日起施行。1960 年 2 月 11 日国务院批准、交通部发布的《机动车管理办法》，1988 年 3 月 9 日国务院发布的《中华人民共和国道路交通管理条例》，1991 年 9 月 22 日国务院发布的《道路交通事故处理办法》，同时废止。

3. 道路交通事故处理程序规定

（公安部第104号令，2008年7月11日公安部部长办公会议通过，2008年8月17日发布，自2009年1月1日起施行）

第一章　总　则

第一条　为了规范道路交通事故处理程序，保障公安机关交通管理部门依法履行职责，保护道路交通事故当事人的合法权益，根据《中华人民共和国道路交通安全法》及其实施条例等有关法律、法规，制定本规定。

第二条　公安机关交通管理部门处理道路交通事故，应当遵循公正、公开、便民、效率的原则。

第三条　交通警察处理道路交通事故，应当取得相应等级的处理道路交通事故资格。

第二章　管　辖

第四条　道路交通事故由发生地的县级公安机关交通管理部门管辖。未设立县级公安机关交通管理部门的，由设区市公安机关交通管理部门管辖。

第五条　道路交通事故发生在两个以上管辖区域的，由事故起始点所在地公安机关交通管理部门管辖。

对管辖权有争议的，由共同的上一级公安机关交通管理部门指定管辖。指定管辖前，最先发现或者最先接到报警的公安机关交通管理部门应当先行救助受伤人员，进行现场前期处理。

第六条　上级公安机关交通管理部门在必要的时候，可以处理下级公安机关交通管理部门管辖的道路交通事故，或者指定下级公安机关交通管理部门限时将案件移送其他下级公安机关交通管理部门处理。

案件管辖发生转移的，处理时限从移送案件之日起计算。

第七条　军队、武警部队人员、车辆发生道路交通事故的，按照本规定处理。需要对现役军人给予行政处罚或者追究刑事责任的，移送军队、武警部队有关部门。

第三章　报警和受理

第八条　道路交通事故有下列情形之一的，当事人应当保护现场并立即报警：

（一）造成人员死亡、受伤的；

（二）发生财产损失事故，当事人对事实或者成因有争议的，以及虽然对事实或者成因无争议，但协商损害赔偿未达成协议的；

（三）机动车无号牌、无检验合格标志、无保险标志的；

（四）载运爆炸物品、易燃易爆化学物品以及毒害性、放射性、腐蚀性、传染病病原体等危险物品车辆的；

（五）碰撞建筑物、公共设施或者其他设施的；

（六）驾驶人无有效机动车驾驶证的；

（七）驾驶人有饮酒、服用国家管制的精神药品或者麻醉药品嫌疑的；

（八）当事人不能自行移动车辆的。

发生财产损失事故，并具有前款第二项至第五项情形之一，车辆可以移动的，当事人可以在报警后，在确保安全的原则下对现场拍照或者标划停车位置，将车辆移至不妨碍交通的地点等候处理。

第九条　公路上发生道路交通事故的，驾驶人必须在确保安全的原则下，立即组织车上人员疏散到路外安全地点，避免发生次生事故。驾驶人已因道路交通事故死亡或者受伤无法行动的，车上其他人员应当自行组织疏散。

第十条　公安机关及其交通管理部门接到道路交通事故报警，应当记录下列内容：

（一）报警方式、报警时间、报警人姓名、联系方式，电话报警的，还应当记录报警电话；

（二）发生道路交通事故时间、地点；

（三）人员伤亡情况；

（四）车辆类型、车辆牌号，是否载有危险物品、危险物品的种类等；

（五）涉嫌交通肇事逃逸的，还应当询问并记录肇事车辆的车型、颜色、特征及其逃逸方向、逃逸驾驶人的体貌特征等有关情况。

报警人不报姓名的，应当记录在案。报警人不愿意公开姓名的，应当为其保密。

第十一条　公安机关交通管理部门接到道路交通事故报警或者出警指令后，

应当按照规定立即派交通警察赶赴现场。有人员伤亡或者其他紧急情况的，应当及时通知急救、医疗、消防等有关部门。发生一次死亡三人以上事故或者其他有重大影响的道路交通事故，应当立即向上一级公安机关交通管理部门报告，并通过所属公安机关报告当地人民政府；涉及营运车辆的，通知当地人民政府有关行政管理部门；涉及爆炸物品、易燃易爆化学物品以及毒害性、放射性、腐蚀性、传染病病原体等危险物品的，应当立即通过所属公安机关报告当地人民政府，并通报有关部门及时处理；造成道路、供电、通讯等设施损毁的，应当通报有关部门及时处理。

第十二条 当事人未在道路交通事故现场报警，事后请求公安机关交通管理部门处理的，公安机关交通管理部门应当按照本规定第十条的规定予以记录，并在三日内作出是否受理的决定。经核查道路交通事故事实存在的，公安机关交通管理部门应当受理，并告知当事人；经核查无法证明道路交通事故事实存在，或者不属于公安机关交通管理部门管辖的，应当书面告知当事人，并说明理由。

第四章　自行协商和简易程序

第十三条 机动车与机动车、机动车与非机动车发生财产损失事故，当事人对事实及成因无争议的，可以自行协商处理损害赔偿事宜。车辆可以移动的，当事人应当在确保安全的原则下对现场拍照或者标划事故车辆现场位置后，立即撤离现场，将车辆移至不妨碍交通的地点，再进行协商。

非机动车与非机动车或者行人发生财产损失事故，基本事实及成因清楚的，当事人应当先撤离现场，再协商处理损害赔偿事宜。

对应当自行撤离现场而未撤离的，交通警察应当责令当事人撤离现场；造成交通堵塞的，对驾驶人处以200元罚款；驾驶人有其他道路交通安全违法行为的，依法一并处罚。

第十四条 具有本规定第十三条规定情形，当事人自行协商达成协议的，填写道路交通事故损害赔偿协议书，并共同签名。损害赔偿协议书内容包括事故发生的时间、地点、天气、当事人姓名、机动车驾驶证号、联系方式、机动车种类和号牌、保险凭证号、事故形态、碰撞部位、赔偿责任等内容。

第十五条 对仅造成人员轻微伤或者具有本规定第八条第一款第二项至第八项规定情形之一的财产损失事故，公安机关交通管理部门可以适用简易程序处理，但是有交通肇事犯罪嫌疑的除外。

适用简易程序的，可以由一名交通警察处理。

第十六条　交通警察适用简易程序处理道路交通事故时，应当在固定现场证据后，责令当事人撤离现场，恢复交通。拒不撤离现场的，予以强制撤离；对当事人不能自行移动车辆的，交通警察应当将车辆移至不妨碍交通的地点。具有本规定第八条第一款第六项、第七项情形之一的，按照《道路交通安全法实施条例》第一百零四条规定处理。

撤离现场后，交通警察应当根据现场固定的证据和当事人、证人叙述等，认定并记录道路交通事故发生的时间、地点、天气、当事人姓名、机动车驾驶证号、联系方式、机动车种类和号牌、保险凭证号、交通事故形态、碰撞部位等，并根据当事人的行为对发生道路交通事故所起的作用以及过错的严重程度，确定当事人的责任，制作道路交通事故认定书，由当事人签名。

第十七条　当事人共同请求调解的，交通警察应当当场进行调解，并在道路交通事故认定书上记录调解结果，由当事人签名，交付当事人。

第十八条　有下列情形之一的，不适用调解，交通警察可以在道路交通事故认定书上载明有关情况后，将道路交通事故认定书交付当事人：

（一）当事人对道路交通事故认定有异议的；

（二）当事人拒绝在道路交通事故认定书上签名的；

（三）当事人不同意调解的。

第五章　调　查

第一节　一般规定

第十九条　除简易程序外，公安机关交通管理部门对道路交通事故进行调查时，交通警察不得少于二人。

交通警察调查时应当向被调查人员出示《人民警察证》，告知被调查人依法享有的权利和义务，向当事人发送联系卡。联系卡载明交通警察姓名、办公地址、联系方式、监督电话等内容。

第二十条　交通警察调查道路交通事故时，应当客观、全面、及时、合法地收集证据。

第二节　现场处置和现场调查

第二十一条　交通警察到达事故现场后，应当立即进行下列工作：

（一）划定警戒区域，在安全距离位置放置发光或者反光锥筒和警告标志，确定专人负责现场交通指挥和疏导，维护良好道路通行秩序。因道路交通事故导致交通中断或者现场处置、勘查需要采取封闭道路等交通管制措施的,还应当在事故现场来车方向提前组织分流,放置绕行提示标志,避免发生交通堵塞。

(二)组织抢救受伤人员;

(三)指挥勘查、救护等车辆停放在便于抢救和勘查的位置,开启警灯,夜间还应当开启危险报警闪光灯和示廓灯;

(四)查找道路交通事故当事人和证人,控制肇事嫌疑人。

第二十二条 道路交通事故造成人员死亡的,应当经急救、医疗人员确认,并由医疗机构出具死亡证明。尸体应当存放在殡葬服务单位或者有停尸条件的医疗机构。

第二十三条 交通警察应当对事故现场进行调查,做好下列工作:

(一)勘查事故现场,查明事故车辆、当事人、道路及其空间关系和事故发生时的天气情况;

(二)固定、提取或者保全现场证据材料;

(三)查找当事人、证人进行询问,并制作询问笔录;

(四)其他调查工作。

第二十四条 交通警察勘查道路交通事故现场,应当按照有关法规和标准的规定,拍摄现场照片,绘制现场图,提取痕迹、物证,制作现场勘查笔录。发生一次死亡三人以上道路交通事故的,应当进行现场摄像。

现场图、现场勘查笔录应当由参加勘查的交通警察、当事人或者见证人签名。当事人、见证人拒绝签名或者无法签名以及无见证人的,应当记录在案。

第二十五条 痕迹或者证据可能因时间、地点、气象等原因导致灭失的,交通警察应当及时固定、提取或者保全。

车辆驾驶人有饮酒或者服用国家管制的精神药品、麻醉药品嫌疑的,公安机关交通管理部门应当按照《道路交通安全违法行为处理程序规定》及时抽血或者提取尿样,送交有检验资格的机构进行检验;车辆驾驶人当场死亡的,应当及时抽血检验。

第二十六条 交通警察应当检查当事人的身份证件、机动车驾驶证、机动车行驶证、保险标志等;对交通肇事嫌疑人可以依法传唤。

第二十七条 交通警察勘查事故现场完毕后,应当清点并登记现场遗留物品,迅速组织清理现场,尽快恢复交通。

现场遗留物品能够现场发还的,应当现场发还并做记录;现场无法确定所有人的,应当妥善保管,待所有人确定后,及时发还。

第二十八条 因收集证据的需要,公安机关交通管理部门可以扣留事故车辆及机动车行驶证，并开具行政强制措施凭证。扣留的车辆及机动车行驶证应当妥善保管。

公安机关交通管理部门不得扣留事故车辆所载货物。对所载货物在核实重量、体积及货物损失后，通知机动车驾驶人或者货物所有人自行处理。无法通知当事人或者当事人不自行处理的，按照《公安机关办理行政案件程序规定》的有关规定办理。

第二十九条　因收集证据的需要，公安机关交通管理部门可以扣押与事故有关的物品，并开具扣押物品清单一式两份，一份交给被扣押物品的持有人，一份附卷。扣押的物品应当妥善保管。

扣押期限不得超过三十日，案情重大、复杂的，经本级公安机关负责人或者上一级公安机关交通管理部门负责人批准可以延长三十日；法律、法规另有规定的除外。

第三十条　公安机关交通管理部门经过现场调查认为不属于道路交通事故的，应当书面通知当事人，并将案件移送有关部门或者告知当事人处理途径。

公安机关交通管理部门在调查过程中，发现当事人有交通肇事犯罪嫌疑的，应当按照《公安机关办理刑事案件程序规定》立案侦查。发现当事人有其他违法犯罪嫌疑的，应当及时移送有关部门，移送不影响事故的调查和处理。

第三十一条　投保机动车交通事故责任强制保险的车辆发生道路交通事故，因抢救受伤人员需要保险公司支付抢救费用的，公安机关交通管理部门书面通知保险公司。

抢救受伤人员需要道路交通事故社会救助基金垫付费用的，公安机关交通管理部门书面通知道路交通事故社会救助基金管理机构。

第三节　交通肇事逃逸查缉

第三十二条　公安机关交通管理部门应当根据管辖区域和道路情况，制定交通肇事逃逸案件查缉预案。

发生交通肇事逃逸案件后，公安机关交通管理部门应当根据当事人陈述、证人证言、交通事故现场痕迹、遗留物等线索，及时启动查缉预案，布置堵截和查缉。

第三十三条　案发地公安机关交通管理部门可以通过发协查通报、向社会公告等方式要求协查、举报交通肇事逃逸车辆或者侦破线索。发出协查通报或者向社会公告时，应当提供交通肇事逃逸案件基本事实、交通肇事逃逸车辆情况、特征及逃逸方向等有关情况。

第三十四条 接到协查通报的公安机关交通管理部门，应当立即布置堵截或者排查。发现交通肇事逃逸车辆或者嫌疑车辆的，应当予以扣留，依法传唤交通肇事逃逸人或者与协查通报相符的嫌疑人，并及时将有关情况通知案发地公安机关交通管理部门。案发地公安机关交通管理部门应当立即派交通警察前往办理移交。

第三十五条 公安机关交通管理部门查获交通肇事逃逸车辆后，应当按原范围发出撤销协查通报。

第三十六条 公安机关交通管理部门侦办交通肇事逃逸案件期间，交通肇事逃逸案件的受害人及其家属向公安机关交通管理部门询问案件侦办情况的，公安机关交通管理部门应当告知。

第四节 检验、鉴定

第三十七条 需要进行检验、鉴定的，公安机关交通管理部门应当自事故现场调查结束之日起三日内委托具备资格的鉴定机构进行检验、鉴定。尸体检验应当在死亡之日起三日内委托。

对现场调查结束之日起三日后需要检验、鉴定的，应当报经上一级公安机关交通管理部门批准。

对精神病的鉴定，应当由省级人民政府指定的医院进行。

第三十八条 公安机关交通管理部门应当与检验、鉴定机构约定检验、鉴定完成的期限，约定的期限不得超过二十日。超过二十日的，应当报经上一级公安机关交通管理部门批准，但最长不得超过六十日。

第三十九条 卫生行政主管部门许可的医疗机构具有执业资格的医生为道路交通事故受伤人员出具的诊断证明，公安机关交通管理部门可以作为认定人身伤害程度的依据。

第四十条 检验尸体不得在公众场合进行。检验中需要解剖尸体的，应当征得其家属的同意。

解剖未知名尸体，应当报经县级以上公安机关或者上一级公安机关交通管理部门负责人批准。

第四十一条 检验尸体结束后，应当书面通知死者家属在十日内办理丧葬事宜。无正当理由逾期不办理的应记录在案，并经县级以上公安机关负责人批准，由公安机关处理尸体，逾期存放的费用由死者家属承担。

对未知名尸体，由法医提取人身识别检材，并对尸体拍照、采集相关信息后，由公安机关交通管理部门填写未知名尸体信息登记表，并在设区市级以上报纸刊登认尸启事。登报后三十日仍无人认领的，由县级以上公安机关负责人或者上一级公安机关交通管理部门负责人批准处理尸体。

第四十二条 检验、鉴定机构应当在约定或者规定的期限内完成检验、鉴定，并出具书面检验、鉴定报告，由检验、鉴定人签名并加盖机构印章。检验、鉴定报告应当载明以下事项：

（一）委托人；

（二）委托事项；

（三）提交的相关材料；

（四）检验、鉴定的时间；

（五）依据和结论性意见，通过分析得出结论性意见的，应当有分析过程的说明。

第四十三条 公安机关交通管理部门应当在收到检验、鉴定报告之日起二日内，将检验、鉴定报告复印件送达当事人。

当事人对检验、鉴定结论有异议的，可以在公安机关交通管理部门送达之日起三日内申请重新检验、鉴定，经县级公安机关交通管理部门负责人批准后，进行重新检验、鉴定。重新检验、鉴定应当另行委托检验、鉴定机构或者由原检验、鉴定机构另行指派鉴定人。公安机关交通管理部门应当在收到重新检验、鉴定报告之日起二日内，将重新检验、鉴定报告复印件送达当事人。重新检验、鉴定以一次为限。

第四十四条 检验、鉴定结论确定之日起五日内，公安机关交通管理部门应当通知当事人领取扣留的事故车辆、机动车行驶证以及扣押的物品。

对驾驶人逃逸的无主车辆或者经通知当事人三十日后仍不领取的车辆，经公告三个月仍不来接受处理的，对扣留的车辆依法处理。

第六章 认定与复核

第一节 道路交通事故认定

第四十五条 道路交通事故认定应当做到程序合法、事实清楚、证据确实充分、适用法律正确、责任划分公正。

第四十六条 公安机关交通管理部门应当根据当事人的行为对发生道路交通事故所起的作用以及过错的严重程度，确定当事人的责任。

（一）因一方当事人的过错导致道路交通事故的，承担全部责任；

（二）因两方或者两方以上当事人的过错发生道路交通事故的，根据其行为对事故发生的作用以及过错的严重程度，分别承担主要责任、同等责任和次要责任；

（三）各方均无导致道路交通事故的过错，属于交通意外事故的，各方均无责任。

一方当事人故意造成道路交通事故的，他方无责任。

省级公安机关可以根据有关法律、法规制定具体的道路交通事故责任确定细则或者标准。

第四十七条 公安机关交通管理部门应当自现场调查之日起十日内制作道路交通事故认定书。交通肇事逃逸案件在查获交通肇事车辆和驾驶人后十日内制作道路交通事故认定书。对需要进行检验、鉴定的，应当在检验、鉴定结论确定之日起五日内制作道路交通事故认定书。

发生死亡事故，公安机关交通管理部门应当在制作道路交通事故认定书前，召集各方当事人到场，公开调查取得证据。证人要求保密或者涉及国家秘密、商业秘密以及个人隐私的证据不得公开。当事人不到场的，公安机关交通管理部门应当予以记录。

第四十八条 道路交通事故认定书应当载明以下内容：

（一）道路交通事故当事人、车辆、道路和交通环境等基本情况；

（二）道路交通事故发生经过；

（三）道路交通事故证据及事故形成原因的分析；

（四）当事人导致道路交通事故的过错及责任或者意外原因；

（五）作出道路交通事故认定的公安机关交通管理部门名称和日期。

道路交通事故认定书应当由办案民警签名或者盖章，加盖公安机关交通管理部门道路交通事故处理专用章，分别送达当事人，并告知当事人向公安机关交通管理部门申请复核、调解和直接向人民法院提起民事诉讼的权利、期限。

第四十九条 逃逸交通事故尚未侦破，受害一方当事人要求出具道路交通事故认定书的，公安机关交通管理部门应当在接到当事人书面申请后十日内制作道路交通事故认定书，并送达受害一方当事人。道路交通事故认定书应当载明事故发生的时间、地点、受害人情况及调查得到的事实，有证据证明受害人有过错的，确定受害人的责任；无证据证明受害人有过错的，确定受害人无责任。

第五十条 道路交通事故成因无法查清的，公安机关交通管理部门应当出具道路交通事故证明，载明道路交通事故发生的时间、地点、当事人情况及调查得到的事实，分别送达当事人。

第二节　复　核

第五十一条　当事人对道路交通事故认定有异议的，可以自道路交通事故认定书送达之日起三日内，向上一级公安机关交通管理部门提出书面复核申请。

复核申请应当载明复核请求及其理由和主要证据。

第五十二条　上一级公安机关交通管理部门收到当事人书面复核申请后五日内，应当作出是否受理决定。有下列情形之一的，复核申请不予受理，并书面通知当事人。

（一）任何一方当事人向人民法院提起诉讼并经法院受理的；

（二）人民检察院对交通肇事犯罪嫌疑人批准逮捕的；

（三）适用简易程序处理的道路交通事故；

（四）车辆在道路以外通行时发生的事故。

公安机关交通管理部门受理复核申请的，应当书面通知各方当事人。

第五十三条　上一级公安机关交通管理部门自受理复核申请之日起三十日内，对下列内容进行审查，并作出复核结论：

（一）道路交通事故事实是否清楚，证据是否确实充分，适用法律是否正确；

（二）道路交通事故责任划分是否公正；

（三）道路交通事故调查及认定程序是否合法。

复核原则上采取书面审查的办法，但是当事人提出要求或者公安机关交通管理部门认为有必要时，可以召集各方当事人到场，听取各方当事人的意见。

复核审查期间，任何一方当事人就该事故向人民法院提起诉讼并经法院受理的，公安机关交通管理部门应当终止复核。

第五十四条　上一级公安机关交通管理部门经审查认为原道路交通事故认定事实不清、证据不确实充分、责任划分不公正或者调查及认定违反法定程序的，应当作出复核结论，责令原办案单位重新调查、认定。

上一级公安机关交通管理部门经审查认为原道路交通事故认定事实清楚、证据确实充分、适用法律正确、责任划分公正、调查程序合法的，应当作出维持原道路交通事故认定的复核结论。

第五十五条　上一级公安机关交通管理部门作出复核结论后，应当召集事故各方当事人，当场宣布复核结论。当事人没有到场的，应当采取其他法定形式将复核结论送达当事人。

上一级公安机关交通管理部门复核以一次为限。

第五十六条 上一级公安机关交通管理部门作出责令重新认定的复核结论后，原办案单位应当在十日内依照本规定重新调查，重新制作道路交通事故认定书，撤销原道路交通事故认定书。

重新调查需要检验、鉴定的，原办案单位应当在检验、鉴定结论确定之日起五日内，重新制作道路交通事故认定书，撤销原道路交通事故认定书。

重新制作道路交通事故认定书的，原办案单位应当送达各方当事人，并书面报上一级公安机关交通管理部门备案。

第七章　处罚执行

第五十七条 公安机关交通管理部门应当在作出道路交通事故认定之日起五日内，对当事人的道路交通安全违法行为依法作出处罚。

第五十八条 对发生道路交通事故构成犯罪，依法应当吊销驾驶人机动车驾驶证的，应当在人民法院作出有罪判决后，由设区市公安机关交通管理部门依法吊销机动车驾驶证；同时具有逃逸情形的，公安机关交通管理部门应当同时依法作出终生不得重新取得机动车驾驶证的决定。

第五十九条 专业运输单位六个月内两次发生一次死亡三人以上道路交通事故，且单位或者车辆驾驶人对事故承担全部责任或者主要责任的，专业运输单位所在地的公安机关交通管理部门应当报经设区市公安机关交通管理部门批准后，作出责令限期消除安全隐患的决定，禁止未消除安全隐患的机动车上道路行驶，并通报道路交通事故发生地及运输单位属地的人民政府有关行政管理部门。

第八章　损害赔偿调解

第六十条 当事人对道路交通事故损害赔偿有争议，各方当事人一致请求公安机关交通管理部门调解的，应当在收到道路交通事故认定书或者上一级公安机关交通管理部门维持原道路交通事故认定的复核结论之日起十日内，向公安机关交通管理部门提出书面申请。

第六十一条 公安机关交通管理部门应当按照合法、公正、自愿、及时的原则，并采取公开方式进行道路交通事故损害赔偿调解。调解时允许旁听，但是当事人要求不予公开的除外。

第六十二条 公安机关交通管理部门应当与当事人约定调解的时间、地点，并于调解时间三日前通知当事人。口头通知的，应当记入调解记录。调解参加人因故不能按期参加调解的，应当在预定调解时间一日前通知承办的交通警察，请求变更调解时间。

第六十三条　参加损害赔偿调解的人员包括：

（一）道路交通事故当事人及其代理人；

（二）道路交通事故车辆所有人或者管理人；

（三）公安机关交通管理部门认为有必要参加的其他人员。

委托代理人应当出具由委托人签名或者盖章的授权委托书。授权委托书应当载明委托事项和权限。

参加调解时当事人一方不得超过三人。

第六十四条　公安机关交通管理部门应当按照下列规定日期开始调解，并于十日内制作道路交通事故损害赔偿调解书或者道路交通事故损害赔偿调解终结书：

（一）造成人员死亡的，从规定的办理丧葬事宜时间结束之日起；

（二）造成人员受伤的，从治疗终结之日起；

（三）因伤致残的，从定残之日起；

（四）造成财产损失的，从确定损失之日起。

第六十五条　交通警察调解道路交通事故损害赔偿，按照下列程序实施：

（一）告知道路交通事故各方当事人的权利、义务；

（二）听取当事人各方的请求；

（三）根据道路交通事故认定书认定的事实以及《中华人民共和国道路交通安全法》第七十六条的规定，确定当事人承担的损害赔偿责任；

（四）计算损害赔偿的数额，确定各方当事人各自承担的比例，人身损害赔偿的标准按照《最高人民法院关于审理人身损害赔偿案件适用法律若干问题的解释》规定执行，财产损失的修复费用、折价赔偿费用按照实际价值或者评估机构的评估结论计算；

（五）确定赔偿履行方式及期限。

第六十六条　经调解达成协议的，公安机关交通管理部门应当当场制作道路交通事故损害赔偿调解书，由各方当事人签字，分别送达各方当事人。

调解书应当载明以下内容：

（一）调解依据；

（二）道路交通事故认定书认定的基本事实和损失情况；

（三）损害赔偿的项目和数额；

（四）各方的损害赔偿责任及比例；

（五）赔偿履行方式和期限；

（六）调解日期。

经调解各方当事人未达成协议的，公安机关交通管理部门应当终止调解，制作道路交通事故损害赔偿调解终结书送达各方当事人。

第六十七条 有下列情形之一的，公安机关交通管理部门应当终止调解，并记录在案：

（一）在调解期间有一方当事人向人民法院提起民事诉讼的；

（二）一方当事人无正当理由不参加调解的；

（三）一方当事人调解过程中退出调解的。

第九章 涉外道路交通事故处理

第六十八条 外国人在中华人民共和国境内发生道路交通事故的，除按照本规定执行外，还应当按照办理涉外案件的有关法律、法规、规章的规定执行。

公安机关交通管理部门处理外国人发生的道路交通事故，应当告知当事人我国法律、法规规定的当事人在处理道路交通事故中的权利和义务。

第六十九条 外国人发生道路交通事故，在未处理完毕前，公安机关可以依法不准其出境。

第七十条 外国人发生道路交通事故并承担全部责任或者主要责任的，公安机关交通管理部门应当告知道路交通事故损害赔偿权利人可以向人民法院提出采取诉前财产保全措施的请求。

第七十一条 公安机关交通管理部门在处理道路交通事故过程中，使用中华人民共和国通用的语言文字。对不通晓我国语言文字的，应当为其提供翻译；当事人通晓我国语言文字而不需要他人翻译的，应当出具书面声明。

经公安机关交通管理部门批准，外国籍当事人可以自己聘请翻译，翻译费由当事人承担。

第七十二条 享有外交特权与豁免的外国人发生道路交通事故时，交通警察认为应当给予暂扣或者吊销机动车驾驶证处罚的，可以扣留其机动车驾驶证。需要检验、鉴定车辆的，公安机关交通管理部门应当征得其同意，并在检验、鉴定后立即发还；其不同意检验、鉴定的，记录在案，不强行检验、鉴定。需要对享有外交特权和豁免的外国人进行调查的，可以约谈，谈话时仅限于与道路交通事故有关的内容；本人不接受调查的，记录在案。

公安机关交通管理部门应当根据收集的证据，制作道路交通事故认定书送达当事人，当事人拒绝接收的，送达至其所在机构。

享有外交特权与豁免的外国人拒绝接受调查或者检验、鉴定的，其损害赔偿事宜通过外交途径解决。

第七十三条　公安机关交通管理部门处理享有外交特权与豁免的外国人发生人员死亡事故的，应当将其身份、证件及事故经过、损害后果等基本情况记录在案，并将有关情况迅速通报省级人民政府外事部门和该外国人所属国家的驻华使馆或者领馆。

第七十四条　外国驻华领事机构、国际组织、国际组织驻华代表机构享有特权与豁免的人员发生道路交通事故的，公安机关交通管理部门参照本规定第七十三条、第七十四条规定办理，但《中华人民共和国领事特权与豁免条例》、中国已参加的国际公约以及我国与有关国家或者国际组织缔结的协议有不同规定的除外。

第十章　执法监督

第七十五条　公安机关警务督察部门可以依法对公安机关交通管理部门及其交通警察处理交通事故工作进行现场督察，查处违法违纪行为。

上级公安机关交通管理部门对下级公安机关交通管理部门处理道路交通事故工作进行监督，发现错误应当及时纠正。

第七十六条　交通警察违反本规定，故意或者过失造成认定事实错误、适用法律错误、违反法定程序或者其他执法错误的，应当依照有关规定，根据其违法事实、情节、后果和责任程度，追究执法过错责任人员行政责任、经济责任和刑事责任；造成严重后果、恶劣影响的，还应当追究公安机关交通管理部门领导责任。

第七十七条　交通警察或者公安机关检验、鉴定人员需要回避的，由本级公安机关交通管理部门负责人或者检验、鉴定人员所属的公安机关决定。公安机关交通管理部门负责人需要回避的，由公安机关负责人或者上一级公安机关交通管理部门负责人决定。

对当事人提出的回避申请，公安机关交通管理部门应当在二日内作出决定，并通知申请人。

第七十八条　人民法院、人民检察院审理、审查道路交通事故案件，需要公安机关交通管理部门提供有关证据的，公安机关交通管理部门应当在接到调卷公函之日起三日内，或者按照其时限要求，将道路交通事故案件调查材料正本移送人民法院或者人民检察院。

第七十九条　公安机关交通管理部门对查获交通肇事逃逸车辆及人员提供有效线索或者协助的人员、单位，应当给予表彰和奖励。

公安机关交通管理部门及其交通警察接到协查通报不配合协查并造成严重后果的，由公安机关或者上级公安机关交通管理部门追究有关人员和单位主管领导的责任。

第八十条 除涉及国家秘密、商业秘密或者个人隐私，以及应当事人、证人要求保密的内容外，当事人及其代理人收到道路交通事故认定书后，可以查阅、复制、摘录公安机关交通管理部门处理道路交通事故的证据材料。公安机关交通管理部门对当事人复制的证据材料应当加盖公安机关交通管理部门事故处理专用章。

第十一章　附　则

第八十一条 道路交通事故处理资格等级管理规定由公安部另行制定，资格证书式样全国统一。

第八十二条 公安机关交通管理部门应当在邻省、市（地）、县交界的国、省、县道上，以及辖区内交通流量集中的路段，设置标有管辖地公安机关交通管理部门名称及道路交通事故报警电话号码的提示牌。

第八十三条 车辆在道路以外通行时发生的事故，公安机关交通管理部门接到报案的，参照本规定处理。涉嫌犯罪的，及时移送有关部门。

第八十四条 执行本规定所需要的法律文书式样，由公安部制定。公安部没有制定式样，执法工作中需要的其他法律文书，省级公安机关可以制定式样。

当事人自行协商处理损害赔偿事宜的，可以自行制作协议书，但应当符合本规定第十四条关于协议书内容的规定。

第八十五条 本规定中下列用语的含义：

（一）"交通肇事逃逸"，是指发生道路交通事故后，道路交通事故当事人为逃避法律追究，驾驶车辆或者遗弃车辆逃离道路交通事故现场的行为。

（二）"检验、鉴定结论确定"，是指检验、鉴定报告复印件送达当事人之日起三日内，当事人未申请重新检验、鉴定的，以及公安机关交通管理部门批准重新检验、鉴定，检验、鉴定机构出具检验、鉴定意见的。

（三）本规定所称的"一日"、"二日"、"三日"、"五日"、"十日"、"二十日"，是指工作日，不包括节假日。

（四）本规定所称的"以上"、"以下"均包括本数在内。

（五）"县级（以上）公安机关交通管理部门"，是指县级（以上）人民政府公安机关交通管理部门或者相当于同级的公安机关交通管理部门。"设区市公安机关交通管理部门"，是指设区的市人民政府公安机关交通管理部门或者相当于同级的公安机关交通管理部门。"设区市公安机关"，是指设区的市人民政府公安机关或者相当于同级的公安机关。

（六）"死亡事故"，是指造成人员死亡的道路交通事故。

（七）"财产损失事故"，是指仅造成财产损失的道路交通事故。

第八十六条　本规定没有规定的道路交通事故案件办理程序，依照《公安机关办理行政案件程序规定》、《公安机关办理刑事案件程序规定》的有关规定执行。

第八十七条　本规定自 2009 年 1 月 1 日起施行。2004 年 4 月 30 日发布的《交通事故处理程序规定》（公安部令第 70 号）同时废止。本规定施行后，与本规定不一致的，以本规定为准。

4. 最高人民法院关于审理道路交通事故损害赔偿案件适用法律若干问题的解释

（法释〔2012〕19 号，2012 年 9 月 17 日最高人民法院审判委员会第 1556 次会议通过，2012 年 11 月 27 日公布，自 2012 年 12 月 21 日起施行）

为正确审理道路交通事故损害赔偿案件，根据《中华人民共和国侵权责任法》《中华人民共和国合同法》《中华人民共和国道路交通安全法》《中华人民共和国保险法》《中华人民共和国民事诉讼法》等法律的规定，结合审判实践，制定本解释。

一、关于主体责任的认定

第一条 机动车发生交通事故造成损害，机动车所有人或者管理人有下列情形之一，人民法院应当认定其对损害的发生有过错，并适用侵权责任法第四十九条的规定确定其相应的赔偿责任：

（一）知道或者应当知道机动车存在缺陷，且该缺陷是交通事故发生原因之一的；

（二）知道或者应当知道驾驶人无驾驶资格或者未取得相应驾驶资格的；

（三）知道或者应当知道驾驶人因饮酒、服用国家管制的精神药品或者麻醉药品，或者患有妨碍安全驾驶机动车的疾病等依法不能驾驶机动车的；

（四）其它应当认定机动车所有人或者管理人有过错的。

第二条 未经允许驾驶他人机动车发生交通事故造成损害，当事人依照侵权责任法第四十九条的规定请求由机动车驾驶人承担赔偿责任的，人民法院应予支持。机动车所有人或者管理人有过错的，承担相应的赔偿责任，但具有侵权责任法第五十二条规定情形的除外。

第三条 以挂靠形式从事道路运输经营活动的机动车发生交通事故造成损害，属于该机动车一方责任，当事人请求由挂靠人和被挂靠人承担连带责任的，人民法院应予支持。

第四条 被多次转让但未办理转移登记的机动车发生交通事故造成损害，

属于该机动车一方责任，当事人请求由最后一次转让并交付的受让人承担赔偿责任的，人民法院应予支持。

第五条　套牌机动车发生交通事故造成损害，属于该机动车一方责任，当事人请求由套牌机动车的所有人或者管理人承担赔偿责任的，人民法院应予支持；被套牌机动车所有人或者管理人同意套牌的，应当与套牌机动车的所有人或者管理人承担连带责任。

第六条　拼装车、已达到报废标准的机动车或者依法禁止行驶的其他机动车被多次转让，并发生交通事故造成损害，当事人请求由所有的转让人和受让人承担连带责任的，人民法院应予支持。

第七条　接受机动车驾驶培训的人员，在培训活动中驾驶机动车发生交通事故造成损害，属于该机动车一方责任，当事人请求驾驶培训单位承担赔偿责任的，人民法院应予支持。

第八条　机动车试乘过程中发生交通事故造成试乘人损害，当事人请求提供试乘服务者承担赔偿责任的，人民法院应予支持。试乘人有过错的，应当减轻提供试乘服务者的赔偿责任。

第九条　因道路管理维护缺陷导致机动车发生交通事故造成损害，当事人请求道路管理者承担相应赔偿责任的，人民法院应予支持，但道路管理者能够证明已按照法律、法规、规章、国家标准、行业标准或者地方标准尽到安全防护、警示等管理维护义务的除外。

依法不得进入高速公路的车辆、行人，进入高速公路发生交通事故造成自身损害，当事人请求高速公路管理者承担赔偿责任的，适用侵权责任法第七十六条的规定。

第十条　因在道路上堆放、倾倒、遗撒物品等妨碍通行的行为，导致交通事故造成损害，当事人请求行为人承担赔偿责任的，人民法院应予支持。道路管理者不能证明已按照法律、法规、规章、国家标准、行业标准或者地方标准尽到清理、防护、警示等义务的，应当承担相应的赔偿责任。

第十一条　未按照法律、法规、规章或者国家标准、行业标准、地方标准的强制性规定设计、施工，致使道路存在缺陷并造成交通事故，当事人请求建设单位与施工单位承担相应赔偿责任的，人民法院应予支持。

第十二条　机动车存在产品缺陷导致交通事故造成损害，当事人请求生产者或者销售者依照侵权责任法第五章的规定承担赔偿责任的，人民法院应予支持。

第十三条　多辆机动车发生交通事故造成第三人损害，当事人请求多个侵权人承担赔偿责任的，人民法院应当区分不同情况，依照侵权责任法第十条、第十一条或者第十二条的规定，确定侵权人承担连带责任或者按份责任。

二、关于赔偿范围的认定

第十四条 道路交通安全法第七十六条规定的"人身伤亡"，是指机动车发生交通事故侵害被侵权人的生命权、健康权等人身权益所造成的损害，包括侵权责任法第十六条和第二十二条规定的各项损害。

道路交通安全法第七十六条规定的"财产损失"，是指因机动车发生交通事故侵害被侵权人的财产权益所造成的损失。

第十五条 因道路交通事故造成下列财产损失，当事人请求侵权人赔偿的，人民法院应予支持：

（一）维修被损坏车辆所支出的费用、车辆所载物品的损失、车辆施救费用；

（二）因车辆灭失或者无法修复，为购买交通事故发生时与被损坏车辆价值相当的车辆重置费用；

（三）依法从事货物运输、旅客运输等经营性活动的车辆，因无法从事相应经营活动所产生的合理停运损失；

（四）非经营性车辆因无法继续使用，所产生的通常替代性交通工具的合理费用。

三、关于责任承担的认定

第十六条 同时投保机动车第三者责任强制保险（以下简称"交强险"）和第三者责任商业保险（以下简称"商业三者险"）的机动车发生交通事故造成损害，当事人同时起诉侵权人和保险公司的，人民法院应当按照下列规则确定赔偿责任：

（一）先由承保交强险的保险公司在责任限额范围内予以赔偿；

（二）不足部分，由承保商业三者险的保险公司根据保险合同予以赔偿；

（三）仍有不足的，依照道路交通安全法和侵权责任法的相关规定由侵权人予以赔偿。

被侵权人或者其近亲属请求承保交强险的保险公司优先赔偿精神损害的，人民法院应予支持。

第十七条 投保人允许的驾驶人驾驶机动车致使投保人遭受损害，当事人请求承保交强险的保险公司在责任限额范围内予以赔偿的，人民法院应予支持，但投保人为本车上人员的除外。

第十八条　有下列情形之一导致第三人人身损害，当事人请求保险公司在交强险责任限额范围内予以赔偿，人民法院应予支持：

（一）驾驶人未取得驾驶资格或者未取得相应驾驶资格的；

（二）醉酒、服用国家管制的精神药品或者麻醉药品后驾驶机动车发生交通事故的；

（三）驾驶人故意制造交通事故的。

保险公司在赔偿范围内向侵权人主张追偿权的，人民法院应予支持。追偿权的诉讼时效期间自保险公司实际赔偿之日起计算。

第十九条　未依法投保交强险的机动车发生交通事故造成损害，当事人请求投保义务人在交强险责任限额范围内予以赔偿的，人民法院应予支持。

投保义务人和侵权人不是同一人，当事人请求投保义务人和侵权人在交强险责任限额范围内承担连带责任的，人民法院应予支持。

第二十条　具有从事交强险业务资格的保险公司违法拒绝承保、拖延承保或者违法解除交强险合同，投保义务人在向第三人承担赔偿责任后，请求该保险公司在交强险责任限额范围内承担相应赔偿责任的，人民法院应予支持。

第二十一条　多辆机动车发生交通事故造成第三人损害，损失超出各机动车交强险责任限额之和的，由各保险公司在各自责任限额范围内承担赔偿责任；损失未超出各机动车交强险责任限额之和，当事人请求由各保险公司按照其责任限额与责任限额之和的比例承担赔偿责任的，人民法院应予支持。

依法分别投保交强险的牵引车和挂车连接使用时发生交通事故造成第三人损害，当事人请求由各保险公司在各自的责任限额范围内平均赔偿的，人民法院应予支持。

多辆机动车发生交通事故造成第三人损害，其中部分机动车未投保交强险，当事人请求先由已承保交强险的保险公司在责任限额范围内予以赔偿的，人民法院应予支持。保险公司就超出其应承担的部分向未投保交强险的投保义务人或者侵权人行使追偿权的，人民法院应予支持。

第二十二条　同一交通事故的多个被侵权人同时起诉的，人民法院应当按照各被侵权人的损失比例确定交强险的赔偿数额。

第二十三条　机动车所有权在交强险合同有效期内发生变动，保险公司在交通事故发生后，以该机动车未办理交强险合同变更手续为由主张免除赔偿责任的，人民法院不予支持。

机动车在交强险合同有效期内发生改装、使用性质改变等导致危险程度增加的情形，发生交通事故后，当事人请求保险公司在责任限额范围内予以赔偿的，人民法院应予支持。

前款情形下，保险公司另行起诉请求投保义务人按照重新核定后的保险费标准补足当期保险费的，人民法院应予支持。

第二十四条 当事人主张交强险人身伤亡保险金请求权转让或者设定担保的行为无效的，人民法院应予支持。

四、关于诉讼程序的规定

第二十五条 人民法院审理道路交通事故损害赔偿案件，应当将承保交强险的保险公司列为共同被告。但该保险公司已经在交强险责任限额范围内予以赔偿且当事人无异议的除外。

人民法院审理道路交通事故损害赔偿案件，当事人请求将承保商业三者险的保险公司列为共同被告的，人民法院应予准许。

第二十六条 被侵权人因道路交通事故死亡，无近亲属或者近亲属不明，未经法律授权的机关或者有关组织向人民法院起诉主张死亡赔偿金的，人民法院不予受理。

侵权人以已向未经法律授权的机关或者有关组织支付死亡赔偿金为理由，请求保险公司在交强险责任限额范围内予以赔偿的，人民法院不予支持。

被侵权人因道路交通事故死亡，无近亲属或者近亲属不明，支付被侵权人医疗费、丧葬费等合理费用的单位或者个人，请求保险公司在交强险责任限额范围内予以赔偿的，人民法院应予支持。

第二十七条 公安机关交通管理部门制作的交通事故认定书，人民法院应依法审查并确认其相应的证明力，但有相反证据推翻的除外。

五、关于适用范围的规定

第二十八条 机动车在道路以外的地方通行时引发的损害赔偿案件，可以参照适用本解释的规定。

第二十九条 本解释施行后尚未终审的案件，适用本解释；本解释施行前已经终审，当事人申请再审或者按照审判监督程序决定再审的案件，不适用本解释。

5. 机动车交通事故责任强制保险条例

（2006 年 3 月 21 日中华人民共和国国务院令第 462 号公布，根据 2016 年 2 月 6 日发布的国务院令第 666 号《国务院关于修改部分行政法规的决定》修改）

第一章　总　则

第一条　为了保障机动车道路交通事故受害人依法得到赔偿，促进道路交通安全，根据《中华人民共和国道路交通安全法》《中华人民共和国保险法》，制定本条例。

第二条　在中华人民共和国境内道路上行驶的机动车的所有人或者管理人，应当依照《中华人民共和国道路交通安全法》的规定投保机动车交通事故责任强制保险。

机动车交通事故责任强制保险的投保、赔偿和监督管理，适用本条例。

第三条　本条例所称机动车交通事故责任强制保险，是指由保险公司对被保险机动车发生道路交通事故造成本车人员、被保险人以外的受害人的人身伤亡、财产损失，在责任限额内予以赔偿的强制性责任保险。

第四条　国务院保险监督管理机构（以下称保监会）依法对保险公司的机动车交通事故责任强制保险业务实施监督管理。

公安机关交通管理部门、农业（农业机械）主管部门（以下统称机动车管理部门）应当依法对机动车参加机动车交通事故责任强制保险的情况实施监督检查。对未参加机动车交通事故责任强制保险的机动车，机动车管理部门不得予以登记，机动车安全技术检验机构不得予以检验。

公安机关交通管理部门及其交通警察在调查处理道路交通安全违法行为和道路交通事故时，应当依法检查机动车交通事故责任强制保险的保险标志。

第二章　投　保

第五条　保险公司可以从事机动车交通事故责任强制保险业务。

为了保证机动车交通事故责任强制保险制度的实行，保监会有权要求保险公司从事机动车交通事故责任强制保险业务。

除保险公司外，任何单位或者个人不得从事机动车交通事故责任强制保险业务。

第六条 机动车交通事故责任强制保险实行统一的保险条款和基础保险费率。保监会按照机动车交通事故责任强制保险业务总体上不盈利不亏损的原则审批保险费率。

保监会在审批保险费率时，可以聘请有关专业机构进行评估，可以举行听证会听取公众意见。

第七条 保险公司的机动车交通事故责任强制保险业务，应当与其他保险业务分开管理，单独核算。

保监会应当每年对保险公司的机动车交通事故责任强制保险业务情况进行核查，并向社会公布；根据保险公司机动车交通事故责任强制保险业务的总体盈利或者亏损情况，可以要求或者允许保险公司相应调整保险费率。

调整保险费率的幅度较大的，保监会应当进行听证。

第八条 被保险机动车没有发生道路交通安全违法行为和道路交通事故的，保险公司应当在下一年度降低其保险费率。在此后的年度内，被保险机动车仍然没有发生道路交通安全违法行为和道路交通事故的，保险公司应当继续降低其保险费率，直至最低标准。被保险机动车发生道路交通安全违法行为或者道路交通事故的，保险公司应当在下一年度提高其保险费率。多次发生道路交通安全违法行为、道路交通事故，或者发生重大道路交通事故的，保险公司应当加大提高其保险费率的幅度。在道路交通事故中被保险人没有过错的，不提高其保险费率。降低或者提高保险费率的标准，由保监会会同国务院公安部门制定。

第九条 保监会、国务院公安部门、国务院农业主管部门以及其他有关部门应当逐步建立有关机动车交通事故责任强制保险、道路交通安全违法行为和道路交通事故的信息共享机制。

第十条 投保人在投保时应当选择从事机动车交通事故责任强制保险业务的保险公司，被选择的保险公司不得拒绝或者拖延承保。

保监会应当将从事机动车交通事故责任强制保险业务的保险公司向社会公示。

第十一条 投保人投保时，应当向保险公司如实告知重要事项。

重要事项包括机动车的种类、厂牌型号、识别代码、牌照号码、使用性质和机动车所有人或者管理人的姓名（名称）、性别、年龄、住所、身份证或者驾驶证号码（组织机构代码）、续保前该机动车发生事故的情况以及保监会规定的其他事项。

第十二条　签订机动车交通事故责任强制保险合同时，投保人应当一次支付全部保险费；保险公司应当向投保人签发保险单、保险标志。保险单、保险标志应当注明保险单号码、车牌号码、保险期限、保险公司的名称、地址和理赔电话号码。

被保险人应当在被保险机动车上放置保险标志。

保险标志式样全国统一。保险单、保险标志由保监会监制。任何单位或者个人不得伪造、变造或者使用伪造、变造的保险单、保险标志。

第十三条　签订机动车交通事故责任强制保险合同时，投保人不得在保险条款和保险费率之外，向保险公司提出附加其他条件的要求。

签订机动车交通事故责任强制保险合同时，保险公司不得强制投保人订立商业保险合同以及提出附加其他条件的要求。

第十四条　保险公司不得解除机动车交通事故责任强制保险合同；但是，投保人对重要事项未履行如实告知义务的除外。

投保人对重要事项未履行如实告知义务，保险公司解除合同前，应当书面通知投保人，投保人应当自收到通知之日起 5 日内履行如实告知义务；投保人在上述期限内履行如实告知义务的，保险公司不得解除合同。

第十五条　保险公司解除机动车交通事故责任强制保险合同的，应当收回保险单和保险标志，并书面通知机动车管理部门。

第十六条　投保人不得解除机动车交通事故责任强制保险合同，但有下列情形之一的除外：

（一）被保险机动车被依法注销登记的；

（二）被保险机动车办理停驶的；

（三）被保险机动车经公安机关证实丢失的。

第十七条　机动车交通事故责任强制保险合同解除前，保险公司应当按照合同承担保险责任。

合同解除时，保险公司可以收取自保险责任开始之日起至合同解除之日止的保险费，剩余部分的保险费退还投保人。

第十八条　被保险机动车所有权转移的，应当办理机动车交通事故责任强制保险合同变更手续。

第十九条　机动车交通事故责任强制保险合同期满，投保人应当及时续保，并提供上一年度的保险单。

第二十条 机动车交通事故责任强制保险的保险期间为1年，但有下列情形之一的，投保人可以投保短期机动车交通事故责任强制保险：

（一）境外机动车临时入境的；

（二）机动车临时上道路行驶的；

（三）机动车距规定的报废期限不足1年的；

（四）保监会规定的其他情形。

第三章 赔 偿

第二十一条 被保险机动车发生道路交通事故造成本车人员、被保险人以外的受害人人身伤亡、财产损失的，由保险公司依法在机动车交通事故责任强制保险责任限额范围内予以赔偿。

道路交通事故的损失是由受害人故意造成的，保险公司不予赔偿。

第二十二条 有下列情形之一的，保险公司在机动车交通事故责任强制保险责任限额范围内垫付抢救费用，并有权向致害人追偿：

（一）驾驶人未取得驾驶资格或者醉酒的；

（二）被保险机动车被盗抢期间肇事的；

（三）被保险人故意制造道路交通事故的。

有前款所列情形之一，发生道路交通事故的，造成受害人的财产损失，保险公司不承担赔偿责任。

第二十三条 机动车交通事故责任强制保险在全国范围内实行统一的责任限额。责任限额分为死亡伤残赔偿限额、医疗费用赔偿限额、财产损失赔偿限额以及被保险人在道路交通事故中无责任的赔偿限额。

机动车交通事故责任强制保险责任限额由保监会会同国务院公安部门、国务院卫生主管部门、国务院农业主管部门规定。

第二十四条 国家设立道路交通事故社会救助基金（以下简称救助基金）。有下列情形之一时，道路交通事故中受害人人身伤亡的丧葬费用、部分或者全部抢救费用，由救助基金先行垫付，救助基金管理机构有权向道路交通事故责任人追偿：

（一）抢救费用超过机动车交通事故责任强制保险责任限额的；

（二）肇事机动车未参加机动车交通事故责任强制保险的；

（三）机动车肇事后逃逸的。

第二十五条 救助基金的来源包括：

（一）按照机动车交通事故责任强制保险的保险费的一定比例提取的资金；

（二）对未按照规定投保机动车交通事故责任强制保险的机动车的所有人、管理人的罚款；

（三）救助基金管理机构依法向道路交通事故责任人追偿的资金；

（四）救助基金孳息；

（五）其他资金。

第二十六条　救助基金的具体管理办法，由国务院财政部门会同保监会、国务院公安部门、国务院卫生主管部门、国务院农业主管部门制定试行。

第二十七条　被保险机动车发生道路交通事故，被保险人或者受害人通知保险公司的，保险公司应当立即给予答复，告知被保险人或者受害人具体的赔偿程序等有关事项。

第二十八条　被保险机动车发生道路交通事故的，由被保险人向保险公司申请赔偿保险金。保险公司应当自收到赔偿申请之日起1日内，书面告知被保险人需要向保险公司提供的与赔偿有关的证明和资料。

第二十九条　保险公司应当自收到被保险人提供的证明和资料之日起5日内，对是否属于保险责任作出核定，并将结果通知被保险人；对不属于保险责任的，应当书面说明理由；对属于保险责任的，在与被保险人达成赔偿保险金的协议后10日内，赔偿保险金。

第三十条　被保险人与保险公司对赔偿有争议的，可以依法申请仲裁或者向人民法院提起诉讼。

第三十一条　保险公司可以向被保险人赔偿保险金，也可以直接向受害人赔偿保险金。但是，因抢救受伤人员需要保险公司支付或者垫付抢救费用的，保险公司在接到公安机关交通管理部门通知后，经核对应当及时向医疗机构支付或者垫付抢救费用。

因抢救受伤人员需要救助基金管理机构垫付抢救费用的，救助基金管理机构在接到公安机关交通管理部门通知后，经核对应当及时向医疗机构垫付抢救费用。

第三十二条　医疗机构应当参照国务院卫生主管部门组织制定的有关临床诊疗指南，抢救、治疗道路交通事故中的受伤人员。

第三十三条　保险公司赔偿保险金或者垫付抢救费用，救助基金管理机构垫付抢救费用，需要向有关部门、医疗机构核实有关情况的，有关部门、医疗机构应当予以配合。

第三十四条　保险公司、救助基金管理机构的工作人员对当事人的个人隐私应当保密。

第三十五条 道路交通事故损害赔偿项目和标准依照有关法律的规定执行。

第四章 罚 则

第三十六条 保险公司以外的单位或者个人，非法从事机动车交通事故责任强制保险业务的，由保监会予以取缔；构成犯罪的，依法追究刑事责任；尚不构成犯罪的，由保监会没收违法所得，违法所得 20 万元以上的，并处违法所得 1 倍以上 5 倍以下罚款；没有违法所得或者违法所得不足 20 万元的，处 20 万元以上 100 万元以下罚款。

第三十七条 保险公司未经保监会批准从事机动车交通事故责任强制保险业务的，由保监会责令改正，责令退还收取的保险费，没收违法所得，违法所得 10 万元以上的，并处违法所得 1 倍以上 5 倍以下罚款；没有违法所得或者违法所得不足 10 万元的，处 10 万元以上 50 万元以下罚款；逾期不改正或者造成严重后果的，责令停业整顿或者吊销经营保险业务许可证。（本条已被删去）

第三十八条 保险公司违反本条例规定，有下列行为之一的，由保监会责令改正，处 5 万元以上 30 万元以下罚款；情节严重的，可以限制业务范围、责令停止接受新业务或者吊销经营保险业务许可证：

（一）拒绝或者拖延承保机动车交通事故责任强制保险的；

（二）未按照统一的保险条款和基础保险费率从事机动车交通事故责任强制保险业务的；

（三）未将机动车交通事故责任强制保险业务和其他保险业务分开管理，单独核算的；

（四）强制投保人订立商业保险合同的；

（五）违反规定解除机动车交通事故责任强制保险合同的；

（六）拒不履行约定的赔偿保险金义务的；

（七）未按照规定及时支付或者垫付抢救费用的。

第三十九条 机动车所有人、管理人未按照规定投保机动车交通事故责任强制保险的，由公安机关交通管理部门扣留机动车，通知机动车所有人、管理人依照规定投保，处依照规定投保最低责任限额应缴纳的保险费的 2 倍罚款。

机动车所有人、管理人依照规定补办机动车交通事故责任强制保险的，应当及时退还机动车。

第四十条 上道路行驶的机动车未放置保险标志的，公安机关交通管理部门应当扣留机动车，通知当事人提供保险标志或者补办相应手续，可以处警告或者 20 元以上 200 元以下罚款。

当事人提供保险标志或者补办相应手续的，应当及时退还机动车。

第四十一条　伪造、变造或者使用伪造、变造的保险标志，或者使用其他机动车的保险标志，由公安机关交通管理部门予以收缴，扣留该机动车，处 200 元以上 2000 元以下罚款；构成犯罪的，依法追究刑事责任。

当事人提供相应的合法证明或者补办相应手续的，应当及时退还机动车。

第五章　附　则

第四十二条　本条例下列用语的含义：

（一）投保人，是指与保险公司订立机动车交通事故责任强制保险合同，并按照合同负有支付保险费义务的机动车的所有人、管理人。

（二）被保险人，是指投保人及其允许的合法驾驶人。

（三）抢救费用，是指机动车发生道路交通事故导致人员受伤时，医疗机构参照国务院卫生主管部门组织制定的有关临床诊疗指南，对生命体征不平稳和虽然生命体征平稳但如果不采取处理措施会产生生命危险，或者导致残疾、器官功能障碍，或者导致病程明显延长的受伤人员，采取必要的处理措施所发生的医疗费用。

第四十三条　挂车不投保机动车交通事故责任强制保险。发生道路交通事故造成人身伤亡、财产损失的，由牵引车投保的保险公司在机动车交通事故责任强制保险责任限额范围内予以赔偿；不足的部分，由牵引车方和挂车方依照法律规定承担赔偿责任。

第四十四条　机动车在道路以外的地方通行时发生事故，造成人身伤亡、财产损失的赔偿，比照适用本条例。

第四十五条　中国人民解放军和中国人民武装警察部队在编机动车参加机动车交通事故责任强制保险的办法，由中国人民解放军和中国人民武装警察部队另行规定。

第四十六条　机动车所有人、管理人自本条例施行之日起 3 个月内投保机动车交通事故责任强制保险；本条例施行前已经投保商业性机动车第三者责任保险的，保险期满，应当投保机动车交通事故责任强制保险。

第四十七条　本条例自 2006 年 7 月 1 日起施行。

6. 中国保监会关于调整交强险责任限额的公告

　　根据《机动车交通事故责任强制保险条例》的有关规定，在综合分析各方意见的基础上，保监会会同有关部门确定了机动车交通事故责任强制保险（以下简称"交强险"）责任限额调整方案。新责任限额方案内容如下：

　　被保险机动车在道路交通事故中有责任的赔偿限额为：死亡伤残赔偿限额110 000 元人民币；医疗费用赔偿限额 10 000 元人民币；财产损失赔偿限额 2000元人民币。

　　被保险机动车在道路交通事故中无责任的赔偿限额为：死亡伤残赔偿限额11 000 元人民币；医疗费用赔偿限额 1000 元人民币；财产损失赔偿限额 100 元人民币。

　　上述责任限额从 2008 年 2 月 1 日零时起实行。截至 2008 年 2 月 1 日零时保险期间尚未结束的交强险保单项下的机动车在 2008 年 2 月 1 日零时后发生道路交通事故的，按照新的责任限额执行；在 2008 年 2 月 1 日零时前发生道路交通事故的，仍按原责任限额执行。

　　特此公告

中国保险监督管理委员会
二〇〇八年一月十一日

7. 最高人民法院关于在道路交通事故损害赔偿纠纷案件中机动车交通事故责任强制保险中的分项限额能否突破的请示的答复

（〔2012〕民一他字第 17 号，2012 年 5 月 29 日答复）

辽宁省高级人民法院：

你院〔2012〕辽民一他字第 1 号《关于在道路交通事故损害赔偿纠纷案件中，机动车交通事故责任强制保险中的分项限额能否突破的请示》已收悉，经研究，答复如下：

根据《中华人民共和国道路交通安全法》第十七条、《机动车交通事故责任强制保险条例》第二十三条，机动车发生交通事故后，受害人请求承保机动车第三者责任强制保险的保险公司对超出机动车第三者责任强制保险分项限额范围予以赔偿的，人民法院不予支持。

二〇一二年五月二十九日

8. 道路交通事故社会救助基金管理试行办法

（财政部、中国保险监督管理委员会、公安部、卫生部、农业部第56号令，财政部、中国保险监督管理委员会、公安部、卫生部、农业部部务会议或者主席办公会议通过，并已经国务院同意，2009年9月10日发布，自2010年1月1日起施行）

第一章 总 则

第一条 为加强道路交通事故社会救助基金管理，对道路交通事故中受害人依法进行救助，根据《中华人民共和国道路交通安全法》、《机动车交通事故责任强制保险条例》，制定本办法。

第二条 道路交通事故社会救助基金的筹集、使用和管理适用本办法。

本办法所称道路交通事故社会救助基金（以下简称救助基金），是指依法筹集用于垫付机动车道路交通事故中受害人人身伤亡的丧葬费用、部分或者全部抢救费用的社会专项基金。

第三条 救助基金实行统一政策、地方筹集、分级管理、分工负责。

财政部会同有关部门制定救助基金的有关政策，并对各省、自治区、直辖市（以下简称省级）救助基金的筹集、使用和管理进行指导和监督。

省级人民政府应当设立救助基金。救助基金主管部门及省级以下救助基金管理级次由省级人民政府确定。

第四条 地方财政部门负责对同级救助基金的筹集、使用和管理进行指导和监督。

地方保险监督管理机构负责对保险公司是否按照规定及时足额向救助基金管理机构缴纳救助基金实施监督检查。

地方公安机关交通管理部门负责通知救助基金管理机构垫付道路交通事故中受害人的抢救费用。

地方农业机械化主管部门负责协助救助基金管理机构向涉及农业机械的道路交通事故责任人追偿。

地方卫生主管部门负责监督医疗机构按照《道路交通事故受伤人员临床诊疗指南》及时抢救道路交通事故中的受害人及依法申请救助基金垫付抢救费用。

第五条　救助基金主管部门依法确定救助基金管理机构，并对救助基金管理机构筹集、使用和管理救助基金情况实施监督检查。

第二章　救助基金筹集

第六条　救助基金的来源包括：

（一）按照机动车交通事故责任强制保险（以下简称交强险）的保险费的一定比例提取的资金；

（二）地方政府按照保险公司经营交强险缴纳营业税数额给予的财政补助；

（三）对未按照规定投保交强险的机动车的所有人、管理人的罚款；

（四）救助基金孳息；

（五）救助基金管理机构依法向机动车道路交通事故责任人追偿的资金；

（六）社会捐款；

（七）其他资金。

第七条　每年3月1日前，财政部会同中国保险监督管理委员会（以下称中国保监会）根据上一年度救助基金的收支情况，按照收支平衡的原则，确定当年从交强险保险费收入提取救助基金的比例幅度。省级人民政府在幅度范围内确定本地区具体提取比例。

第八条　办理交强险业务的保险公司应当按照确定的比例，从交强险保险费中提取资金，并在每季度结束后10个工作日内，通过银行转账方式全额转入省级救助基金特设专户。

第九条　省级财政部门应当根据当年预算于每季度结束后10个工作日内，按照上一个季度保险公司交纳交强险营业税数额和救助基金收支情况，向本地省级救助基金拨付财政补助。

第十条　财政部门应当根据当年预算在每季度结束后10个工作日内，将未按照规定投保交强险的罚款全额划拨至省级救助基金特设专户。

第十一条　省级救助基金与省级以下救助基金的财务关系由省级人民政府另行规定。

第三章　救助基金垫付费用

第十二条　有下列情形之一时，救助基金垫付道路交通事故中受害人人身伤亡的丧葬费用、部分或者全部抢救费用：

（一）抢救费用超过交强险责任限额的；

（二）肇事机动车未参加交强险的；

（三）机动车肇事后逃逸的。

依法应当由救助基金垫付受害人丧葬费用、部分或者全部抢救费用的，由道路交通事故发生地的救助基金管理机构及时垫付。

救助基金一般垫付受害人自接受抢救之时起 72 小时内的抢救费用，特殊情况下超过 72 小时的抢救费用由医疗机构书面说明理由。具体应当按照机动车道路交通事故发生地物价部门核定的收费标准核算。

第十三条 发生本办法第十二条所列情形之一需要救助基金垫付部分或者全部抢救费用的，公安机关交通管理部门应当在 3 个工作日内书面通知救助基金管理机构。

第十四条 医疗机构在抢救受害人结束后，对尚未结算的抢救费用，可以向救助基金管理机构提出垫付申请，并提供有关抢救费用的证明材料。

第十五条 救助基金管理机构收到公安机关交通管理部门垫付通知和医疗机构垫付尚未结算抢救费用的申请及相关材料后，应当在 5 个工作日内，按照本办法有关规定、《道路交通事故受伤人员临床诊疗指南》和当地物价部门制定的收费标准，对下列内容进行审核，并将审核结果书面告知处理该道路交通事故的公安机关交通管理部门和医疗机构：

（一）是否属于本办法第十二条规定的救助基金垫付情形；

（二）抢救费用是否真实、合理；

（三）救助基金管理机构认为需要审核的其他内容。

对符合垫付要求的，救助基金管理机构应当将相关费用划入医疗机构账户。对不符合垫付要求的，不予垫付，并向医疗机构说明理由。

第十六条 救助基金管理机构与医疗机构就垫付抢救费用问题发生争议时，由救助基金主管部门会同卫生主管部门协调解决。

第十七条 发生本办法第十二条所列情形之一需要救助基金垫付丧葬费用的，由受害人亲属凭处理该道路交通事故的公安机关交通管理部门出具的《尸体处理通知书》和本人身份证明向救助基金管理机构提出书面垫付申请。

对无主或者无法确认身份的遗体，由公安部门按照有关规定处理。

第十八条 救助基金管理机构收到丧葬费用垫付申请和有关证明材料后，对符合垫付要求的，应当在 3 个工作日内按照有关标准垫付丧葬费用，并书面告知处理该道路交通事故的公安机关交通管理部门。对不符合垫付要求的，不予垫付，并向申请人说明理由。

第十九条　救助基金管理机构对抢救费用和丧葬费用的垫付申请进行审核时，可以向公安机关交通管理部门、医疗机构和保险公司等有关单位核实情况，有关单位应当予以配合。

第四章　救助基金管理

第二十条　救助基金管理机构履行以下职责：

（一）依法筹集救助基金；

（二）受理、审核垫付申请，并依法垫付；

（三）依法追偿垫付款；

（四）其他管理救助基金的职责。

第二十一条　救助基金管理机构应当向社会公布其电话、地址、联系人等信息。

第二十二条　救助基金管理机构的费用支出，包括人员费用、办公费用、追偿费用、委托代理费用等，应当按照有关规定，由同级财政部门在年度预算中予以安排，不得在救助基金中列支。

第二十三条　救助基金管理机构应当按照国家有关银行账户管理规定开立救助基金特设专户。

救助基金实行单独核算、专户管理，并应当按照规定用途使用。

第二十四条　救助基金管理机构根据本办法垫付抢救费用和丧葬费用后，应当依法向机动车道路交通事故责任人进行追偿。

发生本办法第十二条第（三）项情形救助基金垫付丧葬费用、部分或者全部抢救费用的，道路交通事故案件侦破后，处理该道路交通事故的公安机关交通管理部门应当及时通知救助基金管理机构。

有关单位、受害人或者其继承人有义务协助救助基金管理机构进行追偿。

第二十五条　救助基金管理机构应当于每季度终了后15个工作日内，将上季度的财务会计报告报送同级救助基金主管部门，并于每年2月1日前将上一年度工作报告和财务会计报告，报送同级救助基金主管部门。

第二十六条　救助基金管理机构应当如实报告救助基金业务事项，不得有虚假记载。

第二十七条　救助基金管理机构每年应当向同级财政部门报告救助基金的筹集、使用和管理情况，接受同级财政部门依法实施的监督检查。

第二十八条　救助基金管理机构变更或终止时，应当依法进行审计、清算。

第二十九条　救助基金主管部门履行以下职责：

（一）制订本地区救助基金具体管理办法；

（二）依法确定救助基金管理机构；

（三）依法监督检查救助基金的筹集、垫付、追偿情况，并定期予以公告；

（四）依法委托会计师事务所对救助基金年度财务会计报告进行审计，并予以公告；

（五）依法对救助基金管理机构及其工作人员的违法行为进行处理、处罚。

第三十条 省级救助基金主管部门应当于每年 3 月 1 日前，将本地区上一年度救助基金的筹集、垫付、追偿等情况报送财政部和中国保监会。

第五章　法律责任

第三十一条 办理交强险业务的保险公司未依法从交强险保险费中提取资金并及时足额转入救助基金特设专户的，由地方保险监督管理机构进行催缴，超过 3 个工作日仍未足额上缴的，给予警告，并予以公告。

第三十二条 医疗机构提供虚假抢救费用的，由卫生主管部门给予警告，并对直接责任人按照有关规定予以处理。

第三十三条 有下列情形之一的，由救助基金主管部门对救助基金管理机构及其负责人按照相关规定进行处理，并可以根据情形决定是否撤换救助基金管理机构：

（一）未按照本办法规定受理、审核救助基金垫付申请并进行垫付的；

（二）提供虚假工作报告、财务会计报告的；

（三）违反本办法的规定使用救助基金的；

（四）拒绝或者妨碍主管部门或者有关部门依法实施监督检查的。

第三十四条 救助基金主管部门和有关部门工作人员，在工作中滥用职权、玩忽职守、徇私舞弊的，依法给予行政处分，涉嫌犯罪的，依法移送司法机关。

第六章　附　则

第三十五条 本办法所称受害人，是指机动车发生道路交通事故造成除被保险机动车本车人员、被保险人以外的受害人。

第三十六条 本办法所称抢救费用，是指机动车发生道路交通事故导致人员受伤时，医疗机构按照《道路交通事故受伤人员临床诊疗指南》，对生命体征不平稳和虽然生命体征平稳但如果不采取处理措施会产生生命危险，或者导致残疾、器官功能障碍，或者导致病程明显延长的受伤人员，采取必要的处理措施所发生的医疗费用。

第三十七条　本办法所称丧葬费用，是指丧葬所必需的遗体运送、停放、冷藏、火化的服务费用。具体费用应当按照机动车道路交通事故发生地物价部门制定的收费标准确定。

第三十八条　机动车在道路以外的地方通行时发生事故，造成人身伤亡的，比照适用本办法。

第三十九条　省级救助基金主管部门应当依据本办法有关规定，会同本地区有关部门制订实施细则，并报财政部和有关部门备案。

第四十条　本办法自 2010 年 1 月 1 日起施行。

9. 最高人民法院关于财保六安市分公司与李福国等道路交通事故人身损害赔偿纠纷请示的复函

（［2008］民一他字第 25 号复函）

安徽省高级人民法院：

你院（2008）皖民一他字第 0019 号《关于财保六安市分公司与李福国、卢士平、张东泽、六安市正宏糖果厂道路交通事故人身损害赔偿纠纷一案的请示报告》收悉。经研究，答复如下：

《机动车交通事故责任强制保险条例》第 3 条规定的"人身伤亡"所造成的损害包括财产损害和精神损害。

精神损害赔偿与物资损害赔偿在强制责任保险限额中的赔偿次序，请求权人有权进行选择。请求权人选择优先赔偿精神损害，对物资损害赔偿不足部分由商业第三者责任险赔偿。

此复

中华人民共和国最高人民法院

二〇〇八年十月十六日

10. 最高人民法院民一庭关于经常居住地在城镇的农村居民因交通事故伤亡如何计算赔偿费用的复函

（〔2005〕民他字第 25 号）

云南省高级人民法院：

你院《关于罗金会等五人与云南昭通交通运输集团公司旅客运输合同纠纷一案所涉法律理解及适用问题的请示》收悉。经研究，答复如下：人身损害赔偿案件中，残疾赔偿金、死亡赔偿金和被扶养人生活费的计算，应当根据案件的实际情况，结合受害人住所地、经常居住地等因素，确定适用城镇居民人均可支配收入（人均消费性支出）或者农村居民人均纯收入（人均年生活消费支出）的标准。本案中，受害人唐顺亮虽然农村户口，但在城市经商、居住，其经常居住地和主要收入来源地均为城市，有关损害赔偿费用应当根据当地城镇居民的相关标准计算。

2006 年 4 月 3 日

第五章
环境污染责任部分

中华人民共和国环境保护法

（1989 年 12 月 26 日第七届全国人民代表大会常务委员会第十一次会议通过，2014 年 4 月 24 日第十二届全国人民代表大会常务委员会第八次会议修订）

第一章 总 则

第一条 为保护和改善环境，防治污染和其他公害，保障公众健康，推进生态文明建设，促进经济社会可持续发展，制定本法。

第二条 本法所称环境，是指影响人类生存和发展的各种天然的和经过人工改造的自然因素的总体，包括大气、水、海洋、土地、矿藏、森林、草原、湿地、野生生物、自然遗迹、人文遗迹、自然保护区、风景名胜区、城市和乡村等。

第三条 本法适用于中华人民共和国领域和中华人民共和国管辖的其他海域。

第四条 保护环境是国家的基本国策。

国家采取有利于节约和循环利用资源、保护和改善环境、促进人与自然和谐的经济、技术政策和措施，使经济社会发展与环境保护相协调。

第五条 环境保护坚持保护优先、预防为主、综合治理、公众参与、损害担责的原则。

第六条 一切单位和个人都有保护环境的义务。

地方各级人民政府应当对本行政区域的环境质量负责。

企业事业单位和其他生产经营者应当防止、减少环境污染和生态破坏，对所造成的损害依法承担责任。

公民应当增强环境保护意识，采取低碳、节俭的生活方式，自觉履行环境保护义务。

第七条　国家支持环境保护科学技术研究、开发和应用，鼓励环境保护产业发展，促进环境保护信息化建设，提高环境保护科学技术水平。

第八条　各级人民政府应当加大保护和改善环境、防治污染和其他公害的财政投入，提高财政资金的使用效益。

第九条　各级人民政府应当加强环境保护宣传和普及工作，鼓励基层群众性自治组织、社会组织、环境保护志愿者开展环境保护法律法规和环境保护知识的宣传，营造保护环境的良好风气。

教育行政部门、学校应当将环境保护知识纳入学校教育内容，培养学生的环境保护意识。

新闻媒体应当开展环境保护法律法规和环境保护知识的宣传，对环境违法行为进行舆论监督。

第十条　国务院环境保护主管部门，对全国环境保护工作实施统一监督管理；县级以上地方人民政府环境保护主管部门，对本行政区域环境保护工作实施统一监督管理。

县级以上人民政府有关部门和军队环境保护部门，依照有关法律的规定对资源保护和污染防治等环境保护工作实施监督管理。

第十一条　对保护和改善环境有显著成绩的单位和个人，由人民政府给予奖励。

第十二条　每年6月5日为环境日。

第二章　监督管理

第十三条　县级以上人民政府应当将环境保护工作纳入国民经济和社会发展规划。

国务院环境保护主管部门会同有关部门，根据国民经济和社会发展规划编制国家环境保护规划，报国务院批准并公布实施。

县级以上地方人民政府环境保护主管部门会同有关部门，根据国家环境保护规划的要求，编制本行政区域的环境保护规划，报同级人民政府批准并公布实施。

环境保护规划的内容应当包括生态保护和污染防治的目标、任务、保障措施等，并与主体功能区规划、土地利用总体规划和城乡规划等相衔接。

第十四条 国务院有关部门和省、自治区、直辖市人民政府组织制定经济、技术政策，应当充分考虑对环境的影响，听取有关方面和专家的意见。

第十五条 国务院环境保护主管部门制定国家环境质量标准。

省、自治区、直辖市人民政府对国家环境质量标准中未作规定的项目，可以制定地方环境质量标准；对国家环境质量标准中已作规定的项目，可以制定严于国家环境质量标准的地方环境质量标准。地方环境质量标准应当报国务院环境保护主管部门备案。

国家鼓励开展环境基准研究。

第十六条 国务院环境保护主管部门根据国家环境质量标准和国家经济、技术条件，制定国家污染物排放标准。

省、自治区、直辖市人民政府对国家污染物排放标准中未作规定的项目，可以制定地方污染物排放标准；对国家污染物排放标准中已作规定的项目，可以制定严于国家污染物排放标准的地方污染物排放标准。地方污染物排放标准应当报国务院环境保护主管部门备案。

第十七条 国家建立、健全环境监测制度。国务院环境保护主管部门制定监测规范，会同有关部门组织监测网络，统一规划国家环境质量监测站（点）的设置，建立监测数据共享机制，加强对环境监测的管理。

有关行业、专业等各类环境质量监测站（点）的设置应当符合法律法规规定和监测规范的要求。

监测机构应当使用符合国家标准的监测设备，遵守监测规范。监测机构及其负责人对监测数据的真实性和准确性负责。

第十八条 省级以上人民政府应当组织有关部门或者委托专业机构，对环境状况进行调查、评价，建立环境资源承载能力监测预警机制。

第十九条 编制有关开发利用规划，建设对环境有影响的项目，应当依法进行环境影响评价。

未依法进行环境影响评价的开发利用规划，不得组织实施；未依法进行环境影响评价的建设项目，不得开工建设。

第二十条 国家建立跨行政区域的重点区域、流域环境污染和生态破坏联合防治协调机制，实行统一规划、统一标准、统一监测、统一的防治措施。

前款规定以外的跨行政区域的环境污染和生态破坏的防治，由上级人民政府协调解决，或者由有关地方人民政府协商解决。

第二十一条 国家采取财政、税收、价格、政府采购等方面的政策和措施，鼓励和支持环境保护技术装备、资源综合利用和环境服务等环境保护产业的发展。

第二十二条　企业事业单位和其他生产经营者，在污染物排放符合法定要求的基础上，进一步减少污染物排放的，人民政府应当依法采取财政、税收、价格、政府采购等方面的政策和措施予以鼓励和支持。

第二十三条　企业事业单位和其他生产经营者，为改善环境，依照有关规定转产、搬迁、关闭的，人民政府应当予以支持。

第二十四条　县级以上人民政府环境保护主管部门及其委托的环境监察机构和其他负有环境保护监督管理职责的部门，有权对排放污染物的企业事业单位和其他生产经营者进行现场检查。被检查者应当如实反映情况，提供必要的资料。实施现场检查的部门、机构及其工作人员应当为被检查者保守商业秘密。

第二十五条　企业事业单位和其他生产经营者违反法律法规规定排放污染物，造成或者可能造成严重污染的，县级以上人民政府环境保护主管部门和其他负有环境保护监督管理职责的部门，可以查封、扣押造成污染物排放的设施、设备。

第二十六条　国家实行环境保护目标责任制和考核评价制度。县级以上人民政府应当将环境保护目标完成情况纳入对本级人民政府负有环境保护监督管理职责的部门及其负责人和下级人民政府及其负责人的考核内容，作为对其考核评价的重要依据。考核结果应当向社会公开。

第二十七条　县级以上人民政府应当每年向本级人民代表大会或者人民代表大会常务委员会报告环境状况和环境保护目标完成情况，对发生的重大环境事件应当及时向本级人民代表大会常务委员会报告，依法接受监督。

第三章　保护和改善环境

第二十八条　地方各级人民政府应当根据环境保护目标和治理任务，采取有效措施，改善环境质量。

未达到国家环境质量标准的重点区域、流域的有关地方人民政府，应当制定限期达标规划，并采取措施按期达标。

第二十九条　国家在重点生态功能区、生态环境敏感区和脆弱区等区域划定生态保护红线，实行严格保护。

各级人民政府对具有代表性的各种类型的自然生态系统区域，珍稀、濒危的野生动植物自然分布区域，重要的水源涵养区域，具有重大科学文化价值的地质构造、著名溶洞和化石分布区、冰川、火山、温泉等自然遗迹，以及人文遗迹、古树名木，应当采取措施予以保护，严禁破坏。

第三十条 开发利用自然资源，应当合理开发，保护生物多样性，保障生态安全，依法制定有关生态保护和恢复治理方案并予以实施。

引进外来物种以及研究、开发和利用生物技术，应当采取措施，防止对生物多样性的破坏。

第三十一条 国家建立、健全生态保护补偿制度。

国家加大对生态保护地区的财政转移支付力度。有关地方人民政府应当落实生态保护补偿资金，确保其用于生态保护补偿。

国家指导受益地区和生态保护地区人民政府通过协商或者按照市场规则进行生态保护补偿。

第三十二条 国家加强对大气、水、土壤等的保护，建立和完善相应的调查、监测、评估和修复制度。

第三十三条 各级人民政府应当加强对农业环境的保护，促进农业环境保护新技术的使用，加强对农业污染源的监测预警，统筹有关部门采取措施，防治土壤污染和土地沙化、盐渍化、贫瘠化、石漠化、地面沉降以及防治植被破坏、水土流失、水体富营养化、水源枯竭、种源灭绝等生态失调现象，推广植物病虫害的综合防治。

县级、乡级人民政府应当提高农村环境保护公共服务水平，推动农村环境综合整治。

第三十四条 国务院和沿海地方各级人民政府应当加强对海洋环境的保护。向海洋排放污染物、倾倒废弃物，进行海岸工程和海洋工程建设，应当符合法律法规规定和有关标准，防止和减少对海洋环境的污染损害。

第三十五条 城乡建设应当结合当地自然环境的特点，保护植被、水域和自然景观，加强城市园林、绿地和风景名胜区的建设与管理。

第三十六条 国家鼓励和引导公民、法人和其他组织使用有利于保护环境的产品和再生产品，减少废弃物的产生。

国家机关和使用财政资金的其他组织应当优先采购和使用节能、节水、节材等有利于保护环境的产品、设备和设施。

第三十七条 地方各级人民政府应当采取措施，组织对生活废弃物的分类处置、回收利用。

第三十八条 公民应当遵守环境保护法律法规，配合实施环境保护措施，按照规定对生活废弃物进行分类放置，减少日常生活对环境造成的损害。

第三十九条 国家建立、健全环境与健康监测、调查和风险评估制度；鼓励和组织开展环境质量对公众健康影响的研究，采取措施预防和控制与环境污染有关的疾病。

第四章　防治污染和其他公害

第四十条　国家促进清洁生产和资源循环利用。

国务院有关部门和地方各级人民政府应当采取措施，推广清洁能源的生产和使用。

企业应当优先使用清洁能源，采用资源利用率高、污染物排放量少的工艺、设备以及废弃物综合利用技术和污染物无害化处理技术，减少污染物的产生。

第四十一条　建设项目中防治污染的设施，应当与主体工程同时设计、同时施工、同时投产使用。防治污染的设施应当符合经批准的环境影响评价文件的要求，不得擅自拆除或者闲置。

第四十二条　排放污染物的企业事业单位和其他生产经营者，应当采取措施，防治在生产建设或者其他活动中产生的废气、废水、废渣、医疗废物、粉尘、恶臭气体、放射性物质以及噪声、振动、光辐射、电磁辐射等对环境的污染和危害。

排放污染物的企业事业单位，应当建立环境保护责任制度，明确单位负责人和相关人员的责任。

重点排污单位应当按照国家有关规定和监测规范安装使用监测设备，保证监测设备正常运行，保存原始监测记录。

严禁通过暗管、渗井、渗坑、灌注或者篡改、伪造监测数据，或者不正常运行防治污染设施等逃避监管的方式违法排放污染物。

第四十三条　排放污染物的企业事业单位和其他生产经营者，应当按照国家有关规定缴纳排污费。排污费应当全部专项用于环境污染防治，任何单位和个人不得截留、挤占或者挪作他用。

依照法律规定征收环境保护税的，不再征收排污费。

第四十四条　国家实行重点污染物排放总量控制制度。重点污染物排放总量控制指标由国务院下达，省、自治区、直辖市人民政府分解落实。企业事业单位在执行国家和地方污染物排放标准的同时，应当遵守分解落实到本单位的重点污染物排放总量控制指标。

对超过国家重点污染物排放总量控制指标或者未完成国家确定的环境质量目标的地区，省级以上人民政府环境保护主管部门应当暂停审批其新增重点污染物排放总量的建设项目环境影响评价文件。

第四十五条 国家依照法律规定实行排污许可管理制度。

实行排污许可管理的企业事业单位和其他生产经营者应当按照排污许可证的要求排放污染物；未取得排污许可证的，不得排放污染物。

第四十六条 国家对严重污染环境的工艺、设备和产品实行淘汰制度。任何单位和个人不得生产、销售或者转移、使用严重污染环境的工艺、设备和产品。

禁止引进不符合我国环境保护规定的技术、设备、材料和产品。

第四十七条 各级人民政府及其有关部门和企业事业单位，应当依照《中华人民共和国突发事件应对法》的规定，做好突发环境事件的风险控制、应急准备、应急处置和事后恢复等工作。

县级以上人民政府应当建立环境污染公共监测预警机制，组织制定预警方案；环境受到污染，可能影响公众健康和环境安全时，依法及时公布预警信息，启动应急措施。

企业事业单位应当按照国家有关规定制定突发环境事件应急预案，报环境保护主管部门和有关部门备案。在发生或者可能发生突发环境事件时，企业事业单位应当立即采取措施处理，及时通报可能受到危害的单位和居民，并向环境保护主管部门和有关部门报告。

突发环境事件应急处置工作结束后，有关人民政府应当立即组织评估事件造成的环境影响和损失，并及时将评估结果向社会公布。

第四十八条 生产、储存、运输、销售、使用、处置化学物品和含有放射性物质的物品，应当遵守国家有关规定，防止污染环境。

第四十九条 各级人民政府及其农业等有关部门和机构应当指导农业生产经营者科学种植和养殖，科学合理施用农药、化肥等农业投入品，科学处置农用薄膜、农作物秸秆等农业废弃物，防止农业面源污染。

禁止将不符合农用标准和环境保护标准的固体废物、废水施入农田。施用农药、化肥等农业投入品及进行灌溉，应当采取措施，防止重金属和其他有毒有害物质污染环境。

畜禽养殖场、养殖小区、定点屠宰企业等的选址、建设和管理应当符合有关法律法规规定。从事畜禽养殖和屠宰的单位和个人应当采取措施，对畜禽粪便、尸体和污水等废弃物进行科学处置，防止污染环境。

县级人民政府负责组织农村生活废弃物的处置工作。

第五十条 各级人民政府应当在财政预算中安排资金，支持农村饮用水水源地保护、生活污水和其他废弃物处理、畜禽养殖和屠宰污染防治、土壤污染防治和农村工矿污染治理等环境保护工作。

第五十一条　各级人民政府应当统筹城乡建设污水处理设施及配套管网，固体废物的收集、运输和处置等环境卫生设施，危险废物集中处置设施、场所以及其他环境保护公共设施，并保障其正常运行。

第五十二条　国家鼓励投保环境污染责任保险。

第五章　信息公开和公众参与

第五十三条　公民、法人和其他组织依法享有获取环境信息、参与和监督环境保护的权利。

各级人民政府环境保护主管部门和其他负有环境保护监督管理职责的部门，应当依法公开环境信息、完善公众参与程序，为公民、法人和其他组织参与和监督环境保护提供便利。

第五十四条　国务院环境保护主管部门统一发布国家环境质量、重点污染源监测信息及其他重大环境信息。省级以上人民政府环境保护主管部门定期发布环境状况公报。

县级以上人民政府环境保护主管部门和其他负有环境保护监督管理职责的部门，应当依法公开环境质量、环境监测、突发环境事件以及环境行政许可、行政处罚、排污费的征收和使用情况等信息。

县级以上地方人民政府环境保护主管部门和其他负有环境保护监督管理职责的部门，应当将企业事业单位和其他生产经营者的环境违法信息记入社会诚信档案，及时向社会公布违法者名单。

第五十五条　重点排污单位应当如实向社会公开其主要污染物的名称、排放方式、排放浓度和总量、超标排放情况，以及防治污染设施的建设和运行情况，接受社会监督。

第五十六条　对依法应当编制环境影响报告书的建设项目，建设单位应当在编制时向可能受影响的公众说明情况，充分征求意见。

负责审批建设项目环境影响评价文件的部门在收到建设项目环境影响报告书后，除涉及国家秘密和商业秘密的事项外，应当全文公开；发现建设项目未充分征求公众意见的，应当责成建设单位征求公众意见。

第五十七条　公民、法人和其他组织发现任何单位和个人有污染环境和破坏生态行为的，有权向环境保护主管部门或者其他负有环境保护监督管理职责的部门举报。

公民、法人和其他组织发现地方各级人民政府、县级以上人民政府环境保护主管部门和其他负有环境保护监督管理职责的部门不依法履行职责的，有权向其上级机关或者监察机关举报。

接受举报的机关应当对举报人的相关信息予以保密，保护举报人的合法权益。

第五十八条 对污染环境、破坏生态，损害社会公共利益的行为，符合下列条件的社会组织可以向人民法院提起诉讼：

（一）依法在设区的市级以上人民政府民政部门登记；

（二）专门从事环境保护公益活动连续五年以上且无违法记录。

符合前款规定的社会组织向人民法院提起诉讼，人民法院应当依法受理。

提起诉讼的社会组织不得通过诉讼牟取经济利益。

第六章 法律责任

第五十九条 企业事业单位和其他生产经营者违法排放污染物，受到罚款处罚，被责令改正，拒不改正的，依法作出处罚决定的行政机关可以自责令改正之日的次日起，按照原处罚数额按日连续处罚。

前款规定的罚款处罚，依照有关法律法规按照防治污染设施的运行成本、违法行为造成的直接损失或者违法所得等因素确定的规定执行。

地方性法规可以根据环境保护的实际需要，增加第一款规定的按日连续处罚的违法行为的种类。

第六十条 企业事业单位和其他生产经营者超过污染物排放标准或者超过重点污染物排放总量控制指标排放污染物的，县级以上人民政府环境保护主管部门可以责令其采取限制生产、停产整治等措施；情节严重的，报经有批准权的人民政府批准，责令停业、关闭。

第六十一条 建设单位未依法提交建设项目环境影响评价文件或者环境影响评价文件未经批准，擅自开工建设的，由负有环境保护监督管理职责的部门责令停止建设，处以罚款，并可以责令恢复原状。

第六十二条 违反本法规定，重点排污单位不公开或者不如实公开环境信息的，由县级以上地方人民政府环境保护主管部门责令公开，处以罚款，并予以公告。

第六十三条 企业事业单位和其他生产经营者有下列行为之一，尚不构成犯罪的，除依照有关法律法规规定予以处罚外，由县级以上人民政府环境保护主管部门或者其他有关部门将案件移送公安机关，对其直接负责的主管人员和其他直接责任人员，处十日以上十五日以下拘留；情节较轻的，处五日以上十日以下拘留：

（一）建设项目未依法进行环境影响评价，被责令停止建设，拒不执行的；

（二）违反法律规定，未取得排污许可证排放污染物，被责令停止排污，拒不执行的；

（三）通过暗管、渗井、渗坑、灌注或者篡改、伪造监测数据，或者不正常运行防治污染设施等逃避监管的方式违法排放污染物的；

（四）生产、使用国家明令禁止生产、使用的农药，被责令改正，拒不改正的。

第六十四条　因污染环境和破坏生态造成损害的，应当依照《中华人民共和国侵权责任法》的有关规定承担侵权责任。

第六十五条　环境影响评价机构、环境监测机构以及从事环境监测设备和防治污染设施维护、运营的机构，在有关环境服务活动中弄虚作假，对造成的环境污染和生态破坏负有责任的，除依照有关法律法规规定予以处罚外，还应当与造成环境污染和生态破坏的其他责任者承担连带责任。

第六十六条　提起环境损害赔偿诉讼的时效期间为三年，从当事人知道或者应当知道其受到损害时起计算。

第六十七条　上级人民政府及其环境保护主管部门应当加强对下级人民政府及其有关部门环境保护工作的监督。发现有关工作人员有违法行为，依法应当给予处分的，应当向其任免机关或者监察机关提出处分建议。

依法应当给予行政处罚，而有关环境保护主管部门不给予行政处罚的，上级人民政府环境保护主管部门可以直接作出行政处罚的决定。

第六十八条　地方各级人民政府、县级以上人民政府环境保护主管部门和其他负有环境保护监督管理职责的部门有下列行为之一的，对直接负责的主管人员和其他直接责任人员给予记过、记大过或者降级处分；造成严重后果的，给予撤职或者开除处分，其主要负责人应当引咎辞职：

（一）不符合行政许可条件准予行政许可的；

（二）对环境违法行为进行包庇的；

（三）依法应当作出责令停业、关闭的决定而未作出的；

（四）对超标排放污染物、采用逃避监管的方式排放污染物、造成环境事故以及不落实生态保护措施造成生态破坏等行为，发现或者接到举报未及时查处的；

（五）违反本法规定，查封、扣押企业事业单位和其他生产经营者的设施、设备的；

（六）篡改、伪造或者指使篡改、伪造监测数据的；

（七）应当依法公开环境信息而未公开的；

（八）将征收的排污费截留、挤占或者挪作他用的；

（九）法律法规规定的其他违法行为。

第六十九条　违反本法规定，构成犯罪的，依法追究刑事责任。

第七章　附　则

第七十条　本法自 2015 年 1 月 1 日起施行。

第六章
高度危险责任部分

1. 中华人民共和国民用航空法（节录）

（1995 年 10 月 30 日第八届全国人民代表大会常务委员会第十六次会议通过，根据 2009 年 8 月 27 日第十一届全国人民代表大会常务委员会第十次会议《关于修改部分法律的决定》第一次修正，根据 2015 年 4 月 24 日第十二届全国人民代表大会常务委员会第十四次会议《关于修改〈中华人民共和国计量法〉等五部法律的决定》第二次修正）

第九章　公共航空运输

第一节　一般规定

第一百零六条　本章适用于公共航空运输企业使用民用航空器经营的旅客、行李或者货物的运输，包括公共航空运输企业使用民用航空器办理的免费运输。

本章不适用于使用民用航空器办理的邮件运输。

对多式联运方式的运输，本章规定适用于其中的航空运输部分。

第一百零七条　本法所称国内航空运输，是指根据当事人订立的航空运输合同，运输的出发地点、约定的经停地点和目的地点均在中华人民共和国境内的运输。

本法所称国际航空运输，是指根据当事人订立的航空运输合同，无论运输有无间断或者有无转运，运输的出发地点、目的地点或者约定的经停地点之一不在中华人民共和国境内的运输。

第一百零八条 航空运输合同各方认为几个连续的航空运输承运人办理的运输是一项单一业务活动的，无论其形式是以一个合同订立或者数个合同订立，应当视为一项不可分割的运输。

第二节 运输凭证

第一百零九条 承运人运送旅客，应当出具客票。旅客乘坐民用航空器，应当交验有效客票。

第一百一十条 客票应当包括的内容由国务院民用航空主管部门规定，至少应当包括以下内容：

（一）出发地点和目的地点；

（二）出发地点和目的地点均在中华人民共和国境内，而在境外有一个或者数个约定的经停地点的，至少注明一个经停地点；

（三）旅客航程的最终目的地点、出发地点或者约定的经停地点之一不在中华人民共和国境内，依照所适用的国际航空运输公约的规定，应当在客票上声明此项运输适用该公约的，客票上应当载有该项声明。

第一百一十一条 客票是航空旅客运输合同订立和运输合同条件的初步证据。

旅客未能出示客票、客票不符合规定或者客票遗失，不影响运输合同的存在或者有效。

在国内航空运输中，承运人同意旅客不经其出票而乘坐民用航空器的，承运人无权援用本法第一百二十八条有关赔偿责任限制的规定。

在国际航空运输中，承运人同意旅客不经其出票而乘坐民用航空器的，或者客票上未依照本法第一百一十条第（三）项的规定声明的，承运人无权援用本法第一百二十九条有关赔偿责任限制的规定。

第一百一十二条 承运人载运托运行李时，行李票可以包含在客票之内或者与客票相结合。除本法第一百一十条的规定外，行李票还应当包括下列内容：

（一）托运行李的件数和重量；

（二）需要声明托运行李在目的地点交付时的利益的，注明声明金额。

行李票是行李托运和运输合同条件的初步证据。

旅客未能出示行李票、行李票不符合规定或者行李票遗失，不影响运输合同的存在或者有效。

在国内航空运输中，承运人载运托运行李而不出具行李票的，承运人无权援用本法第一百二十八条有关赔偿责任限制的规定。

在国际航空运输中，承运人载运托运行李而不出具行李票的，或者行李票上未依照本法第一百一十条第（三）项的规定声明的，承运人无权援用本法第一百二十九条有关赔偿责任限制的规定。

第一百一十三条　承运人有权要求托运人填写航空货运单，托运人有权要求承运人接受该航空货运单。托运人未能出示航空货运单、航空货运单不符合规定或者航空货运单遗失，不影响运输合同的存在或者有效。

第一百一十四条　托运人应当填写航空货运单正本一式三份，连同货物交给承运人。

航空货运单第一份注明"交承运人"，由托运人签字、盖章；第二份注明"交收货人"，由托运人和承运人签字、盖章；第三份由承运人在接受货物后签字、盖章，交给托运人。

承运人根据托运人的请求填写航空货运单的，在没有相反证据的情况下，应当视为代托运人填写。

第一百一十五条　航空货运单应当包括的内容由国务院民用航空主管部门规定，至少应当包括以下内容：

（一）出发地点和目的地点；

（二）出发地点和目的地点均在中华人民共和国境内，而在境外有一个或者数个约定的经停地点的，至少注明一个经停地点；

（三）货物运输的最终目的地点、出发地点或者约定的经停地点之一不在中华人民共和国境内，依照所适用的国际航空运输公约的规定，应当在货运单上声明此项运输适用该公约的，货运单上应当载有该项声明。

第一百一十六条　在国内航空运输中，承运人同意未经填具航空货运单而载运货物的，承运人无权援用本法第一百二十八条有关赔偿责任限制的规定。

在国际航空运输中，承运人同意未经填具航空货运单而载运货物的，或者航空货运单上未依照本法第一百一十五条第（三）项的规定声明的，承运人无权援用本法第一百二十九条有关赔偿责任限制的规定。

第一百一十七条　托运人应当对航空货运单上所填关于货物的说明和声明的正确性负责。

因航空货运单上所填的说明和声明不符合规定、不正确或者不完全，给承运人或者承运人对之负责的其他人造成损失的，托运人应当承担赔偿责任。

第一百一十八条　航空货运单是航空货物运输合同订立和运输条件以及承运人接受货物的初步证据。

航空货运单上关于货物的重量、尺寸、包装和包装件数的说明具有初步证据的效力。除经过承运人和托运人当面查对并在航空货运单上注明经过查对或者书写关于货物的外表情况的说明外，航空货运单上关于货物的数量、体积和情况的说明不能构成不利于承运人的证据。

第一百一十九条 托运人在履行航空货物运输合同规定的义务的条件下，有权在出发地机场或者目的地机场将货物提回，或者在途中经停时中止运输，或者在目的地点或者途中要求将货物交给非航空货运单上指定的收货人，或者要求将货物运回出发地机场；但是，托运人不得因行使此种权利而使承运人或者其他托运人遭受损失，并应当偿付由此产生的费用。

托运人的指示不能执行的，承运人应当立即通知托运人。

承运人按照托运人的指示处理货物，没有要求托运人出示其所收执的航空货运单，给该航空货运单的合法持有人造成损失的，承运人应当承担责任，但是不妨碍承运人向托运人追偿。

收货人的权利依照本法第一百二十条规定开始时，托运人的权利即告终止；但是，收货人拒绝接受航空货运单或者货物，或者承运人无法同收货人联系的，托运人恢复其对货物的处置权。

第一百二十条 除本法第一百一十九条所列情形外，收货人于货物到达目的地点，并在缴付应付款项和履行航空货运单上所列运输条件后，有权要求承运人移交航空货运单并交付货物。

除另有约定外，承运人应当在货物到达后立即通知收货人。

承运人承认货物已经遗失，或者货物在应当到达之日起七日后仍未到达的，收货人有权向承运人行使航空货物运输合同所赋予的权利。

第一百二十一条 托运人和收货人在履行航空货物运输合同规定的义务的条件下，无论为本人或者他人的利益，可以以本人的名义分别行使本法第一百一十九条和第一百二十条所赋予的权利。

第一百二十二条 本法第一百一十九条、第一百二十条和第一百二十一条的规定，不影响托运人同收货人之间的相互关系，也不影响从托运人或者收货人获得权利的第三人之间的关系。

任何与本法第一百一十九条、第一百二十条和第一百二十一条规定不同的合同条款，应当在航空货运单上载明。

第一百二十三条 托运人应当提供必需的资料和文件，以便在货物交付收货人前完成法律、行政法规规定的有关手续；因没有此种资料、文件，或者此种资料、文件不充足或者不符合规定造成的损失，除由于承运人或者其受雇人、代理人的过错造成的外，托运人应当对承运人承担责任。

除法律、行政法规另有规定外，承运人没有对前款规定的资料或者文件进行检查的义务。

第三节　承运人的责任

第一百二十四条　因发生在民用航空器上或者在旅客上、下民用航空器过程中的事件，造成旅客人身伤亡的，承运人应当承担责任；但是，旅客的人身伤亡完全是由于旅客本人的健康状况造成的，承运人不承担责任。

第一百二十五条　因发生在民用航空器上或者在旅客上、下民用航空器过程中的事件，造成旅客随身携带物品毁灭、遗失或者损坏的，承运人应当承担责任。因发生在航空运输期间的事件，造成旅客的托运行李毁灭、遗失或者损坏的，承运人应当承担责任。

旅客随身携带物品或者托运行李的毁灭、遗失或者损坏完全是由于行李本身的自然属性、质量或者缺陷造成的，承运人不承担责任。

本章所称行李，包括托运行李和旅客随身携带的物品。

因发生在航空运输期间的事件，造成货物毁灭、遗失或者损坏的，承运人应当承担责任；但是，承运人证明货物的毁灭、遗失或者损坏完全是由于下列原因之一造成的，不承担责任：

（一）货物本身的自然属性、质量或者缺陷；

（二）承运人或者其受雇人、代理人以外的人包装货物的，货物包装不良；

（三）战争或者武装冲突；

（四）政府有关部门实施的与货物入境、出境或者过境有关的行为。

本条所称航空运输期间，是指在机场内、民用航空器上或者机场外降落的任何地点，托运行李、货物处于承运人掌管之下的全部期间。

航空运输期间，不包括机场外的任何陆路运输、海上运输、内河运输过程；但是，此种陆路运输、海上运输、内河运输是为了履行航空运输合同而装载、交付或者转运，在没有相反证据的情况下，所发生的损失视为在航空运输期间发生的损失。

第一百二十六条　旅客、行李或者货物在航空运输中因延误造成的损失，承运人应当承担责任；但是，承运人证明本人或者其受雇人、代理人为了避免损失的发生，已经采取一切必要措施或者不可能采取此种措施的，不承担责任。

第一百二十七条　在旅客、行李运输中，经承运人证明，损失是由索赔人的过错造成或者促成的，应当根据造成或者促成此种损失的过错的程度，相应免除或者减轻承运人的责任。旅客以外的其他人就旅客死亡或者受伤提出赔偿请求时，经承运人证明，死亡或者受伤是旅客本人的过错造成或者促成的，同样应当根据造成或者促成此种损失的过错的程度，相应免除或者减轻承运人的责任。

在货物运输中，经承运人证明，损失是由索赔人或者代行权利人的过错造成或者促成的，应当根据造成或者促成此种损失的过错的程度，相应免除或者减轻承运人的责任。

第一百二十八条 国内航空运输承运人的赔偿责任限额由国务院民用航空主管部门制定，报国务院批准后公布执行。

旅客或者托运人在交运托运行李或者货物时，特别声明在目的地点交付时的利益，并在必要时支付附加费的，除承运人证明旅客或者托运人声明的金额高于托运行李或者货物在目的地点交付时的实际利益外，承运人应当在声明金额范围内承担责任；本法第一百二十九条的其他规定，除赔偿责任限额外，适用于国内航空运输。

第一百二十九条 国际航空运输承运人的赔偿责任限额按照下列规定执行：

（一）对每名旅客的赔偿责任限额为 16600 计算单位；但是，旅客可以同承运人书面约定高于本项规定的赔偿责任限额。

（二）对托运行李或者货物的赔偿责任限额，每公斤为 17 计算单位。旅客或者托运人在交运托运行李或者货物时，特别声明在目的地点交付时的利益，并在必要时支付附加费的，除承运人证明旅客或者托运人声明的金额高于托运行李或者货物在目的地点交付时的实际利益外，承运人应当在声明金额范围内承担责任。

托运行李或者货物的一部分或者托运行李、货物中的任何物件毁灭、遗失、损坏或者延误的，用以确定承运人赔偿责任限额的重量，仅为该一包件或者数包件的总重量；但是，因托运行李或者货物的一部分或者托运行李、货物中的任何物件的毁灭、遗失、损坏或者延误，影响同一份行李票或者同一份航空货运单所列其他包件的价值的，确定承运人的赔偿责任限额时，此种包件的总重量也应当考虑在内。

（三）对每名旅客随身携带的物品的赔偿责任限额为 332 计算单位。

第一百三十条 任何旨在免除本法规定的承运人责任或者降低本法规定的赔偿责任限额的条款，均属无效；但是，此种条款的无效，不影响整个航空运输合同的效力。

第一百三十一条 有关航空运输中发生的损失的诉讼，不论其根据如何，只能依照本法规定的条件和赔偿责任限额提出，但是不妨碍谁有权提起诉讼以及他们各自的权利。

第一百三十二条　经证明，航空运输中的损失是由于承运人或者其受雇人、代理人的故意或者明知可能造成损失而轻率地作为或者不作为造成的，承运人无权援用本法第一百二十八条、第一百二十九条有关赔偿责任限制的规定；证明承运人的受雇人、代理人有此种作为或者不作为的，还应当证明该受雇人、代理人是在受雇、代理范围内行事。

第一百三十三条　就航空运输中的损失向承运人的受雇人、代理人提起诉讼时，该受雇人、代理人证明他是在受雇、代理范围内行事的，有权援用本法第一百二十八条、第一百二十九条有关赔偿责任限制的规定。

在前款规定情形下，承运人及其受雇人、代理人的赔偿总额不得超过法定的赔偿责任限额。

经证明，航空运输中的损失是由于承运人的受雇人、代理人的故意或者明知可能造成损失而轻率地作为或者不作为造成的，不适用本条第一款和第二款的规定。

第一百三十四条　旅客或者收货人收受托运行李或者货物而未提出异议，为托运行李或者货物已经完好交付并与运输凭证相符的初步证据。

托运行李或者货物发生损失的，旅客或者收货人应当在发现损失后向承运人提出异议。托运行李发生损失的，至迟应当自收到托运行李之日起七日内提出；货物发生损失的，至迟应当自收到货物之日起十四日内提出。托运行李或者货物发生延误的，至迟应当自托运行李或者货物交付旅客或者收货人处置之日起二十一日内提出。

任何异议均应当在前款规定的期间内写在运输凭证上或者另以书面提出。

除承运人有欺诈行为外，旅客或者收货人未在本条第二款规定的期间内提出异议的，不能向承运人提出索赔诉讼。

第一百三十五条　航空运输的诉讼时效期间为二年，自民用航空器到达目的地点、应当到达目的地点或者运输终止之日起计算。

第一百三十六条　由几个航空承运人办理的连续运输，接受旅客、行李或者货物的每一个承运人应当受本法规定的约束，并就其根据合同办理的运输区段作为运输合同的订约一方。

对前款规定的连续运输，除合同明文约定第一承运人应当对全程运输承担责任外，旅客或者其继承人只能对发生事故或者延误的运输区段的承运人提起诉讼。

托运行李或者货物的毁灭、遗失、损坏或者延误，旅客或者托运人有权对第一承运人提起诉讼，旅客或者收货人有权对最后承运人提起诉讼，旅客、托运人和收货人均可以对发生毁灭、遗失、损坏或者延误的运输区段的承运人提起诉讼。上述承运人应当对旅客、托运人或者收货人承担连带责任。

第四节 实际承运人履行航空运输的特别规定

第一百三十七条 本节所称缔约承运人，是指以本人名义与旅客或者托运人，或者与旅客或者托运人的代理人，订立本章调整的航空运输合同的人。

本节所称实际承运人，是指根据缔约承运人的授权，履行前款全部或者部分运输的人，不是指本章规定的连续承运人；在没有相反证明时，此种授权被认为是存在的。

第一百三十八条 除本节另有规定外，缔约承运人和实际承运人都应当受本章规定的约束。缔约承运人应当对合同约定的全部运输负责。实际承运人应当对其履行的运输负责。

第一百三十九条 实际承运人的作为和不作为，实际承运人的受雇人、代理人在受雇、代理范围内的作为和不作为，关系到实际承运人履行的运输的，应当视为缔约承运人的作为和不作为。

缔约承运人的作为和不作为，缔约承运人的受雇人、代理人在受雇、代理范围内的作为和不作为，关系到实际承运人履行的运输的，应当视为实际承运人的作为和不作为；但是，实际承运人承担的责任不因此种作为或者不作为而超过法定的赔偿责任限额。

任何有关缔约承运人承担本章未规定的义务或者放弃本章赋予的权利的特别协议，或者任何有关依照本法第一百二十八条、第一百二十九条规定所做的在目的地点交付时利益的特别声明，除经实际承运人同意外，均不得影响实际承运人。

第一百四十条 依照本章规定提出的索赔或者发出的指示，无论是向缔约承运人还是向实际承运人提出或者发出的，具有同等效力；但是，本法第一百一十九条规定的指示，只在向缔约承运人发出时，方有效。

第一百四十一条 实际承运人的受雇人、代理人或者缔约承运人的受雇人、代理人，证明他是在受雇、代理范围内行事的，就实际承运人履行的运输而言，有权援用本法第一百二十八条、第一百二十九条有关赔偿责任限制的规定，但是依照本法规定不得援用赔偿责任限制规定的除外。

第一百四十二条 对于实际承运人履行的运输，实际承运人、缔约承运人以及他们的在受雇、代理范围内行事的受雇人、代理人的赔偿总额不得超过依照本法得以从缔约承运人或者实际承运人获得赔偿的最高数额；但是，其中任何人都不承担超过对他适用的赔偿责任限额。

第一百四十三条　对实际承运人履行的运输提起的诉讼，可以分别对实际承运人或者缔约承运人提起，也可以同时对实际承运人和缔约承运人提起；被提起诉讼的承运人有权要求另一承运人参加应诉。

第一百四十四条　除本法第一百四十三条规定外，本节规定不影响实际承运人和缔约承运人之间的权利、义务。

第十二章　对地面第三人损害的赔偿责任

第一百五十七条　因飞行中的民用航空器或者从飞行中的民用航空器上落下的人或者物，造成地面（包括水面，下同）上的人身伤亡或者财产损害的，受害人有权获得赔偿；但是，所受损害并非造成损害的事故的直接后果，或者所受损害仅是民用航空器依照国家有关的空中交通规则在空中通过造成的，受害人无权要求赔偿。

前款所称飞行中，是指自民用航空器为实际起飞而使用动力时起至着陆冲程终了时止；就轻于空气的民用航空器而言，飞行中是指自其离开地面时起至其重新着地时止。

第一百五十八条　本法第一百五十七条规定的赔偿责任，由民用航空器的经营人承担。

前款所称经营人，是指损害发生时使用民用航空器的人。民用航空器的使用权已经直接或者间接地授予他人，本人保留对该民用航空器的航行控制权的，本人仍被视为经营人。

经营人的受雇人、代理人在受雇、代理过程中使用民用航空器，无论是否在其受雇、代理范围内行事，均视为经营人使用民用航空器。

民用航空器登记的所有人应当被视为经营人，并承担经营人的责任；除非在判定其责任的诉讼中，所有人证明经营人是他人，并在法律程序许可的范围内采取适当措施使该人成为诉讼当事人之一。

第一百五十九条　未经对民用航空器有航行控制权的人同意而使用民用航空器，对地面第三人造成损害的，有航行控制权的人除证明本人已经适当注意防止此种使用外，应当与该非法使用人承担连带责任。

第一百六十条　损害是武装冲突或者骚乱的直接后果，依照本章规定应当承担责任的人不承担责任。

依照本章规定应当承担责任的人对民用航空器的使用权业经国家机关依法

剥夺的，不承担责任。

第一百六十一条 依照本章规定应当承担责任的人证明损害是完全由于受害人或者其受雇人、代理人的过错造成的，免除其赔偿责任；应当承担责任的人证明损害是部分由于受害人或者其受雇人、代理人的过错造成的，相应减轻其赔偿责任。但是，损害是由于受害人的受雇人、代理人的过错造成时，受害人证明其受雇人、代理人的行为超出其所授权的范围的，不免除或者不减轻应当承担责任的人的赔偿责任。

一人对另一人的死亡或者伤害提起诉讼，请求赔偿时，损害是该另一人或者其受雇人、代理人的过错造成的，适用前款规定。

第一百六十二条 两个以上的民用航空器在飞行中相撞或者相扰，造成本法第一百五十七条规定的应当赔偿的损害，或者两个以上的民用航空器共同造成此种损害的，各有关民用航空器均应当被认为已经造成此种损害，各有关民用航空器的经营人均应当承担责任。

第一百六十三条 本法第一百五十八条第四款和第一百五十九条规定的人，享有依照本章规定经营人所能援用的抗辩权。

第一百六十四条 除本章有明确规定外，经营人、所有人和本法第一百五十九条规定的应当承担责任的人，以及他们的受雇人、代理人，对于飞行中的民用航空器或者从飞行中的民用航空器上落下的人或者物造成的地面上的损害不承担责任，但是故意造成此种损害的人除外。

第一百六十五条 本章不妨碍依照本章规定应当对损害承担责任的人向他人追偿的权利。

第一百六十六条 民用航空器的经营人应当投保地面第三人责任险或者取得相应的责任担保。

第一百六十七条 保险人和担保人除享有与经营人相同的抗辩权，以及对伪造证件进行抗辩的权利外，对依照本章规定提出的赔偿请求只能进行下列抗辩：

（一）损害发生在保险或者担保终止有效后；然而保险或者担保在飞行中期满的，该项保险或者担保在飞行计划中所载下一次降落前继续有效，但是不得超过二十四小时；

（二）损害发生在保险或者担保所指定的地区范围外，除非飞行超出该范围是由于不可抗力、援助他人所必需，或者驾驶、航行或者领航上的差错造成的。

前款关于保险或者担保继续有效的规定，只在对受害人有利时适用。

第一百六十八条 仅在下列情形下，受害人可以直接对保险人或者担保人提起诉讼，但是不妨碍受害人根据有关保险合同或者担保合同的法律规定提起直接诉讼的权利：

（一）根据本法第一百六十七条第（一）项、第（二）项规定，保险或者担保继续有效的；

（二）经营人破产的。

除本法第一百六十七条第一款规定的抗辩权，保险人或者担保人对受害人依照本章规定提起的直接诉讼不得以保险或者担保的无效或者追溯力终止为由进行抗辩。

第一百六十九条　依照本法第一百六十六条规定提供的保险或者担保，应当被专门指定优先支付本章规定的赔偿。

第一百七十条　保险人应当支付给经营人的款项，在本章规定的第三人的赔偿请求未满足前，不受经营人的债权人的扣留和处理。

第一百七十一条　地面第三人损害赔偿的诉讼时效期间为二年，自损害发生之日起计算；但是，在任何情况下，时效期间不得超过自损害发生之日起三年。

第一百七十二条　本章规定不适用于下列损害：

（一）对飞行中的民用航空器或者对该航空器上的人或者物造成的损害；

（二）为受害人同经营人或者同发生损害时对民用航空器有使用权的人订立的合同所约束，或者为适用两方之间的劳动合同的法律有关职工赔偿的规定所约束的损害；

（三）核损害。

2. 中华人民共和国电力法（节录）

（1995 年 12 月 28 日第八届全国人民代表大会常务委员会第十七次会议通过，根据 2009 年 8 月 27 日第十一届全国人民代表大会常务委员会第十次会议《关于修改部分法律的决定》第一次修正，根据 2015 年 4 月 24 日第十二届全国人民代表大会常务委员会第十四次会议《关于修改〈中华人民共和国电力法〉等六部法律的决定》第二次修正）

第九章　法律责任

第五十九条　电力企业或者用户违反供用电合同，给对方造成损失的，应当依法承担赔偿责任。

电力企业违反本法第二十八条、第二十九条第一款的规定，未保证供电质量或者未事先通知用户中断供电，给用户造成损失的，应当依法承担赔偿责任。

第六十条　因电力运行事故给用户或者第三人造成损害的，电力企业应当依法承担赔偿责任。

电力运行事故由下列原因之一造成的，电力企业不承担赔偿责任：

（一）不可抗力；

（二）用户自身的过错。

因用户或者第三人的过错给电力企业或者其他用户造成损害的，该用户或者第三人应当依法承担赔偿责任。

第六十一条　违反本法第十一条第二款的规定，非法占用变电设施用地、输电线路走廊或者电缆通道的，由县级以上地方人民政府责令限期改正；逾期不改正的，强制清除障碍。

第六十二条　违反本法第十四条规定，电力建设项目不符合电力发展规划、产业政策的，由电力管理部门责令停止建设。

违反本法第十四条规定，电力建设项目使用国家明令淘汰的电力设备和技术的，由电力管理部门责令停止使用，没收国家明令淘汰的电力设备，并处五万元以下的罚款。

第六十三条　违反本法第二十五条规定，未经许可，从事供电或者变更供电营业区的，由电力管理部门责令改正，没收违法所得，可以并处违法所得五倍以下的罚款。

第六十四条　违反本法第二十六条、第二十九条规定，拒绝供电或者中断供电的，由电力管理部门责令改正，给予警告；情节严重的，对有关主管人员和直接责任人员给予行政处分。

第六十五条　违反本法第三十二条规定，危害供电、用电安全或者扰乱供电、用电秩序的，由电力管理部门责令改正，给予警告；情节严重或者拒绝改正的，可以中止供电，可以并处五万元以下的罚款。

第六十六条　违反本法第三十三条、第四十三条、第四十四条规定，未按照国家核准的电价和用电计量装置的记录向用户计收电费、超越权限制定电价或者在电费中加收其他费用的，由物价行政主管部门给予警告，责令返还违法收取的费用，可以并处违法收取费用五倍以下的罚款；情节严重的，对有关主管人员和直接责任人员给予行政处分。

第六十七条　违反本法第四十九条第二款规定，减少农业和农村用电指标的，由电力管理部门责令改正；情节严重的，对有关主管人员和直接责任人员给予行政处分；造成损失的，责令赔偿损失。

第六十八条　违反本法第五十二条第二款和第五十四条规定，未经批准或者未采取安全措施在电力设施周围或者在依法划定的电力设施保护区内进行作业，危及电力设施安全的，由电力管理部门责令停止作业、恢复原状并赔偿损失。

第六十九条　违反本法第五十三条规定，在依法划定的电力设施保护区内修建建筑物、构筑物或者种植植物、堆放物品，危及电力设施安全的，由当地人民政府责令强制拆除、砍伐或者清除。

第七十条　有下列行为之一，应当给予治安管理处罚的，由公安机关依照治安管理处罚法的有关规定予以处罚；构成犯罪的，依法追究刑事责任：

（一）阻碍电力建设或者电力设施抢修，致使电力建设或者电力设施抢修不能正常进行的；

（二）扰乱电力生产企业、变电所、电力调度机构和供电企业的秩序，致使生产、工作和营业不能正常进行的；

（三）殴打、公然侮辱履行职务的查电人员或者抄表收费人员的；

（四）拒绝、阻碍电力监督检查人员依法执行职务的。

第七十一条　盗窃电能的，由电力管理部门责令停止违法行为，追缴电费并处应交电费五倍以下的罚款；构成犯罪的，依照刑法有关规定追究刑事责任。

第七十二条 盗窃电力设施或者以其他方法破坏电力设施，危害公共安全的，依照刑法有关规定追究刑事责任。

第七十三条 电力管理部门的工作人员滥用职权、玩忽职守、徇私舞弊，构成犯罪的，依法追究刑事责任；尚不构成犯罪的，依法给予行政处分。

第七十四条 电力企业职工违反规章制度、违章调度或者不服从调度指令，造成重大事故的，依照刑法有关规定追究刑事责任。

电力企业职工故意延误电力设施抢修或者抢险救灾供电，造成严重后果的，依照刑法有关规定追究刑事责任。

电力企业的管理人员和查电人员、抄表收费人员勒索用户、以电谋私，构成犯罪的，依法追究刑事责任；尚不构成犯罪的，依法给予行政处分。

第十章 附 则

第七十五条 本法自 1996 年 4 月 1 日起施行。

3. 中华人民共和国铁路法（节录）

　　(1990 年 9 月 7 日第七届全国人民代表大会常务委员会第十五次会议通过，根据 2009 年 8 月 27 日第十一届全国人民代表大会常务委员会第十次会议《关于修改部分法律的决定》第一次修正，根据 2015 年 4 月 24 日第十二届全国人民代表大会常务委员会第十四次会议《关于修改〈中华人民共和国义务教育法〉等五部法律的决定》第二次修正）

第四章　铁路安全与保护

　　第四十二条　铁路运输企业必须加强对铁路的管理和保护，定期检查、维修铁路运输设施，保证铁路运输设施完好，保障旅客和货物运输安全。

　　第四十三条　铁路公安机关和地方公安机关分工负责共同维护铁路治安秩序。车站和列车内的治安秩序，由铁路公安机关负责维护；铁路沿线的治安秩序，由地方公安机关和铁路公安机关共同负责维护，以地方公安机关为主。

　　第四十四条　电力主管部门应当保证铁路牵引用电以及铁路运营用电中重要负荷的电力供应。铁路运营用电中重要负荷的供应范围由国务院铁路主管部门和国务院电力主管部门商定。

　　第四十五条　铁路线路两侧地界以外的山坡地由当地人民政府作为水土保持的重点进行整治。铁路隧道顶上的山坡地由铁路运输企业协助当地人民政府进行整治。铁路地界以内的山坡地由铁路运输企业进行整治。

　　第四十六条　在铁路线路和铁路桥梁、涵洞两侧一定距离内，修建山塘、水库、堤坝，开挖河道、干渠，采石挖砂，打井取水，影响铁路路基稳定或者危害铁路桥梁、涵洞安全的，由县级以上地方人民政府责令停止建设或者采挖、打井等活动，限期恢复原状或者责令采取必要的安全防护措施。

　　在铁路线路上架设电力、通讯线路，埋置电缆、管道设施，穿凿通过铁路路基的地下坑道，必须经铁路运输企业同意，并采取安全防护措施。

　　在铁路弯道内侧、平交道口和人行过道附近，不得修建妨碍行车瞭望的建筑物和种植妨碍行车瞭望的树木。修建妨碍行车瞭望的建筑物的，由县级以上地方人民政府责令限期拆除。种植妨碍行车瞭望的树木的，由县级以上地方人民政府责令有关单位或者个人限期迁移或者修剪、砍伐。

违反前三款的规定，给铁路运输企业造成损失的单位或者个人，应当赔偿损失。

第四十七条 禁止擅自在铁路线路上铺设平交道口和人行过道。

平交道口和人行过道必须按照规定设置必要的标志和防护设施。

行人和车辆通过铁路平交道口和人行过道时，必须遵守有关通行的规定。

第四十八条 运输危险品必须按照国务院铁路主管部门的规定办理，禁止以非危险品品名托运危险品。

禁止旅客携带危险品进站上车。铁路公安人员和国务院铁路主管部门规定的铁路职工，有权对旅客携带的物品进行运输安全检查。实施运输安全检查的铁路职工应当佩戴执勤标志。

危险品的品名由国务院铁路主管部门规定并公布。

第四十九条 对损毁、移动铁路信号装置及其他行车设施或者在铁路线路上放置障碍物的，铁路职工有权制止，可以扭送公安机关处理。

第五十条 禁止偷乘货车、攀附行进中的列车或者击打列车。对偷乘货车、攀附行进中的列车或者击打列车的，铁路职工有权制止。

第五十一条 禁止在铁路线路上行走、坐卧。对在铁路线路上行走、坐卧的，铁路职工有权制止。

第五十二条 禁止在铁路线路两侧二十米以内或者铁路防护林地内放牧。对在铁路线路两侧二十米以内或者铁路防护林地内放牧的，铁路职工有权制止。

第五十三条 对聚众拦截列车或者聚众冲击铁路行车调度机构的，铁路职工有权制止；不听制止的，公安人员现场负责人有权命令解散；拒不解散的，公安人员现场负责人有权依照国家有关规定决定采取必要手段强行驱散，并对拒不服从的人员强行带离现场或者予以拘留。

第五十四条 对哄抢铁路运输物资的，铁路职工有权制止，可以扭送公安机关处理；现场公安人员可以予以拘留。

第五十五条 在列车内，寻衅滋事，扰乱公共秩序，危害旅客人身、财产安全的，铁路职工有权制止，铁路公安人员可以予以拘留。

第五十六条 在车站和旅客列车内，发生法律规定需要检疫的传染病时，由铁路卫生检疫机构进行检疫；根据铁路卫生检疫机构的请求，地方卫生检疫机构应予协助。

货物运输的检疫，依照国家规定办理。

第五十七条　发生铁路交通事故，铁路运输企业应当依照国务院和国务院有关主管部门关于事故调查处理的规定办理，并及时恢复正常行车，任何单位和个人不得阻碍铁路线路开通和列车运行。

第五十八条　因铁路行车事故及其他铁路运营事故造成人身伤亡的，铁路运输企业应当承担赔偿责任；如果人身伤亡是因不可抗力或者由于受害人自身的原因造成的，铁路运输企业不承担赔偿责任。

违章通过平交道口或者人行过道，或者在铁路线路上行走、坐卧造成的人身伤亡，属于受害人自身的原因造成的人员伤亡。

第五十九条　国家铁路的重要桥梁和隧道，由中国人民武装警察部队负责守卫。

4. 最高人民法院关于审理铁路运输人身损害赔偿纠纷案件适用法律若干问题的解释

（法释〔2010〕5 号，2010 年 1 月 4 日由最高人民法院审判委员会第 1482 次会议通过，2010 年 3 月 3 日公布，自 2010 年 3 月 16 日起施行）

为正确审理铁路运输人身损害赔偿纠纷案件，依法维护各方当事人的合法权益，根据《中华人民共和国民法通则》《中华人民共和国铁路法》《中华人民共和国民事诉讼法》等法律的规定，结合审判实践，就有关适用法律问题作如下解释：

第一条 人民法院审理铁路行车事故及其他铁路运营事故造成的铁路运输人身损害赔偿纠纷案件，适用本解释。

与铁路运输企业建立劳动合同关系或者形成劳动关系的铁路职工在执行职务中发生的人身损害，依照有关调整劳动关系的法律规定及其他相关法律规定处理。

第二条 铁路运输人身损害的受害人、依法由受害人承担扶养义务的被扶养人以及死亡受害人的近亲属为赔偿权利人，有权请求赔偿。

第三条 赔偿权利人要求对方当事人承担侵权责任的，由事故发生地、列车最先到达地或者被告住所地铁路运输法院管辖；赔偿权利人依照合同法要求承运人承担违约责任予以人身损害赔偿的，由运输始发地、目的地或者被告住所地铁路运输法院管辖。

第四条 铁路运输造成人身损害的，铁路运输企业应当承担赔偿责任；法律另有规定的，依照其规定。

第五条 铁路运输中发生人身损害，铁路运输企业举证证明有下列情形之一的，不承担赔偿责任：

（一）不可抗力造成的；

（二）受害人故意以卧轨、碰撞等方式造成的。

第六条 因受害人翻越、穿越、损毁、移动铁路线路两侧防护围墙、栅栏或者其他防护设施穿越铁路线路，偷乘货车，攀附行进中的列车，在未设置人行通道的铁路桥梁、隧道内通行，攀爬高架铁路线路，以及其他未经许可进入铁路线路、车站、货场等铁路作业区域的过错行为，造成人身损害的，应当根据受害人的过错程度适当减轻铁路运输企业的赔偿责任，并按照以下情形分别处理：

（一）铁路运输企业未充分履行安全防护、警示等义务，受害人有上述过错行为的，铁路运输企业应当在全部损失的百分之八十至百分之二十之间承担赔偿责任；

（二）铁路运输企业已充分履行安全防护、警示等义务，受害人仍施以上述过错行为的，铁路运输企业应当在全部损失的百分之二十至百分之十之间承担赔偿责任。

第七条　受害人横向穿越未封闭的铁路线路时存在过错，造成人身损害的，按照前条规定处理。

受害人不听从值守人员劝阻或者无视禁行警示信号、标志硬行通过铁路平交道口、人行过道，或者沿铁路线路纵向行走，或者在铁路线路上坐卧，造成人身损害，铁路运输企业举证证明已充分履行安全防护、警示等义务的，不承担赔偿责任。

第八条　铁路运输造成无民事行为能力人人身损害的，铁路运输企业应当承担赔偿责任；监护人有过错的，按照过错程度减轻铁路运输企业的赔偿责任，但铁路运输企业承担的赔偿责任应当不低于全部损失的百分之五十。

铁路运输造成限制民事行为能力人人身损害的，铁路运输企业应当承担赔偿责任；监护人及受害人自身有过错的，按照过错程度减轻铁路运输企业的赔偿责任，但铁路运输企业承担的赔偿责任应当不低于全部损失的百分之四十。

第九条　铁路机车车辆与机动车发生碰撞造成机动车驾驶人员以外的人人身损害的，由铁路运输企业与机动车一方对受害人承担连带赔偿责任。铁路运输企业与机动车一方之间，按照各自的过错分担责任；双方均无过错的，按照公平原则分担责任。对受害人实际承担赔偿责任超出应当承担份额的一方，有权向另一方追偿。

铁路机车车辆与机动车发生碰撞造成机动车驾驶人员人身损害的，按照本解释第四条至第七条的规定处理。

第十条　在非铁路运输企业实行监护的铁路无人看守道口发生事故造成人身损害的，由铁路运输企业按照本解释的有关规定承担赔偿责任。道口管理单位有过错的，铁路运输企业对赔偿权利人承担赔偿责任后，有权向道口管理单位追偿。

第十一条　对于铁路桥梁、涵洞等设施负有管理、维护等职责的单位，因未尽职责使该铁路桥梁、涵洞等设施不能正常使用，导致行人、车辆穿越铁路线路造成人身损害的，铁路运输企业按照本解释有关规定承担赔偿责任后，有权向该单位追偿。

第十二条 铁路旅客运送期间发生旅客人身损害，赔偿权利人要求铁路运输企业承担违约责任的，人民法院应当依照《中华人民共和国合同法》第二百九十条、第三百零一条、第三百零二条等规定，确定铁路运输企业是否承担责任及责任的大小；赔偿权利人要求铁路运输企业承担侵权赔偿责任的，人民法院应当依照有关侵权责任的法律规定，确定铁路运输企业是否承担赔偿责任及责任的大小。

第十三条 铁路旅客运送期间因第三人侵权造成旅客人身损害的，由实施侵权行为的第三人承担赔偿责任。铁路运输企业有过错的，应当在能够防止或者制止损害的范围内承担相应的补充赔偿责任。铁路运输企业承担赔偿责任后，有权向第三人追偿。

车外第三人投掷石块等击打列车造成车内旅客人身损害，赔偿权利人要求铁路运输企业先予赔偿的，人民法院应当予以支持。铁路运输企业赔付后，有权向第三人追偿。

第十四条 有权作出事故认定的组织依照《铁路交通事故应急救援和调查处理条例》等有关规定制作的事故认定书，经庭审质证，对于事故认定书所认定的事实，当事人没有相反证据和理由足以推翻的，人民法院应当作为认定事实的根据。

第十五条 在专用铁路及铁路专用线上因运输造成人身损害，依法应当由肇事工具或者设备的所有人、使用人或者管理人承担赔偿责任的，适用本解释。

第十六条 本院以前发布的司法解释与本解释不一致的，以本解释为准。

本解释施行前已经终审，本解释施行后当事人申请再审或者按照审判监督程序决定再审的案件，不适用本解释。

5. 国务院关于核事故损害赔偿责任问题的批复

（国函〔2007〕64 号）

国家原子能机构：

现对核事故损害赔偿责任问题批复如下：

一、中华人民共和国境内，依法取得法人资格，营运核电站、民用研究堆、民用工程实验反应堆的单位或者从事民用核燃料生产、运输和乏燃料贮存、运输、后处理且拥有核设施的单位，为该核电站或者核设施的营运者。

二、营运者应当对核事故造成的人身伤亡、财产损失或者环境受到的损害承担赔偿责任。营运者以外的其他人不承担赔偿责任。

三、对核事故造成的跨越中华人民共和国边境的核事故损害，依照中华人民共和国与相关国家签订的条约或者协定办理，没有签订条约或者协定的，按照对等原则处理。

四、同一营运者在同一场址所设数个核设施视为一个核设施。

五、核事故损害涉及 2 个以上营运者，且不能明确区分各营运者所应承担的责任的，相关营运者应当承担连带责任。

六、对直接由于武装冲突、敌对行动、战争或者暴乱所引起的核事故造成的核事故损害，营运者不承担赔偿责任。

七、核电站的营运者和乏燃料贮存、运输、后处理的营运者，对一次核事故所造成的核事故损害的最高赔偿额为 3 亿元人民币；其他营运者对一次核事故所造成的核事故损害的最高赔偿额为 1 亿元人民币。核事故损害的应赔总额超过规定的最高赔偿额的，国家提供最高限额为 8 亿元人民币的财政补偿。

对非常核事故造成的核事故损害赔偿，需要国家增加财政补偿金额的由国务院评估后决定。

八、营运者应当做出适当的财务保证安排，以确保发生核事故损害时能够及时、有效的履行核事故损害赔偿责任。

在核电站运行之前或者乏燃料贮存、运输、后处理之前，营运者必须购买足以履行其责任限额的保险。

九、营运者与他人签订的书面合同对追索权有约定的，营运者向受害人赔偿后，按照合同的约定对他人行使追索权。

核事故损害是由自然人的故意作为或者不作为造成的，营运者向受害人赔偿后，对该自然人行使追索权。

十、受到核事故损害的自然人、法人以及其他组织有权请求核事故损害赔偿。

在起草《中华人民共和国原子能法（草案）》时，对上述各项内容以及诉讼时效、法院管辖等应当做出明确规定。

国务院

二〇〇七年六月三十日

6. 国内航空运输承运人赔偿责任限额规定

（中国民用航空总局第 164 号令，于 2006 年 1 月 29 日经国务院批准，2006 年 2 月 28 日发布，并自 2006 年 3 月 28 日起施行）

第一条 为了维护国内航空运输各方当事人的合法权益，根据《中华人民共和国民用航空法》（以下简称《民用航空法》）第一百二十八条，制定本规定。

第二条 本规定适用于中华人民共和国国内航空运输中发生的损害赔偿。

第三条 国内航空运输承运人（以下简称承运人）应当在下列规定的赔偿责任限额内按照实际损害承担赔偿责任，但是《民用航空法》另有规定的除外：

（一）对每名旅客的赔偿责任限额为人民币 40 万元；

（二）对每名旅客随身携带物品的赔偿责任限额为人民币 3000 元；

（三）对旅客托运的行李和对运输的货物的赔偿责任限额，为每公斤人民币 100 元。

第四条 本规定第三条所确定的赔偿责任限额的调整，由国务院民用航空主管部门制定，报国务院批准后公布执行。

第五条 旅客自行向保险公司投保航空旅客人身意外保险的，此项保险金额的给付，不免除或者减少承运人应当承担的赔偿责任。

第六条 本规定自 2006 年 3 月 28 日起施行。

中华人民共和国建筑法

(1997 年 11 月 1 日第八届全国人民代表大会常务委员会第二十八次会议通过，根据 2011 年 4 月 22 日第十一届全国人民代表大会常务委员会第二十次会议《关于修改〈中华人民共和国建筑法〉的决定》修正)

第一章　总　则

第一条　为了加强对建筑活动的监督管理，维护建筑市场秩序，保证建筑工程的质量和安全，促进建筑业健康发展，制定本法。

第二条　在中华人民共和国境内从事建筑活动，实施对建筑活动的监督管理，应当遵守本法。

本法所称建筑活动，是指各类房屋建筑及其附属设施的建造和与其配套的线路、管道、设备的安装活动。

第三条　建筑活动应当确保建筑工程质量和安全，符合国家的建筑工程安全标准。

第四条　国家扶持建筑业的发展，支持建筑科学技术研究，提高房屋建筑设计水平，鼓励节约能源和保护环境，提倡采用先进技术、先进设备、先进工艺、新型建筑材料和现代管理方式。

第五条　从事建筑活动应当遵守法律、法规，不得损害社会公共利益和他人的合法权益。

任何单位和个人都不得妨碍和阻挠依法进行的建筑活动。

第六条　国务院建设行政主管部门对全国的建筑活动实施统一监督管理。

第二章　建筑许可

第一节　建筑工程施工许可

第七条　建筑工程开工前，建设单位应当按照国家有关规定向工程所在地县级以上人民政府建设行政主管部门申请领取施工许可证；但是，国务院建设行政主管部门确定的限额以下的小型工程除外。

按照国务院规定的权限和程序批准开工报告的建筑工程，不再领取施工许可证。

第八条　申请领取施工许可证，应当具备下列条件：

（一）已经办理该建筑工程用地批准手续；

（二）在城市规划区的建筑工程，已经取得规划许可证；

（三）需要拆迁的，其拆迁进度符合施工要求；

（四）已经确定建筑施工企业；

（五）有满足施工需要的施工图纸及技术资料；

（六）有保证工程质量和安全的具体措施；

（七）建设资金已经落实；

（八）法律、行政法规规定的其他条件。

建设行政主管部门应当自收到申请之日起十五日内，对符合条件的申请颁发施工许可证。

第九条　建设单位应当自领取施工许可证之日起三个月内开工。因故不能按期开工的，应当向发证机关申请延期；延期以两次为限，每次不超过三个月。既不开工又不申请延期或者超过延期时限的，施工许可证自行废止。

第十条　在建的建筑工程因故中止施工的，建设单位应当自中止施工之日起一个月内，向发证机关报告，并按照规定做好建筑工程的维护管理工作。

建筑工程恢复施工时，应当向发证机关报告；中止施工满一年的工程恢复施工前，建设单位应当报发证机关核验施工许可证。

第十一条　按照国务院有关规定批准开工报告的建筑工程，因故不能按期开工或者中止施工的，应当及时向批准机关报告情况。因故不能按期开工超过六个月的，应当重新办理开工报告的批准手续。

第二节　从业资格

第十二条　从事建筑活动的建筑施工企业、勘察单位、设计单位和工程监理单位，应当具备下列条件：

（一）有符合国家规定的注册资本；

（二）有与其从事的建筑活动相适应的具有法定执业资格的专业技术人员；

（三）有从事相关建筑活动所应有的技术装备；

（四）法律、行政法规规定的其他条件。

第十三条 从事建筑活动的建筑施工企业、勘察单位、设计单位和工程监理单位，按照其拥有的注册资本、专业技术人员、技术装备和已完成的建筑工程业绩等资质条件，划分为不同的资质等级，经资质审查合格，取得相应等级的资质证书后，方可在其资质等级许可的范围内从事建筑活动。

第十四条 从事建筑活动的专业技术人员，应当依法取得相应的执业资格证书，并在执业资格证书许可的范围内从事建筑活动。

第三章 建筑工程发包与承包

第一节 一般规定

第十五条 建筑工程的发包单位与承包单位应当依法订立书面合同，明确双方的权利和义务。

发包单位和承包单位应当全面履行合同约定的义务。不按照合同约定履行义务的，依法承担违约责任。

第十六条 建筑工程发包与承包的招标投标活动，应当遵循公开、公正、平等竞争的原则，择优选择承包单位。

建筑工程的招标投标，本法没有规定的，适用有关招标投标法律的规定。

第十七条 发包单位及其工作人员在建筑工程发包中不得收受贿赂、回扣或者索取其他好处。

承包单位及其工作人员不得利用向发包单位及其工作人员行贿、提供回扣或者给予其他好处等不正当手段承揽工程。

第十八条 建筑工程造价应当按照国家有关规定，由发包单位与承包单位在合同中约定。公开招标发包的，其造价的约定，须遵守招标投标法律的规定。

发包单位应当按照合同的约定，及时拨付工程款项。

第二节 发 包

第十九条 建筑工程依法实行招标发包，对不适于招标发包的可以直接发包。

第二十条　建筑工程实行公开招标的，发包单位应当依照法定程序和方式，发布招标公告，提供载有招标工程的主要技术要求、主要的合同条款、评标的标准和方法以及开标、评标、定标的程序等内容的招标文件。

开标应当在招标文件规定的时间、地点公开进行。开标后应当按照招标文件规定的评标标准和程序对标书进行评价、比较，在具备相应资质条件的投标者中，择优选定中标者。

第二十一条　建筑工程招标的开标、评标、定标由建设单位依法组织实施，并接受有关行政主管部门的监督。

第二十二条　建筑工程实行招标发包的，发包单位应当将建筑工程发包给依法中标的承包单位。建筑工程实行直接发包的，发包单位应当将建筑工程发包给具有相应资质条件的承包单位。

第二十三条　政府及其所属部门不得滥用行政权力，限定发包单位将招标发包的建筑工程发包给指定的承包单位。

第二十四条　提倡对建筑工程实行总承包，禁止将建筑工程肢解发包。

建筑工程的发包单位可以将建筑工程的勘察、设计、施工、设备采购一并发包给一个工程总承包单位，也可以将建筑工程勘察、设计、施工、设备采购的一项或者多项发包给一个工程总承包单位；但是，不得将应当由一个承包单位完成的建筑工程肢解成若干部分发包给几个承包单位。

第二十五条　按照合同约定，建筑材料、建筑构配件和设备由工程承包单位采购的，发包单位不得指定承包单位购入用于工程的建筑材料、建筑构配件和设备或者指定生产厂、供应商。

第三节　承　包

第二十六条　承包建筑工程的单位应当持有依法取得的资质证书，并在其资质等级许可的业务范围内承揽工程。

禁止建筑施工企业超越本企业资质等级许可的业务范围或者以任何形式用其他建筑施工企业的名义承揽工程。禁止建筑施工企业以任何形式允许其他单位或者个人使用本企业的资质证书、营业执照，以本企业的名义承揽工程。

第二十七条　大型建筑工程或者结构复杂的建筑工程，可以由两个以上的承包单位联合共同承包。共同承包的各方对承包合同的履行承担连带责任。

两个以上不同资质等级的单位实行联合共同承包的，应当按照资质等级低的单位的业务许可范围承揽工程。

第二十八条　禁止承包单位将其承包的全部建筑工程转包给他人，禁止承包单位将其承包的全部建筑工程肢解以后以分包的名义分别转包给他人。

第二十九条 建筑工程总承包单位可以将承包工程中的部分工程发包给具有相应资质条件的分包单位；但是，除总承包合同中约定的分包外，必须经建设单位认可。施工总承包的，建筑工程主体结构的施工必须由总承包单位自行完成。

建筑工程总承包单位按照总承包合同的约定对建设单位负责；分包单位按照分包合同的约定对总承包单位负责。总承包单位和分包单位就分包工程对建设单位承担连带责任。

禁止总承包单位将工程分包给不具备相应资质条件的单位。禁止分包单位将其承包的工程再分包。

第四章 建筑工程监理

第三十条 国家推行建筑工程监理制定。

国务院可以规定实行强制监理的建筑工程的范围。

第三十一条 实行监理的建筑工程，由建设单位委托具有相应资质条件的工程监理单位监理。建设单位与其委托的工程监理单位应当订立书面委托监理合同。

第三十二条 建筑工程监理应当依照法律、行政法规及有关的技术标准、设计文件和建筑工程承包合同，对承包单位在施工质量、建设工期和建设资金使用等方面，代表建设单位实施监督。

工程监理人员认为工程施工不符合工程设计要求、施工技术标准和合同约定的，有权要求建筑施工企业改正。

工程监理人员发现工程设计不符合建筑工程质量标准或者合同约定的质量要求的，应当报告建设单位要求设计单位改正。

第三十三条 实施建筑工程监理前，建设单位应当将委托的工程监理单位、监理的内容及监理权限，书面通知被监理的建筑施工企业。

第三十四条 工程监理单位应当在其资质等级许可的监理范围内，承担工程监理业务。

工程监理单位应当根据建设单位的委托，客观、公正地执行监理任务。

工程监理单位与被监理工程的承包单位以及建筑材料、建筑构配件和设备供应单位不得有隶属关系或者其他利害关系。

工程监理单位不得转让工程监理业务。

第三十五条 工程监理单位不按照委托监理合同的约定履行监理义务，对应当监督检查的项目不检查或者不按照规定检查，给建设单位造成损失的，应当承担相应的赔偿责任。

工程监理单位与承包单位串通，为承包单位谋取非法利益，给建设单位造成损失的，应当与承包单位承担连带赔偿责任。

第五章　建筑安全生产管理

第三十六条　建筑工程安全生产管理必须坚持安全第一、预防为主的方针，建立健全安全生产的责任制度和群防群治制度。

第三十七条　建筑工程设计应当符合按照国家规定制定的建筑安全规程和技术规范，保证工程的安全性能。

第三十八条　建筑施工企业在编制施工组织设计时，应当根据建筑工程的特点制定相应的安全技术措施；对专业性较强的工程项目，应当编制专项安全施工组织设计，并采取安全技术措施。

第三十九条　建筑施工企业应当在施工现场采取维护安全、防范危险、预防火灾等措施；有条件的，应当对施工现场实行封闭管理。

施工现场对毗邻的建筑物、构筑物和特殊作业环境可能造成损害的，建筑施工企业应当采取安全防护措施。

第四十条　建设单位应当向建筑施工企业提供与施工现场相关的地下管线资料，建筑施工企业应当采取措施加以保护。

第四十一条　建筑施工企业应当遵守有关环境保护和安全生产的法律、法规的规定，采取控制和处理施工现场的各种粉尘、废气、废水、固体废物以及噪声、振动对环境的污染和危害的措施。

第四十二条　有下列情形之一的，建设单位应当按照国家有关规定办理申请批准手续：

（一）需要临时占用规划批准范围以外场地的；

（二）可能损坏道路、管线、电力、邮电通讯等公共设施的；

（三）需要临时停水、停电、中断道路交通的；

（四）需要进行爆破作业的；

（五）法律、法规规定需要办理报批手续的其他情形。

第四十三条　建设行政主管部门负责建筑安全生产的管理，并依法接受劳动行政主管部门对建筑安全生产的指导和监督。

第四十四条　建筑施工企业必须依法加强对建筑安全生产的管理，执行安全生产责任制度，采取有效措施，防止伤亡和其他安全生产事故的发生。

建筑施工企业的法定代表人对本企业的安全生产负责。

第四十五条 施工现场安全由建筑施工企业负责。实行施工总承包的，由总承包单位负责。分包单位向总承包单位负责，服从总承包单位对施工现场的安全生产管理。

第四十六条 建筑施工企业应当建立健全劳动安全生产教育培训制度，加强对职工安全生产的教育培训；未经安全生产教育培训的人员，不得上岗作业。

第四十七条 建筑施工企业和作业人员在施工过程中，应当遵守有关安全生产的法律、法规和建筑行业安全规章、规程，不得违章指挥或者违章作业。作业人员有权对影响人身健康的作业程序和作业条件提出改进意见，有权获得安全生产所需的防护用品。作业人员对危及生命安全和人身健康的行为有权提出批评、检举和控告。

第四十八条 建筑施工企业应当依法为职工参加工伤保险缴纳工伤保险费。鼓励企业为从事危险作业的职工办理意外伤害保险，支付保险费。

第四十九条 涉及建筑主体和承重结构变动的装修工程，建设单位应当在施工前委托原设计单位或者具有相应资质条件的设计单位提出设计方案；没有设计方案的，不得施工。

第五十条 房屋拆除应当由具备保证安全条件的建筑施工单位承担，由建筑施工单位负责人对安全负责。

第五十一条 施工中发生事故时，建筑施工企业应当采取紧急措施减少人员伤亡和事故损失，并按照国家有关规定及时向有关部门报告。

第六章 建筑工程质量管理

第五十二条 建筑工程勘察、设计、施工的质量必须符合国家有关建筑工程安全标准的要求，具体管理办法由国务院规定。

有关建筑工程安全的国家标准不能适应确保建筑安全的要求时，应当及时修订。

第五十三条 国家对从事建筑活动的单位推行质量体系认证制度。从事建筑活动的单位根据自愿原则可以向国务院产品质量监督管理部门或者国务院产品质量监督管理部门授权的部门认可的认证机构申请质量体系认证。经认证合格的，由认证机构颁发质量体系认证证书。

第五十四条 建设单位不得以任何理由，要求建筑设计单位或者建筑施工企业在工程设计或者施工作业中，违反法律、行政法规和建筑工程质量、安全标准，降低工程质量。

建筑设计单位和建筑施工企业对建设单位违反前款规定提出的降低工程质量的要求，应当予以拒绝。

第五十五条　建筑工程实行总承包的，工程质量由工程总承包单位负责，总承包单位将建筑工程分包给其他单位的，应当对分包工程的质量与分包单位承担连带责任。分包单位应当接受总承包单位的质量管理。

第五十六条　建筑工程的勘察、设计单位必须对其勘察、设计的质量负责。勘察、设计文件应当符合有关法律、行政法规的规定和建筑工程质量、安全标准、建筑工程勘察、设计技术规范以及合同的约定。设计文件选用的建筑材料、建筑构配件和设备，应当注明其规格、型号、性能等技术指标，其质量要求必须符合国家规定的标准。

第五十七条　建筑设计单位对设计文件选用的建筑材料、建筑构配件和设备，不得指定生产厂、供应商。

第五十八条　建筑施工企业对工程的施工质量负责。

建筑施工企业必须按照工程设计图纸和施工技术标准施工，不得偷工减料。工程设计的修改由原设计单位负责，建筑施工企业不得擅自修改工程设计。

第五十九条　建筑施工企业必须按照工程设计要求、施工技术标准和合同的约定，对建筑材料、建筑构配件和设备进行检验，不合格的不得使用。

第六十条　建筑物在合理使用寿命内，必须确保地基基础工程和主体结构的质量。

建筑工程竣工时，屋顶、墙面不得留有渗漏、开裂等质量缺陷；对已发现的质量缺陷，建筑施工企业应当修复。

第六十一条　交付竣工验收的建筑工程，必须符合规定的建筑工程质量标准，有完整的工程技术经济资料和经签署的工程保修书，并具备国家规定的其他竣工条件。

建筑工程竣工经验收合格后，方可交付使用；未经验收或者验收不合格的，不得交付使用。

第六十二条　建筑工程实行质量保修制度。

建筑工程的保修范围应当包括地基基础工程、主体结构工程、屋面防水工程和其他土建工程，以及电气管线、上下水管线的安装工程，供热、供冷系统工程等项目；保修的期限应当按照保证建筑物合理寿命年限内正常使用，维护使用者合法权益的原则确定。具体的保修范围和最低保修期限由国务院规定。

第六十三条　任何单位和个人对建筑工程的质量事故、质量缺陷都有权向建设行政主管部门或者其他有关部门进行检举、控告、投诉。

第七章 法律责任

第六十四条 违反本法规定，未取得施工许可证或者开工报告未经批准擅自施工的，责令改正，对不符合开工条件的责令停止施工，可以处以罚款。

第六十五条 发包单位将工程发包给不具有相应资质条件的承包单位的，或者违反本法规定将建筑工程肢解发包的，责令改正，处以罚款。

超越本单位资质等级承揽工程的，责令停止违法行为，处以罚款，可以责令停业整顿，降低资质等级；情节严重的，吊销资质证书；有违法所得的，予以没收。

未取得资质证书承揽工程的，予以取缔，并处罚款；有违法所得的，予以没收。

以欺骗手段取得资质证书的，吊销资质证书，处以罚款；构成犯罪的，依法追究刑事责任。

第六十六条 建筑施工企业转让、出借资质证书或者以其他方式允许他人以本企业的名义承揽工程的，责令改正，没收违法所得，并处罚款，可以责令停业整顿，降低资质等级；情节严重的，吊销资质证书。对因该项承揽工程不符合规定的质量标准造成的损失，建筑施工企业与使用本企业名义的单位或者个人承担连带赔偿责任。

第六十七条 承包单位将承包的工程转包的，或者违反本法规定进行分包的，责令改正，没收违法所得，并处罚款，可以责令停业整顿，降低资质等级；情节严重的，吊销资质证书。

承包单位有前款规定的违法行为的，对因转包工程或者违法分包的工程不符合规定的质量标准造成的损失，与接受转包或者分包的单位承担连带赔偿责任。

第六十八条 在工程发包与承包中索贿、受贿、行贿，构成犯罪的，依法追究刑事责任；不构成犯罪的，分别处以罚款，没收贿赂的财物，对直接负责的主管人员和其他直接责任人员给予处分。

对在工程承包中行贿的承包单位，除依照前款规定处罚外，可以责令停业整顿，降低资质等级或者吊销资质证书。

第六十九条 工程监理单位与建设单位或者建筑施工企业串通，弄虚作假、降低工程质量的，责令改正，处以罚款，降低资质等级或者吊销资质证书；有违法所得的，予以没收；造成损失的，承担连带赔偿责任；构成犯罪的，依法追究刑事责任。

工程监理单位转让监理业务的，责令改正，没收违法所得，可以责令停业整顿，降低资质等级；情节严重的，吊销资质证书。

第七十条　违反本法规定，涉及建筑主体或者承重结构变动的装修工程擅自施工的，责令改正，处以罚款；造成损失的，承担赔偿责任；构成犯罪的，依法追究刑事责任。

第七十一条　建筑施工企业违反本法规定，对建筑安全事故隐患不采取措施予以消除的，责令改正，可以处以罚款；情节严重的，责令停业整顿，降低资质等级或者吊销资质证书；构成犯罪的，依法追究刑事责任。

建筑施工企业的管理人员违章指挥、强令职工冒险作业，因而发生重大伤亡事故或者造成其他严重后果的，依法追究刑事责任。

第七十二条　建设单位违反本法规定，要求建筑设计单位或者建筑施工企业违反建筑工程质量、安全标准，降低工程质量的，责令改正，可以处以罚款；构成犯罪的，依法追究刑事责任。

第七十三条　建筑设计单位不按照建筑工程质量、安全标准进行设计的，责令改正，处以罚款；造成工程质量事故的，责令停业整顿，降低资质等级或者吊销资质证书，没收违法所得，并处罚款；造成损失的，承担赔偿责任；构成犯罪的，依法追究刑事责任。

第七十四条　建筑施工企业在施工中偷工减料的，使用不合格的建筑材料、建筑构配件和设备的，或者有其他不按照工程设计图纸或者施工技术标准施工的行为的，责令改正，处以罚款；情节严重的，责令停业整顿，降低资质等级或者吊销资质证书；造成建筑工程质量不符合规定的质量标准的，负责返工、修理，并赔偿因此造成的损失；构成犯罪的，依法追究刑事责任。

第七十五条　建筑施工企业违反本法规定，不履行保修义务或者拖延履行保修义务的，责令改正，可以处以罚款，并对在保修期内因屋顶、墙面渗漏、开裂等质量缺陷造成的损失，承担赔偿责任。

第七十六条　本法规定的责令停业整顿、降低资质等级和吊销资质证书的行政处罚，由颁发资质证书的机关决定；其他行政处罚，由建设行政主管部门或者有关部门依照法律和国务院规定的职权范围决定。

依照本法规定被吊销资质证书的，由工商行政管理部门吊销其营业执照。

第七十七条　违反本法规定，对不具备相应资质等级条件的单位颁发该等级资质证书的，由其上级机关责令收回所发的资质证书，对直接负责的主管人员和其他直接责任人员给予行政处分；构成犯罪的，依法追究刑事责任。

第七十八条　政府及其所属部门的工作人员违反本法规定，限定发包单位将招标发包的工程发包给指定的承包单位的，由上级机关责令改正；构成犯罪的，依法追究刑事责任。

第七十九条 负责颁发建筑工程施工许可证的部门及其工作人员对不符合施工条件的建筑工程颁发施工许可证的，负责工程质量监督检查或者竣工验收的部门及其工作人员对不合格的建筑工程出具质量合格文件或者按合格工程验收的，由上级机关责令改正，对责任人员给予行政处分；构成犯罪的，依法追究刑事责任；造成损失的，由该部门承担相应的赔偿责任。

第八十条 在建筑物的合理使用寿命内，因建筑工程质量不合格受到损害的，有权向责任者要求赔偿。

第八章 附 则

第八十一条 本法关于施工许可、建筑施工企业资质审查和建筑工程发包、承包、禁止转包，以及建筑工程监理、建筑工程安全和质量管理的规定，适用于其他专业建筑工程的建筑活动，具体办法由国务院规定。

第八十二条 建设行政主管部门和其他有关部门在对建筑活动实施监督管理中，除按照国务院有关规定收取费用外，不得收取其他费用。

第八十三条 省、自治区、直辖市人民政府确定的小型房屋建筑工程的建筑活动，参照本法执行。

依法核定作为文物保护的纪念建筑物和古建筑等的修缮，依照文物保护的有关法律规定执行。

抢险救灾及其他临时性房屋建筑和农民自建低层住宅的建筑活动，不适用本法。

第八十四条 军用房屋建筑工程建筑活动的具体管理办法，由国务院、中央军事委员会依据本法制定。

第八十五条 本法自 1998 年 3 月 1 日起施行。

伤残分级、鉴定部分

1. 人体损伤致残程度分级

（最高人民法院、最高人民检察院、公安部、国家安全部、司法部 2016 年 4 月 18 日发布，自 2017 年 1 月 1 日起施行）

1　范围

本标准规定了人体损伤致残程度分级的原则、方法、内容和等级划分。

本标准适用于人身损害致残程度等级鉴定。

2　规范性引用文件

下列文件对本标准的应用是必不可少的。凡是注日期的引用文件，仅注日期的版本适用于本标准；凡是不注日期的引用文件，其最新版本（包括所有的修改单）适用于本标准。

最高人民法院、最高人民检察院、公安部、国家安全部、司法部发布 人体损伤程度鉴定标准

GB/T 16180 - 2014 劳动能力鉴定 职工工伤与职业病致残等级

GB/T 31147 人身损害护理依赖程度评定

3　术语和定义

3.1　损伤

各种因素造成的人体组织器官结构破坏和/或功能障碍。

3.2　残疾

人体组织器官结构破坏或者功能障碍，以及个体在现代临床医疗条件下难以恢复的生活、工作、社会活动能力不同程度的降低或者丧失。

4 总则

4.1 鉴定原则

应以损伤治疗后果或者结局为依据，客观评价组织器官缺失和/或功能障碍程度，科学分析损伤与残疾之间的因果关系，实事求是地进行鉴定。

受伤人员符合两处以上致残程度等级者，鉴定意见中应该分别写明各处的致残程度等级。

4.2 鉴定时机

应在原发性损伤及其与之确有关联的并发症治疗终结或者临床治疗效果稳定后进行鉴定。

4.3 伤病关系处理

当损伤与原有伤、病共存时，应分析损伤与残疾后果之间的因果关系。根据损伤在残疾后果中的作用力大小确定因果关系的不同形式，可依次分别表述为：完全作用、主要作用、同等作用、次要作用、轻微作用、没有作用。

除损伤"没有作用"以外，均应按照实际残情鉴定致残程度等级，同时说明损伤与残疾后果之间的因果关系；判定损伤"没有作用"的，不应进行致残程度鉴定。

4.4 致残等级划分

本标准将人体损伤致残程度划分为10个等级，从一级（人体致残率100%）到十级（人体致残率10%），每级致残率相差10%。致残程度等级划分依据见附录A。

4.5 判断依据

依据人体组织器官结构破坏、功能障碍及其对医疗、护理的依赖程度，适当考虑由于残疾引起的社会交往和心理因素影响，综合判定致残程度等级。

5 致残程度分级

5.1 一级

5.1.1 颅脑、脊髓及周围神经损伤

1）持续性植物生存状态；

2）精神障碍或者极重度智能减退，日常生活完全不能自理；

3）四肢瘫（肌力3级以下）或者三肢瘫（肌力2级以下）；

4）截瘫（肌力2级以下）伴重度排便功能障碍与重度排尿功能障碍。

5.1.2 颈部及胸部损伤

1）心功能不全，心功能Ⅳ级；

2）严重器质性心律失常，心功能Ⅲ级；

3）心脏移植术后，心功能Ⅲ级；

4）心肺联合移植术后；

5）肺移植术后呼吸困难（极重度）。

5.1.3　腹部损伤

1）原位肝移植术后肝衰竭晚期；

2）双肾切除术后或者孤肾切除术后，需透析治疗维持生命；肾移植术后肾衰竭。

5.1.4　脊柱、骨盆及四肢损伤

1）三肢缺失（上肢肘关节以上，下肢膝关节以上）；

2）二肢缺失（上肢肘关节以上，下肢膝关节以上），第三肢各大关节功能丧失均达75%；

3）二肢缺失（上肢肘关节以上，下肢膝关节以上），第三肢任二大关节均强直固定或者功能丧失均达90%。

5.2　二级

5.2.1　颅脑、脊髓及周围神经损伤

1）精神障碍或者重度智能减退，日常生活随时需有人帮助；

2）三肢瘫（肌力3级以下）；

3）偏瘫（肌力2级以下）；

4）截瘫（肌力2级以下）；

5）非肢体瘫运动障碍（重度）。

5.2.2　头面部损伤

1）容貌毁损（重度）；

2）上颌骨或者下颌骨完全缺损；

3）双眼球缺失或者萎缩；

4）双眼盲目5级；

5）双侧眼睑严重畸形（或者眼睑重度下垂，遮盖全部瞳孔），伴双眼盲目3级以上。

5.2.3　颈部及胸部损伤

1）呼吸困难（极重度）；

2）心脏移植术后；

3）肺移植术后。

5.2.4　腹部损伤

1）肝衰竭晚期；

2）肾衰竭；

3）小肠大部分切除术后，消化吸收功能丧失，完全依赖肠外营养。

5.2.5　脊柱、骨盆及四肢损伤

1）双上肢肘关节以上缺失，或者一上肢肘关节以上缺失伴一下肢膝关节以上缺失；

2）一肢缺失（上肢肘关节以上，下肢膝关节以上），其余任二肢体各有二大关节功能丧失均达75%；

3）双上肢各大关节均强直固定或者功能丧失均达90%。

5.2.6　体表及其他损伤

1）皮肤瘢痕形成达体表面积90%；

2）重型再生障碍性贫血。

5.3　三级

5.3.1　颅脑、脊髓及周围神经损伤

1）精神障碍或者重度智能减退，不能完全独立生活，需经常有人监护；

2）完全感觉性失语或者混合性失语；

3）截瘫（肌力3级以下）伴排便或者排尿功能障碍；

4）双手全肌瘫（肌力2级以下），伴双腕关节功能丧失均达75%；

5）重度排便功能障碍伴重度排尿功能障碍。

5.3.2　头面部损伤

1）一眼球缺失、萎缩或者盲目5级，另一眼盲目3级；

2）双眼盲目4级；

3）双眼视野接近完全缺损，视野有效值≤4%（直径≤5°）；

4）吞咽功能障碍，完全依赖胃管进食。

5.3.3　颈部及胸部损伤

1）食管闭锁或者切除术后，摄食依赖胃造口或者空肠造口；

2）心功能不全，心功能Ⅲ级。

5.3.4　腹部损伤

1）全胰缺失；

2）一侧肾切除术后，另一侧肾功能重度下降；

3）小肠大部分切除术后，消化吸收功能严重障碍，大部分依赖肠外营养。

5.3.5　盆部及会阴部损伤

1）未成年人双侧卵巢缺失或者萎缩，完全丧失功能；

2）未成年人双侧睾丸缺失或者萎缩，完全丧失功能；

3）阴茎接近完全缺失（残留长度≤1.0cm）。

5.3.6　脊柱、骨盆及四肢损伤

1）二肢缺失（上肢腕关节以上，下肢膝关节以上）；

2）一肢缺失（上肢腕关节以上，下肢膝关节以上），另一肢各大关节均强直固定或者功能丧失均达90%；

3）双上肢各大关节功能丧失均达75%；双下肢各大关节均强直固定或者功能丧失均达90%；一上肢与一下肢各大关节均强直固定或者功能丧失均达90%。

5.4　四级

5.4.1　颅脑、脊髓及周围神经损伤

1）精神障碍或者中度智能减退，日常生活能力严重受限，间或需要帮助；

2）外伤性癫痫（重度）；

3）偏瘫（肌力3级以下）；

4）截瘫（肌力3级以下）；

5）阴茎器质性勃起障碍（重度）。

5.4.2　头面部损伤

1）符合容貌毁损（重度）标准之三项者；

2）上颌骨或者下颌骨缺损达1/2；

3）一眼球缺失、萎缩或者盲目5级，另一眼重度视力损害；

4）双眼盲目3级；

5）双眼视野极度缺损，视野有效值≤8%（直径≤10°）；

6）双耳听力障碍≥91dB HL。

5.4.3　颈部及胸部损伤

1）严重器质性心律失常，心功能Ⅱ级；

2）一侧全肺切除术后；

3）呼吸困难（重度）。

5.4.4　腹部损伤

1）肝切除2/3以上；

2）肝衰竭中期；

3）胰腺大部分切除，胰岛素依赖；

4）肾功能重度下降；

5）双侧肾上腺缺失；

6）永久性回肠造口。

5.4.5 盆部及会阴部损伤

1）膀胱完全缺失或者切除术后，行永久性输尿管腹壁造瘘或者肠代膀胱并永久性造口。

5.4.6 脊柱、骨盆及四肢损伤

1）一上肢腕关节以上缺失伴一下肢踝关节以上缺失，或者双下肢踝关节以上缺失；

2）双下肢各大关节功能丧失均达75%；一上肢与一下肢各大关节功能丧失均达75%；

3）手功能丧失分值达150分。

5.4.7 体表及其他损伤

1）皮肤瘢痕形成达体表面积70%；

2）放射性皮肤癌。

5.5 五级

5.5.1 颅脑、脊髓及周围神经损伤

1）精神障碍或者中度智能减退，日常生活能力明显受限，需要指导；

2）完全运动性失语；

3）完全性失用、失写、失读或者失认等；

4）双侧完全性面瘫；

5）四肢瘫（肌力4级以下）；

6）单肢瘫（肌力2级以下）；

7）非肢体瘫运动障碍（中度）；

8）双手大部分肌瘫（肌力2级以下）；

9）双足全肌瘫（肌力2级以下）；

10）排便伴排尿功能障碍，其中一项达重度。

5.5.2 头面部损伤

1）符合容貌毁损（重度）标准之二项者；

2）一眼球缺失、萎缩或者盲目5级，另一眼中度视力损害；

3）双眼重度视力损害；

4）双眼视野重度缺损，视野有效值≤16%（直径≤20°）；

5）一侧眼睑严重畸形（或者眼睑重度下垂，遮盖全部瞳孔），伴另一眼盲目3级以上；

6）双耳听力障碍≥81dB HL；

7）一耳听力障碍≥91dB HL，另一耳听力障碍≥61dB HL；

8）舌根大部分缺损；

9）咽或者咽后区损伤遗留吞咽功能障碍，只能吞咽流质食物。

5.5.3　颈部及胸部损伤

1）未成年人甲状腺损伤致功能减退，药物依赖；

2）甲状旁腺功能损害（重度）；

3）食管狭窄，仅能进流质食物；

4）食管损伤，肠代食管术后。

5.5.4　腹部损伤

1）胰头合并十二指肠切除术后；

2）一侧肾切除术后，另一侧肾功能中度下降；

3）肾移植术后，肾功能基本正常；

4）肾上腺皮质功能明显减退；

5）全胃切除术后；

6）小肠部分切除术后，消化吸收功能障碍，部分依赖肠外营养；

7）全结肠缺失。

5.5.5　盆部及会阴部损伤

1）永久性输尿管腹壁造口；

2）尿瘘难以修复；

3）直肠阴道瘘难以修复；

4）阴道严重狭窄（仅可容纳一中指）；

5）双侧睾丸缺失或者完全萎缩，丧失生殖功能；

6）阴茎大部分缺失（残留长度≤3.0 cm）。

5.5.6　脊柱、骨盆及四肢损伤

1）一上肢肘关节以上缺失；

2）一肢缺失（上肢腕关节以上，下肢膝关节以上），另一肢各大关节功能丧失均达50%或者其余肢体任二大关节功能丧失均达75%；

3）手功能丧失分值≥120分。

5.6　六级

5.6.1　颅脑、脊髓及周围神经损伤

1）精神障碍或者中度智能减退，日常生活能力部分受限，但能部分代偿，部分日常生活需要帮助；

2）外伤性癫痫（中度）；

3）尿崩症（重度）；

4) 一侧完全性面瘫;

5) 三肢瘫 (肌力 4 级以下);

6) 截瘫 (肌力 4 级以下) 伴排便或者排尿功能障碍;

7) 双手部分肌瘫 (肌力 3 级以下);

8) 一手全肌瘫 (肌力 2 级以下), 伴相应腕关节功能丧失 75% 以上;

9) 双足全肌瘫 (肌力 3 级以下);

10) 阴茎器质性勃起障碍 (中度)。

5.6.2 头面部损伤

1) 符合容貌毁损 (中度) 标准之四项者;

2) 面部中心区条状瘢痕形成 (宽度达 0.3 cm), 累计长度达 20.0 cm;

3) 面部片状细小瘢痕形成或者色素显著异常, 累计达面部面积的 80%;

4) 双侧眼睑严重畸形;

5) 一眼球缺失、萎缩或者盲目 5 级, 另一眼视力 ≤0.5;

6) 一眼重度视力损害, 另一眼中度视力损害;

7) 双眼视野中度缺损, 视野有效值 ≤48% (直径 ≤60°);

8) 双侧前庭平衡功能丧失, 睁眼行走困难, 不能并足站立;

9) 唇缺损或者畸形, 累计相当于上唇 2/3 以上。

5.6.3 颈部及胸部损伤

1) 双侧喉返神经损伤, 影响功能;

2) 一侧胸廓成形术后, 切除 6 根以上肋骨;

3) 女性双侧乳房完全缺失;

4) 心脏瓣膜置换术后, 心功能不全;

5) 心功能不全, 心功能 Ⅱ 级;

6) 器质性心律失常安装永久性起搏器后;

7) 严重器质性心律失常;

8) 两肺叶切除术后。

5.6.4 腹部损伤

1) 肝切除 1/2 以上;

2) 肝衰竭早期;

3) 胰腺部分切除术后伴功能障碍, 需药物治疗;

4) 肾功能中度下降;

5) 小肠部分切除术后, 影响消化吸收功能, 完全依赖肠内营养。

5.6.5　盆部及会阴部损伤

1）双侧卵巢缺失或者萎缩，完全丧失功能；

2）未成年人双侧卵巢萎缩，部分丧失功能；

3）未成年人双侧睾丸萎缩，部分丧失功能；

4）会阴部瘢痕挛缩伴阴道狭窄；

5）睾丸或者附睾损伤，生殖功能重度损害；

6）双侧输精管损伤难以修复；

7）阴茎严重畸形，不能实施性交行为。

5.6.6　脊柱、骨盆及四肢损伤

1）脊柱骨折后遗留30°以上侧弯或者后凸畸形；

2）一肢缺失（上肢腕关节以上，下肢膝关节以上）；

3）双足跖跗关节以上缺失；

4）手或者足功能丧失分值≥90分。

5.6.7　体表及其他损伤

1）皮肤瘢痕形成达体表面积50%；

2）非重型再生障碍性贫血。

5.7　七级

5.7.1　颅脑、脊髓及周围神经损伤

1）精神障碍或者轻度智能减退，日常生活有关的活动能力极重度受限；

2）不完全感觉性失语；

3）双侧大部分面瘫；

4）偏瘫（肌力4级以下）；

5）截瘫（肌力4级以下）；

6）单肢瘫（肌力3级以下）；

7）一手大部分肌瘫（肌力2级以下）；

8）一足全肌瘫（肌力2级以下）；

9）重度排便功能障碍或者重度排尿功能障碍。

5.7.2　头面部损伤

1）面部中心区条状瘢痕形成（宽度达0.3 cm），累计长度达15.0 cm；

2）面部片状细小瘢痕形成或者色素显著异常，累计达面部面积的50%；

3）双侧眼睑重度下垂，遮盖全部瞳孔；

4）一眼球缺失或者萎缩；

5）双眼中度视力损害；

6) 一眼盲目 3 级，另一眼视力≤0.5；

7) 双眼偏盲；

8) 一侧眼睑严重畸形（或者眼睑重度下垂，遮盖全部瞳孔）合并该眼盲目 3 级以上；

9) 一耳听力障碍≥81dB HL，另一耳听力障碍≥61dB HL；

10) 咽或者咽后区损伤遗留吞咽功能障碍，只能吞咽半流质食物；

11) 上颌骨或者下颌骨缺损达 1/4；

12) 上颌骨或者下颌骨部分缺损伴牙齿缺失 14 枚以上；

13) 颌面部软组织缺损，伴发涎漏。

5.7.3 颈部及胸部损伤

1) 甲状腺功能损害（重度）；

2) 甲状旁腺功能损害（中度）；

3) 食管狭窄，仅能进半流质食物；食管重建术后并发反流性食管炎；

4) 颏颈粘连（中度）；

5) 女性双侧乳房大部分缺失或者严重畸形；

6) 未成年或者育龄女性双侧乳头完全缺失；

7) 胸廓畸形，胸式呼吸受限；

8) 一肺叶切除，并肺段或者肺组织楔形切除术后。

5.7.4 腹部损伤

1) 肝切除 1/3 以上；

2) 一侧肾切除术后；

3) 胆道损伤胆肠吻合术后，反复发作逆行性胆道感染；

4) 未成年人脾切除术后；

5) 小肠部分（包括回盲部）切除术后；

6) 永久性结肠造口；

7) 肠瘘长期不愈（1 年以上）。

5.7.5 盆部及会阴部损伤

1) 永久性膀胱造口；

2) 膀胱部分切除术后合并轻度排尿功能障碍；

3) 原位肠代膀胱术后；

4) 子宫大部分切除术后；

5) 睾丸损伤，血睾酮降低，需药物替代治疗；

6) 未成年人一侧睾丸缺失或者严重萎缩；

7）阴茎畸形，难以实施性交行为；

8）尿道狭窄（重度）或者成形术后；

9）肛管或者直肠损伤，排便功能重度障碍或者肛门失禁（重度）；

10）会阴部瘢痕挛缩致肛门闭锁，结肠造口术后。

5.7.6 脊柱、骨盆及四肢损伤

1）双下肢长度相差 8.0 cm 以上；

2）一下肢踝关节以上缺失；

3）四肢任一大关节（踝关节除外）强直固定于非功能位；

4）四肢任二大关节（踝关节除外）功能丧失均达 75%；

5）一手除拇指外，余四指完全缺失；

6）双足足弓结构完全破坏；

7）手或者足功能丧失分值≥60 分。

5.8 八级

5.8.1 颅脑、脊髓及周围神经损伤

1）精神障碍或者轻度智能减退，日常生活有关的活动能力重度受限；

2）不完全运动性失语；不完全性失用、失写、失读或者失认；

3）尿崩症（中度）；

4）一侧大部分面瘫，遗留眼睑闭合不全和口角歪斜；

5）单肢瘫（肌力 4 级以下）；

6）非肢体瘫运动障碍（轻度）；

7）一手大部分肌瘫（肌力 3 级以下）；

8）一足全肌瘫（肌力 3 级以下）；

9）阴茎器质性勃起障碍（轻度）。

5.8.2 头面部损伤

1）容貌毁损（中度）；

2）符合容貌毁损（重度）标准之一项者；

3）头皮完全缺损，难以修复；

4）面部条状瘢痕形成，累计长度达 30.0 cm；面部中心区条状瘢痕形成（宽度达 0.2 cm），累计长度达 15.0 cm；

5）面部块状增生性瘢痕形成，累计面积达 15.0 cm²；面部中心区块状增生性瘢痕形成，单块面积达 7.0 cm² 或者多块累计面积达 9.0 cm²；

6）面部片状细小瘢痕形成或者色素异常，累计面积达 100.0 cm²；

7）一眼盲目 4 级；

8）一眼视野接近完全缺损，视野有效值≤4%（直径≤5°）；

9）双眼外伤性青光眼，经手术治疗；

10）一侧眼睑严重畸形（或者眼睑重度下垂，遮盖全部瞳孔）合并该眼重度视力损害；

11）一耳听力障碍≥91dB HL；

12）双耳听力障碍≥61dB HL；

13）双侧鼻翼大部分缺损，或者鼻尖大部分缺损合并一侧鼻翼大部分缺损；

14）舌体缺损达舌系带；

15）唇缺损或者畸形，累计相当于上唇1/2以上；

16）脑脊液漏经手术治疗后持续不愈；

17）张口受限Ⅲ度；

18）发声功能或者构音功能障碍（重度）；

19）咽成形术后咽下运动异常。

5.8.3　颈部及胸部损伤

1）甲状腺功能损害（中度）；

2）颈总动脉或者颈内动脉严重狭窄支架置入或者血管移植术后；

3）食管部分切除术后，并后遗胸腔胃；

4）女性一侧乳房完全缺失；女性双侧乳房缺失或者毁损，累计范围相当于一侧乳房3/4以上；

5）女性双侧乳头完全缺失；

6）肋骨骨折12根以上并后遗6处畸形愈合；

7）心脏或者大血管修补术后；

8）一肺叶切除术后；

9）胸廓成形术后，影响呼吸功能；

10）呼吸困难（中度）。

5.8.4　腹部损伤

1）腹壁缺损≥腹壁的1/4；

2）成年人脾切除术后；

3）胰腺部分切除术后；

4）胃大部分切除术后；

5）肠部分切除术后，影响消化吸收功能；

6）胆道损伤，胆肠吻合术后；

7）损伤致肾性高血压；

8）肾功能轻度下降；

9）一侧肾上腺缺失；

10）肾上腺皮质功能轻度减退。

5.8.5　盆部及会阴部损伤

1）输尿管损伤行代替术或者改道术后；

2）膀胱大部分切除术后；

3）一侧输卵管和卵巢缺失；

4）阴道狭窄；

5）一侧睾丸缺失；

6）睾丸或者附睾损伤，生殖功能轻度损害；

7）阴茎冠状沟以上缺失；

8）阴茎皮肤瘢痕形成，严重影响性交行为。

5.8.6　脊柱、骨盆及四肢损伤

1）二椎体压缩性骨折（压缩程度均达 1/3）；

2）三个以上椎体骨折，经手术治疗后；

3）女性骨盆骨折致骨产道变形，不能自然分娩；

4）股骨头缺血性坏死，难以行关节假体置换术；

5）四肢长骨开放性骨折并发慢性骨髓炎、大块死骨形成，长期不愈（1 年以上）；

6）双上肢长度相差 8.0 cm 以上；

7）双下肢长度相差 6.0 cm 以上；

8）四肢任一大关节（踝关节除外）功能丧失 75% 以上；

9）一踝关节强直固定于非功能位；

10）一肢体各大关节功能丧失均达 50%；

11）一手拇指缺失达近节指骨 1/2 以上并相应掌指关节强直固定；

12）一足足弓结构完全破坏，另一足足弓结构部分破坏；

13）手或者足功能丧失分值 ≥40 分。

5.8.7　体表及其他损伤

1）皮肤瘢痕形成达体表面积 30%。

5.9　九级

5.9.1　颅脑、脊髓及周围神经损伤

1）精神障碍或者轻度智能减退，日常生活有关的活动能力中度受限；

2）外伤性癫痫（轻度）；

3）脑叶部分切除术后；

4）一侧部分面瘫，遗留眼睑闭合不全或者口角歪斜；

5）一手部分肌瘫（肌力 3 级以下）；

6）一足大部分肌瘫（肌力 3 级以下）；

7）四肢重要神经损伤（上肢肘关节以上，下肢膝关节以上），遗留相应肌群肌力 3 级以下；

8）严重影响阴茎勃起功能；

9）轻度排便或者排尿功能障碍。

5.9.2　头面部损伤

1）头皮瘢痕形成或者无毛发，达头皮面积 50%；

2）颅骨缺损 25.0 cm^2 以上，不宜或者无法手术修补；

3）容貌毁损（轻度）；

4）面部条状瘢痕形成，累计长度达 20.0 cm；面部条状瘢痕形成（宽度达 0.2 cm），累计长度达 10.0 cm，其中至少 5.0 cm 以上位于面部中心区；

5）面部块状瘢痕形成，单块面积达 7.0 cm^2，或者多块累计面积达 9.0 cm^2；

6）面部片状细小瘢痕形成或者色素异常，累计面积达 30.0 cm^2；

7）一侧眼睑严重畸形；一侧眼睑重度下垂，遮盖全部瞳孔；双侧眼睑轻度畸形；双侧眼睑下垂，遮盖部分瞳孔；

8）双眼泪器损伤均后遗溢泪；

9）双眼角膜斑翳或者血管翳，累及瞳孔区；双眼角膜移植术后；

10）双眼外伤性白内障；儿童人工晶体植入术后；

11）一眼盲目 3 级；

12）一眼重度视力损害，另一眼视力≤0.5；

13）一眼视野极度缺损，视野有效值≤8%（直径≤10°）；

14）双眼象限性视野缺损；

15）一侧眼睑轻度畸形（或者眼睑下垂，遮盖部分瞳孔）合并该眼中度视力损害；

16）一眼眶骨折后遗眼球内陷 5 mm 以上；

17）耳廓缺损或者畸形，累计相当于一侧耳廓；

18）一耳听力障碍≥81dB HL；

19）一耳听力障碍≥61dB HL，另一耳听力障碍≥41dB HL；

20）一侧鼻翼或者鼻尖大部分缺损或者严重畸形；

21）唇缺损或者畸形，露齿 3 枚以上（其中 1 枚露齿达 1/2）；

22）颌骨骨折，经牵引或者固定治疗后遗留功能障碍；

23）上颌骨或者下颌骨部分缺损伴牙齿缺失或者折断 7 枚以上；

24）张口受限 Ⅱ 度；

25）发声功能或者构音功能障碍（轻度）。

5.9.3　颈部及胸部损伤

1）颈前三角区瘢痕形成，累计面积达 50.0 cm²；

2）甲状腺功能损害（轻度）；

3）甲状旁腺功能损害（轻度）；

4）气管或者支气管成形术后；

5）食管吻合术后；

6）食管腔内支架置入术后；

7）食管损伤，影响吞咽功能；

8）女性双侧乳房缺失或者毁损，累计范围相当于一侧乳房 1/2 以上；

9）女性一侧乳房大部分缺失或者严重畸形；

10）女性一侧乳头完全缺失或者双侧乳头部分缺失（或者畸形）；

11）肋骨骨折 12 根以上，或者肋骨部分缺失 4 根以上；肋骨骨折 8 根以上并后遗 4 处畸形愈合；

12）心功能不全，心功能 Ⅰ 级；

13）冠状动脉移植术后；

14）心脏室壁瘤；

15）心脏异物存留或者取出术后；

16）缩窄性心包炎；

17）胸导管损伤；

18）肺段或者肺组织楔形切除术后；

19）肺脏异物存留或者取出术后。

5.9.4　腹部损伤

1）肝部分切除术后；

2）脾部分切除术后；

3）外伤性胰腺假性囊肿术后；

4）一侧肾部分切除术后；

5）胃部分切除术后；

6）肠部分切除术后；

7）胆道损伤胆管外引流术后；

8）胆囊切除术后；

9）肠梗阻反复发作；

10）膈肌修补术后遗留功能障碍（如膈肌麻痹或者膈疝）。

5.9.5 盆部及会阴部损伤

1）膀胱部分切除术后；

2）输尿管狭窄成形术后；

3）输尿管狭窄行腔内扩张术或者腔内支架置入术后；

4）一侧卵巢缺失或者丧失功能；

5）一侧输卵管缺失或者丧失功能；

6）子宫部分切除术后；

7）一侧附睾缺失；

8）一侧输精管损伤难以修复；

9）尿道狭窄（轻度）；

10）肛管或者直肠损伤，排便功能轻度障碍或者肛门失禁（轻度）。

5.9.6 脊柱、骨盆及四肢损伤

1）一椎体粉碎性骨折，椎管内骨性占位；

2）一椎体并相应附件骨折，经手术治疗后；二椎体压缩性骨折；

3）骨盆两处以上骨折或者粉碎性骨折，严重畸形愈合；

4）青少年四肢长骨骨骺粉碎性或者压缩性骨折；

5）四肢任一大关节行关节假体置换术后；

6）双上肢前臂旋转功能丧失均达75%；

7）双上肢长度相差6.0 cm以上；

8）双下肢长度相差4.0 cm以上；

9）四肢任一大关节（踝关节除外）功能丧失50%以上；

10）一踝关节功能丧失75%以上；

11）一肢体各大关节功能丧失均达25%；

12）双足拇趾功能丧失均达75%；一足5趾功能均完全丧失；

13）双足跟骨粉碎性骨折畸形愈合；

14）双足足弓结构部分破坏；一足足弓结构完全破坏；

15）手或者足功能丧失分值≥25分。

5.9.7 体表及其他损伤

1）皮肤瘢痕形成达体表面积10%。

5.10 十级

5.10.1 颅脑、脊髓及周围神经损伤

1）精神障碍或者轻度智能减退，日常生活有关的活动能力轻度受限；

2）颅脑损伤后遗脑软化灶形成，伴有神经系统症状或者体征；

3）一侧部分面瘫；

4）嗅觉功能完全丧失；

5）尿崩症（轻度）；

6）四肢重要神经损伤，遗留相应肌群肌力4级以下；

7）影响阴茎勃起功能；

8）开颅术后。

5.10.2 头面部损伤

1）面颅骨部分缺损或者畸形，影响面容；

2）头皮瘢痕形成或者无毛发，面积达 40.0 cm^2；

3）面部条状瘢痕形成（宽度达 0.2 cm），累计长度达 6.0 cm，其中至少 3.0 cm 位于面部中心区；

4）面部条状瘢痕形成，累计长度达 10.0 cm；

5）面部块状瘢痕形成，单块面积达 3.0 cm^2，或者多块累计面积达 5.0 cm^2；

6）面部片状细小瘢痕形成或者色素异常，累计面积达 10.0 cm^2；

7）一侧眼睑下垂，遮盖部分瞳孔；一侧眼睑轻度畸形；一侧睑球粘连影响眼球运动；

8）一眼泪器损伤后遗溢泪；

9）一眼眶骨折后遗眼球内陷2mm 以上；

10）复视或者斜视；

11）一眼角膜斑翳或者血管翳，累及瞳孔区；一眼角膜移植术后；

12）一眼外伤性青光眼，经手术治疗；一眼外伤性低眼压；

13）一眼外伤后无虹膜；

14）一眼外伤性白内障；一眼无晶体或者人工晶体植入术后；

15）一眼中度视力损害；

16）双眼视力≤0.5；

17）一眼视野中度缺损，视野有效值≤48%（直径≤60°）；

18）一耳听力障碍≥61dB HL；

19）双耳听力障碍≥41dB HL；

20）一侧前庭平衡功能丧失，伴听力减退；

21）耳廓缺损或者畸形，累计相当于一侧耳廓的 30%；

22）鼻尖或者鼻翼部分缺损深达软骨；

23）唇外翻或者小口畸形；

24）唇缺损或者畸形，致露齿；

25）舌部分缺损；

26）牙齿缺失或者折断 7 枚以上；牙槽骨部分缺损，合并牙齿缺失或者折断 4 枚以上；

27）张口受限 I 度；

28）咽或者咽后区损伤影响吞咽功能。

5.10.3　颈部及胸部损伤

1）颏颈粘连畸形松解术后；

2）颈前三角区瘢痕形成，累计面积达 25.0 cm^2；

3）一侧喉返神经损伤，影响功能；

4）器质性声音嘶哑；

5）食管修补术后；

6）女性一侧乳房部分缺失或者畸形；

7）肋骨骨折 6 根以上，或者肋骨部分缺失 2 根以上；肋骨骨折 4 根以上并后遗 2 处畸形愈合；

8）肺修补术后；

9）呼吸困难（轻度）。

5.10.4　腹部损伤

1）腹壁疝，难以手术修补；

2）肝、脾或者胰腺修补术后；

3）胃、肠或者胆道修补术后；

4）膈肌修补术后。

5.10.5　盆部及会阴部损伤

1）肾、输尿管或者膀胱修补术后；

2）子宫或者卵巢修补术后；

3）外阴或者阴道修补术后；

4）睾丸破裂修补术后；

5）一侧输精管破裂修复术后；

6）尿道修补术后；

7）会阴部瘢痕挛缩，肛管狭窄；

8）阴茎头部分缺失。

5.10.6　脊柱、骨盆及四肢损伤

1）枢椎齿状突骨折，影响功能；

2）一椎体压缩性骨折（压缩程度达 1/3）或者粉碎性骨折；一椎体骨折经手术治疗后；

3）四处以上横突、棘突或者椎弓根骨折，影响功能；

4）骨盆两处以上骨折或者粉碎性骨折，畸形愈合；

5）一侧髌骨切除；

6）一侧膝关节交叉韧带、半月板伴侧副韧带撕裂伤经手术治疗后，影响功能；

7）青少年四肢长骨骨折累及骨骺；

8）一上肢前臂旋转功能丧失 75% 以上；

9）双上肢长度相差 4.0 cm 以上；

10）双下肢长度相差 2.0 cm 以上；

11）四肢任一大关节（踝关节除外）功能丧失 25% 以上；

12）一踝关节功能丧失 50% 以上；

13）下肢任一大关节骨折后遗创伤性关节炎；

14）肢体重要血管循环障碍，影响功能；

15）一手小指完全缺失并第 5 掌骨部分缺损；

16）一足拇趾功能丧失 75% 以上；一足 5 趾功能丧失均达 50%；双足拇趾功能丧失均达 50%；双足除拇趾外任何 4 趾功能均完全丧失；

17）一足跟骨粉碎性骨折畸形愈合；

18）一足足弓结构部分破坏；

19）手或者足功能丧失分值≥10 分。

5.10.7　体表及其他损伤

1）手部皮肤瘢痕形成或者植皮术后，范围达一手掌面积 50%；

2）皮肤瘢痕形成达体表面积 4%；

3）皮肤创面长期不愈超过 1 年，范围达体表面积 1%。

6　附则

6.1　遇有本标准致残程度分级系列中未列入的致残情形，可根据残疾的实际情况，依据本标准附录 A 的规定，并比照最相似等级的条款，确定其致残程度等级。

6.2 同一部位和性质的残疾，不应采用本标准条款两条以上或者同一条款两次以上进行鉴定。

6.3 本标准中四肢大关节是指肩、肘、腕、髋、膝、踝等六大关节。

6.4 本标准中牙齿折断是指冠折 1/2 以上，或者牙齿部分缺失致牙髓腔暴露。

6.5 移植、再植或者再造成活组织器官的损伤应根据实际后遗功能障碍程度参照相应分级条款进行致残程度等级鉴定。

6.6 永久性植入式假体（如颅骨修补材料、种植牙、人工支架等）损坏引起的功能障碍可参照相应分级条款进行致残程度等级鉴定。

6.7 本标准中四肢重要神经是指臂丛及其分支神经（包括正中神经、尺神经、桡神经和肌皮神经等）和腰骶丛及其分支神经（包括坐骨神经、腓总神经和胫神经等）。

6.8 本标准中四肢重要血管是指与四肢重要神经伴行的同名动、静脉。

6.9 精神分裂症或者心境障碍等内源性疾病不是外界致伤因素直接作用所致，不宜作为致残程度等级鉴定的依据，但应对外界致伤因素与疾病之间的因果关系进行说明。

6.10 本标准所指未成年人是指年龄未满 18 周岁者。

6.11 本标准中涉及面部瘢痕致残程度需测量长度或者面积的数值时，0～6 周岁者按标准规定值 50% 计，7～14 周岁者按 80% 计。

6.12 本标准中凡涉及数量、部位规定时，注明"以上"、"以下"者，均包含本数（有特别说明的除外）。

2. 司法鉴定程序通则

（司法部第 132 号令，2015 年 12 月 24 日司法部部务会议修订通过，2016 年 3 月 2 日发布，自 2016 年 5 月 1 日起施行）

第一章　总　则

第一条　为了规范司法鉴定机构和司法鉴定人的司法鉴定活动，保障司法鉴定质量，保障诉讼活动的顺利进行，根据《全国人民代表大会常务委员会关于司法鉴定管理问题的决定》和有关法律、法规的规定，制定本通则。

第二条　司法鉴定是指在诉讼活动中鉴定人运用科学技术或者专门知识对诉讼涉及的专门性问题进行鉴别和判断并提供鉴定意见的活动。司法鉴定程序是指司法鉴定机构和司法鉴定人进行司法鉴定活动的方式、步骤以及相关规则的总称。

第三条　本通则适用于司法鉴定机构和司法鉴定人从事各类司法鉴定业务的活动。

第四条　司法鉴定机构和司法鉴定人进行司法鉴定活动，应当遵守法律、法规、规章，遵守职业道德和执业纪律，尊重科学，遵守技术操作规范。

第五条　司法鉴定实行鉴定人负责制度。司法鉴定人应当依法独立、客观、公正地进行鉴定，并对自己作出的鉴定意见负责。司法鉴定人不得违反规定会见诉讼当事人及其委托的人。

第六条　司法鉴定机构和司法鉴定人应当保守在执业活动中知悉的国家秘密、商业秘密，不得泄露个人隐私。

第七条　司法鉴定人在执业活动中应当依照有关诉讼法律和本通则规定实行回避。

第八条　司法鉴定收费执行国家有关规定。

第九条　司法鉴定机构和司法鉴定人进行司法鉴定活动应当依法接受监督。对于有违反有关法律、法规、规章规定行为的，由司法行政机关依法给予相应的行政处罚；对于有违反司法鉴定行业规范行为的，由司法鉴定协会给予相应的行业处分。

第十条 司法鉴定机构应当加强对司法鉴定人执业活动的管理和监督。司法鉴定人违反本通则规定的，司法鉴定机构应当予以纠正。

第二章 司法鉴定的委托与受理

第十一条 司法鉴定机构应当统一受理办案机关的司法鉴定委托。

第十二条 委托人委托鉴定的，应当向司法鉴定机构提供真实、完整、充分的鉴定材料，并对鉴定材料的真实性、合法性负责。司法鉴定机构应当核对并记录鉴定材料的名称、种类、数量、性状、保存状况、收到时间等。

诉讼当事人对鉴定材料有异议的，应当向委托人提出。

本通则所称鉴定材料包括生物检材和非生物检材、比对样本材料以及其他与鉴定事项有关的鉴定资料。

第十三条 司法鉴定机构应当自收到委托之日起七个工作日内作出是否受理的决定。对于复杂、疑难或者特殊鉴定事项的委托，司法鉴定机构可以与委托人协商决定受理的时间。

第十四条 司法鉴定机构应当对委托鉴定事项、鉴定材料等进行审查。对属于本机构司法鉴定业务范围，鉴定用途合法，提供的鉴定材料能够满足鉴定需要的，应当受理。

对于鉴定材料不完整、不充分，不能满足鉴定需要的，司法鉴定机构可以要求委托人补充；经补充后能够满足鉴定需要的，应当受理。

第十五条 具有下列情形之一的鉴定委托，司法鉴定机构不得受理：

（一）委托鉴定事项超出本机构司法鉴定业务范围的；

（二）发现鉴定材料不真实、不完整、不充分或者取得方式不合法的；

（三）鉴定用途不合法或者违背社会公德的；

（四）鉴定要求不符合司法鉴定执业规则或者相关鉴定技术规范的；

（五）鉴定要求超出本机构技术条件或者鉴定能力的；

（六）委托人就同一鉴定事项同时委托其他司法鉴定机构进行鉴定的；

（七）其他不符合法律、法规、规章规定的情形。

第十六条 司法鉴定机构决定受理鉴定委托的，应当与委托人签订司法鉴定委托书。司法鉴定委托书应当载明委托人名称、司法鉴定机构名称、委托鉴定事项、是否属于重新鉴定、鉴定用途、与鉴定有关的基本案情、鉴定材料的提供和退还、鉴定风险，以及双方商定的鉴定时限、鉴定费用及收取方式、双方权利义务等其他需要载明的事项。

第十七条　司法鉴定机构决定不予受理鉴定委托的，应当向委托人说明理由，退还鉴定材料。

第三章　司法鉴定的实施

第十八条　司法鉴定机构受理鉴定委托后，应当指定本机构具有该鉴定事项执业资格的司法鉴定人进行鉴定。

委托人有特殊要求的，经双方协商一致，也可以从本机构中选择符合条件的司法鉴定人进行鉴定。

委托人不得要求或者暗示司法鉴定机构、司法鉴定人按其意图或者特定目的提供鉴定意见。

第十九条　司法鉴定机构对同一鉴定事项，应当指定或者选择二名司法鉴定人进行鉴定；对复杂、疑难或者特殊鉴定事项，可以指定或者选择多名司法鉴定人进行鉴定。

第二十条　司法鉴定人本人或者其近亲属与诉讼当事人、鉴定事项涉及的案件有利害关系，可能影响其独立、客观、公正进行鉴定的，应当回避。

司法鉴定人曾经参加过同一鉴定事项鉴定的，或者曾经作为专家提供过咨询意见的，或者曾被聘请为有专门知识的人参与过同一鉴定事项法庭质证的，应当回避。

第二十一条　司法鉴定人自行提出回避的，由其所属的司法鉴定机构决定；委托人要求司法鉴定人回避的，应当向该司法鉴定人所属的司法鉴定机构提出，由司法鉴定机构决定。

委托人对司法鉴定机构作出的司法鉴定人是否回避的决定有异议的，可以撤销鉴定委托。

第二十二条　司法鉴定机构应当建立鉴定材料管理制度，严格监控鉴定材料的接收、保管、使用和退还。

司法鉴定机构和司法鉴定人在鉴定过程中应当严格依照技术规范保管和使用鉴定材料，因严重不负责任造成鉴定材料损毁、遗失的，应当依法承担责任。

第二十三条　司法鉴定人进行鉴定，应当依下列顺序遵守和采用该专业领域的技术标准、技术规范和技术方法：

（一）国家标准；

（二）行业标准和技术规范；

（三）该专业领域多数专家认可的技术方法。

第二十四条　司法鉴定人有权了解进行鉴定所需要的案件材料，可以查阅、复制相关资料，必要时可以询问诉讼当事人、证人。

经委托人同意，司法鉴定机构可以派员到现场提取鉴定材料。现场提取鉴定材料应当由不少于二名司法鉴定机构的工作人员进行，其中至少一名应为该鉴定事项的司法鉴定人。现场提取鉴定材料时，应当有委托人指派或者委托的人员在场见证并在提取记录上签名。

第二十五条 鉴定过程中，需要对无民事行为能力人或者限制民事行为能力人进行身体检查的，应当通知其监护人或者近亲属到场见证；必要时，可以通知委托人到场见证。

对被鉴定人进行法医精神病鉴定的，应当通知委托人或者被鉴定人的近亲属或者监护人到场见证。

对需要进行尸体解剖的，应当通知委托人或者死者的近亲属或者监护人到场见证。

到场见证人员应当在鉴定记录上签名。见证人员未到场的，司法鉴定人不得开展相关鉴定活动，延误时间不计入鉴定时限。

第二十六条 鉴定过程中，需要对被鉴定人身体进行法医临床检查的，应当采取必要措施保护其隐私。

第二十七条 司法鉴定人应当对鉴定过程进行实时记录并签名。记录可以采取笔记、录音、录像、拍照等方式。记录应当载明主要的鉴定方法和过程、检查、检验、检测结果，以及仪器设备使用情况等。记录的内容应当真实、客观、准确、完整、清晰，记录的文本资料、音像资料等应当存入鉴定档案。

第二十八条 司法鉴定机构应当自司法鉴定委托书生效之日起三十个工作日内完成鉴定。

鉴定事项涉及复杂、疑难、特殊技术问题或者鉴定过程需要较长时间的，经本机构负责人批准，完成鉴定的时限可以延长，延长时限一般不得超过三十个工作日。鉴定时限延长的，应当及时告知委托人。

司法鉴定机构与委托人对鉴定时限另有约定的，从其约定。

在鉴定过程中补充或者重新提取鉴定材料所需的时间，不计入鉴定时限。

第二十九条 司法鉴定机构在鉴定过程中，有下列情形之一的，可以终止鉴定：

（一）发现有本通则第十五条第二项至第七项规定情形的；

（二）鉴定材料发生耗损，委托人不能补充提供的；

（三）委托人拒不履行司法鉴定委托书规定的义务、被鉴定人拒不配合或者鉴定活动受到严重干扰，致使鉴定无法继续进行的；

（四）委托人主动撤销鉴定委托，或者委托人、诉讼当事人拒绝支付鉴定费用的；

（五）因不可抗力致使鉴定无法继续进行的；

（六）其他需要终止鉴定的情形。

终止鉴定的，司法鉴定机构应当书面通知委托人，说明理由并退还鉴定材料。

第三十条　有下列情形之一的，司法鉴定机构可以根据委托人的要求进行补充鉴定：

（一）原委托鉴定事项有遗漏的；

（二）委托人就原委托鉴定事项提供新的鉴定材料的；

（三）其他需要补充鉴定的情形。

补充鉴定是原委托鉴定的组成部分，应当由原司法鉴定人进行。

第三十一条　有下列情形之一的，司法鉴定机构可以接受办案机关委托进行重新鉴定：

（一）原司法鉴定人不具有从事委托鉴定事项执业资格的；

（二）原司法鉴定机构超出登记的业务范围组织鉴定的；

（三）原司法鉴定人应当回避没有回避的；

（四）办案机关认为需要重新鉴定的；

（五）法律规定的其他情形。

第三十二条　重新鉴定应当委托原司法鉴定机构以外的其他司法鉴定机构进行；因特殊原因，委托人也可以委托原司法鉴定机构进行，但原司法鉴定机构应当指定原司法鉴定人以外的其他符合条件的司法鉴定人进行。

接受重新鉴定委托的司法鉴定机构的资质条件应当不低于原司法鉴定机构，进行重新鉴定的司法鉴定人中应当至少有一名具有相关专业高级专业技术职称。

第三十三条　鉴定过程中，涉及复杂、疑难、特殊技术问题的，可以向本机构以外的相关专业领域的专家进行咨询，但最终的鉴定意见应当由本机构的司法鉴定人出具。

专家提供咨询意见应当签名，并存入鉴定档案。

第三十四条　对于涉及重大案件或者特别复杂、疑难、特殊技术问题或者多个鉴定类别的鉴定事项，办案机关可以委托司法鉴定行业协会组织协调多个司法鉴定机构进行鉴定。

第三十五条　司法鉴定人完成鉴定后，司法鉴定机构应当指定具有相应资质的人员对鉴定程序和鉴定意见进行复核；对于涉及复杂、疑难、特殊技术问题或者重新鉴定的鉴定事项，可以组织三名以上的专家进行复核。

复核人员完成复核后，应当提出复核意见并签名，存入鉴定档案。

第四章　司法鉴定意见书的出具

第三十六条　司法鉴定机构和司法鉴定人应当按照统一规定的文本格式制作司法鉴定意见书。

第三十七条　司法鉴定意见书应当由司法鉴定人签名。多人参加的鉴定，对鉴定意见有不同意见的，应当注明。

第三十八条　司法鉴定意见书应当加盖司法鉴定机构的司法鉴定专用章。

第三十九条　司法鉴定意见书应当一式四份，三份交委托人收执，一份由司法鉴定机构存档。司法鉴定机构应当按照有关规定或者与委托人约定的方式，向委托人发送司法鉴定意见书。

第四十条　委托人对鉴定过程、鉴定意见提出询问的，司法鉴定机构和司法鉴定人应当给予解释或者说明。

第四十一条　司法鉴定意见书出具后，发现有下列情形之一的，司法鉴定机构可以进行补正：

（一）图像、谱图、表格不清晰的；

（二）签名、盖章或者编号不符合制作要求的；

（三）文字表达有瑕疵或者错别字，但不影响司法鉴定意见的。

补正应当在原司法鉴定意见书上进行，由至少一名司法鉴定人在补正处签名。必要时，可以出具补正书。

对司法鉴定意见书进行补正，不得改变司法鉴定意见的原意。

第四十二条　司法鉴定机构应当按照规定将司法鉴定意见书以及有关资料整理立卷、归档保管。

第五章　司法鉴定人出庭作证

第四十三条　经人民法院依法通知，司法鉴定人应当出庭作证，回答与鉴定事项有关的问题。

第四十四条　司法鉴定机构接到出庭通知后，应当及时与人民法院确认司法鉴定人出庭的时间、地点、人数、费用、要求等。

第四十五条　司法鉴定机构应当支持司法鉴定人出庭作证，为司法鉴定人依法出庭提供必要条件。

第四十六条　司法鉴定人出庭作证，应当举止文明，遵守法庭纪律。

第六章　附　则

第四十七条　本通则是司法鉴定机构和司法鉴定人进行司法鉴定活动应当遵守和采用的一般程序规则，不同专业领域对鉴定程序有特殊要求的，可以依据本通则制定鉴定程序细则。

第四十八条　本通则所称办案机关，是指办理诉讼案件的侦查机关、审查起诉机关和审判机关。

第四十九条　在诉讼活动之外，司法鉴定机构和司法鉴定人依法开展相关鉴定业务的，参照本通则规定执行。

第五十条　本通则自 2016 年 5 月 1 日起施行。司法部 2007 年 8 月 7 日发布的《司法鉴定程序通则》（司法部第 107 号令）同时废止。

深度阅读书目

1. 杜万华主编：《人身损害赔偿纠纷裁判标准与规范指引》，法律出版社 2015 年版。

2. 程啸：《侵权责任法》（第 2 版），法律出版社 2015 年版。

3. 张新宝：《侵权责任法》（第 3 版），中国人民大学出版社 2013 年版。

4. 全国人大法工委民法室编：《〈中华人民共和国侵权责任法〉条文解释与立法背景》，人民法院出版社 2010 年版。

5. 于姗编著：《最新常见纠纷索赔指南与赔偿计算标准》（第 2 版），中国法制出版社 2015 年版。

6. 法律出版社专业出版委员会：《人身损害索赔技巧和赔偿计算标准》（第 2 版），法律出版社 2014 年版。

7. 中国法制出版社：《人身损害赔偿法律政策解读与实用范本典型案例全书》（第 2 版），中国法制出版社 2013 年版。

8. 法律出版社法规中心：《人身损害赔偿法律纠纷处理依据与解读》，法律出版社 2014 年版。

9. 罗灿编：《损害赔偿计算公式和计算标准全书》，法律出版社 2011 年版。

10. 《最高人民法院司法解释小文库》编选组编：《人身损害赔偿司法解释及相关法律规范》，人民法院出版社 2004 年版。

11. 江伟、肖建国：《民事诉讼法》（第 7 版），中国人民大学出版社 2015 年版。